国家重点档案专项资金资助项目

抗日战争档案汇编

青海省档案馆藏抗战档案选编

1

青海省档案馆 编

中華書局

图书在版编目（CIP）数据

青海省档案馆藏抗战档案选编 / 青海省档案馆编 .
– 北京 : 中华书局 , 2020.9
（抗日战争档案汇编）
ISBN 978-7-101-14700-1

Ⅰ . 青… Ⅱ . 青… Ⅲ . 抗日战争 – 历史档案 –
汇编 – 青海 Ⅳ . K265.063

中国版本图书馆 CIP 数据核字 (2020) 第 146318 号

书　　名	青海省档案馆藏抗战档案选编（全二册）
丛 书 名	抗日战争档案汇编
编　　者	青海省档案馆
策划编辑	许旭虹
责任编辑	李晓燕
装帧设计	许丽娟
出版发行	中华书局 （北京市丰台区太平桥西里38号　100073） http://www.zhbc.com.cn E-mail:zhbc@zhbc.com.cn
图文制版	北京禾风雅艺文化发展有限公司
印　　刷	天津艺嘉印刷科技有限公司
版　　次	2020年9月北京第1版 2020年9月第1次印刷
规　　格	开本889×1194毫米　1/16 印张61¾
国际书号	ISBN 978-7-101-14700-1
定　　价	1000.00元

抗日战争档案汇编编委会

编纂出版工作领导小组

组　长　李明华

副组长　胡旺林　王绍忠　付　华　刘鲤生

编纂委员会

主　任　李明华

副主任　王绍忠

顾　问　杨冬权

成　员（按姓氏笔画为序排列）

于学蕴　于晶霞　马振犊　王　放　孔凡春　田　洪

付　杰　白明标　邢建榕　刘玉峰　刘新华　许桂清

苏东亮　杜　梅　李华强　李宗春　吴志强　张荣斌

林　真　罗亚夫　郑惠姿　孟玉林　赵国强　赵　深

胡元潮　耿树伟　徐春阳　徐　峰　黄凤平　黄菊艳

常建宏　覃兰花　程　勇　程潜龙　焦东华　谭向文

编纂出版工作领导小组办公室

主　任　常建宏

副主任　李莉娜　孙秋浦

成　员（按姓氏笔画为序排列）

石　勇　李　宁　贾　坤

青海省档案馆藏抗战档案选编编委会

工作领导小组

组　长　邓玉兰

副组长　岳文莉　司锦军

组　员　张小燕　邢　建　张海霞

编纂委员会

主　编　岳文莉

副主编　邢　建　张小燕

编　辑　张小燕　邢　建　张海霞

总序

为深入贯彻落实习近平总书记「让历史说话，用史实发言，深入开展中国人民抗日战争研究」的重要指示精神，国家档案局根据《全国档案事业发展「十三五」规划纲要》和《「十三五」时期国家重点档案保护与开发工作总体规划》的有关安排，决定全面系统地整理全国各级综合档案馆馆藏抗战档案，编纂出版《抗日战争档案汇编》（以下简称《汇编》）。

中国人民抗日战争是近代以来中国反抗外敌入侵第一次取得完全胜利的民族解放战争，开辟了中华民族伟大复兴的光明前景。这一伟大胜利，也是中国人民为世界反法西斯战争胜利、维护世界和平作出的重大贡献。加强中国人民抗日战争研究，具有重要的历史意义和现实意义。

全国各级档案馆保存的抗战档案，数量众多，内容丰富，全面记录了中国人民抗日战争的艰辛历程，是研究抗战历史的珍贵史料。一直以来，全国各级档案馆十分重视抗战档案的开发利用，陆续出版公布了一大批抗战档案，对揭露日本帝国主义侵华罪行，讴歌中华儿女勠力同心、不屈不挠抗击侵略的伟大壮举，弘扬伟大的抗战精神，引导正确的历史认知，发挥了积极作用。特别是国家档案局组织有关方面共同努力和积极推动，「南京大屠杀档案」被联合国教科文组织评选为「世界记忆遗产」，列入《世界记忆名录》，捍卫了历史真相，在国际上产生了广泛而深远的影响。

全国各级档案馆馆藏抗战档案开发利用工作虽然取得了一定的成果，但是，在档案信息资源开发的系统性和深入性方面仍显不足。正如习近平总书记所指出的：「同中国人民抗日战争的历史地位和历史意义相比，同这场战争对中华民族和世界的影响相比，我们的抗战研究还远远不够，要继续进行深入系统的研究。」「抗战研究要深入，就要更多通过档案、资料、事实、当事人证词等各种人证、物证来说话。要加强资料收集和整理这一基础性工作，全面整理我国各地抗战档案、照片、资料、实物等……」

国家档案局组织编纂《汇编》，对全国各级档案馆馆藏抗战档案进行深入系统地开发，是档案部门贯彻落实习近平总书记重要指示精神，推动深入开展中国人民抗日战争研究的一项重要举措。本书的编纂力图准确把握中国人民抗日战争的历史进程、主流和本质，用详实的档案全面反映一九三一年九一八事变后十四年抗战的全过程，反映中国共产党在抗日战争中的中流砥柱作用以及中国人民抗日战争在世界反法西斯战争中的重要地位，反映国共两党「兄弟阋于墙，外御其侮」进行合作抗战、共同捍卫民族尊严的历史，反映各民族、各阶层及海外华侨共同参与抗战的壮举，展现中国人民抗日战争的伟大意义，以历史档案揭露日本侵华暴行，揭示日本军国主义反人类、反和平的实质。

编纂《汇编》是一项浩繁而艰巨的系统工程。为保证这项工作的有序推进，国家档案局制订了总体规划和详细的实施方案，明确了指导思想、工作步骤和编纂要求。为保证编纂成果的科学性、准确性和严肃性，国家档案局组织专家对选题进行全面论证，对编纂成果进行严格审核。

各级档案馆高度重视并积极参与到《汇编》工作之中，通过全面清理馆藏抗战档案，将政治、军事、外交、经济、文化、宣传、教育等多个领域涉及抗战的内容列入选材范围。入选档案包括公文、电报、传单、文告、日记、照片、图表等多种类型。在编纂过程中，坚持实事求是的原则和科学严谨的态度，对所收录的每一件档案都仔细鉴定、甄别与考证，维护档案文献的真实性，彰显档案文献的权威性。同时，以《汇编》编纂工作为契机，以项目谋发展，用实干育人才，带动国家重点档案保护与开发，夯实档案馆基础业务，提高档案人员的业务水平，促进档案馆各项事业的发展。

守护历史，传承文明，是档案部门的重要责任。我们相信，编纂出版《汇编》，对于记录抗战历史，弘扬抗战精神，发挥档案留史存鉴、资政育人的作用，更好地服务于新时代中国特色社会主义文化建设，都具有极其重要的意义。

抗日战争档案汇编编纂委员会

编辑说明

一九三一年九月十八日，爆发了震惊中外的「九一八事变」。从此，日本帝国主义开始了大规模的侵华战争，占我河山，杀我同胞，激起全民族抗击日本帝国主义的意志和决心。全国各地民众纷纷组织团体，以各种形式支援抗战前线，青海社会各界同仁也掀起了挽救民族危亡的抗日热潮，各族同胞心系国家安危，胼手胝足，捐钱捐物，组织开展了各种形式的抗日救国运动。先后成立了青海省抗敌后援会、国民精神总动员青海分会等抗日团体，给前方抗日将士写慰问信，募捐寒衣、羊皮、毛袜。《青海民国日报》等地方报刊开辟抗日文艺专栏，刊登动员抗日的报道和文艺作品。全省各地设立民众识字处，各中等学校都增设了以宣传抗日内容为主的课程，以各种形式宣传、支援抗战，极大地激发了青海各族民众抗战爱国热情。

本书所收档案是青海省档案馆首次公布，主要反映抗战时期青海地方各族同胞参与抗日战争的史实。由于年代较远及历史原因，档案整体保存不完整，文件之间缺少连续性。因此，从本馆现有馆藏民国档案中精选出的抗战历史档案——《青海省档案馆藏抗战档案选编》，并不能完全反映青海各族民众参与抗日战争的全貌，谨以所遗档案真实反映青海各族同胞为抗日战争做出的努力、贡献、流血和牺牲。

本书选稿起自一九二九年，迄至一九四八年。全书按照「主题—时间」体例编排，共分为五个部分：抗战宣传与团体、抗战动员、抗战保障、抗战抚恤、抗战损失，每个部分下又有子部分，分别按时间排序。

选用档案均为本馆馆藏档案原件，对于个别篇幅很长但符合选材要求内容较少的作了节选。节选档案除所选内容页面外，还选入首（尾）页面，并在标题末尾标明「（节选）」。标题上未标明节选的，如有缺页情况，为档案自身缺页。

档案中原标题完整或基本符合要求的使用原标题，对原标题有明显缺陷的进行了修改或重拟，无标题的加拟标题。机构名称使用机构全称或规范简称，历史地名沿用当时地名。档案所载时间不完整或不准确的，作了补充或订正。档案无时间且无法考证的标注「时间不详」。只有年份、月份而没有日期的档案，排在本年或本月末。

本书使用规范的简化字。对标题中人名、历史地名、机构名称、文件名称、历史事件中出现的繁体字、错别字、不规范异体字、异形字及多字、漏字等，予以径改。限于篇幅，本书不作注释。

由于时间紧，档案公布量大，编者水平有限，在编辑过程中可能存在疏漏之处，考订难免有误，欢迎方家斧正。

编　者

二〇一九年一月

目录

（二） 抗战团体

二、抗战动员

（一）抗战总动员

第二册

（三） 抗战物资动员

三、抗战保障

（一）声援与慰劳

（二）赈济·捐献与财政支持

四、抗战抚恤

（一）抗战将士

（二） 抚恤安置

五、抗战损失

一、抗战宣传与团体

（一）抗战宣传

中国国民党青海省循化县党部执行委员会关于全国同胞一致奋起对抗外来侵略事致各级党部、各级政府、各级学校等的快邮代电（一九二九年九月六日收）

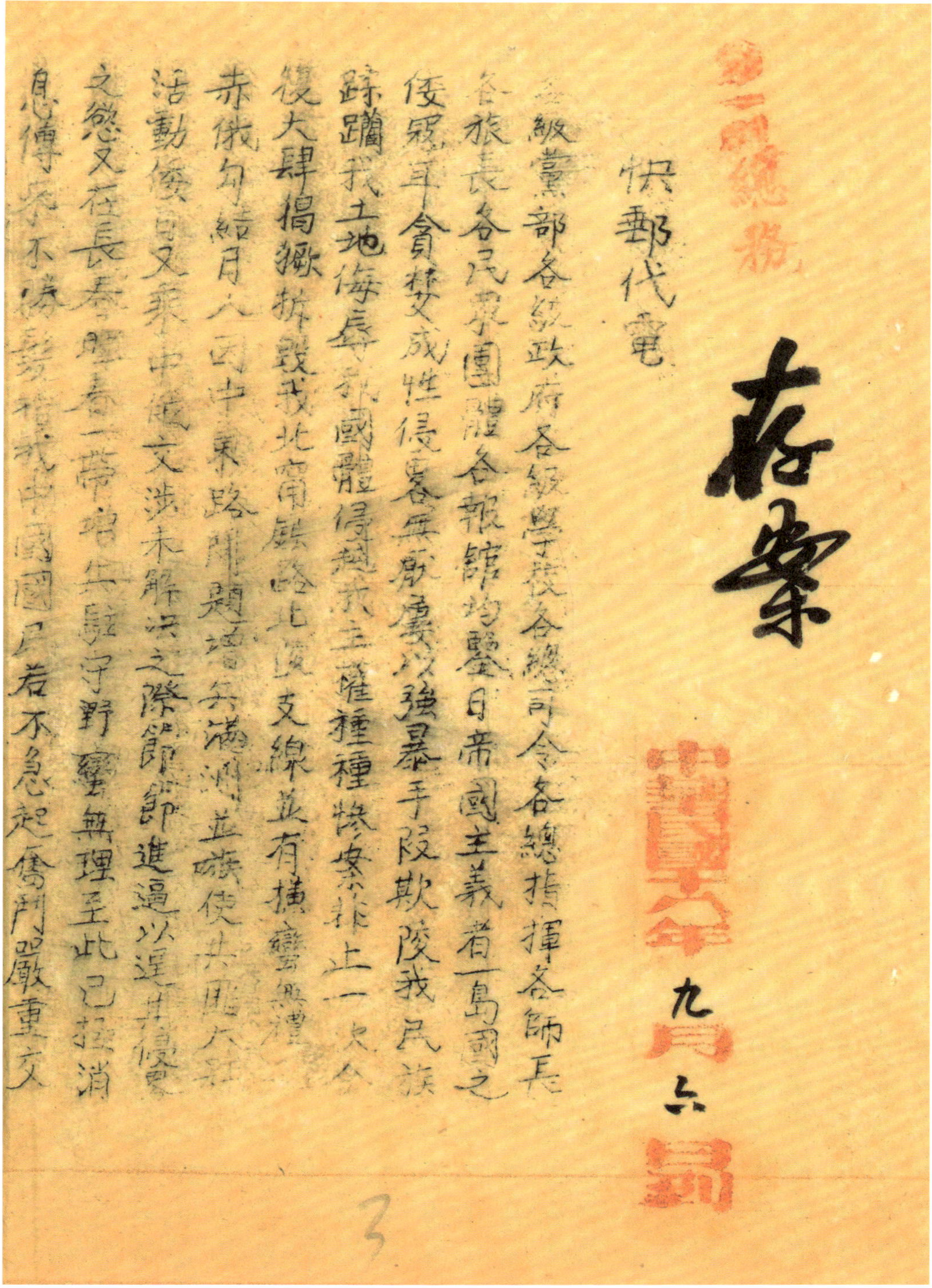
第一科總務

存案

中華民國十八年九月六日

快郵代電

各級黨部各級政府各級學校各總司令各總指揮各師長各旅長各民眾團體各報館均鑒日帝國主義者一島國之倭寇耳貪婪成性侵略無厭屢以強暴手段欺陵我民族蹂躪我土地侮辱我國體侵我主權種種慘案非止一次今復大肆猖獗拆毀我北甯鐵路北段支線並有橫蠻無禮赤俄勾結月六日中東路問題增兵滿洲並嗾使共匪大肆活動俟日又乘中俄交涉未解決之際即節節進逼以逞其侵略之慾又在長春瞻春一帶增兵駐守野蠻無理至此已極消息傳來不勝號哭我中國國民若不急起奮鬥嚴重交

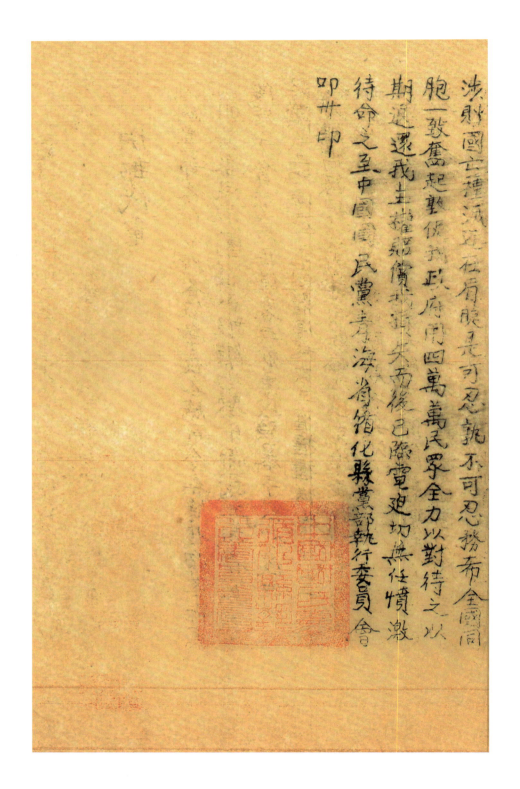

涉則國亡種滅迫在眉睫是可忍孰不可忍務希全國同
胞一致奮起敦促我政府用四萬萬民衆全力以對待之以
期退還我主權賠償我損失而後已臨電迫切無任憤激
待命之至中國國民黨青海省循化縣黨部執行委員會
叩卅印

青海省互助县政府全体职员关于与日军作战誓死保卫国家的宣言（一九三一年十一月九日收）

青海省建設廳

存案

廿 十一 九

全國各界同胞均鑒：

我國自鴉片戰爭以來，受盡帝國主義的侵畧壓迫，尤其是封豕長蛇的日本。——最兇狠的帝國主義者——自甲午戰勝我國，得了我們的台灣，吞併了朝鮮，賠款二千萬。以後咄咄逼人，接連不斷的訂立多少不平等的條約，尤復貪横無厭，到處尋釁生端，演成了種種慘案。迅又嗾使韓人排華，造成亘古未有的奇刦，直視我中國人民，做他們的亡國奴，亦不如了。詎料往者未了，來者更厲——趁我國內憂外患天災人禍紛至沓來的時候，日人以為有機可乘，遂揭開牠猙獰的面目——暴露牠虎狼的原體——不顧國際公法，悍然出兵，佔據我瀋陽長春營口——焚毀我粮秣工場——姦淫擄殺——無所不為。甚且進攻榆關——加兵青島——並欲直趨北平——朝鮮亡國滅種的慘禍，我復迫於眉睫——是而可恐？！孰不可恐？！同胞们，覆巢之下，難有完卵？！國若不存，家將焉屬？！此真吾民族之生死關頭！在此千鈞一髮之際，我们要誓死抱定寧為玉碎，不為瓦全之決心。若再長此醉夢不醒，亡國滅種，殆無日矣。同胞們，一致團结，一致奮起，赶快為國家雪舊恨，復新仇。但我們要去與倭奴拚命的當兒，還有一種極大的工作，直切言之，以喚起國人之深省。

日本帝國主義者，以我國為其銷售劣貨之惟一尾閭，及供給原料之最大場所。若厲行對日經濟绝交，實足以制彼倭奴之死命，而為打倒日帝國主義者最有力之武器。同胞們，務須堅定信念，運用此項武器，與倭奴作最後之決鬥。一方面趕緊起來，督促中央對日宣戰，犧牲我们的熱血頭顱，上下合德，抱定有敵無我，有我無敵之決心，誓與倭奴作殊死戰，一息尚存，此志不移。同胞们，國難急矣！外患深矣！其速猛醒！來打破這個難關。

青海省互助縣政府全體職員

张治中关于赠送《第五军松沪抗日画史》事致青海省政府教育厅的函（一九三三年四月二十二日收）

第一科

逕啓者去歲一月二十八日暴日寇我淞滬我十九路軍盡保衛國土之天職奮起抗戰敵勢披靡嗣以援寇大至衆寡懸殊治中於二月十六日奉命統率第五軍赴滬增援担任左翼陣線與敵鏖戰於廟行蘊藻浜劉河婁塘各地死傷官兵達五千餘復員後爲紀念陣亡烈士起見特將戰地攝影編印成册顏曰「第五軍淞滬抗日畫史」藉以保留抗戰史蹟激厲民族精神國難未已轉瞬經年淞滬之血跡未乾熱河之風雲益亟撫今思昨寢饋難安謹贈一册用誌同仇敵愾之誠云耳此致

教育廳

存

張治中拜啓 月 日

中央陸軍軍官學校用箋

廿二 四 廿二

43 44

青海省政府关于附发骑兵师师长率队赴前方抗战宣传要点事致湟源县政府的密令（一九三七年九月五日）

附：骑兵师师长率队赴前方抗战宣传要点

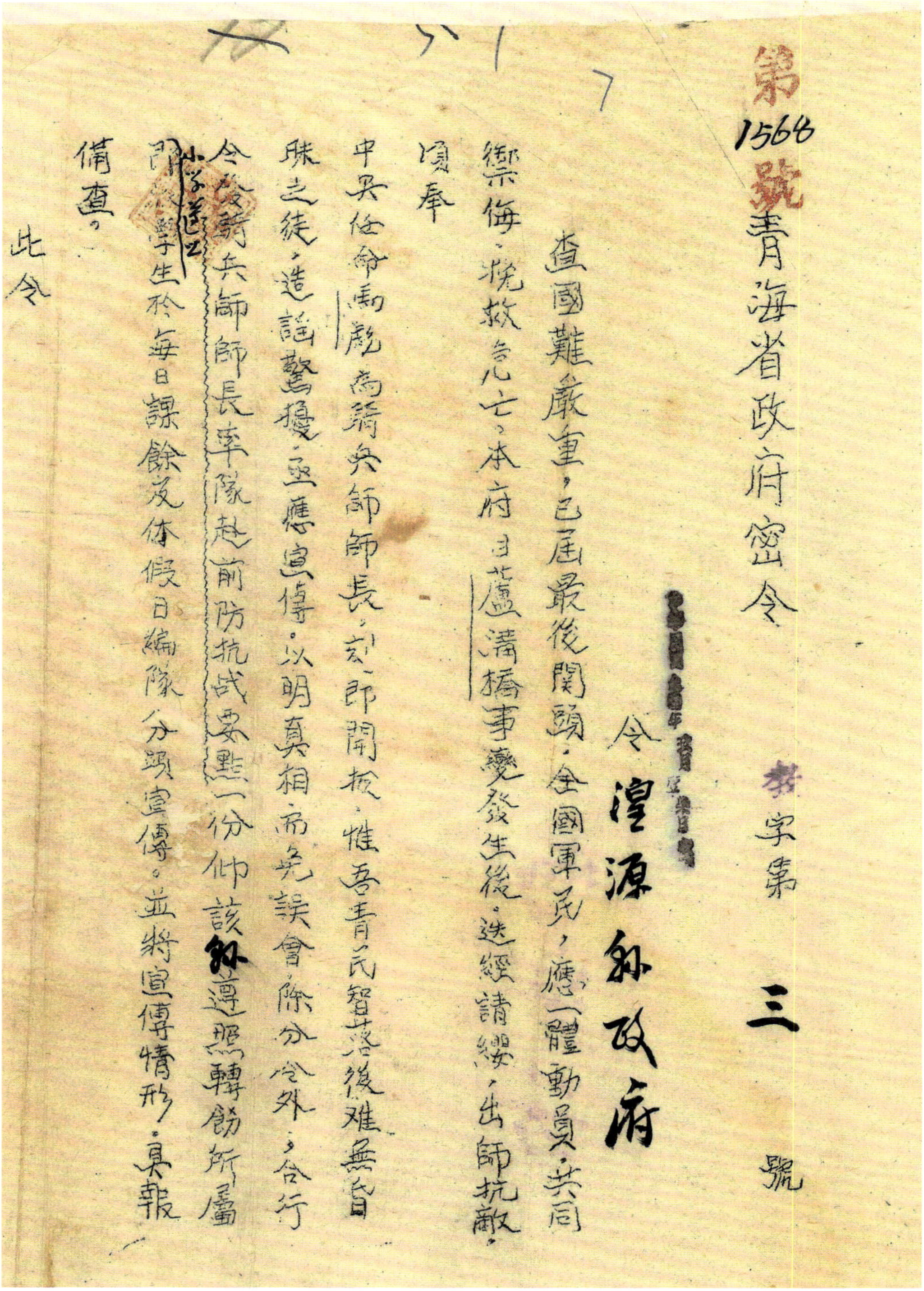

第1568號

青海省政府密令 秘字第 三 號

令湟源縣政府

查國難嚴重，已屆最後關頭，全國軍民，應一體動員，共同禦侮，挽救危亡。本府自蘆溝橋事變發生後，迭經請纓，出師抗敵。頃奉中央任命馬彪為騎兵師師長，刻即開拔，惟吾青民智落後，難無昏昧之徒，造謠驚擾，亟應宣傳，以明真相而免誤會。除分令外，合行令發騎兵師師長率隊赴前方抗战要點一份，仰該縣遵照轉飭所屬小學校之學生於每日課餘及休假日編隊，分頭宣傳。並將宣傳情形，具報備查。此令。

附發騎兵師師長率隊赴前防抗戰宣傳要點一份

中華民國二十六年九月五日

代主席 馬步芳

教育科

召集各旗長遵令組織

宣傳隊廣為宣傳

九、六

監印 伍學謙

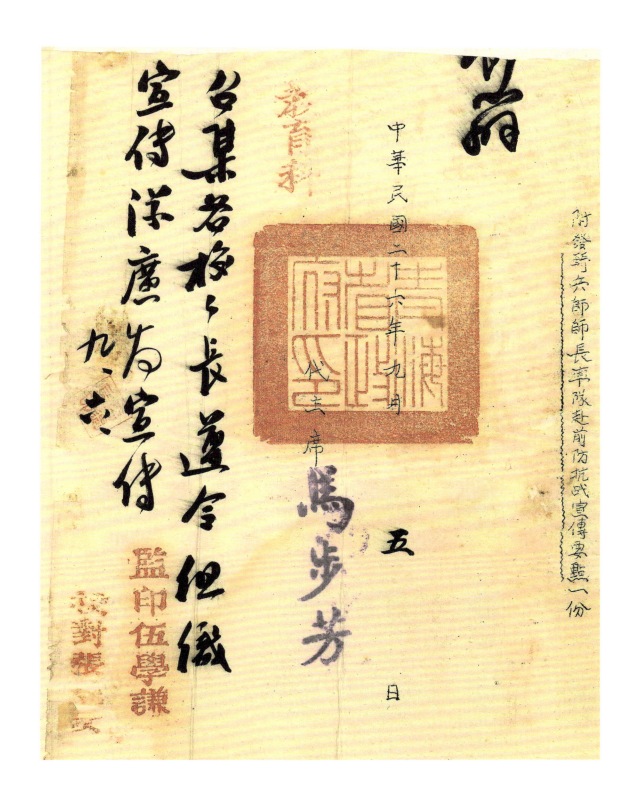

校對 張

騎兵師師長率隊赴前方抗戰宣傳要點

1、馬彪師長為中華民國中華民族爭生存而開拔而抗戰。

2、馬彪師長開拔是代表我們全青民衆抵抗暴日

3、綏平匪共，又赴國難，糧餉缺乏，艱辛備嘗，我們全青人民，應時時體貼我們新二軍軍隊的窮，苦，艱難，而援助，而接濟，而愛戴。

4、騎兵師開拔是服從命令 實踐「精誠團結共禦外侮」的口號。

5、騎兵師開拔是擁護 蔣委員長抗敵主張

6、我們騎兵開拔在即，我們全青人民必須鎮靜，亦可自相驚擾，造謠惑衆。

7、援助出征的騎兵師，就是援助國家。

8、國難嚴重，我們全青人民應將所有力量貢獻國家。

9、我們全青回，漢，蒙，藏，撒，土同胞聯合起來組織起來，共赴國難。

10、擁護軍政當局就是擁護中央。

8

青海省政府关于转发军事委员会制定捐输款物慰劳守土将士办法事致称多县政府的密令（一九三七年九月十七日）

青海省政府密令　財字第　號

令　称多縣政府

案奉

行政院二十六年八月十一日第肆一零四九六一號密令內開：「案准軍事委員會二十六年八月四日公二郎字第一零五號公函內開：『案准　中央執行委員會宣傳部本年七月二十九日齊字第一二四九號密函開，「查自盧案發生，日軍着着進逼，前方將士，忠勇應戰，消息傳來，人心感奮，各地民眾，紛起捐輸款物慰勞守土將士，惟此項款物，似應有統收統支之機關集中事權，妥籌分配，庶可推行盡利，以收實效，爰訂定捐輸款物慰勞守土將士草案一份，並派本部宣傳指導處指導科科長劉德譽同志趨前會商，即希核酌見覆」。等由，並附辦法草案一份，准此，查本案已與軍政部洽商，並擬定辦法如下：(一)國內捐款，在一元以上者，應由各省市最高行政機關，印製捐冊收據，發交各所屬機關分別籌募，(二)國外捐款，在一元以上者，應由僑務委員會印製捐冊收據，發交所屬機關分別籌募，(三)捐款交各地中中交農四銀行代收，由各省市最高行政機關及僑務委員會隨時將收得捐款，報解行政院轉交軍政部統籌支配，至其在一元以下之國內外零星捐款，應由各省市最高行政機關，及僑務委員會并令各地黨政機關，會同在各交通要衢設置捐箱，以備民眾自由捐輸，不必印發收據，按日檢收，層轉報解，并准前由，除呈復外，相應抄錄辦法草案，隨函送達，即希查照，核辦，並分令遵照為荷。等由；准此，應照軍事委員會所定辦法辦理。除分令外，合行令仰遵照。此令。」等因；奉此，除分行外，合行令仰該縣遵照，并轉飭所屬一體遵照。此令。

中華民國二十六年九月　日

代主席　馬步芳

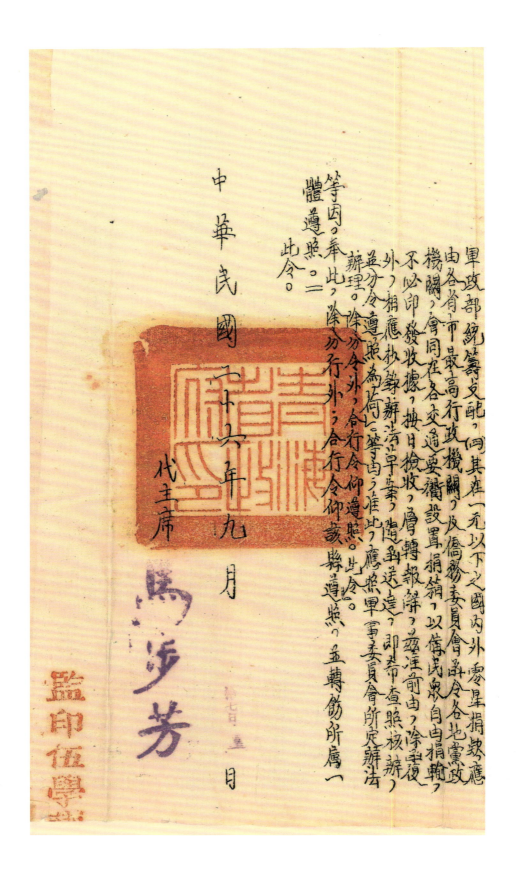

監印　伍學

玉防警备司令部关于组织各县人民参加抗日宣传大会及宣传要点事致囊谦县政府的公函（一九三八年三月二日）

傳

公函

於三月七日收

玉防警備司令部公函　第　　號 6

敬啓者：本月一日案奉

青海南部邊區警備司令部感軍警機電開：「馬司令良臣兄並轉馬團長登科、馬營長子才、朱縣長堯夫、穆縣長永才、王縣長輔民、李縣長藝苑均鑒：

誠密。值此全面抗戰時期，地方宣傳甚為重要。此間及甘肅各縣已悉合開軍民聯合抗戰宣傳大會，群情激昂，印象甚佳。務希該縣長等」

等藉良臣司令此次來玉歡迎之機会，由玉地各縣政府、駐軍及各界在玉組織籌備会，在可能範圍內召集各族千百户及各縣人民參加，舉行抗日宣傳大会。開会時由駐軍演馬術及拳術、操練技術，以助会興。至宣傳要點：

（1）保持各民族不分畛域之美德及[illegible]電精神團結之美感；（2）擴大組織原

4

有之黨政機關(3)令以民眾組織訓練要有切當認識萬不可誤會驚惶以上數點應剴切闡明(4)築路運動軍民聯合一致鞏固邊方擁護領袖抗戰到底共赴國難收復失地講演工作由良臣司令派人担任望即切實舉行何日開會就商酌定開會情形仍盼見告馬步芳感印

奉此相應函請

貴府查照希即遵辦並將辦理情形隨時見覆以資彙報為荷此致

囊謙縣縣長李

司令馬馴

（印：馬馴之印）

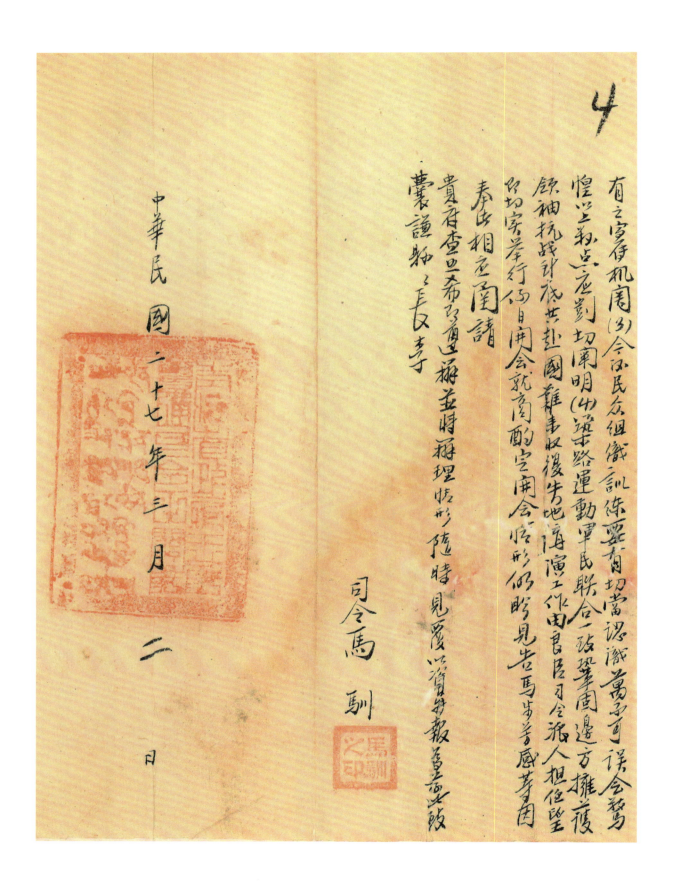

中華民國二十七年三月二日

青海省政府转发第八战区司令长官关于二期抗战进入紧张阶段前线将士杀敌建树情况致称多县政府的通令（一九三八年五月十五日）

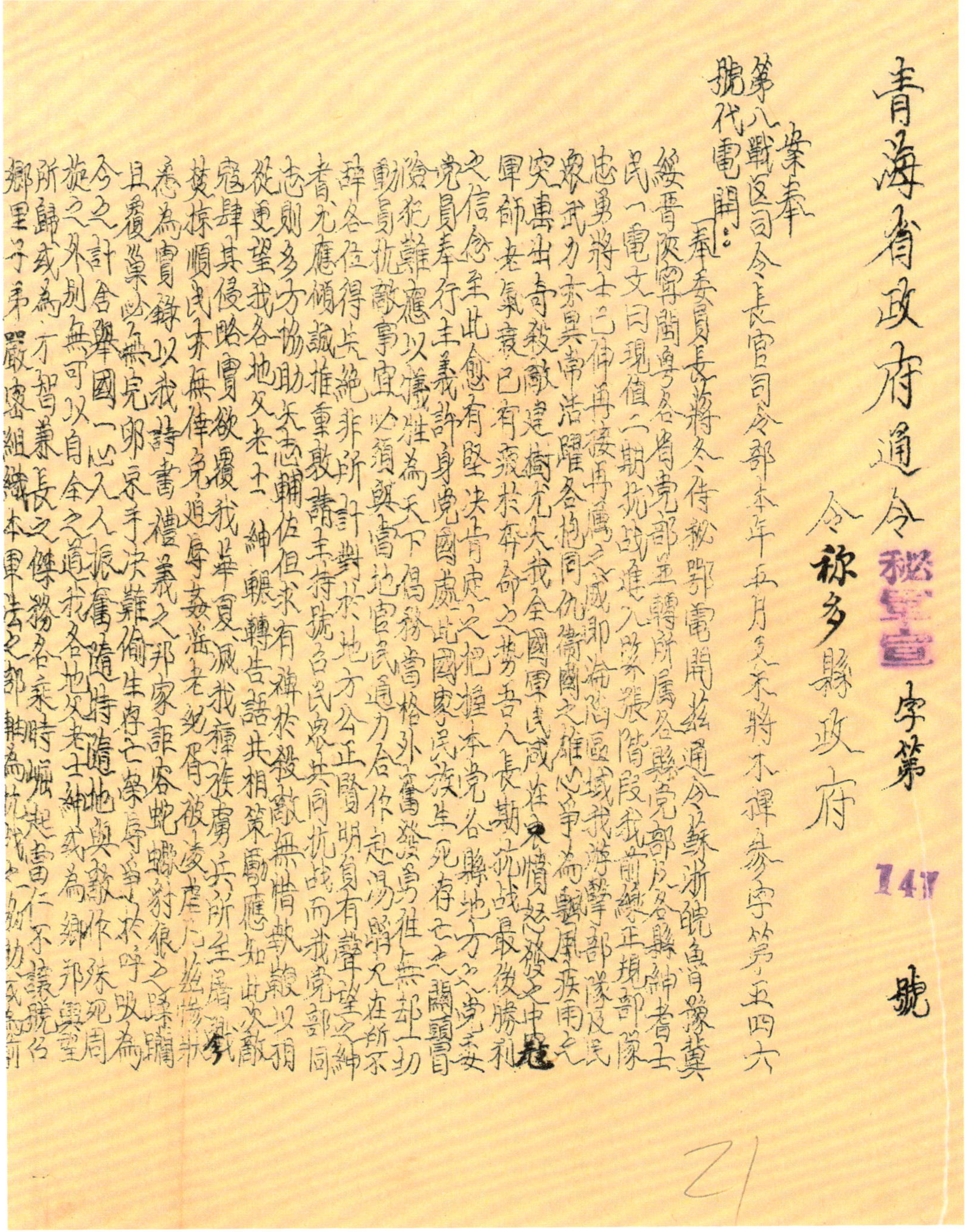

青海省政府通令 秘書室 字第147號

令称多縣政府

案奉

第八戰區司令長官司令部本年五月支未將木揮參字第五四六號代電開：「奉委員長蔣冬侍秘鄂電開：茲通令蘇浙皖魯晉豫冀綏晉陝寧甘粵各省黨部並轉所屬各縣黨部及各縣紳耆士民一電文曰：現值二期抗戰進入緊張階段，我前線正規部隊忠勇將士已作再接再厲之威，御淪陷區域我游擊部隊及民衆武力亦異常活躍，各抱同仇衛國之雄心，爭為飄風疾雨之突襲，出奇殺敵，建樹尤大。我全國軍民咸在悲憤怒發之中，敵軍部士氣已衰，已有窮於奔命之勢。吾人長期抗戰最後勝利之信念至此愈有堅決肯定之把握。本黨各縣地方黨部之黨委、黨員奉行主義，許身黨國，處此國家民族生死存亡之關頭，冒險於艱難，應以犧牲為天下倡，務當格外奮發，身先士卒，一切動員抗敵事宜，必須與當地官民通力合作，赴湯蹈火，在所不辭。各位得失絕非所計，對於地方公正賢明負有聲望之紳耆，尤應竭誠推重，敦請主持，號召民衆共同抗戰，而我黨部同志則多方協助，矢志輔佐，但求有裨於殺敵，無惜執鞭以相從。更望我各地父老士紳輾轉告語，共相策勵，應知此次敵寇肆其侵略，實欲覆我宗夏，滅我種族，虜兵所至，屠殺焚掠，順民亦無倖免，追辱姦淫，老幼胥被凌虐，凡茲惨狀悉為實錄。以我詩書禮義之邦，詎容蛇蠍豺狼之蹂躪，且覆巢之下無完卵，束手決難偷生，存亡榮辱，爭於呼吸，為今之計，舍舉國一心，人人振奮，隨時隨地與敵作殊死周旋之外，別無可以自全之道。我各地父老士紳或為鄉邦輿望所歸，或為才智兼長之傑，務各乘時崛起，當仁不讓，號召鄉里子弟嚴密組織，本軍法之部轄，為抗戰之一助，協……

綫部隊盡其輸送之勞或與游擊部隊通呼應夾擊
之敵即在淪陷區域之内羣衆組合集多在交通便利之城市
其他鄉村或偏僻縣屬所有民衆依舊可以自由活動提挈
運用促多機會其有避難他鄉者尤盼返歸桑梓擔負匹夫有
責之義或奮勇中求生之圖率勵民衆躬為領導率隊抵抗拚
死挫敵本省委員長總領師干號籌戰局凡此義舉定獲優賞
身報國之賢豪皆當視同救命疆場股肱心膂之袍澤
夏憂患相同生死與共困難必予解除行動必使便利其有
特隆建樹協應機宜懋著勳績者必予通令之酬庸
其有不避艱險取義成仁因而犧牲者必予特殊之褒卹
易日其亡其亡繫於苞桑吾國有史以來每當異族侵凌
之會特多慷慨忠義之賢有明一代倭寇披猖不減今日其時
我魯蘇浙閩各地豪傑糾集民力自動殺敵保鄉著績
者不可勝數緬懷當前之危難尚想前賢之節概我各地父老士
紳救國自救雪恥復仇當必有投袂而起赴義爭先者兵務
盼我各縣黨部同志以中正此意廣為傳達集衆志以成城
盡大節以報國時乎不再願共勖之等語特電知照等因奉節
轉飭知照等因

等因，奉此，除分行外，合行令仰該縣府知照。此令。

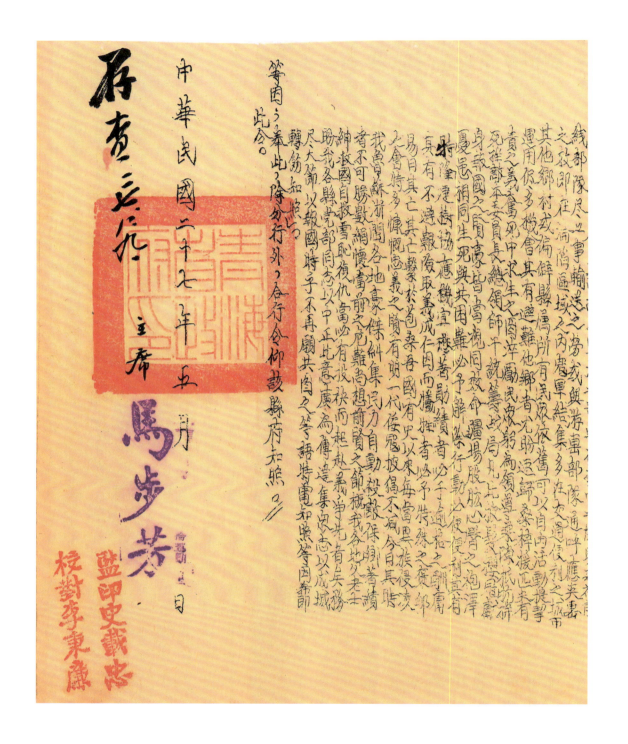

中華民國二十七年五月　日

主席　馬步芳

監印史戴忠

校對李秉廉

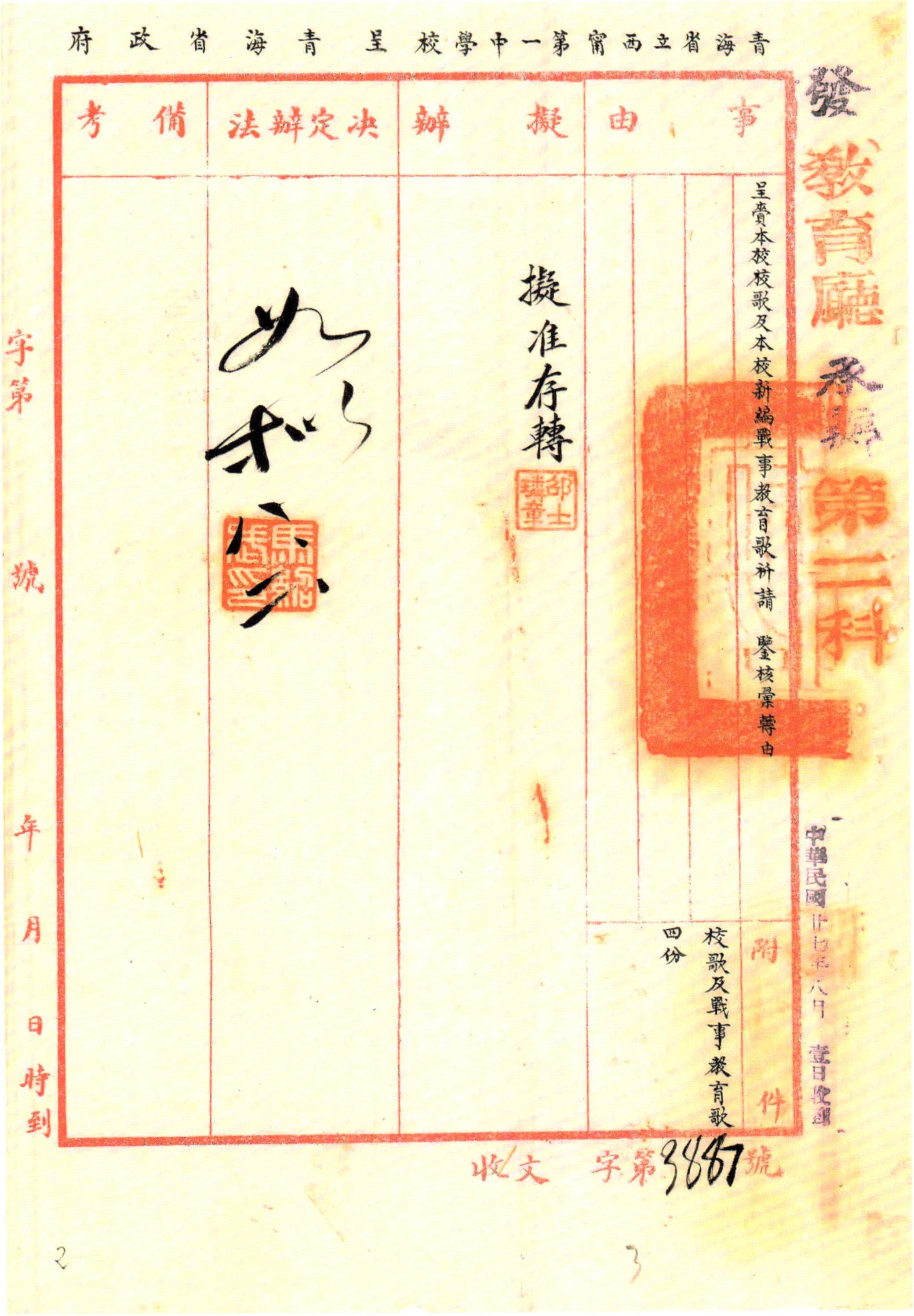
青海省立西甯第一中學校 呈 青海省政府
發
教育廳
承辦
第二科
事由
擬辦
決定辦法
備考
呈賫本校校歌及本校新編戰事教育歌祈請 鑒核彙轉由
擬准存轉
如擬
附件
校歌及戰事教育歌 四份
中華民國廿七年八月 壹日收到
收文 字第3887號
字第 號 年 月 日 時到

青海省政府、青海省立西宁第一中学校关于该校校歌及新编战时教育歌准予存转的往来文件

青海省立西宁第一中学校致青海省政府的呈文（一九三八年七月三十一日）

呈為呈賫事：案奉

鈞府本年七月二十八日教字第一一八號訓令節開：

「飭將本校校歌呈賫二份，以憑存轉」

等因；奉此，遵將本校校歌及本校新編戰事教育歌，各繕造二份，一併呈賫，祈請

鑒核彙轉。

謹呈

青海省政府主席馬

計附呈 青海省立西甯第一中學校校歌及戰事教育歌各二份

青海省立西甯第一中學校校長王祝三

4

中華民國二十七年七月三十一日

青海印刷局印

附（一）青海省西宁第一中学校校歌

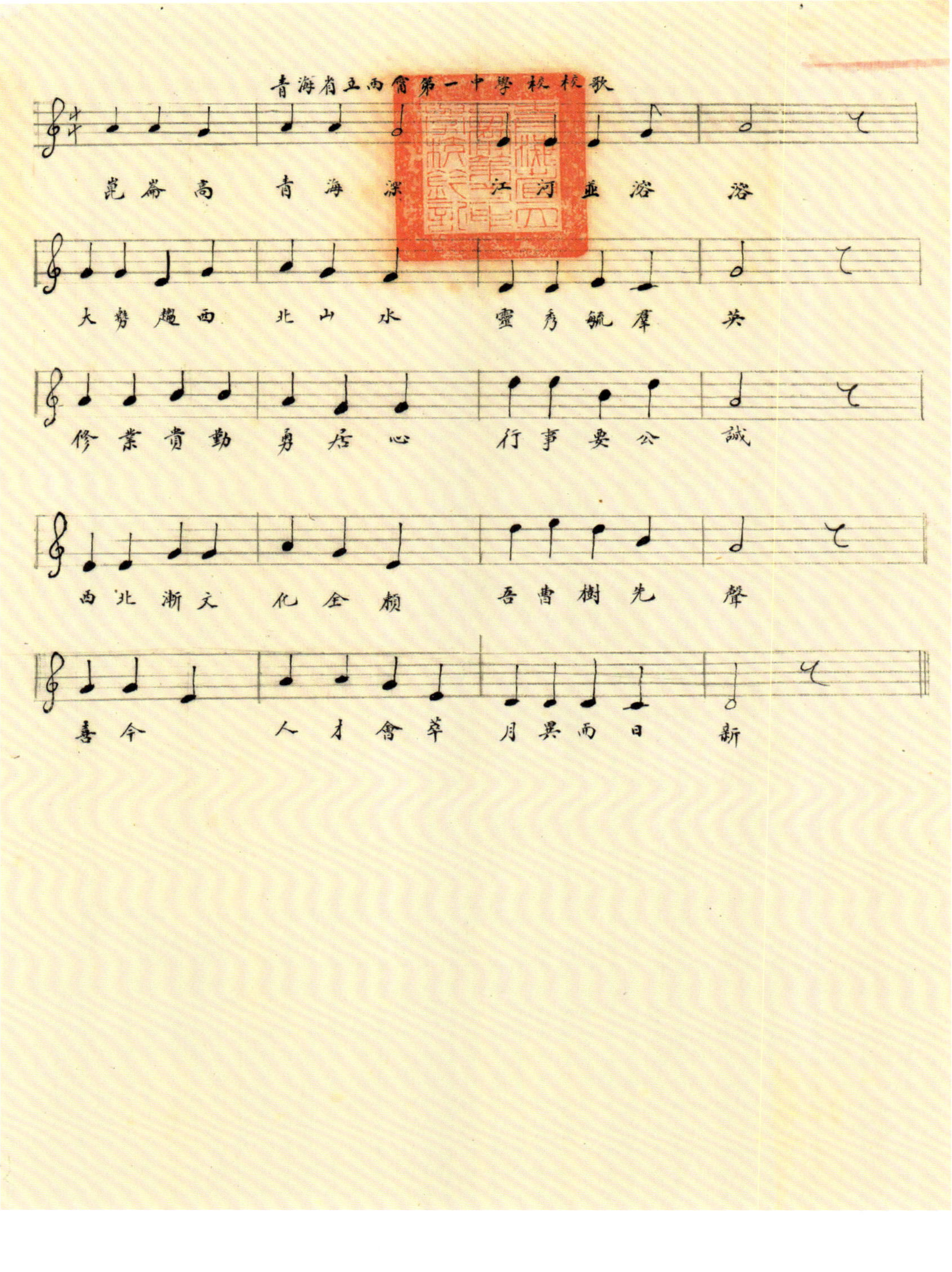

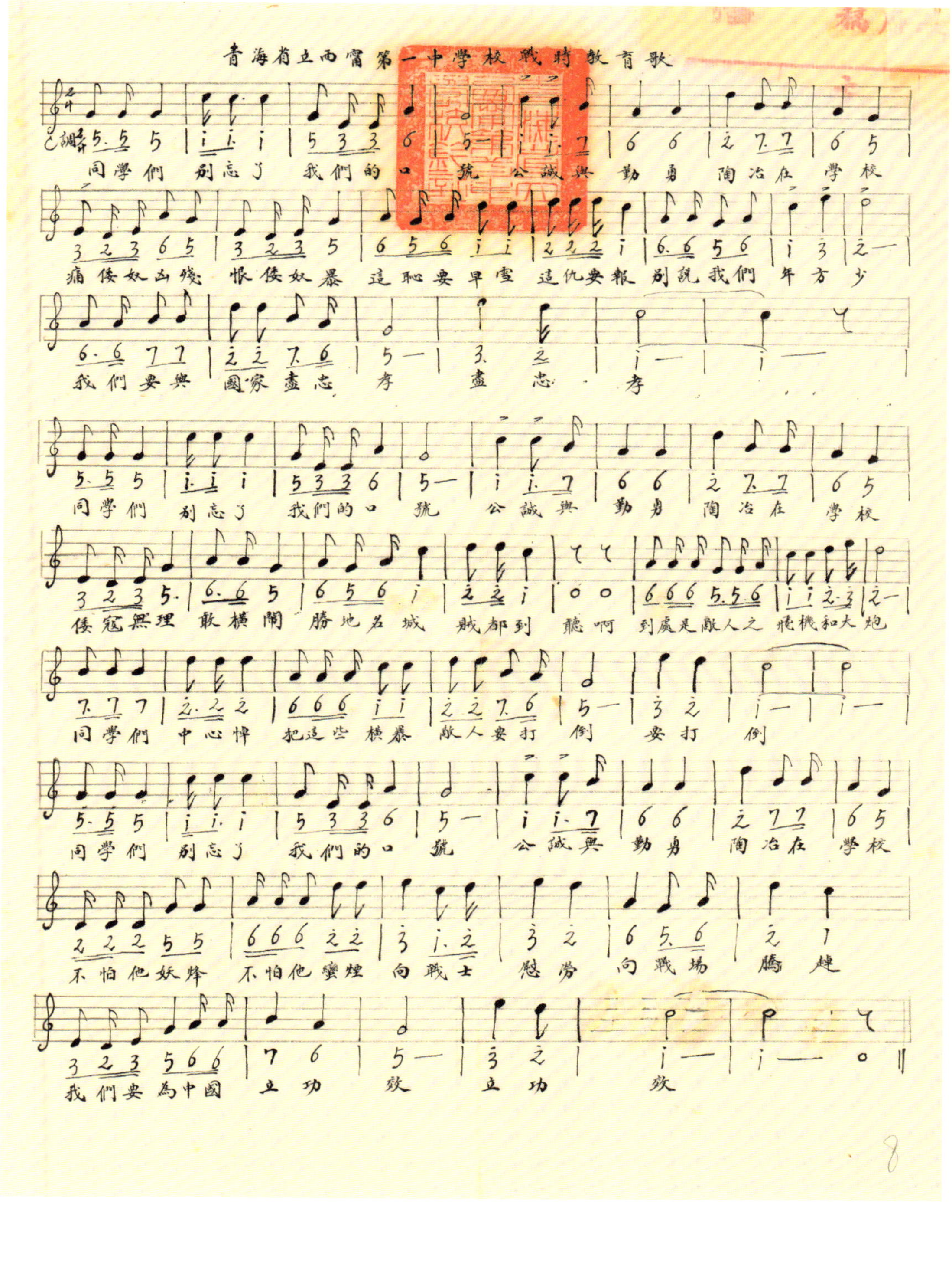

附（二）青海省立西宁第一中学校战时教育歌

青海省政府致青海省立西宁第一中学校指令（一九三八年九月九日）

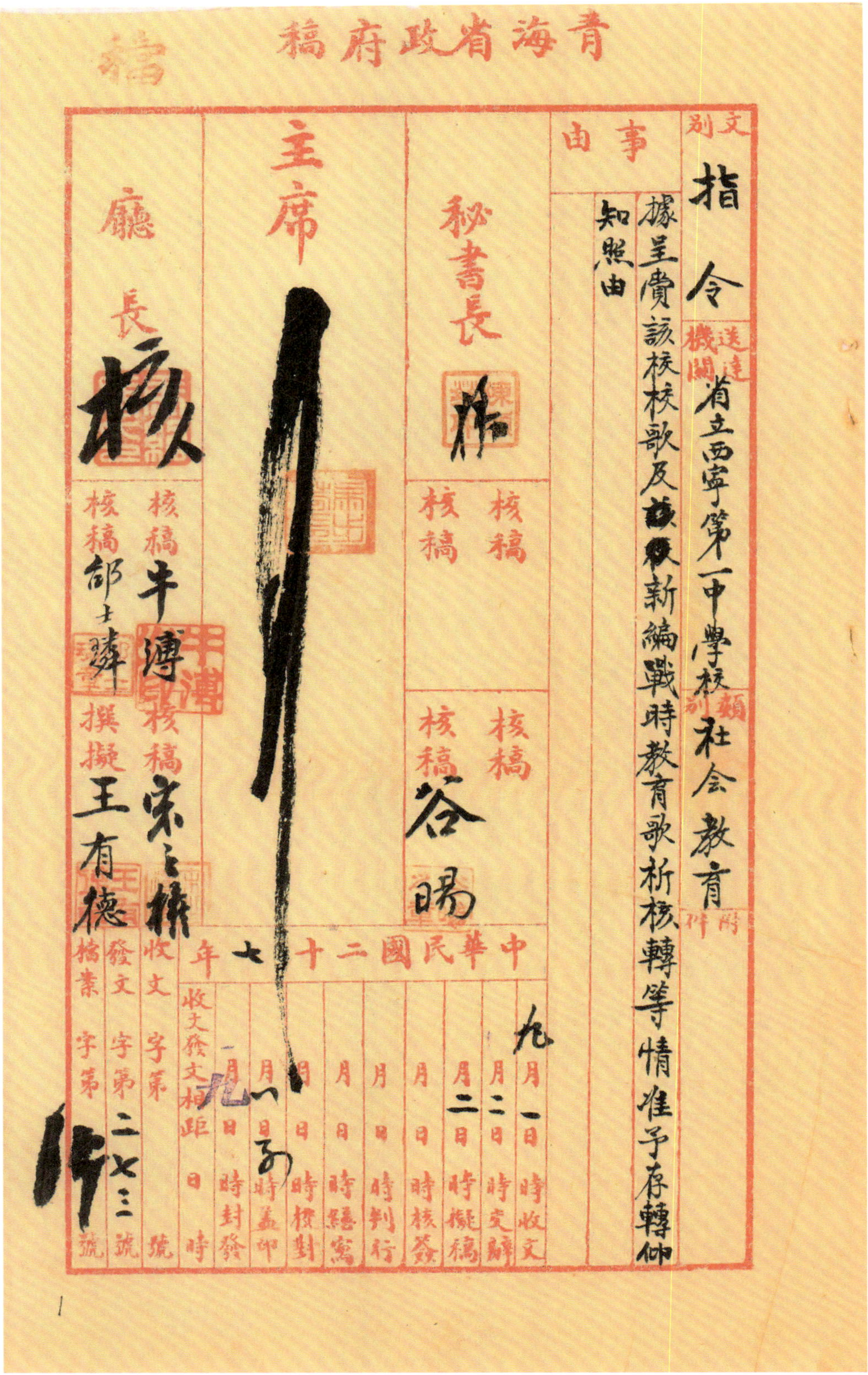
青海省政府稿

檔

文别：指令

送達機關：省立西寧第一中學校

類别：社会教育

事由：據呈賫該校校歌及該校新編戰時教育歌祈核轉等情准予存轉仰知照由

主席

秘書長

廳長

核稿 牛溥

核稿 郜士璘

撰擬 王有德

核稿 宋

核稿

核稿 谷暘

中華民國二十七年 九月一日收文 月二日 月二日

收文 字第 號

發文 字第二七三號

檔案 字第 號

本府指令　教字第273號

令省立西寧第一中學校

本年七月三十一日呈一件——呈賚校歌及新編戰時教育歌祈核轉由

呈歌均悉。准予存轉。仰即知照。

此令。歌存轉

中華民國二十七年九月　日

主席馬○○

繕寫　校對　監印

青海印刷局印

青海省教育会、青海省政府等关于建议各中小学于正课外选授有关抗战教材事的来往公文

青海省教育会致青海省政府的呈（一九三八年八月二日）

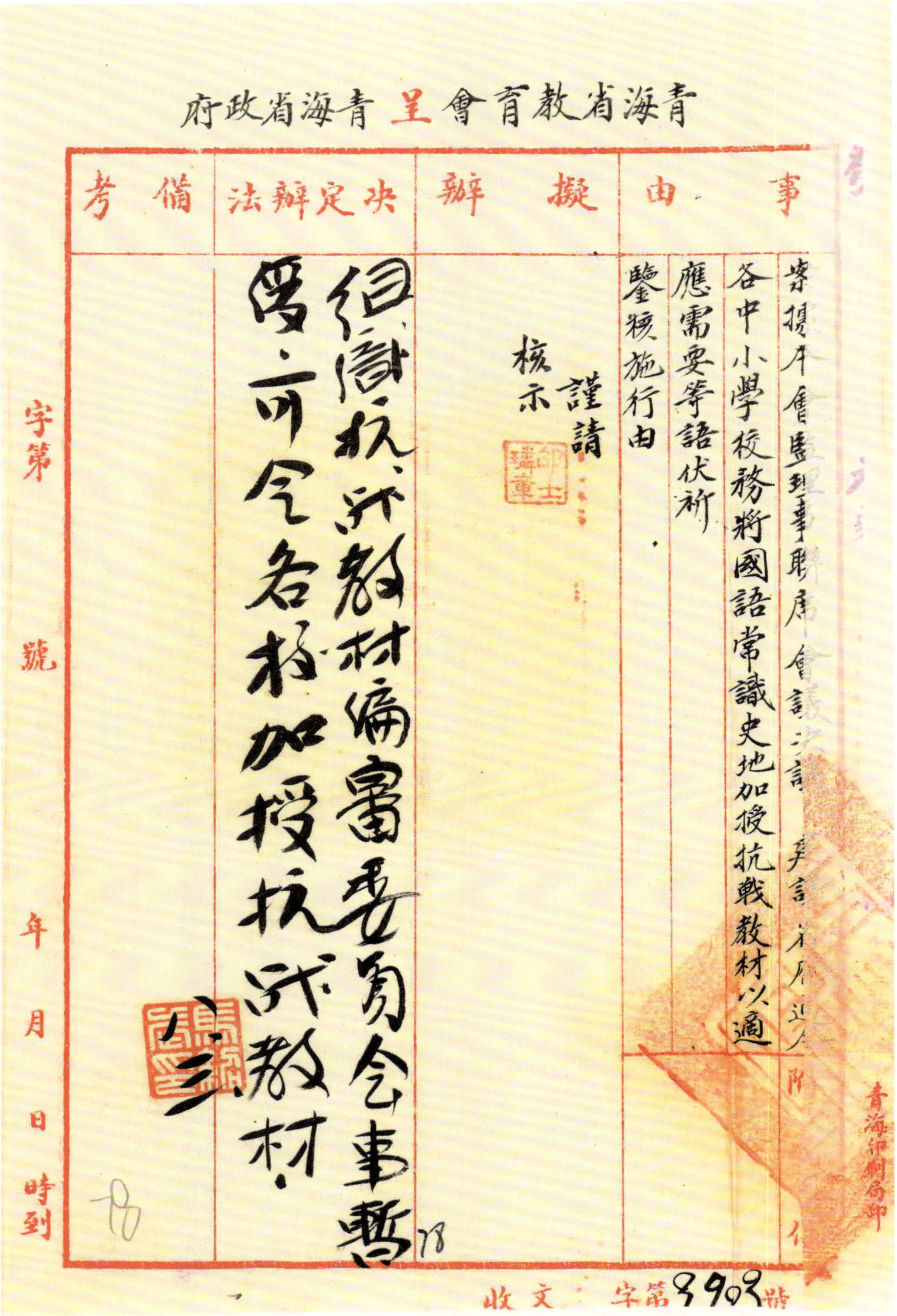

青海省教育會 呈 青海省政府

事由	擬辦	決定辦法	備考
案據本會監理事聯席會議決議呈請鈞府通令各中小學校務將國語常識史地加授抗戰教材以適應需要等語伏祈鑒核施行由	謹請核示	組織抗戰教材編審委員會專事選可令各校加授抗戰教材 八三	

字第　號　年　月　日　時到

收文　字第3909號

青海印刷局印

呈為建議事：案據本會監理聯席會議決議：

「值此抗戰建國時期，各中小學校教材，不適應需要者頗多，應由本會建議　省政府通令全省中小學校，先將國語常識史地等科不需要部分，盡量刪除，加授有關抗戰之教材，以應急需」等語紀錄在卷。查我國學校教材，前以國人苟愛和平之故，多係提倡博愛、互助，非戰厭戰之文字，不能激動民族同仇敵愾，犧牲抗戰之情緒，故均應一律刪除，加增喚起民族抗戰意識之材料，諸凡民族英雄殺身成仁之模範，及甲午以後倭敵侵略中國之史實，戰時應有之一切防

空防毒救護等常識，皆宜編為有系統之教材，以資補充。關於此項辦法，

中央暨各省均有抗戰教育委員會之組織，本會亦早有建議。本省教育落後，印刷復極不便，此種教材，若任各校自由選擇，仍恐不甚妥善，且有視為具文，推延不肯遵行之虞。擬請

鈞府從速召集教界高級職員，組織抗戰教材編審委員會，在最短時間，編印國文常識史地補充課本，分發各校應用，始可不託空言而收實際之效果矣。是否有當？理合據案建

議，伏祈

79

鑒核施行，實為教便！謹呈

青海省政府主席馬。

青海省教育會常務理事祁中道

祁中道印

中華民國二十七 八月 二 日

80

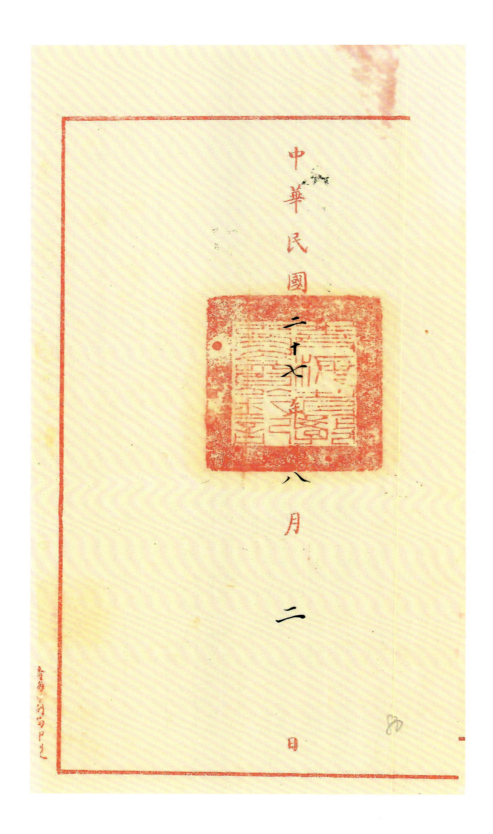

青海省政府致各机关、学校、省教育会训令及指令（一九三八年八月九日）

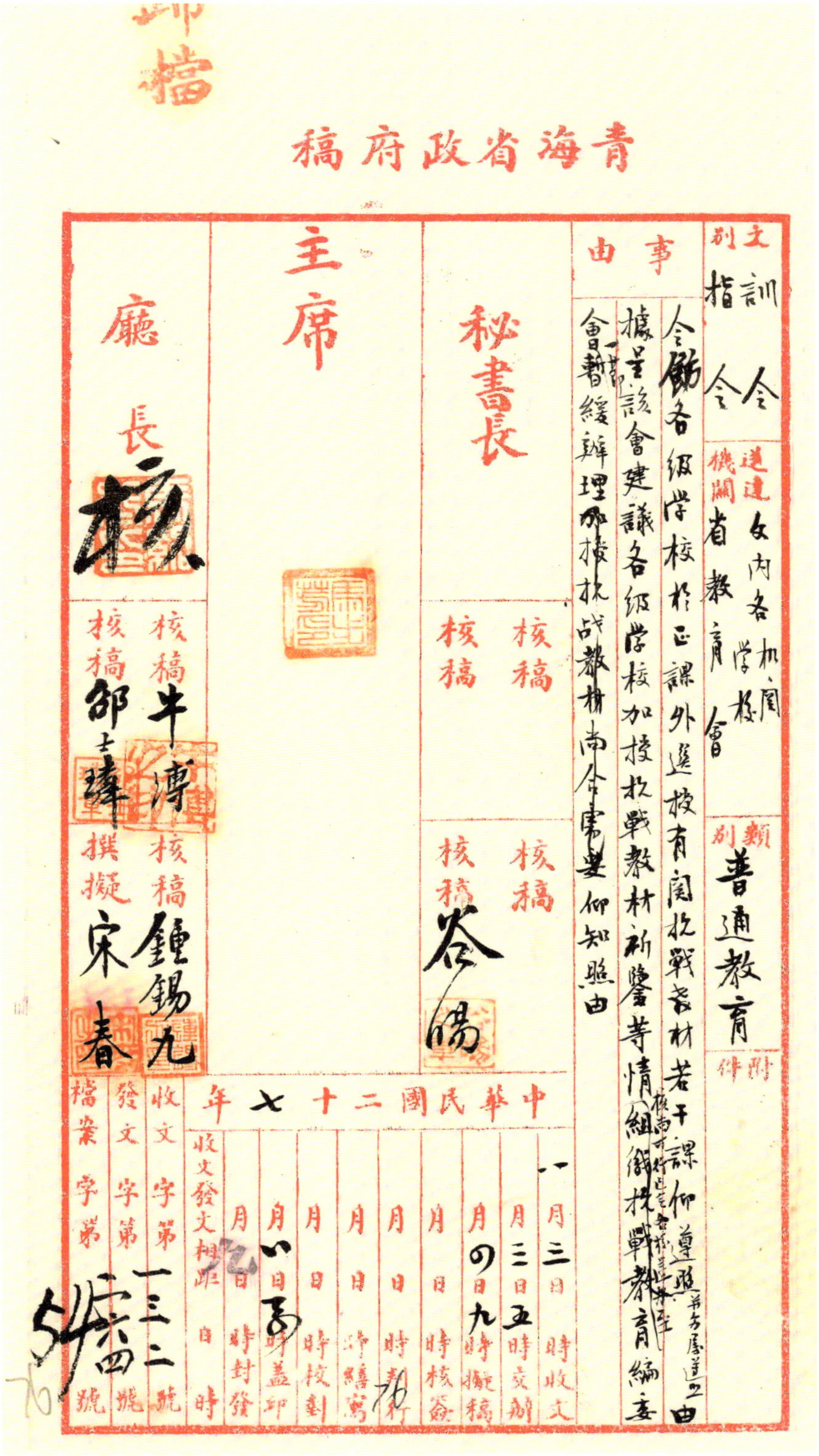

本府訓令　教字第132號

令　各縣政府　蒙藏文化促進会
　　省立各中等學校　回教促進会

查值茲三期抗戰開始之際，宣傳工作，刻不容緩，凡屬國人，亟應堅強其抗戰必勝建國必成之信心，明悉有關於抗戰之常識〔以便隨時宣傳〕。各級學校於正課外，應抽酌〔搜集歷史上〕選授有關〔民族偉人〕抗戰之教材若干課〔加以選授〕，俾學生澈底明瞭，用廣宣傳，除分令外，合行令仰該〔縣校会〕遵照，并轉飭所屬〔学校〕一体遵照。

此令。

本府指令　教字第264號

令省教育會

本年六月二日呈一件——呈請該會建議令組學校加授抗戰教材祈鑒核由

呈悉。查據該會核所呈建議組織抗戰教材編審委員會一節，應暫緩辦理；至於加授抗戰教材，尚合需要。除令行各級學校遵照外，仰知照。此令。

中華民國十七年七月　日

主席馬

青海省政府之印

繕寫

校對

監印

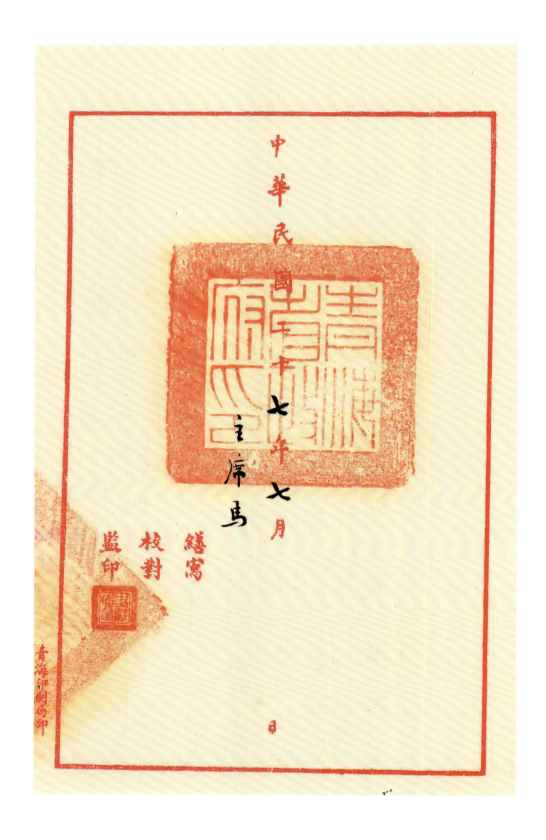

青海印刷局印

13

青海省政府訓令　教字第132號

令省立西寧第一中學校

查值兹二期抗戰開始之際宣傳工作刻不容緩凡屬國人亟應堅強其抗戰必勝建國必成之信心明悉有關抗戰之常識以便隨時宣傳各級學校於正課外應搜集歷史上有關民族禦侮抗戰教材若干課加以選授俾學生徹底明瞭用廣宣傳除分令外合行令仰該校遵照

此令。

12

遵办

中華民國三十三年八月九日

主席 馬步芳

（印：青海省政府印）

監印戴忠

校對李[illegible]

青海省政府关于嘉奖青海省回教促进会立高级中学校学生抗战宣传团事致该校的训令（一九三八年九月十日）

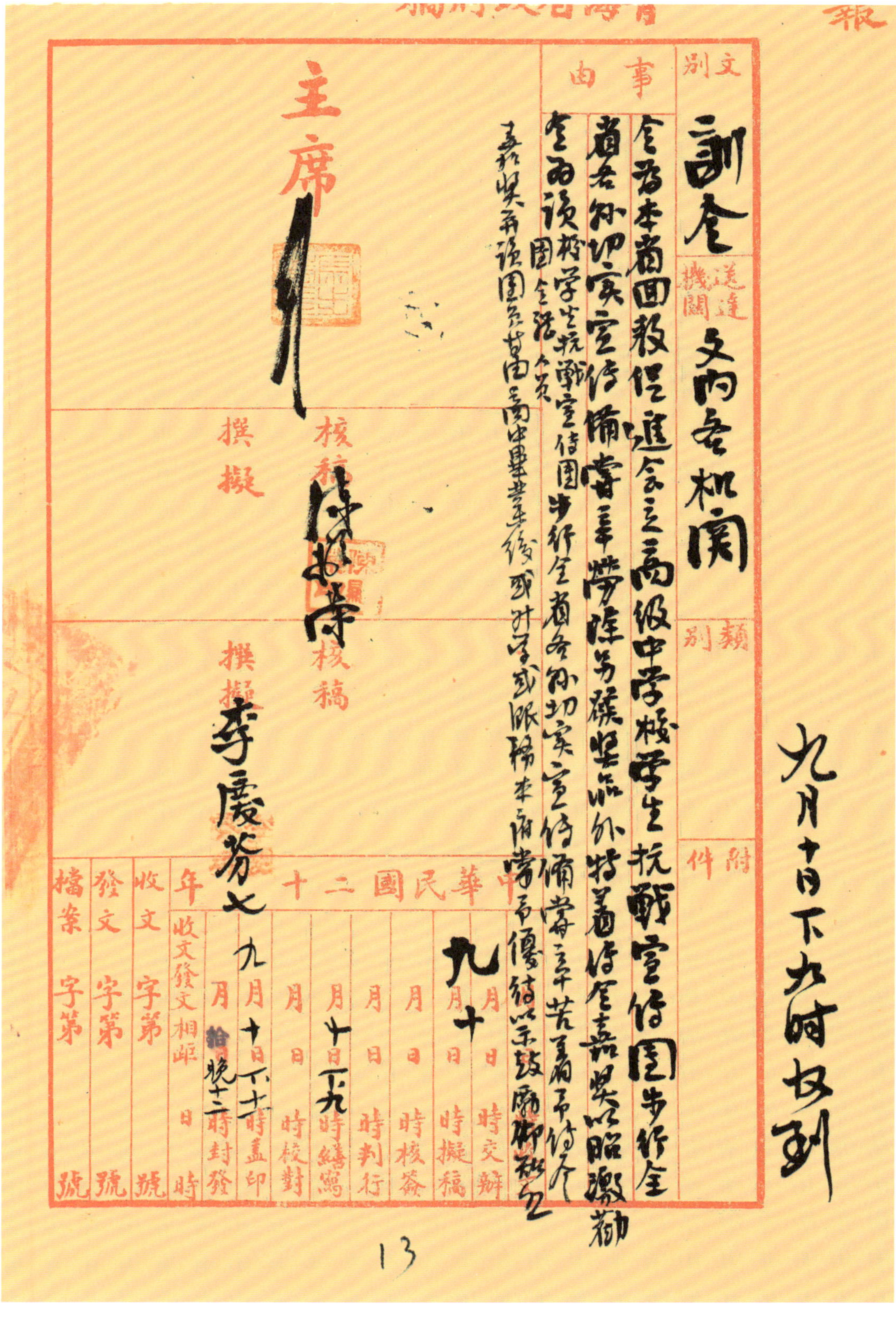

青海省政府稿

文别：训令

送达机关：文内各机关

事由：令为本省回教促进会之高级中学校学生抗战宣传团步行全省各处切实宣传备尝辛劳殊堪嘉奖除分行外特着传令嘉奖以昭激劝

令西该校学生抗战宣传团步行全省各处切实宣传备尝辛苦着即传令

团全体人员

嘉奖并该团各生由高中毕业后或升学或服务本府当予优待以示鼓励此令

主席

核稿

撰拟 李庆芳

中华民国二十七年九月十日下十时盖印

九月十日下九时缮写

九月十日交办

九月十日下九时收到

13

本府訓令　秘机字第　號

令全省各機關　各縣政府　各學校

查本省回教促進會立高級中學校學生抗戰宣傳團此次步行全省各縣歷時兩月深入民間對抗戰情緒剴切宣傳收效極鉅似此風塵跋涉不辭勞瘁之精神殊堪嘉許除由本府發給獎品並頒給令嘉獎並該團員等由高中畢業後或升大學或服務本府當予優待以示鼓勵外合亟令仰該〇知照此令

本府訓令　秘机字第422號

422

14

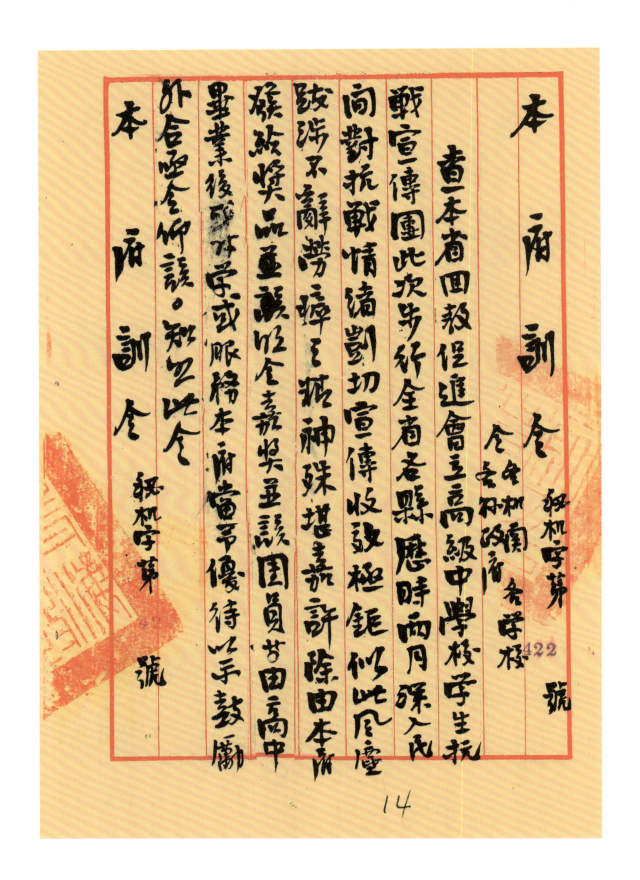

令四教促進會立高級中學校

查該校學生抗戰宣傳團此次步行全省各縣歷時兩月深入民間對抗戰情緒剴切宣傳收效極鉅似此風塵跋涉不辭勞瘁之精神足見該校平日教育得法殊堪嘉許除另發獎品並傳令嘉獎外至該團員皆由高中畢業後或升學或服務本府當予優待以示鼓勵合亟令仰該校知照此令

本府訓令　秘机字第424號

令四中學生抗戰宣傳團

15

查該團全體人員此次赴省各縣歷
時兩月深入民間對抗戰情緒剴切宣傳收效
極鉅似此風塵跋涉不辭勞瘁之精神殊堪
嘉許除另發獎品並傳令嘉獎外查該團員
皆由高中畢業後或升學或服務本府當予
優待以示鼓勵合亟令仰該團知照並轉飭
各團員一體知照此令

青海印刷局印

16

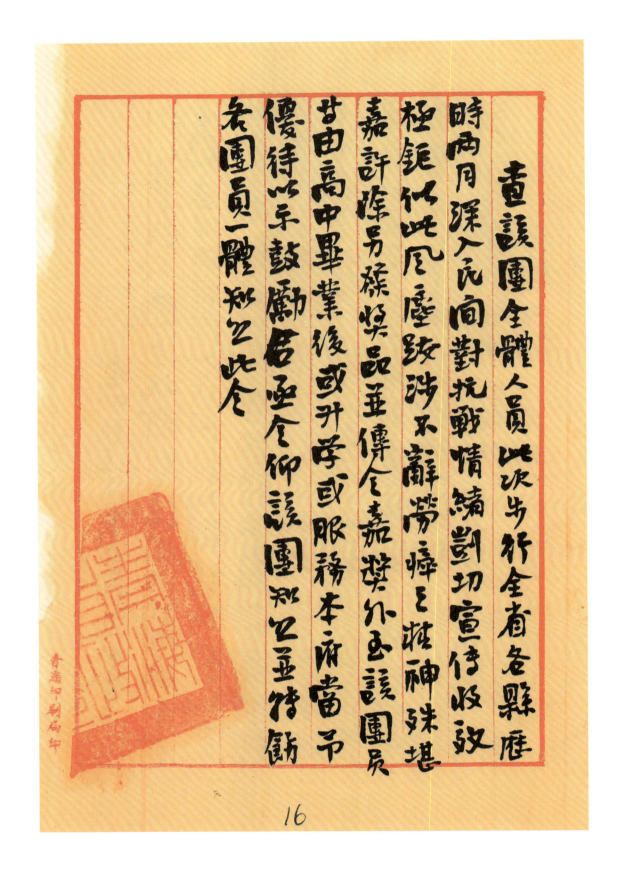

中華民國二十七年九月　日

繕寫

校對

監印

青海印刷局印

17

機要股即办

查回教促進會此时宣傳團此次步行全省各縣切實宣傳備嘗辛苦收效至钜除另發給獎品外應請明令嘉獎以資鼓勵該生等高中畢業後在升學或服務方面予以優待

九、十、

青海省政府教育廳

秘書處照办

18

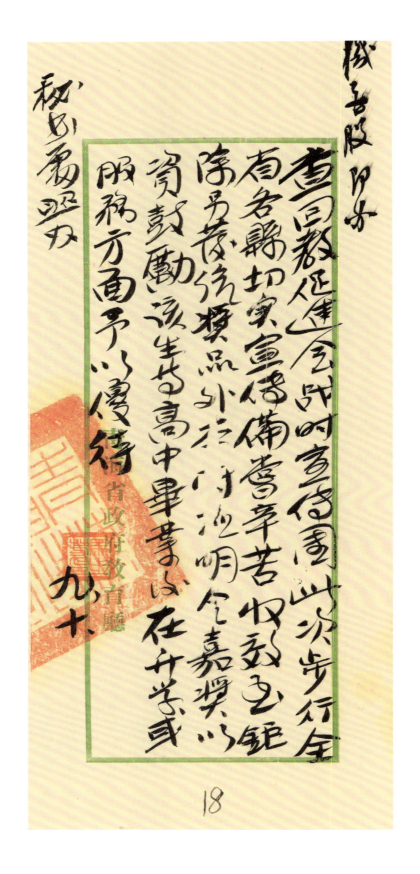

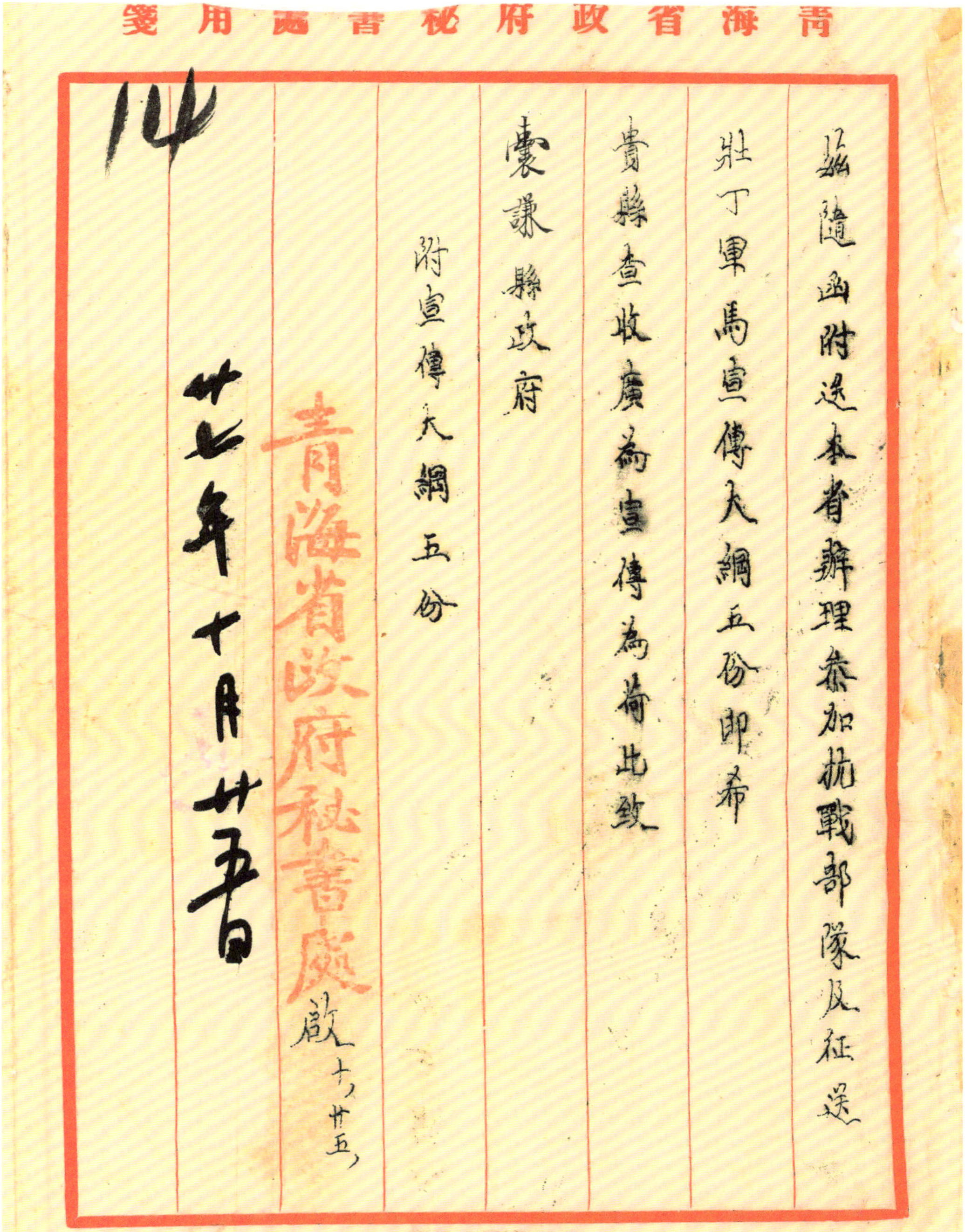
青海省政府秘書處用箋

14

茲隨函附送本省辦理參加抗戰部隊及征送
壯丁軍馬宣傳大綱五份即希
貴縣查收廣為宣傳為荷此致
囊謙縣政府
附宣傳大綱五份
青海省政府秘書處啟
十，廿五，
廿七年十月廿五日

青海印刷局印製

青海省政府秘书处关于送该省办理参加抗战部队及征送壮丁军马宣传大纲致囊谦县政府的函（一九三八年十月二十五日）

附：宣传大纲

宣傳大綱

甲、兵役之重要

在持久抗戰之現在，每日兵員損失，數目至鉅，若以現役軍隊，作敵人科學武器之消耗，實有不逮，是以中央竭力倡導兵役宣傳，并按各省人口密度，厘定徵調壯丁之標準，繼續訓練，隨時補充，如是我四萬萬七千萬之衆，人人抱定有國無家，有我無敵之決心，與寇日周旋，必能抗戰到底，把握最後之勝利。

乙、本省情形

青海雖然處在西北角落，在抗戰全面，也佔重要部分，二百萬民衆，在 馬主席領導之下，積極接受訓練，情緒激昂，對於聖神之抗戰工作，頗具爭先參加，惟恐其後之決心，但是本省年來，災患頻仍，剿匪救患，民困未蘇，馬主席以累世治青，垂三十年，悠久歷史之情感，以「不攤款不拔兵」作為政極則，苦心擘劃，處置困難，是以本省過去，奉命徵調騎兵兩師，共一萬二千人參加抗戰，早經編制就緒，開赴前方，其間除馬縣師步兵一旅二千七百三十六員名外，其餘騎兵五旅，人數九千二百六十四員名，馬匹槍枝，全身武裝，配備齊全，步兵每人配槍一枝，彈五十發，及其他束裝，約費洋三百五十元，騎兵每人配槍馬各一，彈五十發，及其他束裝，約費洋五百元，兩師步騎合計，共約支洋五百五十八萬九千六百元。又本省第一次二十七年度八月份起，十二月份止，應徵壯丁一千名，第二次二十八年度元月份起，八月份止，應徵壯丁五百名，並徵軍馬五百匹，并送砲兵馭手三百名，馬伕一百二十名，均由 主席自行籌劃，先後送去，人馬服裝鞍韉，配備齊全，每人服裝，約費五十元，共約費洋九萬一千元，每馬一匹馬價及配備需洋一百五十元，共約洋七萬五千元，人馬合計，共需洋一十六萬五千元。

最近又奉 委員長電令，徵送壯丁一千五百名， 主席於奉命後，以本省壯丁，正在訓練，徵調不易，請改折軍馬一千匹，已蒙照准，此項馬價，約值洋一十五萬元，現正籌辦。

丙，辦理經過

以上歷次開拔軍隊，徵送軍馬壯丁，所需總數五百七十五萬六千餘元，連同開拔各費，已達六百萬元以上，此種鉅大支出，若由全省二百萬人民分擔，每人應負三元，若每家以八口計，則每家應擔二十四元，但 主席一本不攤款不拔兵之初心，所有上項各費，除 中央撥發一部開拔費外，完全由個人苦心籌劃，羅掘墊付，應徵兵員，均由軍隊中抽撥派送，并不向民間攤一款要一兵，即最近之軍馬一千匹，亦由 主席墊款十五萬元，赶即購送，并不向民間攤派分毫，使本省人力物力，有所蘊蓄，以備國家萬一之需，亦即 主席親民護民初心之表徵。

丁，我們應有的認識

基於以上各種事實，我們知道 主席之一舉一動，一思一念，完全是為民衆謀幸福圖樂利之打算，我們明瞭了 主席維護民衆之好意及體恤民衆之苦心，應當竭誠服從，以表感謝，赤忱擁護，以示報答。

青海省政府关于该省在抗战期内征送军队壮丁军马等经过情形给青海省省垣各中小学校、各县政府等的训令

（一九三八年十月三十日）

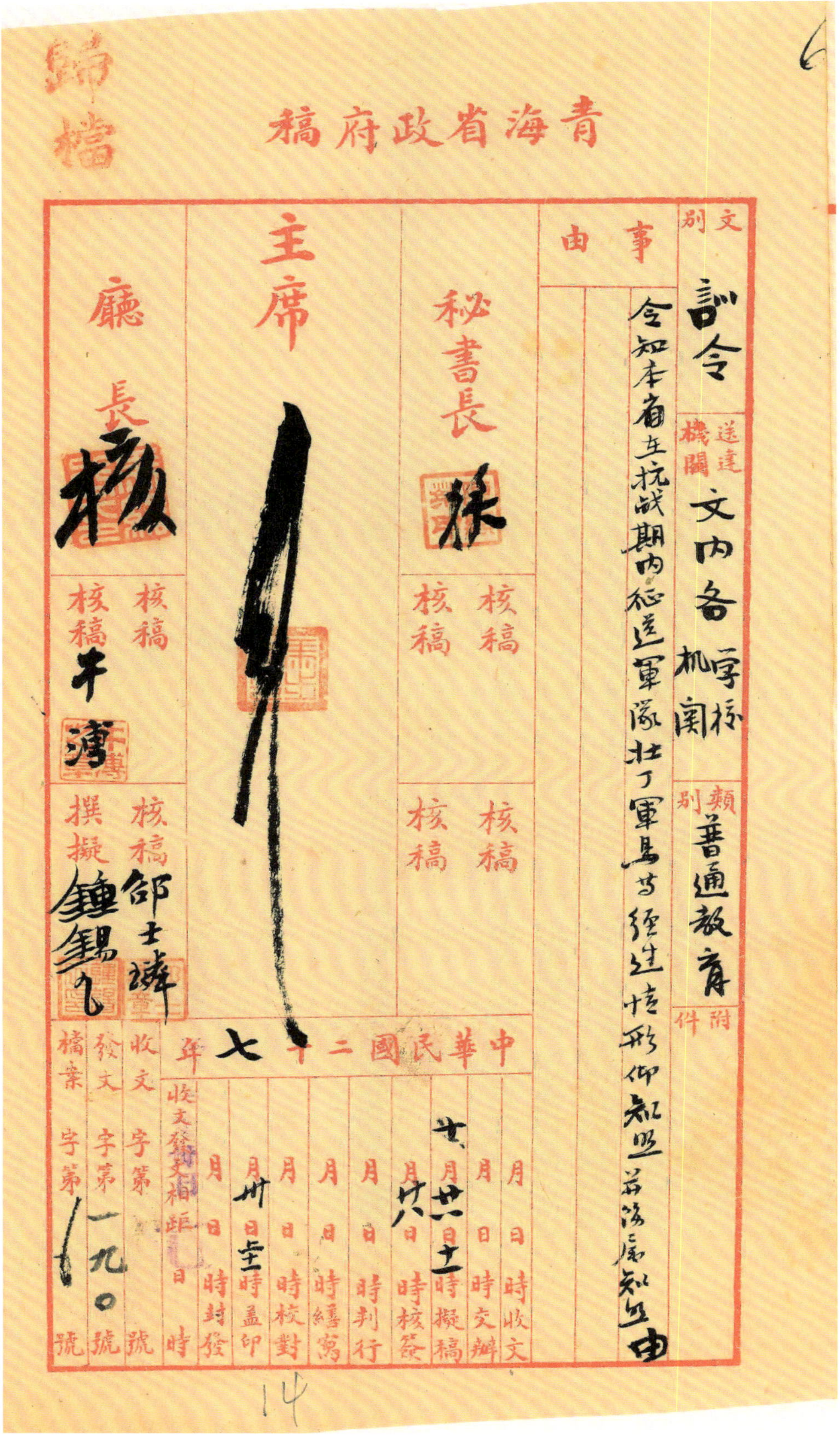
歸檔

青海省政府稿

文別：訓令

送達機關：文內各機關

類別：普通教育

附件：

事由：令知本省在抗戰期內征送軍隊壯丁軍馬等經過情形仰知照並飭屬知照由

秘書長

主席

廳長

核稿　核稿

核稿　核稿　牛溥

核稿　核稿

撰擬　核稿　鍾錫九　郃士璘

中華民國二十七年

收文　月　日　時

交辦　月　日　時

擬稿　月廿一日十一時

核簽　月廿八日　時

判行　月　日　時

繕寫　月　日　時

校對　月　日　時

蓋印　月卅日十一時

封發　月　日　時

收文發文相距　日　時

收文　字第　號

發文　字第一九〇號

檔案　字第　號

14

本府訓令　教字第 9 號

令各縣縣政府、省垣各中小学校、樂都中學校、省回蒙二促進会

查抗战開始，十有七月，每日前防兵員之傷亡為數甚鉅，徵調補充，刻不容緩，中央為適應斯項要求，屬行徵兵制度，並按各省人口多寡之比例，以定抽調壯丁之標準，分期訓練，隨時調補，期以日寇抗战到底，以求最後之勝利。青海雖僻處西北，然於抗战方面，頗居重要地位，二百萬民衆均能上下一心，接受軍事訓練，对于抗战工作踴躍參加，壯志熱腸，難能可貴！但本省年来[illegible]兩戰匪困邊，民力已竭，近雖幸告敉安，而元氣尚未恢復，[illegible]，此次省府改組，本主席謬主省政，任職於多事之秋，受命於凋敝之際，[illegible]心，規劃時虞難周，深知民力如不充實，不足以言抗战，莅政之初，即以不攤款、不拔兵，作施政之要則，去歲本省

繕寫　核對　監印

奉命徵調参战騎兵兩師，槍彈馬匹，以及全副武装各費，共約支洋五百五十八萬九千六百元；又第一次廿七年度八月份起，十二月份止，應徵壮丁一千名，第二次廿八年度元月份起，八月份止，應徵壮丁五百名，折徵軍馬五百匹，并送砲兵馭手三百名，馬夫一百二十名，人馬服装鞍韉，共需洋一十六萬五千元；最近又奉電令徵送壮丁一千名，呈准改折軍馬一千匹，刻已籌得十五萬元，準備購送，以上歷次開拔軍隊，徵送軍馬壮丁，共需洋五百七十五萬六千餘元，加以開拔各費，總數已達六百萬元以上，如此龐大費款，若由全省二百萬民众分担，每人應負三元，八口之家，則應納二十四元，本省地瘠民貧，呈款不為不多，政府為体恤民艱，不忍再加負担，以增民累，該用各費，均由

16

學校查知照
飭條等字審

本席於左支右絀之餘，設法填付，應徵兵員亦經苦心籌措，概由
軍隊中抽送，並未向民間攤派一兵一款，務使全省之人力物力，
集中蘊藏，以備將來國家萬一之需，藉示與民生聚，共謀
充實之至意。此爲本席蒞任以來，宵旰勤求之苦衷，全省
民衆諒應熟悉，而共曉者也。諒必同德同心，挽狂瀾於
將倒，再接再厲，躋國家於富強，本主席有厚望焉！除
分令外，合行令仰該縣府（校）、（會）知照，并轉飭該屬（全体學生隨時勸導俾全省民衆）一体知照，
并曉諭查照，此令。

中華民國二十七年十月　日

青海省保安处关于附发《抗战歌声》致青海省循化县壮丁司令部的训令（一九三八年十一月二日）

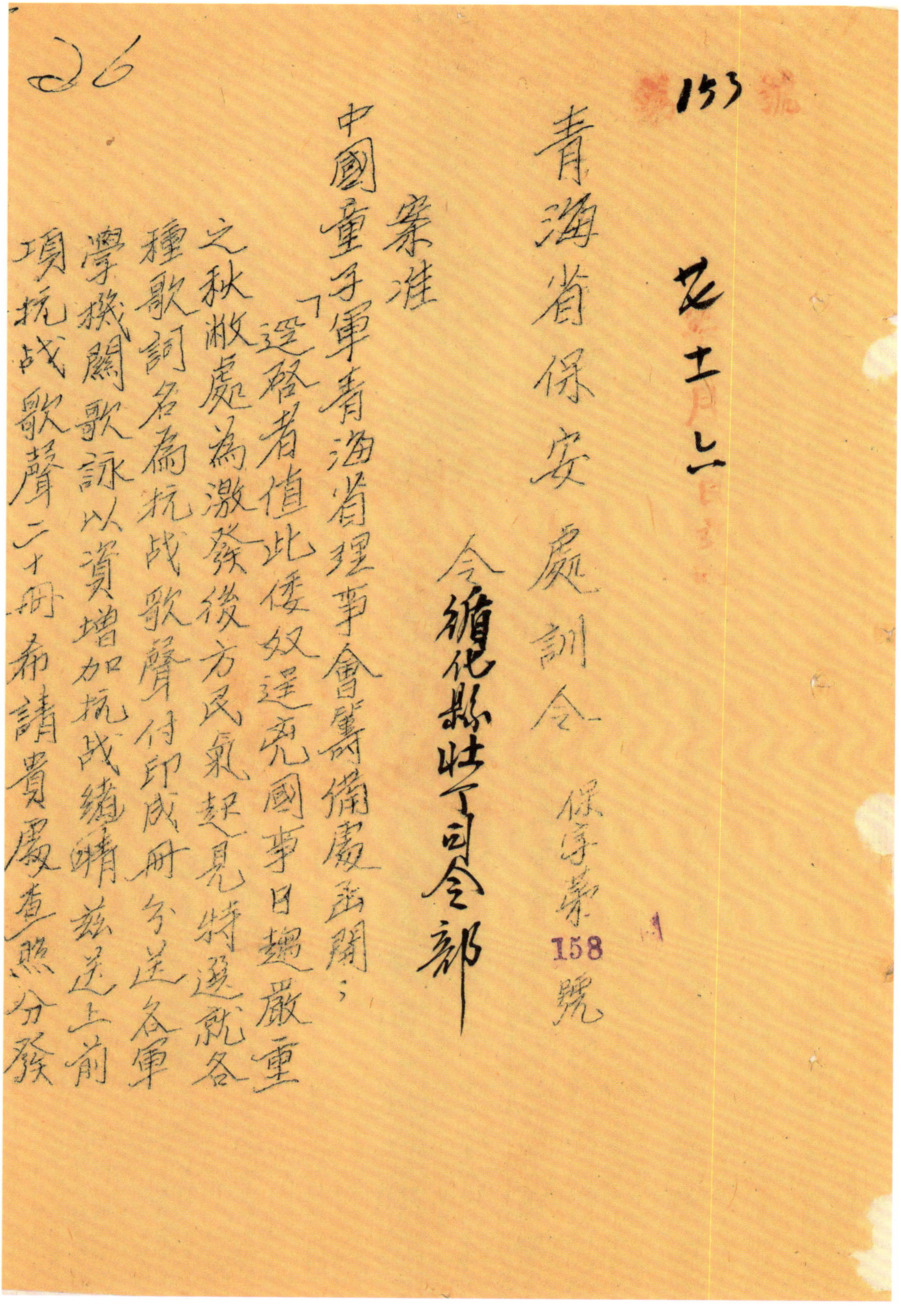

青海省保安處訓令　保字第158號

令循化縣壯丁司令部

案准

中國童子軍青海省理事會籌備處函開：「逕啓者值此倭奴逞兇國事日趨嚴重之秋，敝處為激發後方民氣起見，特選就各種歌詞名為抗战歌聲付印成冊分送各軍學機關歌詠以資增加抗战緒精茲送上前項抗战歌聲二十冊希請貴處查照分發

此致

等由，附送抗战歌聲二十冊，准此，除分令外，合行檢發抗战歌聲一冊，令仰該**部**查收應用！！

此令。

附抗战歌聲一冊

中華民國二十七年十一月

處長

副處長

馬步芳

中華民國廿七年 月 日

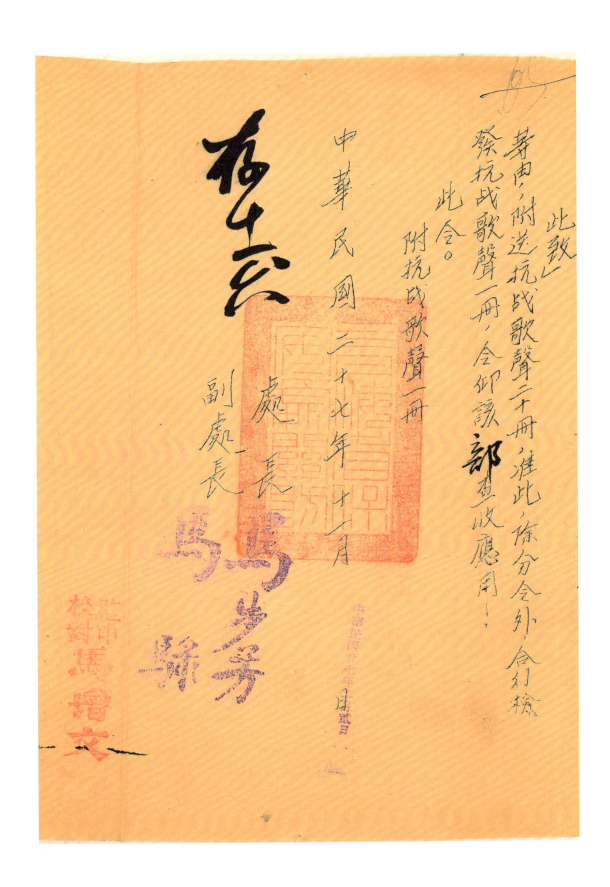

監印 校對 馮增文

青海省立西宁简易女子师范学校关于呈送该校编印《抗战先声集》请汇转事致青海省政府的呈

（一九三九年一月十二日）

青海省立西寧簡易女子師範學校 呈 青海省政府

事由：抗戰先聲集一本

擬辦：擬准彙轉

決定辦法：如擬

備考

字第 號 年 月 日 時到

收文 字第8824

88

呈為呈賫事案奉

鈞府教字第二五零號訓令除原文有案請免全錄外尾開：

「合亟令仰該校遵照速將是項音樂教材限於文到二週内

呈賫來府以憑彙轉為要此令」

等因奉此竊查職校音樂教材除授臨時編製歌曲外業於去年

上期編印抗戰先聲集一本平日教授率以此為標準茲奉前令

理合具文呈賫伏祈

鑒核彙轉施行謹呈

青海省政府主席馬

中華民國二十八年元月十二日

青海省政府关于西宁高级中学第二期抗战宣传嘉奖事致青海省政府教育厅的训令（一九三九年二月二十四日）

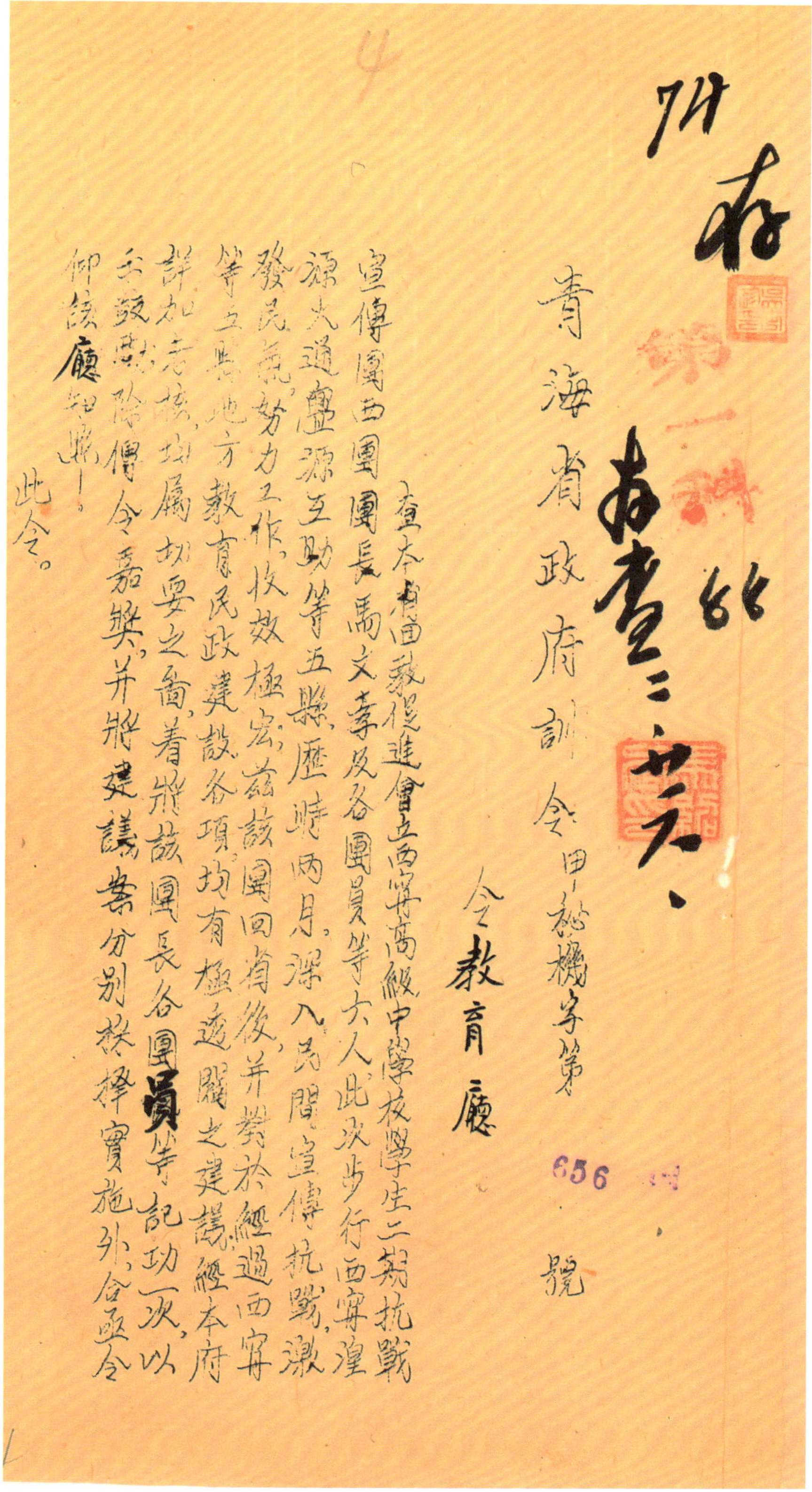

青海省政府訓令 甲秘機字第 656 號

令教育廳

查本省教育促進會立西寧高級中學校學生二期抗戰宣傳團西團團長馬文彦及各團員等六人，此次步行西寧湟源大通亹源互助等五縣，歷時兩月，深入民間，宣傳抗戰，激發民氣，努力工作，收效極宏；茲該團回省後，并對於經過西寧等五縣地方教育民政建設各項，均有極透闢之建議，經本府詳加考核，均屬切要之圖，着將該團團長各團員等記功一次，以示鼓勵，除傳令嘉獎并將建議案分別採擇實施外，合亟令仰該廳知照！

此令。

中華民國二十八年二月

主席 馬步芳

監印 王 靖

校對 劉[illegible]熙

青海省政府关于传令嘉奖回中学校学生二期抗战宣传团东团事致青海省回教促进会立西宁高级中学校、各县政府等的训令（一九三九年三月七日）

抄登日報 抄登公報

文別：訓令

送達機關：文內各校內 回中學生二期抗戰宣傳團東團

事由：令為回中學生二期抗戰宣傳團東團長馬耀武及各團員等步行樂都等五縣切實宣傳備歷艱苦着予傳令嘉獎并記功一次以示鼓勵仰知照

類

附件

主席

撰擬 核稿

撰擬 賈延壽 核稿 李慶芳

中華民國二十八年

三月六日 擬稿

三月七日

27

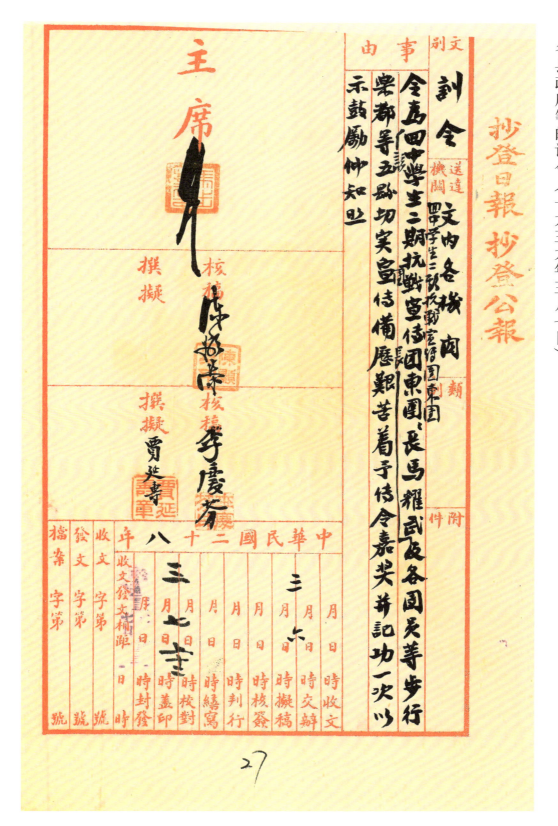

本府訓令　甲秘机字第680号

令　回教促進會立西寧高級中學校
　　各縣政府各機關及各學校

查該本省回教促進會立西寧高級中學校學生二期抗戰宣傳團東團、長馬耀武及團員馬秉禮馬得俊張發榮穆建勳張復旺等此次步行樂都民和化隆循化貴德等五縣歷時三月深入民間對於抗戰情形剴切宣傳收效極鉅似此風塵跋涉不辭勞苦之精神殊堪嘉許着將該團、長及各團員等記功一次以昭激勸除以令嘉獎並分行外合亟令仰該○知照此令

28

本府訓令　甲秘机字第　号

令西寧中學生三期抗戰宣傳團團長馬耀武等

查該團全體人員此次步行樂都、民和、化隆、循化、貴德等五縣，歷時三月，深入民間，對於抗戰情形剴切宣傳，收效極鉅，似此風塵跋涉，不辭勞苦之精神，殊堪嘉許，着將該團團長及各團員等記功一次，以昭激勸，除傳令嘉獎並分行外，合亟令仰該團〔並發全團員合照一張〕知照！

此令。

29

中華民國二十八年三月　日

主席馬

繕寫

校對

監印

青海印刷局印製

30

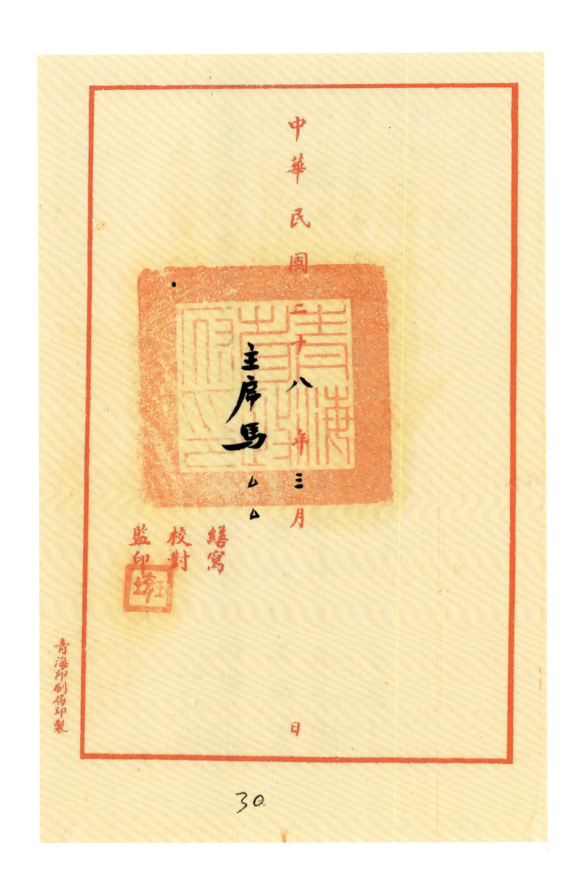

大通县政府、青海省政府关于大通县回教促进会小学等五校学生宣传抗战及各项要政甚为努力特发荣誉奖状的往来公文

大通县政府致青海省政府的呈文（一九三九年三月二十一日）

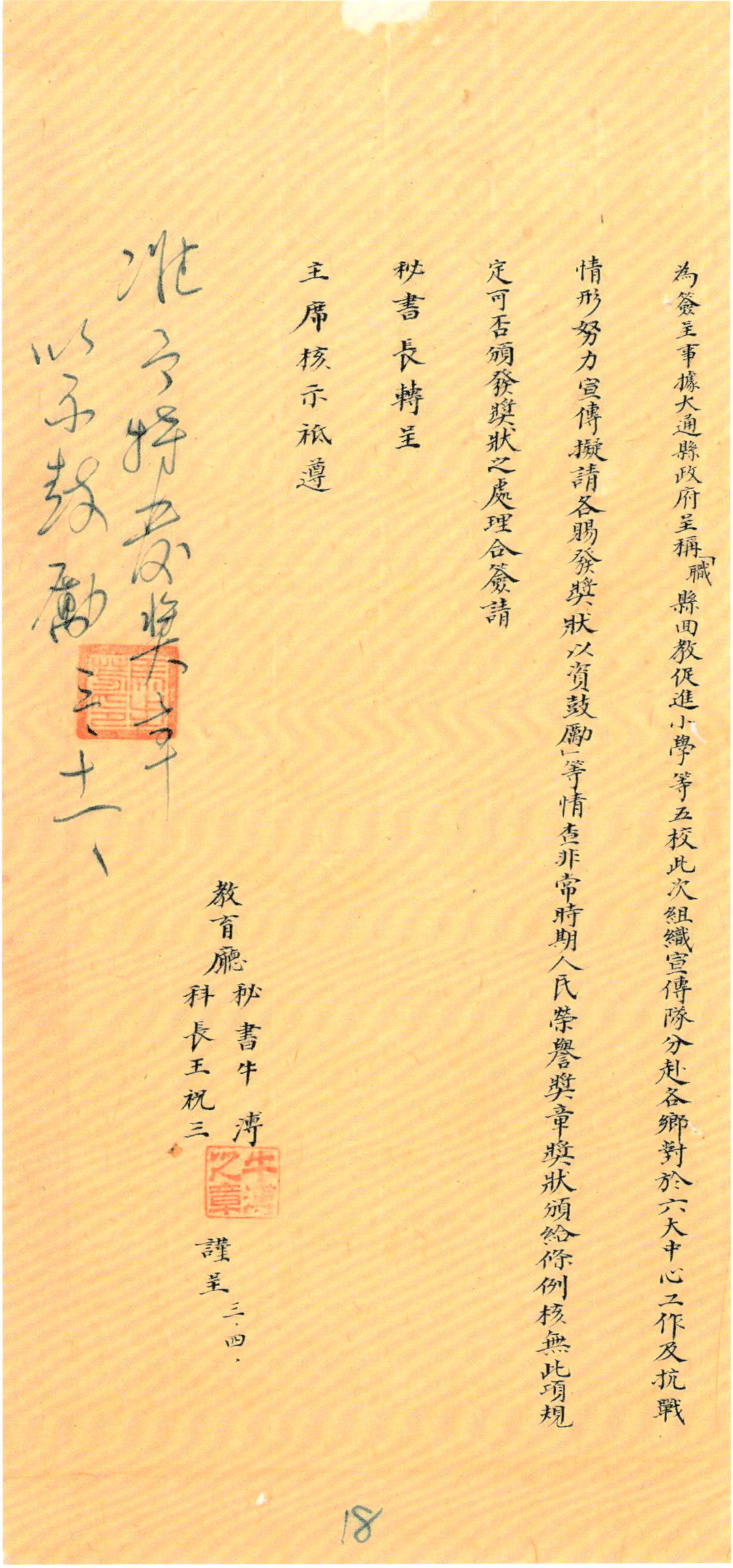

為簽呈事據大通縣政府呈稱「職縣回教促進小學等五校此次組織宣傳隊分赴各鄉對於六大中心工作及抗戰情形努力宣傳擬請各賜發獎狀以資鼓勵」等情查非常時期人民榮譽獎章獎狀頒給條例核無此項規定可否頒發獎狀之處理合簽請

秘書長轉呈

主席核示祗遵

教育廳秘書牛濤

科長王祝三

謹呈 三、四、

准予特發獎狀以示鼓勵

三、十一

18

大通縣政府呈青海省政府

事由	擬辦	決定辦法	備考
為呈報職縣各校宣傳情形伏祈鑒核備查由	謹請核示 二、廿七、		

附件

發教育廳承辦 第二科

字第 號 年 月 日 時到

19 收文 字第1008號

呈為呈報事竊查職縣利用寒假期間組織宣傳隊調查學齡兒童等情前經呈報
鈞座准予備查在案茲將各校宣傳情形臚陳如次
1.回教促進小學校由極樂上下鄉開始而至良教樵漁河州涼州舊莊上下各鄉
講述六大中心工作及新制度量衡抗戰要義並由全體隊員表演各種有關
時事新劇
2.縣立西街小學校由祁家下鄉開始而至古婁新莊硤門等鄉講述六大中心工作
抗戰要義新制度量衡等項
3.縣立西關小學校由伯勝鄉開始而至遜讓陽化多洛上下各鄉宣傳六大中心工作
槍枝登記新制度量衡等項
4.縣立衙門莊小學校由朔北鄉開始而至駕溝隆莊豐稔向化興隆谷山多隆元

墩樺林等鄉講述六大中心工作新制度量衡集中思想加强實力等項

5.縣立新城小學校由樵漁下鄉開始而至永和平樂永安元朔石山向陽等鄉講述六大中心工作槍枝登記最近作戰情形等項

並由縣長令飭祁督學鳴謙趕赴調查宣傳實況去後旋據呈稱各校宣傳隊確能勇敢從事所有飲食方面均由各隊員自備不受民間一茶一飯人民稱贊處處歡迎而促進小學寓宣傳於表演而西關西街新城等校逐保挨村實行宣傳尤屬深入民間等情除將調查學齡兒童詳情另文呈報外理合將各校宣傳情形具文呈報

鈞座鑒核備查總查此次出發宣傳之回教促進小學西街小學西關小學新城小學衙門莊小學等五校宣傳隊對宣傳工作均為努

力可否由
鈞座各賜奬狀以資鼓勵之處仍候
示遵謹呈
青海省政府主席馬

代理大通縣縣長王立中

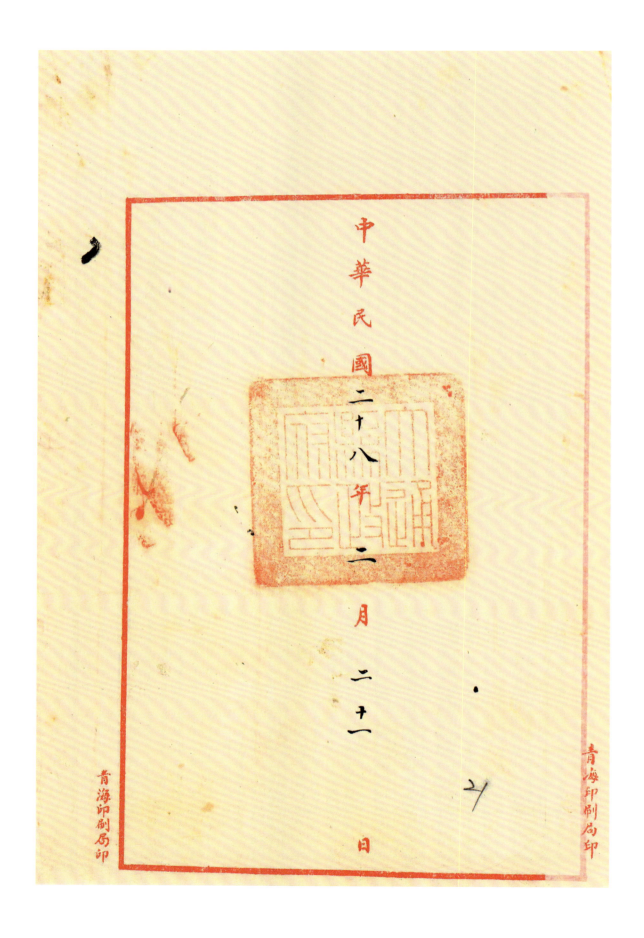

中華民國二十八年二月二十一日

青海印刷局印

青海印刷局印

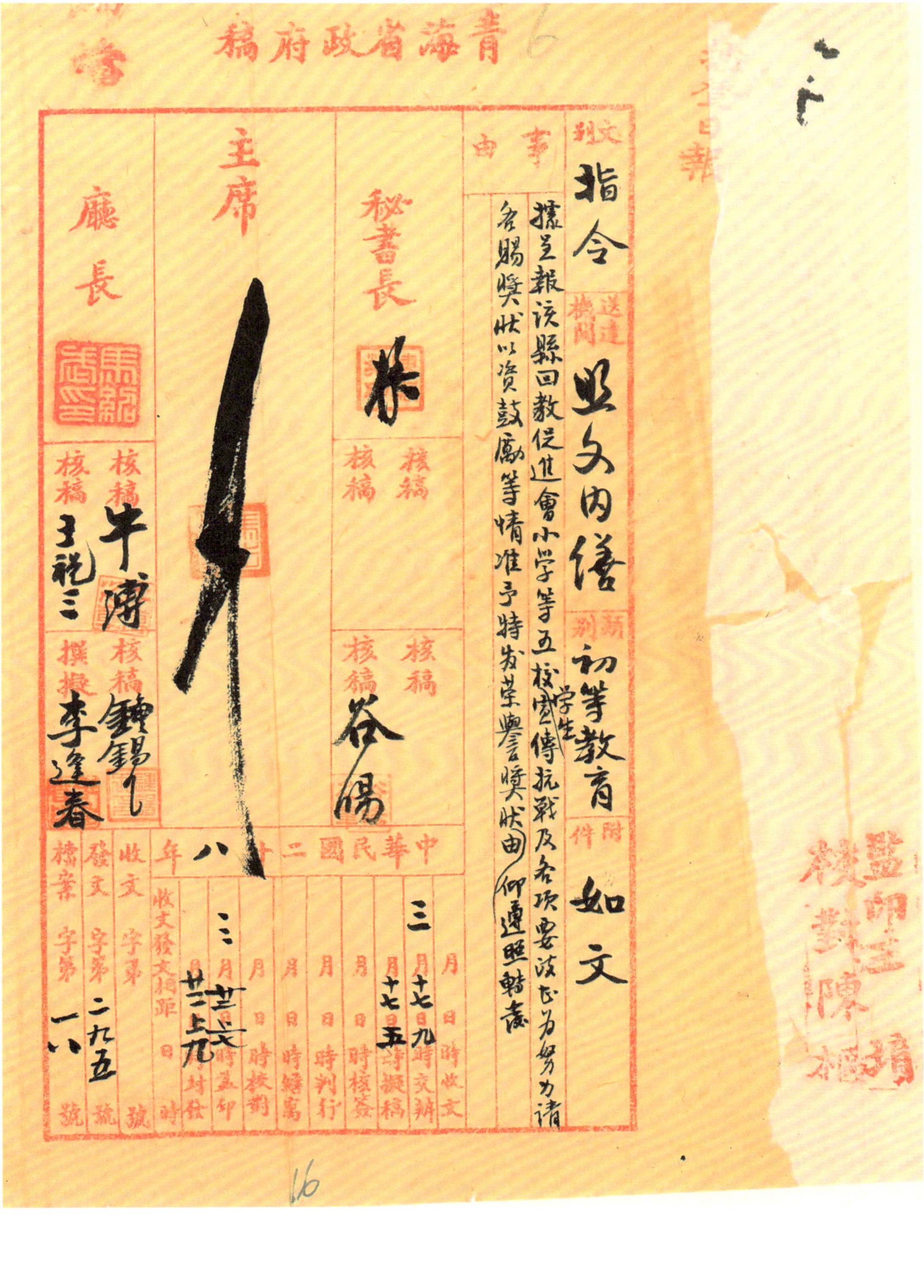

青海省政府指令（一九三九年三月二十二日）

附：青海省政府奖状

本府指令　甲教字第　號

295

令大通縣政府

呈乙件　本年二月二十一日呈報回教促進會附設小學暨西衛小學等五校宣傳隊宣傳抗戰及各項要政，已爲努力，請酌各發獎狀以資鼓勵由

呈悉：查各該小學校宣傳隊，竟能利用寒假，深入民間，努力抗戰及各項要政宣傳工作，俾抗戰要政家喻戶曉，殊堪嘉許，准予特發榮譽獎狀五紙，仰即轉發以示鼓勵。

此令。

附發榮譽獎狀五紙

中華民國二十八年三月　日

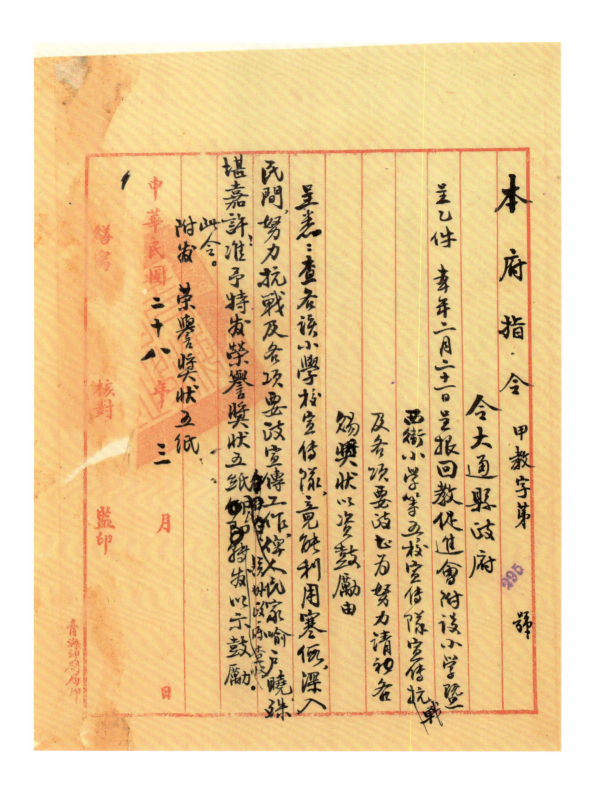

繕寫　核對　監印

青海省政府
獎狀

國旗　總理遺像　黨旗

大通縣新城西街西門莊回教促進會附設小學校宣傳隊
深入民間對於抗戰及各項要政
宣傳工作甚為努力　特授與榮
譽獎狀此證

（全銜）主席馬〇〇

中華民國二十八年三月　　日

獎字第　　號

存根

大通縣新城西街西門莊回教促進會附設小學校宣傳隊深入民
間對於抗戰及各項要政宣傳工作甚為努力
特授與榮譽獎狀此證
一全銜主席馬〇〇
中華民國二十八年三月　　日

青海省政府一九三九年四月工作报告（节选）——令发抗日千字文四字经作为识字处教材之经过、儿童号飞机捐款之经过（一九三九年四月）

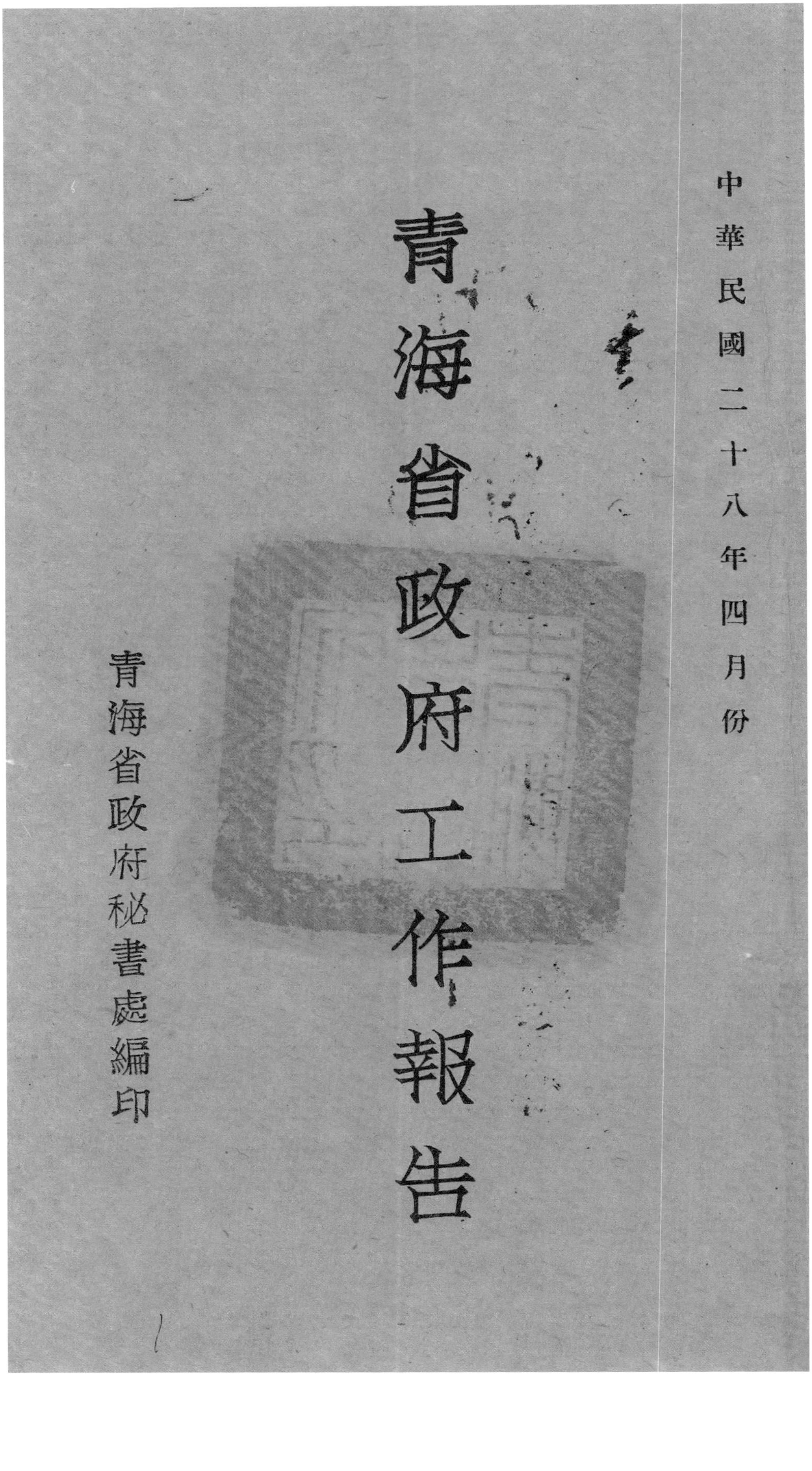
中華民國二十八年四月份

青海省政府工作報告

青海省政府秘書處編印

青海省政府二十八年四月份工作報告要目

2

青海省政府二十八年四月份工作報告　要目

二

3

281

（五）教育

甲、聘請優良教員提高中學校質量之經過

本省僻處邊陲，各中學校英算理化教員，向感缺乏專門人材，本府前為提高中等學校質量起見，曾向教育部聘請英算理化等科優良教員，迭准教部電覆由甘肅服務團選派等由，嗣准甘肅教育廳電，遣派王橋，竇之驥二人來青服務，該二員已於四月一日到達，當經令各中等學校聘為理化教員，並電覆甘肅教育廳查照矣。

乙、電匯兒童號飛機捐款之經過

本省自各級學校兒童勸募飛機捐款以來，人民踴躍輸將，數量方面，成效頗佳，茲已由各校陸續匯到捐款洋三千六百四十三元四角八分，當經如數電匯教育部轉中國兒童號飛機籌募總會查收矣。

丙、令各縣政府嗣後不得向地方攤派旅省學生津貼之經過

查本省學生，家多貧寒，本府為體恤起見，曾經規定省立各中等學校學生，一律免收學費，並另發給學用等品，高中學生，發給津貼，且為顧及赤貧學子，無力深造計，特令蒙藏文化及回教促進會直屬學校，凡屬學生書籍用品制服膳食等費，均由學校供給，俾期赤貧學子求學機會之均等，乃查各縣政府，近年間有向民間攤派旅省學生津貼情事，際此國難方殷，民生日促，此項額外負担，亟應澈底取締，以蘇民困，當經令飭各縣政府切實遵辦矣。

丁、令發抗日千字文四字經作為識字處教材之經過

查教育部民衆讀物編審委員會頒發抗日千字文四字經，內容新穎，富有抗戰情緒，且字句淺顯，易於領悟，以之作本省各保民衆識字處教材，逐日遵照教授矣。

10

11

青海省立西宁中学校关于呈报本校采购《领袖抗战言论集》及《党国先进抗战言论集》致青海省政府的呈（一九三九年五月二十七日）

21

青海省立西甯中學校 呈 青海省政府

事由	擬辦	決定辦法	備考
呈報本校奉令採購領袖抗戰言論集續集及黨國先進抗戰言論集於國文公民二科內教授並陳列圖書館及佈告學生量力購用各情請核備由	擬准備查 五.卅		

附件

教育廳承辦第二科

中華民國廿八年五月廿七日收到

中華民國廿八年五月參拾日發

甲教字第543號

字第 號 年 月 日 時到

90 收文 字第12565號

呈爲呈報事：案奉

鈞府本年五月二十一日甲教字第四九九號訓令關於採用　領袖抗戰言論集續集及黨國先進抗戰言論集一案除原文免叙外尾開：

「合亟令仰該校遵照辦理並將遵辦情形具報爲要此令」

等因：奉此，遵即通知各該科教員，正式列入國文公民等課內教授，除由學校逕向獨立出版社，各採購五部，陳列圖書館，俾全校員生，儘量瀏覽外；並佈告學生量力購閱，以期激發其愛國思想。理合將遵辦情形具文呈報

鈞府鑒核備查。

謹呈

青海省政府主席馬

青海省立西甯中學校校長牟松年

牟松年印

91

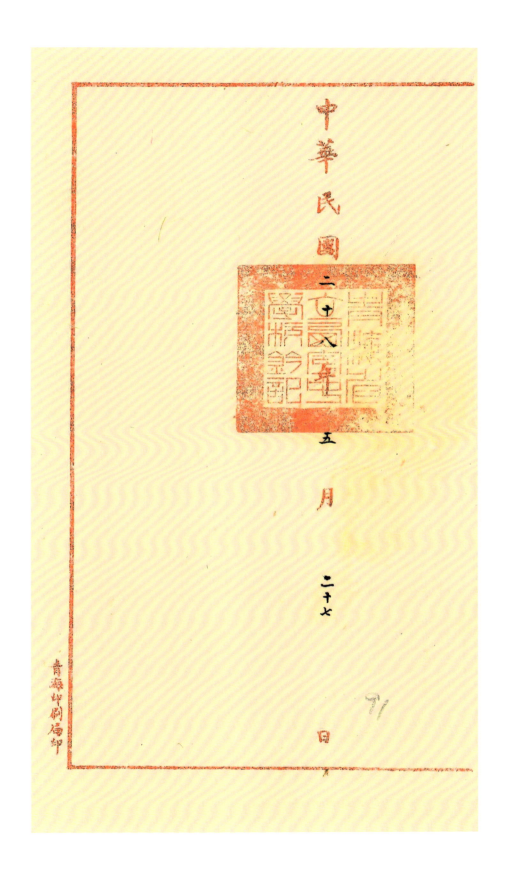

中華民國二十八年五月二十七日

青海印刷局印

青海省政府、乐都县政府等为转发蒋介石关于国际形势与我方抗战方针电文的训令

青海省政府致乐都县政府训令（一九三九年九月六日）

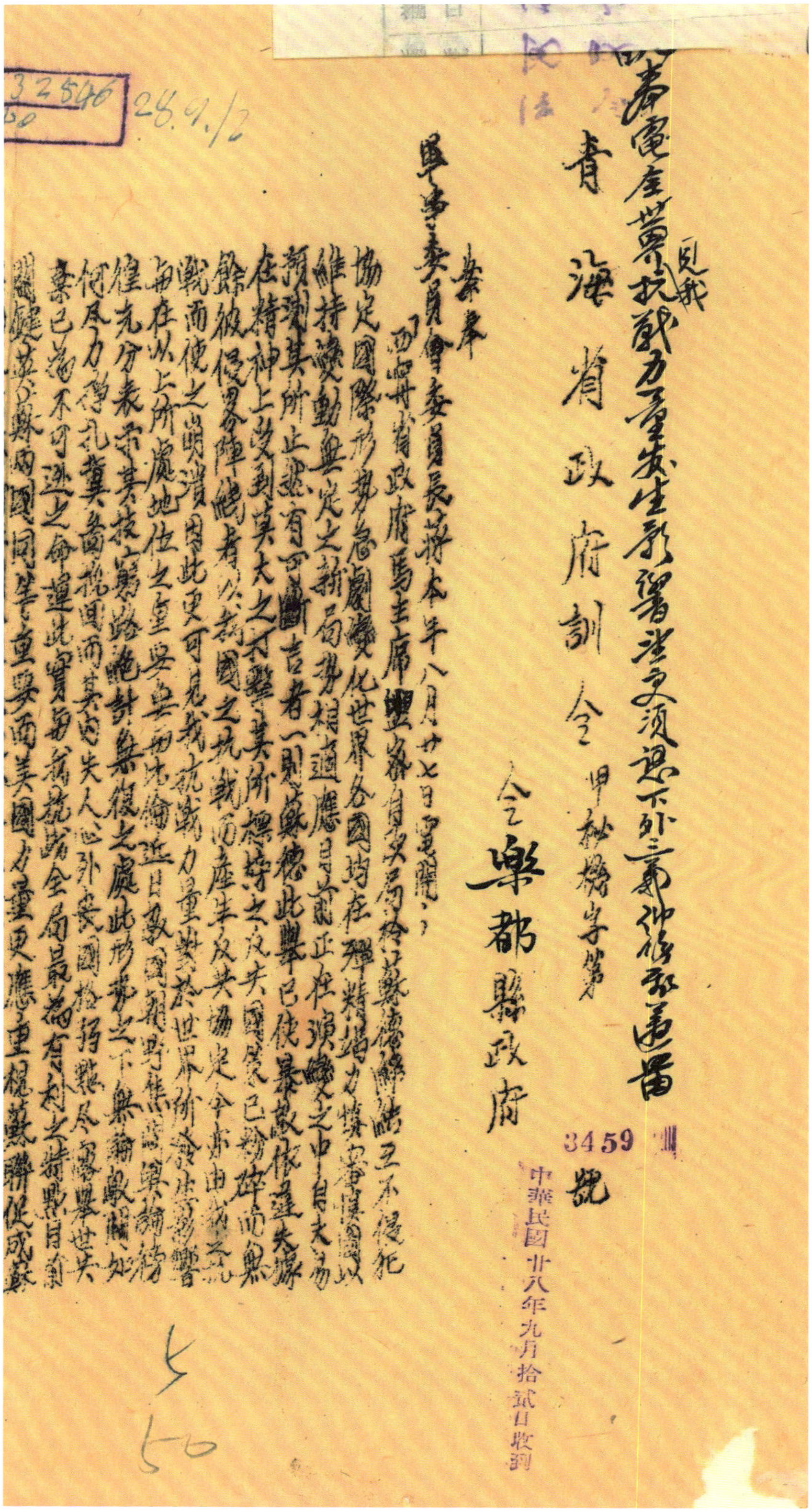

德協定用意所在固不專在歐洲其大在遠東方面意蓋為東亞之創者避之敵蘇德協定之成立半載其實為在歐洲發生作用不如謂其在遠東之影響為更大也敵國近雖故意傳播消息謂德意兩國將予日方與蘇俄緩和且有蘇方願與日解決邊境糾紛之說然察蘇與日本國情及歷史關係已至絕不相容之地位蘇聯違用兵力於東方為歐觀神速一舉占領其實莫有否認之事實也在其除暴敵自然為敵至於英國方面歐人因將經營運以期於實踐中必得一勝出路但英方之態度持重無論為維持內外政策必為顧慮其真正之利害關係不致擲棄其固有之立場今日國際形勢之急迫英日同盟復活則英國必陷於最大之失敗英國寧能諒日今之敵而出此下策且英國為應付任何局勢均不能不顧及美國之態度英美國維護公約反對暴敵侵略之決心實數年以來一貫不變近來英美兩國接洽頻繁暴敵雖極力離間英美但英美斷言其不至為敵力所挾而讓步暴敵實已陷於絕對孤立之危境若我方益可堅定最後勝利之自信須知四年以來國際一切之變遷均為我堅決抗戰之結果所有演變之趨勢雖迴環起伏形態萬端而其主因實在我及我堅持者維護公理正義之目標不斷前進最後勝利必屬我抗戰日益近全今吾將士同胞之忠勇奮鬥尚其犧牲不僅保全國家實已轉變世界形勢為正可謂已達吾人自強之大半今後吾人更當不屈不撓艱苦奮鬥不斷努力則必能使國際有利之形勢更加擴大有以達成我全部之目的中正昔言吾人革命之旋轉乾坤改造世界之事業凡我同志均當具此抱負盡我職責當此時代轉變之關鍵更須認定下列三義（一）我國抗戰有一定不移之目的故有不達不移之目的故有至當目的故有不定不易之方針自抗戰開始即以不背信義不畏強權自立自強不偏不倚為一貫國策始終不存倚賴依傍之心更無

利用國際之形勢之意，故兩年來國際上無論如何轉合，而我國均不為之
絲毫牽動，不感如何困難，此點與暴敵今日之狼狽情形，揆之事實可證明
於抗戰國策之正確。確認吾人今日唯當以一定不變之方針，循於此理一致奮
勵之時，若則任何艱難，必可突破。我全國軍民皆應認清此理，因利
發向既定之目標而邁進。二世界無僥倖成功之事業，革命更無
乘便之可能。此次我國抗戰，任務既極艱鉅，吾人必當發揮其剛毅之力，
強之長期艱苦之奮鬥，故其心必極堅強，而承經務須早實籌要。吾人
循平平實實之正路當大道邁進，自無不達目的之時。抗戰至今成效
卓著，本此奮鬥，始可有成，斷不可稍存求速取巧之倖心，以自陷於
剝落。更不必觀望在國際間縱橫迷眩之速象，而自分其心，慮依現
時形勢，觀察在歐洲和平非常保持，國際形勢如何變化，暴敵橫
華必將遭其盡之厄運，力更抑其最後之掙扎。凡我抗戰軍民均不可
不振剛精神，集中力量，以堅決奮勵之心，以爭取最後勝利之全
功。易言之，吾人不當希望國際形勢之如何變化，而當以自力實出
力量，摧毀暴敵，以轉移整個國際之局勢。吾革命抗戰貴有堅定之
識。此認識尤貴有大無畏之精神，唯能以此沉著，乃能堅定不搖。目
前國際形勢最不利於暴敵，即於我方抗戰有利，然變化靚忽不可
預知，吾人對於目前有利之形勢，應格外審慎，格外奮發，不可因
環境而稍有怠忽，則遇形勢或有不利時，自亦不致存悲觀而稍
有動搖。總之，我國策早經決定，於抗戰之切要，必當貫徹於最後
勝利之日。中央對國際形勢，自必周詳觀察，善為因應。深盼我前方
後方各負責同志當此緊要關頭，會精聚神，提高勇氣，領導軍
民，加緊奮鬥，加緊準備，以迎接當前艱苦卓絕之新局，引國際形勢入於

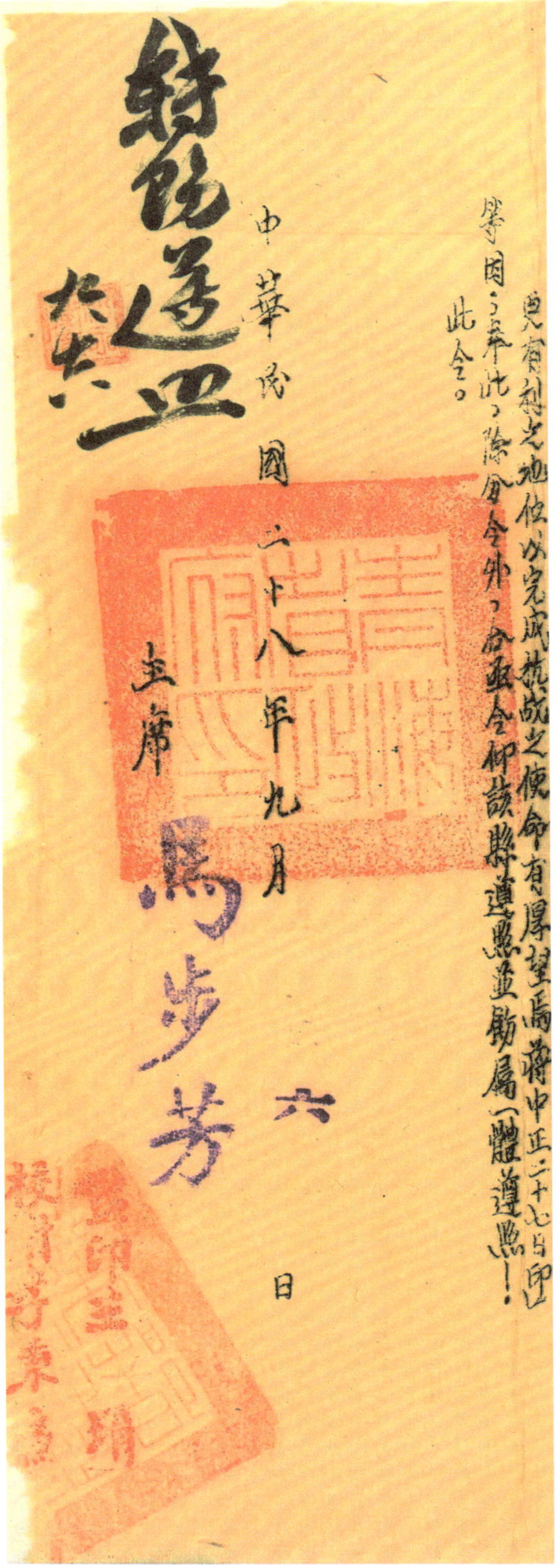

良有相當之地位，以完成抗戰之使命，有厚望焉。蔣中正二十七日印。

等因。奉此。除分令外，合亟令仰該縣遵照，並飭屬一體遵照！

此令。

轉飭遵照

中華民國二十八年九月　六　日

主席　馬步芳

乐都县政府致各区训令（一九三九年九月二十四日）

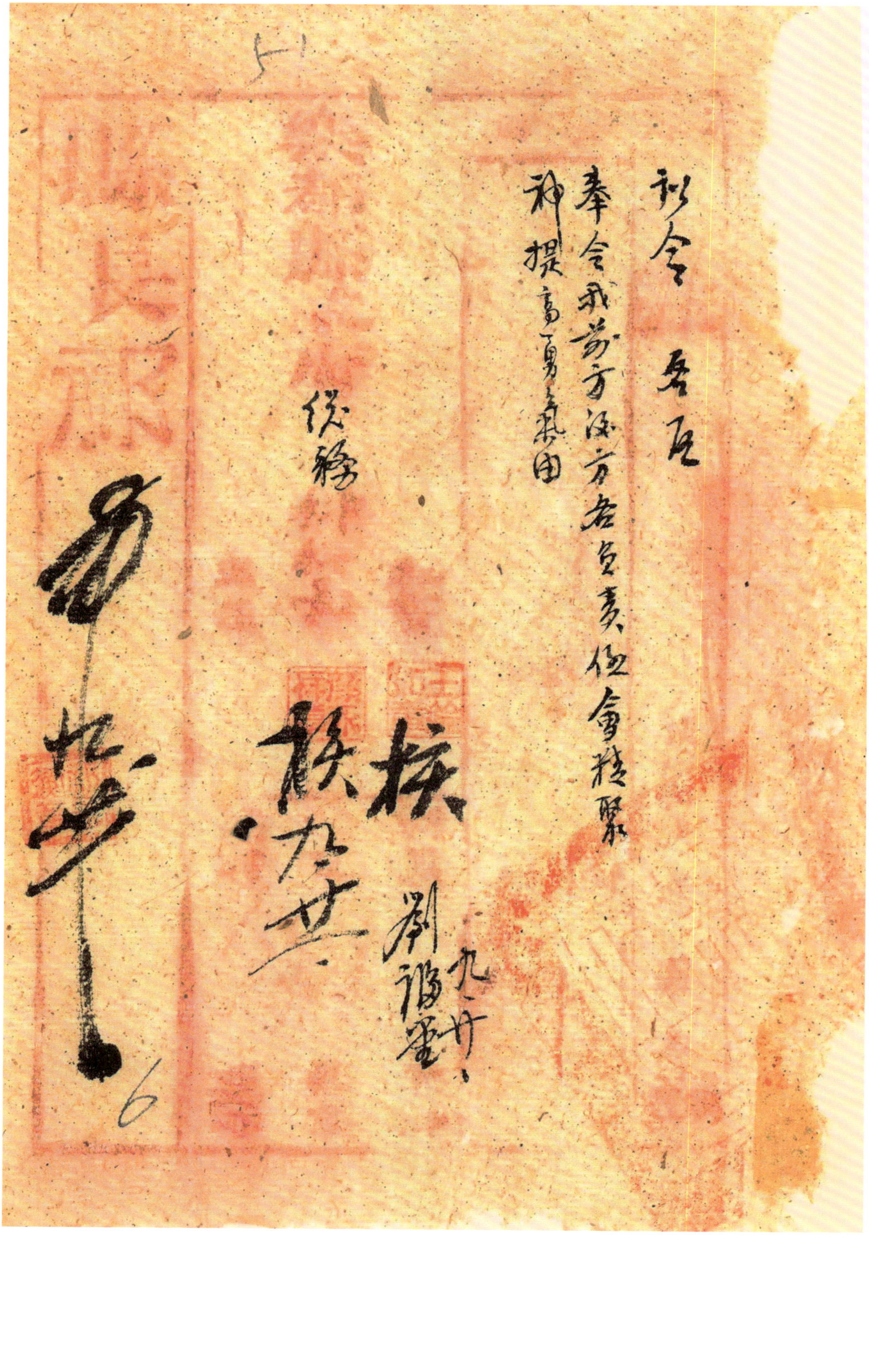

東都縣政府訓令　第一七一號

令第一二三區公所

案奉

青海省政府甲秘字第三四五九號訓令内開：

「案奉軍事委員會委員長蔣本年八月廿七日電

開：西寧省政府馬主席云云　此令」

等因，奉此，除分令外，合亟令仰該區長遵照，並飭屬一體遵照

為要！此令。

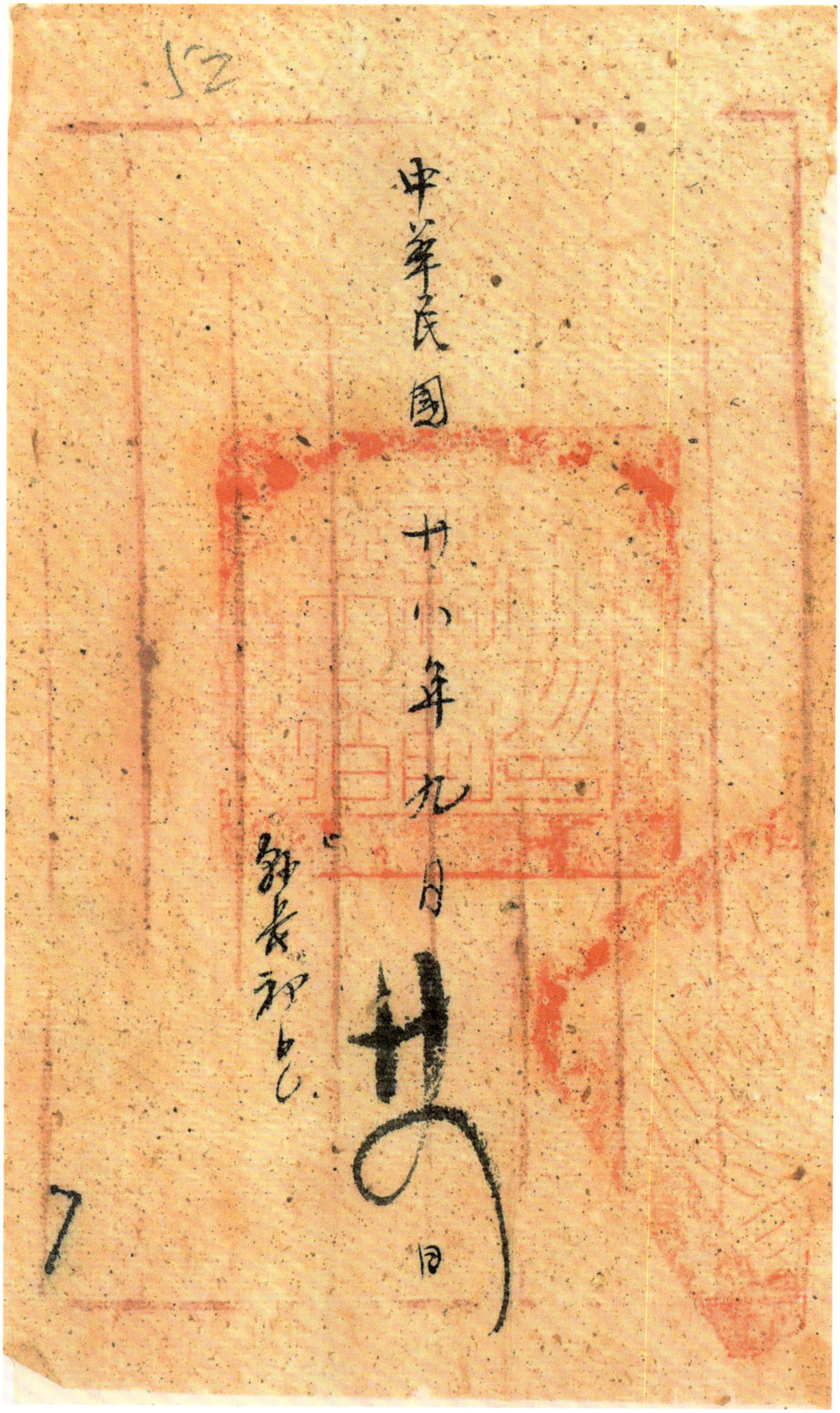
12

中華民國廿八年九月廿日

7

青海省政府致西宁中学校的训令（一九三九年九月六日）

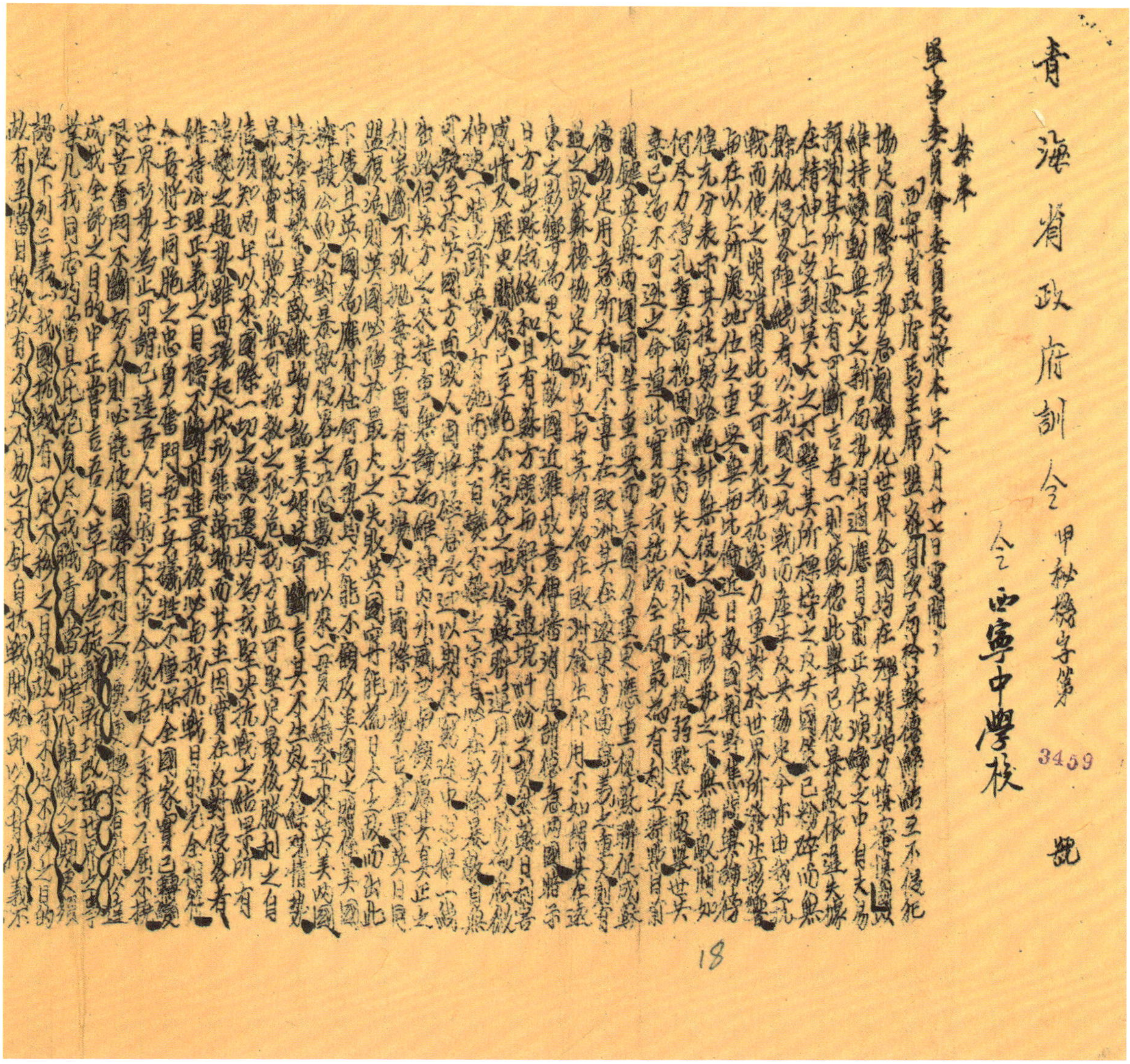

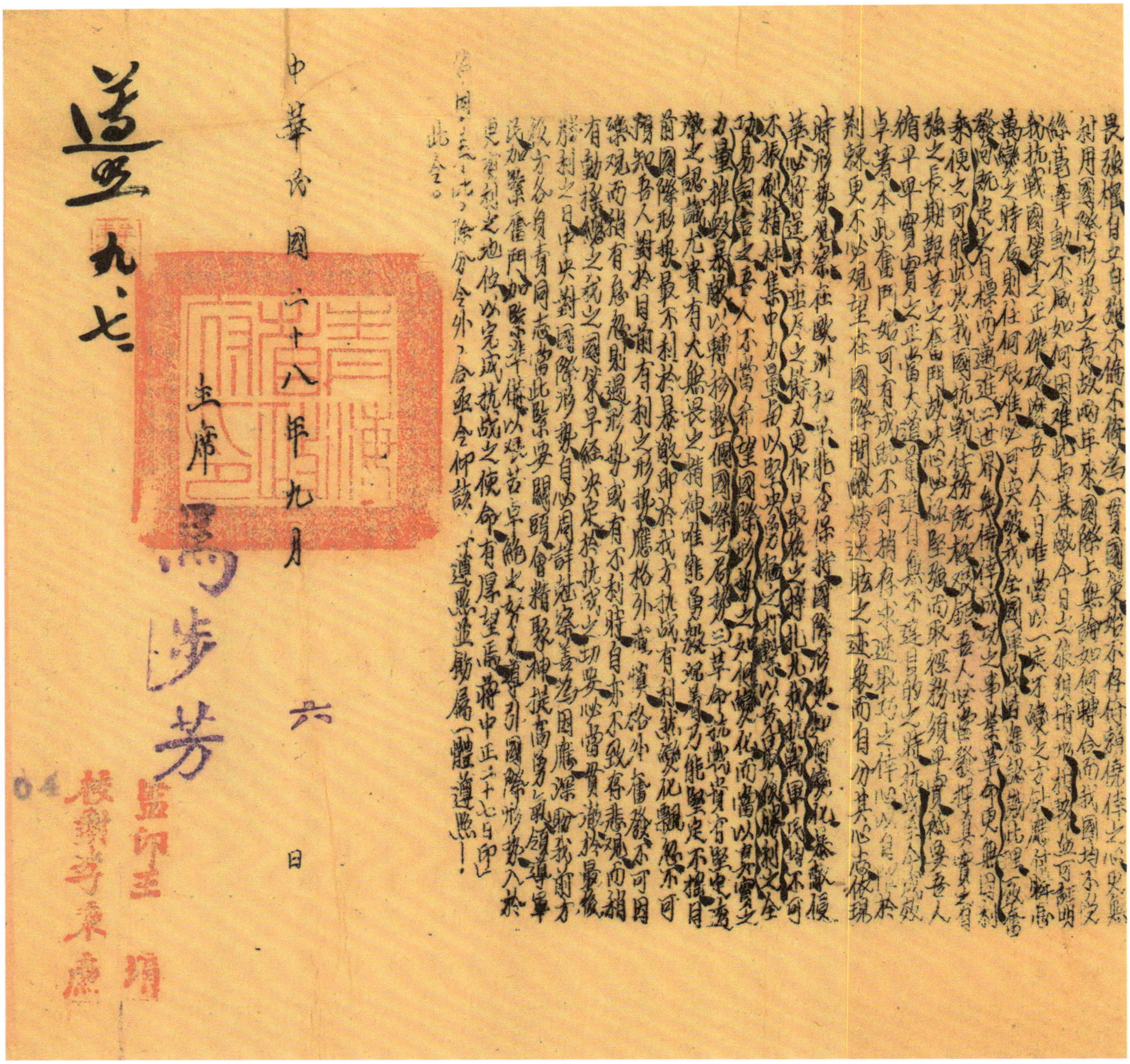

畏強權，自立自強，不偏不倚，為一貫國策，始不存倚賴僥倖之心，更無利用國際形勢之意，故兩年來國際上無論如何轉合，而我國均不為之搖惑牽動，不感如何困難，此即基於今日之依賴[illegible]捕[illegible]，故血可證明我抗戰國策之正確，確然無疑。吾人今日唯當以一定不變之方針應付瞬息萬變之時局，則任何艱難，必可突破，我全國軍民[illegible]此[illegible]，一致當發揮既定之目標而邁進。二、世界無倖僥成功之事，決無[illegible]刻來使之可能，此次我國抗戰任務既極艱鉅，吾人必當發揮其實力，有強之長期艱苦之奮鬥，故決心必須堅強，而取徑務須毋[illegible]，吾人循平旦實實之正當大道，[illegible]不達目的之精神，[illegible]卓著，本此奮鬥，始可有成，既不可稍存求速取巧之僥倖心，以自[illegible]於荊棘，更不必觀望在國際間縱橫迷眩之迹象，而自分其心志，依賴時形勢。觀察在歐洲如果能全保持國際形勢[illegible]，以暴敵復華，必將逞其亟盡之餘力，更作最後之掙扎，凡我抗戰軍民，均不可不振奮精神，集中力量，益以堅決[illegible]，以爭取勝利之全功。易言之，吾人不當希望國際形勢之如何變化，而當以自身實力量摧毀暴敵，以轉移整個國際之局勢。三、革命抗戰，貴有堅定遠大之認識，尤貴有大無畏之精神，唯能勇毅沉著，方能堅定不搖。目前國際形勢最不利於暴敵，即於我方抗戰有利，然變化飄忽，不可預知，吾人對於目前有利之形勢，應格外審慎，恰如奮發，不可因樂觀而稍有急懈，則遇形勢或有不利，將自亦不致存悲觀而稍有動搖。總之我之國策早經決定，於抗戰之切要，必當貫徹於最後勝利之日。中央對國際形勢自必周詳慎察，善為因應，深盼我前方後方各負責同志，當此緊要關頭，會精聚神，提高勇氣，領導軍民加緊奮鬥，如臨深淵，以艱苦卓絕之努力，導引國際形勢入於更有利之地位，以完成抗戰之使命，有厚望焉。蔣中正。二十七日印。」等因，奉此，除分令外，合亟令仰該[illegible]遵照，並飭屬一體遵照！此令。

中華民國二十八年九月　六　日

主席　馬步芳

監印　[illegible]　校對　[illegible]

送　九、七

青海省政府致称多县政府的训令（一九三九年九月六日）

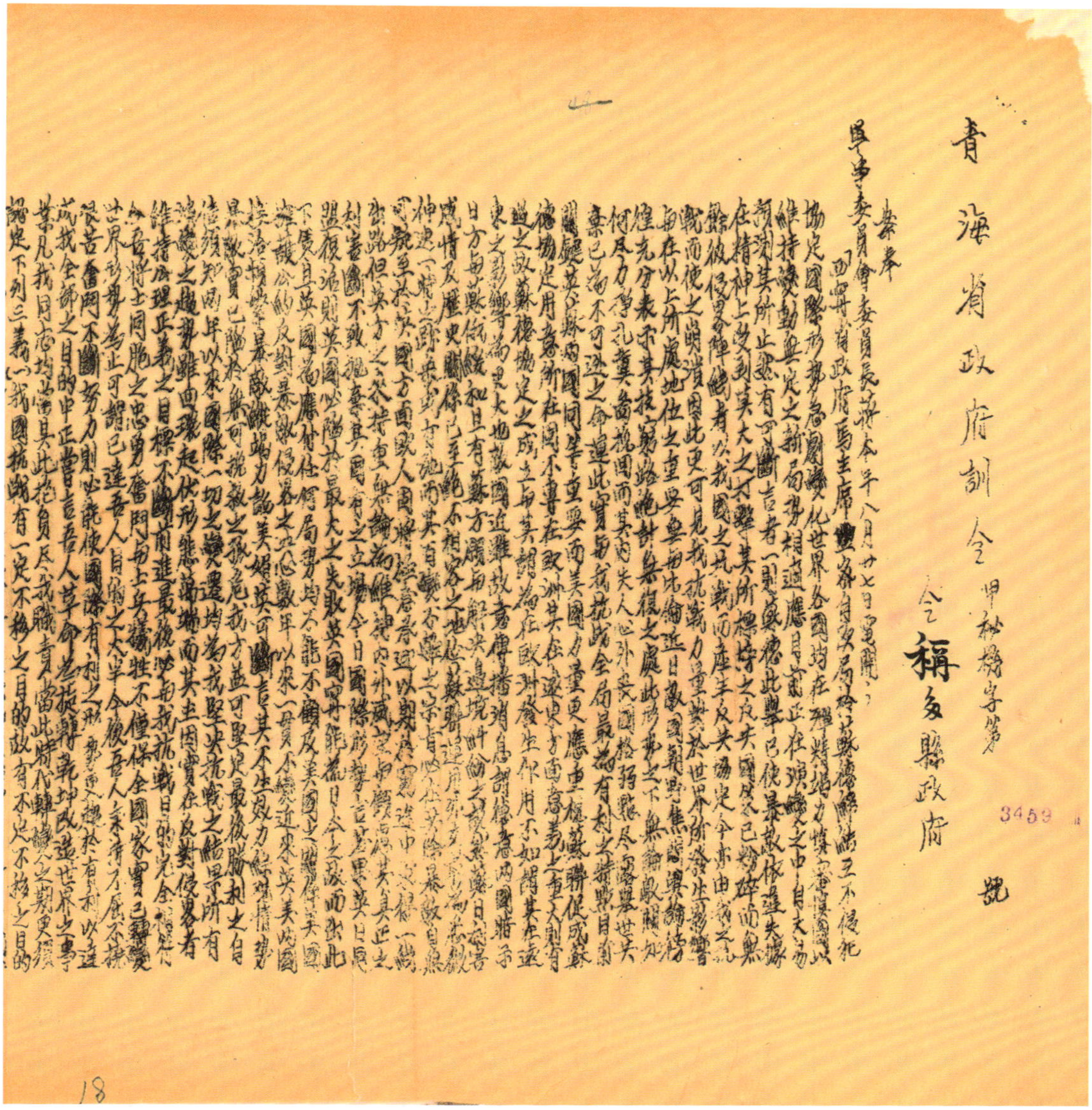

青海省政府训令　甲秘橘字第　号

令称多县政府

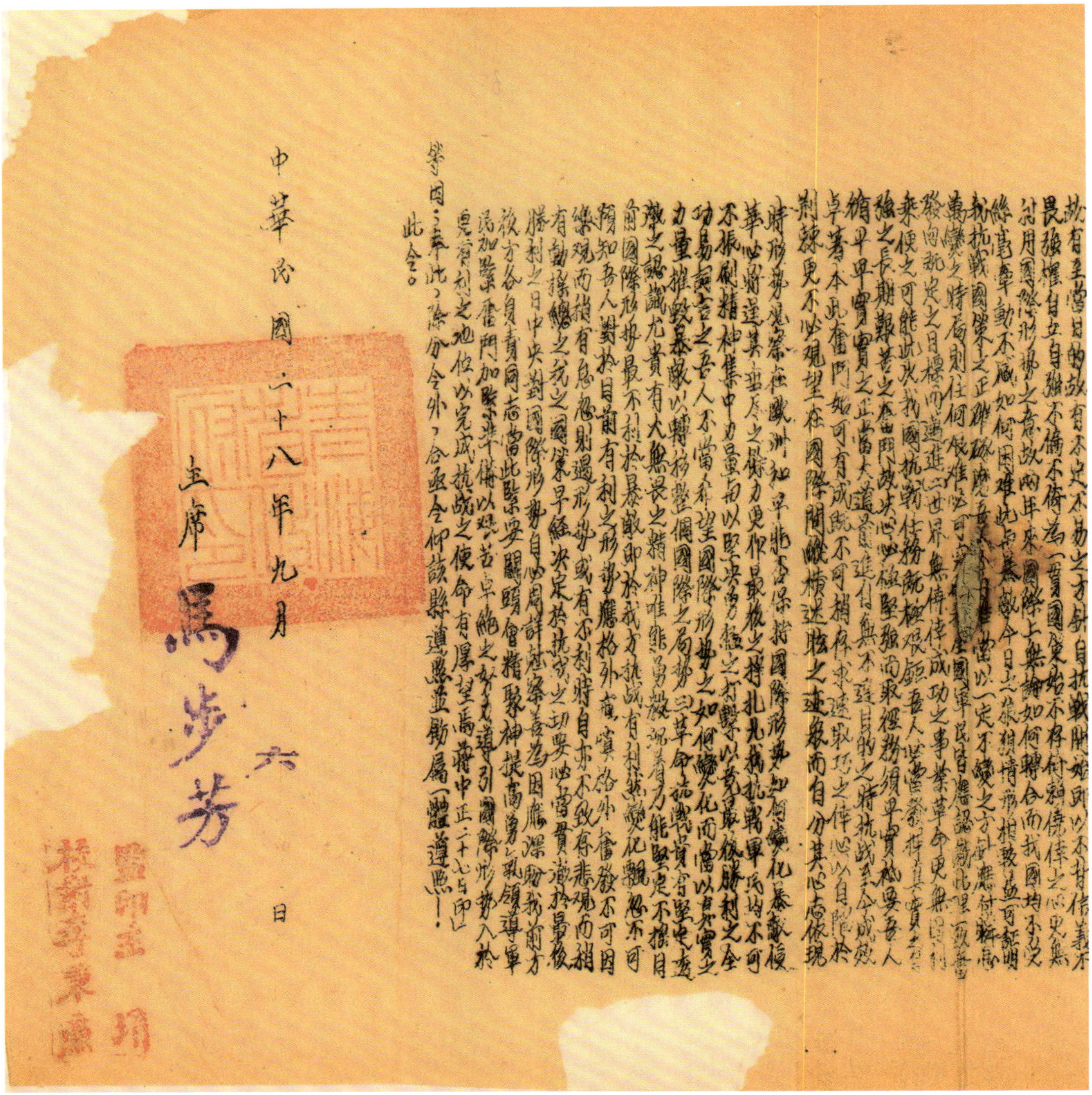

故有至當目的故有不定不易之方針自抗戰開始即以不背信義不畏強權自立自強不倚不倚為國策始不存依賴僥倖之心更無利用國際形勢之意故兩年來國際上無論如何轉合而我國均不受絲毫牽動不感如何困難此自去歲今日之情勢相較益可證明我抗戰國策之正確[illegible]當以一定不變之方針應付瞬息萬變之情形則任何艱難必可[illegible]全國軍民皆應認識此理一致奮發向既定之目標而邁進以世界無僥倖成功之事業革命更無因人乘便之可能此次我國抗戰任務既極艱鉅吾人必當發揮其實力強之長期艱苦之奮鬥故決心必極堅強而取徑務須平實始要吾人循平平實實之正當大道前進自無不達目的之時抗戰至今成效卓著本此奮鬥始可有成既不可稍存求速取巧之倖心以自限於荊棘更不必觀望在國際間縱橫迷眩之迹象而自分其心而依[illegible]時形勢現察在歐洲和平雖不能保持國際形勢如何變化暴敵極華必將達其垂盡之絲力更作最後之掙扎凡我抗戰軍民均不可不振剛精神集中力量而以堅決勇猛之打擊以競最後勝利之全功易與言之吾人不當希望國際形勢之如何變化而當以自身實力力量推毀暴敵以轉移整個國際之局勢三革命志士貴有堅忍遠大之認識尤貴有大無畏之精神唯能勇毅[illegible]方能堅定不搖目前國際形勢最不利於暴敵即於我方抗戰有利然變化難[illegible]不可預知吾人對於目前有利之形勢應格外奮[illegible]益加奮發不可因樂觀而稍有息[illegible]則遇形勢或有不利時自亦不致存悲觀而稍有動搖總之我之國策早經決定於抗戰之功要必當貫徹於最後勝利之日中央對國際形勢自必周詳熟察善為因應深盼我前方後方各負責同志當此緊要關頭會精聚神提高勇氣領導軍民加緊奮鬥加緊準備以堅苦卓絕之努力導引國際形勢入於更有利之地位以完成抗戰之使命有厚望焉蔣中正二十七[illegible]印」

等因;奉此;除分令外;合亟令仰該縣遵照並飭屬一體遵照!

此令。

中華民國二十八年九月 六 日

主席 馬步芳

監印主[illegible]

校對[illegible]

青海省政府关于陈司令等带领士兵战胜敌军三个师团希即同伸庆祝以期鼓励前方士气希知照给西宁中学校的训令
（一九三九年十月二十日）

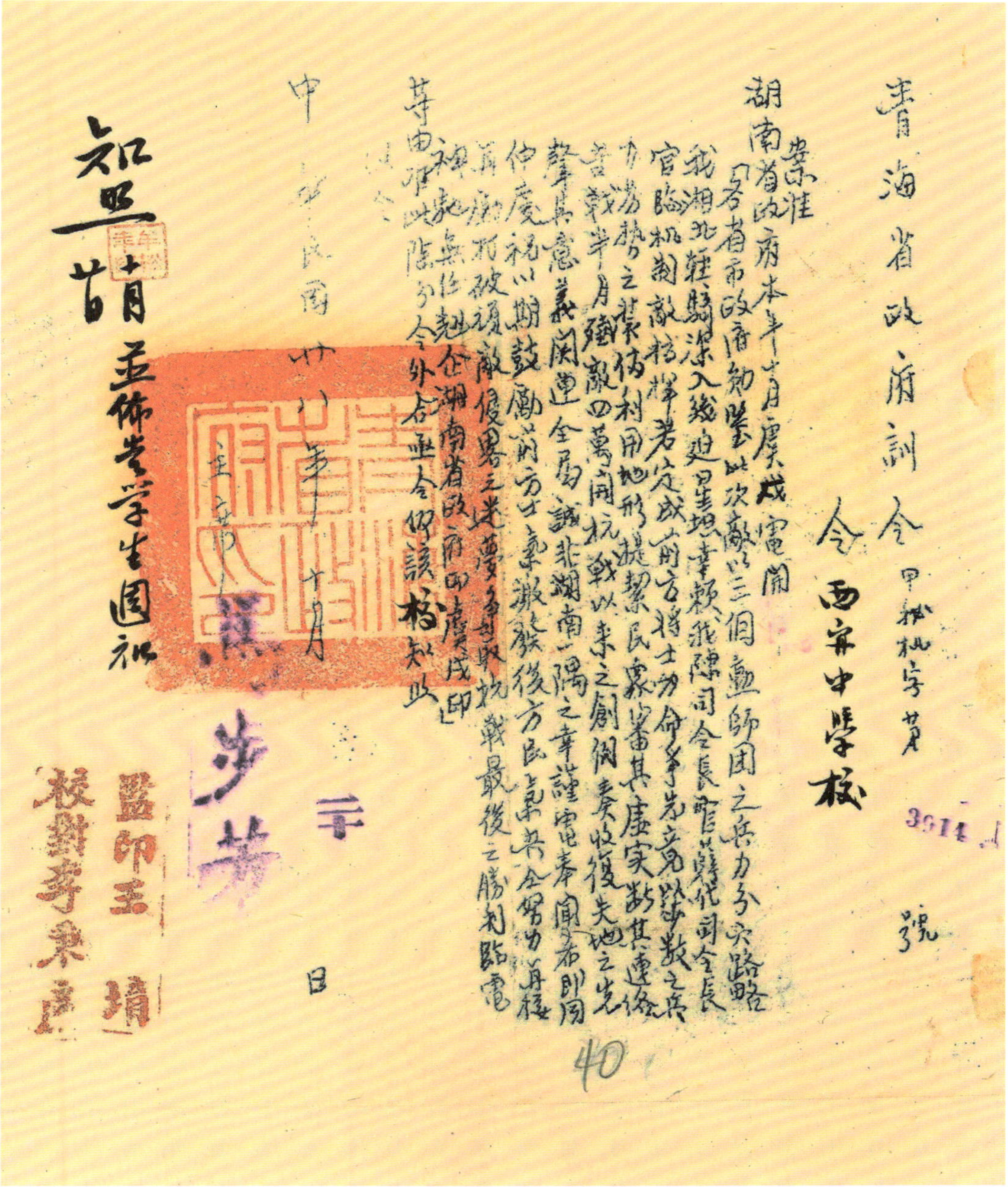

青海省政府訓令　甲秘机字第　號

令西寧中學校

案准

湖南省政府本年十月庚戌電開：[illegible]各省市政府勋鉴：此次敌以三個師团之兵力分六路犯我湘北，雖深入我境，迭遭重創，我陳司令長官、薛代司令長官臨機制敵，指揮若定，前方將士用命爭先，竟殲敵數萬之兵力，[illegible]之[illegible]，復利用地形，[illegible]民眾，[illegible]其虚实，斷其連絡，苦戰半月，殲敵四萬，開抗戰以來之創例，奏收復失地之先聲，其意義關連全局，誠非湖南一隅之幸。謹電奉聞，希即同伸慶祝，以期鼓勵前方士氣，激發後方民氣，共同努力，爭取前方將[illegible]，復敵侵略之迷夢，爭取抗戰最後之勝利。[illegible]電神[illegible]無任盼企。湖南省政府酉庚戌印。

等由，准此，除分令外，合亟令仰該校知照。

此令。

中華民國廿八年十月二十日

知照
十月[illegible]日
[illegible]佈告學生周知

監印　王靖
校對　李秉[illegible]

青海省政府关于庆祝湘北大捷致西宁中学校训令及该校布告（一九三九年十月二十七日）

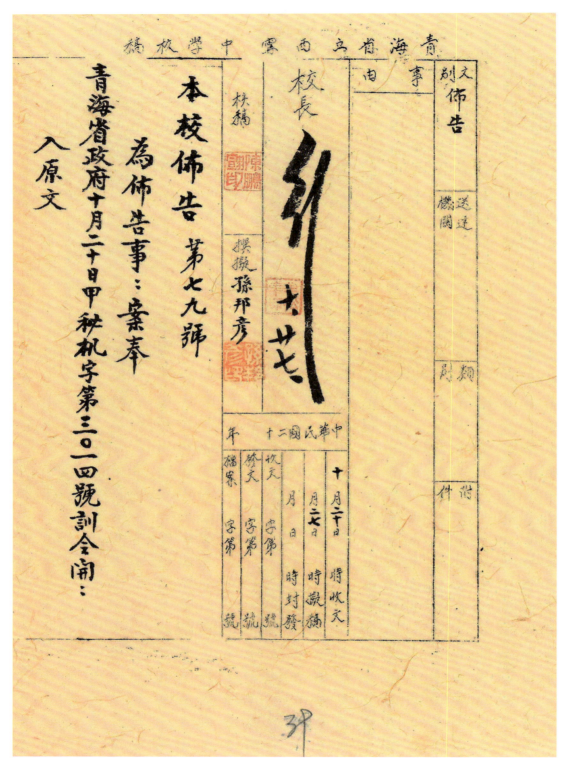

青海省立西寧中學校稿

文别：佈告

送達機關

類别

附件

事由

校長 十廿七

校稿

撰擬 孫邦彥

中華民國二十　年

十月二十日　時收文

月二十七日　時擬稿

月　日　時封發

收文　字第　號

發文　字第　號

檔案　字第　號

本校佈告 第七九號

為佈告事：案奉

青海省政府十月二十日甲秘机字第三〇一四號訓令開：

入原文

等因：：奉此、合行佈告仰各級學生一体週知此佈

校長牟○○

中華民國　　年十月　　日

青海省政府教育厅关于宣传八十二军骑兵一团团长冶有禄率团参加抗战精忠报国精神给致立西宁中学校的训令

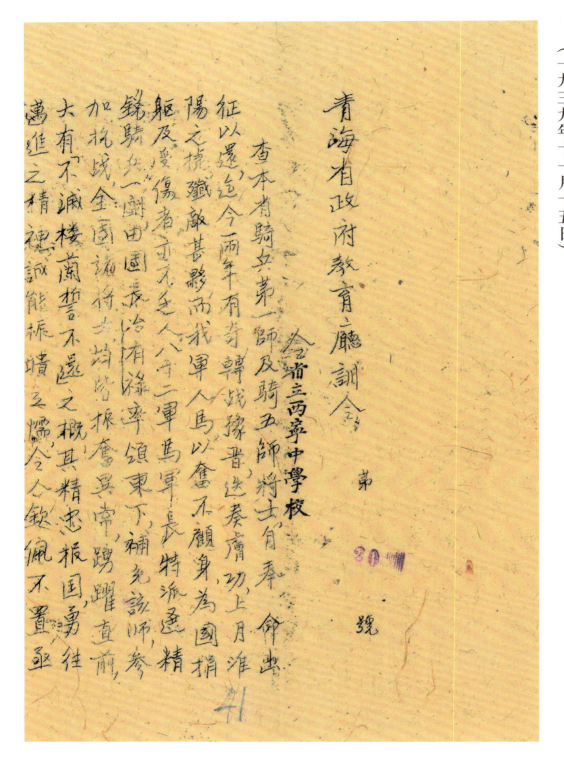

（一九三九年十一月十五日）

青海省政府教育廳訓令 第 號

令省立西寧中學校

查本省騎兵第一師及騎五師將士自奉命出征以還，迄今兩年有奇，轉戰豫晉，迭奏膚功，上月淮陽之捷，殲敵甚夥，而我軍人馬以奮不顧身為國捐軀及受傷者亦不乏人。八十二軍馬軍長特派遣精銳騎兵一團由團長冶有祿率領東下，補充該師參加抗戰，全國諸將士均皆振奮異常，踴躍直前，大有「不滅樓蘭誓不還」之概。其精忠報國，勇往邁進之精神，誠能振聵之懦，令人欽佩不置。亟

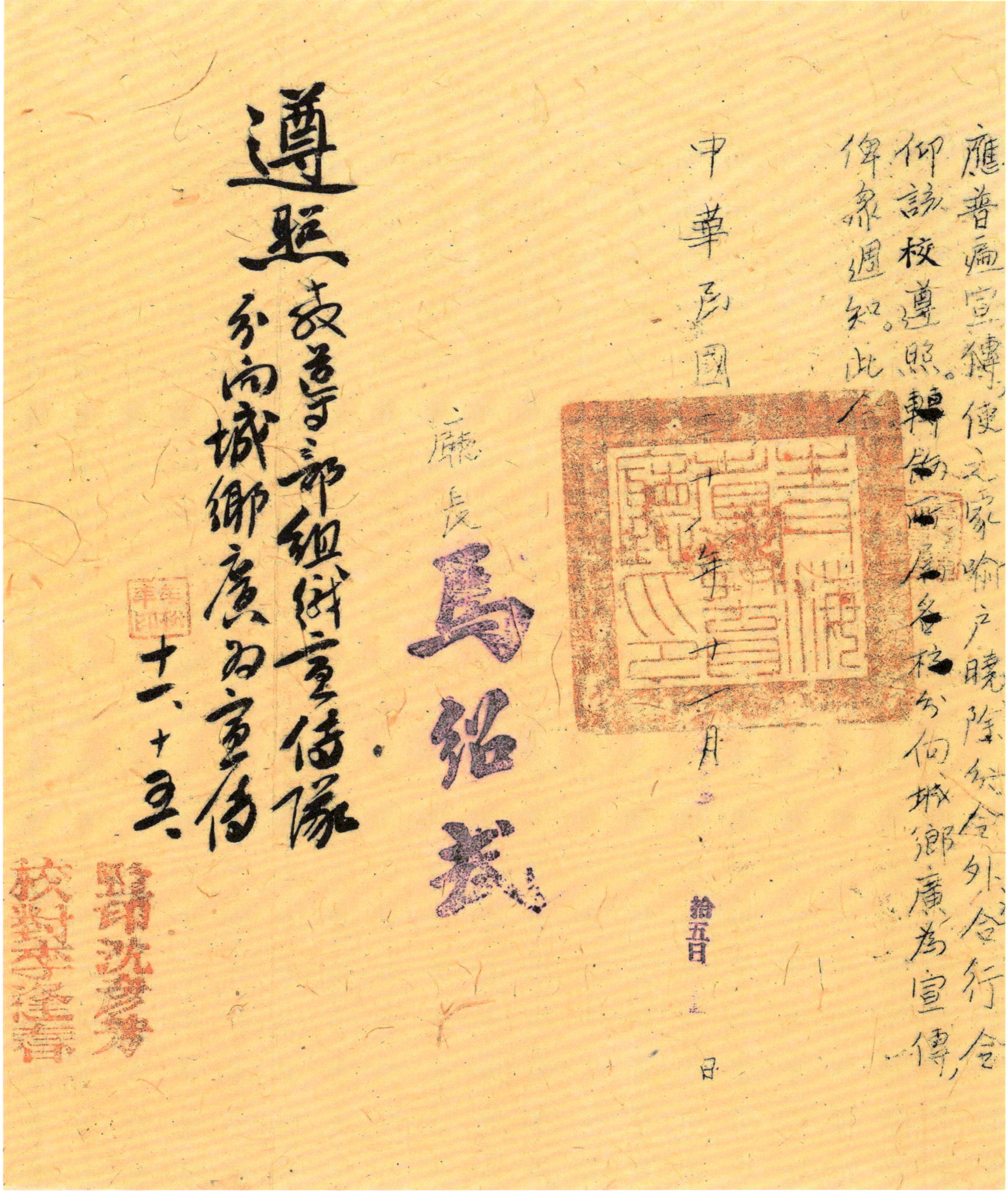

應普徧宣傳，使家喻户曉，除分令外，合行令

仰該校遵照，轉飭所屬各校分向城鄉廣為宣傳，

俾衆週知。此令。

中華民國二十八年十一月拾五日

廳長　馬紹武

遵照　教導部組織宣傳隊分向城鄉廣爲宣傳

十一、十五

監印沈[illegible]

校對李[illegible]

青海省政府关于扶助富于爱国情绪之有为青年所有行动等给称多县政府训令（一九三九年十二月十七日）

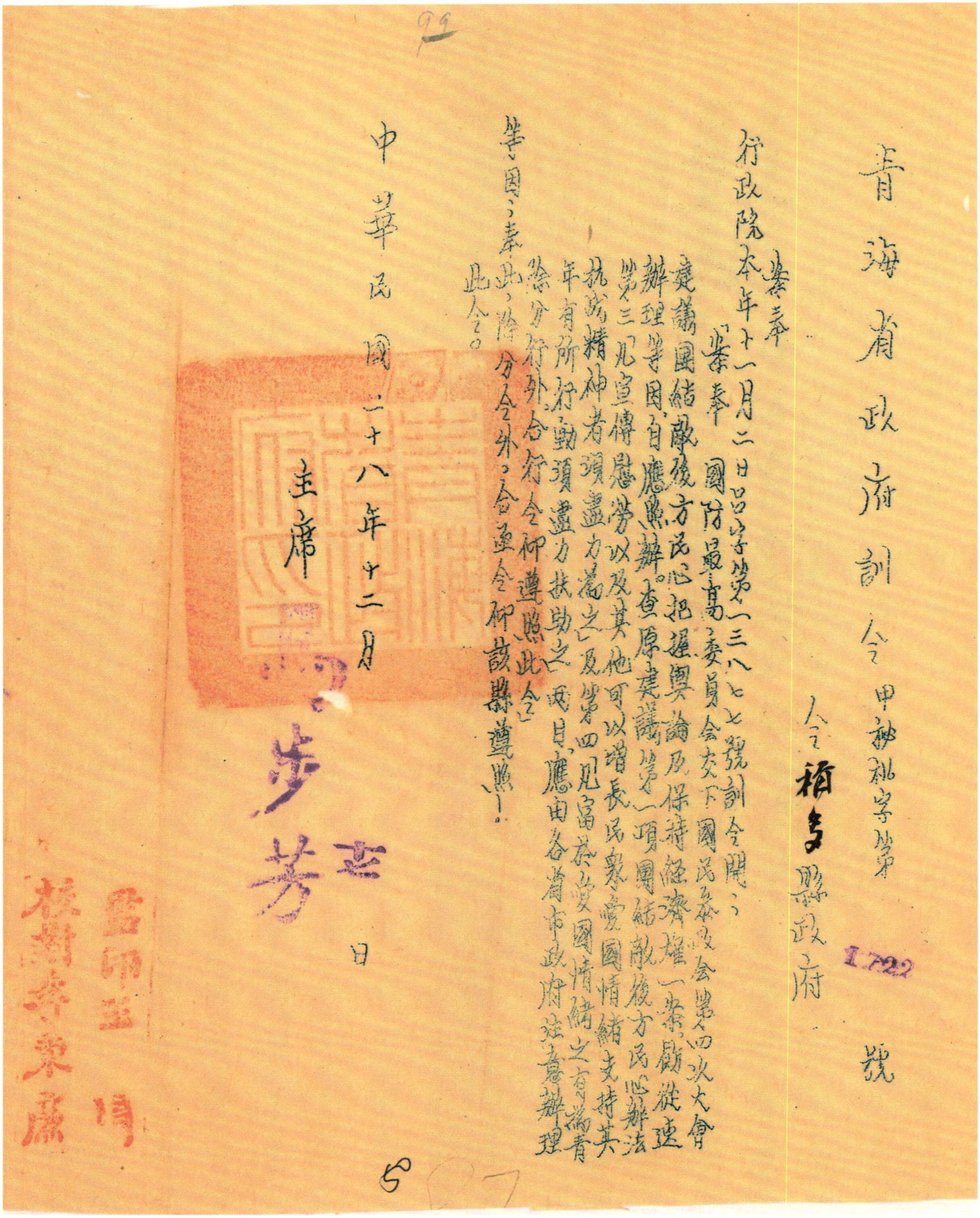

青海省政府訓令 甲秘祕字第 號

令稱多縣政府

1722

案奉

行政院本年十一月二日呂字第一三八七七號訓令開：「案奉 國防最高委員会交下國民參政会第四次大會建議團結敵後方民心，把握輿論及保持經濟權一案，飭從速辦理等因，自應照辦。查原建議第一項團結敵後方民心辦法第三「凡宣傳慰勞以及其他可以增長民衆愛國情緒支持其抗戰精神者須盡力為之」及第四「凡富於愛國情緒之有為青年有所行動須盡力扶助之」兩目，應由各省市政府注意辦理，除分行外，合行令仰遵照。此令。」等因。奉此，除分令外，合亟令仰該縣遵照！此令。

中華民國二十八年十二月十七日

主席 馬步芳

監印 王[illegible]

校對 李秉廉

青海省政府关于动员妇女参加抗战工作、禁止妇女缠足条例等致囊谦县政府的训令（一九四〇年三月十四日）

附：禁止妇女缠足条例（一九二八年五月十日）

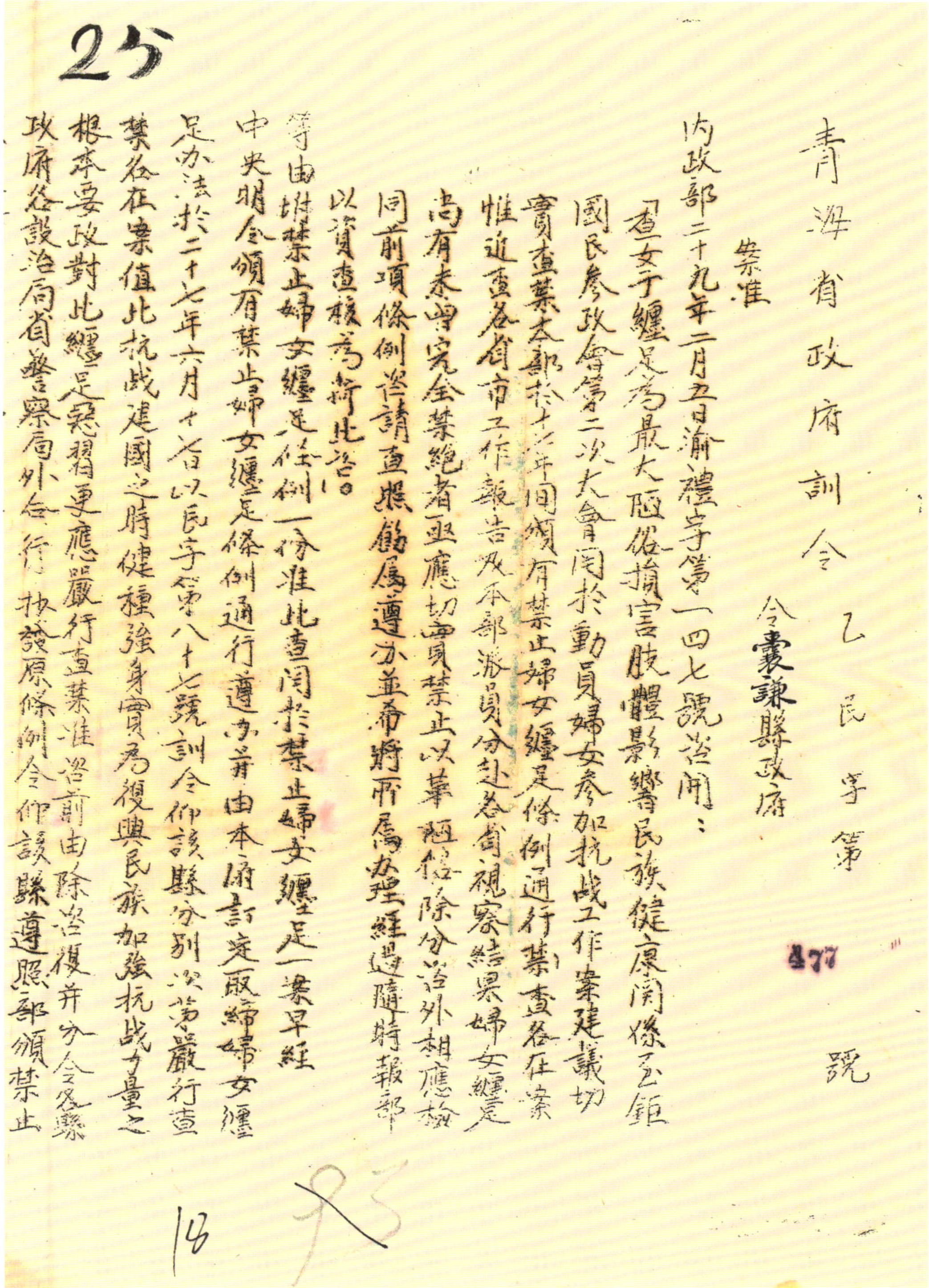

青海省政府訓令 乙民字第 號

令囊謙縣政府

案准

內政部二十九年二月五日渝禮字第一四七號咨開：

「查女子纏足為最大陋俗，損害肢體，影響民族健康，關係至鉅。國民參政會第二次大會，因於動員婦女參加抗戰工作案建議切實查禁，本部於十七年間頒有禁止婦女纏足條例，通行禁查各在案。惟近查各省市工作報告及本部派員分赴各省視察結果，婦女纏足尚有未曾完全禁絕者，亟應切實嚴禁，以革陋俗。除分咨外，相應檢同前項條例，咨請查照，飭屬遵辦，並希將所屬辦理經過，隨時報部以資查核為荷。此咨。」

等由，附禁止婦女纏足條例一份。准此，查關於禁止婦女纏足一案，早經中央明令頒有禁止婦女纏足條例通行遵辦，并由本府訂定取締婦女纏足辦法，於二十七年六月十一日以民字第八十七號訓令，仰該縣分別次第嚴行查禁在案。值此抗戰建國之時，健種強身，實為復興民族、加強抗戰力量之根本要政，對此纏足惡習，更應嚴行查禁。准咨前由，除咨復并分令各縣政府、各設治局、省警察局外，合行抄發原條例，令仰該縣遵照部頒禁止

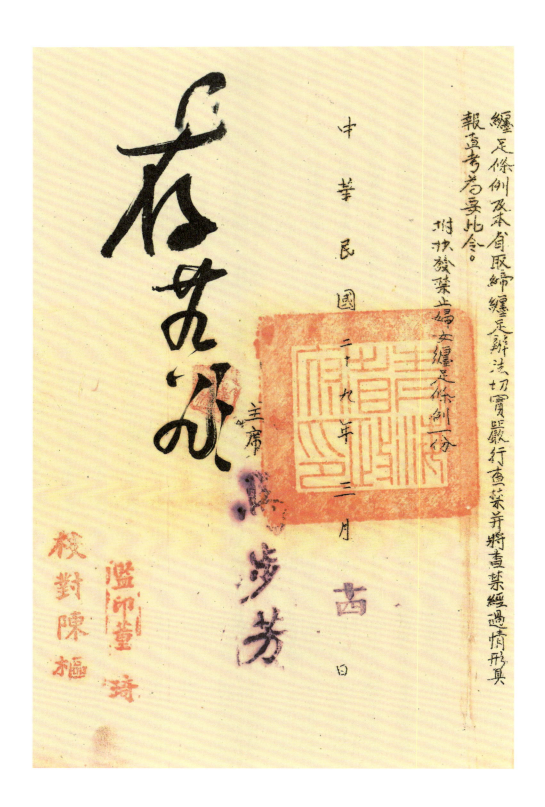

纏足條例及本省取締纏足辦法切實嚴行查禁并將查禁經過情形具
報查考為要此令。

計抄發禁止婦女纏足條例一份

中華民國二十九年三月十四日

主席 馬步芳

監印 董琦

校對 陳樞

禁止婦女纏足條例 十七年五月十日本部令發

第一條 各地方婦女纏足者依本條例之規定解放之

第二條 本條例由各省區民政廳督飭各市縣政府執行之特別市由市政府執行之

第三條 解放婦女纏足應分期辦理以三個月為勸導期三個月為解放期

第四條 未滿十五歲之幼女已纏足者應立即解放未纏足者禁止再纏

第五條 十五歲以上三十歲未滿之婦女纏足者應依第三條所定之期限一律解放

第六條 三十歲以上之婦女纏足者勸令解放不加強制

第七條 在勸導期內各市縣政府應設置勸導員飭由村長或街長會同警察引導挨戶勸導各法團各學校得組織放足會輔助進行

第八條 於勸導期屆滿後各市縣政府應遴派女檢查員協同警察及村長或街長施行嚴密之檢查

第九條 未滿十五歲之纏足幼女於勸導期滿後仍未解放者由縣市政府處罰其家長一元以上十元以下之罰金仍限於一月內勸令解放前項罰金均作為禁止纏足之公用由市縣政府每月將收支數目列表公告一次

第十條 十五歲以上三十歲未滿之纏足婦女於解放期滿仍未解放者由市縣政府處罰其家長或本人一元以上五元以下之罰金仍限期勸令解放

前項限期不得過兩個月

第十一條 前二條限期屆滿後仍不解放者應依第九條第十條之規定加倍處罰并由女檢

查員強制解放之

第十二條　各省區縣市政府應將每月勸導解放辦理情形呈由民政廳彙核分呈省政府及内政部備案　特別市政府應將每月辦理情形逕報内政部備查

第十三條　勸導檢查各員及村長或街長有左列情形之一者由市縣政府予以懲戒處分

一、勸導不力

二、檢查不實

三、措置乖方

四、具有騷擾索詐等行為除懲戒外應受刑事處分者依刑事法規之規定

第十四條　勸導檢查各員及村街長辦事確有成績者各省區由市縣政府呈請民政廳核與獎勵特別市由市政府核與獎勵

第十五條　各省區縣長市長及其所屬各員有奉行不力者一經查明由民政廳酌量情節輕重予以記過或撤職之處分其成績卓著者由民政廳予以記功加俸或晉級之獎勵

第十六條　本條例自公布之日施行

青海高等法院院长对该省蒙藏千百户抗战的讲话（一九四〇年六月七日）

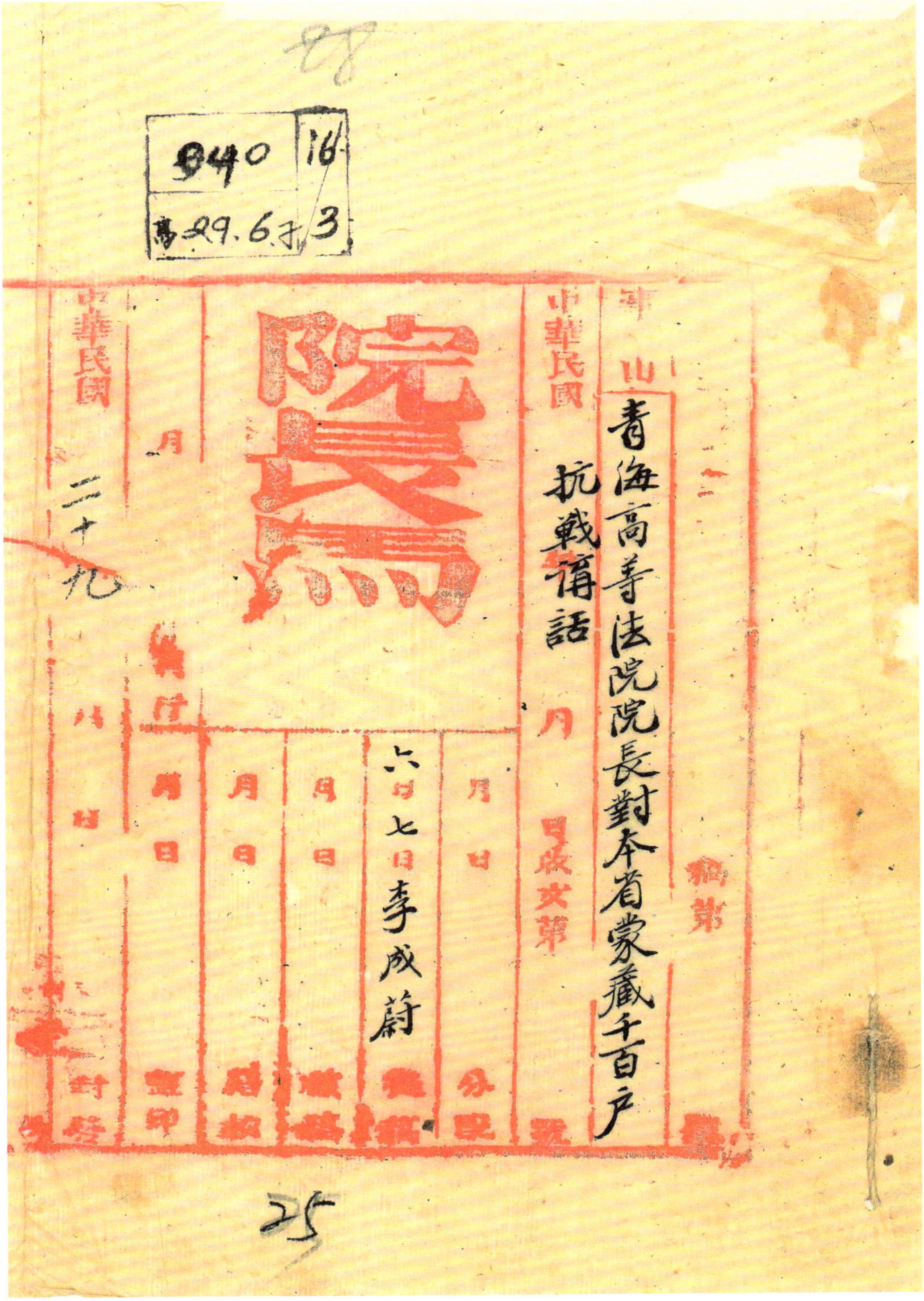

青海高等法院院長對本省蒙藏千百户抗戰講話

二十九

六月七日 李成蔚

本省蒙藏諸位千百户：

各位遠居青海各地，距省垣都有相當路程，兼之言語文字，遂有些隔閡，恐怕對於我國抗戰情形，不大明瞭，今天我向你们簡略地報告一下，連帶着談談司法問題。

大家知道我國這次對日抗戰，是國家民族生死存亡關頭，也是幾千年歷史上沒有的大戰爭！日本軍閥要實行其蠻横無理的

27

大陸政策，所以發動了這次侵略大戰；我們的最高統帥　蔣委員長認為忍無可忍，和平無法維持，就應着全國人民的要求，毅然決然開始抗戰；起初我們雖然失陷了些地方，但是都已達到了抗持久戰、消耗戰的目的，敵人並沒有得到十分便宜。

到現在抗戰已快要整三年了，敵人「速戰速決」的策略，完全成了夢幻，因為我們的

26

長期抗战，敵人遂大呼「以戰養戰」的口號，就是要利用我國淪陷區域之資源，供給他們的侵略戰爭，但是這種毒計，又被我在敵人後方的游擊隊和民衆合作破壞，暴敵的好夢，便成泡影了。

後来倭寇又處心積慮，想出「以華制華」的政治進攻来，先後在我平津京滬，都組織了偽政府，收羅了些敗類政客，和落伍軍人作傀儡、更利用頭號漢奸汪精衛、在南京組織偽中央政府、你想、這種由敵人手造成、在暴敵鉄蹄刺刀下偷活着的漢奸們、還有什麼力量呢？所以敵人的政治攻勢、又未曾得到多大成績。

三年來、經過了台兒莊、大别山、晉南、徐州、武漢各大會战、每次敵人官兵的死傷、都在十萬人以上、直到最近的桂南大會战，豫南鄂北的大會戰結束後，敵人所謂「戰必勝攻必克」的口號，一變而為「戰必敗，守必滅」的事實了。至於日本國內人心的反戰，經濟的崩潰，食糧及日用品的恐惶，生產品的損減，軍用器材的無來源，都足以致暴敵的死命，不過那些失却理性的蠻横軍閥，他是至死不悟的，非到水盡山窮，不肯罷休，所以我方雖然勝利，後方民衆，仍不应放大寬心！应該精誠團结，本着「有錢出錢，有力出力」的辦法，切實給國家効力，努力吧！千萬不要使我神聖大戰，功虧一簣啊！

反觀我们的政府，對於政治、經濟、建設、司法、都有相當辦法，並且都有長足的進展。即就司法而言，中央並不因戰事緊急而稍事鬆懈，因為司法

28

是整個肅紀保障民權的機關，在這非常的大時代中，更需負着要懲辦貪奸，維持後方的大責重任秩序啊！

蒙藏人民，對于部落与部落，個人与個人間的糾紛，以前多用械鬥的方式来解決，那都是上古無政府時代，野蠻民族的遺風，不是文明時代的正當办法，現在可不宛再有那種蠻俗發現了，因為

那種舉動，是犯法行為，無論有理無
理凡打死或打傷了人，都要辦罪的；
各縣都有地方法院，或是司法處，或是
縣長兼理司法，請你們曉諭各民衆，
以後凡有互相難解決的糾紛，都可以到
各地法院正式起訴，你們的是非曲直，就
可立刻解決，倘若判斷得不甚公平，
不能使你們悅服的話，那麽，還可在法

77
29

定期限内、提起上訴、到高等法院來、高院判决後、萬一還不能使上訴人滿意、法律許可再上訴到 中央最高法院去、那你的冤枉、總會申明了吧。

今天我對於抗战和司法情形、很简略的向各位説了一下、至於詳情、下次有機會、還可再將深切的報告給你們的。

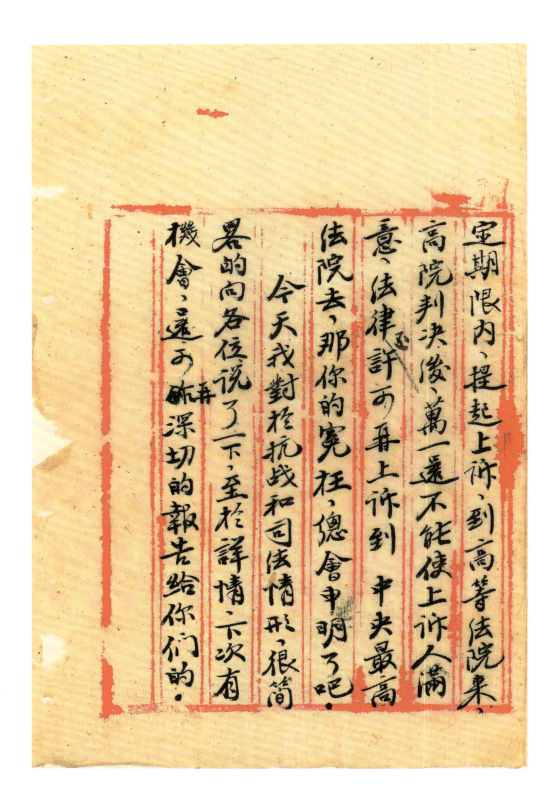

青海省政府秘书处关于办理参加抗战部队及征送壮丁军马宣传大纲致称多县政府的函（一九四〇年十月二十五日）

附：宣传大纲

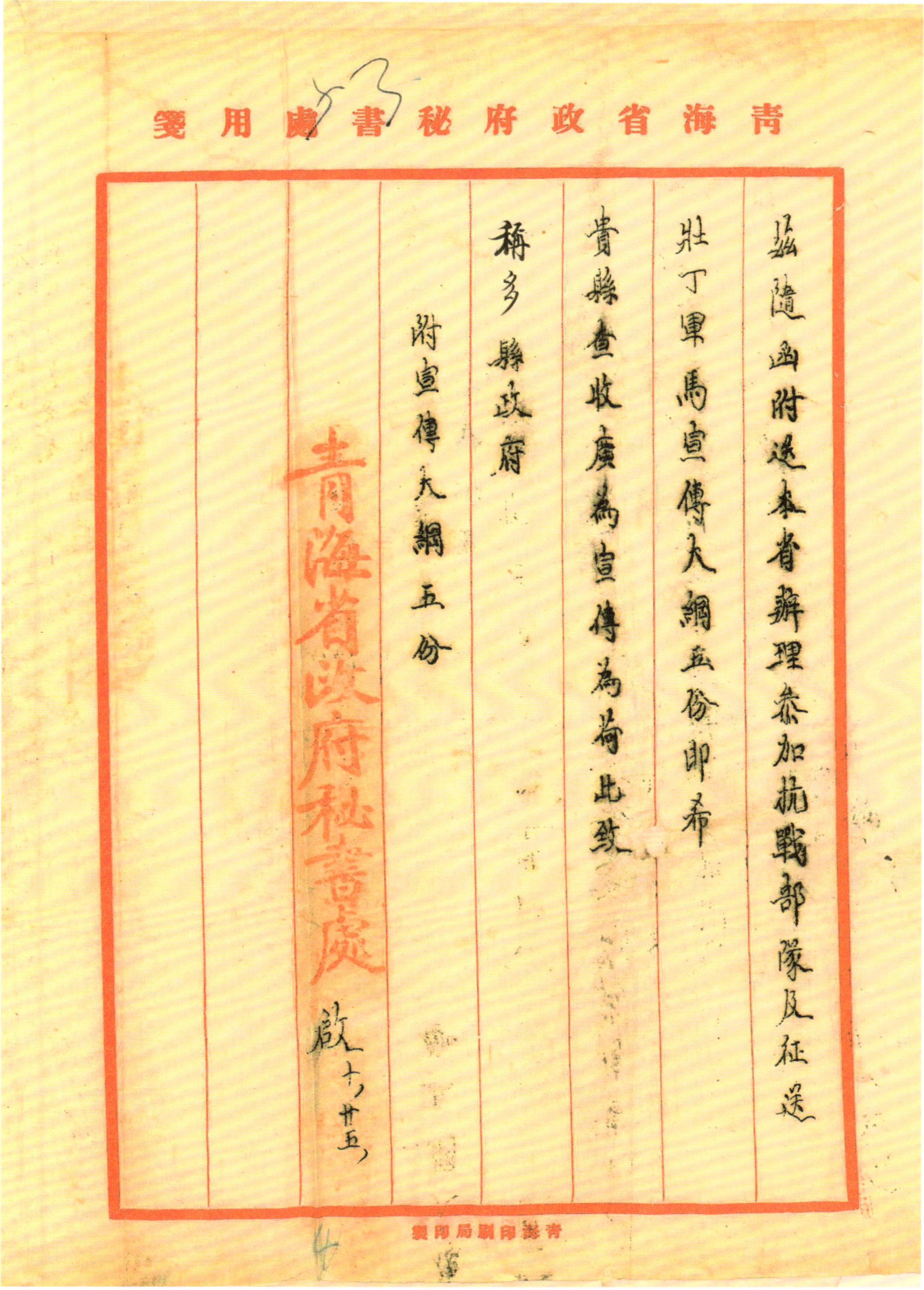

青海省政府秘書處用箋

茲隨函附送本省辦理參加抗戰部隊及征送壯丁軍馬宣傳大綱五份即希貴縣查收廣為宣傳為荷此致

稱多縣政府

附宣傳大綱五份

青海省政府秘書處

啟 十，廿五，

青海印刷局印箋

54

宣傳大綱

甲，兵役之重要

在持久抗戰之現在，每日兵員損失，數目至鉅，若以現役軍隊，作敵人科學武器之消耗，實有不逮，是以 中央竭力倡導兵役宣傳，并按各省人口密度，厘定徵調壯丁之標準，繼續訓練，隨時補充，如是我四萬萬七千萬之衆，人人抱定有國無家，有我無敵之決心，與寇日周旋，必能抗戰到底，把握最後之勝利。

乙，本省情形

青海雖然處在西北角落，在抗戰全面，也佔重要部分，二百萬民衆，在 馬主席領導之下，積極接受訓練，情緒激昂，對於聖神之抗戰工作，頗具爭先參加，惟恐其後之決心，但是本省年來，灾患頻仍，剿匪救患，民困未蘇， 馬主席以畢世治青，垂三十年悠久歷史之情感，以「不攤款不拔兵」作為政極則，苦心籌劃，處置困難，是以本省過去，奉命徵調騎兵兩師，步兵一萬二千人參加抗戰，早經編制就緒，開赴前方，其間除馬縣師步兵一旅二千七百三十六員名外，其餘騎兵五旅，人數九千二百六十四員名，馬匹槍枝，全身武裝，配備齊全，步兵每人配槍一枝，

5

彈五十發，及其他東裝，約費洋三百五十元，騎兵每人配槍馬各一，彈五十發，及其他東裝，約費洋五百元，兩師步騎合計，共約支洋五百五十八萬九千六百元。又本省第一次二十七年度八月份起，十二月份止，應徵壯丁一千名，第二次二十八年度元月份起，八月份止，應徵壯丁五百名，折徵軍馬五百匹，并送砲兵馱手三百名，馬伕一百二十名，均由 主席自行籌劃，先後送去，人馬服裝鞍韉，配備齊全，每人服裝，約費五十元，共約費洋九萬一千元，每馬一匹馬價及配備，需洋一百五十元，共約洋七萬五千元，人馬合計，共需洋一十六萬五千元。

最近又奉 委員長電令，徵送壯丁一千五百名， 主席於奉命後，以本省壯丁，正在訓練，徵調不易，請改折軍馬一千匹，已蒙照准，此項馬價，約值洋十五萬元，現正籌辦。

丙，辦理經過

以上歷次開拔軍隊，徵送軍馬壯丁，所費總數五百七十五萬六千餘元，連同開拔各費，已達六百萬元以上，此種鉅大支出，若由全省二百萬人民分擔，每人應負三元，若每家以八口計，則每家應擔二十四元，但 主席一本不攤款不拔兵之初心，所有上項各費，除 中央撥發一部開拔費外，完全由個人苦心籌劃，羅掘墊付，應徵兵員，均由軍隊中抽拔派送，并未向民間攤一款要一兵，即最近之軍馬一千匹，亦由 主席墊款十五萬元，赶即購送，并不向民間攤派分毫，使本省人力物力，有所蘊蓄，以備國家萬一之需，亦即 主席親民護民初心之表徵。

丁，我們應有的認識

基於以上各種事實，我們知道 主席之一舉一動，一思一念，完全是為民眾謀幸福圖樂利之打算，我們明瞭了主席維護民眾之好意及體恤民眾之苦心，應當竭誠服從，以表感謝，并忱擁護，以示報答。

青海省政府教育厅关于各校学生于暑期宣传筹送壮丁军马情形致省立西宁中学校的训令（一九四一年八月九日）

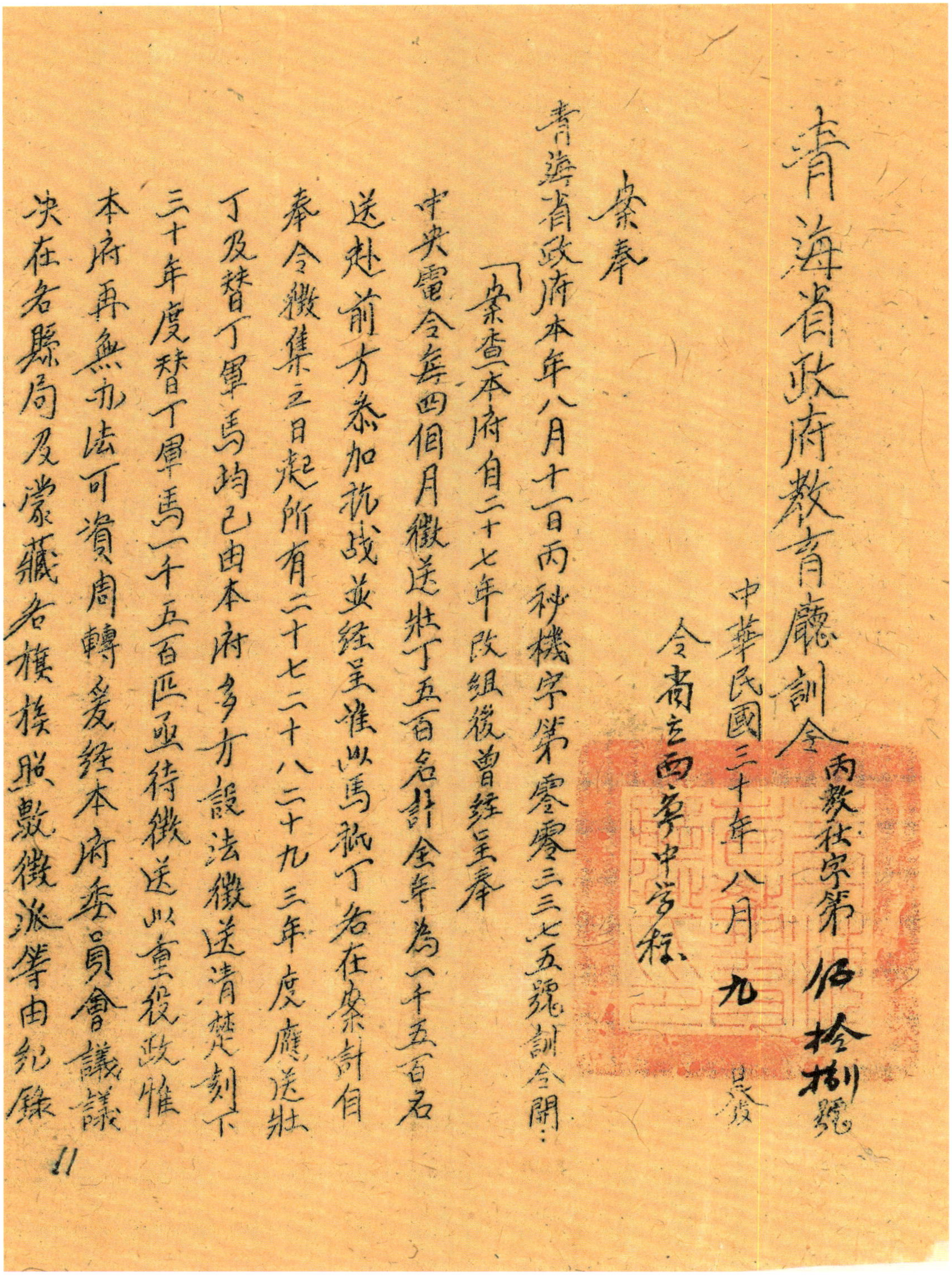

青海省政府教育廳訓令 丙教社字第伍拾捌號

中華民國三十年八月九日 發

令省立西寧中學校

案奉

青海省政府本年八月七日丙秘機字第零零三三七五號訓令開：

「案查本府自二十七年改組後曾經呈奉

中央電令每四個月徵送壯丁五百名計全年為一千五百名送赴前方參加抗戰並經呈准以馬抵丁名在案計自奉令徵集之日起所有二十七二十八二十九三年度應送壯丁及替丁軍馬均已由本府多方設法徵送清楚刻下三十年度替丁軍馬一千五百匹亟待徵送以重役政惟本府再無辦法可資周轉爰經本府委員會議議決在各縣局及蒙藏各旗族脫數徵派等由紀錄

在案除分令徵派並佈告全省各族民衆一體週知外
合亟令仰該廳遵照轉飭各級学校学生於暑假期
間在各鄉村將本府歷年籌送壯丁軍馬糸向民間
攤派以及本年無法周轉向各同胞徵集情形切寔普
遍宣傳俾各家喻户曉踴躍輸將並仰將遵办情形
具報備查爲要此令
等因；奉此，合亟令仰該校遵照办理並將遵办情形具報爲要
此令。(二)

廳長　馬鄰武

貴埠 八月九日

青海省政府教育厅、青海省民和简易师范学校关于学生在暑假内宣传征送军马经过情形事的往来公文

青海省民和简易师范学校致青海省政府教育厅的呈文（一九四一年九月二十日）

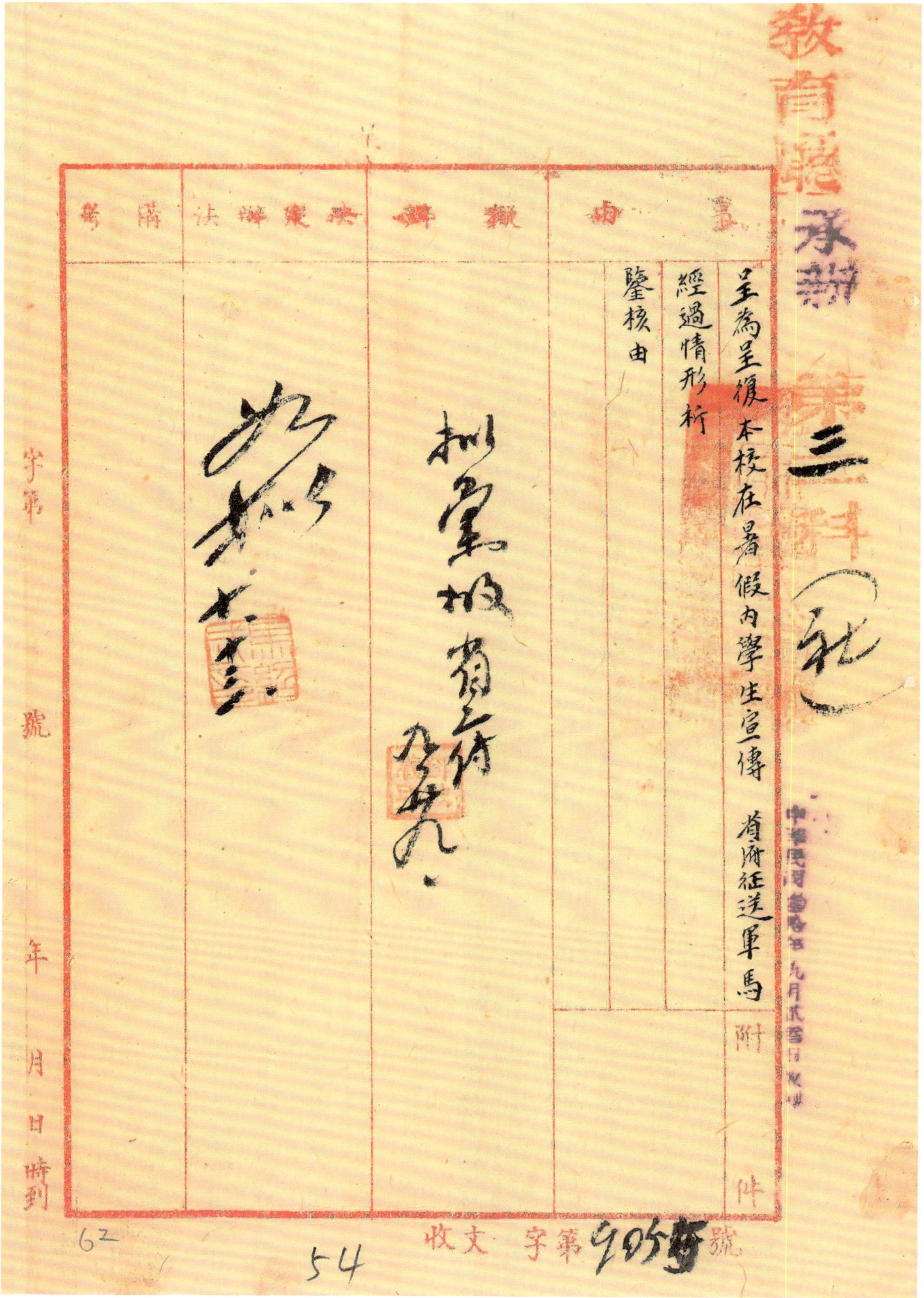
教育廳承辦
第三科（秘）

事由：呈為呈復本校在暑假內學生宣傳貢獻征送軍馬經過情形祈鑒核由

附件

如擬

收文 字第 號

呈為呈復事案奉

鈞廳丙教社字第五十八號訓令節開本府於二十七年奉
中央電令每四個月征送壯丁五百名計全年共一千五百名經呈准
以馬抵丁所有二十七、二十八、二十九三年應解單馬均由省府設法征
送未向民間攤派茲三十年應解單馬一千五百匹因省府委實
再無辦法周轉經省府委員會議議決照數攤派仰將此項情形
切實宣傳俾衆週知等因奉此本校遵即製發宣傳要點並將實際
情形詳細為學生講述後令於暑假期間在各鄉宣傳以期普遍除
辦理外謹將遵辦情形具文呈報
鈞府鑒核實為公便謹呈

教育廳廳長馬

青海省立民和簡易師範學校校長李德淵

64

56

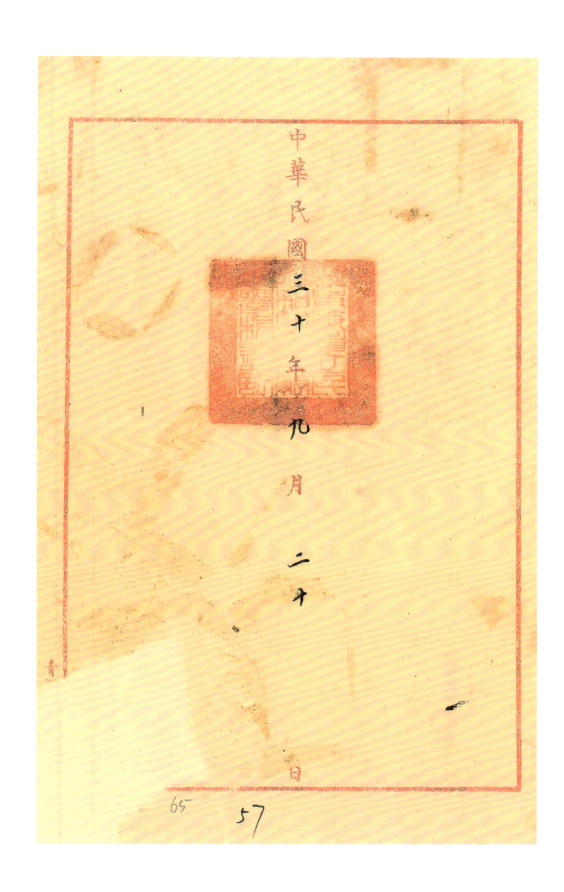

中華民國三十年九月二十日

65

57

青海省政府教育厅的指令（一九四一年十月十五日）

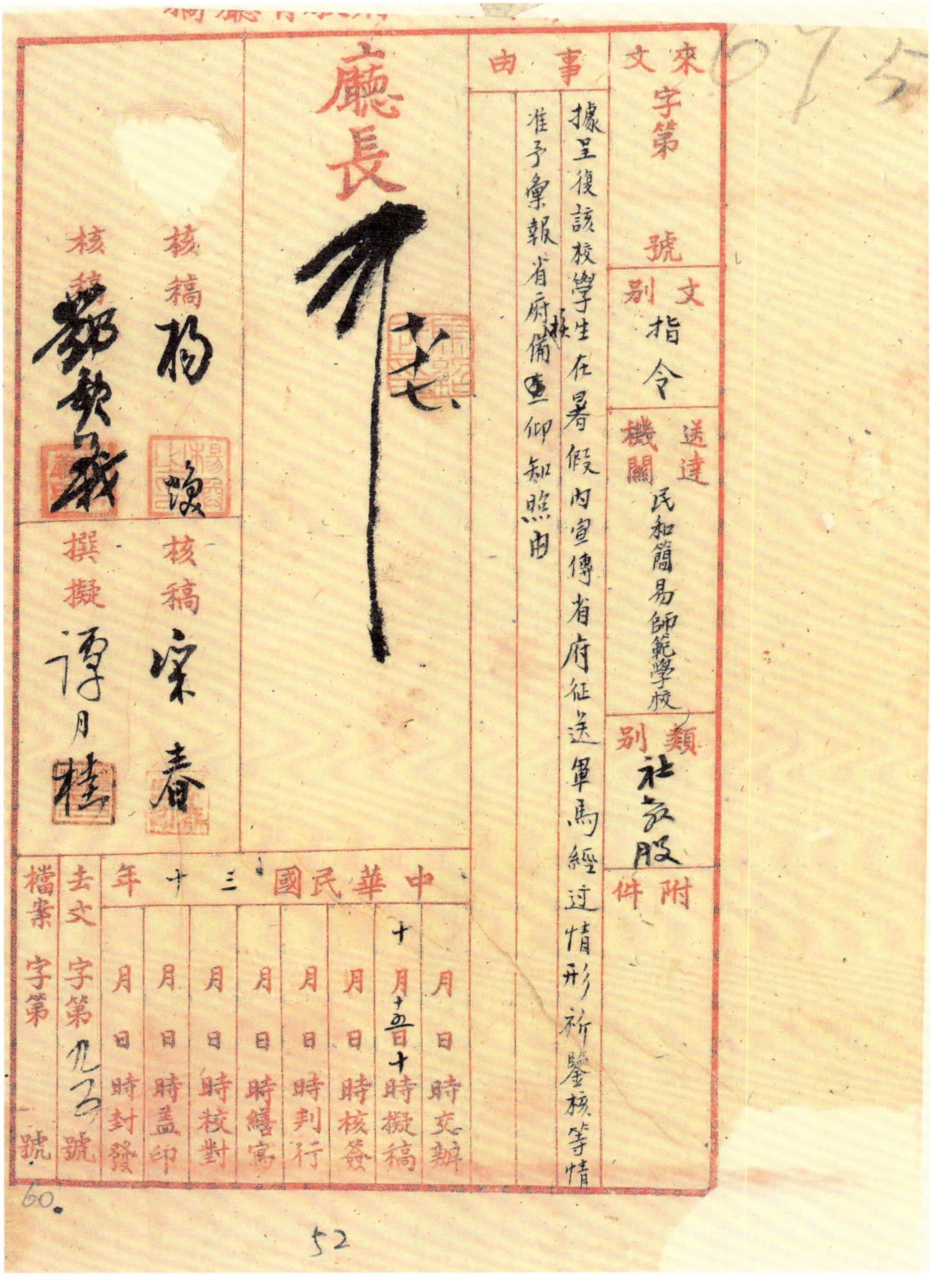
廳長（签名）

核稿

核稿

核稿

撰擬

來文字第 號

文別：指令

送達機關：民和簡易師範學校

類別：社教股

附件

事由：據呈復該校學生在暑假內宣傳省府征送軍馬經过情形祈鑒核等情准予彙報省府備查仰知照由

中華民國三十年 月 日 時交辦

十月十五日十時擬稿

月 日 時核發

月 日 時判行

月 日 時繕寫

月 日 時校對

月 日 時蓋印

月 日 時封發

去文字第九〇五號

檔案字第 號

本廳指令丙教社第九五號

令省立民和簡易師範學校

本年九月二十日呈一件呈復該校學生在暑假內宣傳　省府征送軍馬經過情形祈鑒核由

呈悉。准予彙報

省政府核備，仰即知照！

此令。

廳長　馬〇〇

中華民國三十年十月　日

繕寫

校對

監印

61

53

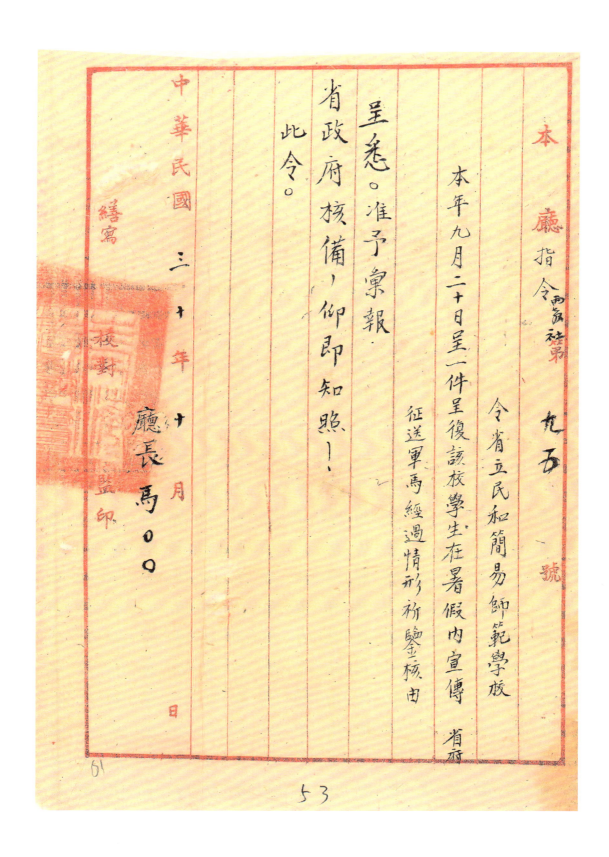

青海省政府转发国防最高委员会关于令知迅速确定挽回国运团结民族之根本方策以增强抗战力量致囊谦县政府的训令（一九四一年十一月十一日）

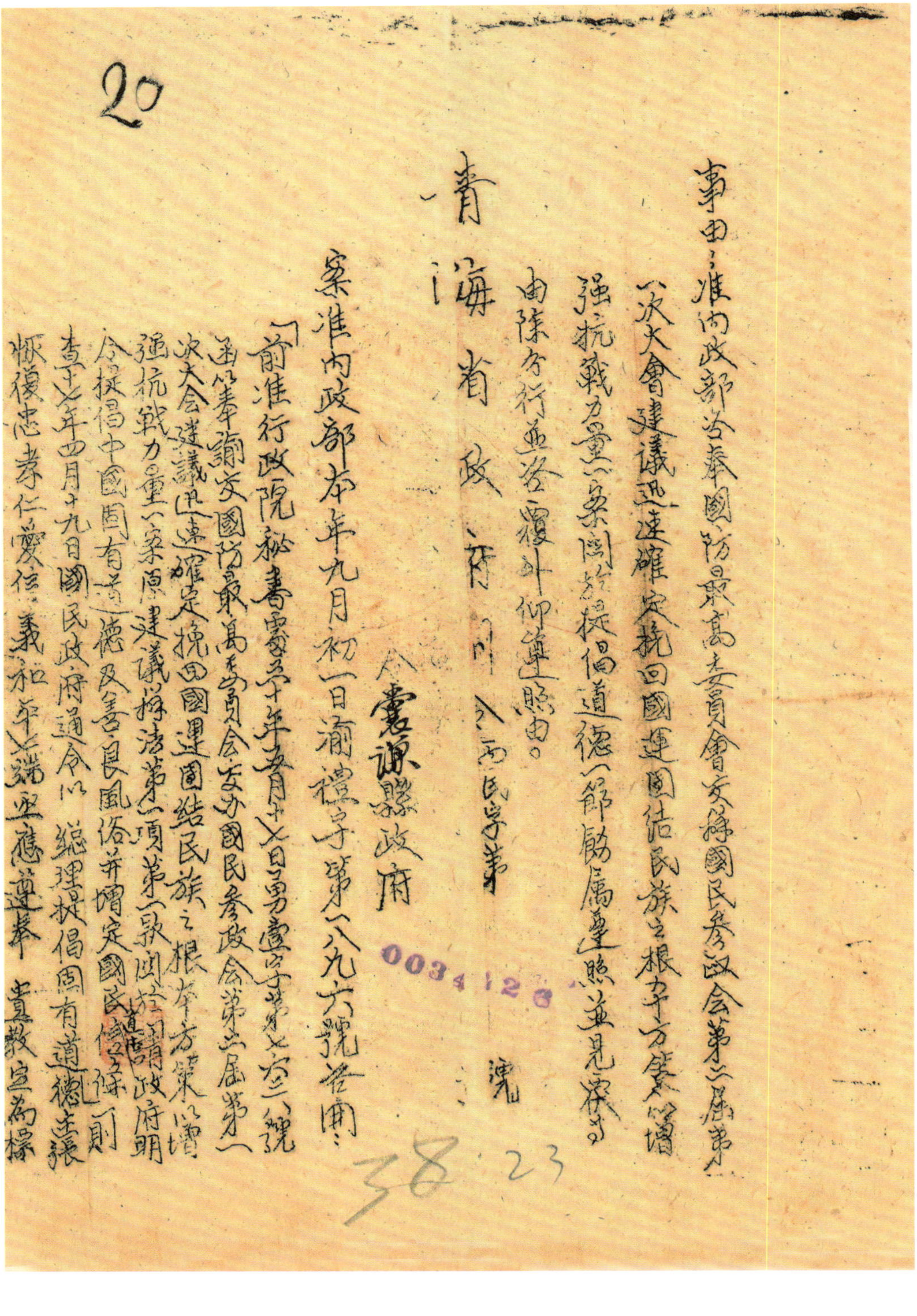
20

事由：准内政部咨奉国防最高委员会交议国民参政会第二届第一次大会建议迅速确定挽回国运团结民族之根本方策以增强抗战力量一案关于提倡道德一节饬属遵照并见复等由除分行并咨覆外仰遵照由。

青海省政府训令　民字第　　號

令囊谦县政府

案准内政部本年九月初一日渝礼字第一八九六号咨开：

「前准行政院秘书处三十年五月十七日勇壹字第七六三八号函以奉谕交国防最高委员会交办国民参政会第二届第一次大会建议迅速确定挽回国运团结民族之根本方策以增强抗战力量一案原建议办法第一项第一款关于请政府明令提倡中国固有道德及善良风俗并增定国民公约一节，前查二十七年四月十九日国民政府通令以总理提倡固有道德，恢复忠孝仁爱信义和平八端，并应遵奉遗教宣为标

0034126

38.23

准後於二十六年八月經本部呈准行政院轉奉國民政府通
飭全國各機關學校團體自行製成藍底白字橫書忠孝仁
愛信義和平八字之匾額懸諸禮堂或公共場所以資啟迪並函
請中央黨部通令各級黨部遵照各在案自抗戰發生各機
關學校團體屢經播遷是項匾額多未製懸懸除呈請
行政院轉請黨中前令一律遵辦外所有各省市政府並應
轉飭所屬於舉行國民月會及保民大會時切實倡導固
有道德及善良風俗即以新生活須知所定之禮義廉恥
闡為國民道德信條或策勵自身體力行趨向既端可臻上
理想應咨請查照轉飭所屬一律遵照並希見復為荷
等由准此除分行並咨復外合亟令仰該縣遵照此令

中華民國三十年十一月廿日

主席　馬步芳

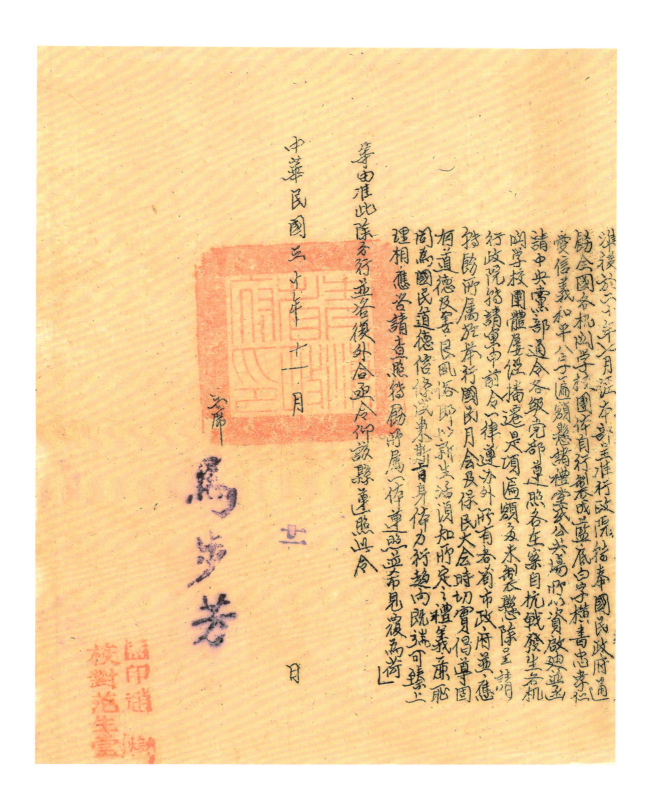

監印趙燦
校對范先堂

教育部关于征送有关抗战之各种宣传艺术物品致国立西宁师范学校的训令（一九四二年四月十三日）

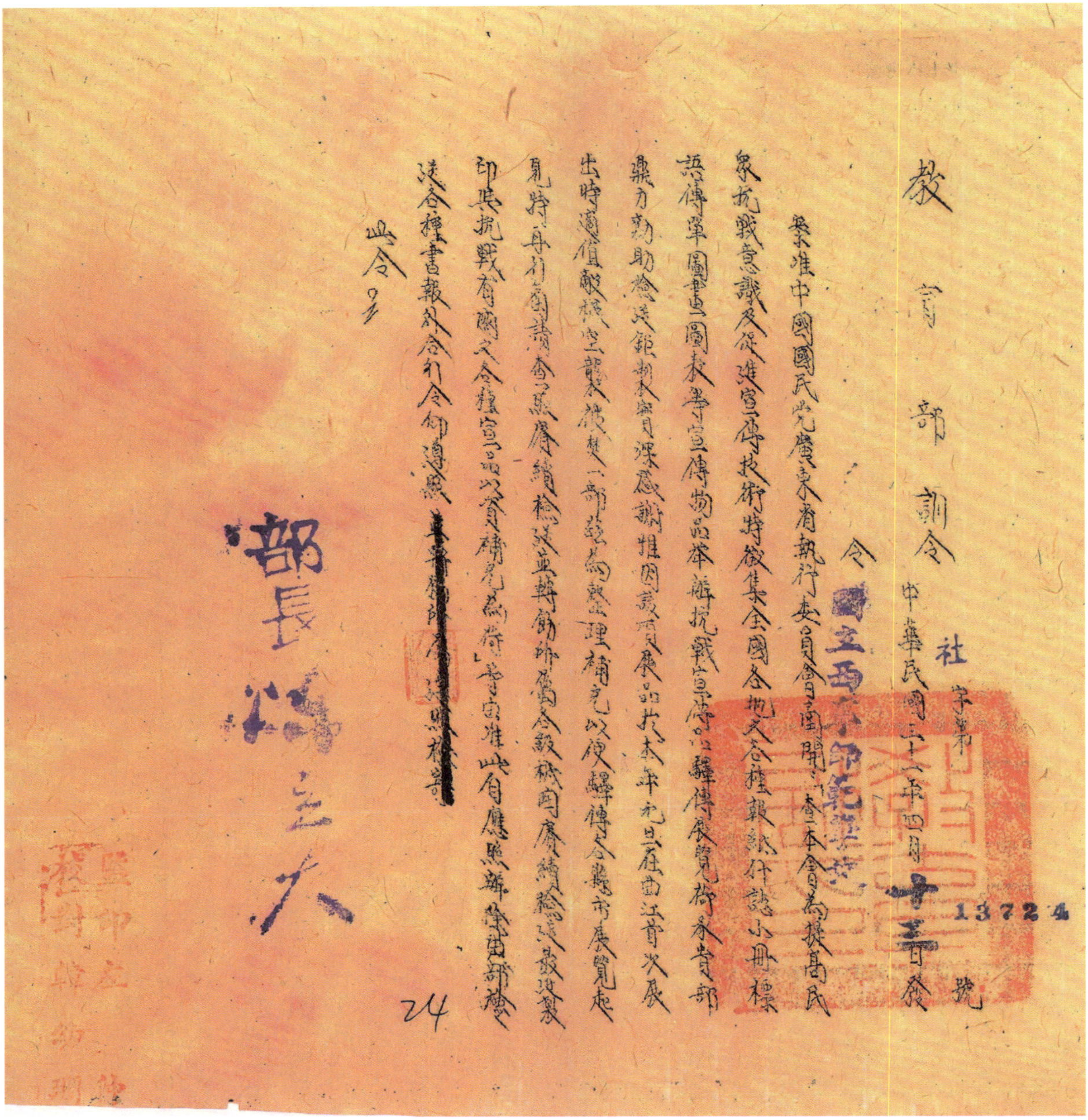
教育部訓令　社字第　號
中華民國三十一年四月十三日發
13724
令國立西寧師範學校
案准中國國民黨廣東省執行委員會函開：「查本會為提高民族抗戰意識及促進宣傳技術，特發集全國各地之各種報紙、什誌、小冊、標語、傳單、圖畫、圖表等宣傳物品，舉辦抗戰宣傳品聯合展覽。茲承貴部鼎力勸助，給送錦棉本會，深感謝悃。因該項展品於本年元旦在曲江首次展出時，適值敵機空襲，本會致為整理補充，以便輪轉各縣市展覽起見，特再行函請查照，賡續搜集，轉飭所屬，分飭賡續搜送最後製印具抗戰有關之各種宣傳品，以資補充為荷」等由，准此。自應照辦，除由部[illegible]送各種書報外，合行令仰遵照[redacted]。
此令。
部長　陳立夫
監印　校對
24

财政部青海省田赋管理处奉财政部关于《抗战建国纲领》为战时施政最高原则各机关应切实执行致囊谦县田赋管理处的训令（一九四二年五月）

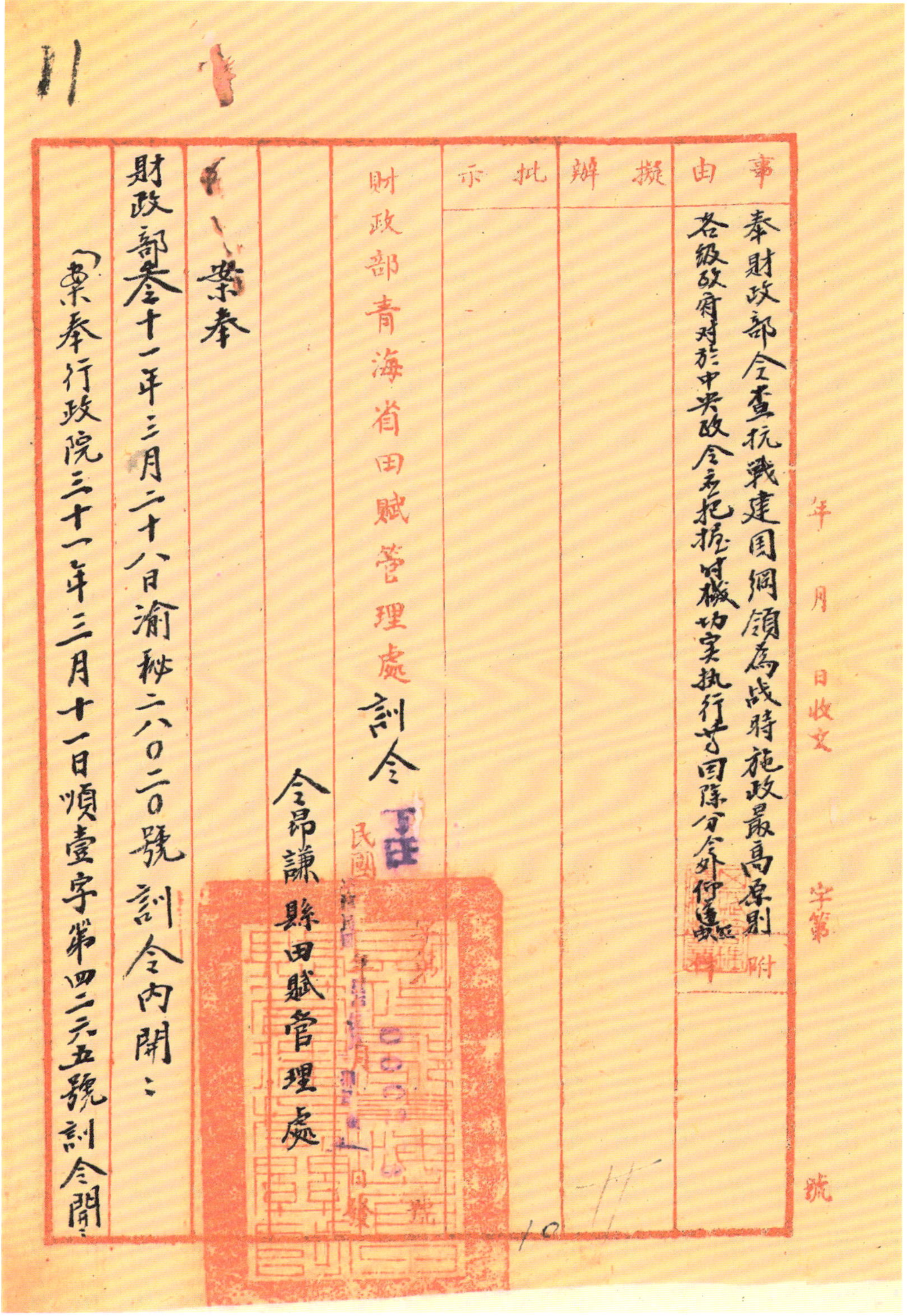
事由 奉財政部令查抗戰建國綱領為戰時施政最高原則各級政府對於中央政令應把握時機切實執行等因除分令外仰遵照 附

擬辦

批示

年 月 日收文 字第 號

財政部青海省田賦管理處訓令

令昂謙縣田賦管理處

案奉

財政部叁十一年三月二十八日渝秘二八〇二〇號訓令內開：

案奉行政院三十一年三月十一日順壹字第四二六五號訓令開：

查抗戰建国綱領為戰時施政最高原則亦為人民意志一致表現頻年政府一切措施及所訂各種方案規章無不遵照綱領循序推進凡在人民自應集中意志遵照綱領之規定通力合作加强团結力量所有違反國策之理論及行動應嚴加檢束確立中心思想遵守嚴格紀律以達成抗戰建国之目的各級政府對於中央政令應把握時機切實執行凡標奇立異之說或違反乱紀之行尤須嚴予取締不得稍有寬假用以端正社會之趨向恢宏復興之大業除分令外合行令仰遵照並轉飭所屬一体遵照等因除分令外合行令仰遵照並轉飭所屬一体遵照此令

等因奉此除分令外合亟令仰該處遵照。此令。

處長 冶成榮

副處長 馮德武

124

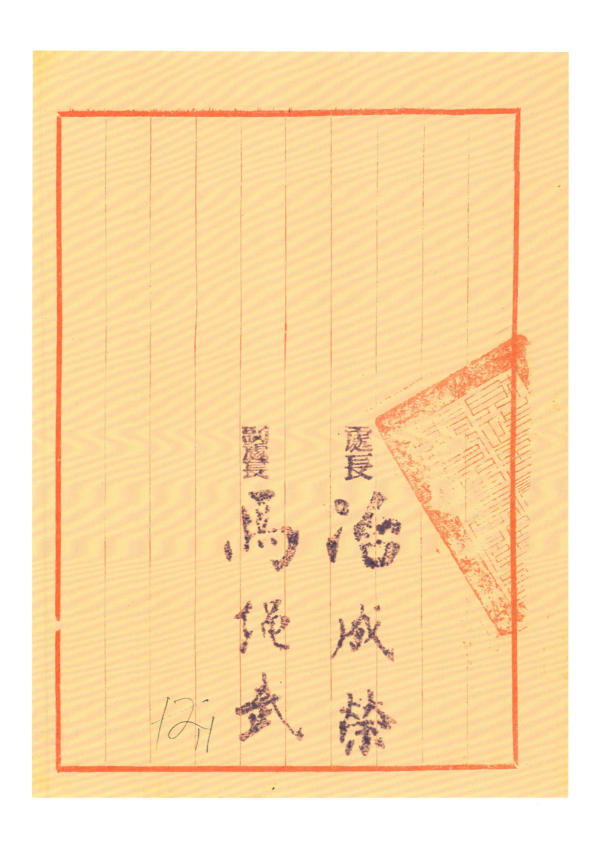

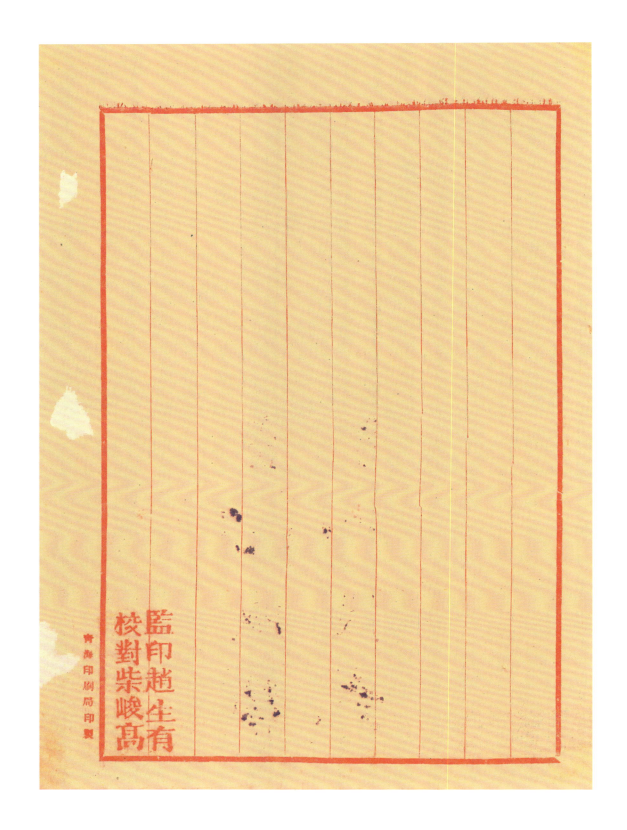

監印趙生有
校對柴峻高

青海印刷局印製

教育部秘书处关于抗战六周年纪念日国际学生会致电全国学生团体以示敬意并抄原电致国立西宁师范学校的函（一九四三年八月二十五日收）

附：国际学生会原电

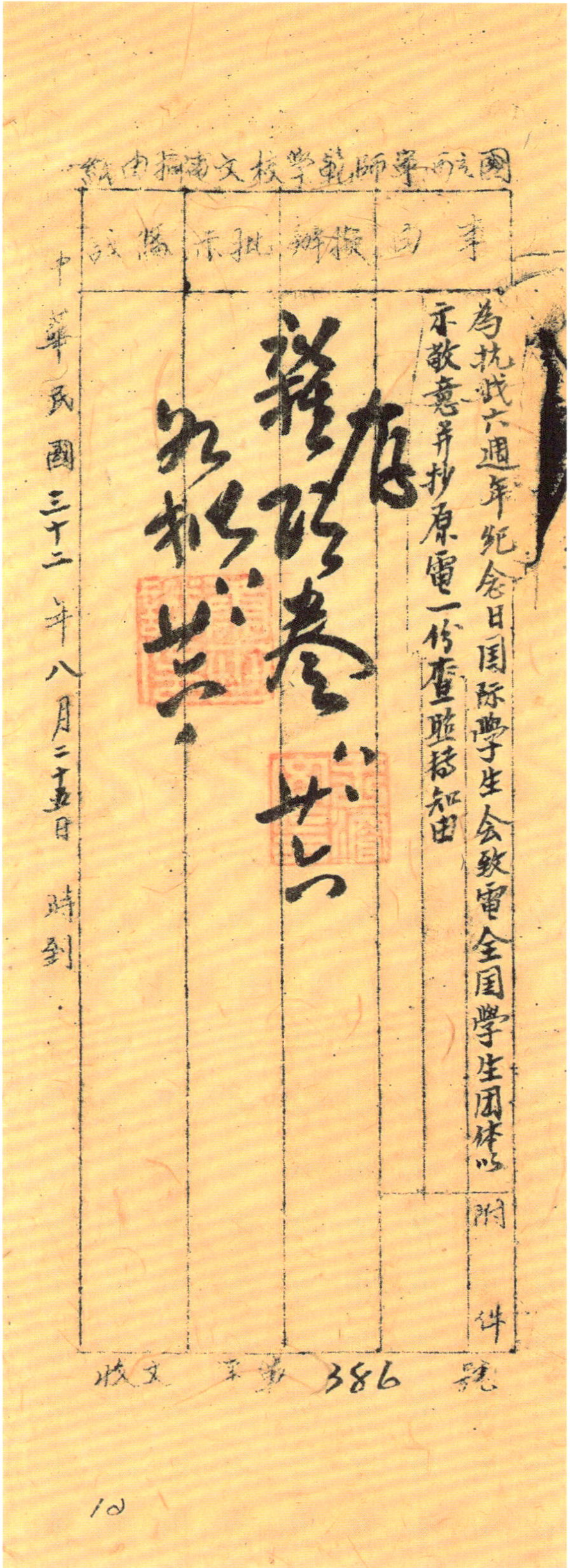
國立西寧師範學校文書摘由紙

事由	擬辦	批示	備攷
為抗戰六週年紀念日國際學生會致電全國學生團体以示敬意并抄原電一份查照轉知由			

附件

中華民國三十二年八月二十五日　時到

收文　字第386號

雜

信

逕啟者：國際學生會於我抗戰六週年紀念日自紐約致電本部，囑轉全國學生團體以示敬意。除由部電復外，相應抄同該會原電一份，函請

貴校查照轉知為荷！此致

國立西寧師範學校

附國際學生會原電一份

教育部秘書室啟

三十二年七月　日

中華民國三十二年八月初五日

37694

13

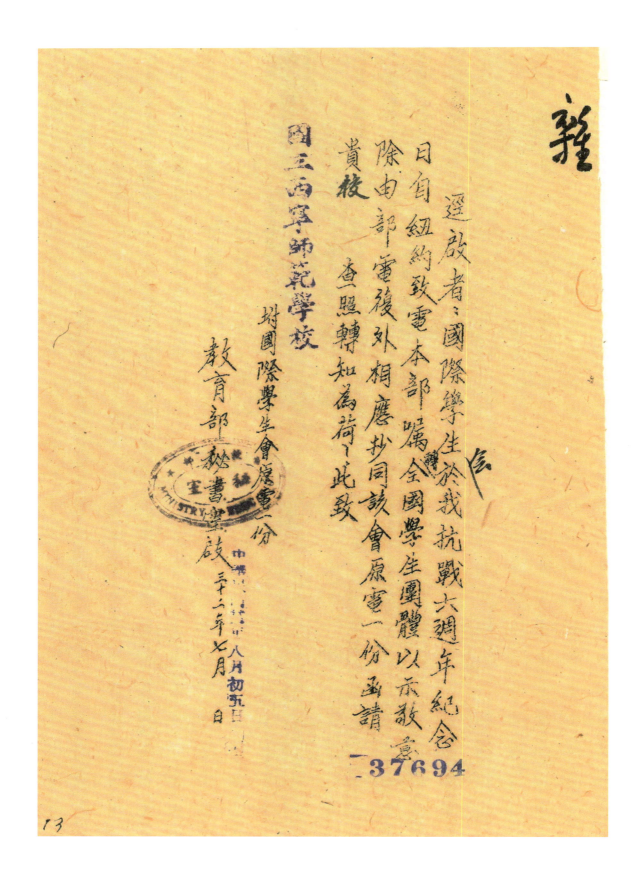

國際學生會原電

重慶教育部陳部長立夫轉中國全國學生團體公鑒在

貴國對日本帝國主義者作英勇抗戰之六週年紀念日

謹向首先奮起抵抗侵略國家之中國學生致敬全世界

學生願與諸君聯合以打擊共同的敵人與建設更良好

之世界國際學生會自紐約發。七月六日

为纪念国父诞辰告全省同志同胞书（一九四三年十一月十二日）

為紀念國父誕辰告全省同志同胞書

今天是本黨 總理中華民國的 國父孫中山先生的誕辰紀念日，同時也是反侵略陣線在環球各戰場取得主動大舉撲滅軸心暴力的時候，勝利的曙光在望，人類的和平可企，我們在這偉大的時期慶祝 國父誕辰，其衷心的愉快興奮及對革命前途的光明，實在是革命史上空前未有的，但是抗戰的勝利愈接近，抗戰的任務愈艱鉅，而國家民族所期望於吾人之貢獻人力物力，亦必千百倍於往昔，茲就目前本省亟應舉辦數事，為我全省同志同胞告之：

一，加強抗戰力量，爭取最後勝利。

自墨魔塌台義大利無條件投降，並對德宣戰以後，軸心三足，已掉其一，而今年蘇軍反攻的勝利和英美加軍在義南的疾速推進，已使當年不可一世的納粹暴徒，縮守歐洲堡壘，有如甕中之鱉，坐以待斃，日寇的力量，經我六年的長期抗戰和美澳軍在西南太平洋不斷的摧毀，已呈再衰[illegible]竭之象，東南亞盟軍總部的設立，更成[illegible]路合圍的氣勢，、無論敵寇如何掙扎、必難作困獸之鬥，一旦反攻開始，東西强盜的覆亡殘敗已爲毫無疑問的實事，我們是反侵略的倡導者，且擁有久經作戰的强大陸軍，在這次反攻的戰爭中，無疑的要負起東亞大陸主力戰的重大責任，青海是國防重鎮，總營西北，當民族國家存亡絕續世界人類安危禍福的最後關鍵，我各族同胞，必須人人立志作最後決戰更大的奮鬥，統一精神意志，集結人力物力，在軍事第一，勝利第一的目標下，遵守國家總動員法令，嚴格實行戰時生活，趕築青藏公路，增强抗戰實力，以共赴決戰勝利的任務，完成革命救國的事功。

三，展開社會教育，普及文化建設運動。

根據現代國防的含義，我們知道國與國間的戰爭，就是兩國文化力量的戰爭，因爲武力經濟思想外交，都不過是表顯國防的一面，惟有文化才可以表代國內力量的總和，中日戰爭，就是正在成長的三民主義文化抵抗暴日明治政策孕育出來的帝國主義文化相激相盪而成的戰爭，五千年的歷史昭示我們，凡是外來的武力如果趁我們一時的不備擊破我們的防線，佔據我民族生存所要求的領域，最後必爲我中華民族起而驅除恢復，亦必爲我博大悠久的民族文化力量所征服，我蒙古東三省如此，暴日將來亦必如此，青海交通不便，民族複雜，學校教育，因各族語言生活的不同，一時尚難普及，且當戰時，人力財力，均感不夠，普及文化建設，除擴大辦理已有成績的識字運動外，更須展開範圍廣泛收效迅速的社會教育運動，務使每一國民，皆將固有的德性潛能，從根救起，對於西洋的物質科學，迎頭趕上，以樹立精神上的國防，完成大後方的建設，望我全省教界的同人，一致努力，積極推行。

二，捐獻現金實物，慰勞衛國將士。

抗戰開始，我青海出征的將士，為國家的獨立，為民族的生存，英勇奮鬥，捍衛祖國，或淳暑遠征，浴血沙場，或冰天雪地，鞏固邊防，含辛茹苦，已有四五年的綿長時間，在將士為國公忠，已盡了殺敵保國的天職，而我後方人士，更應熱忱慰勞，表示衷心的同情，要知國家是人民的搖籃，萬萬不能有失，設不幸而國家亡了，誰也逃不了死亡的厄運，今日淪陷區域同胞的殘遭殺戮流離失所，還不夠我們的警覺嗎？所以維護國家，是國民共同的責任，勝利一日不取得，抗戰一日不停止，而我們慰勞義務，也不能一時中止，本會最近大聲呼籲，發動募捐現金實物，慰勞出征將士，深望各界同胞，慷慨解囊，踴躍捐輸，使我出征將士，不缺必需的用品，受傷歸來，不虞醫藥的匱乏，再接再厲，繼續奮鬥。

青海省垣各界慶祝國父誕辰暨壯丁教育運動慰勞抗戰將士募捐宣傳大會印

三一·十一·十二

（二）抗战团体

青海省政府关于反日救国会为抵止日货刊定检查日货条例致湟源县政府的训令（一九三一年十月三十一日）

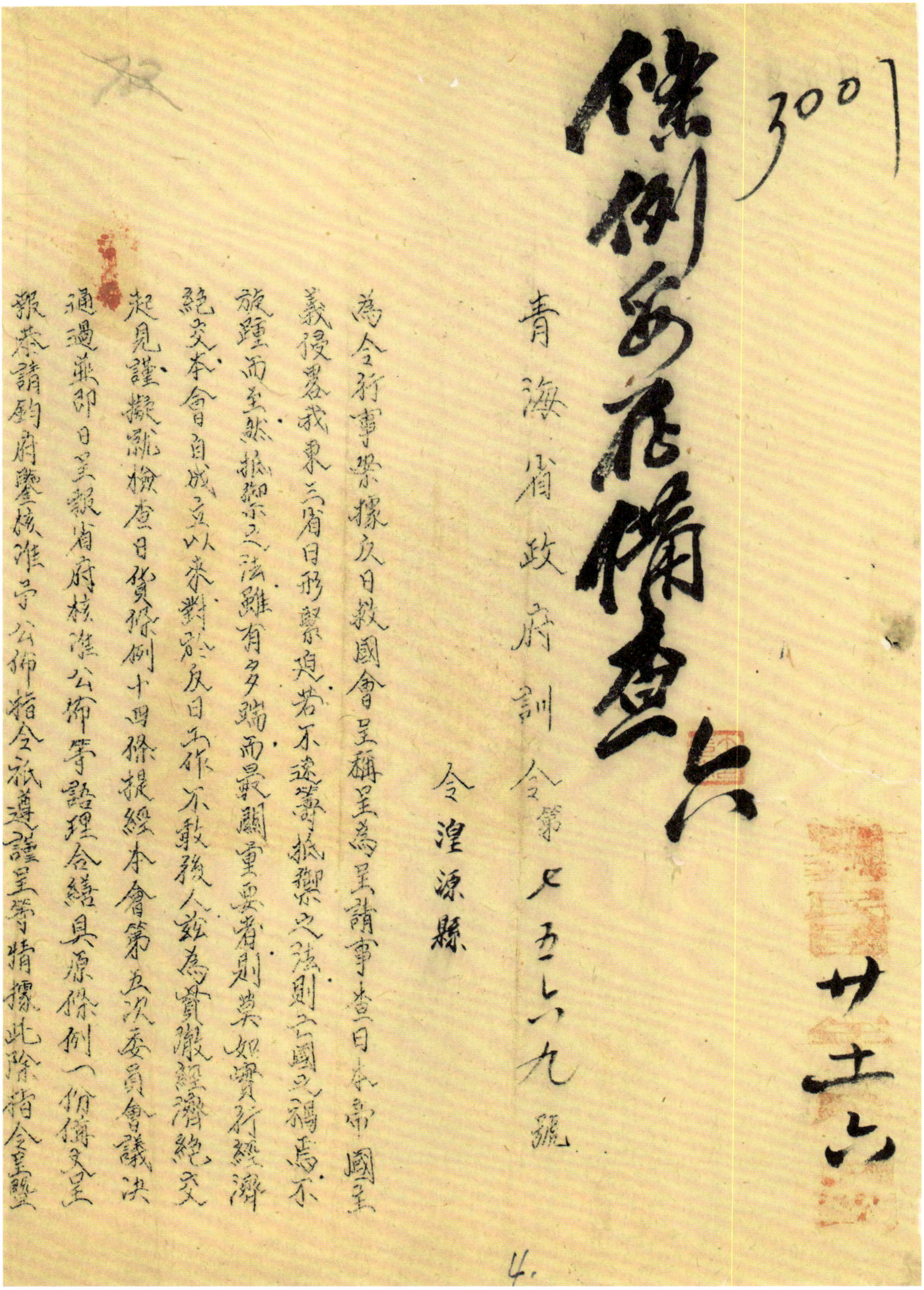

青海省政府訓令第七五六九號

令湟源縣

為令行事案據反日救國會呈稱呈為呈請事查日本帝國主義侵略我東三省日形緊迫若不速籌抵禦之法則亡國之禍焉不旋踵而至然抵禦之法雖有多端而最關重要者則莫如實行經濟絕交本會自成立以來對於反日工作不敢後人茲為貫徹經濟絕交起見謹擬就檢查日貨條例十四條提經本會第五次委員會議決通過並即日呈報省府核准公佈等語理合繕具原條例一份備文呈報恭請鈞府鑒核准予公佈指令祇遵謹呈等情據此除指令呈暨

條例均憑應即照准除公佈外仰即日施行並將日貲調查表抄呈一份以憑備案爲要此令印發并通令佈告外合行令仰該縣知縣

爲要此令

計抄發調查日貲條例一份

中華民國二十年十月卅一日

主席 馬麟

監印王起奎

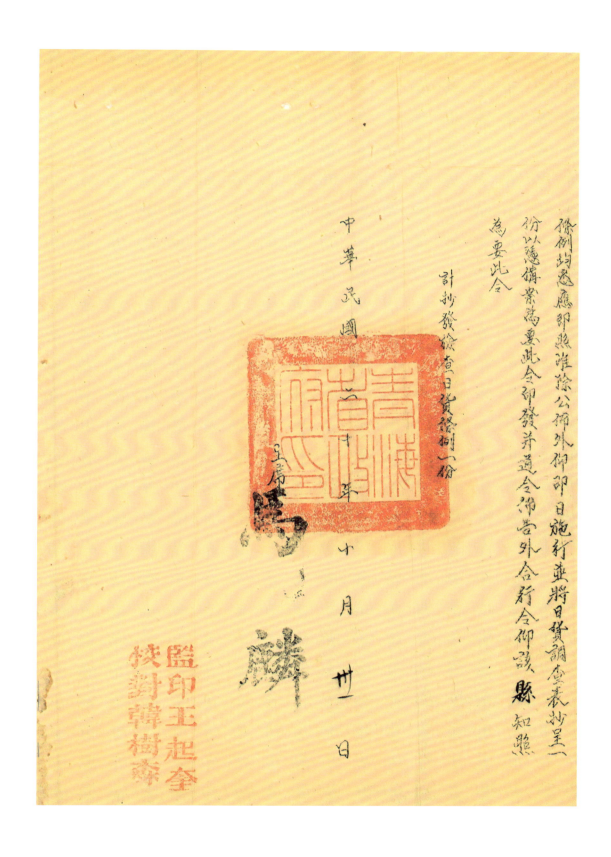

校對韓樹森

民和县反日援侨后援会分会关于该会成立致青海省政府教育厅的函（一九三一年十一月一日）

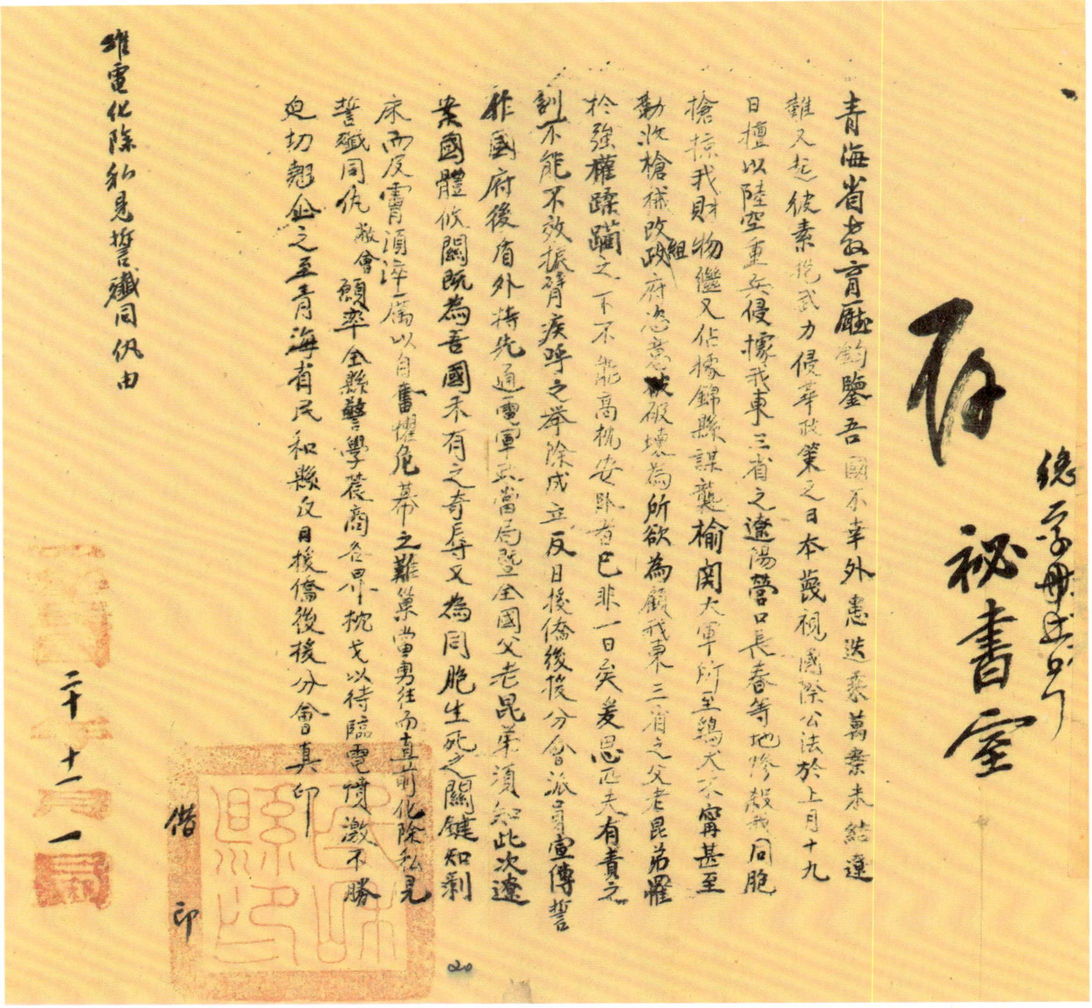
存

秘書室

青海省教育廳鈞鑒：吾國不幸，外患迭乘，萬案未結，遼難又起。彼素挾武力侵華政策之日本，蔑視國際公法，於上月十九日擅以陸空重兵侵據我東三省之遼陽、營口、長春等地，慘殺我同胞，搶掠我財物，繼又佔據錦縣，謀襲榆關，大軍所至，雞犬不寧，甚至勒收槍械，改組政府，恣意破壞，為所欲為。顧我東三省之父老昆弟罹於強權蹂躪之下，不能高枕安臥者已非一日矣。爰思匹夫有責之訓，不能不效振臂疾呼之舉，除成立反日援僑後援分會，派員宣傳誓作國府後盾外，特先通電軍政當局暨全國父老昆弟，須知此次遼案，國體攸關，既為吾國未有之奇辱，又為同胞生死之關鍵，知剝床而及膚，須淬厲以自奮，懼危幕之難巢，當勇往而直前，化除私見，誓殲同仇。敝會願率全縣警學農商各界，枕戈以待，臨電憤激，不勝迫切翹企之至。青海省民和縣反日援僑後援分會真印。

借印

二十年十一月一日

維電化除私見誓殲同仇由

青海省立第一中学校学生义勇军队员姓名表及指挥部一览表（一九三二年四月）

32

青海省立第一中學校學生義勇軍隊員姓名表

1

33

青海省立第一中學校學生義勇軍隊員姓名表

周宜适　冷存忠　朱令炎　劉　昌　李正民

謝興晋　虎中孝　邵維昌　李增昶　李承勛

關世平　包創業　范慶祥　衛效瑗　趙逢甲

張靖中　李成果　靳信義　丁　淑　楊　璉

吴桂棠　魏經邦　李維業　何存誠　張永昇

吴泰琪　楊生彩　張生傑　劉顯名　張效齡

趙永福　師道明　戴懋祖　張有訓　郭興豐

張志誠　魏九章　蒲衍慶　談　敦　東有漢

英霸　謝鴻儒　陳寶德　宋智德　王之藩
沈發達　戴彬　陳學禮　趙萬英　牟文彬
趙蕊德　蕭廷桂　陳顯澤　荀學武　李國俊
趙得祿　鄧春海　曾振亞　魏權　車永濟
梁智魁　王興基　張起鵬　王增信　陳鵬翱
陳有智　乜學哲　王興倫　劉永才　祁春林
李明炯　張永芳　李蔚文　李增秀　孟士賢
祁生彥　古維琪　朱增榮　王治邦　張可毅
白應斗　楊如震　史建章　金寶玉　韓寶琛

34

張承先　張昌祺　陳　生　崔有林　侯天元　祁毓琯　霍生榮　趙承蓮　魏朝輝

張　恕　李尚德　曹生榮　馬駿德　王殿祥　許承禎　盧璣章　趙永興　王廷璉

李秉廉　李鳳章　蔡生科　楊　彥　宋國文　雷　鳴　蕭起蔚　李蔚華　武殿元

鄧欽彥　馬成智　李景文　祁廣庫　靳貴義　嚴昭德　林艷春　馬登林　李　蒲

張耀堃　張殿珍　李耀林　陳維新　吉占魁　李朝禎　張生琛　周文蔚　程培元

3

陳廣祿　張效良　張世祿　王殿鏞　納朝璽
馬成驥　李生蔚　景有祿　李增輝　馬世祿
許中英　李發榮　劉鼎魁　林占元　王　佐
星燦光　顧得義　談善言　侯廷祿　李成椿
楊積善　趙承琦　李聯棟　李生林　何滿庭
井浚清　趙承泰　白炳西　郭紹儀　魏　儀
劉　義　龐洪士　殷尚儒　何振德　白文彩
胡鼂雲　馮毓材　李生芳　陳立傑　張貴明
沈桐清　楊智興

青海省立第一中學校學生義勇軍指揮官楊煥

中華民國二十一年四月　日

借印

35

4

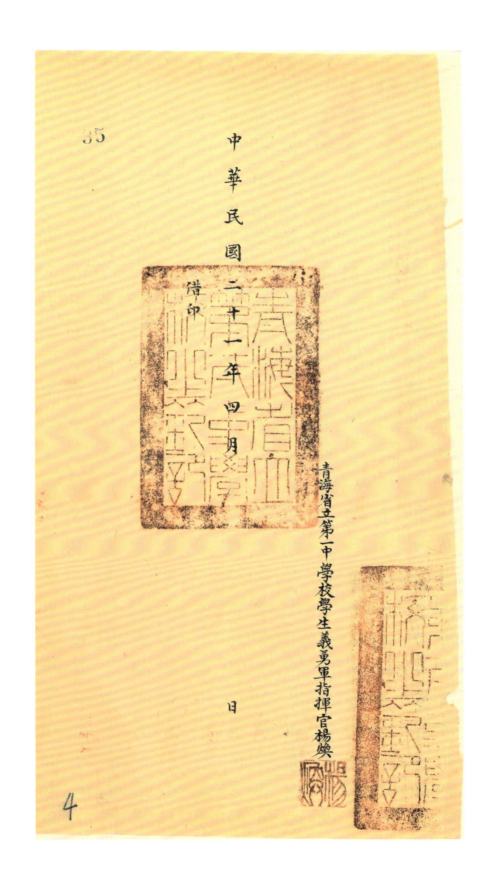

青海省立第一中學學生義勇軍指揮部一覽表

指揮部 職別	指揮部 姓名	成立地點及日期	組織經過	備考
指揮官	楊煥	假省立第一中學校地點於民國二十年十月十二日成立	本隊成立之初組織大隊設總副隊長各一人內分三小隊設正副分隊長各一人每隊分兩排每排分兩班並分設文書宣傳庶務交際糾察軍事六股嗣依照中央頒來義勇軍組織大綱改為指揮部組織兩大隊每隊分兩排每排分兩班指揮部設指揮官一人指揮一人參謀一人秘書一人並設軍需文書宣傳交際糾察	
指揮	林明春			
參謀	談道義			
秘書	賈增元			
軍需	岳永泰			
	張忠			
	李毓芹			
	何存晟			
文書	鄧炯			
	拉永泰			
	王生民			

36

宣傳

岳永泰

高文遠

張鼎詒

李生香

交際

趙國俊

蘇生英

劉景賢

安爾福

糾察

馬秉義

魏九祿

蔣咸蔚

薛慶璽

為五股

5

5

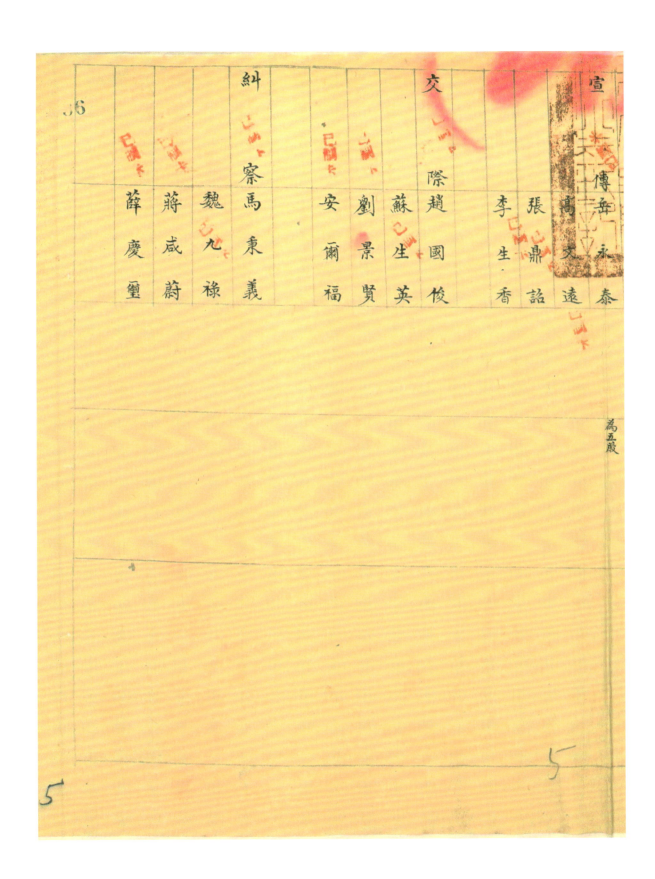

青海省政府为抄送驻智利直属支部呈请转咨国府严禁各省解散抗日团体事致青海高等法院的公函

（一九三三年十月二日）

附：原呈

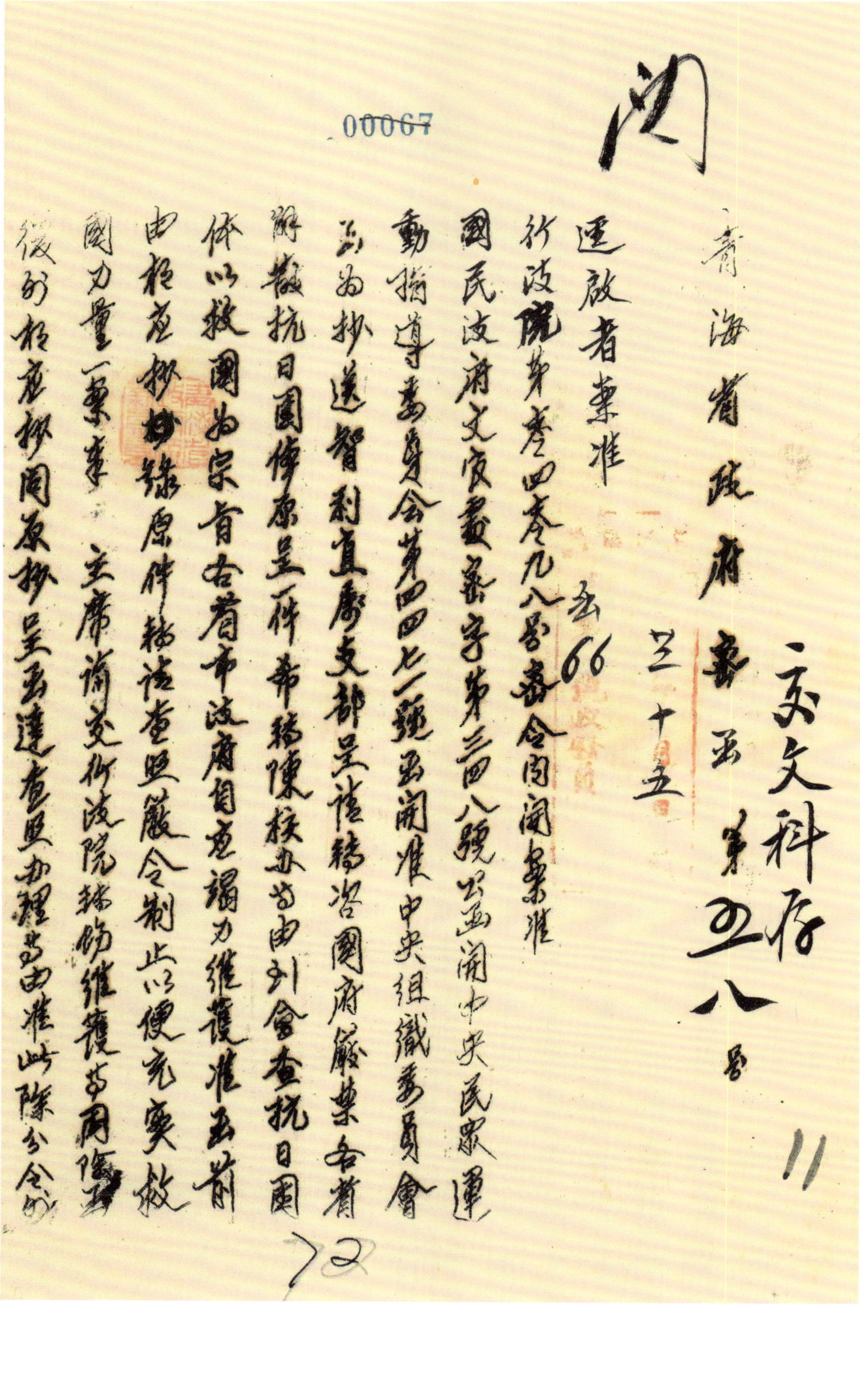

阅

00067

青海省政府函 秘字第五八号

廿二 十 五

呈文科存

逕啟者案准

行政院本年四九八號函開案准

國民政府文官處函字第三四八號公函開中央民眾運

動指導委員會第四四七號函開准中央組織委員會

函為抄送智利直屬支部呈請轉咨國府嚴禁各省

解散抗日團體原呈一件希轉陳核辦等由到會查抗日團

體以救國為宗旨各省市政府自應竭力維護准函前

由相應抄錄原件函請查照嚴令制止以便充實救

國力量一案奉主席諭交行政院轉飭維護等因除

發外相應抄同原抄呈函達查照辦理為由准此除分令外

66

11

72

合行抄發原呈令仰該省政府即便轉飭所屬一體維護此
令計抄發駐智利直屬支部執行委員会歐陽葉鏘原
呈一件等因奉此除分行外相應抄同原件函達
貴院請煩查照爲荷此致
青海省高等法院
計抄送駐智利直屬支部執行委員会歐陽葉鏘
原呈一件

主席 馬麟

中華民國廿二年十月二日

監印韓樹森
校對董致中

000 68

抄原呈

呈为呈请转呈及顷据意基恳予部呈称彙准彭部第六次

党员大会梁太鸿同志动议阅查日敌谋我之为有组织

有计划为久已举世共见吾人对策除应用外交与武力之外

亟宜积极组织民众以为长期抵抗之基本力量其已成立之救

国团体应如何指导而扶植之实惟地方政府之天职亦惟

如此方足表示政府抗日之决心与收官民合作之效果也乃阅

本月五日西报载天津哈瓦斯电讯河北省政府主席于华北休战

条约签定之后即下令将抗日义勇军解散一俟中日已言

归于好此后更无须民众之努力该省当局之如斯态度殊

令热血满腔之华侨起极不良之现象神精过敏之流

且发我政府抗日之无诚意影响所及不独与政府之威信

12

73

有碍華僑之抗日救國工作將首蒙最大之打擊心所謂
危碍難緘默乃呈請上級黨部轉呈中央轉咨國府嚴
禁各屬疆吏擅行解散救國團體其處理不善者祇宜
加以指導或徹底改組之惟不得無故加以解散以免發生不良
影響有碍救國進行當衆議決此由當經大會通過在卷
亦經議案呈達敬希鑒核施行實為公便等由到會當經提
出本會第十七次常務會議討論決議應予轉呈鈞會並希
轉咨國民政府切實嚴禁此類不良地方當局擅行解散
抗日團體俾充實救國力量而彰切實叩覺謹呈
中央執行委員會組織委員會

駐智利直屬支部執行委員會常務委員歐陽葉洪

乐都县守土抗战后援会筹备会记录（一九三七年八月五日）

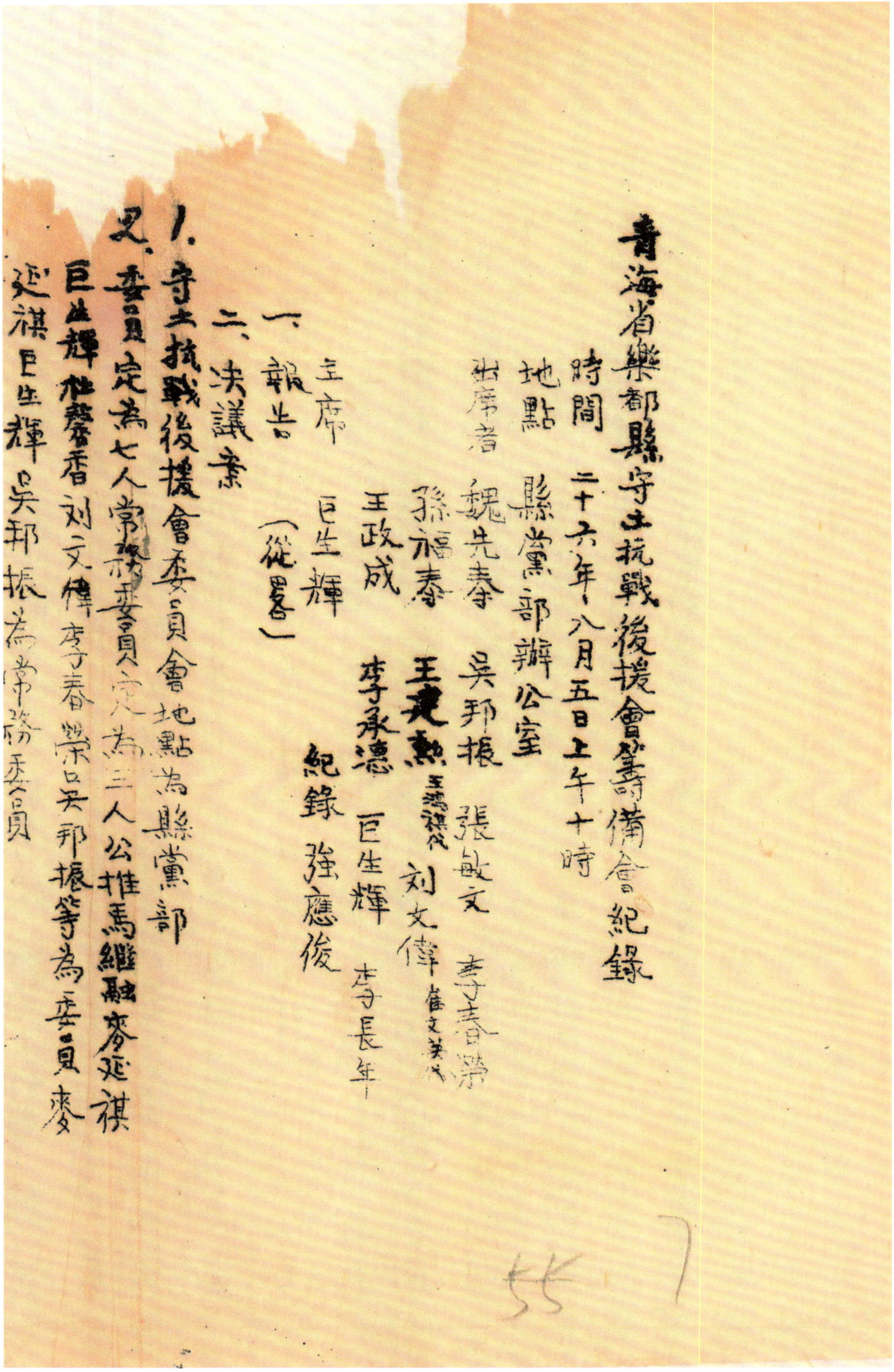
青海省樂都縣守土抗戰後援會籌備會紀錄

時間　二十六年八月五日上午十時

地點　縣黨部辦公室

出席者　魏先春　吳邦振　張敏文　李春榮

孫福泰　王建勲（王德祺代）　刘文偉（崔文英代）

王政成　李承德　巨生輝　李長年

主席　巨生輝　紀錄　強應俊

一、報告（從略）

二、決議案

1. 守土抗戰後援會委員會地點為縣黨部

2. 委員定為七人，常務委員人定為三人，公推馬繼融、麥延祺、巨生輝、杜馨香、刘文偉、李春榮、吳邦振等為委員，麥延祺、巨生輝、吳邦振為常務委員

3、公推巨生禪兼任總務股主任杜聲香兼任宣傳股主任秦廷祺兼任調查股主任王鴻祺充任文書股主任

4、市民大會定于本月九日（即泰復一）舉行，市民由縣政府轉飭城關二鎮々長召集之各法團各機關由委員會召集之

5、開會地點為縣政府講演台

6、大會經費縣政府籌措之

7、大會佈置由縣政府公安科負担

8、公推常務委員三人為主席團主席馬旅長為大會總指揮，推出馬繼融吳祁振魏先泰秦廷祺、杜聲馨請巨生禪為特約講演

9、如有未盡事宜由委員會臨時決定之

三、散會

循化县民众抗敌后援会组织一览表及登记表（一九三七年八月十日）

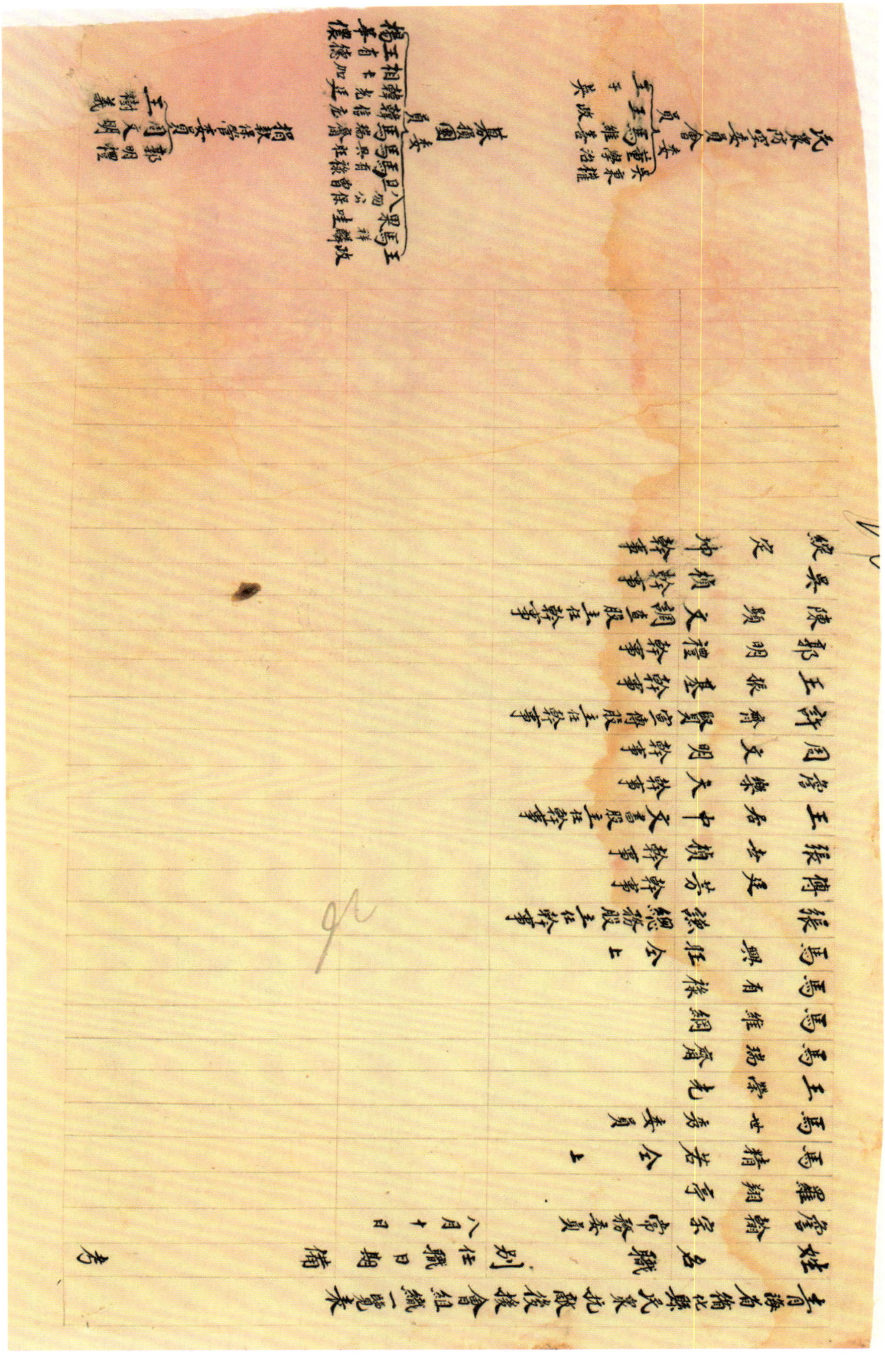

省　　民衆團體登記表

團體名稱	青海省循化縣~~商會~~抗敵後援會			
團體所在地	~~循化縣城[illegible]~~ 設於[illegible]			
成立時期	民國二十六年八月十日			
所領許可証書字號	未頒			
向主管官署立案情形	[illegible]			
會員人數	[illegible]			
有無分會	無			
職員	姓名	略歷	所任職務	就職日期
	[illegible]	[illegible]	[illegible]	[illegible]
	[illegible]	[illegible]	[illegible]	六月二十日

經費來源及月入數	私人募集	社會公款	政府補助	其他
	無	無	[illegible]	

每月經常費概數	經常費	臨時費	特別費
	[illegible]	[illegible]	無

最近活動情形	[illegible]

今後工作計劃	組織方面	訓練方面	宣傳方面	社會服務方面	其他
	[illegible]	[illegible]	[illegible]	[illegible]	

對抗戰有何貢獻	[illegible]
辦理登記機關審核意見	[illegible]
備註	[illegible]

中華民國　　年　　月　　日　　　　（簽名蓋章）　填報

27

填表須知

一、「團體所在地」欄應詳填某路某街某巷及門牌號數，不得僅填所在地之城市或鄉鎮名
一、「會員人數」欄應就登記以前實有之會員數填列，不可將計劃擴大組織預想之會員數列入
一、「有無分會」欄爲各縣農會或縣工會應將所屬之區鄉農會或職業工會填入
一、「職員姓名所任職務就職日期」欄應將各個職員之姓名略歷所任職務及就職日期個別填入
一、「經費來源及每月開支概數」欄來源方面應將「私人募集」「社會公款」「政府補助」及「其他」各項月入確數詳細列入支出方面應將「經常」「臨時」「特別」各項月支確數詳細列入
一、「今後工作計劃」欄應將「組織方面」「訓練方面」「宣傳方面」「社會服務方面」及「其他」各項計劃分別條舉填列
一、「對於抗戰有何貢獻」及「辦理登記機關審核意見」兩欄均由登記機關[illegible]各該團體填註
附註：民衆團體履行登記時須呈繳下列各件：1、許可証及主管官署准許立案之批示 2、團體章程 3、會員名冊 5、職員履歷表

青海省政府关于抗战期间学生组织歌咏团应依照修正人民团体组织方案及有关法规办理致囊谦县政府的训令
（一九三七年十月七日）

青海省政府訓令　教字第　　號

令囊謙縣政府

案准

國民政府軍事委員會第六部代電開：

各省市黨部政府均鑒：查自全面抗戰發生以來各地學生紛紛發起組織歌詠團，唯是項組織之成立應依照修正人民團體組織方案暨有關法規辦理，並須由黨部政府方面派員加入導率糾正，其預演劇曲亦應於事前呈請審查，倘有不良者則由審查機關予以改善或禁演，即希查照分別辦理為要。國民政府軍

事委員會第六部印

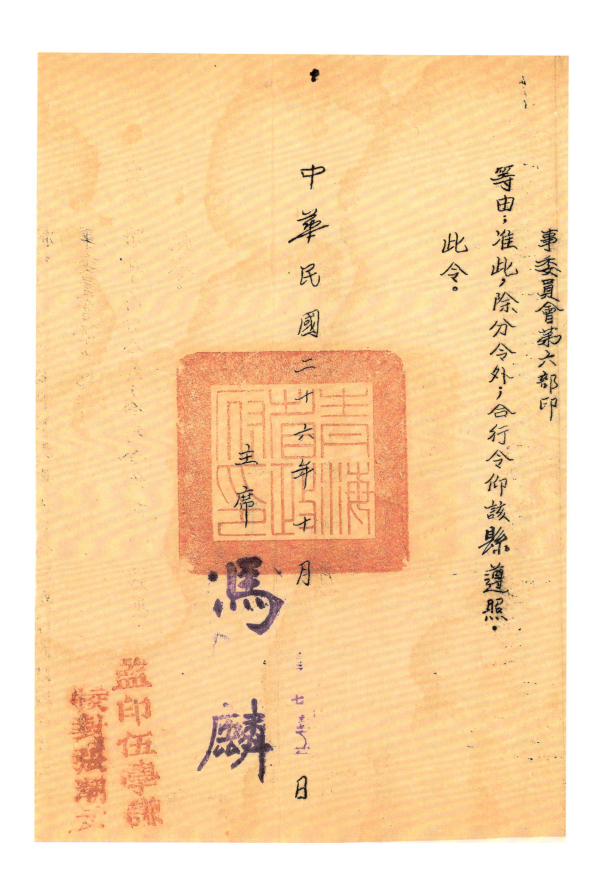

等由；准此，除分令外；合行令仰該縣遵照。

此令。

中華民國二十六年十月　日

主席　馬麟

青海省政府之印

監印伍學謙

校對[illegible]

青海省政府关于动员各族同胞共同抗日致囊谦县政府的训令（一九三七年十一月八日）

青海省政府訓令　秘書第67號

令囊謙縣政府

案准

國民政府軍事委員會第六部義字第九四六號公函開：

「案准軍事委員會桂當廳移送張總司令霰電呈稱：據報前在虬江碼頭一帶作戰當我部奮勇衝鋒與敵接近時聽敵方說話多有東北人口音經問我們同為中國人為何受敵驅使自相殘殺何不攜械來歸啊該兵等當答曰我們何嘗願意無奈受人壓迫不能自由不來當兵則殺全家就是來當兵如有背叛行為亦殺全家等語竊思倭寇肆虐東北淪陷我同胞日在鐵蹄蹂躪之下動輒全家被殺亡國之慘實難言喻敵人狼毒為心故驅我東北青年輕重用其作撚進必死於陣前退則戮其家族其用心不殺盡東北青年使全東北人民自斃不止擬請通知全國各界咸以東北同胞處境為鑒當聞雞起舞作鐵血之奮鬥切勿觀望苟安致有後悔等情擬請

交主管機關廣為宣傳以警民心而增敵愾等由，准此，除分函外，相應函請查照，並希轉飭所屬抗敵後援會遵照辦理為荷。此致

等由，准此，合亟令仰該縣遵照，並轉飭所屬抗敵後援會遵照辦理為要。

此令。

中華民國二十六年十一月　日

主席　馬麟

監印　任
校對　陳

青海省新生活运动促进会关于各地方团体机关购送慰劳品必须采用国货致省立西宁第一中学校新生活劳动服务团的通告（一九三七年十一月二十四日）

青海省新生活運動促進會通告 新字第67號

案奉

新運總會本年十月二十六日産字第三十四號通告內開：

「案准國民政府軍事委員會秘書廳秘儀字第五二六號公函內開：「逕啟者，奉 委員長諭「據報：前方部隊所收後方慰勞物品多係採用外貨，似此情形不惟有使金外溢之虞，抑且大背提倡國貨之旨，伏懇鈞座轉請上峯通飭各地方團体機關，凡有購送慰勞品者，必須採用國貨，庶免金錢外溢，藉表愛國熱忱」等情，應准照辦，由秘書廳分函通知」等因，奉此，除分函外，相應函達，即希查照辦理為荷」等由

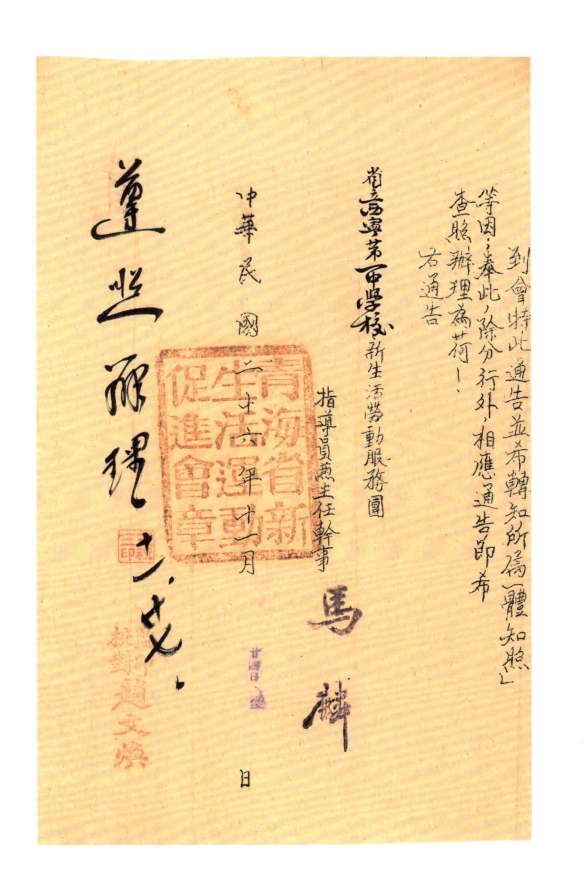

到會特此通告並希轉知所屬一體知照

等因。奉此，除分行外，相應通告，即希

查照辦理為荷！

右通告

省立西寧第一中學校

新生活勞動服務團

指導員兼主任幹事 馬麟

中華民國二十六年十一月 日

青海省新生活運動促進會章

校對 趙文煥

遵照辦理 十八.廿七.

青海省政府为转实业部关于各主管督促所属各产职业工人其尚无组织者应即依法成立工会致囊谦县政府的密令（一九三七年十二月十四日）

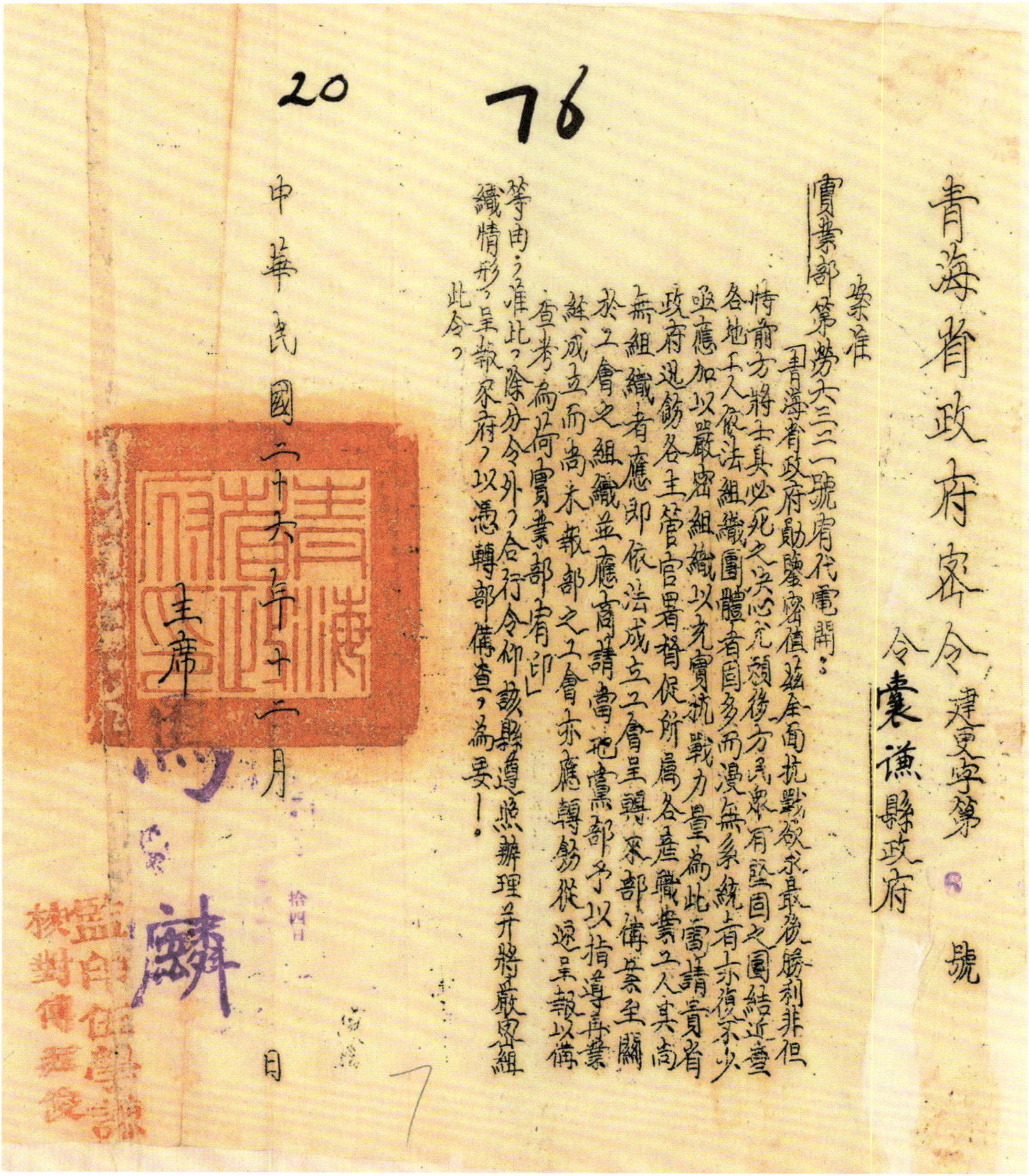
20 76

青海省政府密令 建字第 號

令囊謙縣政府

案准

實業部第勞六三二一號宥代電開：

「青海省政府勛鑒：密。值茲全面抗戰，欲求最後勝利，非但前方將士具必死之決心，須後方民衆有堅固之團結。近查各地工人依法組織團體者固多，而漫無系統者亦復不少，亟應加以嚴密組織，以充實抗戰力量。為此電請貴省政府迅飭各主管官署督促所屬各產職業工人，其尚無組織者應即依法成立工會，呈報本部備案。至關於工會之組織，並應商請當地黨部予以指導，其業經成立而尚未報部之工會，亦應轉飭從速呈報，以備查考為要。實業部宥印」

等由。准此，除分令外，合行令仰該縣遵照辦理，並將嚴密組織情形呈報本府，以憑轉部備查，為要！

此令。

中華民國二十六年十二月 日

主席 馬麟

監印 任學謙
校對 傅

青海省民众抗敌后援会报送组织担架队人员姓名事致青海省政府教育厅的公函（一九三八年一月十二日）

附：原函

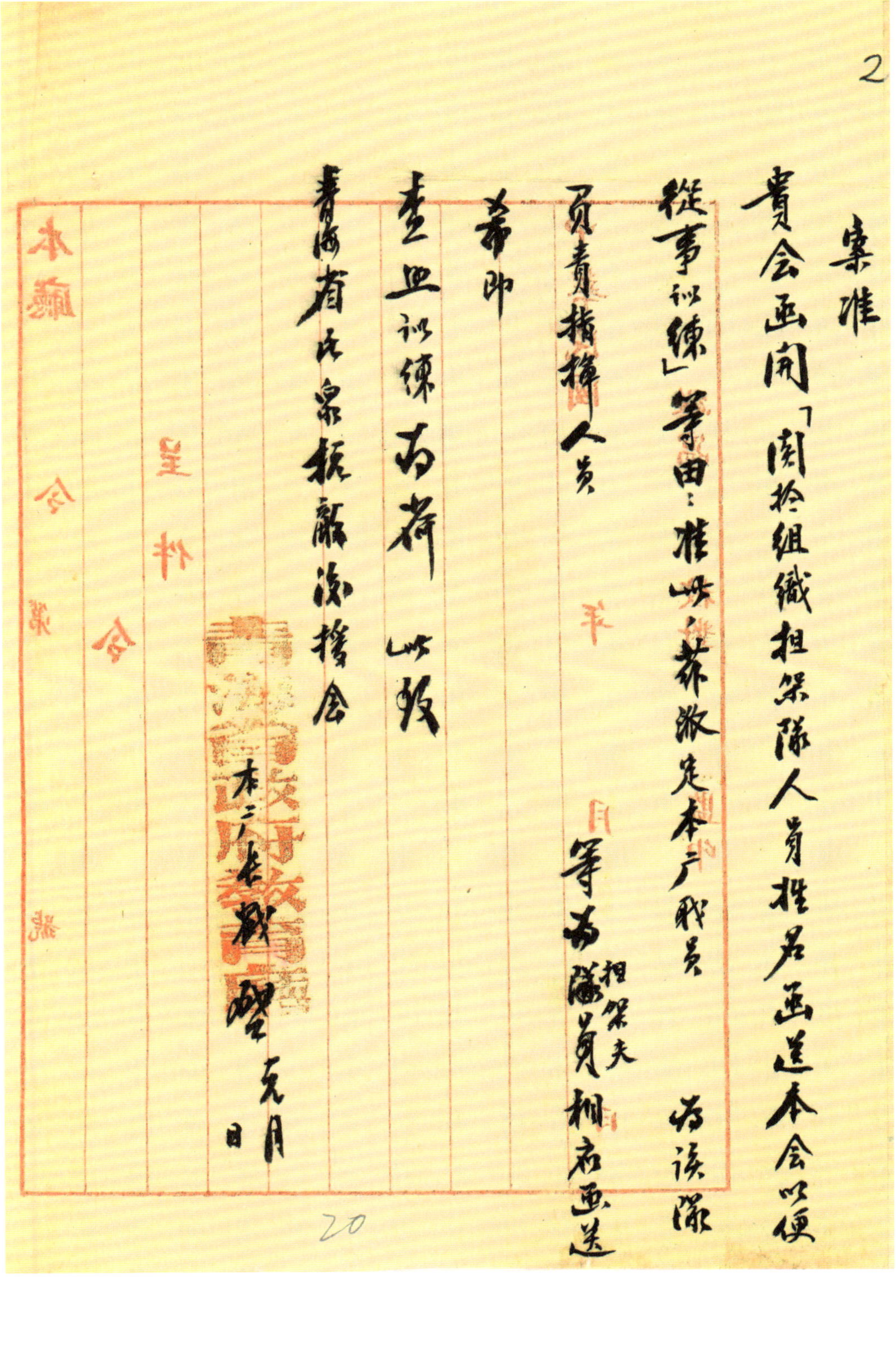

案准

貴会函開「關於組織担架隊人員姓名函送本会以便從事訓練」等由；准此，茲派定本廳職員　為該隊負責指揮人員，　等為該担架夫員，相應函送

貴會，即希

查照訓練為荷。此致

青海省民衆抗敵後援會

本廳長[illegible]

元月　日

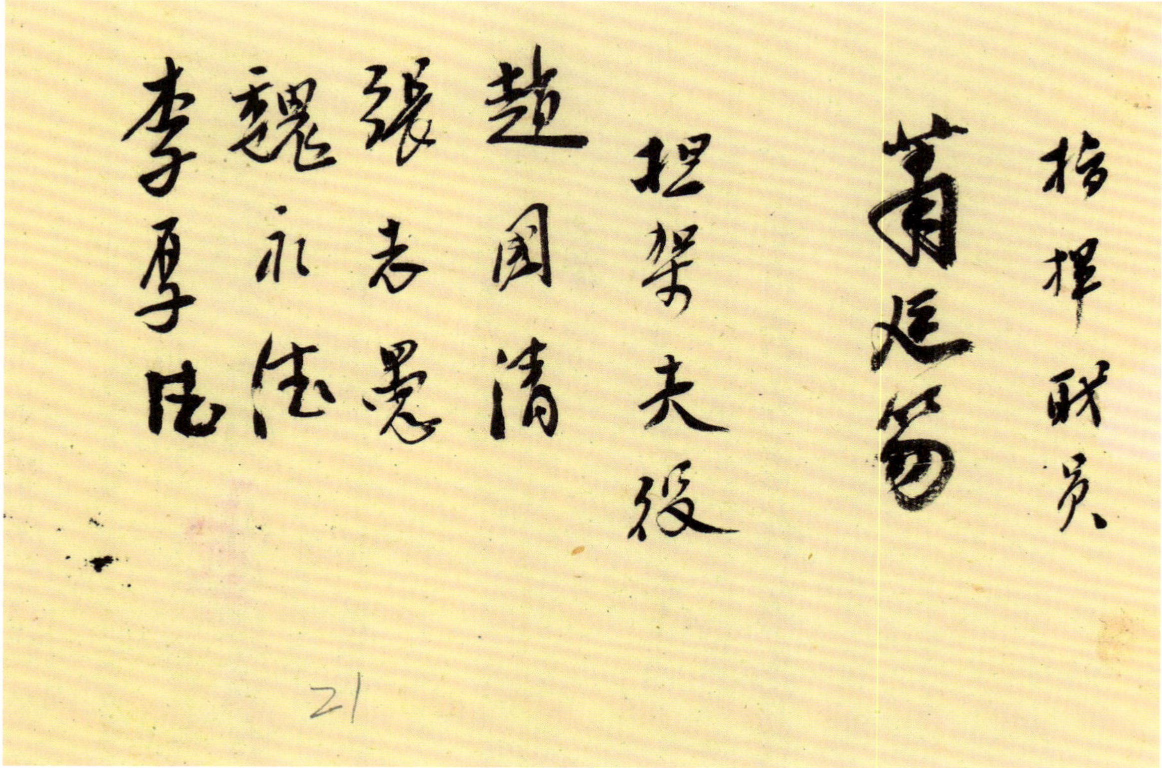

指揮職員

蕭延[illegible]

担架夫役

趙國清

張志愚

魏永德

李厚德

21

青海省民衆抗敵後援會公函（救護）

逕啟者：查關于本市防護事宜，應儘先組織及担架隊，並對各隊員予以相當訓練，以備將來担任防護工作一案，前經本會函轉防護委員會統籌計劃在案。茲准該會函復：關于該項計劃，已由本會分別決定，請查照辦理等情，到會，經提交本會第二次常務委員會議決議：「分別通知如擬辦理」等語，記錄在卷。相應録案，並抄附原件，函請

貴廳依照該項計劃組織担架隊一隊，並指派職員一人負召集及指揮之責，並希將指派人員及担架隊員姓名於三日内函送本會，以便從事訓練為荷。此致

教育廳

附抄原函一件

中華民國二十七年十二月 日

科核办

22

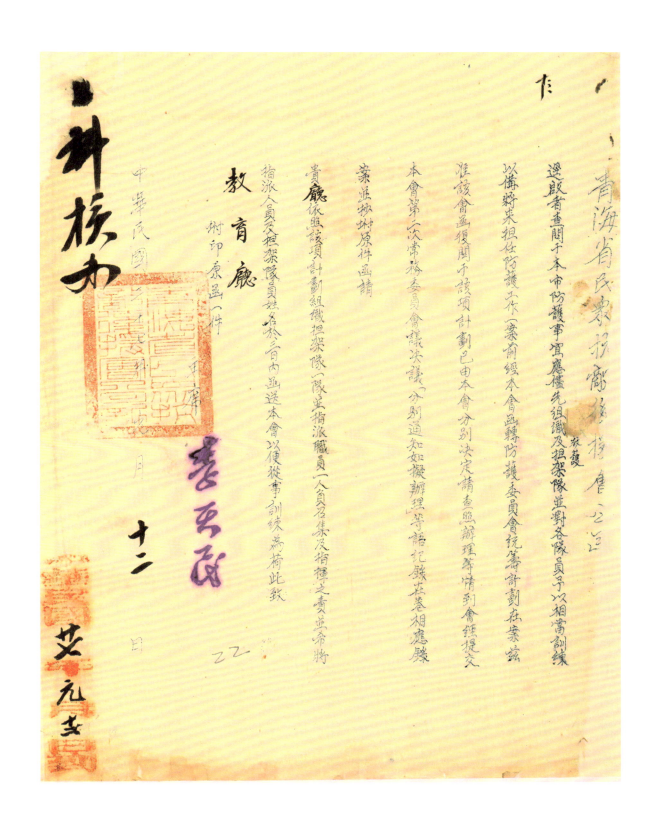

逕啟者案准

貴會函開查本會第一次常務委員會臨時動議第二案張委員承壽動議關於本市防護應先組織救護隊及担架隊等事項並經決議救護隊及担架隊之組織由指定人員先行籌諳記錄在卷相應錄案函達查照即希統籌計劃見復為荷等由准此本會即於六月十九日上午十時召集防護委員舉行小組會議決定計劃如左

一、担架隊最低限度須預備二十四架除中山醫院已備置四架外餘則請由

貴會函請省城各機關各學校等各選擇少壯夫役四名担任担架一架並指派職員一人負召集及指揮之責至某機關或某學校所選指揮職員及担架夫役之姓名務須開單列報送會備查以專責成設一旦有警或有不盡職責之處應先規定一種懲處辦法藉申儆戒担架隊服務人員須製一種臂章由本會製發以資識別

担任担架隊之各機關及各學校列左

省政府　省黨部　民政廳　財政廳　建設廳　教育廳
高等法院　地方法院　警察局　警察一分局　第一中學校
第一師範學校　第一職業中學校　回中學校　女子師範學校
中政校西寧分校　蒙藏師範學校　西寧縣政府　省救濟院
回教促進會

二、治療工作由衛生實驗處及中山醫院並其他公私醫院負責並其他公私立醫院應負緊急時期之治療工作請由
貴會預為通知為盼

三、担任治療之公私立醫院列左
公教醫院　海仙醫院　普濟醫院　復康醫藥所

三、大教場及飛機場距城太遠其防護工作由前節陸軍醫院負責

以上三項決定計劃相應函復即希
查照辦理為荷此致
青海省民衆抗敵後援會

防護委員會主任委員　謝剛傑

23

青海省政府教育会关于组织抗战教委会事给青海省政府的呈及教育厅秘书的签呈

（一九三八年四月十三日至十四日）

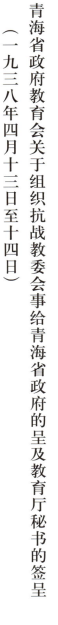

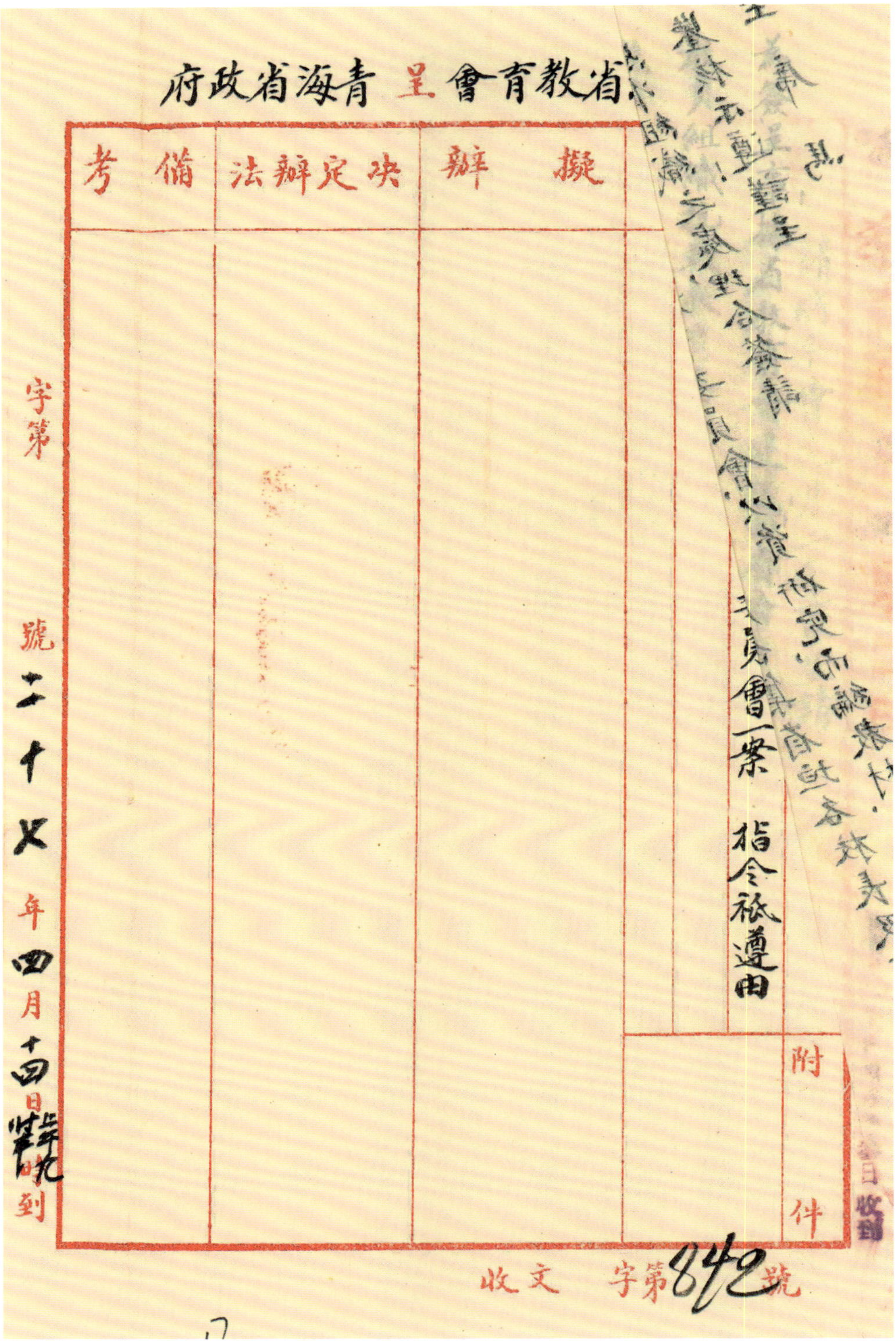
省教育會 呈 青海省政府

擬辦	決定辦法	備考

……委員會一案 指令祗遵由

附件

第 字 號 二十七年四月十四日 時到

收文 字第842號

呈為呈請指令祗遵事竊案查本會前曾於元月二十二日建議
鈞府組織抗戰教育委員會以便研究而編教材其文曰「呈為建議事案據
本會二十七年度首次監理事聯席會議決議值此抗戰期間學校教材應特別
搜集以備春季開學後教學之用擬由本會建議
省政府組織抗戰教育委員會以資研究而編教材等由紀錄在卷查當此國
難嚴重之際情形特殊原有教材恐有不足適應之處且滬上各大書坊多已停
業春季開校課本之供給亦必感困難各省市早有此項組織惟本省尚屬缺
如為適應戰時起見擬請
鈞府召集省垣各校長及重要職教員從速組織抗戰教育委員會以資研
究而編教材則既適應時局且免課本缺乏之虞所有建議組織抗戰教育

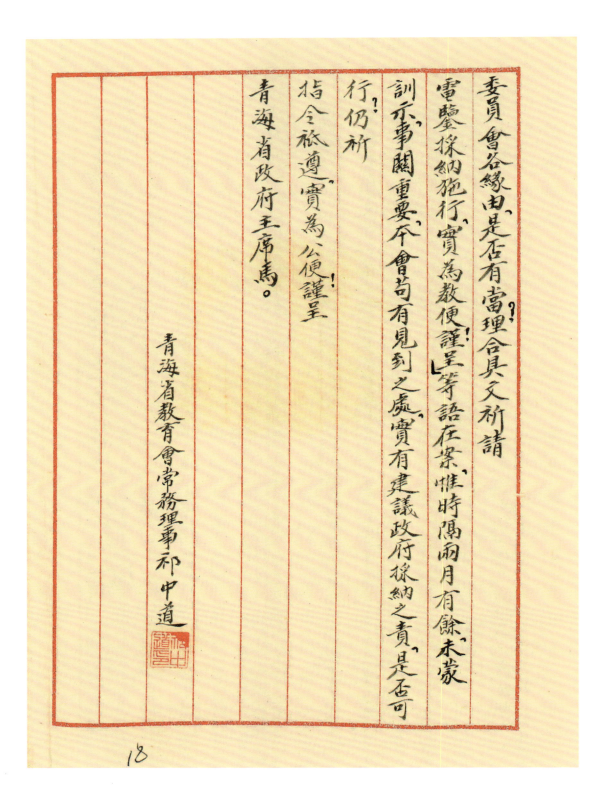

委員會各緣由，是否有當理合具文祈請

電鑒採納施行，實為教便。謹呈」等語在案，惟時隔兩月有餘，未蒙

訓示。事關重要，本會苟有見到之處，實有建議政府採納之責，是否可

行？仍祈

指令祗遵，實為公便！謹呈

青海省政府主席馬。

青海省教育會常務理事祁中道

18

中華民國二十七年四月十三日

教育廳 承辦 第二科

請將本會元月二十三日呈請

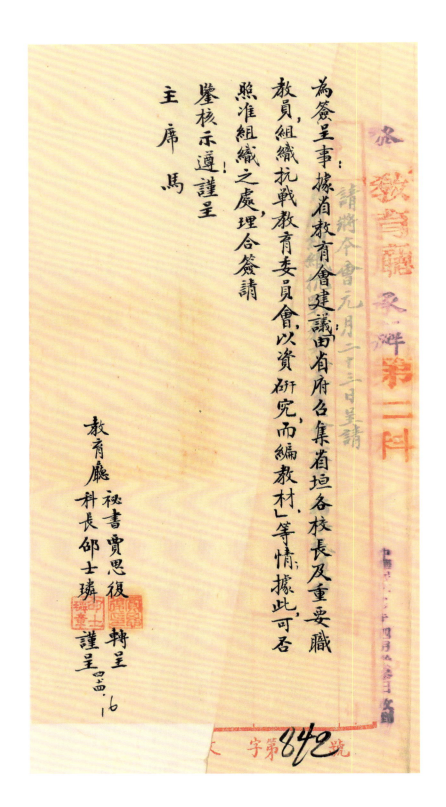

為簽呈事：據省教育會建議：「由省府召集省垣各校長及重要職教員，組織抗戰教育委員會，以資研究，而編教材」等情；據此，可否照准組織之處，理合簽請

鑒核示遵！謹呈

主席馬

教育廳秘書賈思復
科長邰士璘

轉呈

謹呈

四五.16

字第842號

青海省政府关于转发教育部协助办理民众团体战时教育事致青海省立各中等学校、各县政府、蒙藏文化促进会等的训令（一九三八年七月十四日）

附：教育部致青海省教育厅的训令（一九三八年六月十四日）

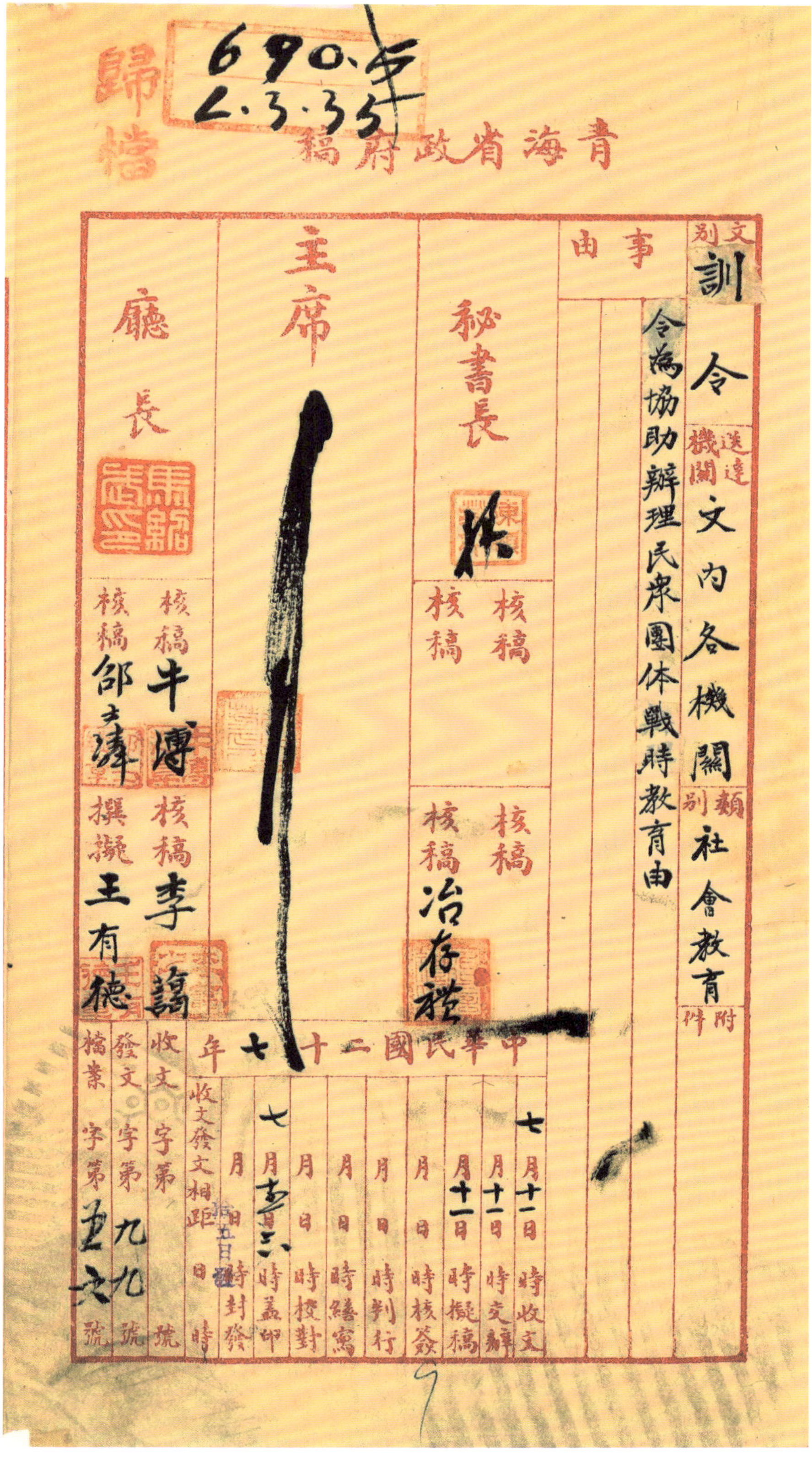
690.
2.3.35
歸檔
青海省政府稿

文別	訓令
事由	令為協助辦理民衆團体戰時教育由
送達機關	文内各機關
類別	社會教育
附件	

主席
秘書長
廳長
核稿 牛溥
核稿 邰𡷊
核稿 李鵠
撰擬 王有德
核稿 治存礎

中華民國二十七年
七月十一日收文
七月十一日擬稿
七月十一日
七月十三日蓋印
收文第 號
發文字第九九號
檔案字第 號

本府訓令　教字第九九號

令　省立各中等學校　省回教促進會
　　省蒙藏文化促進會　各縣縣政府

據本府教育廳案呈

奉教育部本年六月十四日發漢教第四八二三號訓令

開：「入原文」等因；請鑒核示

等情；據此，除分令外，令行令仰該校會縣知照，并轉飭所屬知照

此令。

中華民國二十七年七月　日

主席　馬〇〇

繕寫　校對　監印

青海印刷局印

教育部 訓令

事由	擬辦	決定辦法	備考
案准社會部函請協助辦理民衆團體戰時教育令飭知照由	應飭屬遵照		覆文請註明本部發文字號及文別

附件

字第　號　二十七年七月十日　時到

中華民國廿七年七月拾日收到

收文10字第3284號

教育部訓令

廿七年 發

後文請註明左列字號

社教 第 4823 號

令青海省教育廳

案准中國國民黨中央執行委員會社會部本年五月二十五日第九三號函，以各地民眾團體組織，關係抗戰前途至鉅，亟應普遍施行戰時教育，健全其組織，以增強抗戰力量。貴部登記戰區中小學教師，組織服務團，派赴各省辦理義務教育及民眾教育事宜，均與民眾團體有關，擬請令飭各服務團及派往各省之中小學教師，積極協助本部辦理民眾團體戰時教育事宜，俾於推廣社教事業之中，寓發揮抗戰力量之

意、至其工作計劃及詳細辦法，擬由本部派員與各省教育廳
及各服務團主席委員商酌辦理等由過部。合行令仰知照，
隨時協助辦理，並轉飭一体知照。此令。

11

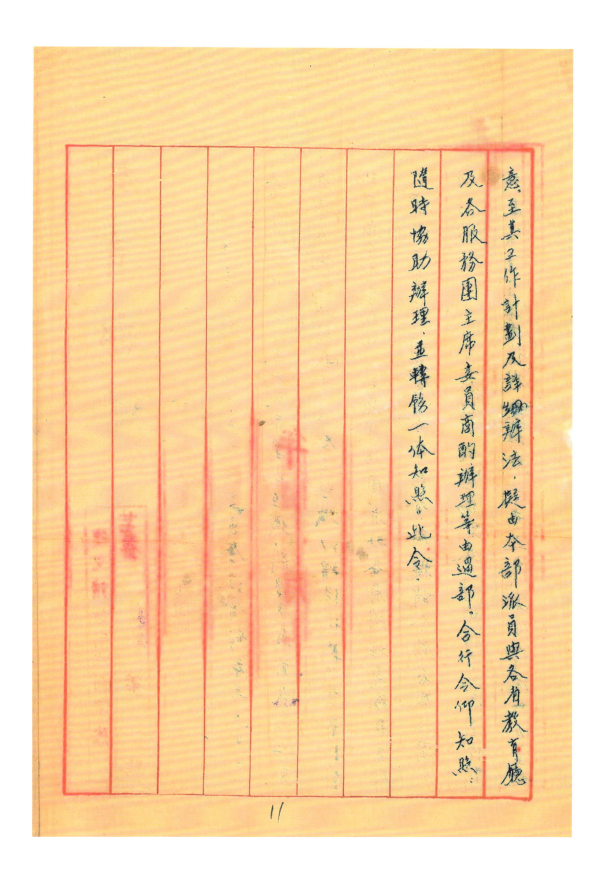

中華民國廿七年六月十四日

部長陳立夫

青海省政府关于各省立中小学教师积极协助办理民众团体战时教育给省立西宁第一中学校的训令（一九三八年七月十五日）

20

青海省政府訓令 教字第 99 號

令省立西寧第一中學校

據本府教育廳案呈：

「奉教育部本年六月十四日發漢教字第四八二三號訓令開：『案准中國國民黨中央執行委員會社會部本年五月二十五日第九二號函，以各地民衆團體組織關係抗戰前途至鉅，亟應普遍施行戰時教育，健全其組織，以增強抗戰力量。貴部登記戰區中小學教師組織服務團派赴各省辦理義務教育及民衆教育事宜，均與民衆團體有關，擬請令飭各服務團及派往各省立中小學教師積極協助本部辦理民衆團體戰時教育事宜，俾於推廣社教事業之中寓發揮抗戰力量之意。至其工作計劃及詳細辦法，擬由本部派員與各省教育廳及各服務團主席委員商酌

24

辦理等由，過部，合行令仰知照，隨時協助辦理，並轉飭一體知照。此令。」等因，請鑒核示。

等情。據此，除分令外，合行令仰該校知照。

此令。

第一七六

中華民國二十七年七月　日

主席　馬步芳

監印史載忠

校對張潮云

青海省政府关于嘉奖回教促进会立高级中学学生抗战宣传团事致省教育厅的训令（一九三八年九月十日）

青海省政府訓令 秘機字第422號

令教育廳

查本省回教促進會立高級中學校學生抗戰宣傳團此次步行全省各縣歷時兩月深入民間對抗戰情緒剴切宣傳收效極鉅似此風塵跋涉不辭勞瘁之精神殊堪嘉許除由本府發給獎品明令嘉獎並該團員等由高中畢業後或升學或服務本府當予優待以示鼓勵外合亟令仰該廳知照！

此令。

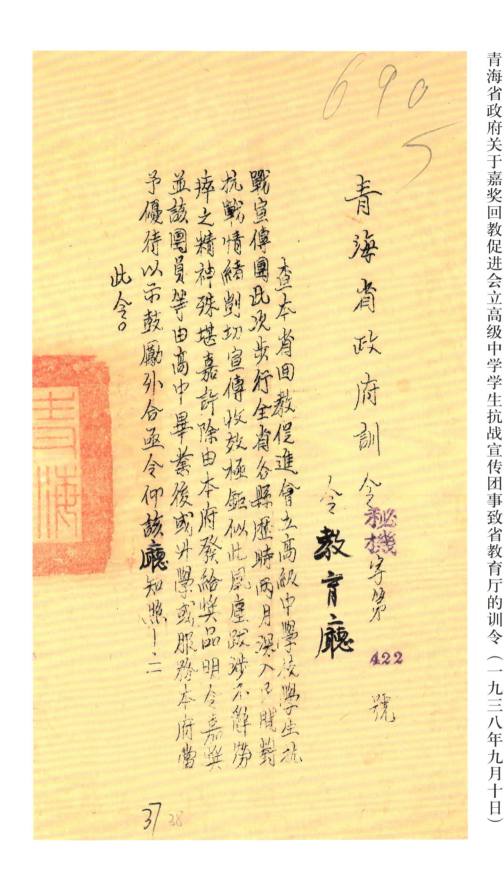

中華民國二十七年九月　日

主席馬步芳

監印[illegible]

校對李[illegible]

回族促进会立西宁高级中学、青海省政府关于青海省回教促进会立西宁高级中学校抗战宣传团建议六大中心工作方面应行改进事项致该校的指令（一九三八年九月十三日）

附：建议书

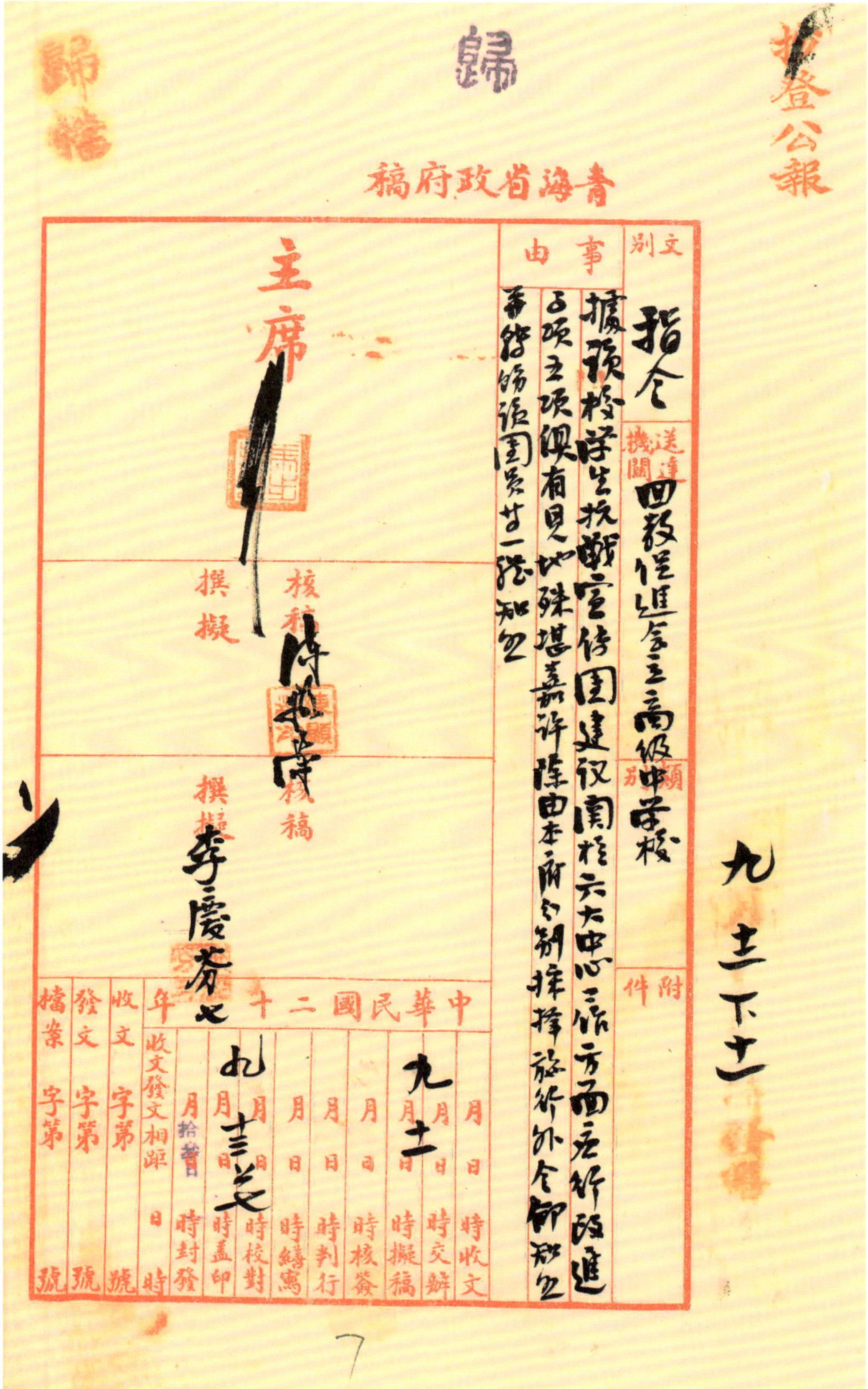
青海省政府稿

文別：指令

送達機關：回教促進會立高級中學校

事由：據該校學生抗戰宣傳團建議關於六大中心工作方面應行改進[illegible]項[illegible]俱有見地殊堪嘉許除由本府分別採擇施行外合仰知照 [illegible]

主席

核稿

撰擬

中華民國二十七年 九月十三日

本府指令　秘教字第294號

令回教促進會三高級中學校

本年九月十九日該校學生抗戰宣傳團呈一件呈賫關於六大中心工作方面應行改進之項建議書一份祈鑒核施行由

呈暨建議書均悉。查該團建議關於六大中心工作改進之項，計甲乙丙丁戊五項，共廿八條，俱有見地，殊堪嘉許，除由本府分別採擇施行外，仰即知照並轉飭該團員等一體知照。此令

中華民國七年九月日

二三二號○六

繕寫

校對

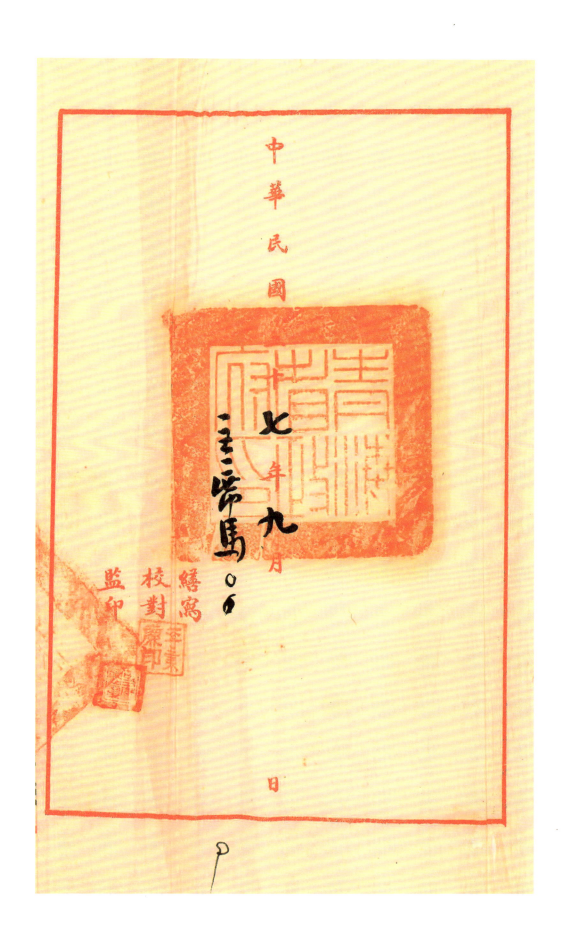

監印

回高中校學生抗戰宣傳團用箋

呈為呈報事竊職
團奉命前赴化隆等八縣宣傳自七
月七日起至八月十五日止共計三十九日所有宣傳
經過情形除分別電呈外謹將關於六大中心工作
方面應行建議改進事項已由團員大會一一提出議
決呈報
主座鑒核施行所有關于縣政軍事及回教促進會各
縣分會主辦教育方面應行改進整理事項則由團
員大會決議俟湟貴兩縣工作完畢後再行一一呈

青海印刷局印製

10

青海省政府主席　馬

附建議書一份

謹呈

中華民國二十七年八月十九日

青海印刷局印製

建議書

甲 關于壯丁訓練者

一、壯丁訓練似應注重精神訓練　壯丁訓練，初經開始，各縣民衆因知識淺薄，國家觀念及民族意識未能濃厚之故，對於訓練方面，畏縮疑慮者甚多，有謂訓練完成後，政府徵拔為兵丁者，有謂開拔前線抗日者，種種猜忌，不一而足，在此時際，政府似應多派人員，分往各壯丁區訓話，切實說明壯丁訓練之主要意義及當前國難之嚴重等情形，免再發生誤會影響訓練工作、

二、蒙藏民族壯丁訓練辦法似應另行規定　蒙藏民族之住於民和互助

豐源等縣者，有已開始訓練，有將準備訓練者，惟因該民族之智簡見淺之故，對壯丁訓練較一般漢回民衆畏縮疑慮尤甚，更因生活情形之特殊，若按各縣壯丁訓練辦法實施，勢多不合之處。似應由政府另定辦法，格外注重精神訓練，以期改造心理，使其對于　國家政府有深刻認識，更灌輸國內各民族應精誠團結，共禦外侮等点，務使將省府舉辦六大中心工作要義，澈底明瞭，方不致發生無端猜疑等情事，有妨礙壯丁訓練要政之進行。

三、豐源大同西寧等縣人民前往各地開採金礦失業者似應由政府予以救濟

電寧北旅長
劉切曉諭
回采各安生業

豐源大同西寧等縣人民前往各地開採金礦者，因今歲人數衆多，獲金極

少、資本損失，無心歸里，更兼避壯丁訓練之故，聞多前往甘肅敦煌縣及新疆南部另謀生計。視此情形，對于以後採金工人之壯丁訓練方面均感不便，似應由政府早日派員前往各礦區予以勸導並救濟，令其生計不感困難，仍得返里受訓，以免流落他方，有礙鄉村繁榮，影响壯丁訓練、

四、每户內壯丁年齡均合於一期內受訓者似應另定分期抽訓辦法

壯丁訓練每户內兄弟或其他親屬等二三人皆合于一期內受訓之年齡者，均已參加受訓，各該受訓之壯丁，每多宣稱對于職業或家事方面，頗感兼顧無法之苦，似應由政府通令各縣，予以分期抽調訓練，俾其對于職業家事得有專行處理之

14

已示

機會、

五、第一期受訓之壯丁中有年齡太小或太大不合規定者似應由政府通令各縣辦理壯丁人員切實注意查禁　民和大通等縣第一期受訓之壯丁中，有年齡太小或太大，不合規定者，似應由政府通令各縣辦理壯丁訓練人員，切實注意查禁，免爲民衆疑慮，有礙壯丁訓練要政之進行。

六、家無次丁按照壯丁訓練條例似應免予受訓　家無次丁者按照壯丁訓練條例，有不予受訓之規定，第一期訓練之壯丁隊中，凡家無次丁而合于第一期壯丁

已示通

年齡者，均已由各縣負責訓練之長官，令其受訓，此點與壯丁訓練條例不合，似應免予受訓，以期符合該條例之規定，保持政府之威信。

七、訓練壯丁之術科教官如行他處時有拉用民騾及向各地索要鞋襪費者似應由政府通令各縣負責訓練人員及官長切實查禁　早已通令

各地壯丁術科訓練之教官有拉用民騾及向各地索要鞋襪費者此點有違政府不攤款不擾民之宗旨，似應通令各縣壯丁指揮司令等予以查禁。

八、大通煤窯工人之壯丁訓練辦法似應另行規定　大通煤窯工人每日除為雇主所應採掘之數目外，餘時內之所採，充為工資，但各該窯工人因受訓練，每日工作之時間減少，而為雇主所應採之煤數未減，故工人生計，感受困難，若減少工人每日為雇主應採掘之煤數，影響一般人民之燃料，故在訓練上似應另定妥善辦法實

施之、

九、壯丁每日訓練時間似應不得超過原定時間有礙人民之生計　第一期壯丁訓練時間，原定為三小時，現各縣有延長至五六小時或每日早晚兩次者，對于受訓壯丁之職業，及家務方面均有妨及，似應由政府通令各縣訓練壯丁之各指揮司令等轉令各教官遵照時間訓練之、

十、保甲法規及壯丁訓練條例似應摘要印發各區鄉鎮長保長及教官等藉資明瞭　各地區鄉鎮長及教官等，對保甲法規及壯丁訓練條例多不明瞭，今後似應由政府廣為印發，作為訓練民衆之主要學科教材，使人人咸知主座辦理保甲及訓練壯丁之要義，方能誠心遵守。

十一、壯丁集中訓練地點似應按壯丁訓練條例之規定實行之　各地壯丁集

中訓練地如民和二區馬營鎮，樂都二區李家鄉等地，因各鄉至該地之距離或由該鄉地至集中訓練之地点，皆超過三十里以上，該鄉地之人數或够一保，或有一保以上之人數，受訓壯丁，往返費時，有誤職業，爲受訓便利起見，有向教官送禮，增加集中訓練地点，減少距離等情事者，對民不免有所牽累，似應由政府一面通令各縣按壯丁訓練條例所定集中里數訓練之，一面派員實地視察改正，使受訓壯丁不生困難。

三、壯丁術科教官人數之分配似應有所規定　壯丁術科教官有壯丁五六十名或七八十名，而教官分配至四五人者，似太嫌多，因之一至訓練時間，一二人參加訓練，其餘則結伴至庄村內閑遊，一面曠費時間，甚或有其他不良事件發生，似應由政府對壯丁訓練之教官，按照人數，予以適當之規定，方可使教官人人盡職，以免意外之弊發生。

16

十三、高級長官或總隊長集中檢閱或講話時似不應延長時間有誤壯丁職業或家務　現各地負責訓練壯丁之高級長官或總隊長集中檢閱壯丁時，多不遵守所定檢閱之時間，或提前集合等候，或逾時而不到檢閱，甚至候延至六七日者，視此對于壯丁之職業，大有妨礙，而壯丁在該時之生活頓感極大之困難，因日期不定，使壯丁對于食糧無法攜帶，似應由政府通令各縣負責訓練之人員及長官，以後壯丁集中檢閱或講話時間規定至多不得超過若干日，俾使受訓壯丁不致發生種種困難。

十四、壯丁訓練術科課目除規定外似不應加授其他課目　各地壯丁術科訓練課目，於原有規定科目外，多加授戳桿木馬等，受訓壯丁頗感習學困難，似應由政府通令各縣于原定課目外不得任意加授其他課目。

十五、壯丁應有運輸組織　各地壯丁因無運輸組織，每多長官集中檢閱時，家庭中父毋兄弟妻子等随之代为运送食粮燃料帐房衣物等零乱不堪拥塞道塞，既妨职业，又不雅观，似应由政府通令各县壮丁队以后应组织运输队以便为之携带一切集中检阅或听讲。

十六 第二三期壮丁训练似应注重精神训练　第二三期壮丁训练，不久即将开始，现各地民众，因鉴于第一期壮丁训练之学术两科并重，以为将来训练彼等将视同一律，因年老不克胜任，故极为惶恐，因之不免有逃避情事，在此期间政府似应早日宣布第二三期壮丁训练办法，注重精神训练，减少术科训练，使其早得安心，以利壮丁训练要政之进行。

十七 区乡镇长保及训练壮丁之教官似应集中受训　各县区乡镇长保长及甲长等为地方负责人员，因未受充分之训练，故对于政府举办之六大中心工作之主旨及抗战情形多未明了，因之對其應盡之職責，未能充分作到，故對地方事務，多敷衍塞責，至各縣訓練壯丁之教官，因政治知識短淺，對于訓練民衆工作亦不十分熟練，以後本省民衆訓練工作正在開展，軍隊之職責，日益加重，似應在第一期壯丁訓練完畢後，一律調省受訓一次，俾使軍隊得有一點政治常識，在訓練民衆工作，才有順利之進展。

乙 關于編組保甲者

（應改至公共廟宇或在學校外找一處）

一、區鄉鎮公所不應設學校內 各地區鄉鎮公所多設于該地學校內，對于學生學業不免有所妨礙，似應由政府通令各縣一律另設地址辦公。

二、區鄉鎮長似不應擔任學校教職員 各地區鄉鎮長多兼任學校教職員者，因事務繁忙，麵多不能兼顧，因之耽誤學生學業，有妨地方教育，似應由政府通令各縣區鄉鎮長，以後在可能範圍內，不得擔任學校教職員之職務。

因查性酌办

三、區鄉鎮長及保長人選按照保甲法規似應由人民選舉　現各地方區鄉鎮長及保長等多由縣長提充，有人格不良，或聲譽敗壞者，不能地方人民之信仰，因之弊端百出，似應由政府遴派妥員調查，對不良區鄉鎮長保長等隨時檢舉撤換，令由民衆選舉，或另定其他特殊辦法，俾使各地區鄉鎮長能合格盡職。

當係時機一到即能依章辦理

四、區鄉鎮長辦公費似應不得向民間攤派　各地區鄉鎮長辦公費有向民間

政府已有統籌辦法

攤派或包於地方常年經費內者，殊與政府不攤款之主旨相違，似應由政府通令各縣區鄉鎮長等勿向民間攤派，由政府另定辦法發給。

丙　關于修築公路者

一、佔用民地及免除糧賦問題極應解決（正解決中）　近年修築公路佔用民地極多，政府雖已登記發價，田賦亦將準備免除，現值各縣田賦開徵之際，此項問題，急待解決，而尤以互助縣為甚，似應由政府早日設法解決，免得人民疑慮。

二、修建橋樑所用木料之徵集或採購似應訂妥善辦法（飭其從優給價中）　修築公路時在橋樑所用之木料多在沿路就地取用，遠處人民毫無擔負，此種辦法，有負擔不均之

14

弊，因此人民將沿路所有之樹株預伐殆盡，恐被為之徵用者，此種現象，對于造林運動妨害甚大，以後修建橋樑所需之木料，採購或徵集之辦法，似應早日宣佈各地民衆週知，此項木料徵集或採購之手續及經理，似應由縣府或省府派人妥為辦理，修路之軍人則專負築路之責，如此手續可清，弊端亦少。

三、軍民修路時軍隊似應和平對待民伕　修築公路時軍隊對待民伕聞有苛刻等情事，因之引起人民之反感，似應由政府通令各地駐軍，以後軍民築路時，軍隊應和平對待民伕，充分表現軍民合作親愛之精神，方不至影響路政之進行。

四、大峽橋監工人員對民衆供給之柴草有收受不公等情事似應予以查辦　大峽橋工程浩大，修築之時間及所用之軍民甚多，該橋監工人員，對民衆供給該地軍隊及匠工所用之柴草，有收受不公等情事，似應由政府派員予以查辦。

丁　關于識字運動者

（教厅已有令安置，此條已摘出）

一、民衆識字課本頗不統一似應設法使之一律　各縣民衆識字課本有用千字課本者，有用民衆讀本者，有用抗日三字經者，又有教官自行教授者，內容深淺頗不一律，似應由政府規定當採用千字課本作為教本，因該書之編法適當，所有千字均係日常應用者，

20

學習亦較適宜。

二、識字教官在教授之方法上，多不適宜，因之民衆識之效率太差，甚有視識字較術科訓練為苦者，似應由政府派員指導。

戊 關于禁煙方面者

一、逃越省境以外吸煙民衆應予嚴禁 民和官亭享堂等地之人民有至甘肅境内吸煙者，對于禁煙要政之進行不免有所妨害，似應由政府嚴飭該縣府予以切實查禁。

謹呈

21

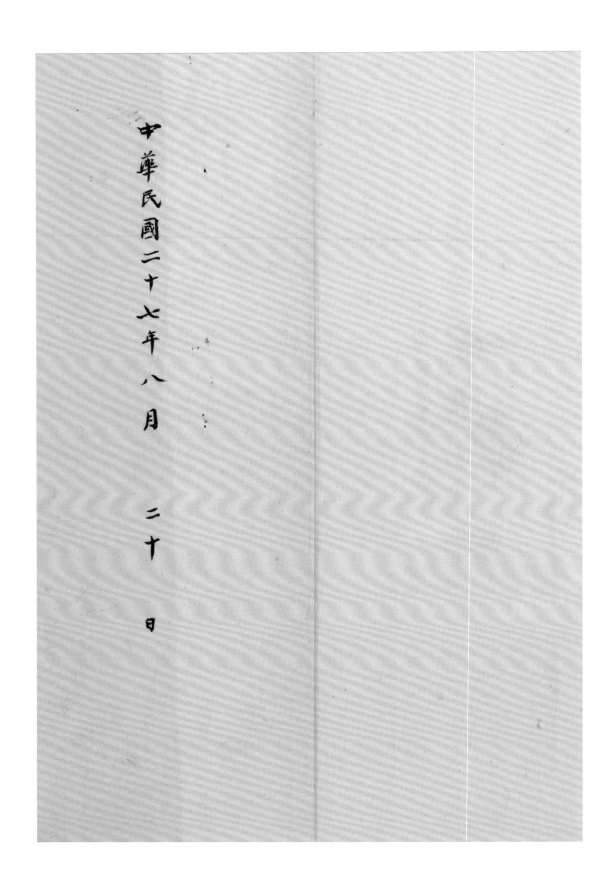

中華民國二十七年八月　二十　日

行政院、青海省政府等关于迅即组织县战时妇女教育推进委员会并将组织情形具报事的训令

行政院关于计抄发妇女战时教育实施办法仰转饬遵照事给青海省政府的训令（一九三八年十一月二十四日）

教育廳第三科

中華民國廿七年十二月廿七日收文 字 8346 號

事由

行政院訓令

中華民國廿七年十一月廿四日 渝字9684號 附件

令青海省政府

案准國防最高會議秘書處本年十一月十八日函開：「查國民參政會第一次大會建議動員婦女參加抗戰建國工作案內實施婦女戰時教育一項，經國防最高會議常務委員第九十五次會議決議交教育部妥議辦法，由處函教育部在案。嗣准該部函送所擬婦女戰時教育實施辦法草案，請轉陳核定到處，復經陳奉國防最高

12

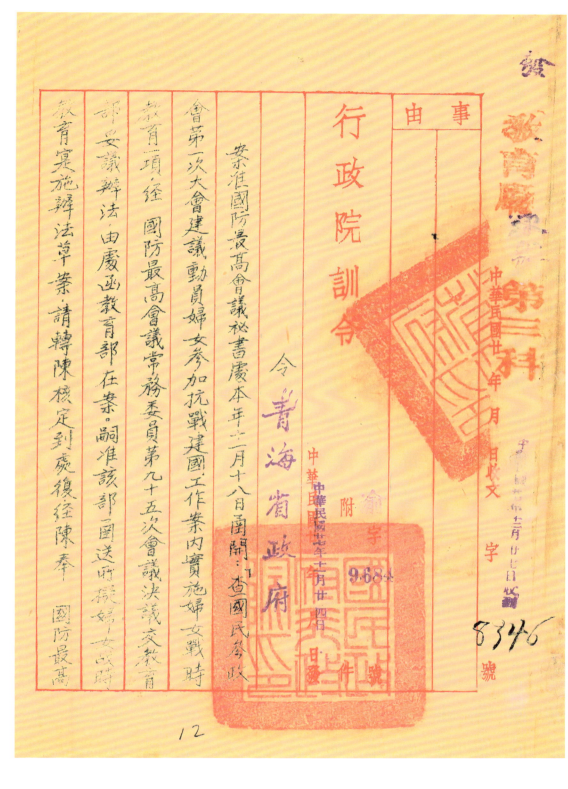

會議常務委員第一百零六次會議決議：「修正通過」。除函中央執行委員會祕書處轉陳飭遵外，相應錄案並抄附該辦法函達，即希查照飭遵為荷」等由。除行知教育部並分令外，合行抄發原辦法令仰轉飭遵照。此令。

計抄發婦女戰時教育實施辦法一份

院　長　孔祥熙

教育部部長　陳立夫

如擬　九、廿

擬准會同省黨部組織省婦女戰時教育推行委員會，並令飭各縣政府會同縣党部組織縣婦女戰時教育推行委員會，推行戰時婦女教育。

監印　吳繼沅

校對

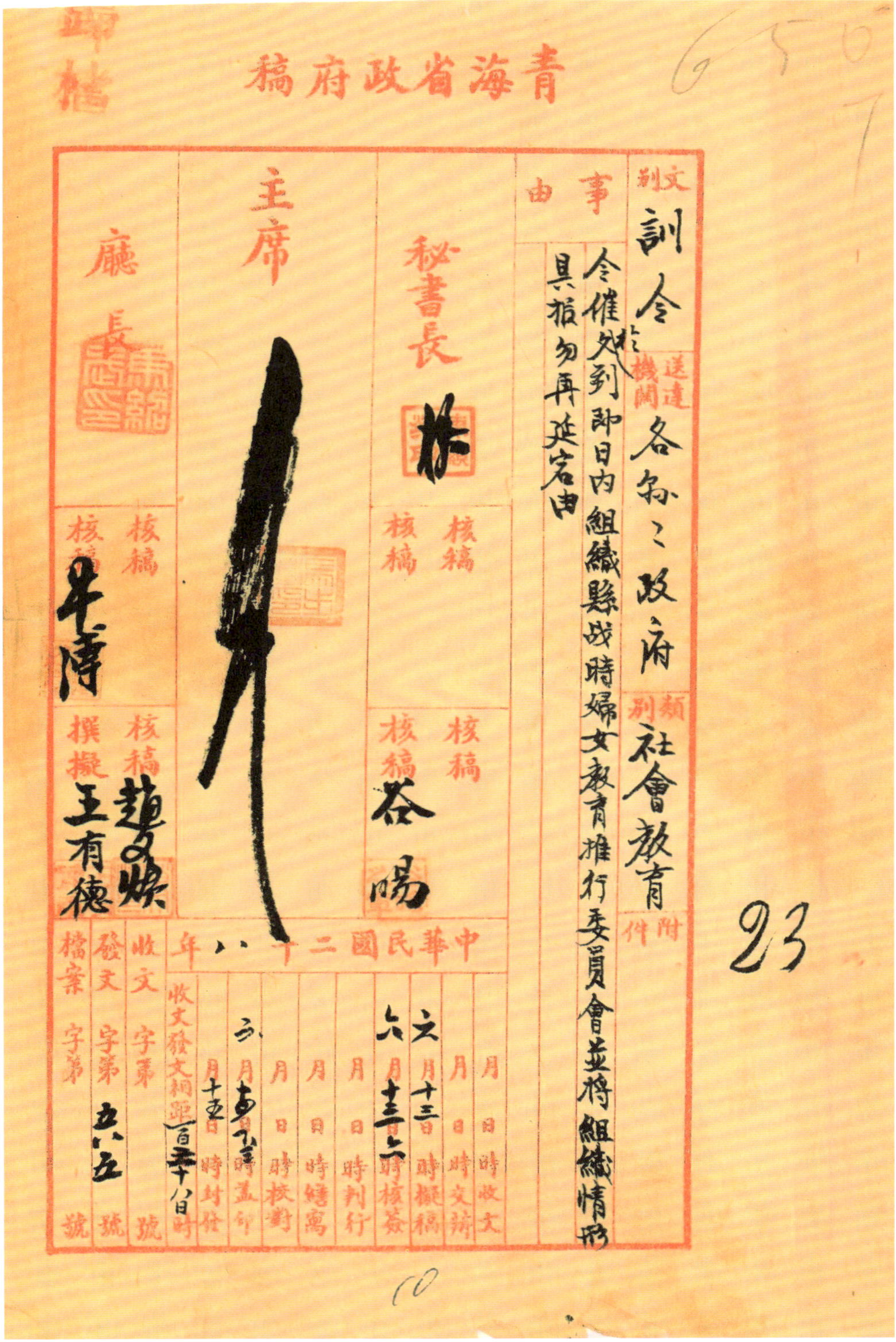

青海省政府稿

文别	训令
送达机关	各县县政府
类别	社会教育
事由	令仰於文到即日内组织县战时妇女教育推行委员会并将组织情形具报勿再延宕由
附件	

主席　秘书长　厅长

撰拟　王有德

中华民国二十八年

收文　字第　号

发文　字第　五六五　号

档案　字第　号

青海省政府致青海省各县政府的训令（一九三九年一月十五日）

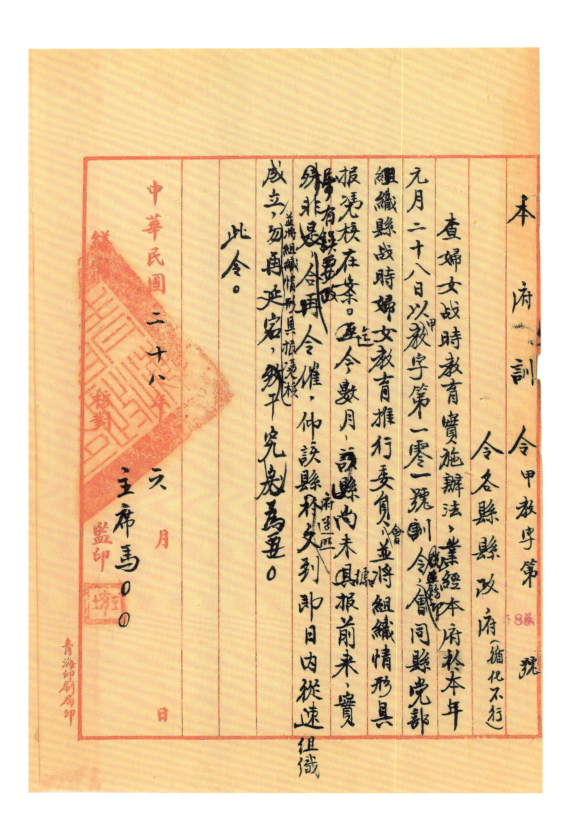

本府訓令 甲教字第　號

令各縣縣政府（循化不行）

查婦女战時教育實施辦法，業經本府於本年元月二十八日以甲教字第一零一號訓令，飭同縣黨部組織縣战時婦女教育推行委員會，並將組織情形具據報憑核在案。迄今數月，該縣尚未具報前來，實屬有誤要政。合再令催，仰該縣府遵照文到即日內從速組織成立，並將組織情形具報憑核，勿再延宕，致干究處為要。

此令。

中華民國二十八年六月　日

主席馬○○

監印

青海省政府致青海省各县政府的训令（一九三九年一月二十八日）

稿

青海省政府稿

文別：訓令

送達機關：本省各縣政府　中等教育股

附件：[縣]婦女戰時教育實施辦法一份　計抄發

事由：奉行政院令飭各縣政府會同縣黨部組織戰時婦女教育推行委員會推行戰時婦女教育並仰將組織情形具報憑核由

主席 [illegible]

秘書長 [illegible]

廳長 [illegible]

核稿 牛濤

核稿 年松年

擬撰 王县基

核稿 宋之楨

核稿 谷錫

中華民國二十八年 元月 [illegible] 日

發文 字第一〇一號

11

本府訓令　教字第　　號

令各縣政府

案奉

行政院廿七年十一月廿四日渝字九六八四號訓令開：

「入原文」

等因計抄發婦女戰時教育實施辦法一份奉此除分令外合行抄發原辦法令仰該縣會同縣黨部遵照辦理並將組織情形具報憑查為要此令

計抄發婦女戰時教育實施辦法一份

中華民國二十八年元月十六日

主席　馬〇〇

監印

101

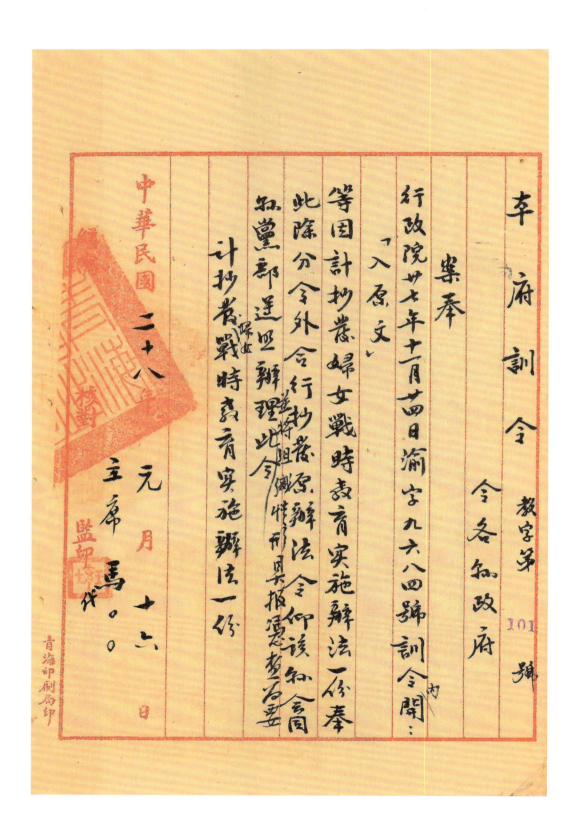

青海省政府关于学生抗战宣传团前赴各县实地工作等致乐都县政府的训令（一九三八年十二月六日）

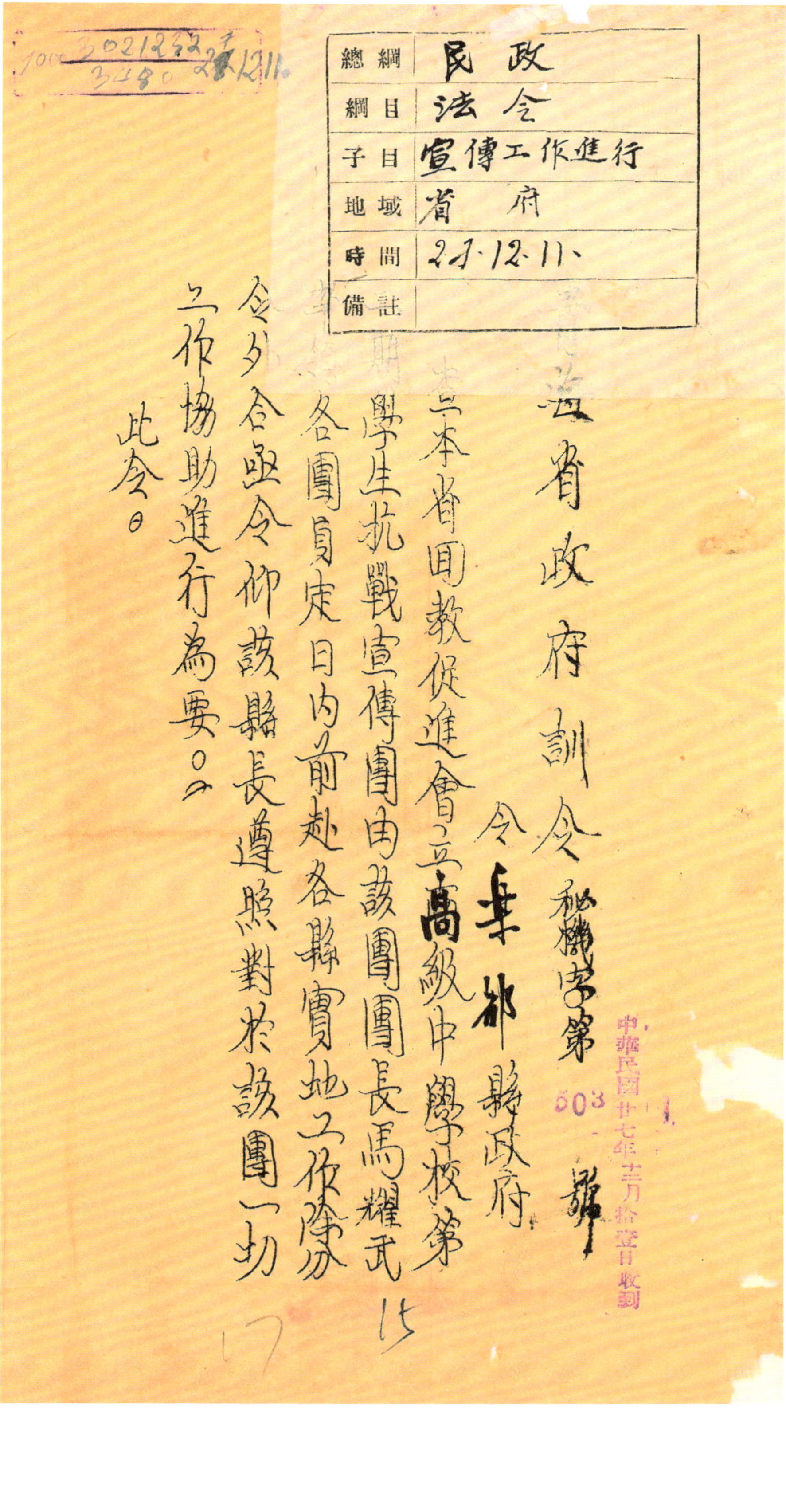

總綱	民政
綱目	法令
子目	宣傳工作進行
地域	省府
時間	27.12.11.
備註	

青海省政府訓令 秘機字第 號

令樂都縣政府

查本省回教促進會立高級中學校第 期學生抗戰宣傳團由該團團長馬耀武 各團員定日內前赴各縣實地工作除分令外合亟令仰該縣長遵照對於該團一切工作協助進行為要。

此令。

中華民國廿七年十二月拾壹日收到 503

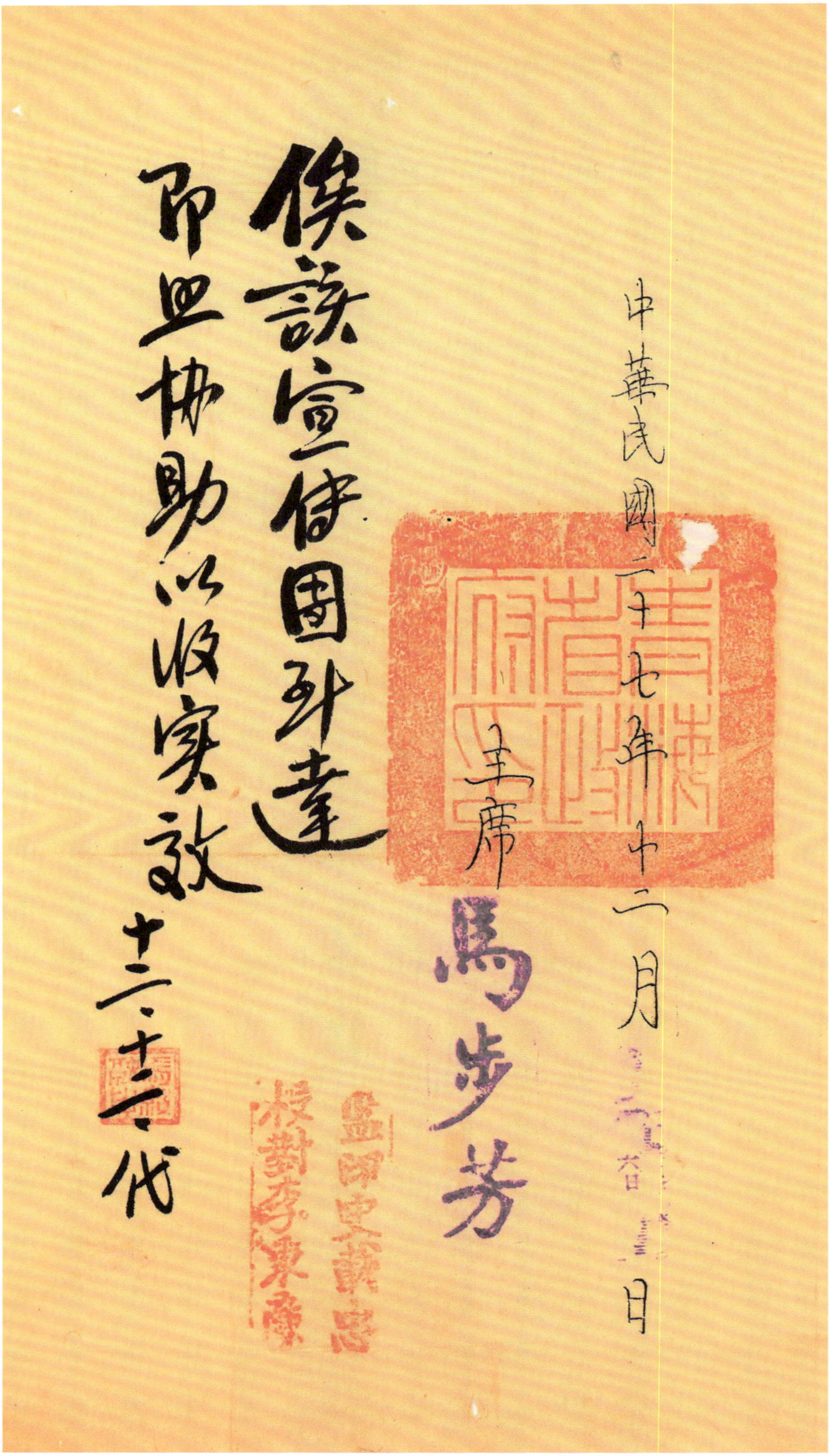

俟該宣傳團到達
即照協助以收實效
十二、十二代

主席 馬步芳

中華民國二十七年十二月 日

青海省政府工作报告（节选）——推行救国慰劳募捐、组织抗战剧团（一九三八年）

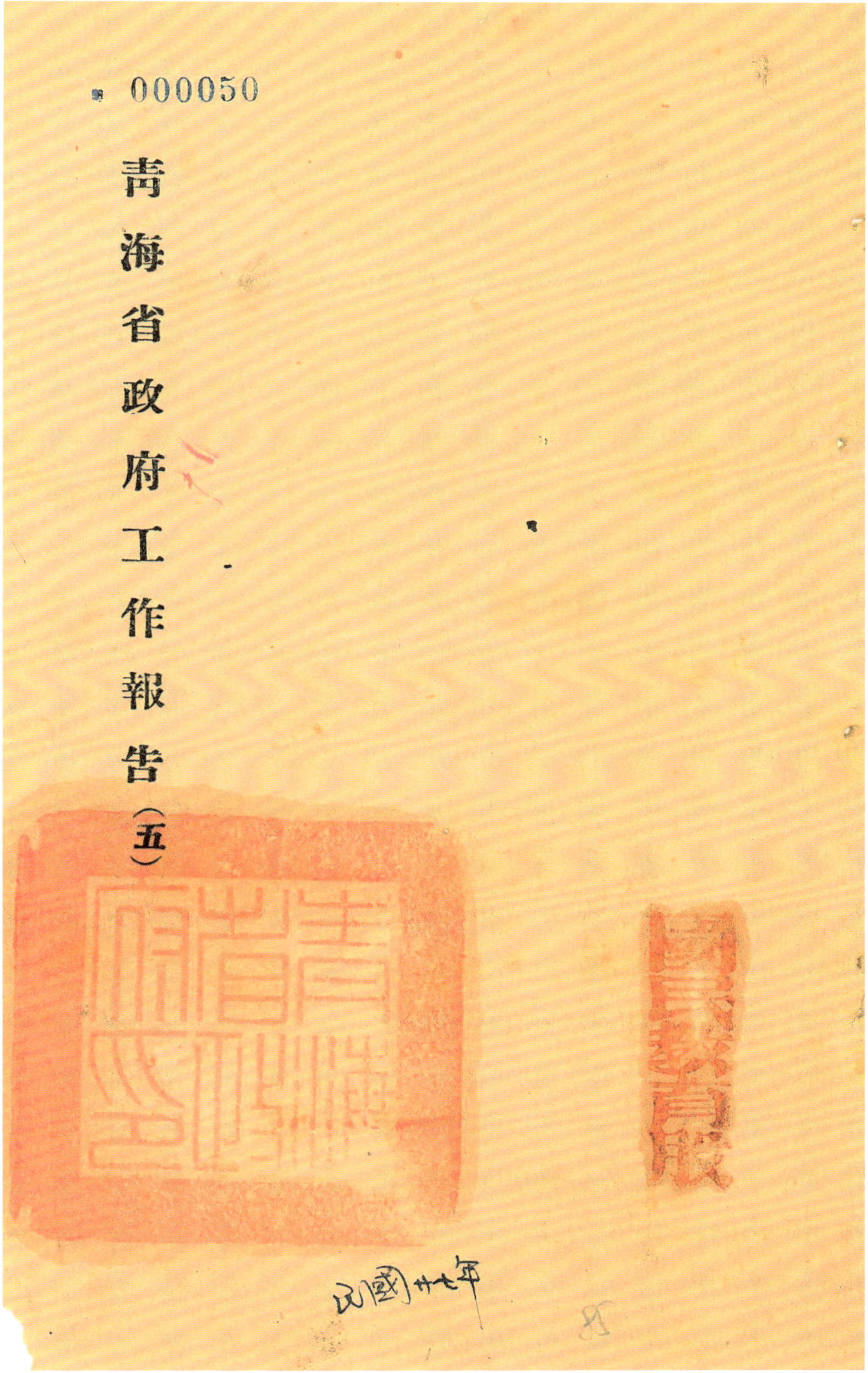
000050

青海省政府工作報告（五）

民國廿七年

青海省政府工作報告之五（教育）

目次

86

年守紀律之集團生活習慣。

三、嚴行導師制度——中等以上學校，皆遵照　部頒導師制，施行綱要，訂定詳細辦法，由各校切實施行，以求學校訓育上積極感化之效能。惟此制係屬初行，故盡量令各校注意推行之成效，隨時予以改進。據一般觀察，學校導師，應首先具有共同一致之思想信仰，否則及足以使學生發生分歧割裂之流弊。

己、努力抗敵後援

一、組織抗敵巡迴宣傳團——自前年以來，選拔各校富有宣傳技能之學生，組織宣傳隊，尤以回教促進會中學宣傳隊成績爲最佳。共成立兩團，不但步行本省各縣，且赴甘肅五凉導河等縣，巡迴數千里，深入民間，埋首於抗戰宣傳工作，收效至宏，業經　咨部並蒙嘉許在案。

二、組織假期工作隊——於寒暑假中，由省府與省黨部聯合組織各校中學生爲各縣假期工作隊，以縣爲單位，各級學生，即參加各該縣工作隊，施以短期訓練，並頒發工作綱領，然後返縣工作，並受各該縣縣黨部之督導，收效頗大。

三、展覽品義賣及勞作品慰勞——每年舉行之書畫勞作展覽會之成績品，於去年起倡行

103

義買，以代價及勞作品如毛襪手套之類，全部捐獻為慰勞前防將士之用。

四、推行救國慰勞募捐——各項募捐，教育界均踴躍參加，如兒童飛機捐，自動發起組織，籌募兒童號飛機捐支會，於每日課餘之暇，苦口勸募。各界民衆，踴躍輸將，籌得捐款，業經本府彙齊後，匯解重慶總會。他如七七獻金，及寒衣羊皮等，除青年本身熱烈捐助外，並組織勸募隊，向各方勸捐，所得數量，頗覺可觀。

五、組織抗戰劇團——喚起民衆之利器，厥為宣傳，而宣傳之中，尤以話劇之功效為最大。因話劇可以繪影繪聲，摹擬盡致，其現身說法，引人入勝之處，誠非講演可比。故本省之抗戰劇團，遂應運而生。由省垣各校選擇富有演劇常識及興趣之學生，組織成立抗戰劇團。並推定團長，專門編演有關抗戰事跡，以期激發民衆抗敵情緒。成立以後，先在省垣及大通互助各縣公演，給民衆之影響，至為深刻。

庚、推行健康教育

一、舉辦義務人員訓練——本省為推行衛生教育，開展學校衛生；並增進國民健康計，特於二十八年開辦醫務佐理人員，及看護訓練班，以造就推進社會衛生及學校健康教育之幹部人員。

青海省回教促进会立西宁高级中学校呈报组织学生抗战宣传团工作大纲、组织一览表、预算书加委团长事致青海省政府的呈文（一九三九年七月十八日）

青海省回教促進會立西寧高級中學校 謹呈 青海省政府

事由：呈為組織學生抗戰宣傳團並賫該團組織簡章工作大綱組織一覽表及預算書祈
電鑒指示宣傳方針發給經費准予加委團長以專責成並令化循互樂民五縣縣政府及
駐軍協助宣傳並加指導伏候 示遵由

附件：簡章一份 表一份 大綱一份 預算一份

擬辦：照准並轉飭各縣駐軍

決定辦法：

備考：

呈字第 號 年 月 日 時到

36 收文 字第 號

呈為呈請事竊查學期行將結束照章應放暑假在此抗戰時期應利用假期之機會推進宣傳工作以期深入鄉村喚醒民衆俾明瞭政府施政方針增强民族意識及抗戰精神特組織學生抗戰宣傳團二團第一團前往化隆循化兩縣宣傳第二團前往互助樂都民和三縣宣傳擬定宣傳團工作大綱及組織簡章編造預算書呈請按照團員人數及路程遠近發給經費並填具該團組織一覽表擬請

鈞府准予加委以專責成統祈

電鑒指示宣傳方針規定宣傳日期印發有關六大中心工作及政治建設教育財政之材料俾便遵循並通令各該縣政府及駐防軍隊協助宣傳並加指導以利進行所有利用暑期組織學生抗戰宣傳團呈請發給經費

37

准予加委团长并请指示宣传方针各缘由是否有当理合具文检同工作
大纲组织简章组织一览表预算书各一份一併呈赍伏候
指令祗遵实为公便谨呈
青海省政府主席马
附呈 组织简章一份 组织一览表一份 工作大纲一份
预算书一份
青海省回教促进会立西宁高级中学校副校长马寿昌

38

中華民國二十八年七月十八日

31

附（一）青海省回教促进会立西宁高级中学校学生抗战宣传团组织简章

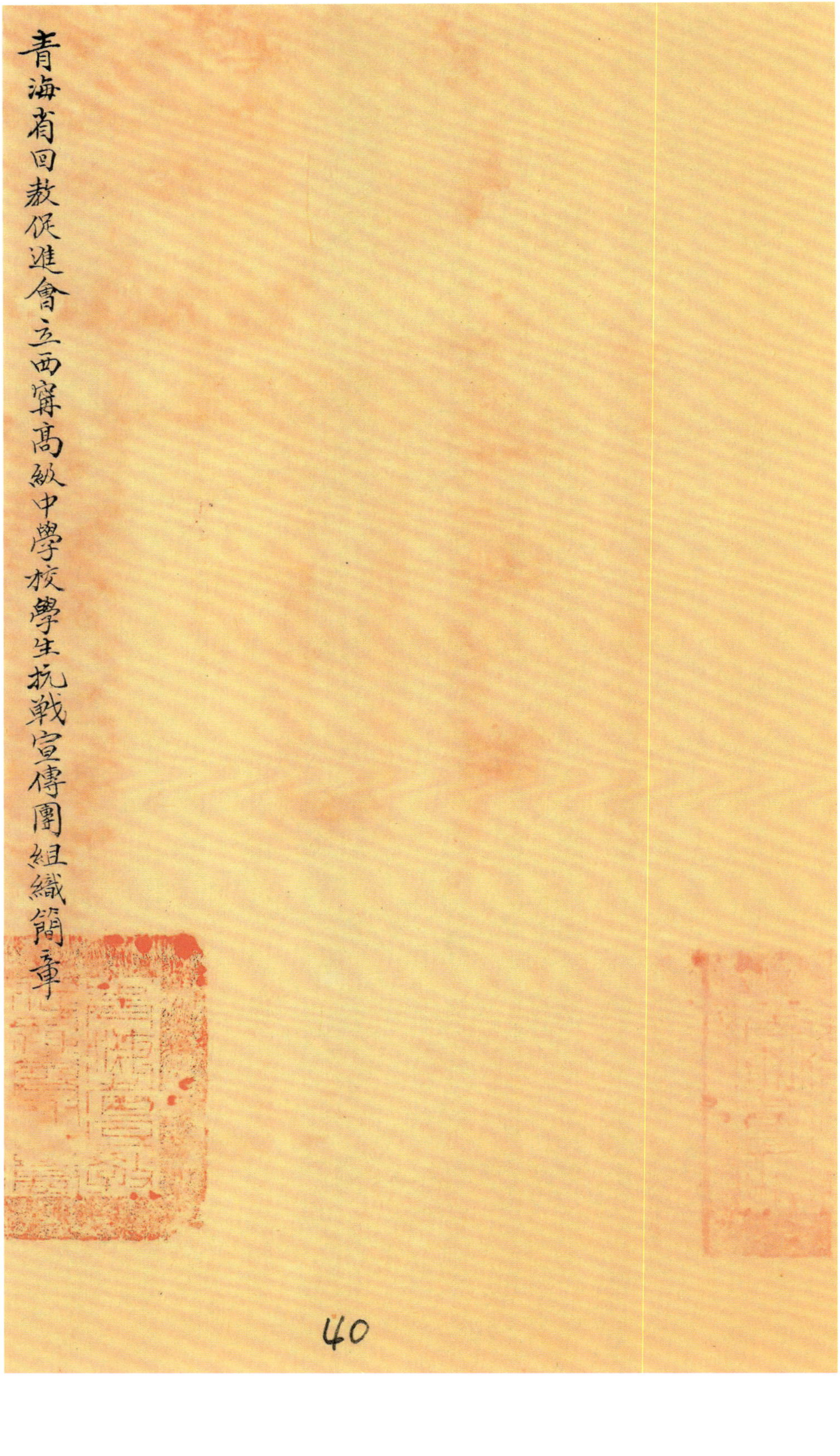
青海省回教促進會立西寧高級中學校學生抗戰宣傳團組織簡章

40

青海省回教促進會西寧高級中學校學生抗戰宣傳團組織簡章

第一條　本團以利用暑假日期深入廣大鄉村唤起民衆俾明瞭政府施行方針增强民族意識及抗戰精神爲目的

第二條　本團定名爲「青海省回教促進會立西寧高級中學校學生抗戰宣傳團」

第三條　本團由本校學生若干人組織之設團長一人以團員大會爲最高權力機關其日常應行事宜由團員秉團長之意旨辦理之

第四條　本團分左列各組

一、總務組——掌理文書會計事務各事宜

41

第五條　二、宣傳組——掌理一切宣傳事宜

本團除喚起民衆抗戰情緒增強抗戰力量外並極力將本省築路、造林、禁煙、識字、保甲、壯丁、等六大中心工作及最近改良政治解除民困各要點使民衆澈底明瞭其方式分口頭演講文字宣傳圖畫宣傳歌唱四種

第六條　本團宣傳區域第一團暫定為化隆循化兩縣第二團為互助民和樂都三縣其路程表及路線圖分别另定之

第七條　本團一切費用呈請　學校當局轉呈　省政府資助之

第八條　本團如需要關於政治及軍事上之宣傳材料得呈請由

42

校長轉請
省府或軍部印發之
第九條　本團工作時間暫定為三十日
第十條　本團工作大綱及團員應守之規約另訂之
第十一條　本簡章如有未盡事宜得隨時增删之
第十二條　本簡章自呈請　校長轉呈
省党部政府　核備之日施行

中華民國二十八年七月十八日

44

附（二）青海省回教促进会立西宁高级中学校学生抗战宣传团组织一览表

青海省回教促進會立西寧高級中學校學生抗戰宣傳團組織一覽表

45

青海省回教促進會立西寧高級中學校學生抗戰宣傳團組織一覽表

第一團

宣傳區域｜化隆　循化

宣傳日期｜二十八年七月

團長	韓有文	化隆	回中校總隊長
團員	吳建業	循化	高中三年級生
	馬維乾	循化	仝　上
	喬玉璽	西寧	仝　上
	李炳元	西寧	仝　上
	沈自強	西寧	仝　上

第二團

宣傳區域｜互助　樂都　民和

宣傳日期｜二十八年七月

團長	馬福林	蘭州	回中教導主任
團員	陳萬祥	樂都	高中三年級生
	石錦山	互助	仝　上
	王正高	樂都	仝　上
	趙文林	樂都	仝　上
	李新民	樂都	仝　上

46

黄繼興	榆中	仝	上
沈鴻儀	西寧	仝	上
郭斌元	西寧	仝	上
馬佳基	酒泉	仝	上
張廷承	仝上	仝	上
張務本	仝上	仝	上
王應鍾	仝上	仝	上
趙定基	武威	仝	上

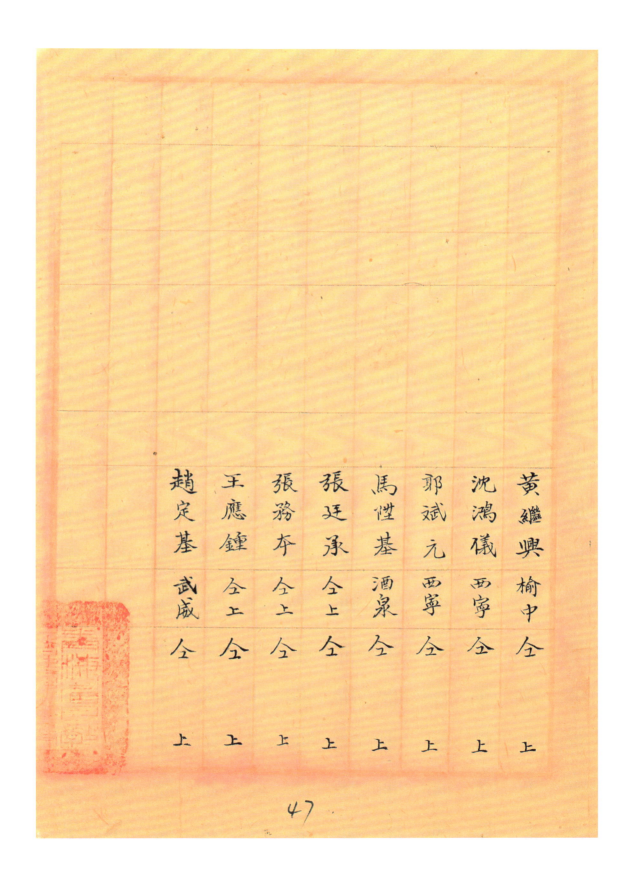

47

中華民國二十八年七月十八日

48

青海省政府关于唤起民众加紧抗战工作特组织抗战宣传团等情形致乐都县政府的训令（一九三九年七月二十二日）

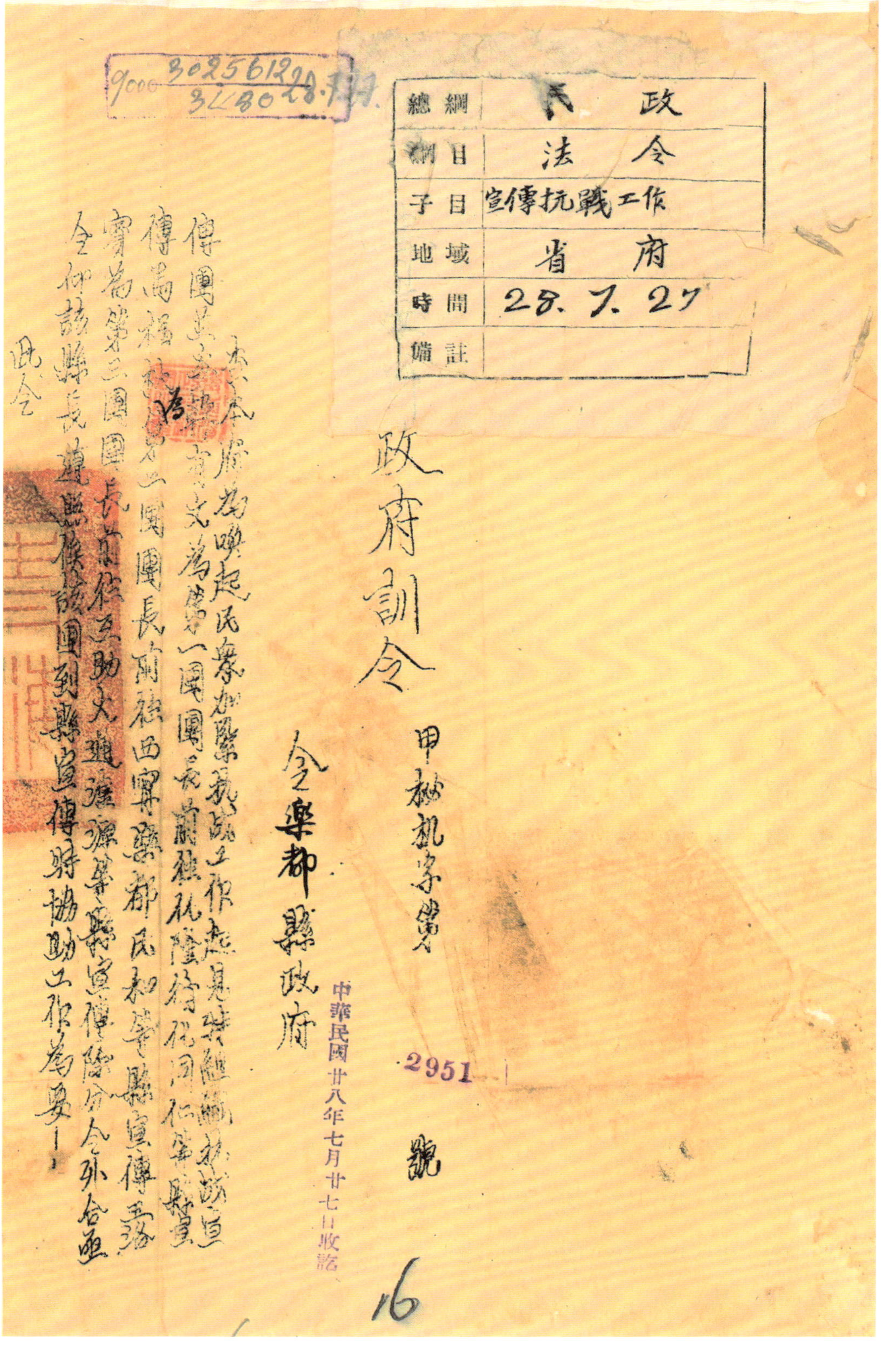

總綱	民政
綱目	法令
子目	宣傳抗戰工作
地域	省府
時間	28.7.27
備註	

政府訓令　甲秘机字第 2951 號

令樂都縣政府

查本府為喚起民衆加緊抗戰工作起見，特組織抗戰宣傳團三，以□□有文為第一團團長，前往循化同仁等縣宣傳；馬福□為第二團團長，前往西寧樂都民和等縣宣傳；□寶為第三團團長，前往互助大通湟源等縣宣傳。除分令外，合亟令仰該縣長遵照，俟該團到縣宣傳時，協助工作為要！

此令

中華民國廿八年七月廿七日收訖

16

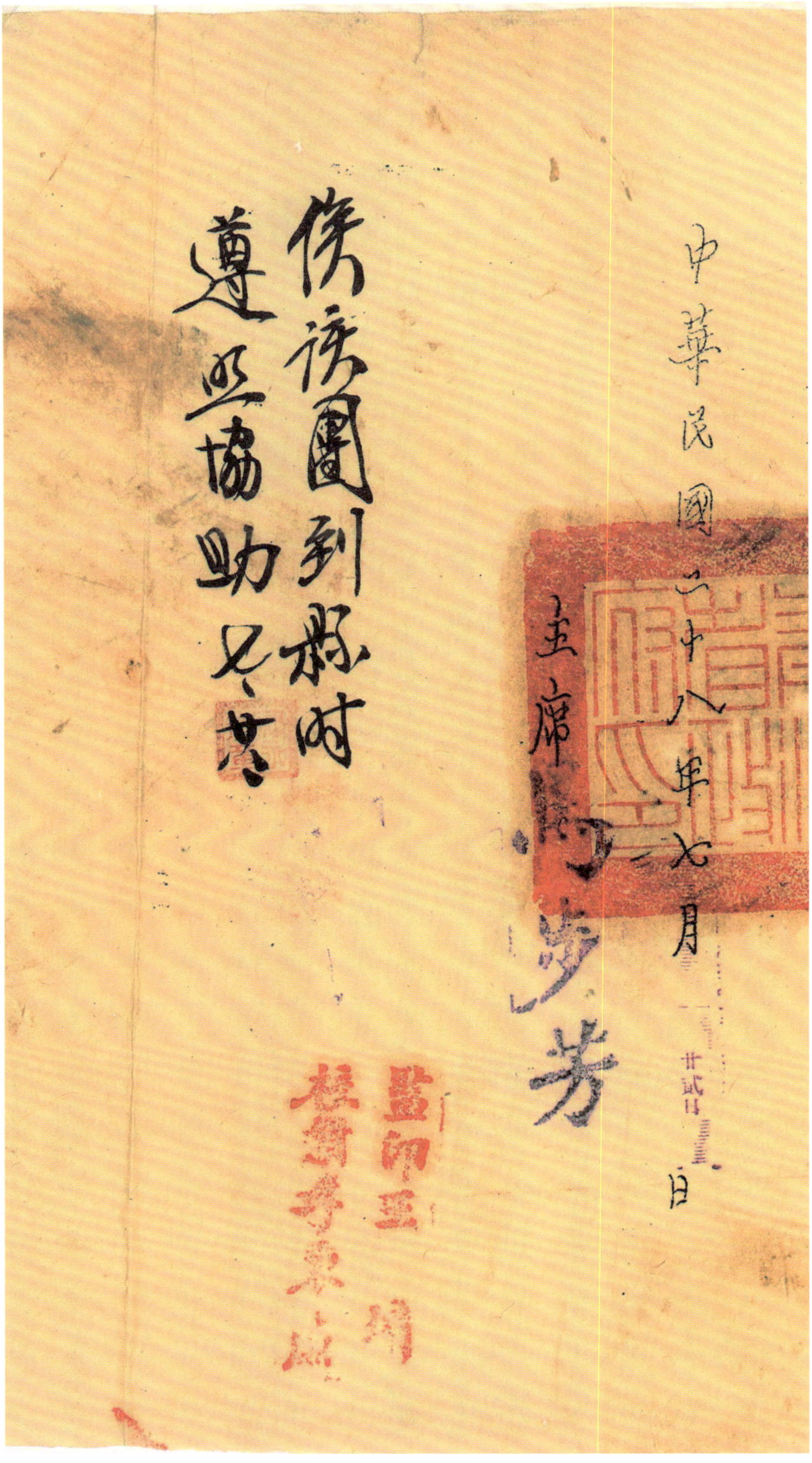
俟該團到縣時
遵照協助為荷

主席 馬步芳

中華民國二十八年七月廿二日

呈

呈為呈報事竊查職團自出發開始工作時已念日其工作區域即化隆縣城及此縣各鄉村至於宣傳情形理宜隨時具報備查第因所達之處多係地居邊僻交通滯塞故致職團無法呈報茲因全縣工作完竣遂做工作日程表以資簡便結束斯縣工作之概情其大集團講話化隆縣城及甘都黃河建橋處均作擴大宣傳其聽衆前者二千餘人後者約四千人其他各處多係臨時召集民衆及學生講話有時或行街頭路口田陌河濱而不論人數多寡或男女老幼均以談話式宣傳且以因人因地制宜之法而以番語或撒拉語講之其聽衆反應頗表誠懇接受豁然領悟之意此職團深感欣喜之

照為是具文呈報
鈞府鑒核備查為禱謹呈
青海省政府主席馬
附宣傳工作日程表一份

中華民國二十八年八月十一日

青海省政府关于嘉许抗战宣传团第一团赴化隆、循化等地进行抗战宣传事致该团的指令（一九三九年八月二十三日至九月九日）

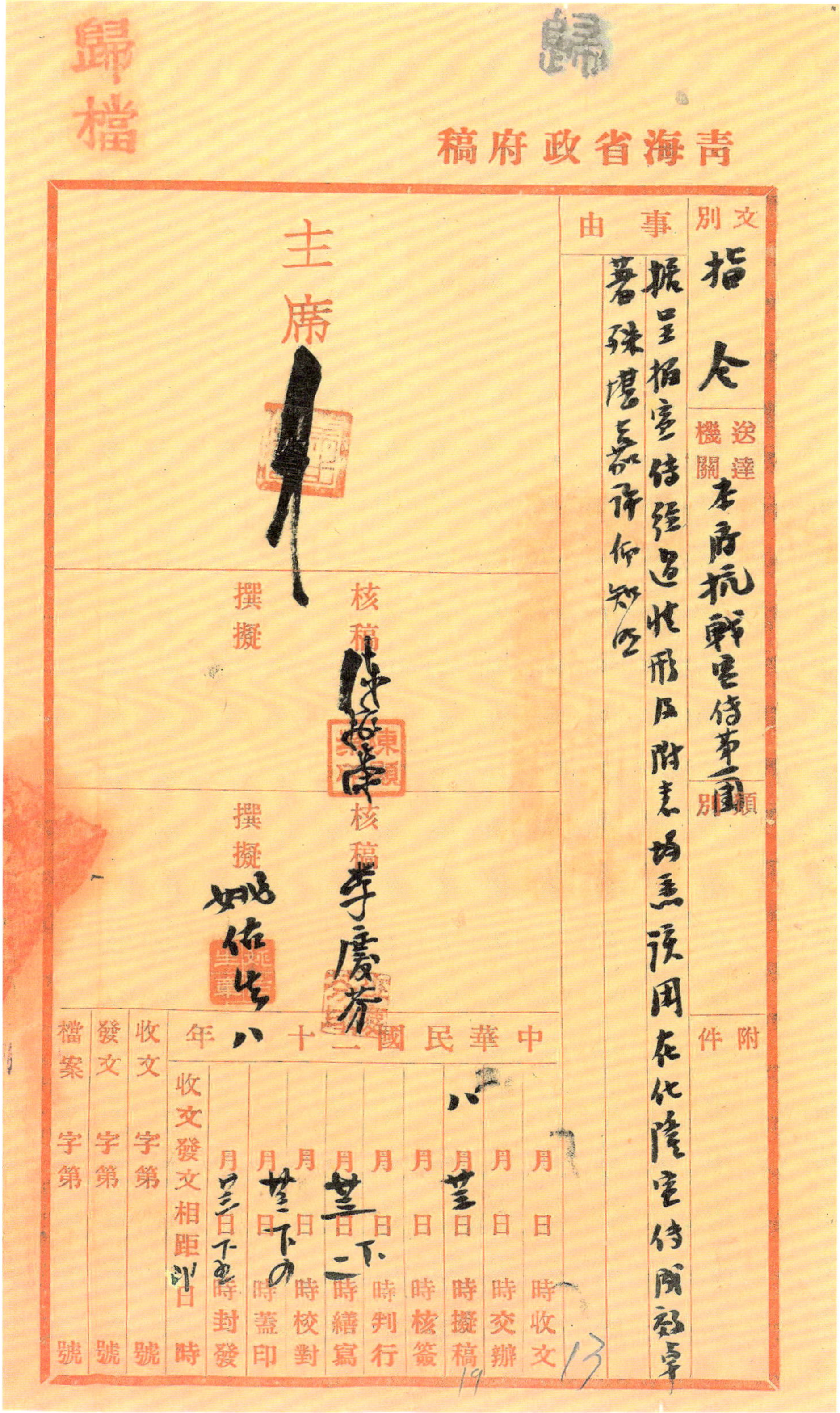
歸檔

青海省政府稿

文別：指令

送達機關：本府抗戰宣傳第一團

事由：據呈報宣傳經過情形及附表均悉該團在化隆宣傳成績卓著殊堪嘉許仰知照由

主席

核稿　撰擬

核稿　李慶芳　撰擬　姚佑生

中華民國二十八年

收文	交辦	擬稿	核簽	判行	繕寫	校對	蓋印	封發	收文發文相距
月日時	月日時	八月廿三日時	月日時	月日時	八月廿三日下二時	月日時	月廿三日下四時	八月廿三日下五時	日時

收文　字第　號

發文　字第　號

檔案　字第　號

本府指令　甲秘機字第3307號

令本府振戰宣傳第一團

本年八月十一日呈一件，呈報宣傳經過情形，附宣傳工作日程表一份，請鑒核由。

呈及附表均悉。該團此次在化隆、循化等縣深入民間宣傳，激發民衆抗敵情緒，闡明本府施政意義，成效卓著，殊堪嘉許！仰即知照。

此令。附件存

主席　馬〇〇

中華民國二十八年八月　日

繕　　監印

20　14

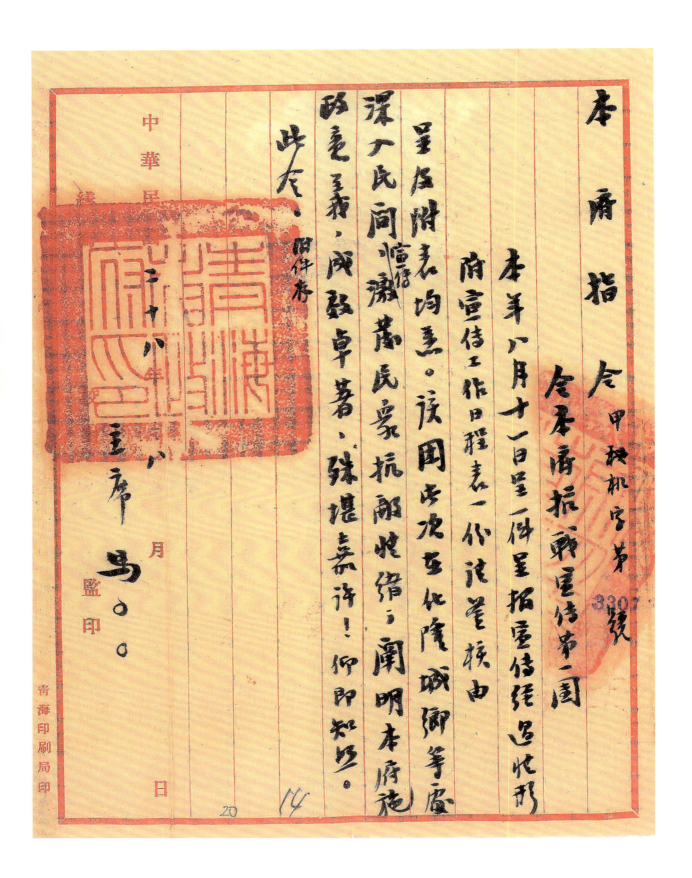

青海印刷局印

青海省政府稿

文別	指令
送達機關	本府抗戰宣傳團第一團
類別	
附件	
事由	據呈報該團前赴循化等縣宣傳情形並賫工作日程表祈鑒核等情工作努力殊堪嘉許令仰知照

主席

核稿 陳顯榮

撰擬

核稿 李慶芬

撰擬 朱鉞奎

中華民國二十八年

收文	月 日 時
交辦	九月五日 時
擬稿	九月七日下四時
核簽	月 日 時
判行	月 日 時
繕寫	九月八日下四時
校對／蓋印	九月八日正
封發	九月 日 時
收文發文相距	五日 時

收文 字第 號

發文 字第 號

檔案 字第 號

17

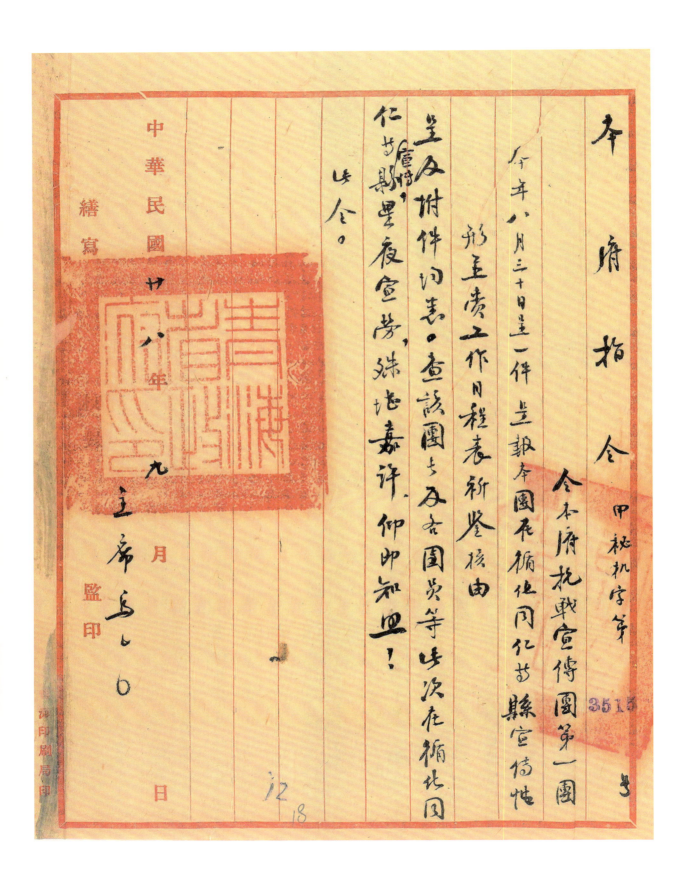

本府指令　甲秘机字第　号

令本府抗戰宣傳團第一團

今年八月三十日呈一件，呈報本團在循化同仁縣宣傳情形，呈齎工作日程表祈鑒核由

呈及附件均悉。查該團長及各團員等此次在循化同仁、貴德兩縣，晝夜宣勞，殊堪嘉許，仰即知照！

此令。

中華民國廿八年九月　日

主席馬〇〇

繕寫　校對　監印

青海印刷局印

同仁县政府、青海省政府关于呈报组织宣传队等事往来公文

同仁县政府致青海省政府呈文（一九三九年九月二十二日）

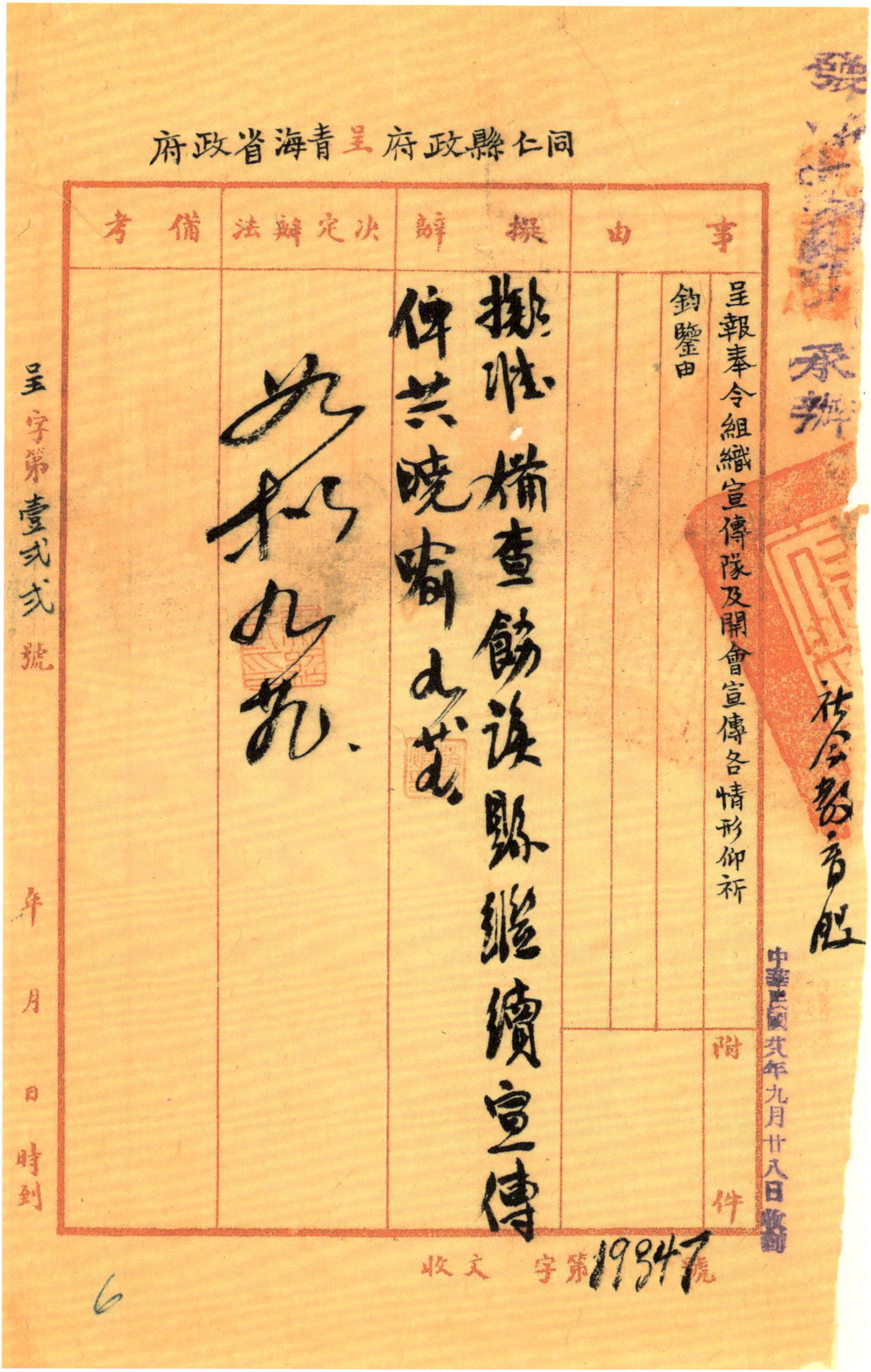

同仁縣政府呈青海省政府

事由	擬辦	決定辦法	備考
呈報奉令組織宣傳隊及開會宣傳各情形仰祈 鈞鑒由	擬准備查飭該縣繼續宣傳俾共曉喻	如擬	

附件

呈 字第壹弍弍號

年 月 日 時到

收文 字第19347號

中華民國廿八年九月廿八日收

社會教育股

承辦

6

呈為呈報事案奉

鈞座齊密電令節開芳為體恤青民負担起見已將全省營買粮完全豁免除佈告外希即令飭該縣學校組織宣傳隊舉行一星期之擴大宣傳俾全縣民眾均各知瞭宣傳要點並勸全民眾對於一切工作努力奉行以利推行庶政等因奉此正擬遵辦間又奉

教育廳長馬魚代電開事同前因並印發宣傳要點一份遂即轉令本縣回教促進會附設兩級小學校及縣立第一兩級小學校剋日組織宣傳隊準備剴切之講演以便宣傳去後旋據報稱組織業經就緒宣傳講演詞料亦有充分之準備等語爰於本月十七日上午九時在職府禮堂舉行開會儀式除兩校宣傳隊員暨

各該校長逯敬旺孫繩祖等均各到場外並經名同蒙藏領袖各機關鎮保甲長民眾等與會開會結果民眾均歡欣鼓舞影響良佳並定自次日起兩校宣傳隊員分赴各鄉村捱次宣傳

鈞座德惠之在民並勸其努力奉行一切庶政俾共曉喻惟以所屬鄉村均係土房藏族恐其聽有未詳尚帶善通藏語人員隨隊介紹以期明瞭所有奉令宣傳各情形理合具文呈報伏乞

鈞鑒謹呈

青海省政府主席馬

代理同仁縣縣長李復泰

7

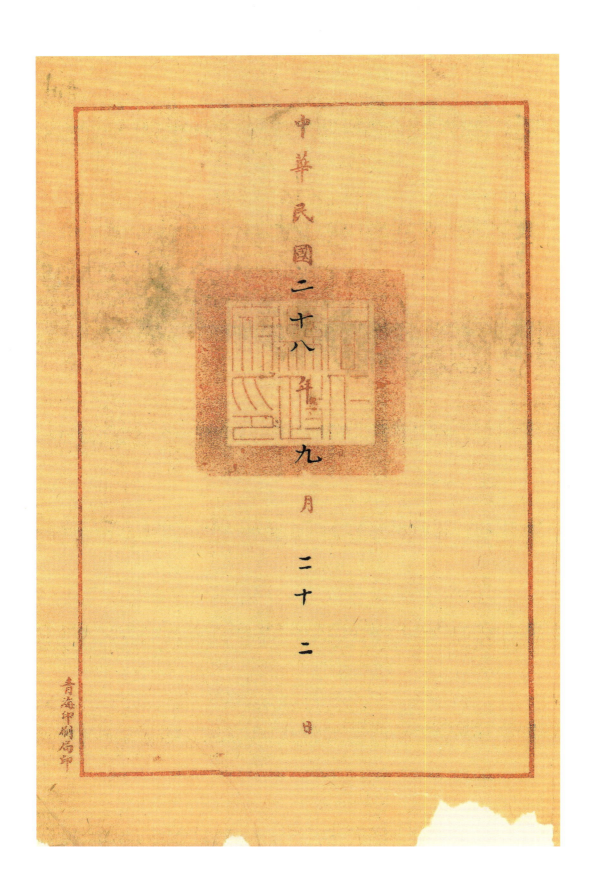

中華民國二十八年九月二十二日

青海印刷局印

歸檔

青海省政府稿

文別	指令
送達機關	同仁縣
類別	社教股
附件	
事由	據呈報組織宣傳隊及開會宣傳各情形祈鈞鑒悉情准予備查仰該縣轉飭各級學校繼續[illegible]剴切宣傳俾共曉喻由

秘書長 [illegible]

主席 [illegible]

廳長 [illegible]

核稿 賈思復

核稿 [illegible]

核稿 趙文煥

撰擬 趙郁若

中華民國二十八年

收文	交辦	擬稿	核簽	判行	繕寫	校對	蓋印	封發	收文發文相距
月日時	九月廿九日下二時	月廿九日下三時	九月廿九日下三時	月日時	月日時	月日時	月五日下四時	十月六日十二時	七日時

收文字第號

發文字第九六八七號

擋案字第號

5

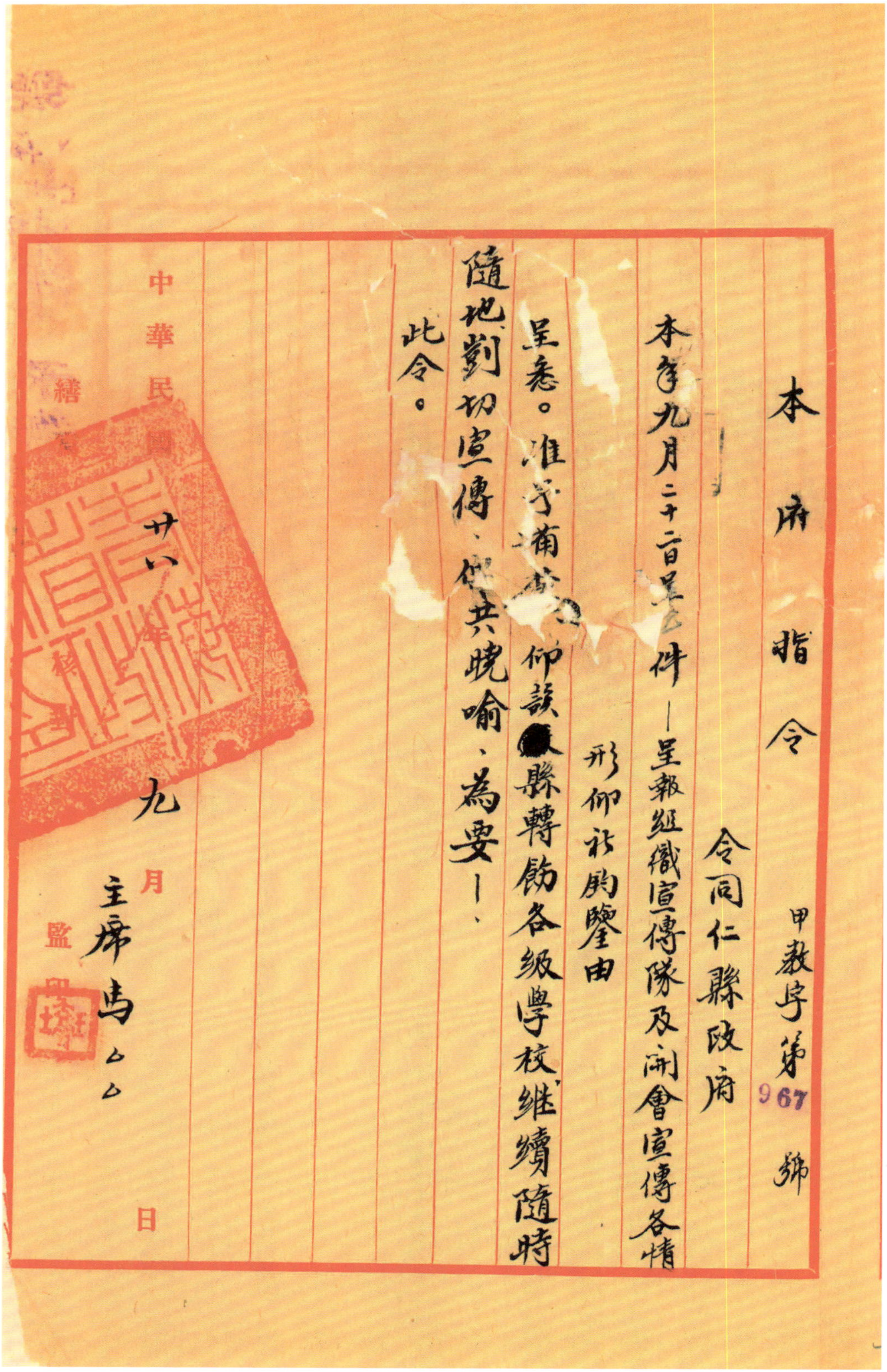

本府指令

甲教字第967號

令同仁縣政府

本年九月二十二日呈一件——呈報組織宣傳隊及開會宣傳各情形，仰祈鑒由

呈悉。准予備案。仰該[illegible]縣轉飭各級學校繼續隨時隨地，剴切宣傳，俾共曉喻，為要！

此令。

中華民國廿八年九月　日

主席馬○○

繕　校　監印

青海省政府抗战宣传团第一团的工作日程表（一九三九年八月三十日）

青海省政府抗戰宣傳團工作日程表

地名	宣傳日期	演講者	講演題目	備考
同化橋	八月十二日	韓有文	抗戰時期國人應努力奮幹	聽講者為橋頭工作之保甲長（番民多）、團長用番語講述、聽衆約三百餘人
查漢大寺鄉清真寺	十三日	韓有文	認清時代、認清領袖	本地壯丁皆去橋工作、聽講者有鄉老及學生約八十餘人。
查漢大寺	十三日	吳建業	六大中心工作與抗戰建國	
素來鄉兩級小學校	十三日	馬聞基	六大中心工作與建設新青海復興新中國的主人	聽講者有學生民衆約百餘人。
素來鄉兩級小學校	十三日	韓有文	教育與地方之利益	

衙门乡	十四日	韩有文	认清政府拥护领袖	本日听讲者有学校四处，衙门乡学校学生、工马本庄学生、郭升学生，此外廿余人，其余皆本乡乡民，总计听讲者约四百余人。
衙门清真寺	十四日	吴建业	战时应如何克尽职务	
新化大校场	十五日	韩有文	六大中心工作是青海的新生命	县长招集穗凡镇、循阳乡之学生、壮丁，在东大校场宣传大会，总计到会人数约八百以上。
循化大校场	十五日	吴建业	国民精神总动员与抗战建国	本团作扩大宣传。
查加乡	十六日	韩有文	教育与宗教	查加之学生有二百多、壮丁亦有二百余人，总计有四百余人
查加乡	十六日	乔玉玺	六大中心工作是利己利众。省利用的工具	
毛雨沟（松岩下）	十七日	李炳元	抗战的过去与将来	同化十三族番民来此修筑山路，本团趁此机会作扩大宣传工作，由团员蒲活右通事传达，後由团长
毛雨沟	十七日	韩有文	六大中心工作是抗战的利器	用番语活讲。民众很能努力修

孫柱灘	十八日	郭有文	加紧完成六大中心工作	紫荞路、女子亦来参加紫荞工作，共计人数有三千余人
保安镇	十九日	馬附基	加紧后防工作	本村正在收田，此下未曾前来听讲，听讲者有乡老学生，约百余人。
保安镇	十九日	吴建業	为什么要抗战	
保安镇	十九日	郭有文	教育与建設	
同仁县政府	廿日	郭有文	国民精神总动员之意義	拉某隆务镇回漢民众，及番民全体，在县政府礼堂宣念，本团宣传一切国家政边情形及本省之一切施政。
同仁县政府	廿日	吴建業	抗战必胜建国必成	
張家鄉	八月廿五日	韓有文	馬主席改良六大中心工作	張家之上白庄、胡达尔及贺龙堡、崖曼各校学生，以及场集民众，亦有情西宁北川，皆集合于白庄集场，作扩大宣传工作，听众约有一千五百之多。后由各校表演国术、刺枪，学生作宗精彩。
張家集場	廿五日	喬玉靈	六大中心工作并本省新政	
張家集場	廿五日	馬附基	抗战必胜建国必成之信念 会中要实行精神总动员法令	

孟达乡	廿六日	韩有文	省府实施六大中心工作与救教	听众约有二百余人。此外学生、及本地妇女完全参加，民众对于国家认识颇能接受，妇女参加听讲，更足使人注意之点。
孟达乡	廿六日	李炳元	国民精神总动员之意义	
孟达乡	廿六日	吴建业	充实后防完成抗战建国之途径	
清水乡	廿七日	韩有文	要旨揭教义首先说出	本地以下全部动员根本，旅请各位有清水学校学生上三百名学生及民众，约
清水乡	廿七日	马腾蛟	六大中心工作与抗战建国之关系	三百余人。

以上有未工作之日甚多，全系因同仁赴循化之途，途完全消耗在行路，近日来阴雨连绵，而该山道泥泞，没胫难登，道路故在甘都即作工作报告

八月卅日

青海省政府抗战宣传团第二团工作简表（一九三九年八月）

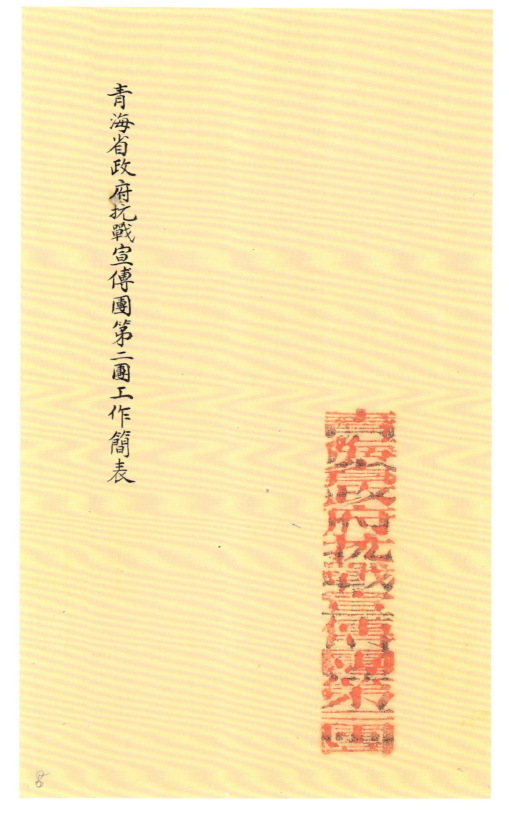

青海省政府抗戰宣傳團第二團工作簡表

8

青海省政府抗戰宣傳團第二團工作簡表

七月二十三日——青海省政府抗戰宣傳團第二團由學校歡送攝影後即日星夜從湟中公園出發步行至魯沙爾寺坡露宿

二十四日——開始在魯沙爾擴大宣傳參加聽講者有魯沙爾促進分會各學校文化鎮小學校及漢回蒙藏民衆男女共三千餘人

二十五日——至楊家圈是日天雨

二十六日——天晴開始工作參加者有楊家圈促進小學十張家邦家流水溝初級小學學生以及此地壯丁民衆千餘人講演畢即起程往塘隆台

二十七日——到塘隆台宣傳參加者有上下塘隆台促進兩級小學處處

爾溝楊坡山瓦窪扎各初級小學校師生及各地民衆壯丁八百

餘人講演畢起程於當日晚五時至新莊爾露宿

二十八日——早餐後新莊爾促進兩級小學校沙溝樹兒灣下馬加巴藏溝

各促進初校沙哈山城冢藏小學石溝岩立初校師生以及各地

壯丁二千餘人集合河灘樹叢中開歡迎大會晚間在夜色蒼

茫中出發至平戎驛

二十九日——晨八時平安鎮兩級小學校白沉莊初級小學師生和各處壯丁六

百餘人聽講畢即刻起程赴樂都

三十日——抵樂都插帳湟濱公園晨八時各界開歡迎大會參加單位有縣

政府縣黨部法院區公所商會各公務人員及各校師生或代表

10.

和平城水磨營壯丁五千餘人在樂都體育場開會

八月一日——至高廟鎮宣傳聽講者有高廟鎮、常李鄉、李家鄉、雙堡鄉

各處壯丁及該地學校代表三百餘

二日——赴馬營寺大窩波草原乘番族跑馬大會作宣傳工作熱鬧異

常該地壯丁亦尚整齊本團在此處分團講演

三日——至老鴉城露宿次日晨開始宣傳工作參加者有老鴉鄉白崖

鄉碾縣嶺各地壯丁及碾縣嶺初級小學老鴉鄉短期義校師生

千餘人工作畢於即日晚於星月下過老鴉峽至享堂露宿並

由團長等謁馬旅長中午渡川口

四日——由享堂過湟水至川口露宿該地長官及民衆前來慰問本

11

團

五日——天氣晴明晨九時開歡迎大會參加者有馬旅長（副旅長代）陳縣長馬教育長等及促進學校新城女子小學寬獨蘭鍾家莊革達莊庄子溝各初級學校師生以及該處十二鄉鎮壯丁共四千人極為隆重

六日——經巴州至古鄞鎮露宿該地張營長等前來慰問本團

七日——早晨九時在該鎮學校操場內宣傳參加者有太平鄉七里鄉三王鄉各校師生及壯丁共六百餘人由楊教員占澤致歡詞講演畢即前往馬營工作

八日——促進學校操場中開會參加者有馬營鎮促進小學東和鄉興

12

文鄉初校及該鎮壯丁民众由縣督學馬致歡迎詞本團講演

民衆極爲歡迎

九日——中午抵官亭稍作休息即開始宣傳參加者有静和鄉静

寧鄉初校師生及各鄉壯丁六百餘人

十日——開始返寧由官亭起程西行路經曼坪古鄯巴州至紅土坡露宿

十一日——本團以任務已畢返寧夜宿川口

十二日——过老鴉峽並派代表謁見馬旅長报告一切

十三日——至老鴉城露宿

十四日——上午至高廟鎮打尖下午四時至樂都湟濟公園露宿當

晚由祁縣長邀本團會餐畢休息

13

十五日｜至互助高寨定於次日作宣傳工作

十六日｜開會於高寨田間樹蔭下參加者有高寨西鳳鄉小學師生及壯丁二百餘人由團長團員分别講演

十七日｜起程高寨並貼畫報傳單於墻壁以備人民觀覽

十八日｜本團平安抵省垣露宿湟中公園結束一切手作呈報及建議工作

14

團長馬福林

馬福林印

中華民國二十八年八月　日

15

青海省政府抗战宣传团第二团工作日程表（一九三九年八月）

青海省政府抗戰宣傳團第二團工作日程表

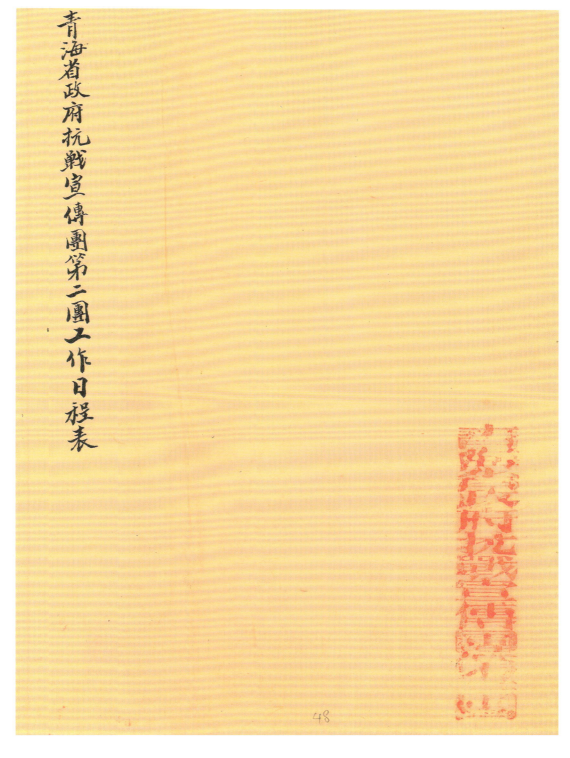

青海省回高中學校學生抗戰宣傳團工作日程表

地名	宣傳日期	演講者	講演題目	聽講人数	反應	備考
魯沙爾	七月二十四日上午十二時	團長 馬福林	本團使命及抗戰期間本省人民應有之努力	魯沙爾促進各校文化鎮小學校商會蒙藏民衆三千餘人	民衆對於抗戰情形省府所施之一切政情極為明瞭	
同上	同上	團員 石錦山	本省策應抗戰情形及馬主席之關心民瘼	同上	同上	
同上	同上	團員 黃繼興	抗戰必勝	同上	同上	
楊家圏	七月二十六日上午十一時	團長 馬福林	抗戰以來本省政治教育之設施情形	楊家圏劉水溝倭尔架十張家學生壯丁五百餘人	聽衆誠懇接受極為感動	
同上	同上	團員 王正高	日軍在中國之暴行及後方人民應有之努力	同上	同上	

49

青海省回高中學校學生抗戰宣傳團工作日程表

地名	宣傳日期	演講者	講演題目	聽講人數	反應	備考
同上	同上	團員 陳萬祥	小學教育之重要	同上	同上	
塘隆臺	七月二十七日上午九時	團長 馬福林	回民教育之重要及本團之使命	上下塘隆台兩級小學校處所講楊坡山乳隆化九名初級小學校及民衆七百餘人	民衆表示歡迎對於抗戰建國及本省六大中心工作都能瞭悟	
同上	同上	團員 石錦山	本省六大工作與抗戰建國	同上	同上	
同上	同上	團員 張務本	後方民衆應有抗戰必勝之信念	同上	同上	
同上	同上	團員 沈鴻儀	回漢問題	同上	同上	

50

青海省回高中學校學生抗戰宣傳團工作日程表

地名	宣傳日期	演講者	講演題目	聽講人數	反應	備考
新莊爾	七月二十六日上午十時	團長 馬福林	我們在後方努力生產建設就是在前方抗戰一樣	新莊爾沙溝樹爾莊下馬加巴藏溝各村各地計了二千餘人	聽衆無不深感動精神振奮可謂僅有	
同上	同上	團員 張廷承	抗戰與六大中心工作之關係	同上	同上	
同上	同上	團員 王應鍾	青海民衆之安樂與全省之努力	同上	同上	
同上	同上	團員 陳萬祥	識字之重要與教育	同上	同上	
平戎驛	七月二十九日上午七時	團長 馬福林	六大中心工作對青海公民之好處	平安鎮小學校白沈莊小學校及當地計了六百餘人	聽衆沈靜表示感奮	

51

青海省回高中學校學生抗戰宣傳團工作日程表

地名	宣傳日期	演講者	講演題目	聽講人數	反應	備考
同上	同上	團員 趙定基	抗戰建國之綱領	同上	同上	
同上	同上	團員 石錦山	教育與抗戰及小學教師所負之使命	同上	同上	
樂都縣	七月三十日	團長 馬福林	本團組織之動機與民衆救國之辦法	縣政府縣黨部法院商會區公所公務人員各學	民衆熱烈歡迎並對本團之講話影响很深	
同上	同上	團員 張廷承	本省教育之過去與現在	代表回進會學校縣城水磨營十保壯丁五千	同上	
同上	同上	團員 黄繼興	本省六大中心工作是抗戰建國之基本條件	餘人	同上	

52

青海省回高中學校學生抗戰宣傳團工作日程表

地名	宣傳日期	演講者	講演題目	聽講人数	反應	備考
同上	同上	團員張務本	兩年來抗戰之結果及今後之努力	同上	同上	
同上	同上	團員王正高	本省六大中心工作之進展情形	同上	同上	
同上	同上	團員陳萬祥	我們要認清敵人	同上	同上	
同上	同上	團員李新民	日寇在中國之暴行	同上	同上	
同上	同上	團員郭斌元	本省之禁煙工作	同上	同上	

青海省回高中學校學生抗戰宣傳團工作日程表

地名	宣傳日期	演講者	講演題目	聽講人數	反應	備考
同上	同上	團員 沈自強	識字運動之重要	同上	同上	
高廟鎮	八月一日	團員 沈鴻儀	回教教育之重要	壯丁父老以及各學校代表三百多人	聽者極為所動，散後還有問前方情形者	
同上	同上	團員 石錦山	前方抗戰與本省政令	同上	同上	
同上	同上	團員 黃繼興	馬主席在青過去之政績與我們應有之認識	同上	同上	
馬營寺大嵩波原	八月二日	團長 馬福林	暴日在中國之橫行與後方人民應有之努力	壯丁父老約四百餘人	聽衆感動，散後多恨日人	

青海省回高中學校學生抗戰宣傳團工作日程表

地名	宣傳日期	演講者	講演題目	聽講人数	反應	備考
同上	同上	團員 黃繼興	六大中心工作與抗戰	同上	同上	
同上	同上	團員 趙文林	禁煙之重要性	同上	同上	
同上	同上	團員 張務本	日本最後必定崩潰	同上	同上	
同上	同上	團員 張廷承	青海過去之築路	同上	同上	
同上	同上	團員 王正高	抗戰建國	同上	同上	

55

青海省回高中學校學生抗戰宣傳團工作日程表

地名	宣傳日期	演講者	講演題目	聽講人數及	反應	備考
同上	同上	團員 王應鍾	日敵慘害我同胞之痛苦情形	老鴉義校碾縣崗初校及當地壯丁八百餘人	聽眾誠懇接受	
老鴉	八月三日	團長 馬福林	回漢合作之精神	同上	同上	
同上	同上	團員 石錦山	抗戰建國	同上	同上	
同上	同上	團員 沈自强	暴日在華荼毒之情況	同上	同上	
民和	八月五日	團長 馬福林	本團出發之動機與使命	促進學校新城學校東街女子小學校覺獨蘭鍾	整齊嚴肅誠懇靜聽	

56

青海省回高中學校學生抗戰宣傳團工作日程表

地名	宣傳日期	演講者	講演題目	聽講人数	反應	備考
同上	八月五日	團員 黃繼興	省府施政旨與民衆有益	家莊、莘達莊、庄子溝各小學校各校教員、縣府黨部公務人員	同上	
同上	同上	團員 石錦山	抗戰建國	商會農會工會各代表及本城二十里以內十二鄉鎮莊	同上	
同上	同上	團員 王正高	努力生產充實抗戰力量	丁四千餘人	同上	
同上	同上	團員 張務本	識字之好處	同上	同上	
同上	同上	團員 王應鍾	堅定信念以期最後勝利	同上	同上	

57

青海省回高中學校學生抗戰宣傳團工作日程表

地名	宣傳日期	演講者	講演題目	聽講人数	反應	備考
同上	同上	團員沈鴻儀	省府六大中心工作實施的成績	同上	同上	
同上	同上	團員張廷承	中日戰爭最後勝利必定是我們的	同上	同上	
同上	同上	團員趙文林	倭寇暴行給中國之仇恨	同上	同上	
同上	同上	團員陳萬祥	教育之重要	同上	同上	
同上	同上	團員趙定基	大家快識字	同上	同上	

58

青海省回高中學校學生抗戰宣傳團工作日程表

地名	宣傳日期	演講者	講演題目	聽講人数	反應	備考
同上	同上	團員 郭試元	大家出力救國	古鄯鎮太平鄉三王鄉童鄉壯丁及學校學生共六百餘人	注意靜聽	
同上	同上	團員 沈自强	六大中心工作	同上	同上	
古鄯鎮	八月七日	團長 馬福林	戰端發生之經過與我們應有之認識	同上	同上	
同上	同上	團員 張廷承	六大中心工作與抗戰	同上	同上	
馬營	八月九日	團長 馬福林	日人侵我之歷史與將來崩潰之必然性	馬營鎮促進學校東和鄉與文鄉各小學校及壯丁九百餘人	聽衆表現出感動之態度	

青海省回高中學校學生抗戰宣傳團工作日程表

地名	宣傳日期	演講者	講演題目	聽講人数	反應	備考
同上	同上	團員 黃繼興	日人歷來欺侮中國之故事與今後怎樣打倒日本	同上	同上	
同上	同上	團員 陳萬祥	本省六大工作進展之情形	同上	同上	
官亭	八月十一日	團長 馬福林	努力工作以期抗戰建國之大業完成	美田鄉丹陽鄉大馬加正兔鄉巢和鄉老幼壯丁約有百餘人	聽者動容	
同上	同上	團員 王正高	六大中心工作與抗戰建國	同上	同上	
同上	同上	團員 沈自強	識字之重要	同上	同上	

60

青海省回高中學校學生抗戰宣傳團工作日程表

地名	宣傳日期	演講者	講演題目	聽講人數	反應	備考
同上	同上	團員 李新民	禁煙	同上	同上	
同上	同上	趙定基	築路造林之利益最顯而易於收効	同上	同上	
同上	同上	團員 趙文林	凡是中國人必報這次之深仇	同上	同上	
同上	同上	團員 黃繼興	編組保甲可以肅清匪人稽查漢奸	同上	同上	
同上	同上	團員 沈鴻儀	要有抗戰必勝的信念	同上	同上	

青海省回高中學校學生抗戰宣傳團工作日程表

地名	宣傳日期	演講者	講演題目	聽講人数	反應	備考
同上	同上	團員 石錦山	青海是前方的後方大家要努力前進	同上	同上	
同上	同上	團員 王應鍾	在安居樂業之地方不要忘記前方苦難的同胞	同上	同上	
同上	同上	團員 郭斌元	在後方努力工作亦如在前方殺敵	同上	同上	
同上	同上	團員 張廷承	現在不是散慢的時候	同上	同上	
同上	同上	團員 陳萬祥	小學是教育基礎	同上	同上	

62

青海省回高中學校學生抗戰宣傳團工作日程表

地名	宣傳日期	演講者	講演題目	聽講人数	反應	備考
同上	同上	團員 張務本	凡是國民要擁護最高領袖	學生壯丁父老約有一百餘人	同上	
高寨	八月十七日	團長 馬福林	中國存在日本必亡	同上	聽時注意集中散後互道切齒日本	
同上	同上	團員 石錦山	青海人民應有之努力	同上	同上	
同上	同上	團員 張廷承	馬主席是青海人民之救星	同上	同上	
同上	同上	團員 王正高	日寇在中國横行我方人民應抱定决心以求勝利	同上	同上	

03

青海省政府抗战宣传团第一团关于该团在循化等县宣传情形事致青海省政府的呈文（一九三九年九月二日收）

呈

第2989號

顏簽

來文機關	本府抗戰宣傳團第一團
附件	
事由	爲告職團自七月二十三日前赴化隆、循化同仁工作，已達四十餘日，因路途窎遠，多披星夜行路，晝則工作，兹賚工作簡要日程表呈述宣傳情形，暨其他調查報告，俟返省後另行呈報，祈鑒核
二十八年九月二日到府	
年月日呈閱	
年月日到處	
發	
承辦	

青海印刷局印

呈爲呈報事竊查職團於七月二十三日自省垣出發工作歷時已達四十日所應宣傳區 6

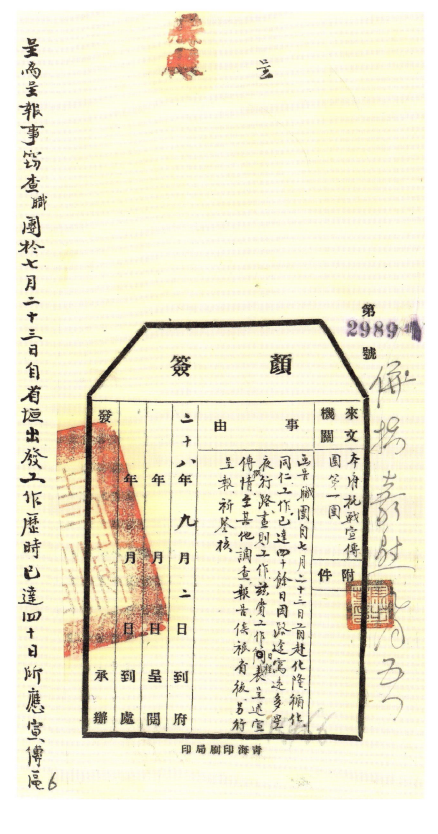

域俱經過淮因路途窵遠多數星夜行路晝則工作今也宣傳任務已屬達到故作
簡略工作日程表以資呈述宣傳概況但在化隆所工作之情形業經呈報
鈞府備查在案茲將循化同仁二縣工作概情略贅於後：化隆工作結束後即策
劃先循化後同仁遂自循化上四工宣傳至縣城得到同仁十二族壯丁在柴溝山嶺築
路不日即可竣工之確訊職團遂轉路線趕赴該處趁全縣動員築路之便即為蒙藏
同胞大行宣傳且將循化蒙藏所住之尕楞邊都等溝均集合宣傳講話時俱以藏語
為中心其聽衆以數次共計為四千餘人所講材料以省府政令為中心其結果、
得到了豁然蘇醒鼓掌稱「呀」之懽騰其次同仁循化縣城有縣長及書記長努力
之協助俱開盛大宣傳會以期收效宏大矣然同仁結束後即赴循化協長齋台

等講與下四工其宣傳方式以集團講話街頭巷尾道路田陌之談話或張貼傳
單抗戰畫報或釋布張抗戰漫畫均係依人事地情而施之則其反應因多係本
前
為何事故對抗戰情緒之表現薄弱而對省府所施之六大中心工作及一切政令
未極表贊同被勸醒而送子弟即入學校者其數甚巨此職團感樂欣慰
至其他調查等報告俟抵省後另行呈報為是理合具文呈報
鈞座鑒核備查實為公級謹呈
青海省政府主席馬
附呈工作日程表一份

青海省政府抗戰宣傳團第一團

乐都县政府、青海省政府关于报送县妇女战时教育推行委员会委员资历简表等的往来公文

乐都县政府致青海省政府的呈文（一九三九年十月十七日）

附：乐都县妇女战时教育委员会委员资历简表

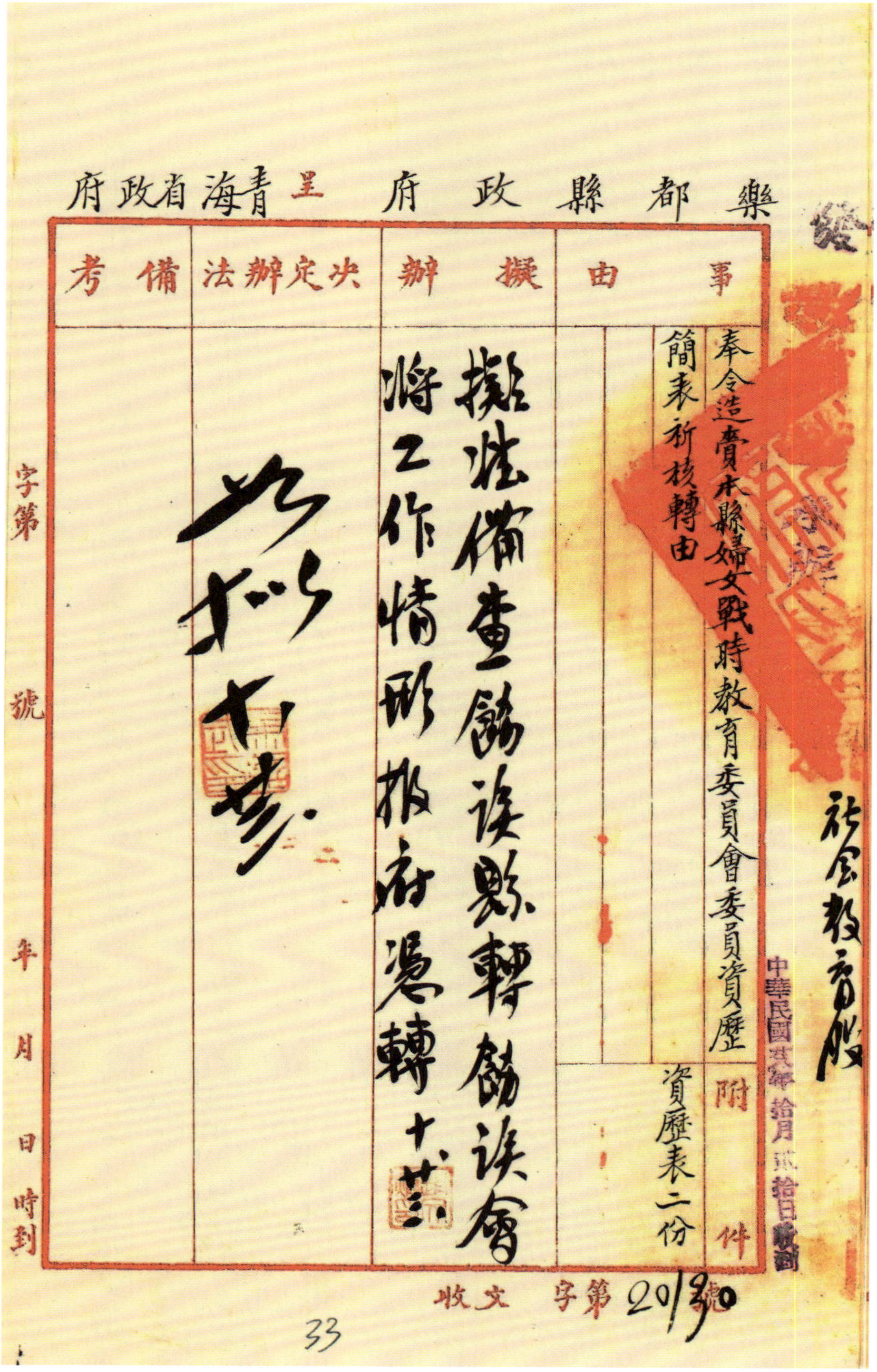
樂都縣政府 呈 青海省政府

事由：奉令造賫本縣婦女戰時教育委員會委員資歷簡表祈核轉由

附件：資歷表二份

擬辦：擬准備查飭該縣轉飭該會將工作情形報府憑轉 十六

決定辦法：如擬 十七

備考

社會教育股

字第 號 年 月 日 時到

文收 字第2013號

33

案奉
鈞府二十八年九月三十日甲教字第九六〇號指令内開：
「本年九月二十一日呈一件，呈報組織婦女戰時教育委員會成立情形，並聘請李嘉珍等三人為委員，祈核備由。呈悉。准予備查，仰將該會各委員資歷簡表填造二份，賫府憑轉為要！此令。」
等因，奉此，遵即將該會各委員資歷造具簡表二份，理合備文呈報
鈞府電鑒核轉，實為公便。謹呈
青海省政府主席馬

計附呈樂都縣婦女戰時教育委員會委員資歷簡表一份

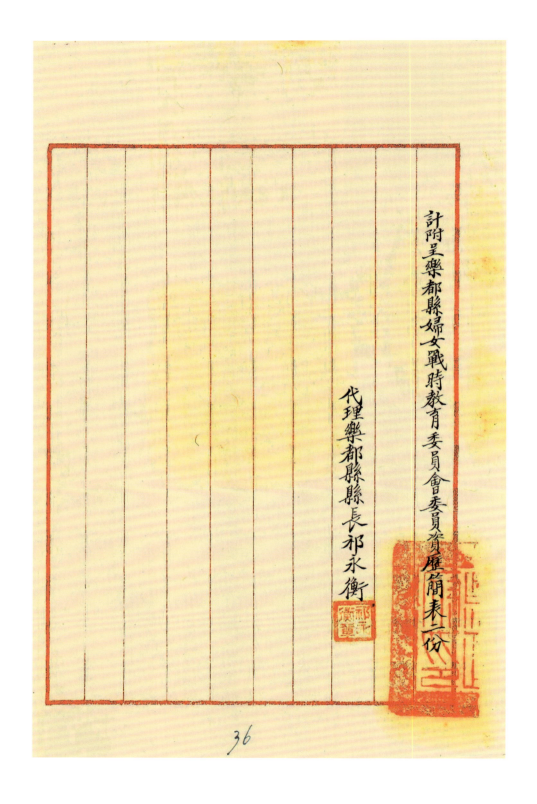

代理樂都縣縣長祁永衡

36

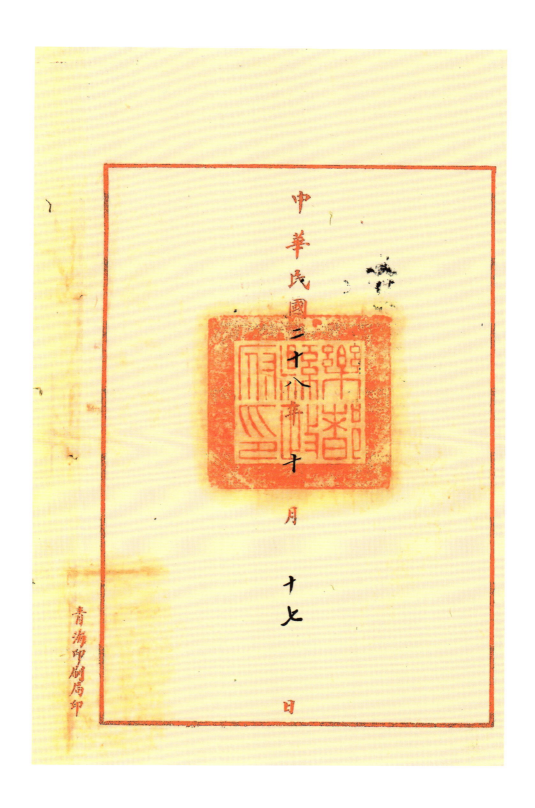

中華民國二十八年十月十七日

青海印刷局印

樂都縣婦女戰時教育委員會委員資歷簡表

姓名	性別	年齡	籍貫	資歷
應得芳	女	二三	樂都	青海省立女子師範學校畢業曾任樂都縣立第一女子學校校長中政西寧分校女生管理員現任東關女校教員
李嘉珍	女	二〇	樂都	青海省立西寧簡易女子師範學校畢業曾任西寧女師附小教員現任東關女校教員
沈秀蓮	女	二〇	樂都	青海省立西寧簡易女子師範學校畢業曾任互助縣立女子學校教員現任東關女校教員

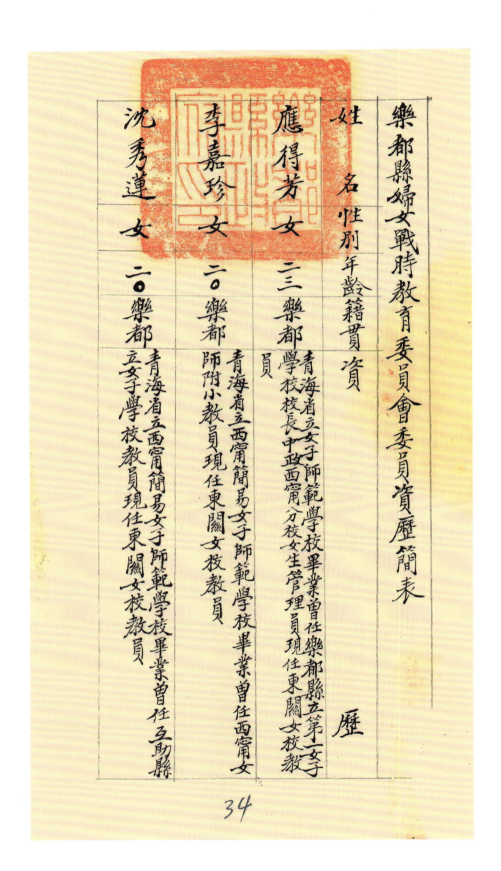

34

樂都縣婦女戰時教育委員會委員資歷簡表

姓名	性別	年齡	籍貫	資歷
應得芳	女	二三	樂都	青海省立女子師範學校畢業曾任樂都縣立第一女子學校校長中政西甯分校女生管理員現任東關女校教員
李嘉珍	女	二〇	樂都	青海省立西甯簡易女子師範學校畢業曾任西寧女師附小教員現任東關女校教員
沈秀蓮	女	二〇	樂都	青海省立西甯簡易女子師範學校畢業曾任互助縣立女子學校教員現任東關女校教員

35

青海省政府的指令（一九三九年十月二十六日）

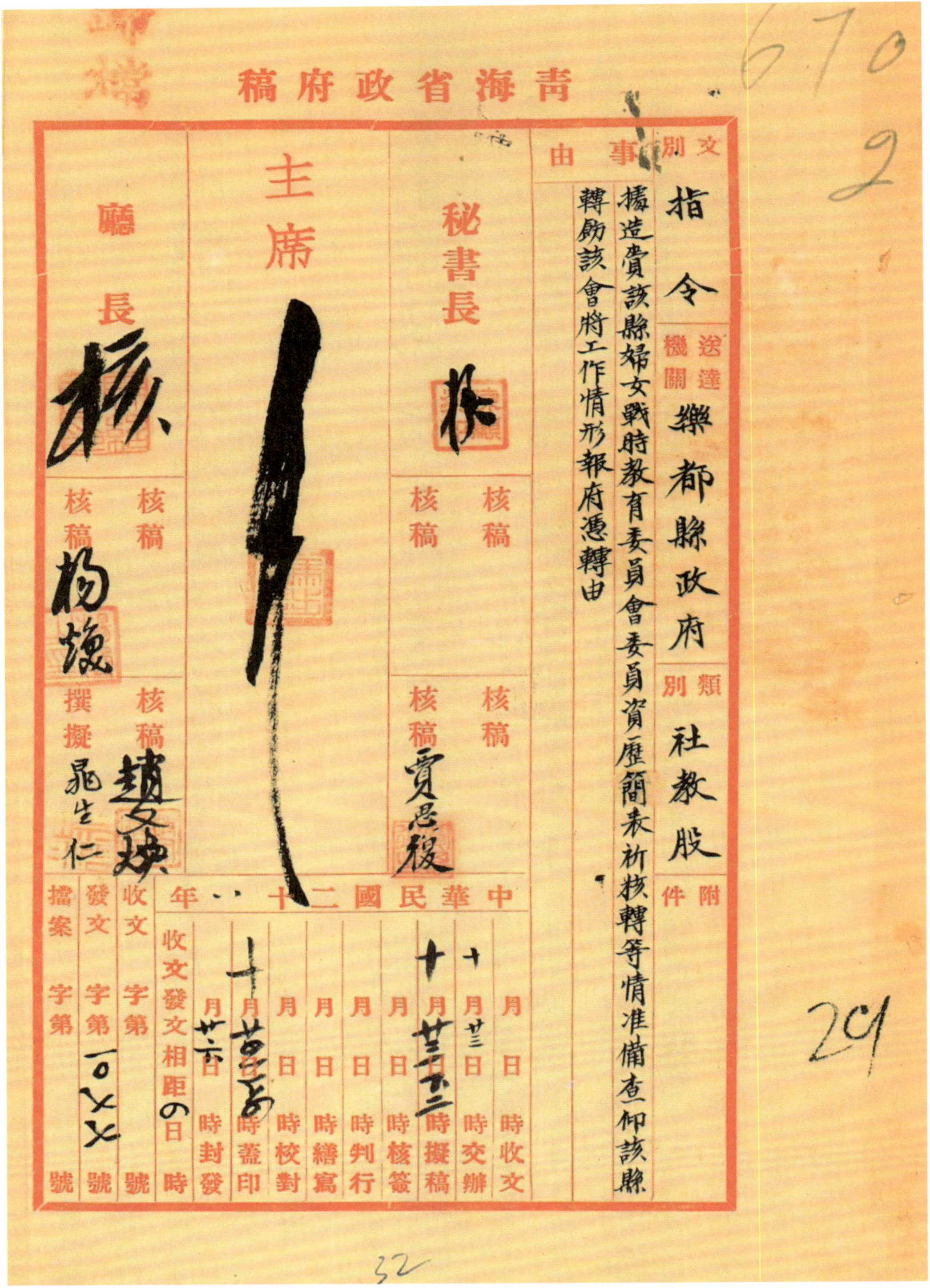
青海省政府稿

文別：指令

送達機關：樂都縣政府

類別：社教股

事由：據造賫該縣婦女戰時教育委員會委員資歷簡表祈核轉等情准備查仰該縣轉飭該會將工作情形報府憑轉由

附件

主席

秘書長

廳長

核稿

擬稿

中華民國二十八年

十月廿三日收文

十月廿三日擬稿

十月廿六日封發

收文發文相距の日時

收文字第號

發文字第一〇七七號

擋案字第號

本府指令

甲教字第107號

令樂都縣政府

本年十月十七日呈一件——奉令造賚該縣婦女戰時教育委員會
委員資歷簡表祈核轉由

呈表均悉。准予備查，仰轉飭該會將工作情形，具報呈
府以憑核轉，此令。

中華民國廿八年十月　日

主席馬〇〇

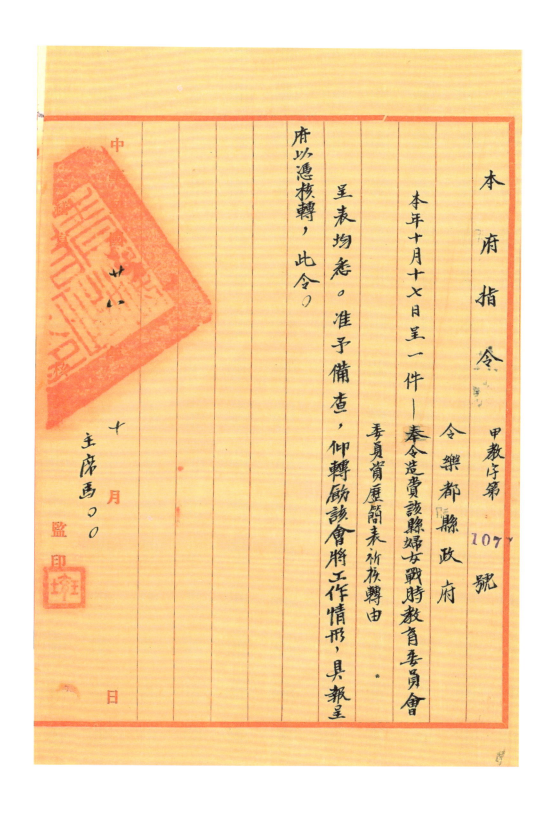

監印

青海省政府为转发内政部抗战时期文化团体指导工作纲要致囊谦县政府的训令（一九三九年十一月七日）

附：抗战时期文化团体指导工作纲要

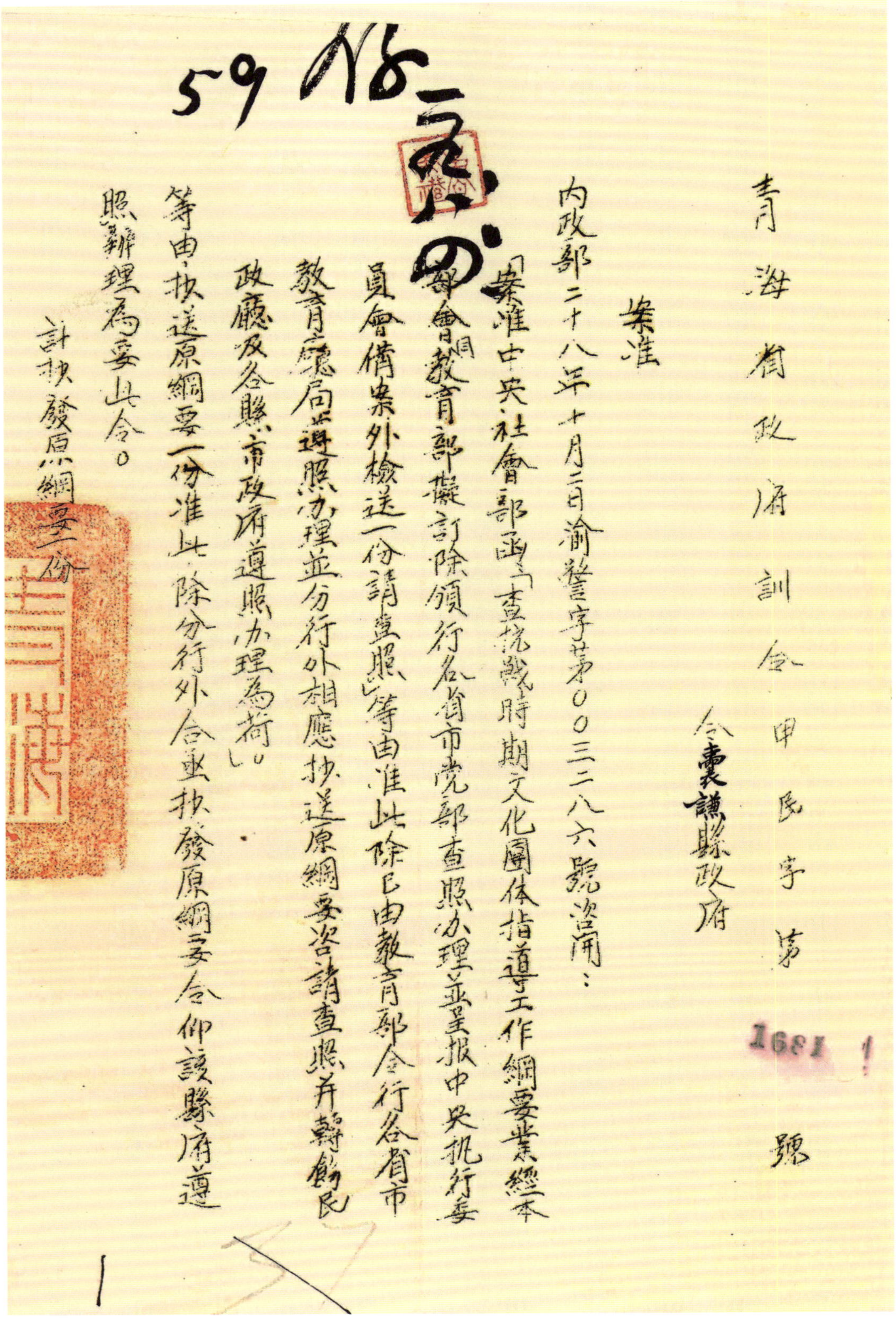
青海省政府訓令　甲民字第1681號

令囊謙縣政府

案准

内政部二十八年十月二日渝警字第〇〇三二八六號咨開：「案准中央社會部函：「查抗戰時期文化團體指導工作綱要業經本部會同教育部擬訂，除頒行各省市黨部查照辦理並呈報中央執行委員會備案外，檢送一份，請查照」等由。准此，除已由教育部令行各省市教育廳局遵照辦理並分行外，相應抄送原綱要，咨請查照，并轉飭民政廳及各縣市政府遵照辦理為荷」。等由。抄送原綱要一份。准此，除分行外，合亟抄發原綱要，令仰該縣府遵照辦理為要。此令。

計抄發原綱要一份

中華民國二十八年十一月　日

主席　馬步芳

監印王靖

校對陳樞

抗戰時期文化團体指導工作綱要　二十八年七月廿四日中央社會部頒佈施行

一、關於文化團体組織之調整

1、會同政府办理文化團体總登記

a、所有文化團体均應在當地主管官署呈准立案後方得正式活動

b、未經呈准立案之各文化團体應即於限期內補行立案手續

c、未經呈准主管官署立案之文化團体而在限期內又不補行立案手續者得嚴厲取締之

d、各地文化團体因所在地淪陷而遷移他處者應向遷移地主管官署呈請備案

2、根據以下諸原則整理現有文化團体

a、會員星散負責無人經費無着陷於有名無實之停頓狀態者應令停止活動或解散

b、一部份或大多數會員有違反三民主義及本黨政綱政策之言論行動而負責人無法制止者應予改組或解散

c、組織不健全不合於文化團体組織大綱及補行細則之規定者應予調整

d、凡學科性質相同之團体在可能範圍內應予以合併

e、凡抗戰時期所必需之文化團体而尚未組織者應即發動并指導其組織

二、關於文化團体工作之指導

1、指导并奖励文艺团体暨文艺界人士建立三民主义文艺之基础，努力编著民族抗战剧本小说及通俗读物，发行抗战书报，举行大规模之展览及促进文艺著作之刊行

2、指导并奖励教育团体暨教育界人士努力抗战时期之教育，尤须设法推动沦陷区域教育工作之进行

3、指导并奖励自然科学团体暨自然科学家努力于战争科学之发明及有关军事科学工作之进行，灌输现代战时科学常识，提倡科学化运动，期全国各界均能以科学精神及科学思想努力抗战建国工作

4、指导并奖励社会科学团体暨社会科学家努力于抗战建国理论之建设，俾完成全国人民精神总动员，以增强抗战必胜建国必成之信念，于三民主义最高原则之下统一全国人民之思想与行动

5、指导并奖励宗教团体努力参加救亡工作，发挥其国内与国际宣传之最大效能，并策动其参加抗战后援会之各种工作队

6、指导并奖励各种国际文化团体努力对外宣传及联络工作，展开国民外交，俾与政府外交方针相呼应

7、调查学术团体所研究之专门问题，并拟定各项重要问题，发交各学术团体研究

（完）

青海高等法院抄发非常时期人民团体组织纲领事给乐都地方法院的训令（一九四〇年九月三日）

附：非常时期人民团体组织纲领

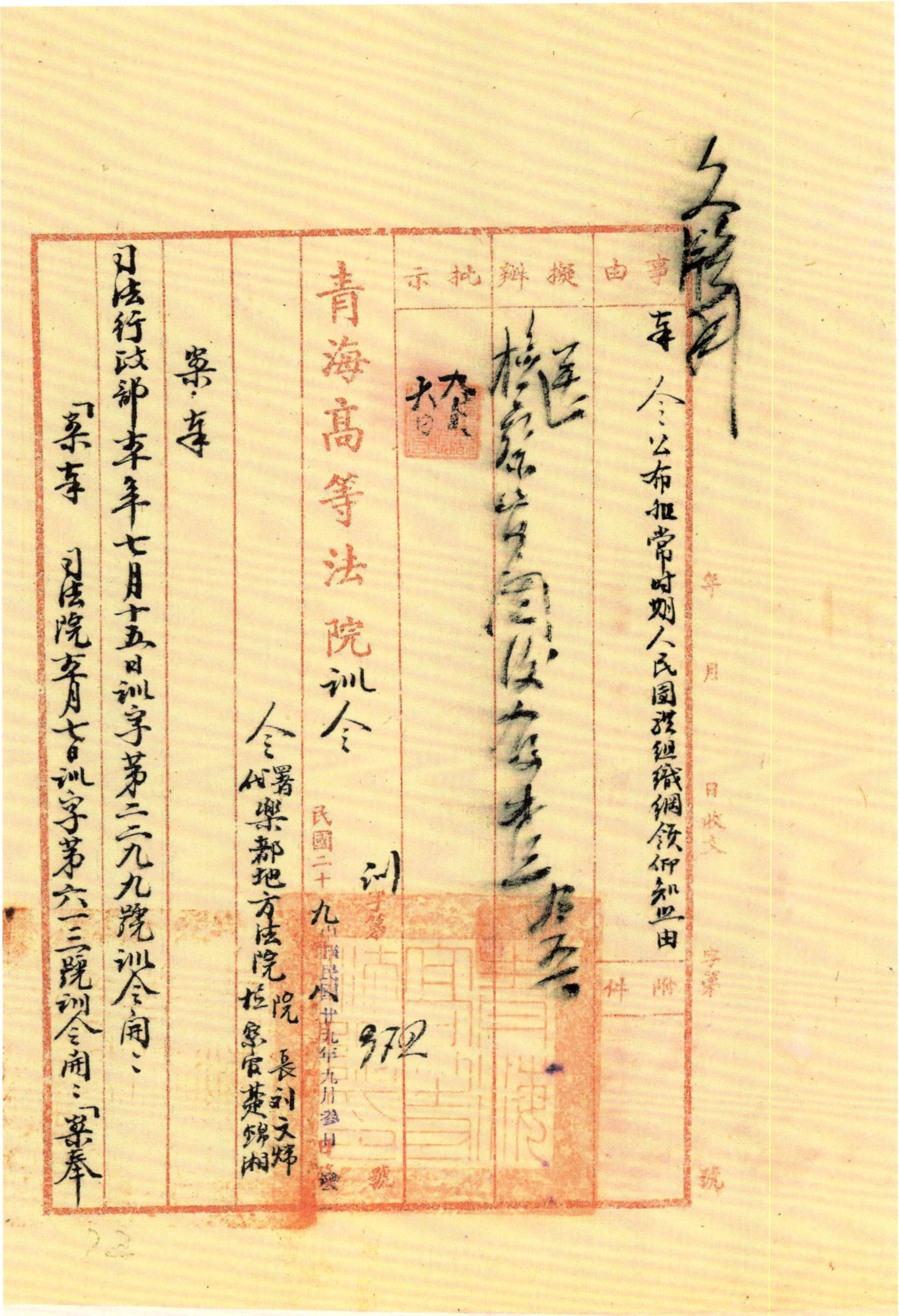
事由　令公布非常時期人民團體組織綱領仰知照由

青海高等法院訓令　訓字第　號

民國二十九年九月　日

令署樂都地方法院院長劉文烁
代檢察官楚錦湘

案奉
司法行政部本年七月十五日訓字第二九九號訓令開：「案奉
司法院本月七日訓字第六一三號訓令開：「案奉

訓 字第259號
民國廿九年九月五日 時收文

國民政府本年月一日渝文字第五三一號訓令內開：「查非常時期人民團體組織綱領，現經制定明令公布，亟即通飭施行，除分令外，合行抄發該組織綱領條文，令仰知照，並轉飭所屬一體知照。此令。」等因；奉此，除分行外，合行檢同原附件，令仰知照，並轉飭所屬一體知照。此令。」計附發非常時期人民團體組織綱領一份。奉此，除分令外，合行抄同原附件，令仰知照，並轉飭所屬一體知照。此令。」等因；奉此，除分令外，合行抄同原附件，令仰該院知照。此令。

計抄發綱領一份

院長

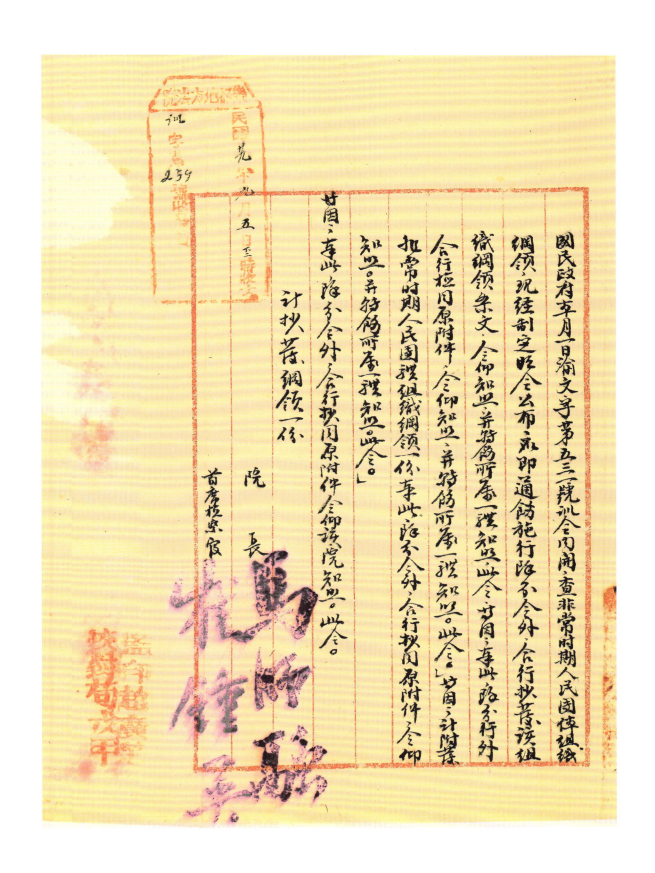

首席檢察官

非常時期人民團體組織綱領

二十九年六月一日公布

一、一切人民團体均應以抗战建國為共同目的，在奉行三民主義擁護國民政府，服從最高統帥之原則下，為整個民族利益而奮鬥。

二、人民團体之組織，應以適合戰時需要為前提，每一團体均應盡其戰時之義務，对於政府所定之動員辦法、國防及生產計劃等，應努力促其實現。

三、各種人民團体之組織不得違反民主集权之精神。

四、各種人民團体之成立無論下級團体或上級團体均應先經政府之許可。

五、各種人民團体組織之區域除因特殊情形另有規定或另經政府許可者外，以行政區域為其組織之區域。

六、各種人民團体依法許其有縱的組織者，其組織應由下而上，上級團体之組織原則上應有該區域內下級團体半數以上之成立並參加始得成立，其因特殊情形不適於採用此原則者得先成立總会或支会並後成立分会

33

七、人民团体雖有民衆基礎及救國工作表現，而依法組織者，亦予以合法之保障。
八、職業团体之会員入会，及下級团体加入上級团体，均以强制為原則，退会亦有限制。
九、全國人民除受法令限制者外，均得分别参加人民团体之組織，僑居國外之人民亦同。
十、各種職業团体亦設書記一人，以曾經特種訓練合格之人員充任，必要時得由政府指派，承各該團體執行機関之命，辦理事務，並負推進各該团体各種活動之責任。
十一、各種人民团体除受中國國民党之指導，政府主管机关監督外，关於抗戰動員工作，並受軍事机关之指揮。
十二、對於战地之人民团体，亦斟酌情形，分别為適當之指導與援助，团体未成立者，亦促成其組織，並得另定辦法，以應實際之需要。
十三、自衛組織亦另定法規，使全國人民均有普遍参加之机会，不規定於各種人民团体組織法規之中。
十四、現行各種人民团体組織法規，與本綱領不相抵觸者，仍適用之。
十五、邊遠區域因特殊情形不能依照本綱領組織人民团体者，得呈請政府另定組織辦法

青海省政府关于青海省儿童抗战剧团呈送简则并新增公费等情况致该剧团的指令（一九四一年三月十五日）

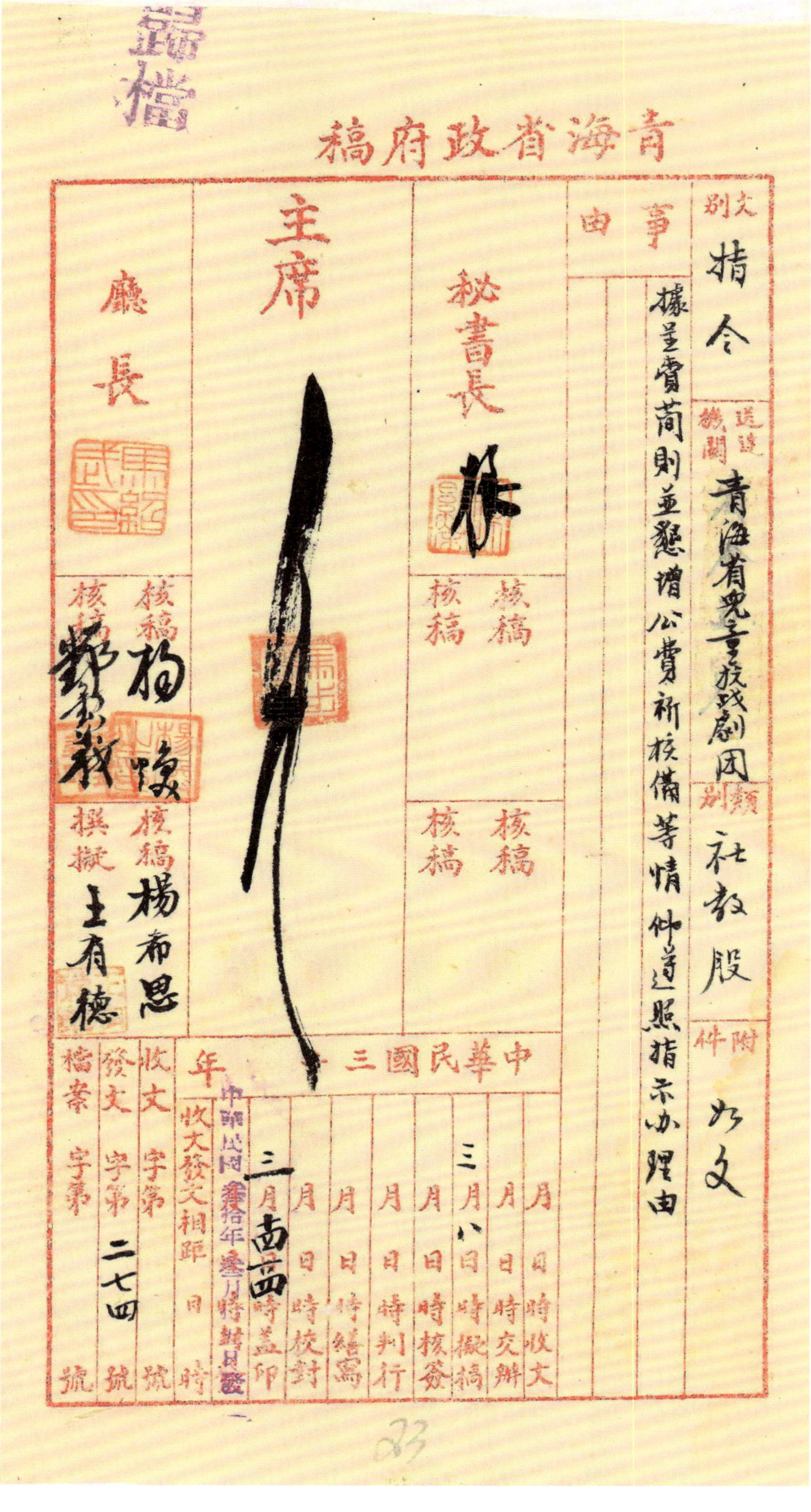

歸檔

青海省政府稿

文别	指令
事由	據呈賫簡則並懇增公費祈核備等情仰遵照指示辦理由
送達機關	青海省兒童抗戰劇團
類别	社教股
附件	如文

主席

秘書長

廳長

核稿

核稿 楊 ……

核稿 楊希思

撰擬 王有德

中華民國三十年 三 月 十五 日

收文 字第 號

發文 字第二七四號

檔案 字第 號

月 日 時收文

月 日 時交辦

三月八日 時擬稿

月 日 時核簽

月 日 時判行

月 日 時繕寫

月 日 時校對

三月十五日 時蓋印

本府指令　丙教社字第　　號

000274

令青海省兒童抗戰劇團

本年二月廿日呈乙件：呈賫章則並懇增公費祈鑒核由

呈件均悉。查該團所請各節，其應行辦理者分別核示如次：

一、膳宿服裝等費按照規定由本府發給。

二、團員每月每人應行發給津貼式元。

三、該團其他費用若有急需時臨時請求酌辦。

四、該團所呈簡則業由本府修正，就繕隨令抄發，並刊發圖記一顆。

以上各點仰遵照辦理，並將啟用圖記日期具報備核。

此令。

組織表存

附發修正簡則一份　圖記一顆

中華民國三十　年　三　月　　日

主席馬○○

繕寫　監印　校對

青海印刷局印

青海省兒童抗戰劇團組織簡則已由科擬修　謹請
麾座核定施行
職　鄧欽義　簽呈
三月七日

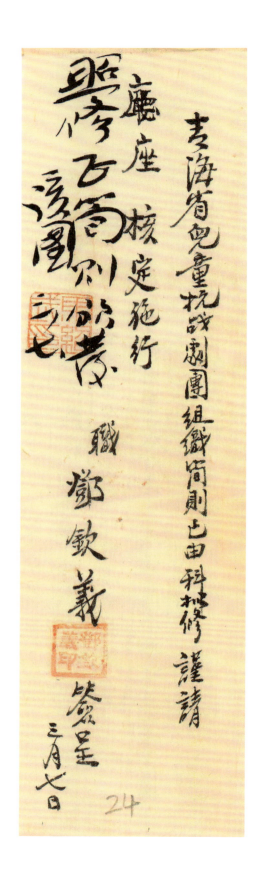

照修正簡則頒發該團
三、七

内政部关于批准青海省儿童抗战剧团组织简则及青海省推行电影教育计划事致青海省政府的公函

（一九四一年六月二十三日）

附：青海省儿童抗战剧团组织简则（正文）

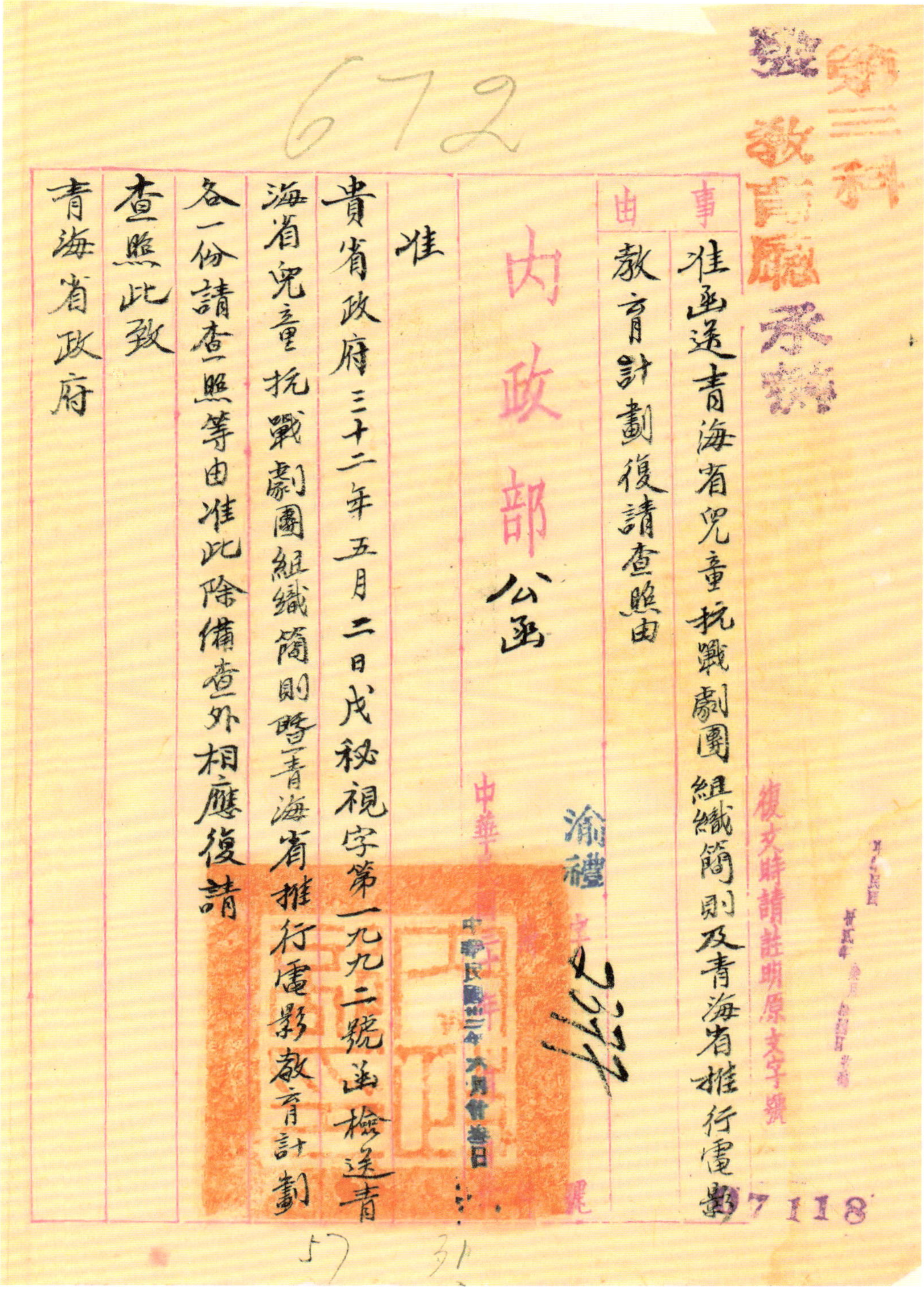

第三科

教育廳承辦

事由：准函送青海省兒童抗戰劇團組織簡則及青海省推行電影教育計劃復請查照由

内政部公函

渝禮字第 2577 號

准

貴省政府三十二年五月二日戊秘視字第一九九二號函檢送青海省兒童抗戰劇團組織簡則暨青海省推行電影教育計劃各一份請查照等由准此除備查外相應復請

查照此致

青海省政府

中華民國卅二年六月廿三日

復文時請註明原文字號

97118

31

七、廿三、

擬存 查七、廿二、

監印段貢元

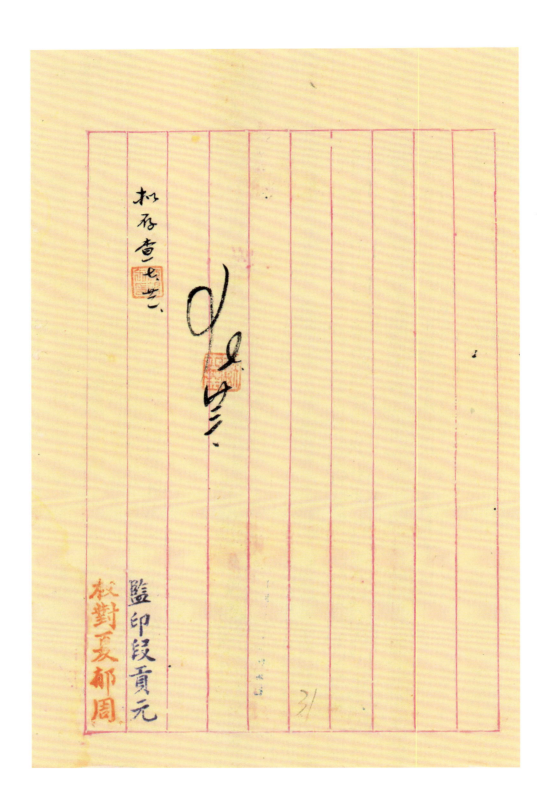

校對丁友郁周

青海省兒童抗戰劇團組織簡則

13

第一條 本團定名為青海省兒童抗戰劇團

第二條 本團以啓迪民眾知識加強民族觀念發揚抗戰精神為宗旨

第三條 本團設團長一人副團長一人襄理團長掌理本團一切事務

第四條 本團分總務劇務歌詠三組每組設主任一人秉承團長辦理各主管組事務主任之下設幹事一人至二人

第五條 本團團長副團長由省政府委派之各組主任由團長遴選合格人員任用之并呈報省府備案至幹事由團員中指定均為義務職

第六條 本團團員由省立中心實驗小學校學生中志趣相近者選拔派充之其名額暫定為四十六名

14

第七條 本團團員除供給其膳宿服裝外每人每月并給津貼洋弍元均由本團向省府呈領發給

第八條 本團臨時用費得呈由省府核發之

第九條 本團工作範圍除在省垣奉命工作外並利用寒暑假期赴各縣巡迴工作

第十條 本團工作情形至少每半年編具工作報告一次呈齎省府備查

第十一條 本團由團長副團長各組主任及全體團員於每週舉行團務會議一次由團長主席檢討并改進團務工作及歌詠戲劇

第十二條 本團圖記由省府刊發之

第十三條 本簡則如有不盡處得呈准省府隨時修正之

15

第十四條 本簡則自呈准省府之日施行

16

青海省政府秘书处关于青海省会战时民教推行委员会章程及办事细则检送原件事致青海省政府教育厅的函（时间不详）

青海省政府秘書處用箋

頃准

貴廳本年十月三十一日函送青海省會戰時民衆補習教育推行委員會章程及辦事細則囑查照詳核送廳等由准此當即按次詳閱均極妥當相應檢送原件復請

查照為荷此致

教育廳

附送章程及辦事細則各一份

陳顯榮謹啟 十一、六

第三科 社会教育股

83

青海印刷局印製

27 83

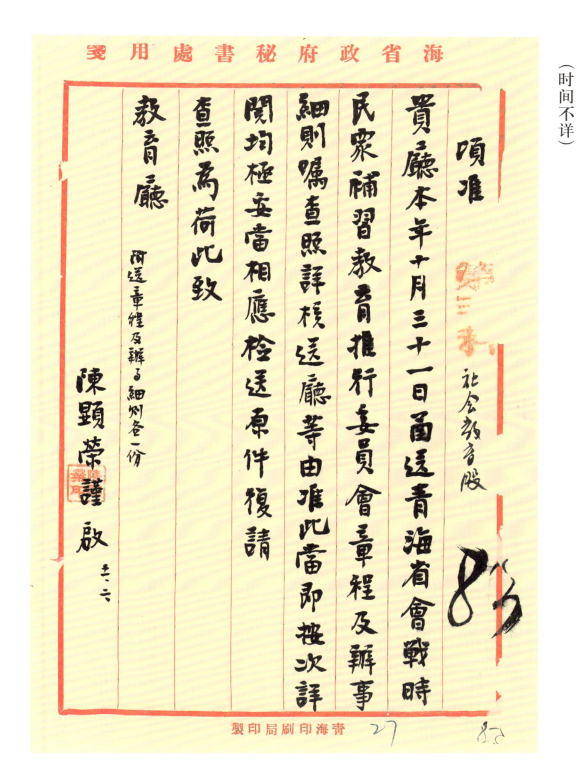

附（一）青海省会战时民众补习教育推行委员会章程

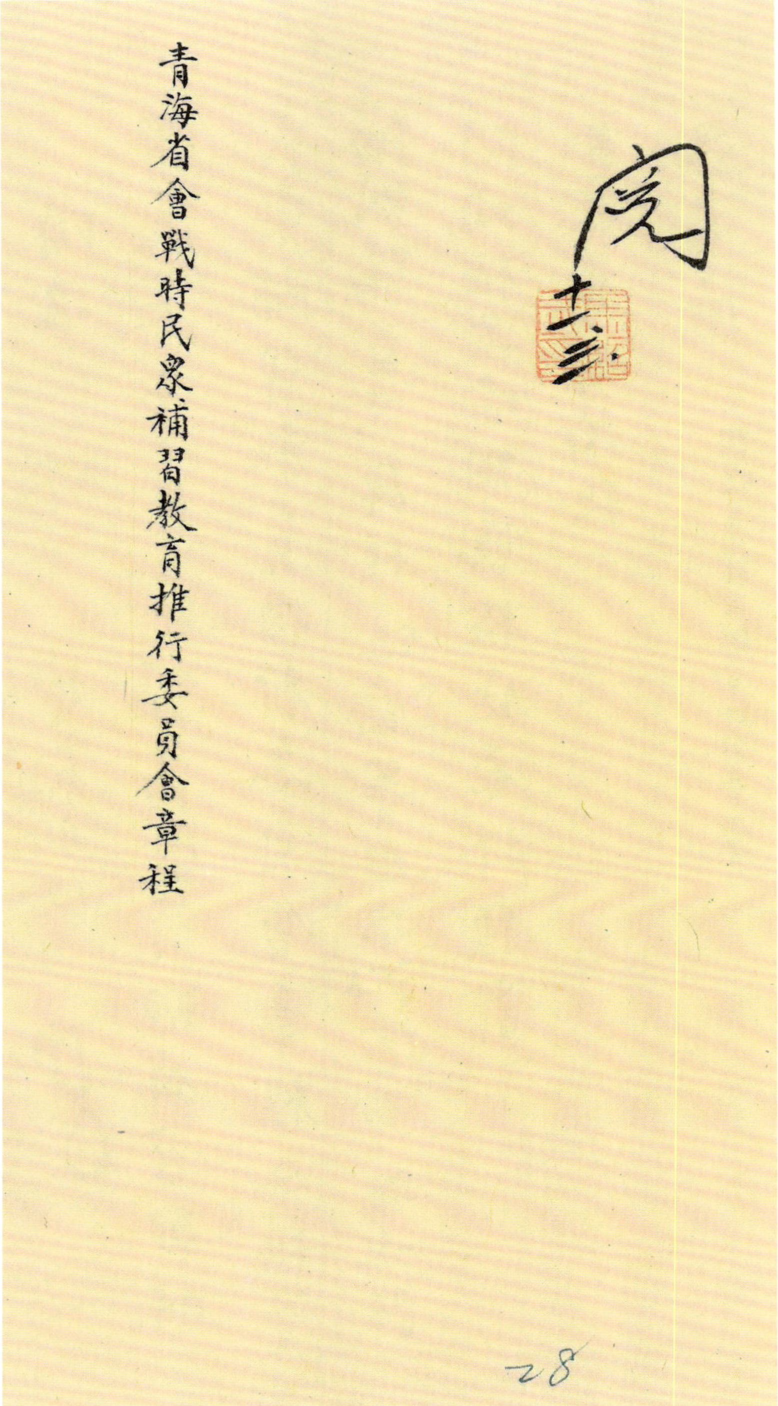
阅
青海省會戰時民衆補習教育推行委員會章程
28

青海省會戰時民衆補習教育推行委員會章程

一、本委員會定名爲青海省會戰時民衆補習教育推行委員會（以下簡稱本委員會）

二、本委員會依照青海省戰時民衆補習教育實施計劃第三條之各項組織之

三、本委員會執掌左列事項

1. 規劃各區内戰時民衆補習教育之實施與推進

2. 督責各區内保甲人員協助各民校戰時補習教育之進行

3. 督導各民校工作之推進

4. 考核各民校辦理之成績

28

5、規劃並支配各區戰時民衆補習教育之經費

6、計劃對已受教育之民衆繼續教育並加以組織

7、按期繕造工作報告表呈賫省府轉咨教育部備核

四、本委員會委員由省政府聘任設常務委員三人委員四人主席一人常務委員兼主席由教育廳廳長擔任處理日常事務常務委員由省會警察局局長省執行委員會書記長擔任其餘委員由各有關行政機關長官兼任之

五、本委員會設總幹事一人由教育廳主管科長兼任幹事三人由教育廳職員兼任之

六、本委員會每月開會一次遇必要時得召集臨時會議

七、本委員會辦事細則另定之
八、本章程提交本委員會會議通過後公佈施行之
九、本章程如有未盡事宜得提請委員會議修正之

30

附（二）青海省会战时民众补习教育推行委员会办事细则

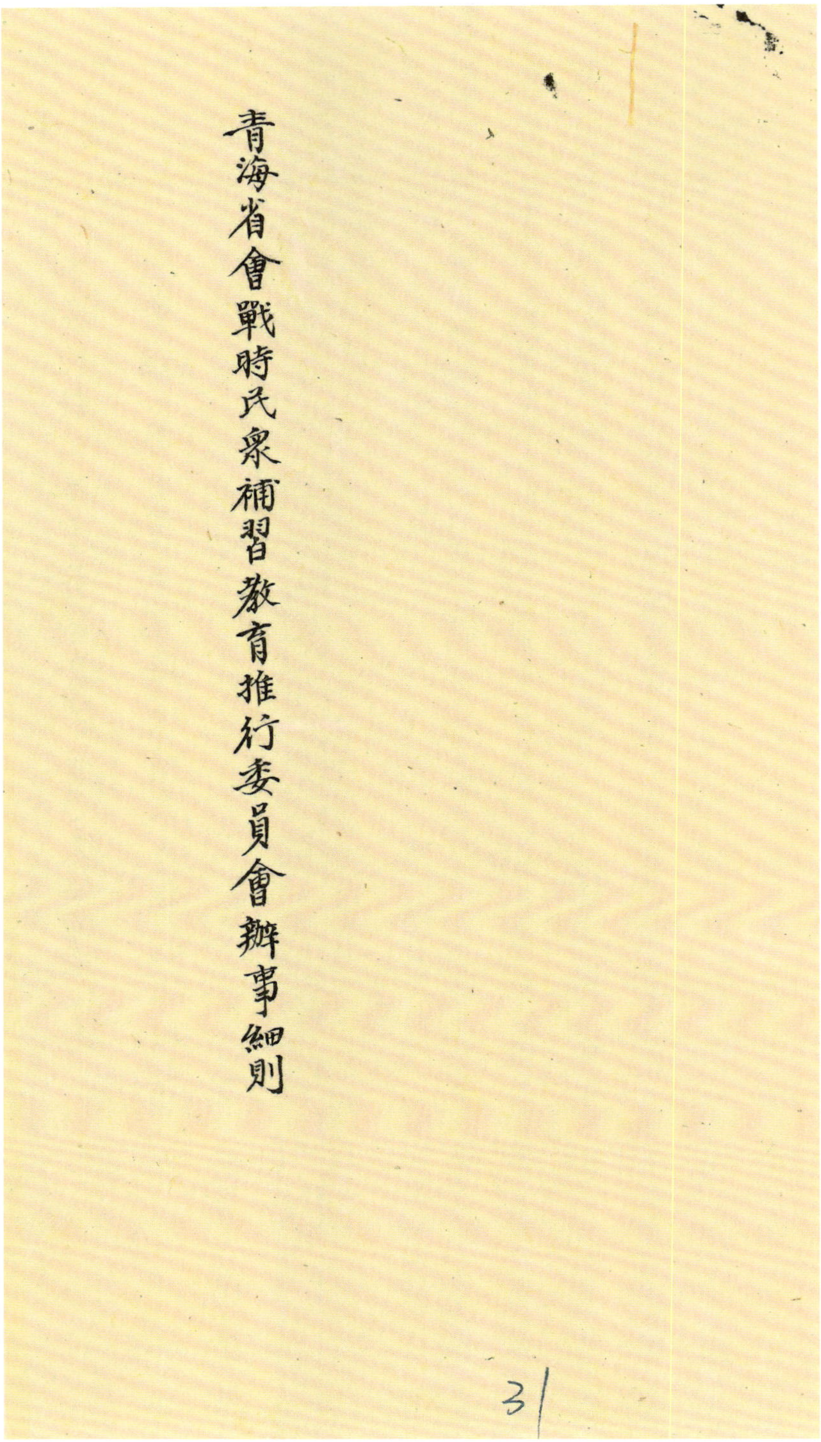

青海省會戰時民衆補習教育推行委員會辦事細則

31

青海省會戰時民衆補習教育推行委員會辦事細則

一、本細則依本委員會章程第七條之規定訂定之

二、本委員會為便利工作起見設左列各組：

甲、總務組：

1、收發登記文件

2、撰擬文件及典守印信

3、編製年報彙報表册

4、編製預算決算

5、掌管經費出納及標據賬册

6、召集各種會議事項

32

7. 編製宣傳刊物事項
8. 購置物品及一切庶務事項
9. 辦理不屬於其他各組事項

乙、設計組：

1. 設計各民校課本翻印及分發事項
2. 編製戰時民眾補習教育公民訓練綱要及編輯民眾補習讀物事項
3. 調查各區保男女失學民眾事項
4. 調查各民校地址事項
5. 戰時民眾教育師資培養事項
6. 計劃民校畢業民眾繼續教育事項

青海印刷局印製

7、審核各區推行委員會之計劃及工作報告事項

8、不屬於其他各組事項

丙、視察組：

1、視察各民校辦理成績事項

2、考核及獎懲事項

3、調查各民校經費支付事項

4、本會特命考察及指導事項

丁、輔導組：

1、辦理電影教育事項

2、辦理播音教育事項

33

3. 辦理禮俗改良提倡正當娛樂事項
4. 出版民眾教育人員進修刊物及介紹教材教法事項
5. 考核省垣各級學校編製戲劇歌曲督促每週放演事項
6. 督促各民校教員進修事項
7. 關於民校學生職業指導事項
8. 不屬於其他各組事項

三、每組設組長一人由幹事兼任之商承總幹事辦理日常事項
四、本委員會除公文及重要信件須經常務委員兼主席核辦外餘由總幹事負責辦理
五、本細則如有未盡事宜得隨時提請修正之
六、本細則提請委員會議決後施行

中国国民党青海省执行委员会关于准备参加省抗战宣传团公演致湟川中学校的函（时间不详）

中國國民黨青海省執行委員會用箋

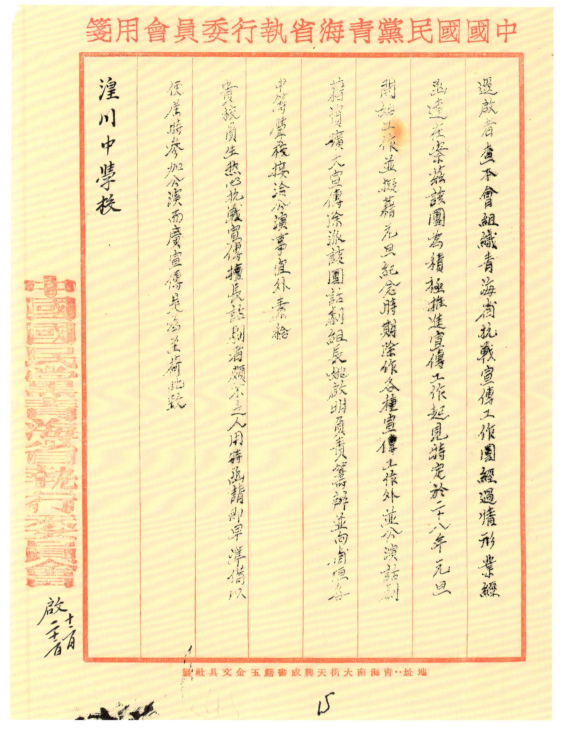

逕啟者查本會組織青海省抗戰宣傳工作團經過情形業經函達在案茲該團為積極推進宣傳工作起見特定於二十八年元旦開始工作並擬藉元旦紀念時期除作各種宣傳工作外並公演話劇藉資擴大宣傳除派該團話劇組長姚啟明負責籌辦並向省垣各中等學校接洽公演事宜外素稔

貴校員生熱心抗戰宣傳擅長話劇者頗不乏人用特函請即早準備以便屆時參加公演而廣宣傳是為至荷此致

湟川中學校

中國國民黨青海省執行委員會

啟 十二月二十二日

地址：青海南大街天興成書籍五金文具社製

15

二、抗战动员

（二）抗战总动员

青海省教育厅为反日本帝国主义者告同胞书（一、二）（一九三一年十月五日）

總字第五六九號

青海省教育廳爲反日本帝國主義者告同胞書（一）

我最親愛的同胞們！

我國自滿清政治腐敗，内政不脩，和帝國主義訂下許多不平等的條約，所受種々的壓迫和侵略，到現在一百多年，號稱人口衆多，幅幀遼濶，堂皇富麗的中國，眼看要步印度、朝鮮……的後塵，就要亡國滅種了！

帝國主義者中侵略中國之最陰險毒辣、慘無人道，「他」常以亡異國爲能事，滅異族爲快心，他有積極要滅亡我中國的野心的，莫過如日本帝國主義。日本以小々三島，自歐戰以後，號稱世界五大强國之一，所抱侵略我國的野心，實在不止一天兩天；歷年侵略我國的事實也實在不止一次，歷年來侵佔我國的土地，屠殺我們的同胞，「下」遠東又族侵韓民，屠殺我萬寶山的農友和在朝鮮的僑胞，種々事實，無一件不足以表示倭奴的獸行和毒辣的野心，「而足以滅亡」「中國」，最近更變本加厲，乘我國天災人禍内憂方殷的時候，竟悍然不顧國際公法，出兵侵佔我遼寧的省會——瀋陽、吉林的省會——長春，同胞被他殺害，財物被他掠奪的無数，所有房屋完全焚燒淨盡，燒殺姦掠，任所欲爲，這種慘酷沉痛的情形，比洪水猛獸還要勵害，這種消息傳來，凡屬有一点熱血的同胞，沒有不疾首痛心，同時發生無限的恐懼心和無限的憤怒心的，倭奴仍不滿足他的野心，更率

其三島的獸兵進取營口、錦縣、葫蘆島，觀察這種情形，不僅是侵佔我東三省，簡
直是要消滅我整個的國家，親愛的同胞們，亡國滅種的奇恥大辱，近在眉睫了！
「國家興亡，匹夫有責」，「皮之不存，毛將焉附」，國家一亡，我們的身家性命都保守不住了，
凡我同胞，都應當馬上一致的奮起，堅固的團結起來，作政府的後盾，誓死與倭
奴拼一死戰，非達到殲滅倭奴、還我河山的目的不止，「死有輕於鴻毛，死有重於泰山」，人
生百年，終有一死，亡國的大禍臨頭了，馬上就要做亡國奴了，同胞呀！這真到了
「纓棄」馳驅疆場、殺身成仁，捨身取義的時候了，就我們縱然為國捐軀，也是名
垂史冊，流芳千古的。

同胞們，趕快堅固的團結起來，作政府的後盾，共同反抗妄圖亡我國家、
滅我種族的倭奴，在必要的時候，我們要同倭奴拼一個你死我活，不然，我國
雖然有四萬萬的人，要是沒有堅固的團結和努力的奮鬥，還被五千多萬人
口的倭奴所蹂躪，到那時悔後遲了，同胞們！趕快起來！努力殺賊！耿耿血誠
尚希共鑒

青海省教育廳印 二〇一〇五

綏字八號

青海省教育廳為反日本帝國主義告同胞書(二)

漢回蒙藏同胞們呀！、咱們第一個仇人—日本—因為人口日多，區區三島大的地方就不夠他們生存，於是「搖尾乞憐」的求美國和澳洲許他們殖民，結果不是碰釘子，就是討唾罵，沒趣沒趣的轉過頭來看見中國幅幀很大物產豐富，百姓又都是傻公子的樣樣，於是牠們就一心一意的來做鬼作祟：一面騙哄，一面侵奪，把我們的朝鮮台灣琉球許多地方先後搶着去，又在我們內地築鐵路，走輪船，設工廠，開商埠，吸取我們同胞的血汗，掘取我們的金銀銅鐵，斫伐我們的大森林，還要拉着機關槍大炮殺我們同胞，姦我們婦女，燒我們房屋，劫我們的財物，近幾年來，我們受着倭奴的欺侮，真是受夠了，真是已經到了忍無可忍的地步了，

我國民政府成立後，「勵精圖治」，日帝國主義看見中國生氣勃勃，恐在中國站足不住，他們就要倒霉，所以便收買中國禍國殃民，狼心狗肺的軍閥做走狗，乘着我國內亂，第一次派兵到我們山東殺我們同胞屍積如山，牠們卻飽囊滿載而歸，現在又派着他們的餓鬼到我們東三省來殺我們同胞，佔我們土地，搶我們財物，姦我們的妻女，所過的地方，亂七八糟，都成一片屠殺場，古董店，萬人坑，尚不能飽滿他的慾望，還要瞎說要奪我們北平山東呢？、

同胞們呀！、我們四萬萬人，每人吹一口氣，就可以吹倒倭奴的山，；撮把土就可以填平倭奴的海；，但我們反被倭奴欺侮殺戮的原因：就是我們人人都存着旁觀的心，以為日本人的刀，架不着我們的頸子上，還是不要緊的，弄到現在，

河山破碎，連朝鮮安南都不如，已到亡國滅種的時期，還是存着「天壤長漢夷」的數語；尚不知這是什麼一回事，至我們加重負担，疾首蹙額養着的三四百萬軍隊又多數作軍閥的走狗，自己殺自己，當這麼危亟存亡的時候，我們做國民的，惟有仗着一條性命和倭奴拚個他死我活，因為性命是利害的，不是長槍大炮是不怕死，我們四萬萬人若是大家都拚着個不要命的精神，那麼我們十個多人，還做不死一個日本小鬼嗎？

同胞們呀！日本時常存着滅中國的心，講和好是不成的，國際公法又是列強的護身符，也是靠不住的，我們只有一齊拚命，打倒日本帝國主義，保全我們國家的領土，不要絲毫存旁觀的心，況美國能够打勝英國，就成為現在最強勝的國家，土耳其打敗希腊，也成為歐洲的二等強國，日本能打敗中國俄國，就成為五大強國之一，我們也只有打倒日本，才可以講生存，才可以使國際平等，若苟延殘喘，以為東三省離青海尚遠不要過慮，那麼也亡國大禍就要臨頭了。我最親愛的同胞們呀，還不憑着西北民族固有的精神，去和倭奴拚命嗎！趕快起來！趕快起來！

青海省教育廳印 二〇、十、五、

46

中华民国人民救亡会关于组织力量团结御敌事致青海省政府教育厅的代电（一九三一年十月二十八日收）

附：中国民国人民救亡会宣言、中国民国人民救亡会章程

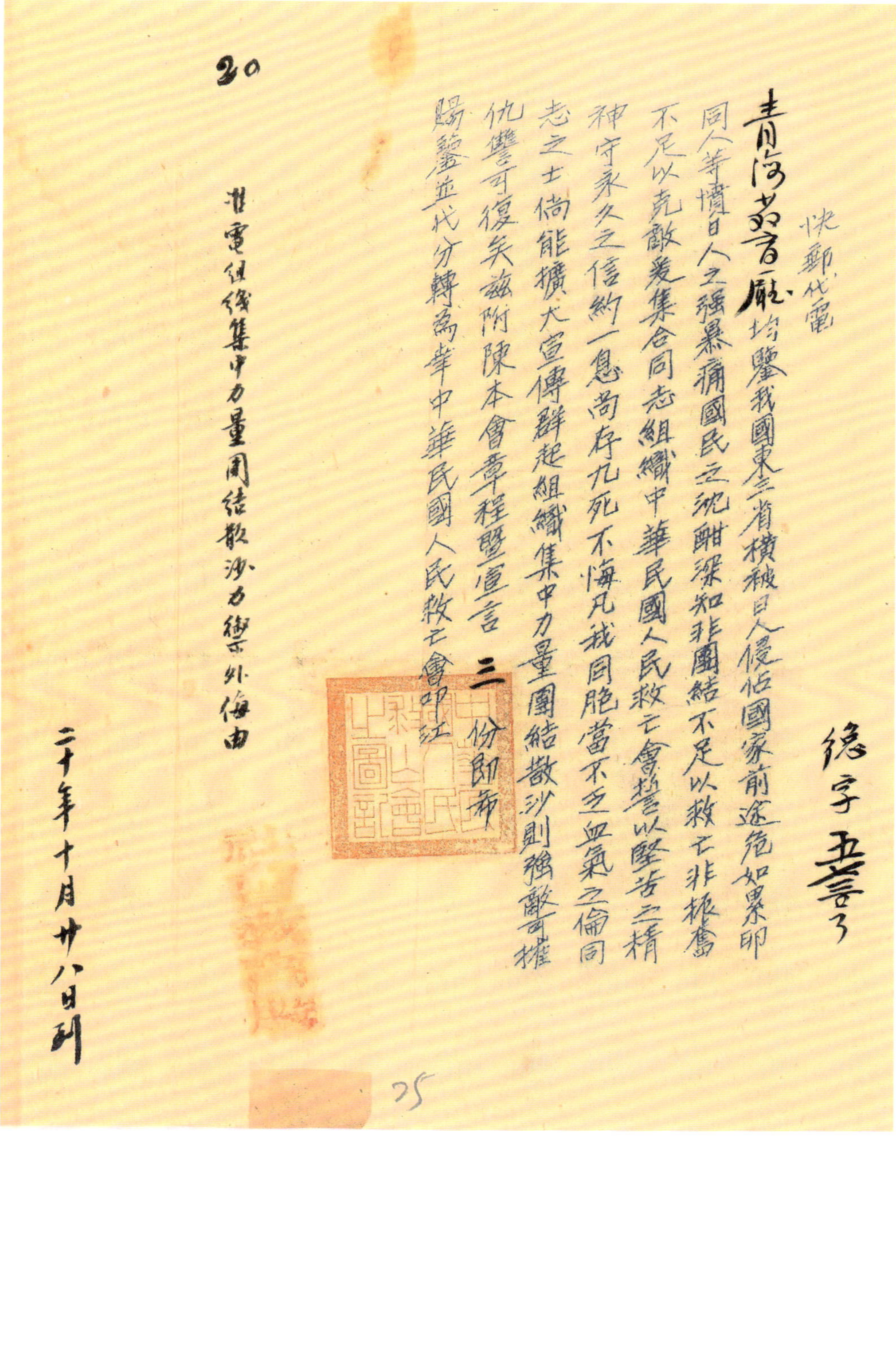

20

總字五壹号

快郵代電

青海教育廳均鑒：我國東三省横被日人侵佔，國家前途危如累卵。同人等憤日人之强暴，痛國民之沈酣，深知非團結不足以救亡，非振奮不足以克敵，爰集合同志組織中華民國人民救亡會，誓以堅苦之精神，守永久之信約，一息尚存，九死不悔。凡我同胞，當不乏血氣之倫、同志之士，倘能擴大宣傳，群起組織，集中力量，團結散沙，則強敵可摧，仇讐可復矣。茲附陳本會章程暨宣言三份，即希賜鑒，並代分轉爲幸。中華民國人民救亡會叩。江

准電組織集中力量團結散沙力禦外侮由

二十年十月廿八日到

25

中華民國人民救亡會宣言

中華民國人民救亡會，怵於亡國之痛，迫在眉睫，披肝瀝膽，敢正告於國人曰：暴日乘我內憂緊急，水災嚴重之際，突以暴力佔我東三省，使我先民艱難締造之疆土，竟爲虎狼所盤據，痛心疾首，有甚於此者乎，

然而吾人於此，所當自懺自省者，偌大中國何以敗壞至於今日，更用何法以補救於明日，吾人認爲凡屬血氣之倫皆當承認此非日人亡我，實我中國自亡，吾人更認爲凡屬血氣之倫，皆當承認我不自亡，誰得而亡我，故以前之不覺悟，不團結，不振作，一切一切的舊賬，皆當一筆勾銷，不能再算，大禍臨頭，急轉直下，惟有快覺悟，快團結，快振作，站在一條戰線上，向共同的目的進攻，吾人永遠的信條：

一，絕不買仇貨　二，絕不爲仇傭　三，絕不售貨於仇　四，絕不乘坐仇船

吾人急切的辦法：

一、不娛樂，不宴會，節衣縮食，以作儲金救國之準備

二，上下一心，全國一致，努力於消弭內爭，共禦外侮之運動

三，組織義勇軍，卽施軍事訓練，以作拚命殺敵之先鋒

吾民族受智仁勇之陶冶訓練，數千年於玆，向來不惑不憂不懼，況今日以我四萬萬人民對彼七千萬倭奴，無所用其惑，無所用其憂，更無所用其懼，惟危如累卵，而秦越相視，是爲大惑，文恬武嬉，爭權奪利，是爲大憂，鷸蚌相持，漁人獲利，是爲大懼。謹垂涕泣爲國人道之，幸大家趕快

起來！

起來！

努力奮鬥！

中華民國人民救亡會章程

第一條　本會定名爲中華民國人民救亡會

第二條　本會之信條如左：

一，絕不買仇貨　二，絕不爲仇傭　三絕不售貨於仇　四，絕不乘坐仇船

第三條　凡中華民國人民遵守本會信條正式宣誓者均得爲本會會員

第四條　本會設委員二十一人五推常務委員五人主持一切會務

第五條　本會設左列各組：

一，總務組　二，宣傳組　三，文書組　四，糾察組

第六條　本會會員之義務如左

一，服從會章及決議　二，負擔會費

第七條　本會誓詞如左：

某某志願遵守本會信條誓雪國恥如果違背誓言天誅地滅絕子絕孫并受本會最嚴厲之處罰此誓

第八條　本會辦事細則另定之

第九條　本章程自大會通過之日施行

26

青海省政府教育厅关于各民众学校立即抽取授课时间对学生进行抗日演讲致省立第一中学校的训令

（一九三一年十二月五日）

存卷

青海省政府教育厅训令 第二二五号

令省立第一中学校

为令遵事案准

青海省党务特派员办事处第一九九号公函开还启者案奉

中央执行委员会训练部第一七七五九号通告内开为通告事查日本

帝国主义乘我天灾人祸严重之际企图其所谓满蒙政策之实现

乃竟不顾国际信义灭绝社会人道占据我东省戕我人民拘囚

我官吏侵害我主权劫掠我财物破坏交通为祸之烈世无其匹近更

怂恿满蒙独立实行树立天陆（?）目今犹以为覆（?）亡我全国之根据际此

国难当头民族危亡之秋本党负有领导人民之使命自应积极唤

起民众俾各发热诚彻底反抗日帝国主义为此通告各省市党

部转饬所辖党立各民众学校限于文到日内即行抽取授课时间

两小时专对学生讲演此次日本之暴行阴谋暨我国亡种灭之惨痛

同时并饬该校教职员学生更应向当地[illegible]民众广为宣传以激发国

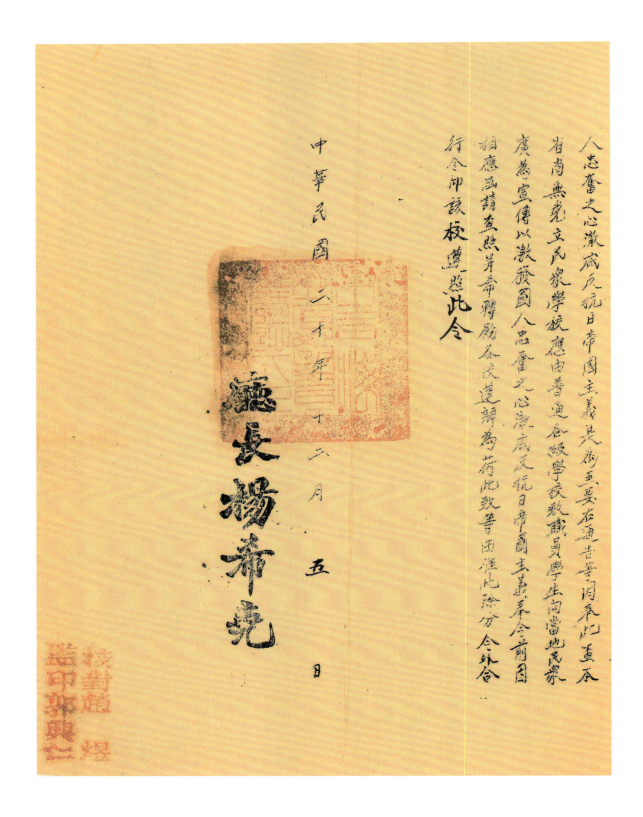

人忠奮之心，澈底反抗日帝國主義，是為至要，右通告等因，奉此，查本省尚無完立民衆學校，應由普通各級學校教職員學生向當地民衆廣為宣傳，以激發國人忠奮之心，澈底反抗日帝國主義，奉令前因，相應函請查照，并希轉飭各校遵辦為荷，此致，等因，准此，除分令外，合行令仰該校遵照。此令。

中華民國二十年十二月五日

廳長 楊希堯

校對 趙煜
監印 郭興仁

青海省大通县教育局关于举行抗日讲演竞赛事致县立第二高小学校校长李云霖的训令（一九三二年七月二十八日）

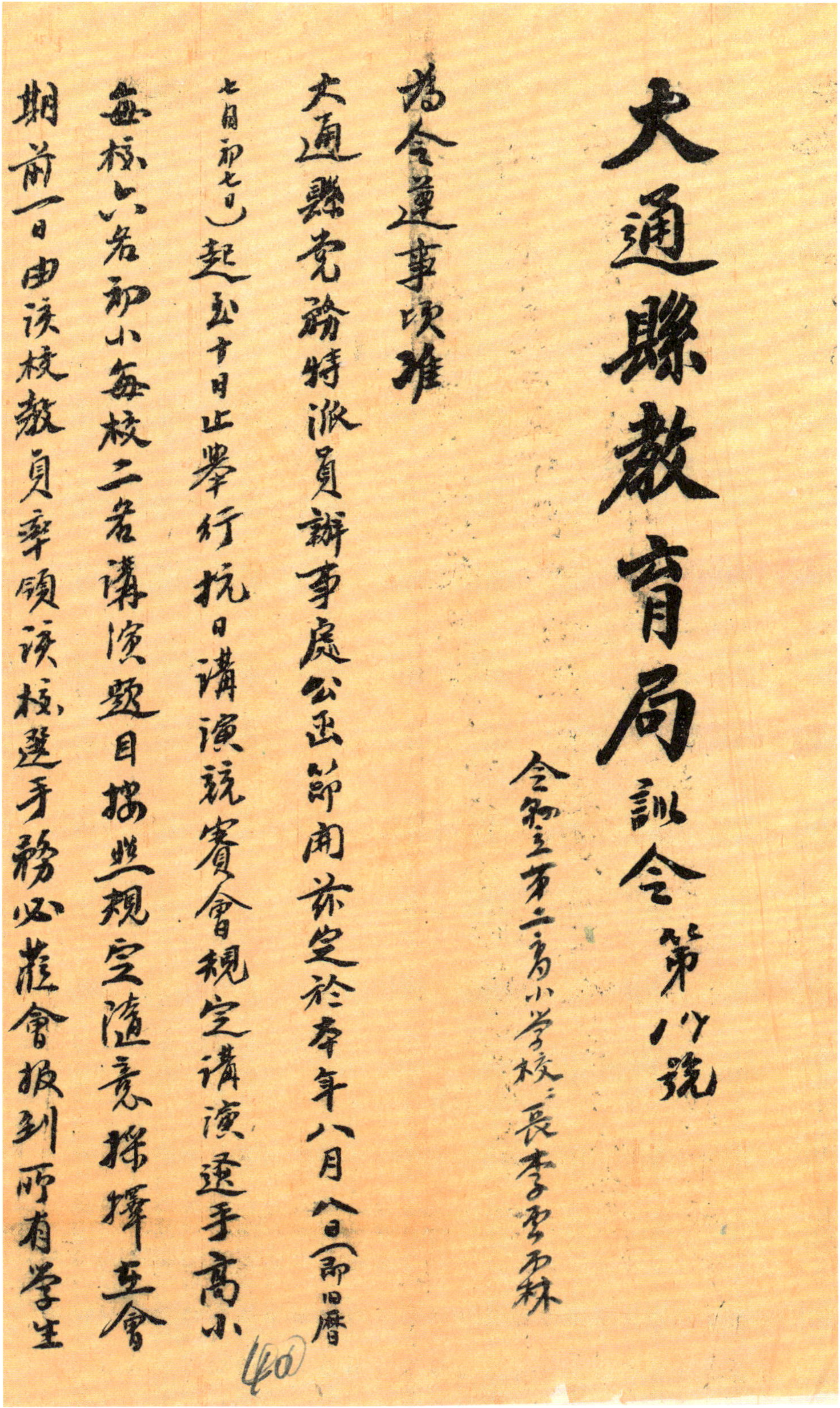

大通縣教育局訓令第[illegible]號

令私立第二高小學校校長李雲霖

為令遵事：案准

大通縣黨務特派員辦事處公函節開：茲定於本年八月八日（即舊曆七月初七日）起至十日止舉行抗日講演競賽會，規定講演選手高小每校六名、初小每校二名，講演題目按照規定隨意採擇，至會期前一日由該校教員率領該校選手務必蒞會報到，所有學生

40

吃用由徽處供給務祈 貴局轉令所屬各校印單預備屆時準臨為荷此致等由附送講演題目六十件准此合亟令仰該校長按照文內事理妥為預備準時到會不得遲延致干未便切切此令

附發原講演題目一件

中華民國二十一年七月廿八日

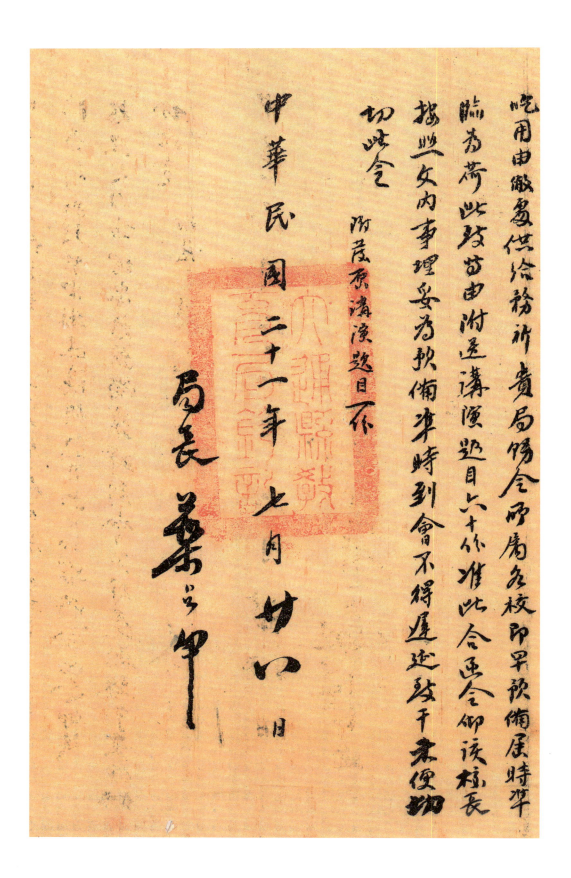

局長 萬□□

教育部关于转知行政院院长提议现在平津各界人士组织东北热河后援会拟请各部会集合所属量力捐助款项一案事致青海省政府教育厅的训令（一九三三年三月九日）

附：行政院院长宋子文拟请各部会集合所属量力捐助款项以利抗战的提案

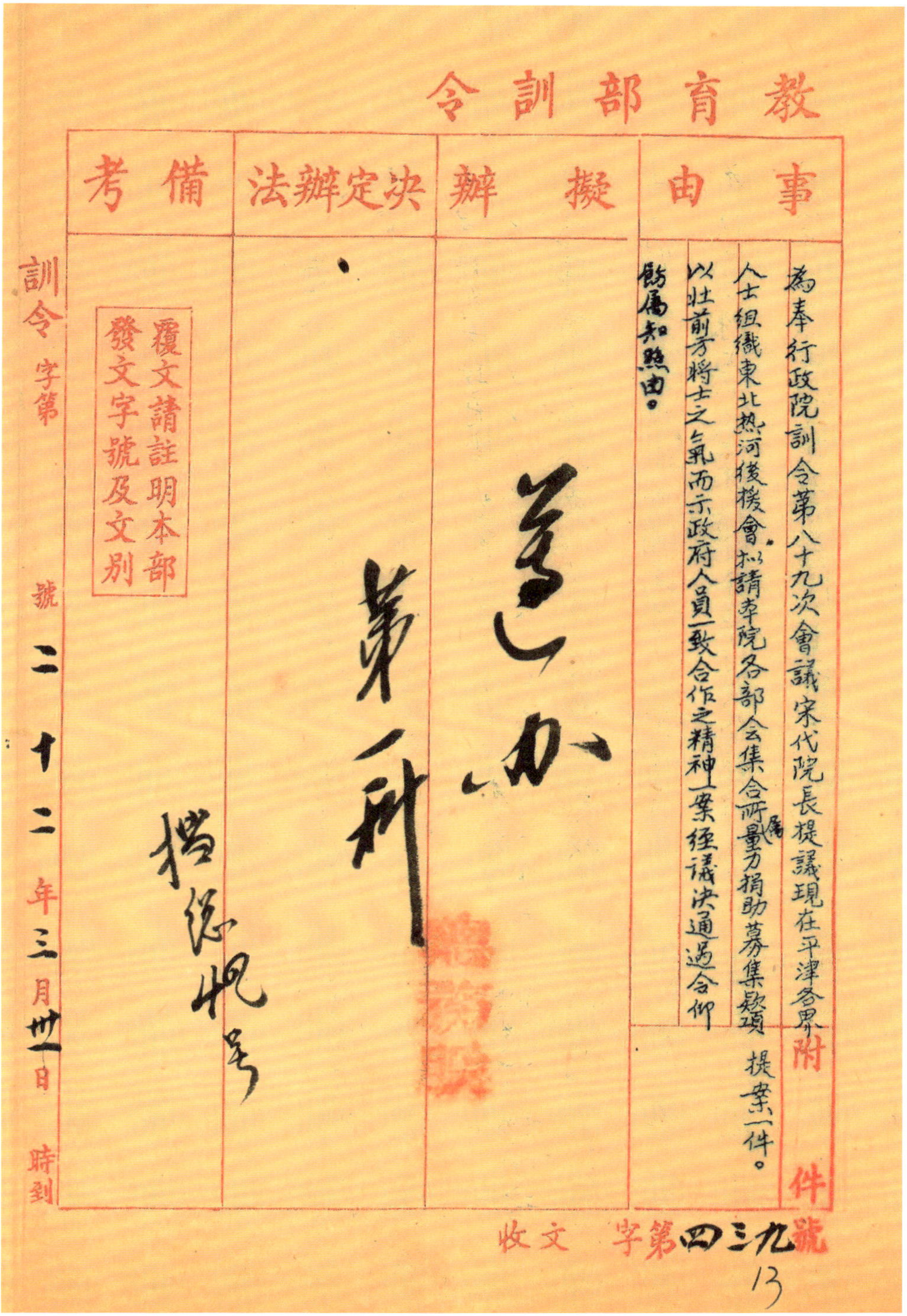

教育部訓令

事由：為奉行政院訓令第八十九次會議宋代院長提議現在平津各界人士組織東北熱河後援會擬請本院各部會集合所屬量力捐助募集款項以壯前方將士之氣而示政府人員一致合作之精神一案經議決通過合仰飭屬知照由。

附件：提案一件。

擬辦：第一科 遵办

決定辦法：

備考：覆文請註明本部發文字號及文別

訓令 字第 號 二十二年三月廿一日 時到

收文 字第四三九號

13

教育部訓令

字第1982號

令青海省教育廳

為令行事，案奉

行政院第九三九號訓令開：

「查本月二十八日行政院第八十九次會議，本代院長提議現在平津各界人士組織東北熱河後援會，擬請本院各部會集合所屬力量捐助募集款項以壯前方將士之氣而示政府人員一致合作之精神一案，經決議通過，除分令外，合行抄發原提案，令仰即便轉飭所屬一體知照。」

等因，奉此，除分令外，合行抄發原提案，令仰知照，并轉飭所屬

一體知照。此令。

計抄發原提案一件。

14

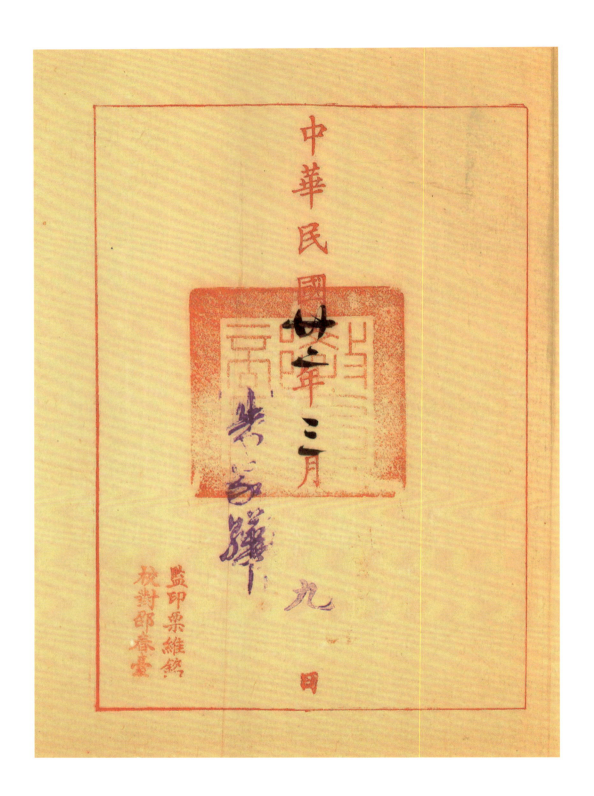

中華民國卅二年三月九日

監印 栗維鈞
校對 邵春臺

抄原提案

為提案事暴日蔑視公理又犯熱河華北震撼國勢阽危允宜激動民氣鼓
勵軍心為長久抵抗之計以前雖有各民眾團體為後援工作但名目林立且不能互
相聯絡收一致合作之效爰由平津各界人士組織大規模東北熱河後援協會其
主旨在團結各界激發民眾愛國之心一方募集款項接濟前方以壯作戰將士之
氣並安撫被災人民該會理事如朱慶瀾周作民張伯苓胡適之丁文江王
克敏周詒春熊希齡卞白眉等皆負時望足以號召一切而該會財務組
主任周作民及王克敏吳鼎昌等對於支配款項用途尤能公開且極審慎
成立以來北方民眾愈呈協力合作氣象惟是茲事體大攸關家國之存
亡亟應合全國民眾暨政府全體之力量為保疆禦侮之後盾擬請
行政院各部會一致奮起集合所屬量力捐助募集款項不但足以堅前方
將士同仇敵愾之心尤足以表示政府人員一致合作之精神是否有當敬請
公決

宋子文

15

青海省政府关于使国人不忘国仇鼓励抗日情绪办法事致省立第一中学校的密令（一九三三年三月十八日）

青海省政府密令第二〇九號

令省立第一中學校

15

爲密令事。案准
省黨務特派員辦事處第三二八號公函内開：「逕啟者，案奉
中央執行委員會宣傳委員會第二四號公函内開：『逕啟者，案准中央秘書處
移來南京特別市執行委員會呈中央文一件，爲擬具使國人不忘國仇鼓勵抗日情
緒辦法，請密令實行等由，查所請密令全國各級黨部、
各機關、各學校、各軍隊、各民衆團体，於舉行紀念週、集會及朝會時，在開會儀式之後，
由主席或校長向到會者發問：(一)你忘記日本佔據我們的東三省嗎？(答：永不忘
記！)(二)你忘記日本屠殺我們的同胞嗎？(答：永不忘記！)(三)誰是我們的敵人？
(答：日本帝國主義者！)發問畢，再由主席或校長領導高呼「打倒日本帝國
主義」口號三遍等辦法，用意極爲深遠，此不獨可激發[illegible]可鼓起
我沉痛悲壯之民氣，惟尚須補充者，即全國各機關[illegible]各地茶樓酒肆

娛樂宴會場所同時應于醒目要道易引人注意之處加貼與該項口號字句相對之標語如「你忘記日本佔據我們的東三省麼？」「你忘記日本屠殺我們的同胞麼？」等等俾民衆隨時隨地觸目驚心念念不忘且此項辦法簡而易舉各地如能一律進行收效必宏除函復并分行外相應密諮貴處查照會商當地政府學校及民衆團體遵照辦理并轉飭所屬一體遵辦爲荷此致等因奉此除轉飭所屬一體遵辦外相應函請查照辦理并飭屬一體遵照爲荷等由准此除分行外合亟令仰該校遵照切實辦理並飭所屬一體遵辦爲要此令

中華民國二十二年三月十八日

主席 馬麟

監印 韓樹森
校對 董致中

青海省新生活运动促进会关于新运会劝导民众不买敌货给省立西宁第一中学校新生活劳动服务团的通告（一九三七年八月二十四日）

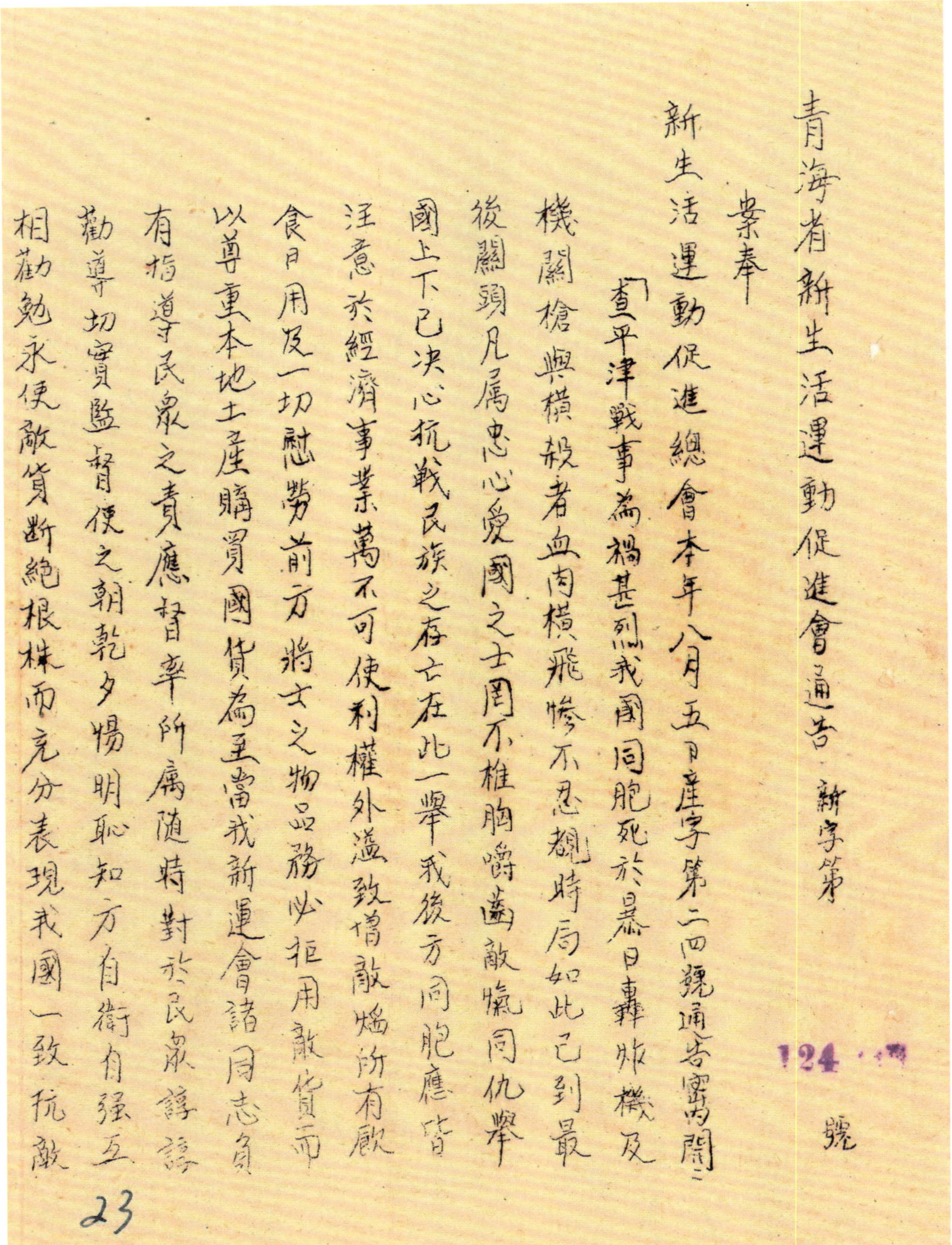

青海省新生活運動促進會通告　新字第　號

124

案奉

新生活運動促進總會本年八月五日産字第二四號通告內開：

「查平津戰事爲禍甚烈，我國同胞死於暴日轟炸機及機關槍與横殺者血肉横飛，慘不忍覩，時局如此，已到最後關頭，凡屬忠心愛國之士，罔不椎胸嚼齒，敵愾同仇，舉國上下已决心抗戰，民族之存亡在此一舉，我後方同胞應皆注意於經濟事業，萬不可使利權外溢，致增敵燄，所有飲食日用及一切慰勞前方將士之物品，務必拒用敵貨，而以尊重本地土産，購買國貨爲至當。我新運會諸同志負有指導民衆之責，應督率所屬，隨時對於民衆諄諄勸導，切實監督，使之朝乾夕惕，明恥知方，自衛自强，互相勸勉，永使敵貨斷絕根株，而充分表現我國一致抗敵

23

之血忱爲要」

等因；奉此，除分行外，相應通告，即希

查照，督率所屬，對於民衆，切實勸導，務使敵貨斷絕

根株，而充分表現我在統一領導下之一致抗戰之血忱，是爲

至要！此致

省立西寧第一中學校新生活勞動服務團

指導員兼主任幹事　馬步芳

中華民國二十六年八月　日

遵辦

青海省新生活運動促進會章

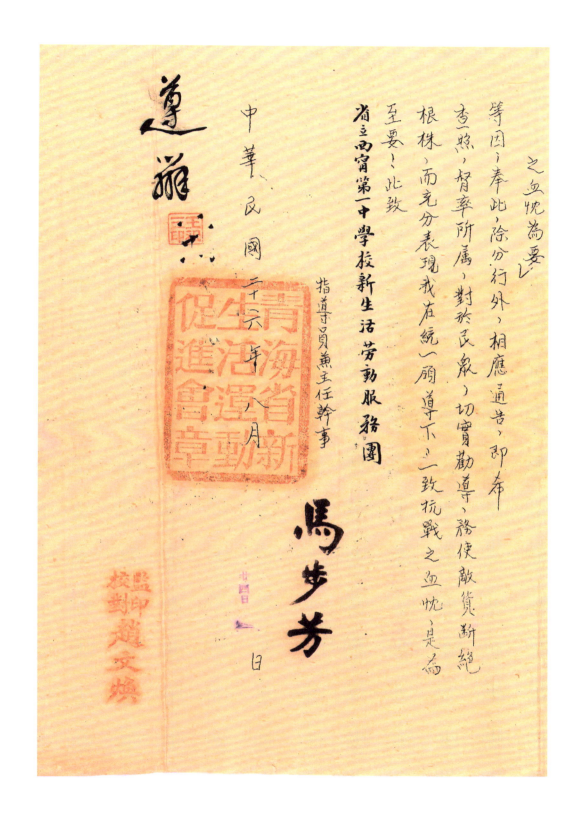

監印
校對　趙文煥

青海省民众抗敌后援会关于各校迅速组织救国捐劝募队给第一中学校学生宣传队的训令

（一九三七年十一月二十七日）

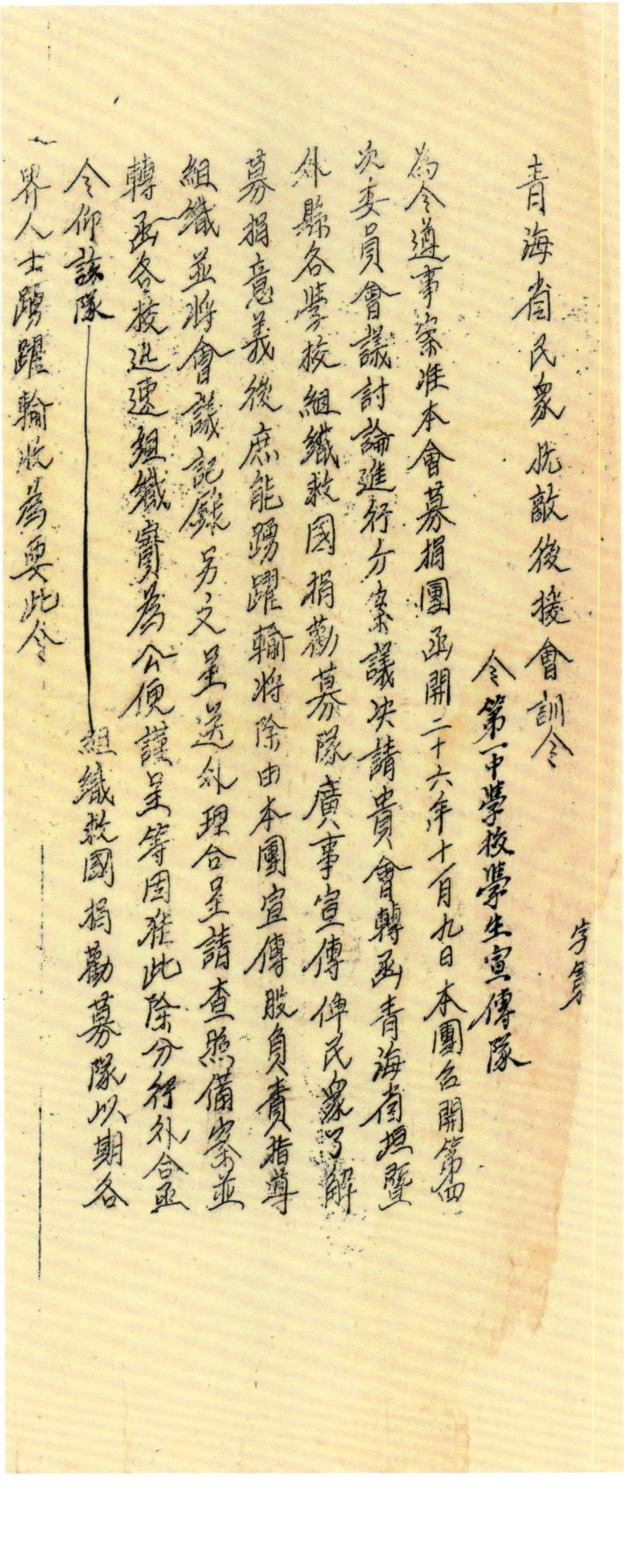
青海省民衆抗敵後援會訓令 字第 号

令第一中學校學生宣傳隊

爲令遵事案准本會募捐團函開二十六年十月九日本團召開第四次委員會議討論進行方案議決請貴會轉函青海省垣暨外縣各學校組織救國捐勸募隊廣事宣傳俾民衆了解募捐意義後庶能踴躍輸將除由本團宣傳股負責指導組織並將會議記錄另文呈送外理合呈請查照備案並轉函各校迅速組織實爲公便謹呈等因准此除分行外合亟令仰該隊組織救國捐勸募隊以期各界人士踴躍輸將爲要此令

中華民國二十六年十一月　日

常務委員會主席 [illegible]

遵辦　十二、廿、

9.

青海省政府关于欲求最后胜利须积极建设为长期抗战事致青海省政府教育厅的训令（一九三八年五月三十一日）

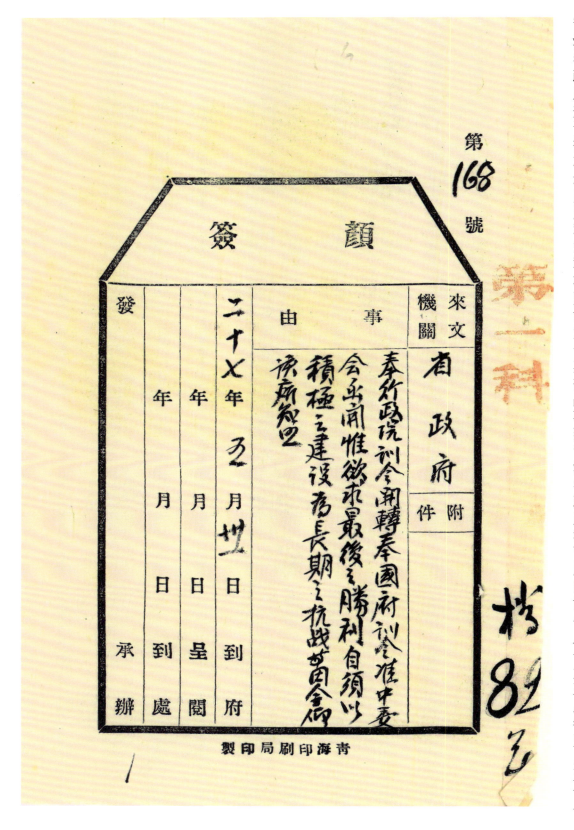

第168號

顏簽

來文機關：省政府

附件：

事由：奉行政院訓令開轉奉國府訓令准中委会函開惟欲求最後之勝利自須以積極之建設為長期之抗戰等因令仰該廳知照

二十七年五月卅一日到府

年　月　日呈閱

年　月　日到處

發

承辦

青海印刷局印製

第一科

檔 82

青海省政府訓令　　秘書室字第 187 號

令教育廳

行政院本年五月二十二日渝字第三三六一號訓令開：「案奉

國民政府二十七年四月二十二日渝字第一四七號訓令開：『案奉

中央執行委員會二十七年四月二十日武字第三一號函開：「查自抗倭戰爭發動以來，歷時八月，我全國軍民上下合力，艱苦奮鬥，固已予敵寇以嚴重之打擊，惟欲求最後之勝利，自須以積極之建設為長期之抗戰，而一切建設，尤應適應民族國家之要求，以國防第一、軍事第一為原則，集中力量，一致邁進，俾於抗戰過程中，創立保衛國家民族之新武力，並以完成三民主義革命建國之基礎。爰經本黨臨時全國代表大會鄭重決議：『今後國家建設，必以軍事為中心』，昭告全國，一致努力，以利抗戰而

2

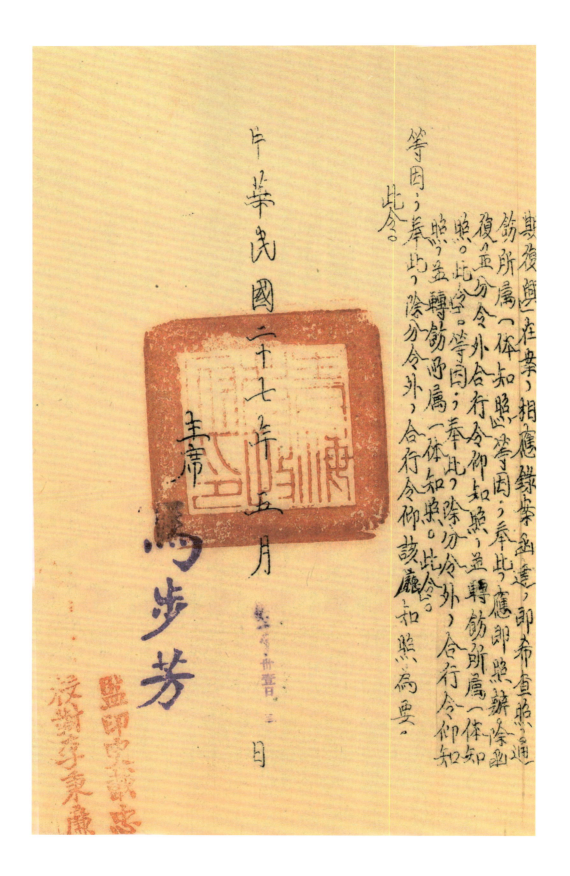

戡復與匪在案，相應錄案函達，即希查照，通飭所屬一体知照。等因，奉此，應即照辦，除函復並分令外，合行令仰知照，並轉飭所屬一体知照。此令。等因；奉此，除分令外，合行令仰知照，並轉飭所屬一体知照。此令。等因，奉此，除分令外，合行令仰該廳知照爲要。

此令。

中華民國二十七年五月 卅壹日 日

主席 馬步芳

監印

校對

青海省政府关于今后国家建设必以军事为中心、全国一致努力以利抗战事给称多县政府的训令

（一九三八年五月三十一日）

青海省政府訓令 字第 號

令稱多縣政府

行政院本年五月三日渝字第三三六一號訓令開：「案奉

國民政府二十七年四月二十七日渝字第一四七號訓令開：『案奉

中央執行委員會二十七年四月二十日武會字第三一號函開：「查自抗倭战爭發動以來，歷時八月，以我全國軍民上下合力之艱苦奮鬥，早已予敵寇以嚴重之打擊，惟欲求最後之勝利，自須以積極之建設，為長期之抗战，而一切建設尤應適應民族國家之要求，以國防第一軍事第一為原則，集中力量，一致邁進，俾於抗戰過程中，創立保衛國家民族之新武力，並以完成三民主義之革命，是國之基礎。茲經本黨臨時全國代表大會鄭重決議：今後國家建設，必以軍事為中心，昭告全國，一致努力，以利抗战而

187

27

期復與在案，相應錄案函達，即希查照，通飭所屬一体知照。等因。奉此，應即照辦。除函復並分令外，合行令仰知照，並轉飭所屬一体知照。此令。等因。奉此，除分令外，合行令仰知照，並轉飭所屬一体知照。此令。等因。奉此，除分令外，合行令仰該縣知照為要。此令。

遵行。

中華民國二十七年五月　日

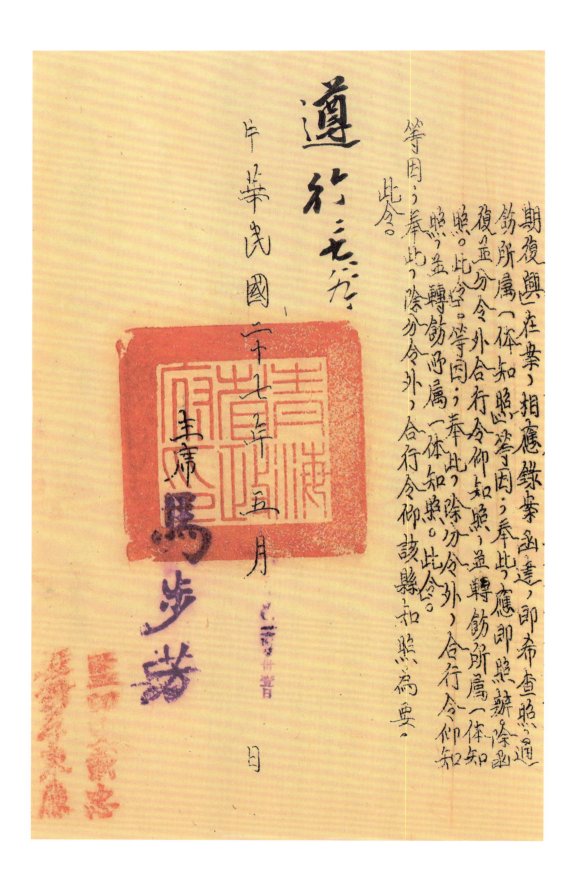

主席　馬步芳

青海省政府关于今后国家建设必以军事为中心、全国一致努力以利抗战而期复兴致囊谦县政府的训令（一九三八年五月三十一日）

青海省政府訓令　秘軍宣字第187號

令囊謙縣政府

案奉

行政院本年五月二日渝字第三三六一號訓令開：「案奉國民政府二十七年四月二十七日渝字第一四七號訓令開：『案奉中央執行委員會二十七年四月二十日武全字第三一號函開：「查自抗倭戰爭發動以來，歷時八月，以我全國軍民上下合力之艱苦奮鬥，固已予敵寇以嚴重之打擊，惟欲求最後之勝利，自須以積極之建設，為長期之抗戰，而一切建設尤應適應民族國家之要求，以國防軍事第一為原則，集中力量，一致邁進，俾於抗戰過程中，創立保衛國家民族之新武力，並以完成三民主義革命，定國之基礎。爰經本黨臨時全國代表大會鄭重決議：『今後國家建設必以軍事為中心』，昭告全國，一致努力，以利抗戰而

21

期復與在案，相應錄案函達，即希查照，通
飭所屬一體知照，等因，奉此，應即照辦，除函
復，並分令外，合行令仰知照，並轉飭所屬一體知
照。此令。等因，奉此，除分令外，合行令仰知
照，並轉飭所屬一體知照。此令。
等因，奉此，除分令外，合行令仰該縣知照，為要。
此令。

中華民國二十七年五月　日

（印：青海省政府之印）

主席　馬步芳

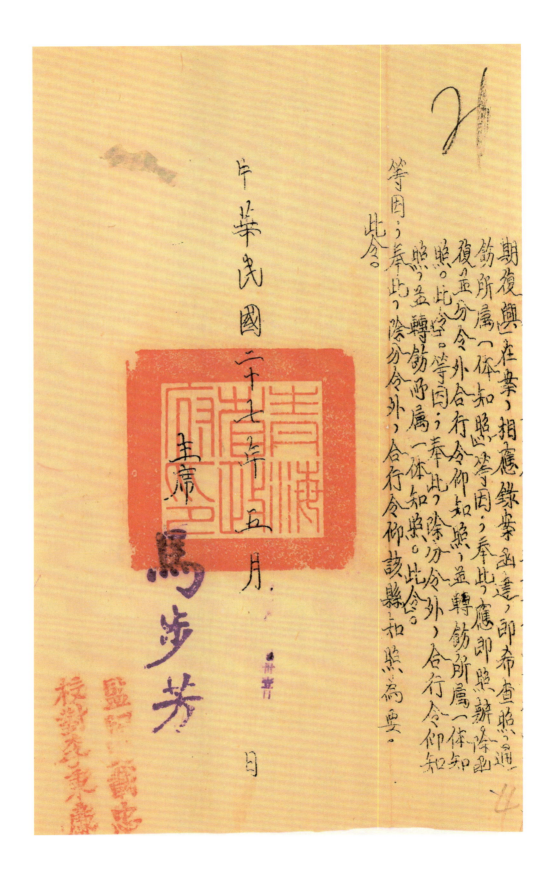

監印　　校對

青海省政府关于转发抗战建国纲领宣传指导大纲及民众如何抗战致囊谦县政府的训令（一九三八年七月二十日）

青海省政府訓令　教字第　號

令囊謙縣政府

據本府教育廳案呈：

「准中央宣傳部二十七年六月十一日宣字第零五九六號函開：『茲檢發《抗戰建國綱領宣傳指導大綱》一百份，《民眾如何抗戰》五十份，即希查收，轉發民眾教育館陳列，以供民眾閱覽為荷。此致』等由，附《抗戰建國綱領宣傳指導大綱》一百份、《民眾如何抗戰》五十份。准此，請鑒核」等情；據此，除分令外，合亟檢發上項大綱、如何抗戰一二份，仰

11

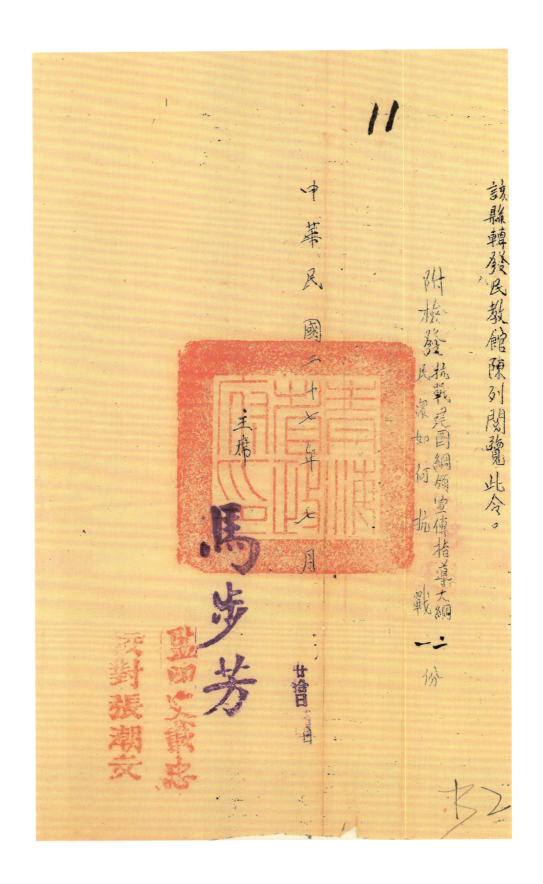

該縣轉發民教館陳列閱覽。此令。

附檢發抗戰建國綱領宣傳指導大綱
民衆如何抗戰 一份

中華民國二十七年七月廿拾日

主席 馬步芳

青海省政府

監印 吳載忠
校對 張潮云

132

青海省政府关于拟定为抗战将士征募皮大氅皮背心办法令遵照办理给称多县政府的训令（一九三八年九月二十七日）

66

青海省政府訓令　[illegible]字第　號

令稱多縣政府

案據青海省民眾抗敵後援会常務委員会呈稱：「呈為呈請事。案准青海省垣各界紀念九一八大会籌備会函開：查本会准青海省黨部轉中央宣傳部文電，於九一八紀念舉行大規模之徵募棉背心及慰勞品一案，當經本会決議徵募棉背心及慰勞品等事項，推由省抗敵後援会徵募委員会辦理，並由大会推穆代表建業、喻代表世昌、陳代表尊賢三人協同辦理等語紀錄在卷，相應錄案函達，即希查照辦理為荷等由，准此，當經本会第五次常務委員会議決議：募捐皮大氅及皮背心共兩萬件，定期舉行全省徵募皮衣宣傳週，並呈請省黨政機關勵令各縣黨部、縣政府從速主持徵募等語紀錄在卷。理合

635

35 67

具文呈請鈞府鑒核施行謹呈

等情據此查時屆冬令上項皮大氅皮背心為我抗戰將士等所需要亟應積極徵募呈送前防俾資禦寒並擬定辦法三項(一)勸募老羊皮十萬張(二)皮張以外有願捐現款及食糧實物等亦可代收食糧實物並變價繳解(三)以上兩項均限於十月十五日以前彙寄省政府轉抗敵後援會總收發處取具收據以昭徵信除分電各縣函令仰該縣長遵照辦理為要此令

中華民國廿七年九月 日

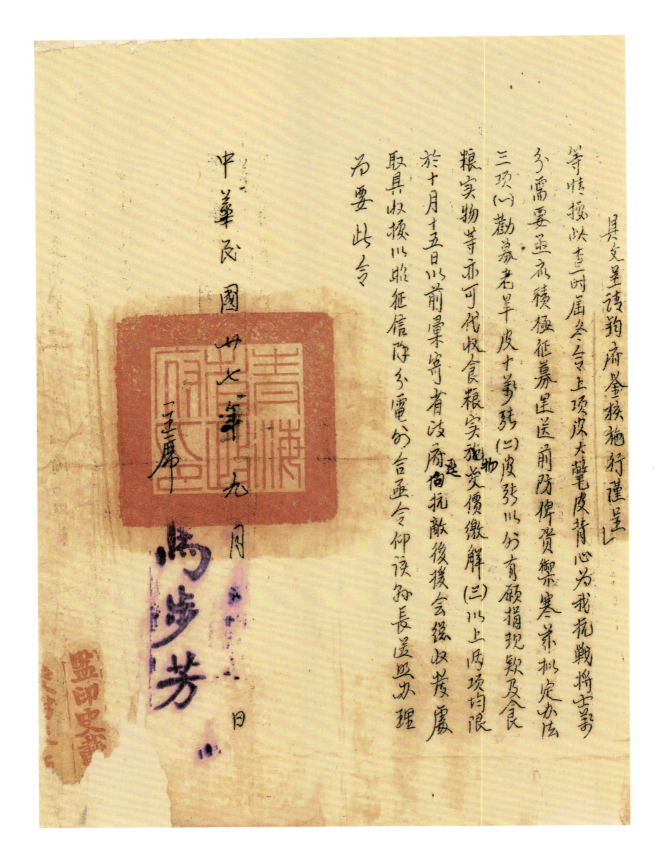

主席 馬步芳

青海省政府关于前方将士英勇作战各级行政人员克尽职守提高效率致称多县壮丁司令部的训令（一九三八年十月十三日）

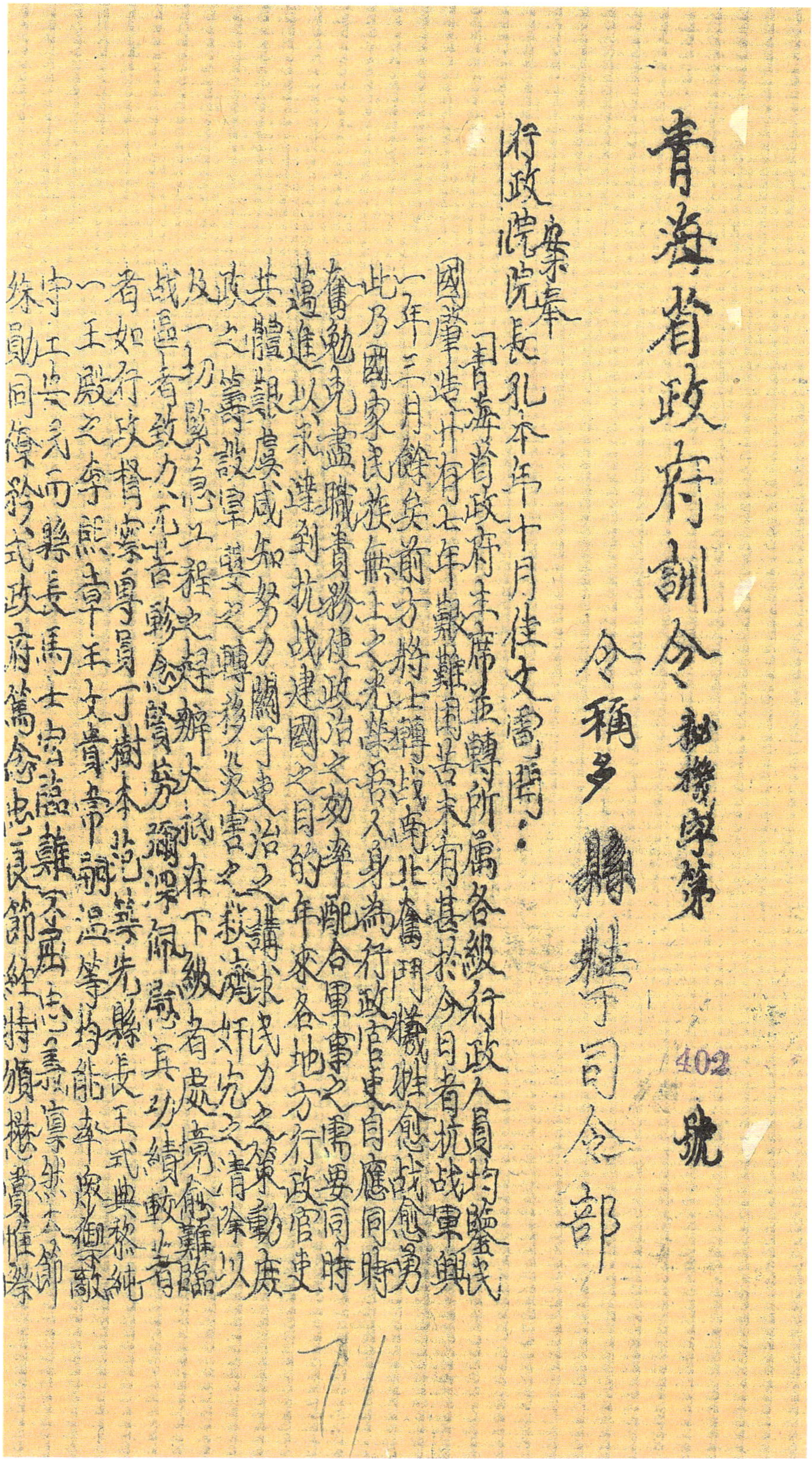
青海省政府訓令 秘機字第 號
令稱多縣壯丁司令部
案奉
行政院院長孔本年十月佳文電開：
「青海省政府主席並轉所屬各級行政人員均鑒：我
國肇造廿有七年，最艱困苦未有甚於今日者。抗戰軍興
一年三月餘矣，前方將士轉戰南北，奮鬥犧牲，愈戰愈勇，
此乃國家民族無上之光榮。吾人身為行政官吏，自應同時
奮勉，克盡職責，務使政治之效率配合軍事之需要，同時
邁進，以求達到抗戰建國之目的。年來各地方行政官吏
共體艱虞，咸知努力，關于吏治之講求，民力之策動，
政之籌設，軍事之轉移，災害之救濟，奸宄之清除，以
及一切緊急工程之趕辦，大抵在下級者處境愈難，臨
戰區者致力尤苦，彰念賢勞，彌深佩慰。其功績較著
者，如行政督察專員丁樹本、范築先、縣長王式典、孫純
一、王殿元、李熙章、王文青、常翮溫等，均能率眾禦敵，
守土無虧，而縣長馬士富臨難不屈，忠義凜然，尤為
殊勳，同深矜式，政府篤念忠良，節經特頒撫恤

此非常時期，如行政人員或尚有因循苟且、罔顧職守、貽誤事機者，應由各主管機關嚴密查察，盡情檢舉，是為民族之罪人，必加嚴厲之懲處。最近國聯應我申請，既有實施制裁暴敵之決議，且寇兵深入，外強中乾，敵國内部危機甚顯，凡吾同胞，尤應努力，勗以一人能勝二人之工作，更以半日完成一日之事功，及時併進，共獲光華永久之勝利。茲當國慶紀念之辰，益凜多難興邦之訓，特電申告，願各勉旃。行政院院長孔祥熙。佳文印。

等因；奉此，除分令外，合亟令仰該部知照。此令。

主席 馬步芳

中華民國二十七年十月 日

青海省政府关于各级行政人员应克尽职责以求达到抗战建国之目的致囊谦县政府的训令（一九三八年十月十三日）

青海省政府訓令　秘機字第　號

令囊謙縣政府

案奉

行政院院長孔本年十月佳文電開：

青海省政府主席馬轉所屬各級行政人員均鑒：我

國肇造廿有七年，艱難困苦未有甚於今日者。抗戰軍興

一年三月餘矣，前方將士轉戰南北，奮鬥犧牲，愈戰愈勇，

此乃國家民族無上之光榮。吾人身為行政官吏，自應同時

奮勉，克盡職責，務使政治之效率配合軍事之需要，同時

邁進，以求達到抗戰建國之目的。年來各地方行政官吏

共體艱虞，咸知努力，關于吏治之講求，民力之策動，庶

政之籌設，皆與變之轉移，凡害民蠹國、經濟奸宄之清除，以

及一切[illegible]之程、之疑辦，大抵在下級者處境愈難，臨

戰區者致力尤苦，[illegible]勞彌深，彌感其功績較著者，

者如行政督察專員丁樹本、[illegible]等，先縣長王式典、黎純

一、王殿之、李熙章、羊文貴、[illegible]溫等，均能率眾禦敵，

守土無虧，而縣長馬士宗、[illegible]雜[illegible]忠[illegible]，[illegible]大節

殊勳，同[illegible]，政府篤念忠良，節經特頒褒恤，實[illegible]

此非常時期，如行政人員或尚有因循苟且、罔顧職守、貽誤軍機者，應由各主管機關嚴密查察，盡情檢舉。是為民族之罪人，必加嚴厲之懲處。最近國聯應我申請，既有實施制裁暴敵之決議，且會兵深入，外強中乾，敵國內部危機益顯。凡吾同儕，應努力期以一人能勝二人之工作，更以早日完成一日之事功，及時併進，共獲光榮永久之勝利，以為當國慶紀念之辰，益凛多難興邦之訓。特電申告，願各勉旃。行政院院長孔祥熙。侵文印。

等因。奉此。除分令外，合亟令仰該縣知照。此令。

中華民國二十七年十月　日

主席　馬步芳

監印[illegible]

校對[illegible]

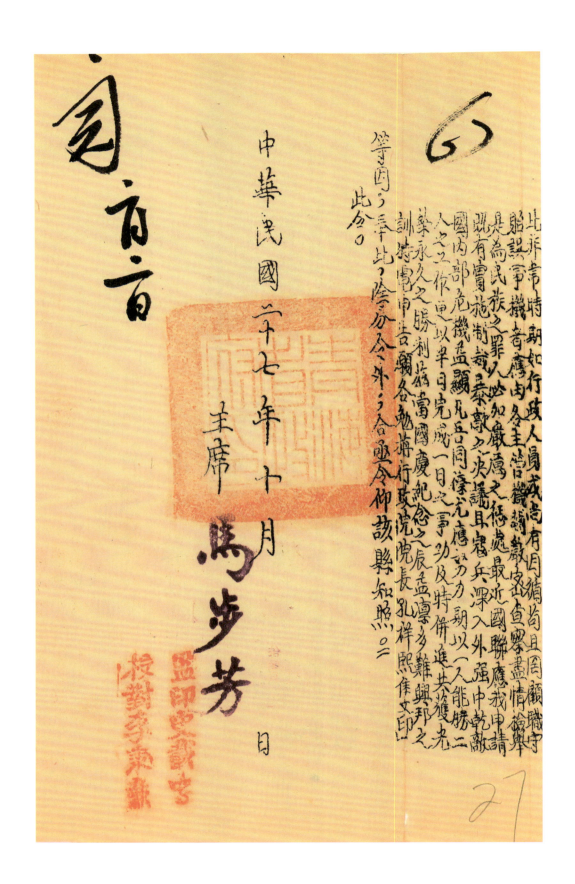

青海省政府关于对执行抗战建国重要各级工作人员事项均应尽心竭力事致青海省政府教育厅的训令（一九三八年十月三十一日）

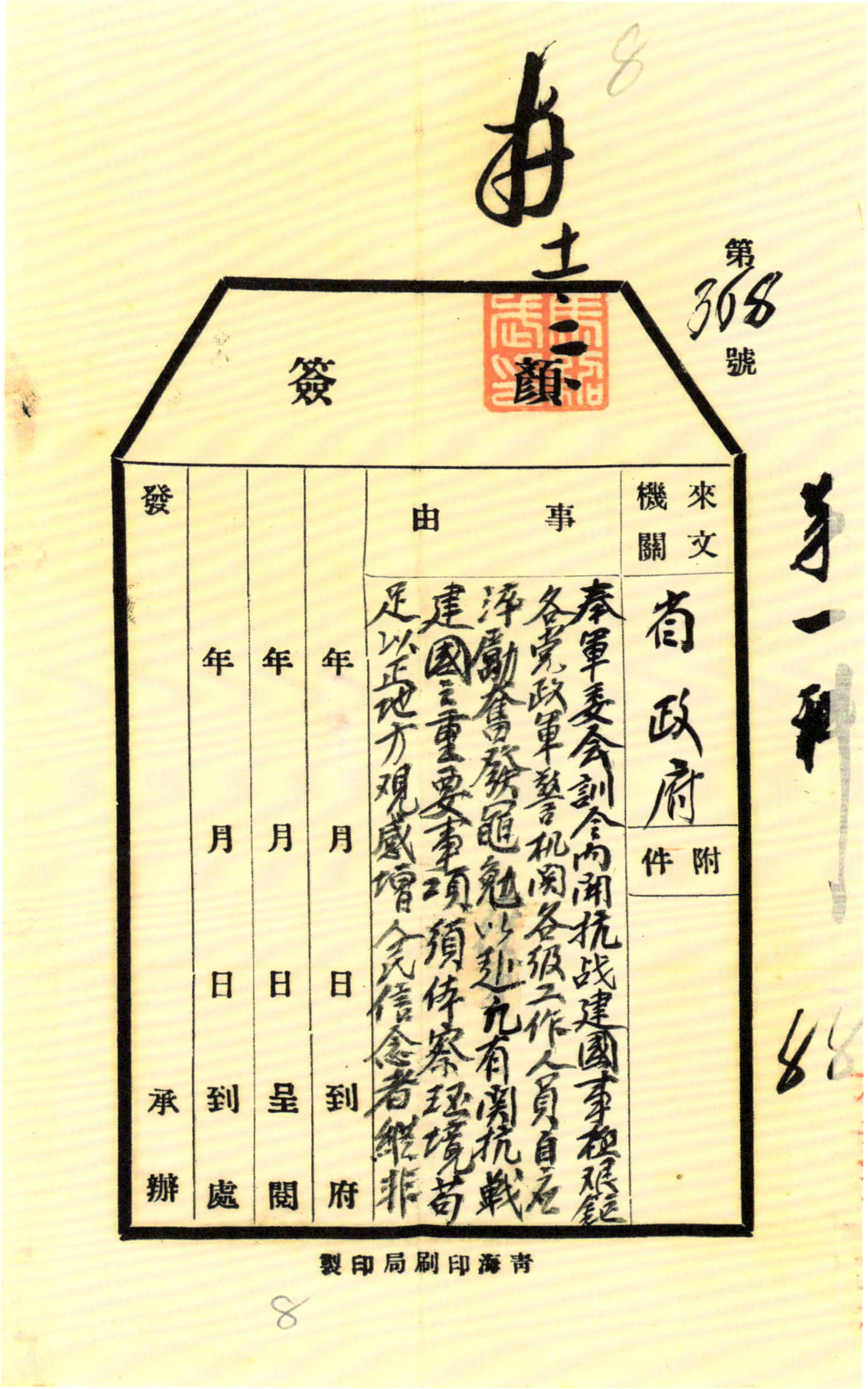
第368號

簽

來文機關	省政府
附件	
事由	奉軍委會訓令内開抗戰建國事極艱鉅各黨政軍警機關各級工作人員自應淬勵奮發砥勉以赴凡有關抗戰建國之重要事項須体察環境苟足以正地方觀感增全民信念者縱非
年 月 日 到府	
年 月 日 呈閱	
年 月 日 到處	
發	承辦

青海印刷局印製

第　　號

顏簽

來文機關	
事由	本身職責亦應踴躍從事不憚煩勞庶使官民融洽國本日固一案令仰該府遵照
附件	

二十七年十一月一日到府

年　月　日呈閱

年　月　日到處

發　承辦

青海印刷局印製

9

青海省政府訓令 秘機字第 號

令教育廳

438

案奉

軍事委員會本年九月二十二日辦四字第六三八一號訓令開：

「抗戰建國，事極艱鉅，各黨、政、軍、警機關各級工作人員，自應淬勵奮發，黽勉以赴，凡有關抗戰建國之重要事項，須体察環境，苟足以正地方觀感，增人民信念者，縱非本身職責，亦應踴躍從事，不憚煩勞，庶使官民融洽，國本日固。近查各奉公人員，于應盡之事，多不躬自參加，以為倡導，致貽敷衍泄沓之譏，予人民以不良

10

印象，殊有未合，為此通令，嗣後務須盡心竭力，勿稍漫疏懈或有意規避，各主管人員尤須以身作則，督屬奉行，毋忽。此令。

等因，奉此，除分令外，合亟令仰該廳遵照。

此令。

中華民國二十七年十月 日

主席 馬步芳

青海省政府关于各主管人员务须尽心竭力以身作则从事抗战建国致西宁第一中学校的训令
（一九三八年十月三十一日）

青海省政府訓令　秘機字第　號

令西寧第一中學校

案奉

軍事委員會本年九月二十二日辦四字第六三八一號訓令開：

「抗戰建國，事極艱鉅，各黨、政、軍、警機關各級工作人員，自應淬勵奮發，黽勉以赴，凡有關抗戰建國之重要事項，須体察環境，苟足以正地方觀感，增人民信念者，縱非本身職責，亦應踴躍從事，不憚煩勞，庶使官民融洽，國本日固。近查各奉公人員，于應盡之事，多不躬自參加，以為倡導致貽敷衍泄沓之譏，予人民以不良印象，殊有未合。為此通令，嗣後務須盡心竭力，勿稍涉疏懈，或有意規避。各主管人員尤須以身作則，督厲奉行，毋忽。此令。等因，奉此，除分令外，合亟令仰該校遵照。

此令。

中華民國二十七年十月　日

主席　馬步芳

青海省政府关于抗战建国责任重大必须全国军民精诚合作致囊谦县政府的训令（一九三八年十二月十八日）

青海省政府訓令　秘字第547號

令囊謙縣政府

案奉

國民政府軍事委員會本年十月廿九日治訓衡字第五五六號通令開：

查抗戰建國，責任艱鉅，必賴全國軍民精誠合作，始克有濟。乃近據報載，戰區軍民情感惡劣，常有衝突，其因動由於少數不良部隊紀律廢弛，以致民畏軍如虎，聞風即逃。至於軍隊，又因每到一處，民眾逃避，取給困難，而心懷怨懟，而相誤會，遂造成軍民之隔閡。長此以往影響抗戰前途，何堪設想。除令飭該管專署、保安隊長嚴飭所部遵行，並加緊宣傳，俾軍民合作外，合亟令仰該省府轉飭所屬有司，勸諭民眾，並照行政院所頒人民協助過境軍隊辦法，妥為辦理，俾得軍民一致通力圖存為要。此令。

等由；准此。除分令外，合行令仰該縣遵照。

此令。

中華民國廿九年十二月拾八日

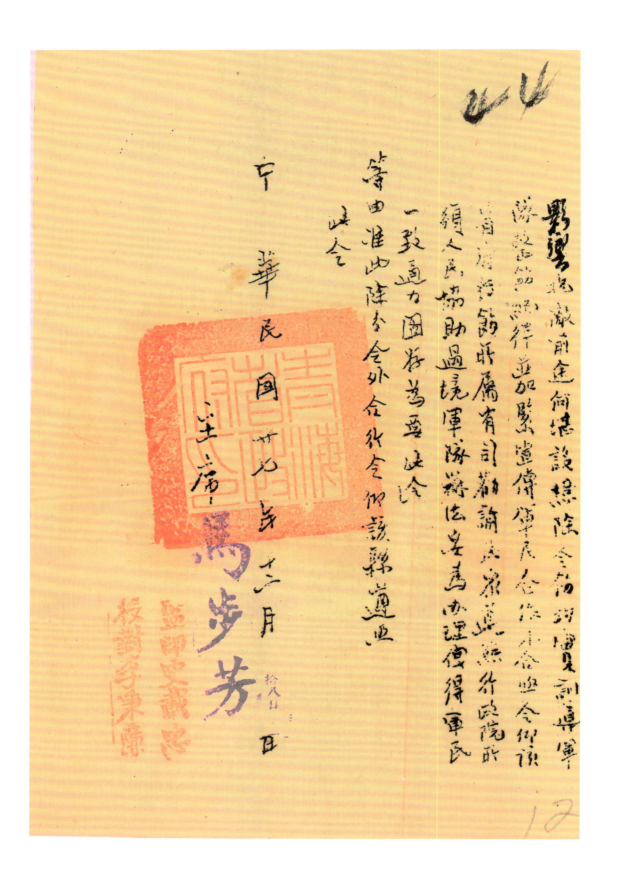

馬步芳

青海省动员委员会工作报告（节选）（一九三八年三月十一日至一九四〇年六月底）

青海省動員委員會工作報告

青海省動員委員會工作報告目次

自二十七年三月十一日起
至二十九年六月底止

2

青海省動員委員會工作報告

二十七年三月十一日起
二十九年六月底止

一、省動員委員會改組經過

自民國二十七年三月十一日省政府改組以後，兼任本會委員多數離職，本會鑒於抗戰時期，欲實施各種動員工作，以策應前防軍事，動員委員會組織之求其健全靈活，實不容緩，乃於二十七年三月十三日召開會議，改組省動員委員會，依法推馬步芳羅經猷譚克敏郭學禮馬紹武馬驥馬步勳謝剛傑陳顯榮李天民李曉鐘馬師融馬德馬騄馬丕烈等十五人爲委員並以馬步芳爲主任委員即行組織成立。奉本年二月十七日奉　國防最高委員會二十一年十二月廿六日代電頒發修正各省市縣動員委員會組織大綱到省，當即依照該大綱第五第六各條之規定，除由省政府主席馬步芳担任主任委員外，以民政廳廳長郭學禮，財政廳廳長譚克敏教育廳廳長馬紹武建設廳廳長馬驥省政府秘書長陳顯榮省黨部書記長馬煥文八十二軍參謀長劉承德保安處副處長馬騄八十二軍政治部主任哈世昌等九人爲委員，並於三月廿三日召開第一次會議，公推陳顯榮爲書記長，郭學禮爲組訓股主任，馬驥爲征調股主任，譚克敏爲救濟股主任，馬紹武爲宣傳股主任，馬煥文爲總務股主任，其他各股職員，則由各股主任所主機關調用茲不贅述。

（二）成立各縣動員委員會

自二十七年三月本會第一次改組以後，立即令飭各縣從速組織各縣動員委員會於當年四月底以前各縣動員委員會均已先後成立具報到省。至本年二月接奉國防最高委員會所頒修正各省市縣動員委員會組織大綱後，當於三月廿四日通令各縣動員委員會遵照改組，除少數邊遠縣份如玉樹都蘭囊謙稱多等縣尚未呈覆外，餘均改組完竣矣。

（三）實行國民精神總動員經過

甲、組織國民精神總動員會議　廿八年四月十日，接奉　國防最高委員會所頒國民精神總動員綱領，及實施辦法後，當即依照該辦法乙款第一項之規定，由本會委員組織青海省國民精神總動員會議，按期舉行會議，商討關於國民精神總動員會，及　中央各主管機關令飭辦理事項之推行，以及本省實施國民精神總動員計劃之審定，工作之考核，與省以下各級主管國民精神總動員機關之督導等事宜。

乙、舉行國民精神總動員大會及國民公約宣誓　由本會會同各有關機關，於廿八年四月十七日上午八時，在省垣公共體育場，召集省垣各機關各學校各法團區鎮保甲長及市民，舉行國民精神總動員大會，並宣誓實行國民公約，其誓詞則於會後由各儀關長官，各學校校長，各法團領袖，各保甲長，負責彙交本會存案。除在省垣召開大會，舉行宣誓外，並制定青海省各縣國民公約宣誓實施辦法，連同綱領，及國民公約等，頒發各縣，一體遵行，除蒙藏區域外，各縣均於五月底以前舉行呈覆到省矣。

丙、召集蒙藏王公千百戶舉行國民公約宣誓　於廿八年四月廿四日，召集各蒙旗王公章京，各藏族千百戶首領三百餘人，在省府大禮堂舉行國民公約宣誓（公約及誓詞均於事先譯成蒙藏文）首由省政府陳祕書長用藏語報告并請蒙藏駐京代表阿福壽蒙語講演宣誓後由剛岔千戶致答詞，儀式之隆重，羣情之誠摯，前所未有。

丁、召開全省國民精神總動員會議　依國民精神總動員實施辦法乙欵第三項之規定，於廿八年六月三日，召集各縣動員委員會主任委員，各縣縣黨部書記長，各中等學校校長及該項內所規定應行出席人員，在省政府大禮堂開全省國民精神總動員會議，由主任委員致開幕詞，說明精神總動員之重要性質，與實施步驟，會議共開兩次，除通過要案數件外，並制定青海省國民精神總動會實施方案，及青海省各地國民月會舉行辦法。（以上兩種另附）

戊、推行國民月會　青海省各地國民月會舉行辦法制定後，卽由本會會同省黨部省政府會銜公佈實施，因劃組籌備，需時至七月一日，全省各地國民月會，均一律召集舉行，繼為便於考核計，特製定青海省國民月會報告表一種，頒發各月會組合按月逐級填報一年以來各組合均能按期舉行。

己、國民精神總動員之督導

一、制定青海省國民精神總動員督導辦法　為求各縣及省垣國民精神總動員工作實施貫澈，及國民月會之普遍持久計，特仿貴州省動員委員會國民精神總動員督導辦法，擬訂青海省動員委員會國民精神總動員督導辦法計十一條，由委員會議通過後，於九月十五日頒佈施行。

二、聘定青海省國民精神總動員督導員　依青海省動員委員會國民精神總動員督導辦法第二條之規定，函請省政府視察員五人，省黨部科長三人，教育廳督學二人，為本會兼督導員，各兼督導員聘定後，兼本會督導員即已先後分赴各縣督導，以後如由原機關派赴各縣工作時，亦隨時担任督導國民精神總動員諸事宜。

三、制定青海省國民精神總動員督導報告表　為便於考核各地國民精神總動員工作起見，特制定青海省動員委員會國民精神總動員督導報告表一種，印發各督導人員隨時填報。

四、各項工作之推行

本會自二十七年三月改組以後，即行積極推行各項動員工作，除由本會策動各主管機關實施者外，茲將本會主辦或會同各有關機關舉辦各項工作列述於后：

甲、推行尊敬國旗運動： 本省升旗典禮，前只於駐軍及學校內有舉行之者，本會特函請各主管機關團體令飭所屬及各地人民集會地點，均建立旗杆，早晚或每遇集會，即行舉行升降旗禮，各壯丁訓練場內，亦均樹立，按時舉行，以普遍引起民衆對國旗之敬重，現已普及全省矣。

乙、推行國歌運動： 於廿八年八月三日，接奉國民精神總動員會代電，飭發動普及國歌運動，除轉令各縣動員委員會遵辦外，即商同教育廳，令飭各級學校教員學生，在民衆識字處，假民衆識字時間，教唱國歌，並函請省保安處及國民軍訓處轉飭各級壯丁司令部於訓練壯丁時，由各教官教唱國歌，除蒙藏地區外，現已普及全省矣。

丙、提倡正當娛樂 一，商同建設廳在省垣麒麟河畔建築，麒麟公園一所，並策動各縣政府分別建築公園，計已建築竣工者，有互助公園，湟源公園，貴德民衆教育館。（二與公園合築）二，商同省黨部新生活運動會組織新生活俱樂部，以提倡公餘業餘正當娛樂。

丁推行抗敵宣傳工作　一、商同回教促進會立高級中學校組織學生抗敵宣傳團，於廿七八兩年利用暑假時間，分赴各縣鄉村，宣傳抗戰，不惟足跡遍及全省窮鄉僻壤，甚至到甘肅所屬臨夏及河西各縣，收效頗宏。二、於廿八年商同省垣各中等學校選拔有志戲劇學生，組織青海抗戰劇團，聘請八十二軍司令部參謀王洛賓担任團長，利用暑期，赴各縣巡迴表演抗戰戲劇，尤在蒙藏地區收效更大。三、商同省立中心小學校，組織兒童劇團，現已排演劇目多種，除已在省垣公演外，擬於本年暑期，再行赴外縣表演，藉收宣傳實效。

戊、召開慰勞出征將士及追悼出征陣亡將士等大會，並慰問陣亡將士家屬：本省出征將士，開赴前方，將及三載，剿匪防河，戰績頗著，尤以二十八年冬，及本年春季，攻取淮陽兩役，最爲壯烈，馬旅長秉忠李營長國勳等，且於去年十月之役，同時殉國，車梁諸營長均負重傷，（梁營長後因傷重在蘭逝世）本會爲激勵士氣，安慰家屬計，特會同省黨政機關，於去年十月十一日，及本年四月，在公共體育場，召開省垣各界慰勞出陣將士大會，追悼出征陣亡將士大會，慶祝克復淮陽大會，並舉行慰勞獻金，推派代表，親赴前防慰問出征將士，復由省垣各機關首領慰問馬故旅長李故營長家屬，並已令飭各縣分別召開大會，同表敬悼。

己、其他：　如徵募寒衣，徵募藥品，舉行獻金等工作，本會亦均商同各有關機關辦理，詳各機關報告內。

青海高等法院抄发国民抗敌公约暨宣誓实行公约办法致乐都地方法院训令（一九三九年四月十八日）

附：国民抗敌公约暨宣誓实行公约办法

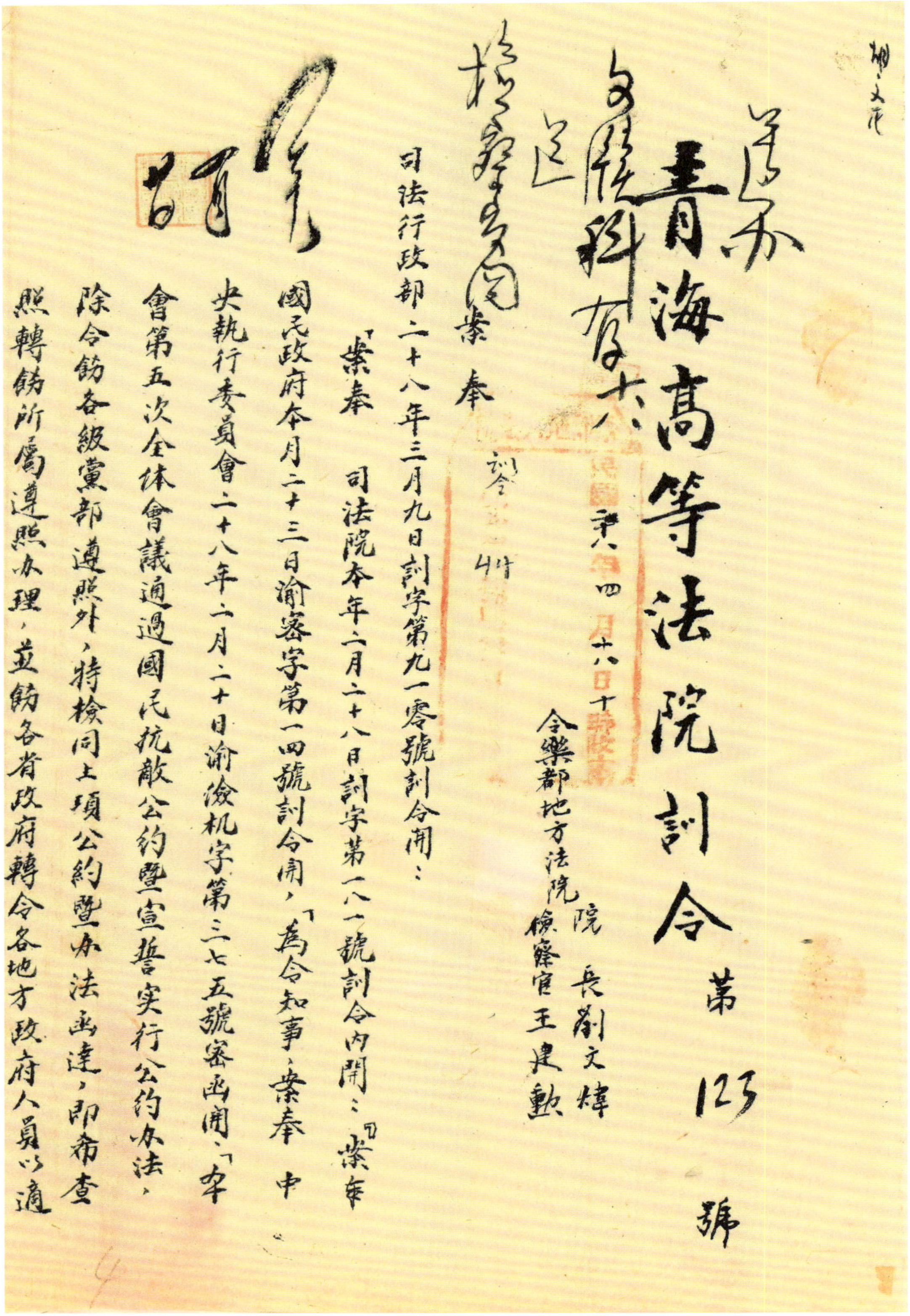

青海高等法院訓令 第123號

民國二十八年四月十八日十時收文

令樂都地方法院 院長劉文煒 檢察官王建勳

司法行政部二十八年三月九日訓字第九一零號訓令開：

「案奉

司法院本年二月二十八日訓字第一八一一號訓令內開：『案奉

國民政府本月二十三日渝密字第一四號訓令開：「為令知事。案奉

中央執行委員會二十八年二月二十日渝儉机字第三七五號密函開：『本會第五次全体會議通過國民抗敵公約暨宣誓實行公約辦法，除令飭各級黨部遵照外，特檢同上項公約暨辦法函達，即希查照轉飭所屬遵照辦理，並飭各省政府轉令各地方政府人員以適

當方法，暗示民衆自動舉行，于三月一日開始，儘一個月完成，其實
施情形，並應飭其詳細呈報，嚴加考核」等因，到府，應即照辦。除
函復並通行飭知暨密令行政院飭屬遵辦外，合行抄發原附件，令仰
知照，並密飭所屬一体知照，此令」等因，奉此，除分令外，合行檢同原
附件，令仰知照。並密飭所屬一体知照，此令」等因，計附發原附
國民抗敵公約暨宣誓實行辦法一件，奉此，除分令外，合行抄發原
附件，令仰知照，並密飭所屬一体知照，此令。」
等因，附發國民抗敵公約暨宣誓實行公約辦法一件，奉此，除分令外，合行
令仰該院長
檢察官知照，此令。

中華民國二十八年四月十一日

院長 馬師融

首席檢察官 崔鍾英

監印

校對

國民抗敵公約暨宣誓實行公約辦法

第二期抗战業經開始，凡我國人，尤應精誠團結，矢志救國，各抱抗战必勝之決心，始能獲得最後之勝利。兹制定「國民抗敵公約」及「宣誓實行公約辦法」通飭各省党部、政府及所屬各机関、各學校遵行，並應先由各級党部、政府普遍宣傳，指導民衆一体舉行其誓約如次：

省　縣（机関）（學校）　聯保　保　甲

國民抗敵誓約

我等各本良心，服從最高領袖　蔣委員長之領導，盡心盡力，報效國家，並代表全家發誓遵守抗敵公約，不做漢奸，如有違背，甘受政府最嚴厲的處罰與民众的裁判

抗敵公约如下

一、不做敵國順民

二、不参加伪组织。
三、不做敌军官兵。
四、不为敌人带路。
五、不为敌人侦探。
六、不为敌人做工。
七、不用敌人纸币。
八、不买敌人货物。
九、不卖粮食及一切物品给敌人。

宣誓人

中华民国二十八年　月　日

附宣誓实行公约办法

一、在举行宣誓之前，由各地党部、政府、学校校长、教员、学生等先

作擴大普遍之宣傳

二、誓行公約以保甲為單位，由聯保主任召集民眾大會，（規定由户主出席）先將公約用油紙（或其他耐久之紙張）寫好，提出大會宣讀，有不懂者，由聯保主任詳加解釋。

三、抗敵公約經民眾大會通過後，即由聯保主任將全體參加宣誓人之姓名寫上。

四、宣讀地點即在聯保主任辦事處，誓約貼于　總理遺像之下

五、宣讀誓約時各舉右手，由聯保主任領導宣讀，聯保主任讀一句，宣誓人讀一句，直至讀完為止。

六、宣讀誓約完畢後，各宣誓人即就誓約上自己的名字下親自花押或蓋章或打手摸（右姆指）蓋好即由聯保主任將誓約轉送縣府備案。

6

七、誓約全文由各縣府翻印分發住戶貼於牆上，父誡其子，兄誡其弟，婦誡其夫，親戚互相告誡，切實遵守。

八、各機關各學校由各當地長官領導聯合舉行宣誓，每機關一張

九、如有公務員出差或外省旅居本省有戶籍者，須一律參加宣誓

十、如不參加者，處以一元之罰金，仍須勒令補行宣誓

十一、宣誓後如有違背行為，由人民檢舉呈請政府依法治罪

青海省政府一九三九年四月份工作报告（节选）——有关召开国民公约宣誓、国民精神总动员、集训蒙藏首领等的经过（一九三九年四月）

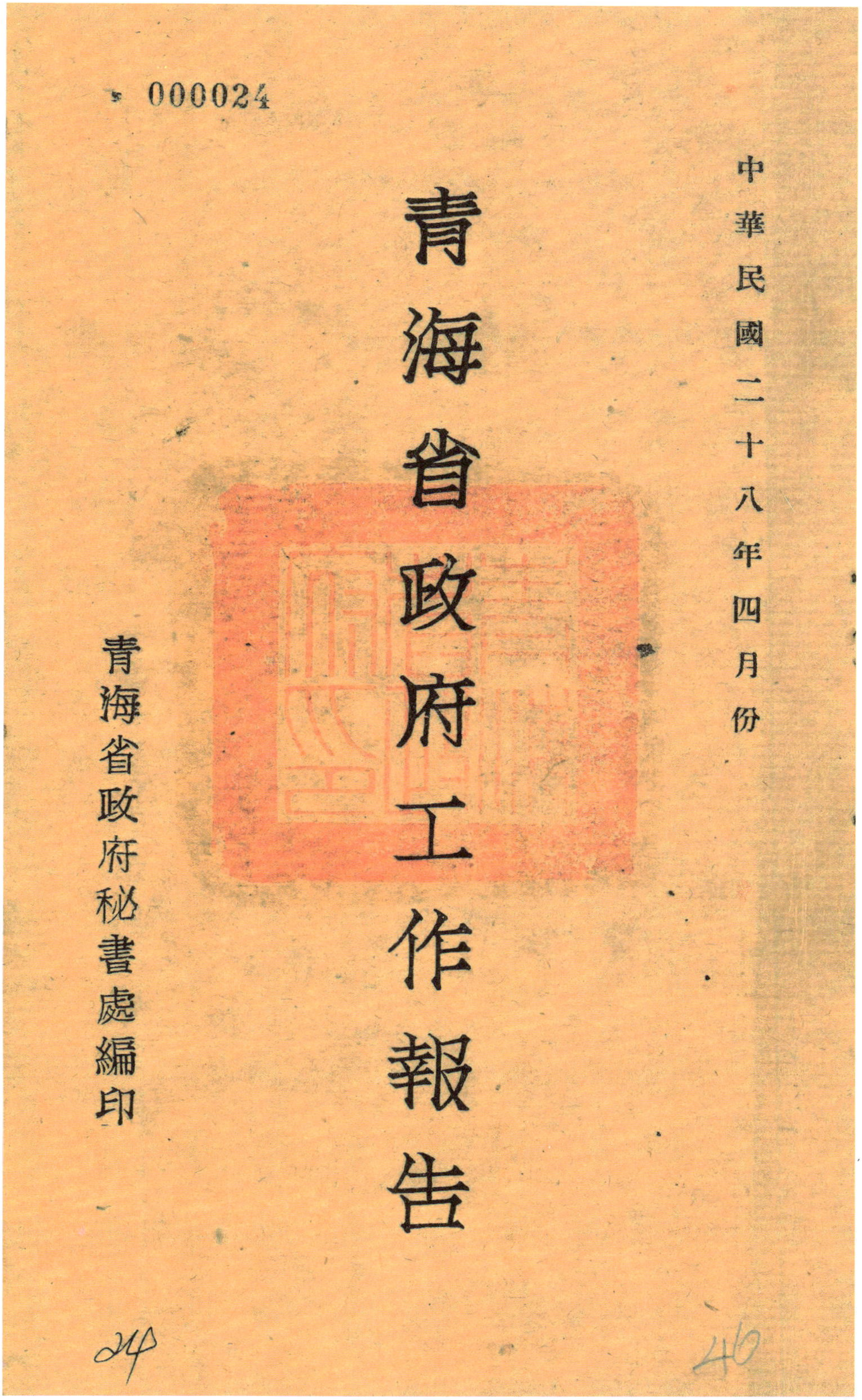

000024

中華民國二十八年四月份

青海省政府工作報告

青海省政府秘書處編印

24

46

000025

青海省政府二十八年四月份工作報告要目

一、奉行中央法令事項
二、頒行本省單行法規事項
三、民政
四、財政
五、教育
六、建設
七、保安
八、地政
九、禁煙
十、其他

附表

行政計劃與工作進度對照表

青海省政府二十八年四月份工作報告　要目　一

25

47

48

000040

（十）其他

甲、領導省垣各界舉行國民公約宣誓並召開國民精神總動員大會暨第二期抗戰第二次宣傳週之經過

查國民精神總動員，爲提高全國國民堅强奮發之精神，完成抗戰建國之基本條件，本府爲推動國民精神總動員工作起見，當經會同青海省動員委員會及省黨務執行委員會，於四月十七日，在小教場開省垣各界國民精神總動員大會，並舉行國民公約宣誓，暨第二期抗戰第二次宣傳週，到各機關法團學校，及省垣保甲長民衆等，共四萬餘人，氣象嚴肅，情緒緊張，報告開會意義後，即由本主席任監誓人，領導各機關長官及全體人員，舉行國民公約宣誓，嗣由本主席及各機關長官依次作沉痛講演，畢後由各機關團體學校全體人員，組織宣傳隊，分赴規定地點，依照省執委會訂頒之宣傳週辦法，舉行擴大宣傳週，俾人人均明瞭精神總動員之眞諦，加强抗戰必勝，建國必成之信念，各地民衆，均能澈底領悟，頗爲動容。

又會畢時，經大會一致通過，曾電委座致敬，及電慰前方抗戰將士，並以動員委員會主任委員名義，電報國民精神總動員會會長後，茲奉會長電覆，特予嘉勉，原電如左：

「青海動員委員會馬主任委員□電悉×密，據報領導省垣民衆，舉行國民公約宣誓，及召開大會情形，具見籌劃推進，倍極努力，良用嘉慰。青海民衆，素具堅苦卓絕精神，從此發揚淬勵，爲效當益宏遠，仍盼督導所屬，依照綱領，澈底實施，是所厚望。中正養印」

青海省政府二十八年四月份工作報告　其他　二七

40

77

乙、督促各縣實施精神總動員及公約宣誓之經過

查本省精神總動員工作，業已積極推動，各縣亦亟應同時實施，藉收宏效，茲經由動員委員會制定各縣國民公約宣誓實行辦法，連同國民精神總動員綱領及實施辦法國民公約等，頒發各縣黨部縣政府及動員委員會，趕即遵照舉行國民精神總動員大會，及國民公約宣誓去後，現經實施具報到會者，計有民和，互助，循化，湟源，同仁等縣。

丙、集訓蒙藏首領並舉行國民公約宣誓之經過

此次抗戰，必須結合國內全民族同力以赴，始克期底於成，而暴敵對家國內各民族，挑撥分化，無孔不入，即是蒙藏各旗族首領及民衆精神動員工作，尤爲本省目前最迫切重要事宜，本主席有見及此，爰將本省蒙藏各旗族王公千百戶等集省聽訓，以發動本省蒙藏民族力量，增厚抗戰實力，該王公千百戶等已於本月二十三日抵省，共計三百餘人，二十四日，在本府大禮堂舉行國民公約宣誓，關於第二期抗戰情形，國民精神總動員，國民公約宣誓之眞義，及最近本省黨政情形，本主席親蒞訓話，並由本府陳秘書長，及蒙旗駐京代表阿福壽用蒙藏語言，剴切講演，氣象融穆，前所未有，各王公千百戶等深明大義，均有同仇敵愾之慨，其結果極爲圓滿。至各該旗族民衆公約宣誓，及精神動員，已令各該首領依照旗族組織辦理矣。

丁、奉令辦理各地動員機關一律改組爲動員委員會之經過

奉軍事委員會訓令，各地動員機關，名目繁多，組織複雜，其流弊或互相推諉，觀望不前，或各行其是，意見紛歧，民無所從，爲劃一名稱，統一事權起見，應一律改組爲動員委員會，飭即遵辦，等因，到府，當經令飭各縣政府及動員委員會切實遵辦具報矣。

78

會，用資觀摩。衛生方面，本年五月十五日，曾舉行學校衛生大檢閱，事前召開籌備會議，商討檢閱方式，屆時由各省委及省黨部委員，切實檢查，事後舉行評判會議，以定優劣，俾資獎懲，所有邊地小學校，應爲地方改進之一切中心，並教職員應用特殊人才案，除令飭各小學校採擇遵辦外，所有邊疆教育，應注重社會教育案，已將上列辦理情形，咨覆教育部查照矣。

己、咨覆教育部本省舉行國民抗敵公約宣誓及宣傳情形之經過

本府教育廳奉教育部令發國民抗敵公約，及宣誓公約辦法，飭遵照等由，到府。查上項國民公約宣誓，本府業於四月十七日，舉行國民精神總動員大會，及第二期抗戰第二次宣傳週時，合併舉行，是日參加各機關各法團各學校及省垣保甲長民衆等，共四萬餘人，由本主席親自監誓。各縣亦令同日舉行。並飭各機關各學校各社教機關，製備國民公約，懸掛禮堂，於集會時誦讀。復於四月二十四日召集蒙藏王公千百戶等共三百餘人，在本府禮堂，舉行國民公約宣誓，儀式莊嚴，態度誠摯，並將第二期抗戰情形，及國民精神總動員，國民公約宣誓之眞諦，當場由本府陳秘書長及蒙旗駐京代表阿福壽，用蒙藏語言，剴切講演，各王公千百戶等深明大義，均有同仇敵愾之慨。至蒙藏各旗族民衆公約宣誓，並令各該首領等依照旗族組織辦理。所有上項經過情形，已咨覆教育部查照矣。

庚、奉令代召憲兵派員送蘭之經過

奉第八戰區司令長官司令部虞代電，飭代召蒙回藏族憲兵二十五名，於五月中旬前送蘭，以憑轉送憲兵第六團，等因，到府，遵即佈告招考，報名人數，共五十三名，經於四月三十一日，嚴格考試，計正取楊仲璉等二十五名，備取十五名，嗣因正取七名，臨時因病未克前去，已於備取名額內遞補，並每人發給旅費六元，派本府視察員趙珪，於五月九日，將楊仲璉等二十五名護送到蘭矣。

青海省政府二十八年五月份工作報告　教育　二五

113

58

青海省政府抄发关于加强民权主义之实施发扬民气以利抗战一案致乐都县政府的训令（一九三九年五月二十四日）

附：加强民权主义的实施发扬民气以利抗战案

青海省政府訓令 甲秘字第1673號

令樂都縣政府

案奉

第八戰區司令長官司令部參字第六六六號訓令內開：

「案奉 國民政府軍事委員會二十八年四月二十日辦四（渝）字第三七八六號訓令內開：『案奉 國民政府二十八年四月十二日渝字第一〇二三號訓令內開：「為令飭事。據本府文官處簽呈稱：『案准國防最高委員會秘書廳二十八年四月七日國治字第甲二六六號公函開：「國民參政會第三次大會建議，加強民权主義之實施，發揚民氣，以利抗戰一案，經陳奉國防最高委員會第三次常務會議決議：（一）第一項照辦，國民參政會議決之案，經國防最高會議、國防最高委員會通過者，政府應立予實行。實行之效果如何，政府應考查後，報告於參政會。（二）關於第二項各省臨時參議會之成立，由行政院迅速辦理，非有特殊情形，不得再延。（三）關於第三項縣參議會及第四項民眾團体組織，均另有專案在法制專門委員會等審議中，俟議復到會再行決定。（四）

33

76

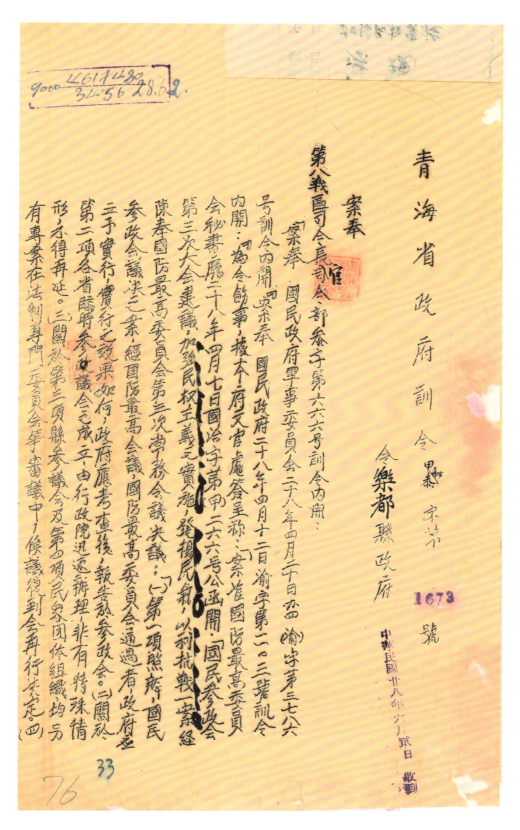

關於第五項，前經國民政府發布訓令，由主管查明辦理情形具報
等因。相應檢同原建議案印件函達，請煩查照辦理，此等由，
准此，經令發主席簽辦：「等情，據此，應即通令飭遵。除飭處函
復並分令外，合行抄發原附建議案，令仰該令遵照，並轉飭遵照」
已等因，奉此，除分令外，合亟抄發原附建議案，令仰遵照，並轉飭
所屬遵照。此令」等因，暨附抄發原建議案一份，奉此，除分令外，
合行抄發原建議案，令仰遵照，並轉飭所屬遵照。此令。＝
等因，附抄發原建議案一份奉此，除分令外，合行抄發原建議案，令仰
遵照，並轉飭所屬遵照。

此令。＝

附抄發原建議案一份

主席 馬步芳

中華民國二十八年五月廿四日

監印 王楨

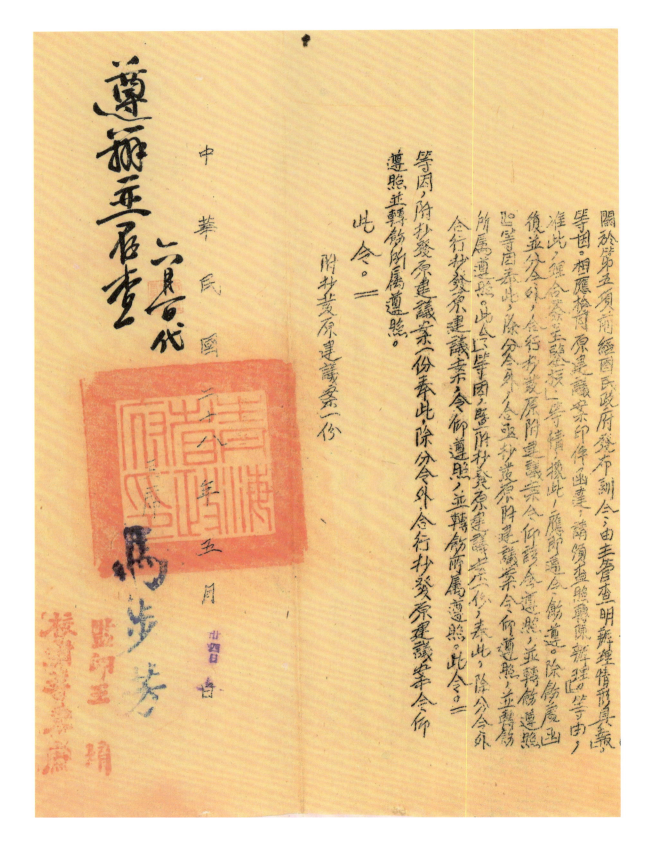

遵辦並存查 六月廿日代

加強民權主義的實施發揚民氣以利抗戰案

十九個月的抗戰証明我國軍隊愈打愈强日寇泥足愈陷愈深祇要我們毫不動搖地堅持持久戰的國策我們有把握地把日寇驅逐出中國去以恢復我領土主權行政之完整在剛要轉入第二期抗戰的時候最高統帥手定第二期抗戰要旨首列「政治重於軍事」和「民衆重於士兵」兩項這自然是檢討第一期抗戰的經驗和教訓所得的結論以指示今後之途徑無可諱言的抗戰以來我国政治上的進步趕不及軍事上的進步更遠遠地落後於抗戰的需要民衆是我国能够戰勝日寇的基本條件之一還沒有全部動員起來政治和民衆息息相關民衆能否發動起來一依政治之良窳以為斷政治千頭萬緒目前最與民衆有関的是民主自由要是民衆沒有參與政治的机會沒有言論出版集會結社的自由永不能提高其積極性范區溝橋事变之後三民主義一般的有普遍的宣傳民族主義國人在抗日戰爭中正竭其全身力量以赴他的實現而对於民权民族兩主義自應同樣的重視抗戰時期民生主義如何實施當另成議案竊易意現在政治上的缺點以民权主義未能迅速实施為最国民參政会之召集是民权主義实施之一個重要步驟集會兩次議決的案子实行了々々多少实行了的效果如何尚待查詢省參議會組織了半年至今还未有一省成立縣參議會則組織條例尚付缺如關於民衆運動在抗戰建国綱領中第二十五

34

77

項已清清楚楚規定了「發動全國民衆組織農工商學各團体而充實之」又第二十六項規定在抗戰期間於不違反三民主義最高原則及法律範圍內對於言論出版集會結社當予以合法之充分保障」但在實行的時候都還不能和綱領原旨完全相符其間各黨派之團結既已承認其存在而磨擦時生莫由解決上述這些缺點都不應當听其存在和發展彌補的法子祇有加強民权主義的實施假使民主政治能邁步前進則廣大民衆耳目一新將爭自奮發引抗戰為他們本身應盡的責任為戰勝日寇而增大無限力量的源泉這對於爭取抗日最後勝利是有決定的意義因此提出左列各點講求討論

一、國民參政會決議之案經國防最高會議通過者政府應立予實行實行之效果如何政府應發查後報告於參政會

二、省參議会應即成立期定後決不再延

三、縣參議會組織條例政府應限期公布組織條例中不應呆倣國民參政會和省議會之例應多有民主性以便依抗戰建國綱領早日完成地方自治

四、遵照抗戰建國綱領從速組織農工商學各職業團体

五、本會第一屆大會議決請中央通令全國軍政机關切實保障人民权利案經國防最高會議通過政府通令未收實效者應請政府重申前令令各軍政机關切實執行並限期呈報執行

國民參政会第三次大會決議「通過」

青海高等法院抄发修正国民精神总动员会组织大纲及实施办法修正条文致乐都地方法院的训令（一九四〇年五月二十八日）

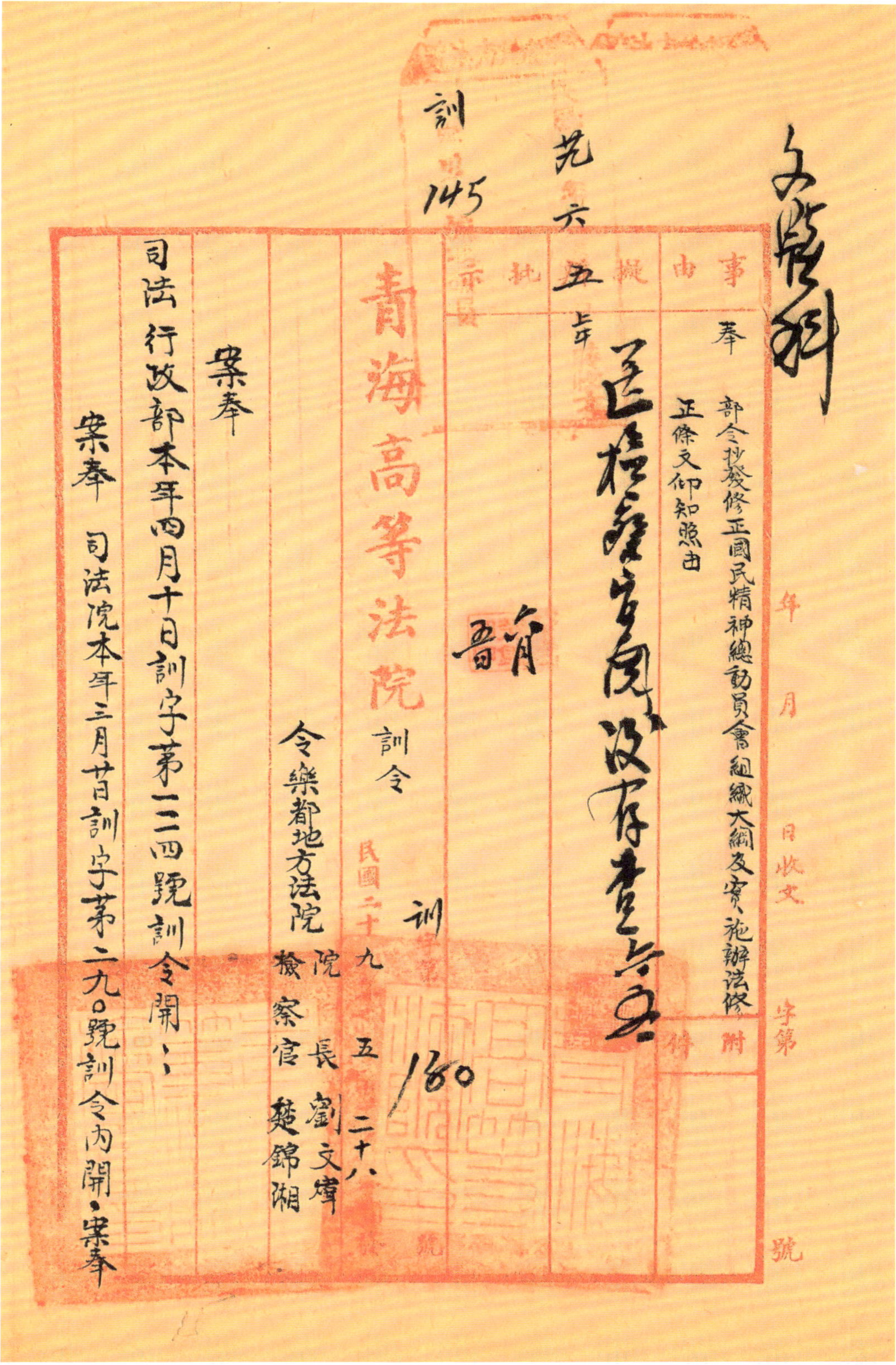
事由 奉部令抄發修正國民精神總動員會組織大綱及實施辦法修正條文仰知照由

青海高等法院訓令 訓字第 號

民國二十九年五月二十八日

令樂都地方法院院長劉文煒、檢察官楚錦湖

案奉

司法行政部本年四月十日訓字第一二二四號訓令開：

案奉

司法院本年三月廿日訓字第二九〇號訓令內開：案奉

國防最高委員會三月十七日國文字第八一六五號代電開查國民精神總動員實施辦法國民精神總動員會組織大綱前經本會制定公布於廿八年三月十二日開始實施並成立國民精神總動員會主持精神動員之推進督導在案茲為推行便利起見將國民精神總動員會業務改由社會部主辦所有國民精神總動員會組織大綱及國民精神總動員實施辦法中關於組織之規定亦經分別予以修正除分令外特抄同修正國民精神總動員會組織大綱及實施辦法修正條文電達查照等因奉此除分行外合行抄同修正國民精神總動員會組織大綱及實施辦法修正條文、令仰知照。此令。等因、除分令外、合行抄發原附件令仰知照並轉飭所屬一體知照。此令。

等因、計抄發修正國民精神總動員會組織大綱及實施辦法修正條文各一份。奉此。除分令外、合行抄同原附件令仰該院長、檢察官知照。此令。

計抄發修正國民精神總動員會組織大綱及實施辦法修正條文各一份

院長

首席檢察官

66

監印趙慶崇

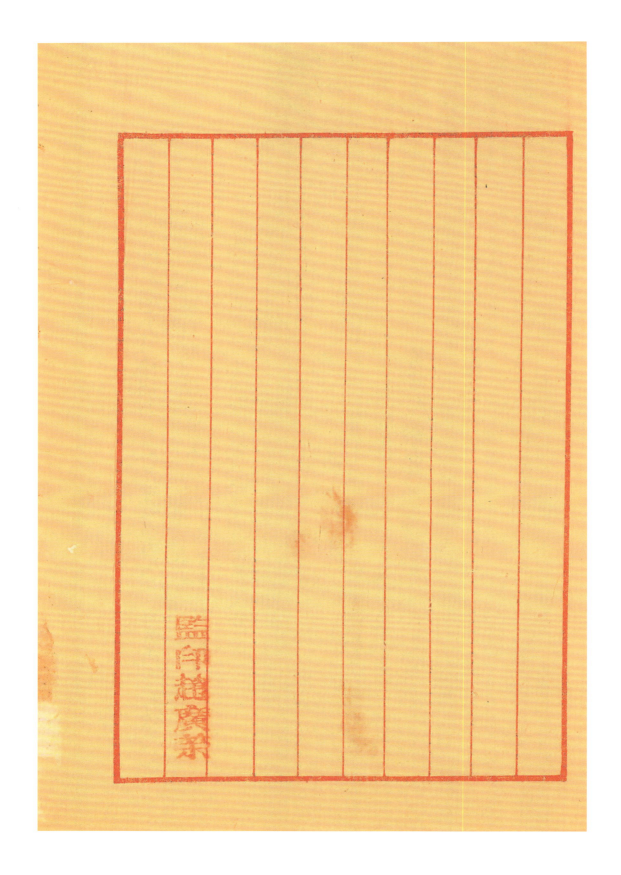

修正國民精神總動員會組織大綱

第一條　國防最高委員會為主持國民精神總動員之實施設置國民精神總動員會（以下簡稱本會）

第二條　本會設會長一人由國防最高委員會委員長兼任副會長一人由行政院院長兼任並以左列人員為常務委員

一、中央執行委員會秘書長

二、國防最高委員會秘書長

三、組織部部長

四、社會部部長

五、宣傳部部長

六、內政部部長

七、經濟部部長

八、教育部部長

九、政治部部長

十、新生活運動促進總會總幹事

第三條 本会設秘書長及副秘書長各一人承會長之命處理本會事務由會長於委員中指定兼任

第四條 本會業務由社会部辦理之

第五條 本會為策劃業務之推進設計委員會分組辦事其組織規則另定之

第六條 本會会議由會長隨时召集之

第七條 本會決議事項除交主管機關辦理外並得以本會名義行之

第八條 本大綱自公布之日施行

國民精神總動員實施辦法

甲、中央

二、精神總動員會設秘書長一人由會長由委員中指定一人兼任之
辦理會務所需助理人員由國防最高委員會秘書廳長及新建
總会調用（原案）

六、精神總動員會設秘書長及副秘書長各一人由會長於委員中指定
兼任會務由社會部辦理之（修正案）

三、精神總動員會每兩星期開會一次其決議事項除交主管機關
辦理外並得以本会名義行之（原案）

三、精神總動員會会議由会長隨時召集其決議事項除交主管
機關辦理外並得以本會名義行之（修正案）

青海高等法院关于抄发国民精神总动员视察员服务规则给乐都地方法院的训令（一九四〇年六月十七日）

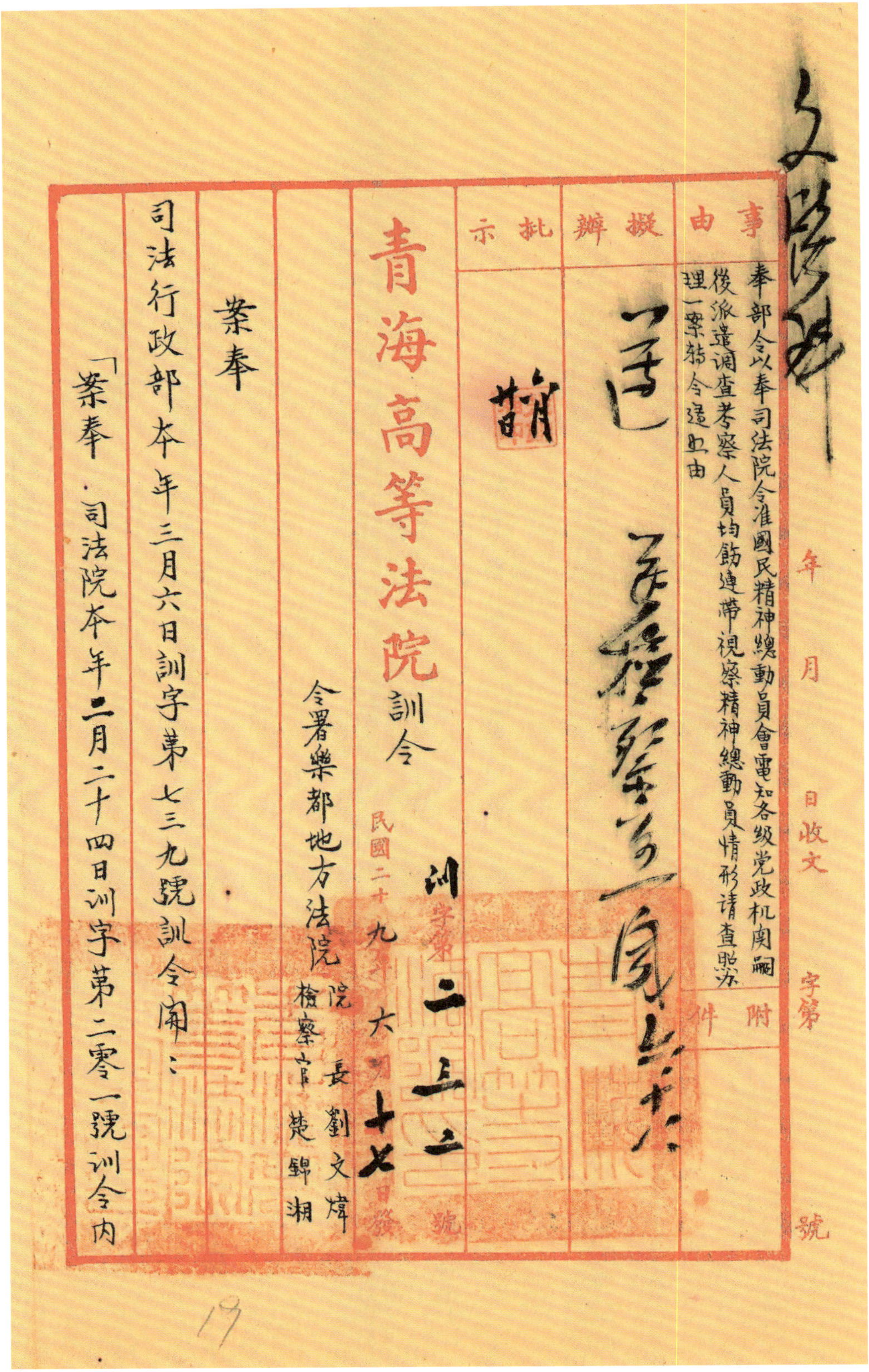

事由：奉部令以奉司法院令准國民精神總動員會電知各级党政机关嗣後派遣調查考察人員均飭連帶視察精神總動員情形请查照办理一案转令遵照由

擬辦

批示

附件

青海高等法院訓令

訓字第二三二號

民國二十九年六月十七日發

令署樂都地方法院院長劉文煒 檢察官楚錦湘

案奉

司法行政部本年三月六日訓字第七三九號訓令開：

「案奉　司法院本年二月二十四日训字第二零一號训令内

開：「案准國民精神總動員會删日代電開，茲為慎密考察
查全國各地實施國民精神總動員情形，以謀逐級督促普遍
貫澈起見，擬規定各級党部各級政府及各級團体嗣
後派遣調查考察人員均飭連帶視察精神動員情形並
將視察所得隨時報轉本會核辦，除分行外，相應檢同視
察員服務規則及報告表式各一份電達查照办理並轉飭
所屬一体遵照為荷等由，准此，除分行外，合行抄同視
察員服務規則，及視察報告表各一份，令仰遵照，並轉
飭遵照。此令。」等因；計附國民精神總動員會視察
員服務規則一份，奉此，除分令外，合行抄同原附件

令仰遵照并轉飭所屬一体遵照此令。
等因；計抄發國民精神總動員會視察員服務規則一份，奉此，
除分令外，合行抄同原附件，令仰該院長檢察官遵照。此令。
計抄發國民精神總動員會視察員服務規則一份

廿八九五

訓 1016

院長

首席檢察官

20

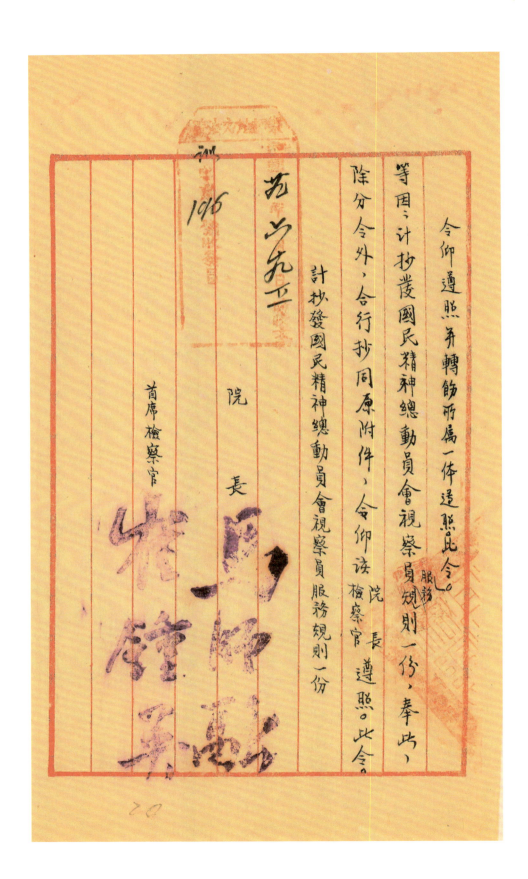

監印趙廣榮

校對高成甲

附（一）国民精神总动员视察员服务规则

國民精神總動員會視察員服務規則

第一條 本會為明瞭各省市國民精神總動員實施概況及督導改進起見得隨時派視察員赴各地視察視察員之服務依本規則之規定。

前項視察員得聘請其他機關人員或團體職員兼任之。

第二條 視察員之任務如左

一、視察各級推行精神總動員機構之組織情形

二、視察各級動員機關奉行之精神總動員會議情形

三、視察精神總動員之宣傳情形

四、視察各地區宣誓及國民月會情形

五、考察各級動員機關督導工作實施情形

六、考察各種實際運動情形

七、考察國民精神之改造情形

八、考察各當地於精神總動員之推動情形

九、視察其他有關精神總動員之事項

21

第三條 視察員視察報告之事項如有改進意見除呈報本會外並得通知所視動員機關注意改善但不得干涉其內部之行政

第四條 視察員在進行視察之事項範圍內得隨時向有關機關調閱文卷及他類各機關不得藉詞拒絕

第五條 視察員得隨時參加各級黨政機關團體舉行精神總動員會議及出席會議之國民月會

第六條 視察員得向各級精神動員之機關人員及保甲長調閱有關精神總動員事宜

第七條 視察員應將視察經過情形按月報會一次於視察完畢後提出詳細報告及改進意見如遇重要事項須迅速之隨時報告本會

視察報告表式另定之

第八條 視察員視察期內之旅費均由本會支給不得接受地方機關或團體之任何招待饋贈原機關或團體給有出差旅費者不另支給

第九條 視察員所至地區得請當地黨政機關保護

第十條 本規則自核定之日施行

附(二)国民精神总动员视察报告表

省
市 國民精神總動員視察報告表

二十 年 月 日填造

	級別	機構名稱	組織概況	工作概況	經費概況	備註
關於組織者	省(市)	國民精神總動員委員會				
		國民精神總動員協會				
	縣(市)	動員委員會				
		其他推動(行)精神總動員機構				
關於會議者	精神總動員會議已否舉行					
	各級動員會議(機關每週)每週會議是否按期舉行					
	歷次會議有無重要方案之決定					

關於宣傳者	(一)口頭宣傳 (二)刊物印發 (三)其他宣傳
關於公約宣誓及國民月會者	國民公約宣誓已否普遍舉行 省會各机關及省會民衆月會舉行情形 各縣月會舉行情形
關於督導工作者	省動員委員會已否設置視察員 縣動員委員會已否設置督導員 督導工作實施之概況 省縣長官曾否赴各地視察

關於種類	實施經過效果	備註
實際運動者		
關於精神改造之表見	改正生活方面　養成朝氣方面　革除惡習方面　打破不良企圖方面　糾正思想方面	
各方面對精神動員之推動情形	党部方面　政府方面「包括學校」　軍警方面　社會方面　家庭方面	
精神總動員已否列入各訓練班課程		

總	優點
	缺點
評	改進意見
備考	

附註
（一）關于宣傳一欄（1）口頭宣傳係包括各種講演（學校及鄉村）及廣播等（2）刊物即發係包括翻印本会各种講材及該省市自行編印之刊物（3）其他宣傳包括漫画標語音樂幻灯等
（二）關于公約宣誓及國民月会一欄應將各地舉行情形據實詳記並注明應次參加人數之比較以及出席人數与全人口之比較率
（三）關于實際運動一欄應注意運動實施之效果如舉办節約獻金運動其獻金數量若干如識字運動其參加受教人數若干均應詳列數字統計其無法用數字表示者始得用抽象語氣
（四）關于精神之改造一欄應注意一般群衆之生活狀況並對社會各界作廣泛之觀察加具考語如有某地成績最優或最劣者应特別叙明

教育部关于函送发动慰问前方将士等书写贺年信办法给国立西宁师范学校的训令

（一九四〇年十二月二十六日）

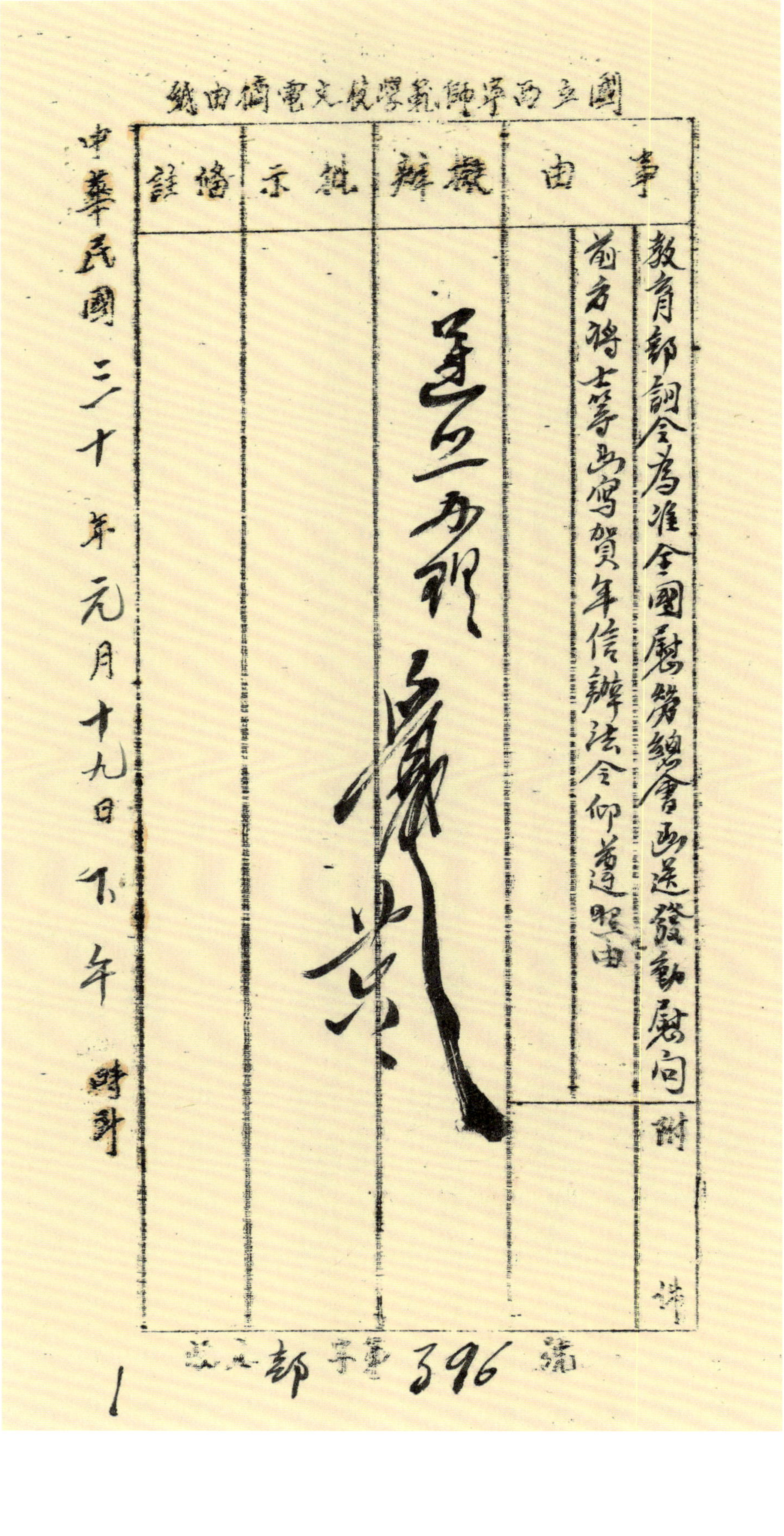

事由：准全國慰劳總会函送发動慰问前方將士等書寫賀年信辦法令仰遵办

教育部訓令

人拾7丙字第43441號

中華民國二十九年十二月廿六日发

令國立西寧師範學校

案准全國慰劳抗战將士委員會總会本年十二月十三日函開：逕啟者抗战勝利在望，卅年元旦行將來臨，本会緬懷先烈締造民國之艱，系念前方將士奮鬥之勇，尤其我海外僑胞熱烈援助祖國抗战之偉大貢獻，淪陷區同胞熱愛祖國、忍受犧牲、遭受敵寇壓迫並不斷与敵寇抗爭之偉大精神，全國軍民在 最高統帥蔣委員長領導下為保衛中華民國而堅苦奮鬥打擊敵寇之偉大功績，崇譽軍人以流血犧牲之英勇偉大，吾人寔不勝感佩興奮与系念之至。茲為表示我後方同胞對前方將士、崇譽軍人、海外僑胞与淪陷區同胞之崇敬与懷念加强精誠團結為争取抗战最後勝利而奮鬥之精神起見，本會特发動全國各界同胞寫賀年信運動，於廿九年十二月十四日全國一致發動，廿九日前全部分别寄出，檢附辦法一份，敬希惠允熱烈倡導進行為荷」等由；附辦法一份，准此，查原辦法訂定：

一、寫信之主要对象為：(二)前方將士，(三)榮譽軍人，(三)海外僑胞，(四)淪陷區同胞。

二、寫信之内容，除慰问及賀年之意，对上列任何对象均相同外，餘因对象不同而内容亦畧有分别，茲約為規定如下：

(三)对於前方將士者

1 致敬。

2 鼓勵抗战情緒。

3 説明後方建設進步之乃實。

4 説明政府及社会優待抗屬之乃寔。

5 説明後方同胞抗战意志之坚决。

6 說明國內外於我抗战有利之形勢。
7 說明迎接新年同時迎接勝利。
8 其他足以鼓舞士氣之宣傳。

（二）对於榮譽軍人者

1 致敬及慰问。
2 讚揚其对於抗战之功績。
3 說明勝利隨新年到來，鼓勵重上前綫。
4 其他足以安慰及鼓勵榮譽軍人之宣傳。

（三）对於海外僑胞者

1 对僑胞熱烈援助祖國抗战之精神，表示敬佩；
2 說明祖國在抗战中建設進步之宣傳，及抗战日益接近最後勝利之情形。
3 說明全國同胞擁護中央，擁護領袖，堅持抗战國策之宣傳。
4 希望僑胞加强对祖國之援助，並希望回國投資，共同担負建設三民主義新中國之任務。
5 其他足以鼓勵僑胞熱烈愛國之宣傳。

(四)对於沦陷區同胞者

1.表示深切慰问与懷念之意。

2.説明全國同胞擁護中央擁護領袖堅持抗战國策之決定。

3.説明後方建設進步國際形勢益見对我有利最後勝利不日必接近。

4.希望切實奉行國民公約。

5.其他足以鼓舞沦陷區同胞之事實。

三、寫給前方将士慰勞軍人之信件不指明某部隊某医院或某人均可。

四、寫給海外僑胞之信應注意僑胞所處之政治環境措詞以謹慎爲宜。

五、寫給海外僑胞之信件請分别指明某一地區(如美洲紐約新加坡荷屬東印度等)或某華僑團体及領袖寫給沦陷區同胞者亦可分别地區(如東三省上海南京北平武漢廣州等)但勿寫個人姓名。

六、此次慰问及贺年信由每一机关团体酌量為每一对象各寫若干封請机关長官領衔簽名並发動本机关团体職員及各界同胞簽名但各界同胞亦可自由書寫。

七、賀年信運動陪都方面由本会商同有关机关团体发動各地由本会電請各省市動員委員会发動之。

八、信件之收集及轉寄办法如下：

1陪都方面由本会收集及轉寄各省市由当地動員委員会收集及轉寄但得請各省市動委会将发動情形及結果詳細函告本会。

2寄往海外之信件其郵票由寫信机关团体或寫信人自行購貼。

3寫給前方將士暨軍人者分别送寄前方及医院寫給海外僑胞者分别寄交駐外使館或華僑团体及報社轉寫給淪陷區同胞者設法請最前綫部隊及敵後游擊隊或有关机关团体秘密轉送。

4对海外僑胞及淪陷區同胞之賀年信如慮寄送困難得選擇一部份就近請当地廣播電台播送或請國内外中國報紙发表。

4

九、發動此項運動時得約集當地机関團体代表及各界人士舉行會議商討進行办法並擴大宣傳

十、賀年信內容有違反本办法之規定或措詞有違背三民主義及抗战建國之策並影響抗战情緒經收集机関審查及發覺後得停止投寄

十一、全國各地一致於廿九年十二月十五日發動廿五日收集截至廿九日以前由收集机関全部寄出

十二、寄給海外僑胞之信件以採用中文為主如寫信人認為有採用外語之必要者亦得酌用外語

十三、賀年信之文字以簡潔生動親切並富有情感為原則列舉上列宣傳須具体確定

十四、信封須較堅硬信箋最好用对开之大幅宣紙或其他大幅布張以便簽名並使受信者可能傳观張掛藉留紀念

十五、由主办机関召集各界举行賀年信簽名大会以示熱烈而廣宣傳

自應照办，除分行外，合行令仰遵照办理，此令。

部長

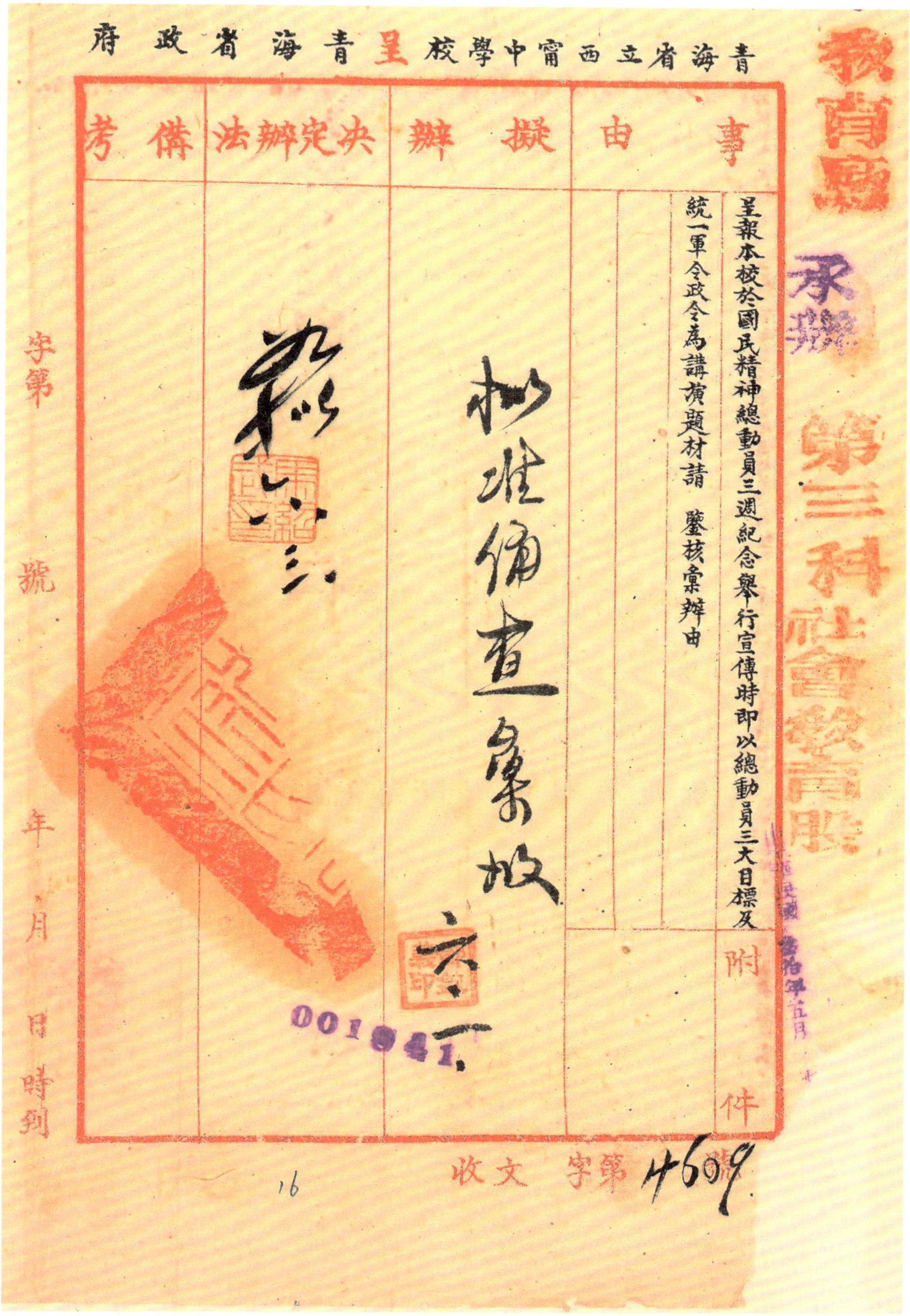

青海省立西甯中學校呈青海省政府

事由	擬辦	決定辦法	備考
呈報本校於國民精神總動員三週紀念舉行宣傳時即以總動員三大目標及統一軍令政令為講演題材請　鑒核彙辦由	擬准備查彙敘　六　一		

附件

字第　號　年　月　日　時到

收文　字第4609號

001041

青海省立西宁中学校关于国民精神总动员三周年纪念日举行动员及统一军令政令活动致青海省政府的呈文（一九四一年五月七日）

案奉

鈞府四月十三日丙教社字第〇〇〇三九一號訓令節開：

國民精神總動員三週紀念日應以國民精神總動員三大目標及統一軍令政令為各級學校講演競賽之題材合亟令仰該校遵照辦理并將辦理情形具報俾便彙咨此令

等因；奉此，查本校於參加青海省垣三月十二日國民精神總動員三週紀念大會後舉行西甯城市宣傳時即以「國家至上民族至上軍事第一勝利第一意志集中力量集中」及統一軍令政令為宣傳講演之題材理合具文呈請

鈞府鑒核彙辦實為公便

謹呈

青海省政府主席馬

17

青海省立西甯中學校校長牟松年

18

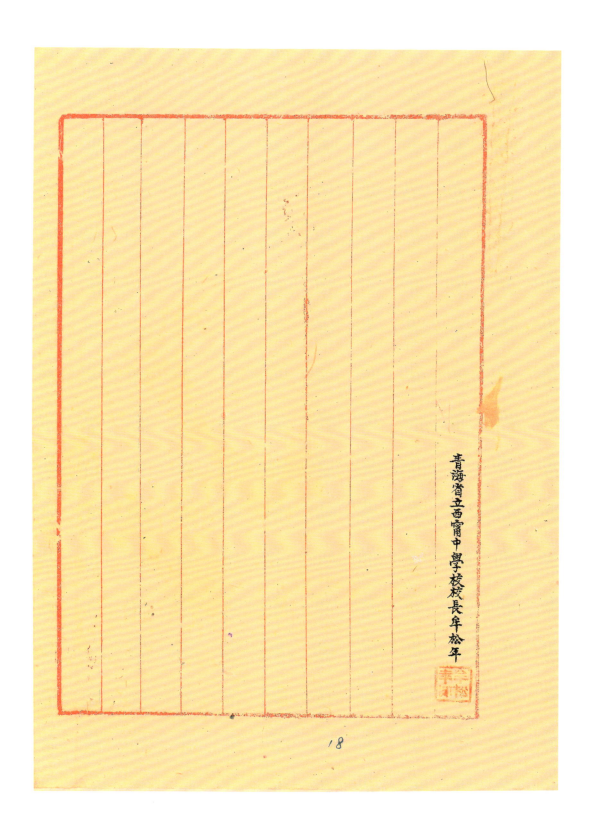

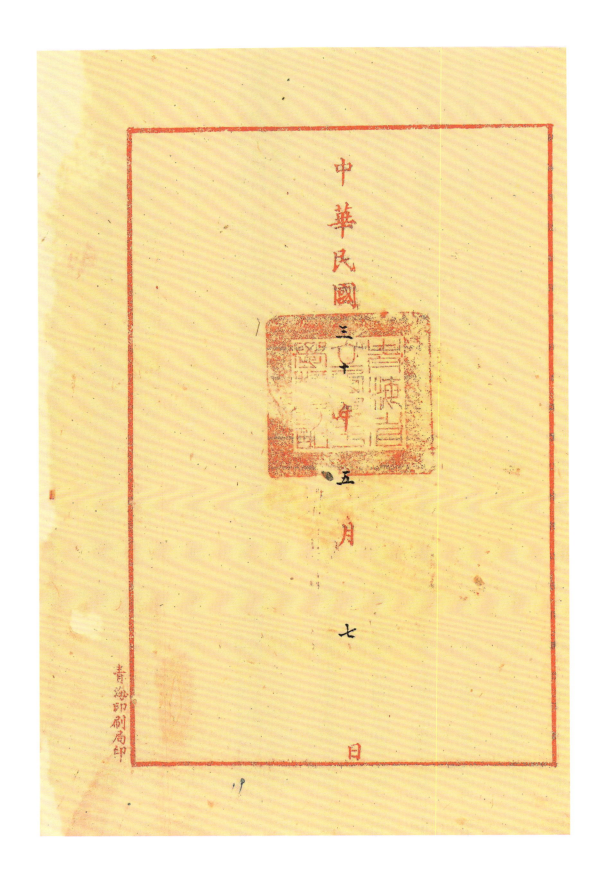

中華民國三十年五月七日

青海印刷局印

化隆县政府关于推进国民精神总动员及新生活运动工作实施纲要致青海省政府的呈文（一九四一年八月七日）

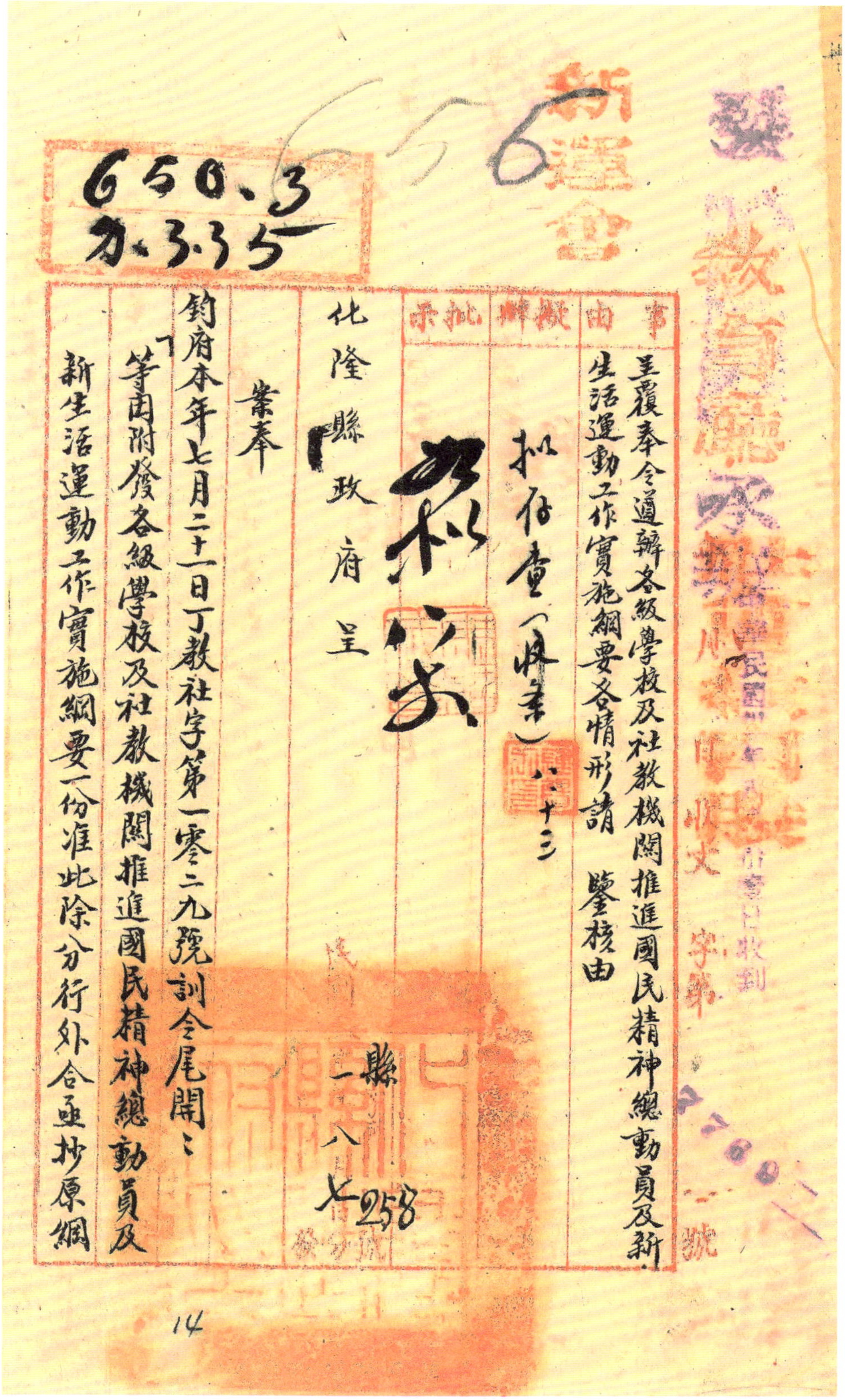
新運會
650.3
办.3.35
656
事由
呈覆奉令遵辦各級學校及社教機關推進國民精神總動員及新生活運動工作實施綱要各情形請鑒核由
擬辦
擬存查（收案）八、十三
批示
化隆縣政府呈
縣一八七
258
案奉
鈞府本年七月二十一日丁教社字第一零二九號訓令尾開：「……
等因附發各級學校及社教機關推進國民精神總動員及
新生活運動工作實施綱要一份准此除分行外合亟抄原綱
14

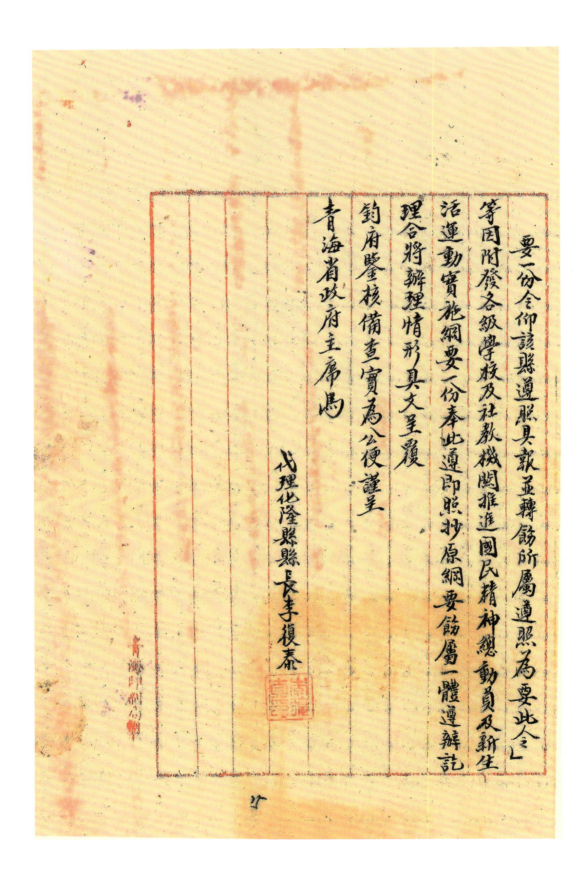

要一份令仰該縣遵照具報並轉飭所屬遵照為要此令」等因附發各級學校及社教機關推進國民精神總動員及新生活運動實施綱要一份奉此遵即照抄原綱要飭屬一體遵辦訖理合將辦理情形具文呈覆

鈞府鑒核備查實為公便謹呈

青海省政府主席馬

代理化隆縣縣長李復泰

青海高等法院查凡属国民均应参加国民精神总动员会致乐都地方法院训令（一九四二年三月二十四日）

青海高等法院訓令　訓字第　號

令樂都地方法院　院長劉文煒　首席檢察官楚錦湘

案奉

司法行政部卅年十二月十八日訓秘字第五九八號訓令開：「案奉司法院本年十一月十七日修字第一九六號代電內開：「案准國民精神總動員会代電內開：查國民月会為精神總動員之具体表現，凡屬國民均應踴躍參加，而公務人員尤應以身作則，以資倡導。據聞近來各機關舉行國民月會頗多怠忽，殊屬不當。嗣後各機關務必均实舉行國民月會，並須按月彙報送會，以憑考核。除分電外，特電查照，並希轉飭所屬一体遵照。」等由。准此，除分電外，特電查照，並轉飭所屬一体遵照。」等因。奉此，除分令外，合行令仰遵照，并轉飭所屬一体遵照。此令。」

等因。奉此。除分令外，合行令仰該法院遵照。此令。

卅三披年

訊66

院長 吳仲融

首席檢察官 宋傳冕

中華民國三十一年三月　　日

[illegible]卅一年參月廿四日[illegible]

監印趙廣[illegible]

校對[illegible] 趙頻

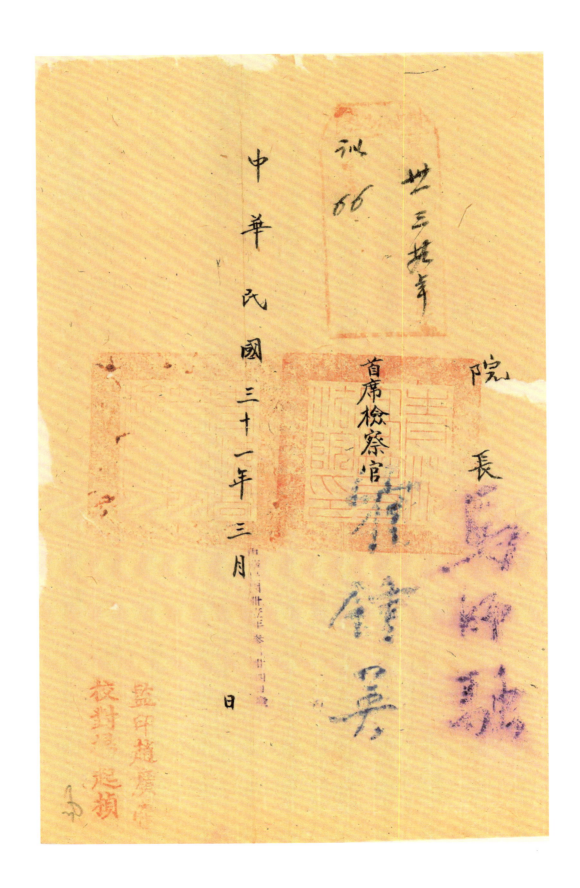

陆军第八十二军独立骑兵旅司令部附发手订阵中信条八则的令（一九四三年十月）

八十二軍獨立騎兵旅司令部　令

案奉

陸軍第八十二軍司令部本年八月二十二日務人字第693号訓令開：「案奉第八戰區司令長官朱巳銑天震良參字第六〇四號代電開：奉委座手啟迥齊聯一參代電開：查抗戰至今，勝利在望，凡我革命軍人，應即振作精神，加倍努力，以達目的。茲特手訂陣中信條八則，隨電附發，飭後各機關部隊學校務須每朝點名後全體循聲朗誦一次，藉激發士氣，以資警省。除分電外，合行檢發陣中信條一份，電仰遵照，轉飭一體遵照辦理，並將辦理情形具報為要。等因，除分電外，茲鈔發陣中信條八則一份，電仰遵照，轉飭所屬一體遵照，並將辦理情形具報憑轉」等因，附手訂陣中信條八則一份。奉此，查上項信條原經規定於每早朝誦惟第一因冬天早上天氣过冷時間太長不甚相宜第二因晚上時間比較寬裕為顧實際情况起見茲特規定於每晚点名後第一日晚上全体循聲朗誦陣中信條、第二日晚上全体循聲朗誦 長官手訂之軍人信条以後每晚輪流朗誦庶可激勵士氣藉資警惕除電復并分行外合亟抄發陣中信条一份令仰該旅長遵照并飭屬一体遵照辦理為要因

等因附手訂陣中信条八則一份奉此合亟抄發陣中信条一份除分令外仰該 長遵照辦理并飭屬一体遵照為要！

此令

中華民國三十二年十月 日

旅長

附手訂陣中信条八則一份

一、國民精神總動員宣傳綱要

一、國民精神總動員的意義

(一)從這個名辭的含義來說，國民精神總動員的意義是：

甲、在個人為集中其一切意識、思維、智慧與精神力量於一個方面，而提高使用之；

乙、在國民全體，為集中一切年齡、職業、思想、生活各各不同之國民精神力量於一個目標而共同鼓舞以增進之，整齊調節以發揮之，確定組織之中心，以增強發揮之效率者也。

(二)從這個運動的目的來說，國民精神總動員的意思，則為集結全國國民之精神於簡單共同之目標，使全國國民對自身皆確立同一的救國道德，對國家皆堅定同一的建國信仰，而國民每一份子，皆能根據同一的道德觀念同一的信仰而奮鬥犧牲是也。

二、國民精神總動員的重要

(一)精神是國力之一、我們知道、現代戰爭是兩國國力的決賽而國力的內容、是一切人財物力、更簡單的說、國力不外物質和精神、我們要和敵人爭勝須當動員一切的國力。總裁說：「現代的戰爭、再不像過去的戰爭只是兩國或數國軍隊與政府的決鬥、而是各個國家一切人財物力的總決戰、所以必須能夠做「全國總動員」的國家。才可以真正作現代戰爭一個有力的戰鬥員、才可以和人家爭強弱、決勝負、才有生存在這个世界的權利」。精神既是國力之一、欲動員全國的力量自不能不動員國民的精神。

(二)精神重於物質　精神總動員的重要、不僅因為精神是國力之一、而且是因為精神重於物質。　總裁說：「第一期抗戰是精神與物質並重、第二期抗戰中精神的重要更過於物質」。這個意思可分三点來說明：

甲、精神是體物質是用　總理說：「武器為物質，能使用此武器者，全賴精神，兩者相較，精神力量居其九，物質力量僅佔其一。」總裁也說：「精神能產生出力量，創造出物質。」「要以精神為主，物質為用」。這就是說，一切物質都要賴人的精神去運用，才能生出力量，精神是本，物質是末，所以精神重於物質。

乙、彌補物質條件的缺陷　我們對倭抗戰愈接近最後勝利，我們所待克服的艱难亦愈巨大，必須特別強化精神的力量以彌補物質條件的欠缺，才能達成抗戰的目的，并且吾人回憶對倭抗戰以來「奮鬥之經過，而檢討其缺失，則物質條件之欠缺固甚明顯，而精神條件之未備，尤难諱言」。自非特別注重精神的力量，加速振作和集中不可。

丙、打擊敵人的詭計　總裁說「最近敵人側重政治的舞弄，

(二)

46

27

捏造事實離間國人、無非先要制服我們的精神、分解我們的精神，然後來征服我們整个民族。要打破這種陰謀，我們除了繼續注意軍事和物質以外、更要特别注重精神的抵抗力。又說：「現在敵人所千方百計以求的、是要打擊我們的精神、壓服我們的精神消滅我們民族固有的道德和革命的精神、使我們民族生命無所寄托、因此目前最急的需要、無過於精神的振作與集中」。

(三)歷史証明精神的重要

甲、精神不振者滅亡　　我們熟察我國歷史上外患之深、都由於朝野士夫精神上為敵人所懾服、致不能發揮吾民族雄厚的力量、宋明的滅亡、并非由於武力不如敵人、最大原因還是由於當政者無胆識、無氣節、乏自信、意志不堅強、精神先為敵人所懾服、從而不能振作集中國民的精神去抵抗敵人的

(47)

侵畧。

乙、精神振作消成功　本党革命的経過，便是最佳的例証。吾人最初以赤手空拳，推倒滿清帝制，建立中華民國。其後誓師北伐，掃除軍閥障碍，完成國家統一，亦均賴精神制勝」。

三、國民精神總動員的共同目標

(一)共同目標的必要　國民精神總動員須有共同的目標，然後全國國民的努力奮鬥，纔有所遵循，而無彷徨紛歧之虞，否則，國民既無共同遵守的目標，即不免「或則暗中摸索，枉費精力」，「或則互相牴牾，抵消力量」。但如目標過於繁雜，也不能舉精神集中之實，所以貴能簡單，因此，國民精神總動員，以下列三種為共同目標，一、國家至上民族至上，二、軍事第一勝利第一，三、意志集中力量集中。

(二)國家至上民族至上

（三）

甲、民族至上　吾人的生存自由、附麗於民族的生存自由之中。民族滅亡、任何個人的生存自由亦隨之消失。現在倭寇的野心毒計、即欲消滅我們的民族意識、拆散我們的團結、又進而瓦解我民族斷滅我民族。我們應視民族利益高於一切，消極方面、不做妨害民族利益的事、積極方面、應不惜為民族利益而犧牲個人的一切利益。每個人的奮鬥、都要集中於為民族生存而奮鬥、每个人的犧牲、都要集中為民族生存而犧牲。

乙、國家至上　國家是民族生活的最高體系、民族的生存自由、要賴國家為之保障、無國家、則民族的生存自由、失掉依據、就要倚仰由人了。所以、我們為謀民族的生存與發展則舉國國家、實為先務之急、換言之、國家至上民族至上、民族國家利益高於一切、我們要有為民族國家而犧牲個人利益的決心與為民族國家利益而作最善的努力。

48

(二)軍事第一勝利第一

甲、軍事第一　在此解決國族存亡之軍事時期中、國家民族之最大利益為軍事利益、是以國民一切之思想行動、均應絶對受國家民族軍事利益的支配、為達成軍事之利益、為增進軍事之利益、國家民族得要求國民為一切之犧牲、而為國民自亦必自動踴躍而貢獻一切之所有、故曰軍事第一。

乙、勝利第一　軍事之唯一目的在求得勝利、蓋不勝利、即為國家民族之滅亡、故國民務須確立必勝之信念、且竭其全部之知能與全部之時間精力以求取軍事之勝利。在此時期應無所謂個人得失、個人利害、與個人之屈伸與榮辱、惟求得軍事之勝利、乃為吾國民人人共享之光榮唯不能獲得勝利為人人最大之恥辱、一切功罪、一切是非、胥當以此為標準、故又曰勝利第一

(四)

50

28

(三)意志集中力量集中

甲、意志集中　當此國家民族存亡絕續之際，凡為國民所有意志均當集中。國家民族之所急既為爭取軍事之勝利，則國民意志集中之標的，亦當為國家民族之軍事利益，換言之國民對于最後勝利之自信，應均為堅定不搖，一切思維均當集於擁護國族，爭取勝利，不可有越民族越國家以及妨害軍事利益的思想，蓋不然者，思想龐雜，議論紛歧，非至貽害國家民族爭取勝利之成功不止。因此就國家民族言，亦必要求全体國民的思想絕對集中於國家至上民族至上軍事第一勝利第一兩義之下，而不容其紛歧懷疑作其他之空想空論者。

乙、力量集中　力量分散則弱，弱則無以達成民族國家軍事的勝利，所以力量須當集中。行動基於意志，意志集中力量本也當隨之而集中，但事實上常有言不顧行，思維自思維，行動自行動，表裏全不一致者。今後全國國民不但要意志集中并且要力量集中，務於艱苦之中，各竭其能力以貢獻於國家民族，俾能爭取抗戰的最後勝利，同時達到吾建國工作之完成。

51

三 救國道德與建國信仰

確立救國道德與建國信仰的必要　國家至上民族至上軍事第一勝利第一、意志集中力量集中三原則只是國民精神動員的共同準繩、然精神力量之所由表現為道德、而其所由發揮必歸着於信仰。質言之、即我們尚應樹立救國之道德、以為全國國民所共同實踐、并確定三民主義之信仰以為全國國民共同趨赴。分別說明於下

(一)救國道德　今日欲振衰起微、全國國民的精神應集中於總理所倡導的忠孝仁愛信義和平八德之實踐。蓋中國民族昔日之綿延光大、實賴有此道德、今日之衰弱式微、實由喪此道德、故非要求吾國民一致確立此救國道德不可。

甲、忠孝為先　八德之中、最根本者為忠孝、唯忠與孝實中華民族立國之大本。今當國家民族危急之際、全國同胞務必竭

30　52

忠盡孝、對國家盡其至忠、對民族行其大孝。

(子)孝　中國社會數千年來之所謂孝、不唯盡孝於其親、亦重在盡孝於其祖、至　總理更將中國固有之孝道闡揚光大而及於國族、由戚親之義而推及於同國同族之相保、由追遠之義而曉然於同國同族之相關、是以吾人今日行孝之對家應為整個之民族、吾人為求不辱吾民族共同之祖先、則犧牲一己以維護民族之生存應為人人最高之責任。

(丑)忠　今日而言忠於國家、必須人人以擁護國家獨立為神聖的責任。國家者有其絕對性者也、欲衛護國家之自由與獨立、其先決條件、則為軍令政令之絕對統一、凡我國民必一致忠于職分、忠于紀律、忠于法令、萬不可稍萌渙散或違背法紀、以減弱國家之權威

53

乙、仁愛信義和平

(子)仁愛　仁愛信義和平諸德皆由忠孝二義演進而來。仁愛為孝道之擴展，吾人推仁愛之心，則必不坐視同胞之被僇辱被殘害，而必有同仇敵愾之勇。

(丑)信義　信義為忠道之延長，推信義之心，則必能負責盡職，不貳不欺，以造成一致赴難之團結。

(寅)和平　和平由信義而生，推吾數千年愛好和平之固有理想，則必樂於為抵抗暴力與求取永久和平而奮鬥。

(二)建國信仰　吾人今日所以要求我國民趨集同一之方向確立同一之道德，不辭艱苦而奮鬥者，其最後目的端在完成建設三民主義的國家，蓋吾人理想中所欲建設之國家，外則為獨立自由平等，內則為民有民治民享，而三民主義即為達成此國家建設唯一無二法門，此固為全國同胞所公認，今後惟有人人

54　31

鞏固堅定其對於三民主義之信仰、共同奮鬥以求其實現。（六）

甲、民族主義　抵抗外力侵略、以求得民族之獨立自由與平等。因為今日抗戰唯一之目的、而國内各民族携手並肩抗敵之事業更足以增進整個民族之團結、為博大的中華民族奠其堅實之基礎。

乙、民權主義　戰時政治意識之普及、既足以加速培養真正之民權、而戰時政府職權之集中整理、更足以造成高度效率之政治。

丙、民生主義　戰時增加生產管制消費的努力、即所以樹立民生均給之始基、而國家根據民生主義以實施戰時經濟政策之結果、必使戰後公私產業均有平衡合理之發展、而最大多數人民必以戰時之生活、戰時之行動、戰時之精神、努力生產努力創造、因以獲得進步與繁榮、循此以進、三民主義的

55

新國家之建立，即在抗戰獲得光榮的勝利之時，而中國永遠安樂之國基，亦將從此奠定。

五、改造國民精神應有的努力

㈠精神之改造　吾人既為使國民精神趨於同一方向而確立人人所應實踐之八德，復闡明一切奮鬥之最後目的在於實現三民主義，然而究如何而後始能造成八德之風氣，俾能由達成國家民族的軍事勝利，而實現建國的目的，仍有待於體察國民精神的實際，視其健全與否，分別加以扶植或淘汰，以造成共同一致之良好環境，而完成國民精神之澈底改造。約而言之，國民精神之應行改造者，計有五項：

甲、醉生夢死之生活必須改正　沉溺於聲色貨利之醉生夢死的生活，必須加以澈底之改正，而實行新生活之信條。

乙、奮發蓬勃之朝氣必須養成　欲革除消沉頹廢之風氣

32　56

(七)

而養成飽滿充實朝氣煥發之精神，則：一、在心理方面，民族自信心與個人自強心之缺乏，應予糾正；二、在生理方面，運動衛生，整齊清潔，乃至早起之習慣，均須提倡與實行。

丙、苟且偷生之習性必須革除

(子)欲糾正前方民衆欠缺誓死復仇之決心，須闡明春秋大復讎主義，所謂「為國復讐雖百世可也」，使皆永不忘國家至上民族至上之觀念。

(丑)欲糾正後方人員避難就易之私圖，在提倡見危授命之風氣，表揚殉職死難之忠烈，更須嚴飭綱紀，昌明正義，使人人咸視規避職守、潛圖安全，為莫大之恥辱。

丁、自私自利之企圖必須打破　對於只圖保全個人之生命與財產，增長個人之名位權利，而不顧民族全體之利害與存亡之國民，須當發揚輿論之權威，加以盡量之指正，務使盡

57

袪私見、共輸肝膽、而歸於至公與至誠。

戊、紛歧錯雜之思想必須糾正　目前全國之思想與言論、在根本上雖已形成統一、而枝葉上之紛歧、仍所在多有故必一方確立標準、分別糾正、俾鞏固統一之基礎、一方積極疏導、造成共同之國論、俾國民與青年在認識上對國家前途懷抱同一之理想、在行動上趨赴同一之目的。此之標準當根據當前事實需要與民族利益、為全國國民所義當接受亦樂於接受者、約而舉之則為：

（子）不違反國民革命最高原則之三民主義。

（丑）不鼓吹超越民族之理想與損害國家絕對性之言論。

（寅）不破壞軍政軍令及行政系統之統一。

（卯）不利用抗戰形勢以達成國家民族利益以外之任何企圖。

（八）

（二）今後應有之努力、 國民精神之改造，尚須列舉具體事項，畧示範圍，然後推行容易，完成可期，茲根據上述各節，分别臚列如次：

甲、關於改正生活者：

（子）整飭國民之日常生活，取締一切不正當娛樂；

（丑）禁絶奢侈虚靡及一切無謂浪費；

（寅）限制消費，減少奢侈品之輸入；

（卯）勸導國民減低生活水準 實行普遍的緊縮；

乙、關於養成朝氣者：

（子）愛惜光陰，愛惜人力物力；

（丑）擴大戰時生產，增進全國的工作時間及效能；

（寅）組織與訓練民衆，予以適當戰時工作之分配；

丙、關於革除惡習者：

59

(子)宣傳敵人政畧戰畧失敗、與我軍愈戰愈強之實情；

(丑)檢舉一切游閒怠惰份子、強制戰時服役

(寅)肅清對國際上之倚賴心、僥倖心，及中途妥協之幻想；

丁、關於打破企圖者：

(子)切實肅清貪污；

(丑)鼓勵國民毀家紓難以个人財產捐助戰費；

(寅)搜集一切軍需物質、貢献國家政府；

(卯)切實推行精神或物質貢献於國家之各種運動；

戊、關於糾正思想者

(子)整飭民衆團體之組織及其訓練；

(丑)統一文化團體之組織及工作方針；

(寅)取締有碍抗戰之論爭及非法活動；

(卯)糾正各種報章之言論傾向。

34

60

青海省动员委员会办事规程（时间不详）

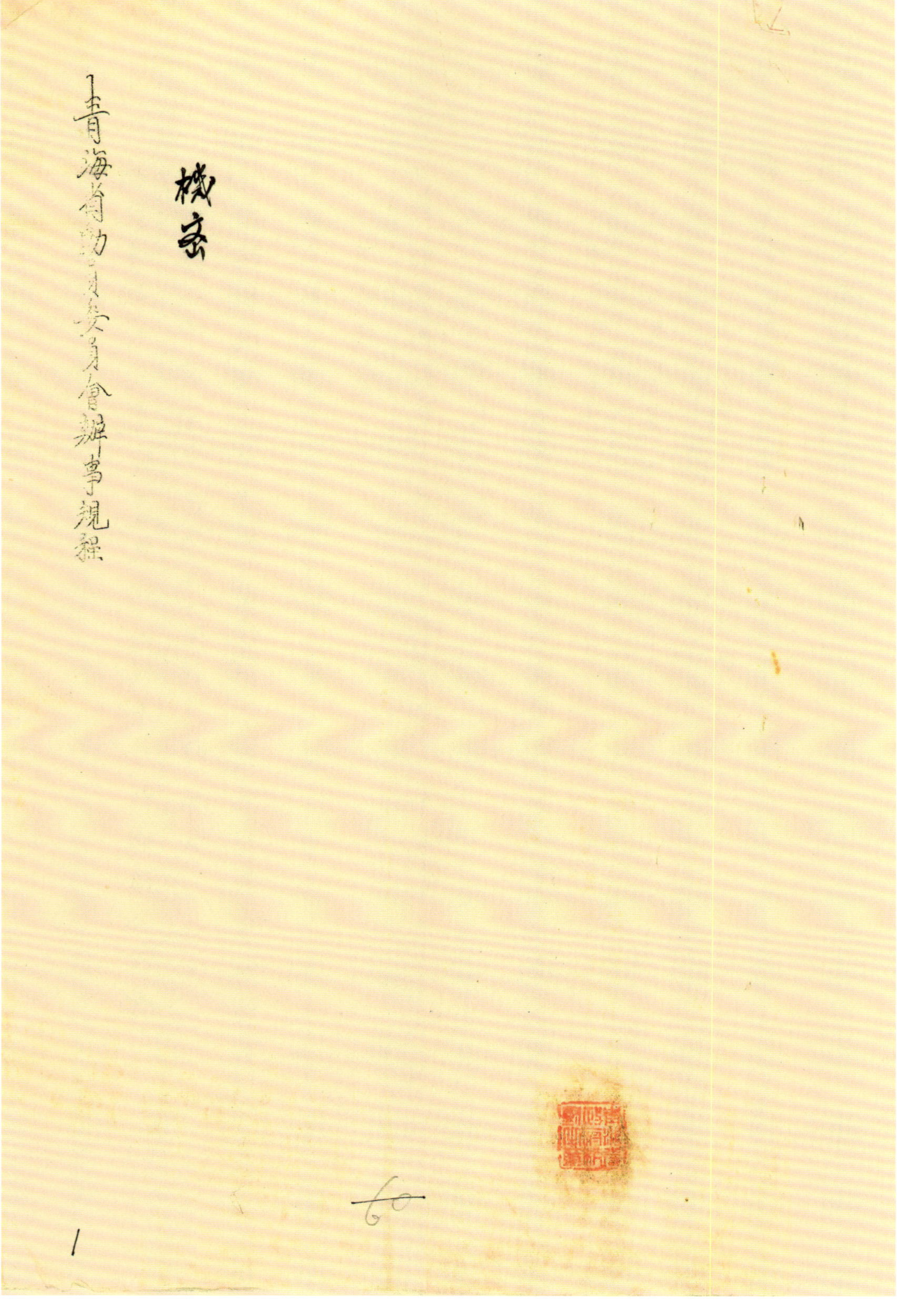
青海省動員委員會辦事規程

機密

60

1

青海省動員委員會辦事規程

第一條　本規程依照各省市縣動員委員會組織大綱第十條之規定訂定之

第二條　本會依照各省市縣動員委員會組織大綱第二條之規定以省政府主席省黨部常務委員各廳廳長為委員但為適應本省實際需要增加效率起見得加聘中央派赴各省協力動員工作之人員省政府各委員秘書長省黨部各特派員八二軍參謀長高等法院院長保安處長地政局長為委員以軍事委員會委員長指定之省政府主席為主任委員

第三條　本會設總幹事一人由主任委員就委員中指定之承主任委員之命辦理本會一切事務

第四條　本會分設五組其職掌如左

第一組

1、關於文書之收發撰擬繕寫校對監印等事項

2、關於經費之收支及購置事項

3、關於統計及編輯事項

6、關於不屬於其他各組事項

第二組

1、關於國民軍訓徵兵勞動服務等事項

2、關於民衆武力之發動與指導事項

3、關於散兵游勇之處置傷兵之管理與難民之救濟事項

4、關於戰時警察及防護團之指導事項

5、關於其他民力動員事項

第三組

1、關於戰時文化機關之調整事項

2、關於戰時學校教材之審定事項

3、關於智識份子及青年學生參加戰時工作之指導事項

4、關於戰時各種訓練班之舉辦事項

5、關於其他思想動員事項

第四組

1、關於民間有關軍需物品之調查及徵發事項

2、關於軍需品之生產指導及協助事項

3、關於軍需資源之調查與開發事項

3 62

六、關於糧食及燃料之生產消費儲藏價格運輸貿易及分配等事項

七、關於交通工具工事材料之供應與統制事項

八、關於其他物力動員事項

第五組

一、關於戰時財政之籌劃事項

二、關於戰時經濟之計劃事項

三、關於戰時金融之調濟管理事項

四、關於救國公債等之籌募事項

五、關於其他財力動員事項

第五條　每組設組長副組長各一人幹事若干人必要時並得設雇員若干人

第六條　每組設設計委員會計劃各該組進行事宜其設計委員由主任委員聘任之

第七條　凡事務關係兩組以上者得由組長簽請召集組聯席會議商決之其重要者由主任委員提請委員會議決定之

第八條　本會決議事項由主任委員分別函令各主管機關切實執行

二

第九條　本會每星期開常會一次必要時由主任委員臨時召集之

第十條　本會職員得由主任委員向有關各機關調用概不支薪但專任及雇用者不在此限

第十一條　本會必需之辦公費由省庫撥給之

第十二條　本規程如有未盡事宜得隨時呈請修改之

第十三條　本規程經呈報軍事委員會核准之日施行

5

64

青海省國民精神總動員工作實施方案草案

一、本方案係依據國民精神總動員綱領及其實施辦法等有關法規訂定之

二、本方案之最高執行機關為青海省動員委員會監督機關為青海省政府指導機關為青海省執行委員會

三、本方案之有效期間定為一年自二十八年六月初起至二十九年五月底止

四、本方案實施之事項及辦法如次

（一）關於新生活運動

甲、組織各機關法團學校之新生活運動委員會依據　中央頒佈之新生活運動委員會組織辦法會同本省黨政最高機關命令遵照組織之

乙、改革不良習俗及嗜好

（1）本省各地人民一切不良習俗會同本省黨政最高機關及新生活運動促進會製定辦法切實改革

（2）煙酒嫖賭等不良嗜好由本省主管機關分別督令各地人民戒除之

丙、推行尊敬黨國旗運動

（1）策動各機關法團及學校每日由地當各機關法團或學校首領率領全體人員按時（其升旗時間暫定為早六時降旗為下午五時）舉行升降旗禮其儀式及口號如左：

1.升降旗禮儀式

一、全體肅立　二、唱黨歌　三、升旗或降旗　四、呼口號　五、禮成

2.口號

一、統一意志　二、集中力量　三、服從最高領袖　四、實行三民主義　五、打倒日本帝國主義　六、復興中華民族

（2）策動各機關法團學校及商店住戶均須照　中央之規定製備黨國旗遇紀念日一律懸掛

（3）策動各娛樂場所（如戲院等）在演台要掛黨國旗於開幕時全體觀衆起立致敬

丁、推行規矩運動

二

會同本省黨政最高機關及新生活運動促進會訂定推行辦法令飭各地遵照推行

戊提倡正當娛樂

（1）建設各地公園以供民衆之遊覽

（2）倡辦業餘遊藝比賽以提倡民衆作正當娛樂之興趣

（3）策動各機關法團學校組織俱樂部

（二）關於國民體育者

甲，倡辦公務員及民衆業餘運動會

比賽項目以田賽徑賽國術及其他有關國防之各種運動爲原則

乙，組織各種保健團體舉行體育競技比賽

按照時令提倡組織旅行競走，爬山，遠足，營火會，越野，賽跑，球，類國術，等保健團體并舉行比賽

丙，舉辦學生健康檢查

於每年五月間由省動員委員會會同教育廳發動依照教育部規定之各省舉辦學生健康比賽法分別辦理之

丁，舉辦夏令衛生運動

於每年六月至八月間由省縣黨政機關會同有關衛生警察等之機關組織夏令衛生運動委員會切實推行

戊，推行清潔運動

由省黨政機關會同當地新運會擬定辦法切實施行 已提倡早起運動

由各機關法團學校分別組織喚醒隊於每晨早五時前各家門首呼口號或高唱各種歌曲

（三）關於促進文化運動者

甲，組織文化巡迴工作團

會同省縣黨政機關及所在地各種文化團體擬定實施辦法採用巡迴工作方式以促進所屬區內之文化

乙，舉行學生歌詠比賽

會同省縣黨政機關及有關團體組織各學校歌詠隊并定期舉行總比賽

丙 推行民衆識字運動

會同省縣黨政各機關普遍設立民衆識字處利用民間餘業時間強令不識字之民衆就學識字

12 72

丁·提倡組織各種文化團體

如回教促進會蒙藏文化促進會及各地教育會等應提倡其普遍設立幷健全其各級組織

戊，提倡刊發各種刊物

（1）由省縣黨政機關提倡刊發各種有關文化之刊物及民衆通俗讀物　（2）由各縣社會教育機關及縣黨部刊發壁報及通講演

（四）關於戰時節約者

甲，推行節約建國儲金運動

遵照中央社會部頒佈之各級黨部推行節約建國儲金運動辦法指導各機關公務人員及各學校教職員與國營公營之事業人員於本年內切實進行

乙，推行節約獻金競賽運動

會同省黨政機關及有關機關遵照中央頒部節約運動大綱於每年七七抗戰紀念日辦理之

丙，指導各地民衆切實愛惜光陰及人力物力等

丁，勸導各地民衆減低生活水準實行戰時緊縮

戊，限制各項消費及奢侈品之輸入

已　禁絕奢侈虛糜及一切無謂應酬

庚、依照本省實際情形規定最經濟之婚喪禮節由主管機關製定統一辦法通令施行

（五）關於戰時服務及勞動服務者

甲·策動各種人民團體戰時工作隊實地工作

乙，檢舉各地游閒怠惰份子強制其担任各種戰事服務

丙，倡辦各種徵募運動

如鞋襪藥品書報雜誌銅鐵勸鏈等運動分期會同省縣黨政有關機關發動各種運動

丁，舉辦難民救濟運動

遵照中央頒佈各級黨部難民救濟工作實施辦法會同省縣黨政機關及有關[illegible]關辦理之

戊，舉辦義賑運動

會同省黨政機關及所在地之救濟機關慈善團體等發動捐募並實施賑濟

8　23　13

己倡導各種勞動服務

(六)關於勵行兵役者

甲，鼓勵壯丁自動入伍

會同軍政機關依照修正兵役法施行暫行條例製定壯丁自動入伍獎勵辦法令飭各縣遵照辦理並由高級機關長官率先倡導

乙，撫慰出陣及陣亡將士家屬

依照優待抗敵軍人家屬實施細則及人民守土傷亡撫卹實施辦法辦理之

丙，追悼殉職及殉難軍民官吏

在對日抗戰期間會同黨政軍機關於每年內定期舉行前方殉職及殉難軍民官吏追悼會以慰幽魂

丁，歡送並歡迎出征及凱旋將士

依照中央頒佈之各種辦法辦理之

戊，舉行兵役宣傳

會同黨政機關每年定期舉行兵役宣傳週一次

(七)關於生產建設者

甲，倡導生產事業并舉行生產競賽

按照本省生產情況鼓勵人民注重生產事業并每年定期舉行農產物及工業品生產競賽一次

乙，推行行政院兩年經濟計劃實施工作運動

會同省政府按照本省情形積極推進

丙，積極推行本省六大中心工作

五，爲切實推進此方案由各縣黨部縣政府及學校會同組織規勸團監察團檢查團并賽團互助督促勸勉省垣方面由省黨政最高機關會同組織辦理之

六，本省國民精神總動員月會舉行辦法及國民精神總動員工作督導與考核辦法另定之

在不費公帑不累民衆原則下推廣識字運動以

加強抗戰建國力量案

教育為構成整個國力之原動力、在平時然、在抗戰建國過程中、更有其決定作用、我國因教育不普及、文盲竟達四分之三以上、如不設法救濟、則影響於抗戰建國至深且鉅、然在經濟極形落後之吾國、人人欲享受學校教育、勢有所不能、所可慰者、中央推動全國基本教育中之識字運動一項、一則補助學校教育之不及、一則增進失學民衆抗戰之情緒、法良意美、極關重要、蓋教育事業不必膠柱、民衆教育尤當通權、師資缺乏不足懼、財力拮据不足憂、設備不過不慮，即在上不費公帑，下不擾民之原則下，以篤幹苦幹硬幹精神推行識字，要政則於組訓民衆策應抗戰實有莫大之裨益。

辦法：

一、名稱　屬於省會範圍者定名為某省省會某區某保識字處，屬於各縣者定名為某縣某區某保識字處。

一、組織（設置）　各識字處之設置以保為單位，如識字人數過少，可將距離較近之保集中施教，但以三保為限。

一、年齡　凡達學齡以上四十歲以下之失學民衆應一律強迫參加識字，編為各該保識字處之學生。

青海印刷局印

四、時間　每日識字時間最長不過一小時，城市宜定於夜晨，鄉村以不妨害民眾及業務農時為原則，期限三年為

四、設備　各識字處設立於公共場所，在可能範圍內只備黑板、粉筆，石板、畫地、毛筆、墨紙硯之類一概不用。

五、師資　各識字處教師，當地有中等以上學校者由各該校學生輪流担任，僅有小學校者由小學優良學生輪流担任，倘尚未設置學校區域由當地士紳或鄉鎮保甲長中識字者担任之，概為無給職。

六、教材及教授階段

一、每日識三字至五字，教材由教育廳編發。

28

縣由縣政府編發，或將日常應用千字及抗戰常識編為韻語或由教育部通籌編發、

2、教師除教學外、並宣傳抗戰建國情形、實施公民訓練、或加授抗戰歌曲及[illegible]運動、

七、考試

1、考試字數以應考民衆能認識並瞭解一千字以上者，即認為及格、

2、考試材料以授過教材為標準，若能於規定教材外能認一千字者亦得認為及格、

3、除口試外，兼用筆試（令其寫一二句時代性成語如 蔣

青海印刷局印

委員長、抗戰建國之類）、如不能寫者、亦聽其便、

六、畢業期限不拘一定、每三個月考試一次、凡經考試及格者給予合格證書、不及格者仍令其繼續識字、

七、考試地點、應按各保所在地舉行、不得集合數保或全區全縣、以免有碍民事、證書宜當場填發、以節手續、

八、考試不得冒名頂替、違者一經查覺、定即從嚴懲處、以警效尤、

九、考試時由省府或教育廳分派考試人員、會同縣政府或教育局人員會同考試、

十、考試人員一切費用由省府發給、不使民衆担負、

畢業証書由省府印發，不向識字民衆徵收証書
費、
八、考成
九、獎懲
應考民衆識字人數之多寡、與程度之優劣，定為
省會警察局長、各縣縣長或教育局長、各級學校
校長之考成、

右字刪
以上各點，純在節省公帑、不累民衆原則下，實施識字運動，
是否有當，敬候
公決、

青海印刷局印

（二） 抗战人力动员

中国国民党青海省党务特派员办事处为转共和县党务特派员呈送各校学生义勇军指挥等致青海省学生义勇军训练处的公函（一九三二年八月四日）

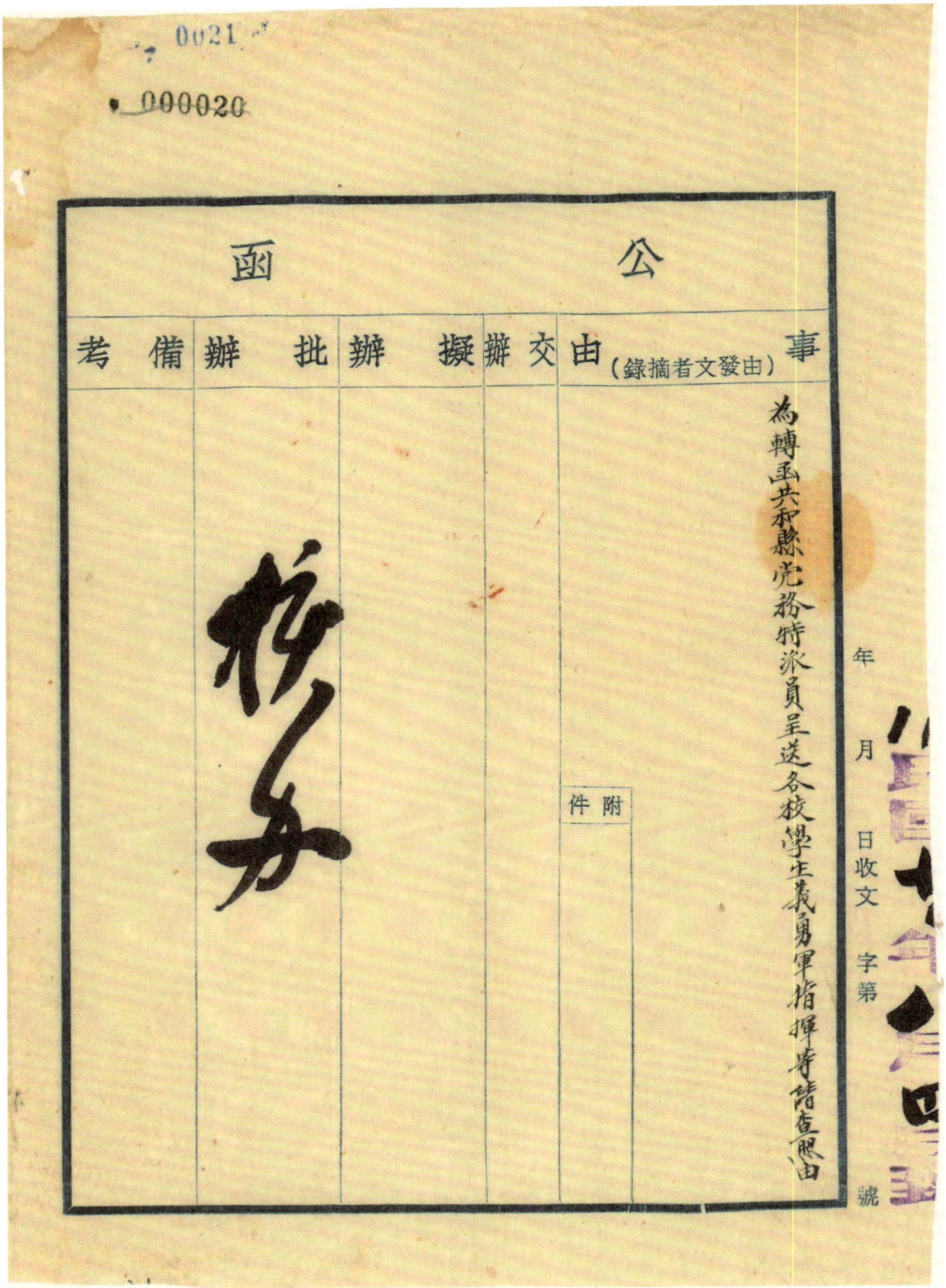
0021

000020

公函

事由（發文者摘錄）

為轉函共和縣党務特派員呈送各校學生義勇軍指揮等請查照由

附件

交辦

擬辦

批辦

校务

備考

年 月 日收文 字第 號

中國國民黨青海省黨務特派員辦事處公函 第憲字[illegible]號

逕啟者項據共和縣党務特派員李永瑞呈稱呈為呈報成立童子義勇軍並呈賫各指揮姓名履歷表仰祈鑒核備查事案奉鈞處第二零三號訓令內開為令遵事查暴日專橫舉國憤慨本省各級學校學生所組織之抗日義勇隊先鋒隊宣傳隊等均為抗日最有力之革命集團惟其名稱各異不合中央規定且在組織上亦未一致殊難奏共同奮鬥之效茲為求劃一起見特制定青海省學生義勇軍組織條例一種除分行外合亟隨文頒發該項条例一份仰於文到一週內派員將當地各校學生義勇隊一律遵照該項条例分別改組其有未組織者亦應從速指

導組織並將改組及組織情形暨各指揮姓名履歷表具報前來以備委任而利
進行是為至要切切此令等因並附發青海省學生義勇軍組織条例一份奉此
遵查共和地處番邦創造伊始教育一層雖經極力提倡究以財絀民愚迄今尚屬
幼稚全縣學校僅設有高小兩處初小三處學生總數不過百十餘名且多係初
學新生年齡多半幼小足歲學生僅及半數職為變通辦理起見將全縣各級
學生派員分別調查將年齡足數者六十餘人遵照義勇軍組織条例第五条之
規定編為六班兩小隊一大隊每班隊各設正副班隊長各一人並設正副指揮各一人
俾資管理而利進行兹於七月二十一日編制就緒遂於是日在縣立第一高級小學

校組織成立青海省共和縣童子義勇軍除積極進行外理合將成立義勇軍日期並繕具各指揮姓名履歷表隨文附呈是否有當謹祈鈞處鑒核俯賜加委俾專責成而利進行實爲公便謹呈等情附賫各指揮履歷表一紙據此除指令外相應另録該項附件函達

貴處查照辦理爲荷此致

青海省學生義勇軍訓練處

附該縣各指揮履歷表一紙

特派員 李文齋
黄兆棠
方少雲

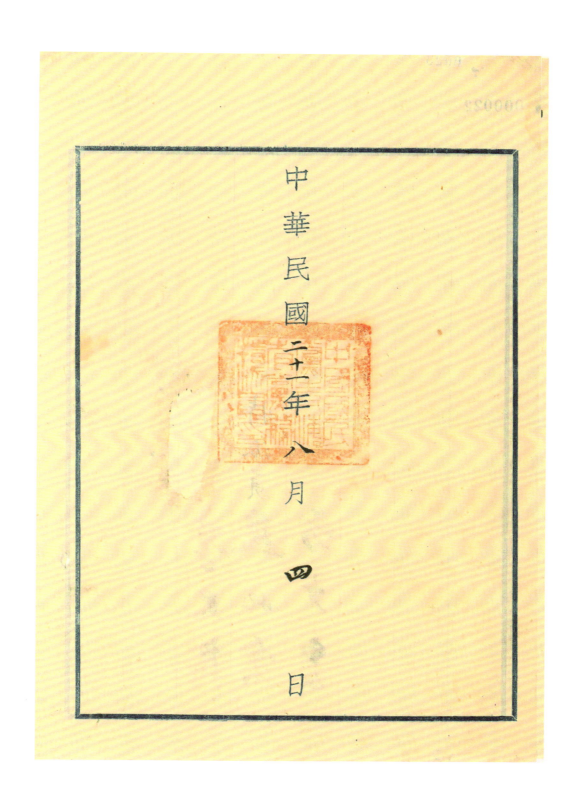

中華民國二十一年八月四日

青海省政府关于速办人民武力自卫团体致青海省政府教育厅的训令（一九三三年八月十七日）

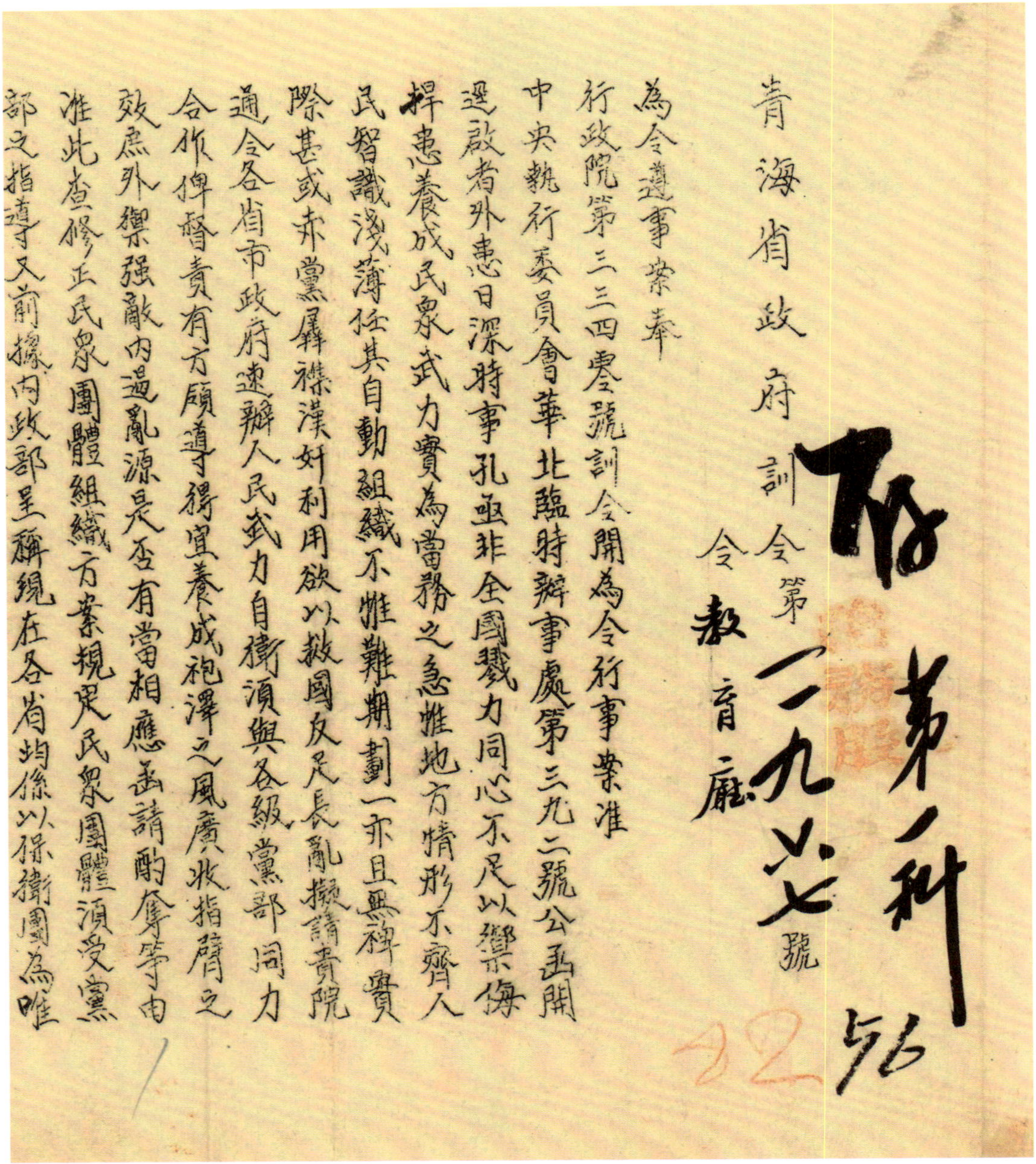
青海省政府訓令第一九八七號
令教育廳
為令遵事案奉
行政院第三三四零號訓令開為令行事案准
中央執行委員會華北臨時辦事處第三九二號公函開
逕啟者外患日深時事孔亟非全國戮力同心不足以禦侮
捍患養成民衆武力實為當務之急惟地方情形不齊人
民智識淺薄任其自動組織不惟難期劃一亦且無裨實
際甚或赤黨羼襍漢奸利用欲以救國反足長亂擬請貴院
通令各省市政府速辦人民武力自衛須與各級黨部同力
合作俾督責有方領導得宜養成袍澤之風廣收指臂之
效庶外禦強敵内遏亂源是否有當相應函請酌奪等由
准此查修正民衆團體組織方案規定民衆團體須受黨
部之指導又前據内政部呈稱現在各省均係以保衛團為唯

一之自衛組織等語依縣保衛團法規定保衛團以縣長為總團長故保衛團雖屬人民自衛組織但直接受政府機關之指導已為國家行政之一部與一般民衆團體不同無由黨部參加之必要至各都市人民自衛團體完全係人民組織自可由黨部參加惟仍應照都市人民自衛臨時辦法第三條由各該地方長官之指揮監督准函前由除函復並分令外合行令仰遵照此令等因奉此除函請省黨務特派員辦事處查照并分令外合亟令仰該廳遵照並轉飭所屬一體遵照此令

中華民國二十二年八月十七日

主席 馬麟

廿二 八 廿

青海省政府关于抗战时期加紧训练后方民众事致囊谦县政府的训令（一九三八年四月十日）

青海省政府訓令　秘軍宣字第 134 號

令囊謙縣政府

為令遵事，查現值長期抗戰時期，訓練後方民衆意義非常重大，況各小學校校長教職員負教養青年學生之責，允應嚴加訓練，以期精神振作，思想統一。嗣後各縣如招集縣立各小學校校長教職員訓練時，須將該縣蒙藏文化促進會、回教教育促進會附設各小學校校長教職員同時招集一起訓練，俾免參差，而昭劃一。除分令外，合亟令仰該縣長切實遵辦為要。切切此令。

中華民國二十七年四月　　日

吉林省政府之印

主席

馬步芳

監印史戴忠

校對李秉康

青海省政府转发国民党临时全国代表大会通过的努力推行兵役制度决议案给青海省政府建设厅的训令

（一九三八年五月二十七日）

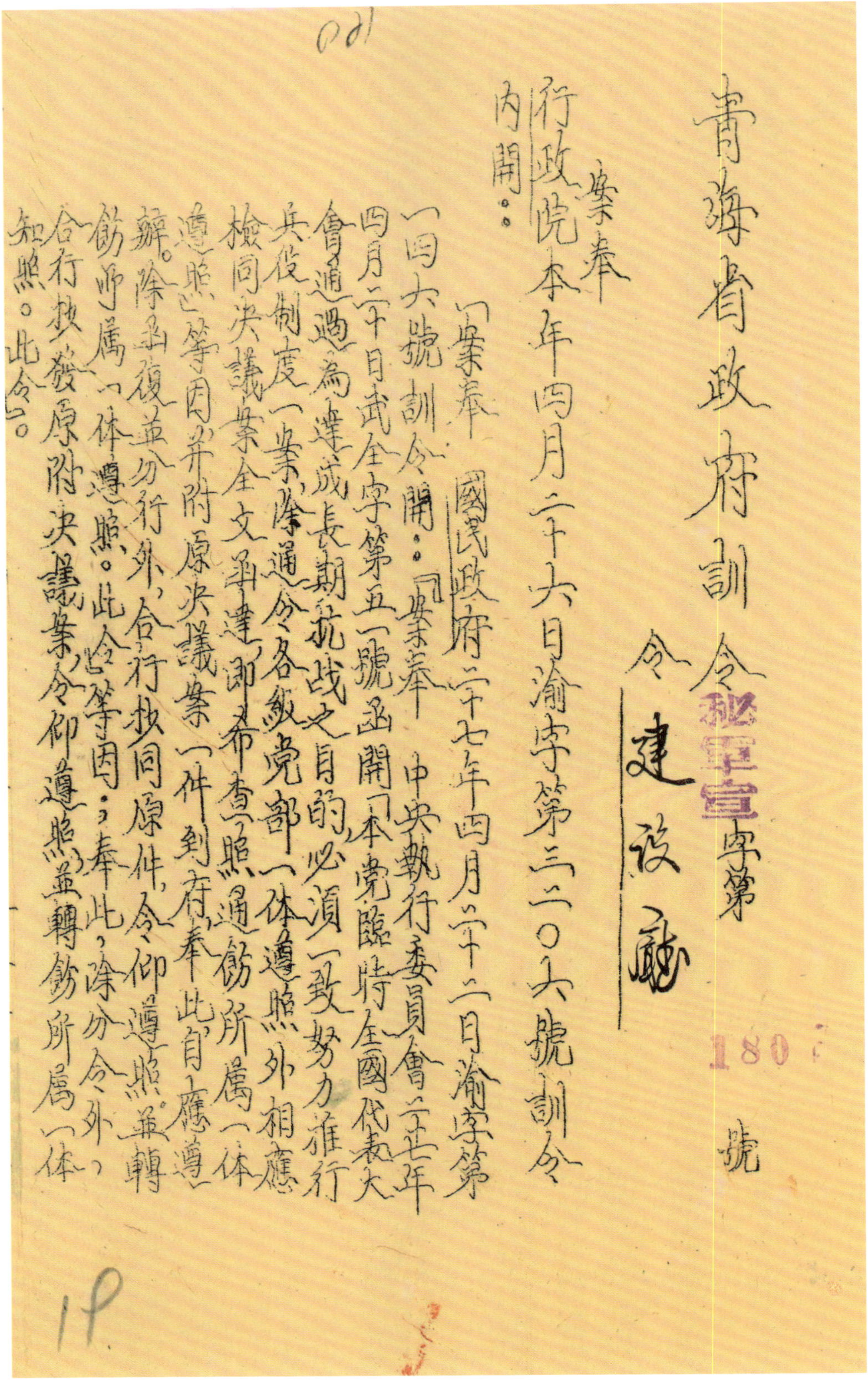

青海省政府训令　秘宣字第180号

令建设厅

案奉

行政院本年四月二十六日渝字第三二〇六号训令内开：

"案奉国民政府二十七年四月二十二日渝字第四六号训令开：'案奉中央执行委员会二十七年四月二十日武全字第五一号函开："本党临时全国代表大会通过'为达成长期抗战之目的，必须一致努力推行兵役制度'一案，除通令各级党部一体遵照外，相应检同决议案全文，函达，即希查照，通饬所属一体遵照"等因，并附原决议案一件到府，奉此，自应遵办。除函复并分行外，合行抄同原件，令仰遵照，并转饬所属一体遵照。此令'等因；奉此，除分令外，合行抄发原附决议案，令仰遵照，并转饬所属一体知照。此令。"

等因，附抄發原附決議案一件，奉此，除分令外，合行抄發原附決議案，令仰該廳知照。

此令。

計抄發原附決議案一件

中華民國十七年五月廿七日

主席 馬步芳

存

總字第42號

監印史載廉

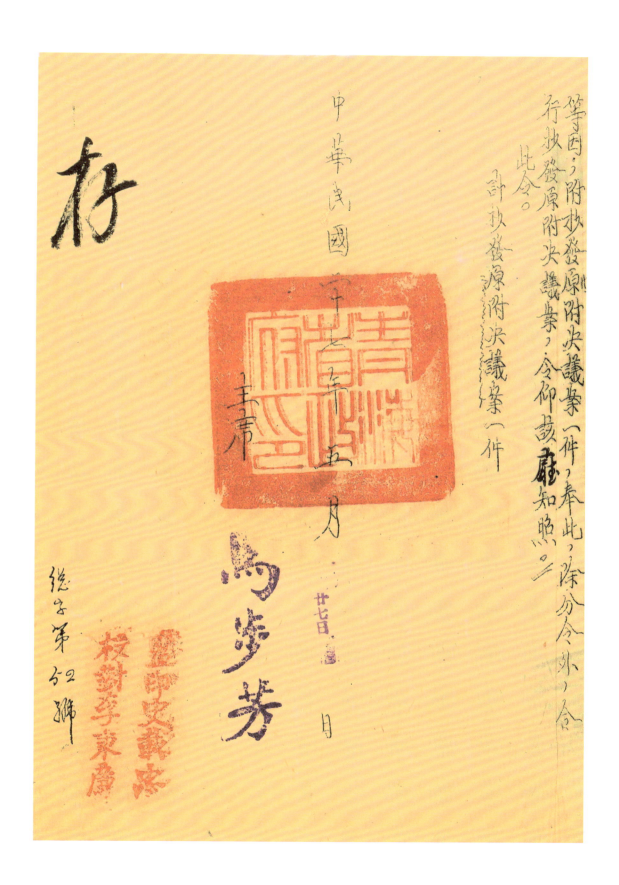

校對李秉康

青海省政府关于县长考绩应将办理兵役列为重要工作给称多县政府的密令（一九三八年五月三十一日）

青海省政府密令 秘機字第35號

令称多縣政府

密奉

行政院本年五月十三日漢字第二零六零號密令開：

「值茲抗戰時期，推行役政，以利兵員補充，其事至為重要，迭據密報，各省縣長關於兵役施行，及義勇壯丁常備隊教育訓練等要政，切實奉行者，固不乏人，而延宕敷衍者，亦屬不少，亟應切實糾正，以資補救，嗣後關於縣長考績，應將辦理兵役，列為重要工作，信賞必罰，毋稍瞻徇，遇有各師、團管區舉報縣長功過事件，並應切實考核，分別賞罰，不得視為具文，除分行外，合行令仰遵照，并轉飭所屬一體遵照」等因；奉此，除分令外，合行令仰該縣府遵照為要。

此令。

中華民國二十七年五月卅壹日

主席 馬步芳

遵辦 [illegible]

監印 史載忠

校對 李秉廉

陆军第八十二军司令部、青海省政府关于举办壮丁训练等事给乐都县政府的训令（一九三八年十一月九日）

陸軍第八十二軍司令部訓令 民字第 號
青海省政府

令樂都縣政府

查現值抗戰期內，亟應充實人民自衛力量，以期努力於建國救亡之艱鉅工作。本省前為策應抗戰大計，特舉辦壯丁訓練，所有第一期訓練，業經完竣，二期正在辦理中。至關於槍枝查驗登記一節，前經令飭各縣遵辦，惟茲事體重大，不容稍緩，亟應依照各縣查驗民有槍枝暫行辦法，切實迅予辦理。除由本部府令飭省保安處遵照查驗，及分令委員馬河清遵照，前往該縣，會同宣傳記槍枝事宜外，合行檢發宣傳大綱一份，令仰該縣會同當地縣黨部、各機關、法團、各學校擴大宣

叁、宣傳日期，以兩星期為限，並將宣傳情

形為要。此令。

宣傳大綱一份

民國二十七年十一月九日

軍長

主席

馬步芳

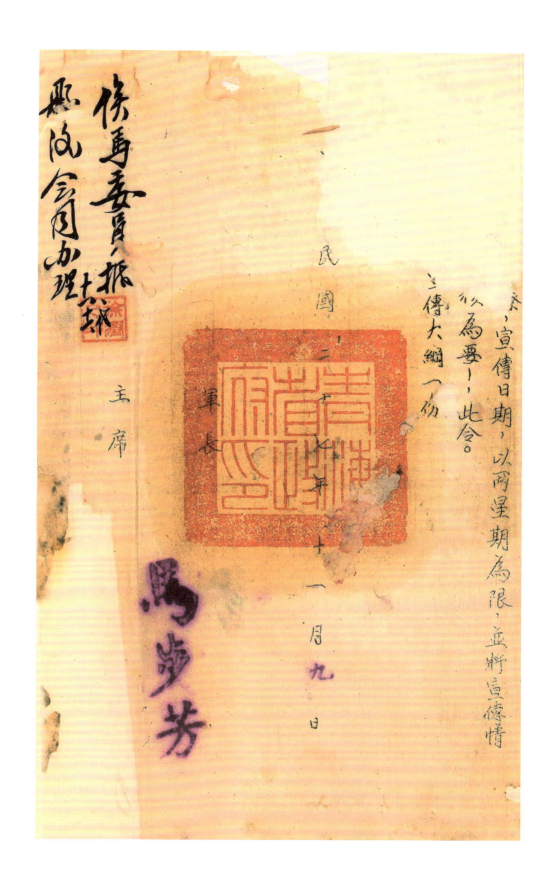

係專委員、振興設會同辦理 十六 斌

青海省政府关于抗战部队需要补充兵员征集壮丁给乐都县政府的训令（一九四〇年七月八日）

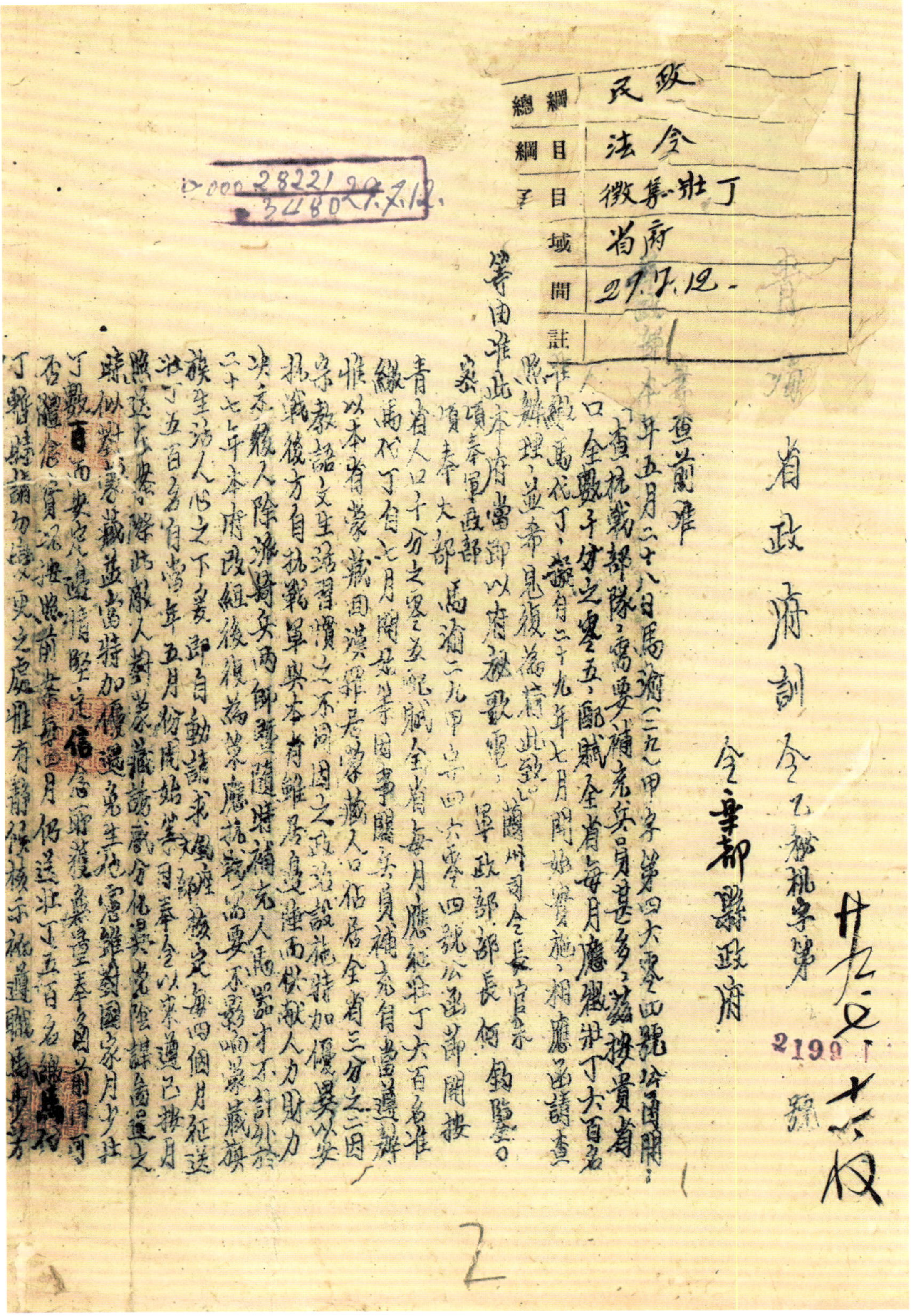

總綱	民政
綱目	法令
子目	徵集壯丁
區域	省府
時間	29.7.12.
附註	

省政府訓令 乙都秘字第 號

令樂都縣政府

廿九年七月八日

叩鈞府鑒印呈請

第八戰區司令長官朱兼軍政部部長何核示去後，茲奉

朱長官本年七月艷行田移參電開：

「西寧馬主席子香兄鑒：府秘電奉悉。屢經辦請核

示在案。茲准軍政部便馬牧電開，青海情形特殊，請暫勿攤

更配賦壯丁名額一節，自應照辦。請轉知自本年七月份起，仍

照原案每四個月五百名，改為馬代丁，並將自二十七年五月

起至本年六月止攤補情形報查。等因，特電知照。蘭朱紹良

艷行田移參印」

等因。奉此，除分令外，合亟令仰該縣長知照。

此令。

中華民國二十九年七月

主席　馬步芳

中華民國廿九年七月八日

侍閱　七·十七

蓋印趙鑾

校對劉承琛

3

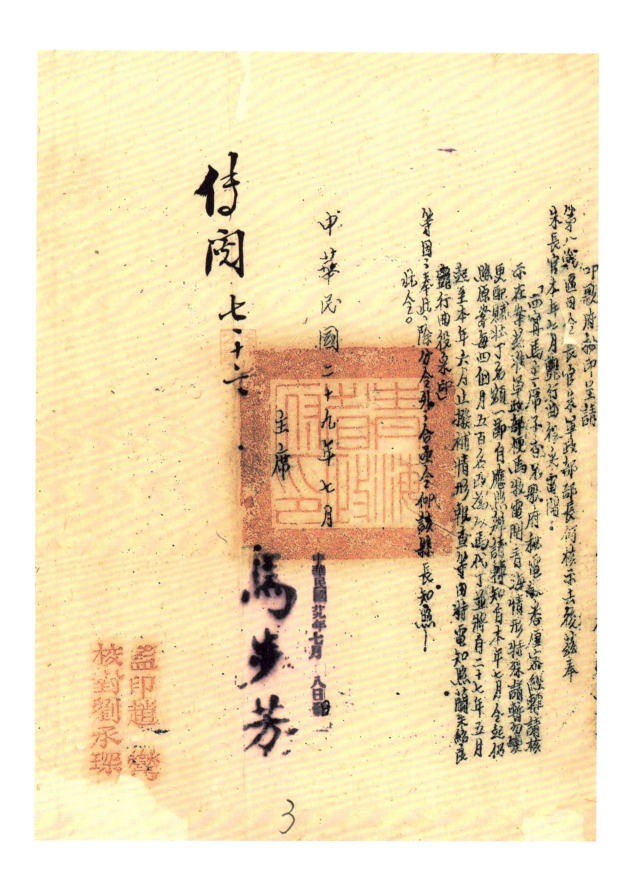

司法行政部关于司法机关嗣后办理乡镇保甲长因征兵被告案件应尽量避免阻碍役政之进行致青海高等法院院长、首席检察官的训令（一九四〇年十二月三十日）

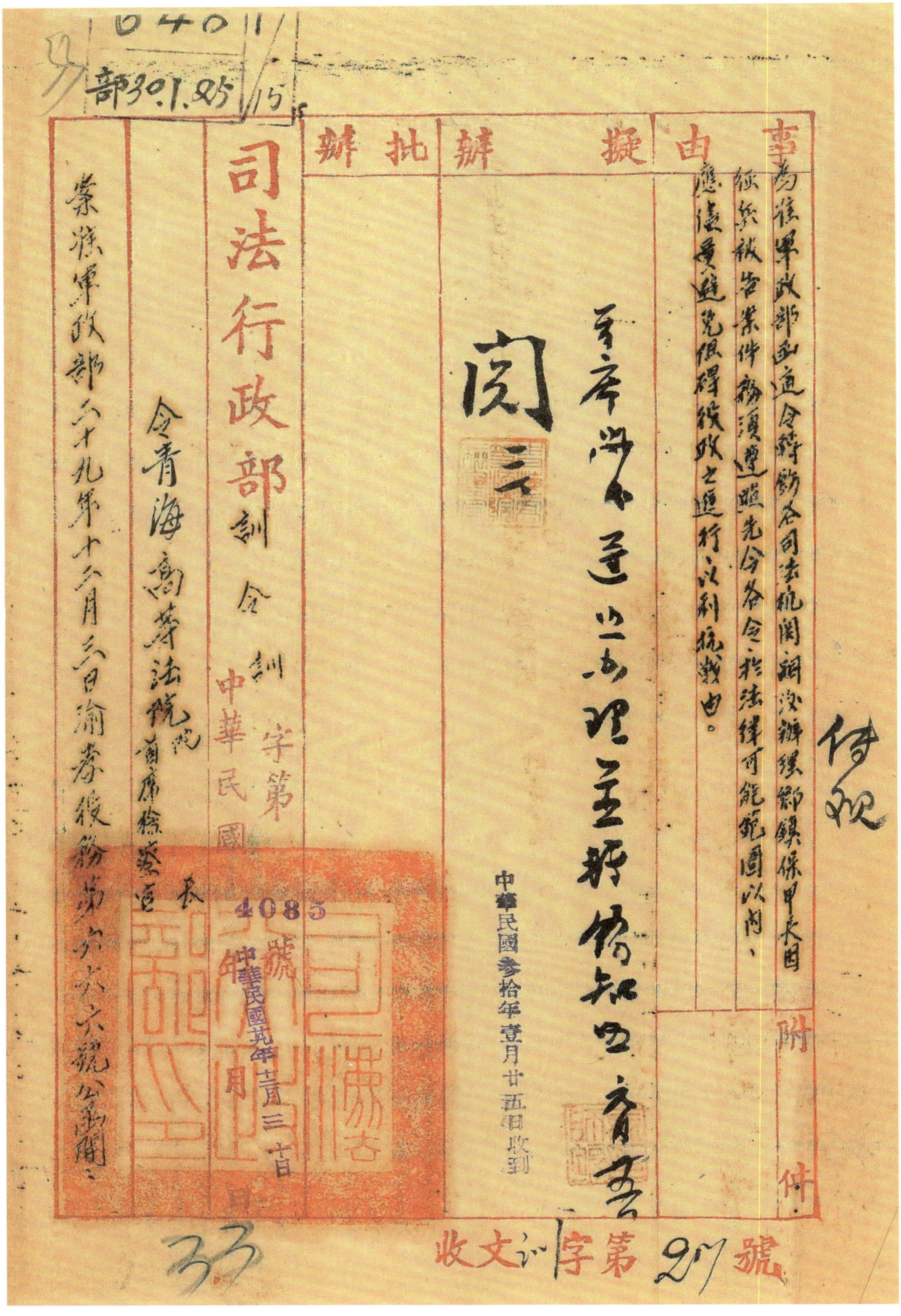
0401
部301.85
15

事由：為准軍政部函送令飭各司法機關嗣後辦理鄉鎮保甲長因征兵被告案件務須遵照先令各令於法律可能範圍以內、應儘量避免阻碍役政之進行以利抗戰由。

擬辦：閱 三

批辦

附件

司法行政部訓令 訓字第 號

中華民國 年 月 日

令青海高等法院院長、首席檢察官

案據軍政部二十九年十二月六日渝參役務第六六六號公函開：

4085號

中華民國參拾年壹月廿五日收到

收文 字第 27 號

案據湖南省軍管區司令部八十九年九月六日參軍
法字第1790號呈以中籤壯丁之家屬每多唆使其子弟逃
避辦理兵役之鄉鎮保甲長若責令其追交動輒興訟
在訟案未結以前致辦理人員不能行使職權而應徵之壯
丁反可藉此規避懇請設法救濟前來查各省鄉鎮保甲
人員因辦徵兵而遭訟累以致紛紛辭職已成普遍現象若
不設法救濟影響役政至鉅茲為兼顧事實與法令起
見擬請通飭各法院凡辦理兵役之鄉鎮保甲長如確
因辦理征兵而被告者除有司法檢察權之縣長可依檢
察職權先由縣長偵查外擬由受理之司法機關囑託兵

管縣府先作初步之詳查，並盡量採取調查之意見，勿遽予拘押或票傳，以免很礙役政之進行。如貴部或有其他辦法足資兼顧者，并祈核辦見復。相應函請查照。

等由。准此。查各司法機關對於此類案件，應慎重辦理，業經本部於二十七年十二月十九日以訓字第四七三七號訓令（見司法公報第二八六號及第二八七號合刊）及二十九年六月十三日以訓字第一九七五號訓令（見司法公報第三九四號至三九九號合刊）先後飭遵在案。茲准前由，除函復外，合再令仰該院長、首席檢察官並轉飭所屬各司法機關嗣後辦理此類

34

案件務須恪遵先令各令，於法律可能範圍以内，應儘量避免阻碍役政之進行，以利抗戰，是爲至要。切切！

此令。

司法行政部部長　謝冠生

監印羅達觀

校對呂祝安

青海省振济会关于抄发战地壮丁动员方案及反对敌伪强征壮丁大同盟组织办法等致囊谦县振济会的训令

（一九四一年四月二十八日）

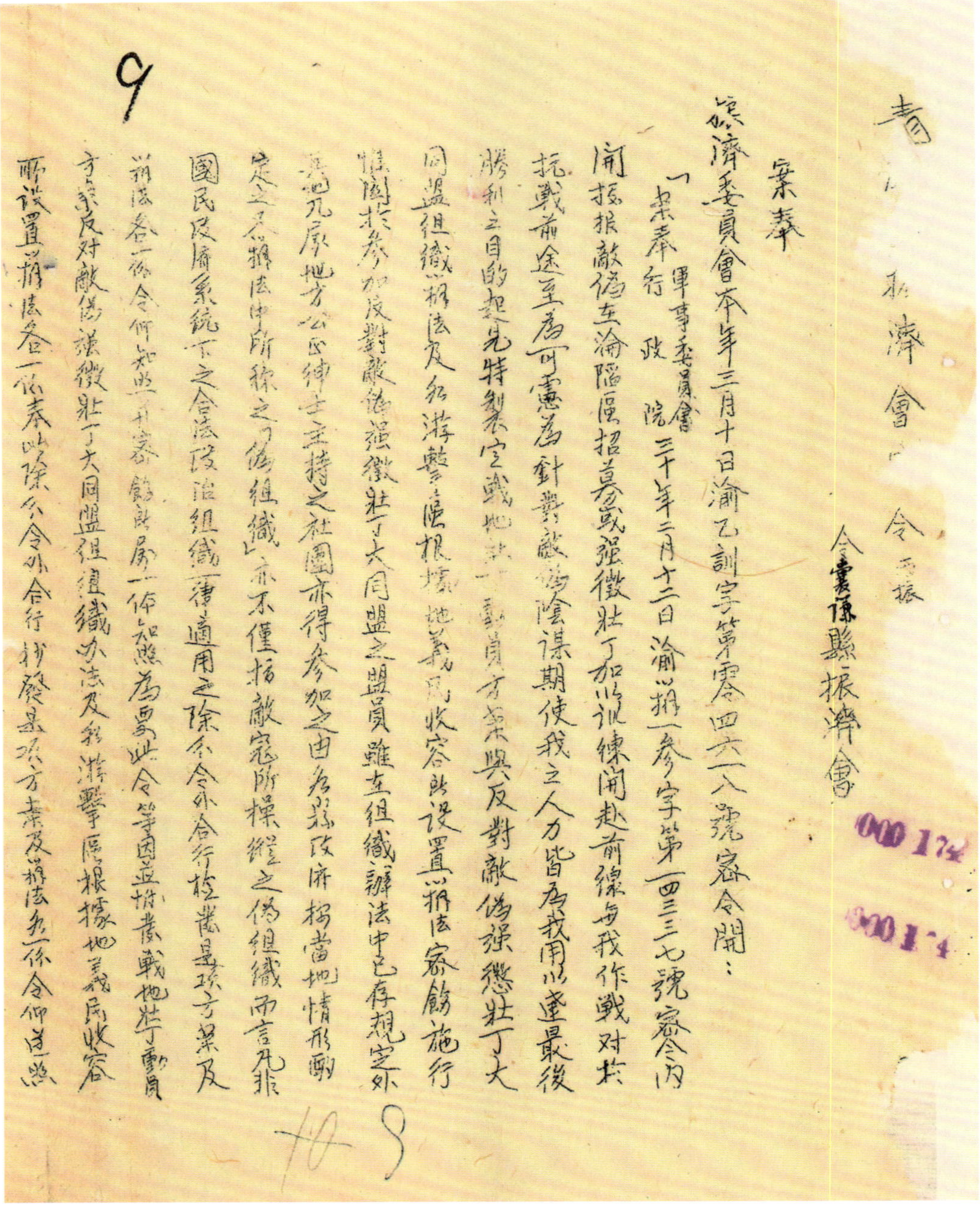

青海省振濟會訓令 振

令囊謙縣振濟會

案奉

振濟委員會本年三月十日渝乙訓字第零四六一八號密令開：

「案奉 軍事委員會 行政院 三十年二月十二日渝辦一參字第一四三三七號密令內開：據報敵偽在淪陷區招募或強徵壯丁加以訓練，開赴前線與我作戰，对於抗戰前途至為可慮。為針對敵偽陰謀，期使我之人力皆為我用，以達最後勝利之目的起見，特製定戰地壯丁動員方案與反對敵偽強徵壯丁大同盟組織辦法及敵游擊區根據地義民收容所設置辦法，容飭施行。惟關於參加反對敵偽強徵壯丁大同盟之盟員，雖在組織辦法中已有規定，亦其他凡屬地方公正紳士主持之社團亦得參加，由各縣政府按當地情形酌定之。又各辦法中所稱之『偽組織』，亦不僅指敵寇所操縱之偽組織而言，凡非國民政府系統下之合法政治組織，一律適用之。除分令外，合行抄發方案及辦法各一份，令仰知照，並轉飭所屬一體知照為要。此令。」等因，並抄發戰地壯丁動員方案、反对敵偽強徵壯丁大同盟組織辦法及敵游擊區根據地義民收容所設置辦法各一份。奉此，除分令外，合行抄發原方案及辦法各一份，令仰遵照。

并察飭該處一體遵照所有辦理情形仍隨時具報為要此令
等因並附發戰地壯丁動員方案反對敵偽強徵壯丁大同盟組織辦法及各游
擊區根據地義民收容所設置辦法各一份奉此除分令外合亟抄發原件令仰
該會遵照辦理此令

戰地壯丁動員方案

附抄發反對敵偽強徵壯丁大同盟組織辦法各一份

各游擊區根據地義民收容所設置辦法

中華民國三十年四月　日

主任委員 馬步芳

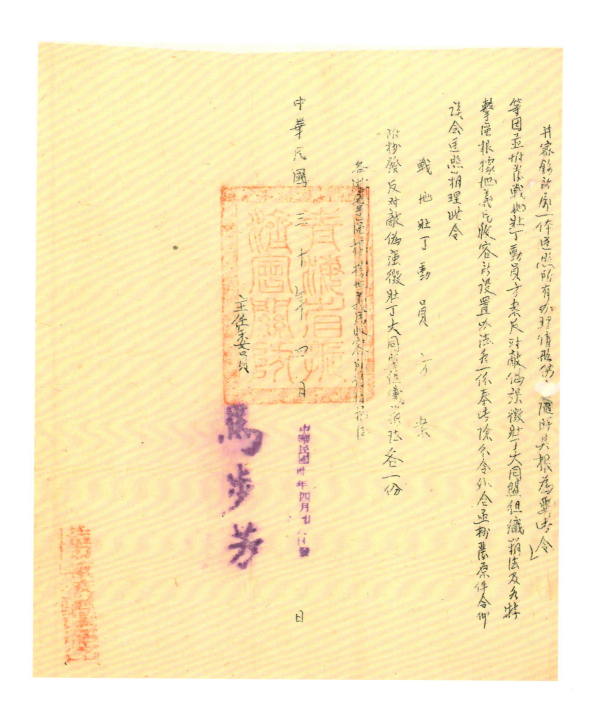

中華民國卅年四月廿八日發

附（一）战地壮丁动员方案

戰地壯丁動員方案

甲 綱領

一、在游擊根據地應側重於戰地國民兵團之建立而以戰地志願兵之募集為補助工作

二、在一般游擊地區應側重於志願兵之募集而在狀況所許時並應積極推廣戰地國民兵團之建立

乙 戰地國民兵與戰地志願兵

三、戰地國民兵團與戰地志願兵之募集應依照軍政部所訂之「游擊戰區壯丁募集辦法」及「編組壯丁常備隊辦法」辦理至委託各駐軍長官招募一案可由軍政部斟酌實際情形核辦

四、戰地國民兵團及戰地志願兵之募集應由軍政部會同有關機關按戰地實際情況分時分地規定具体計劃統一施行

二、戰地情況與後方情況不同其國民兵與志願兵之一切人事經理訓

10

練補充等諸事宜應由軍政部負責統籌辦理

五、戰地國民兵團及戰地志願兵之政治工作應依誘導原則由政治部另定特種政治工作綱領切實施行

丙 戰地出征軍人家屬及義民與其家屬之優待

六 戰地出征軍人家屬之優待按照修正之優待出征軍人家屬條例辦理之

七、凡在淪陷區不願受敵偽挾迫而逃避至我游擊根據地或後方之義民及其家屬就地之地方政府應設置義民收容所設法收容撫慰之關於義民收容所之設置及所屬需經費由振濟委員會規劃辦理

丁、反對敵偽強徵壯丁大同盟

八、凡在一般游擊地區及敵偽控制下淪陷區域應由當地小學校教師及一般知識青年為基幹組織反對敵偽強征壯丁大同盟進行破壞敵偽征丁工作其組織辦法另定之

附（二）反对敌伪强征壮丁大同盟组织办法

反對敵偽强徵壯丁大同盟組織辦法

一、為防止敵偽强征戰地壯丁並積極策動戰地民眾反征抗敵特組織戰地反對敵偽强征壯丁大同盟（以下简称本同盟）實施左列各任務

1、宣傳民族意識抗戰意義及敵人以華制華陰謀以促戰地壯丁之警覺

2、偵察敵偽征丁計劃通曉民眾

3、調查已被征走壯丁設法促其逃亡或反正

4、協助政府以辦理義民收容所

5、促進義民收容所與訓練機關及職業介紹機關之聯繫

6、與賑濟機關取得聯繫並協助其撫濟義民家屬

7、協助政府辦理兵役及優待出征軍人家屬

8、檢舉甘心受敵偽利用之青年壯丁並呈報主管機關依法懲處

二、本同盟隸屬於縣動員委員會，未設動員委員會之縣隸屬於縣政府

三、本同盟在一般游擊區中以縣以下之區為單位未分區之縣以鄉鎮為單

18

位在敵偽控制區中以村（或街）為單位各單位間不發生橫的關係

四、本同盟各單位各設主任幹事一人幹事一人至三人主任幹事由縣動員委員會（未設動員委員會之縣由縣政府）指派之幹事由主任于盟員中選派之

前項主任幹事及其他幹部人員應施以秘密工作技術訓練配置後並密呈各該管戰區政治部或游擊區總司令部總指揮部政治部備查

五、本同盟設諜報宣傳及監護三種工作隊（必要時得酌增設之）每隊設

設隊長一人隊員若干人均由主任幹事就盟員中之小學教師知識青年及當地紳耆指派充任之以不脫離生產為原則

六、凡戰地民眾志願反對敵偽強征壯丁者不限年齡與性別均得請求加盟

七、下列各種團體得參加本同盟為團體盟員其參加手續與個人同

1、民眾職業團體

2、抗敵救國團體

3、各種民衆社會團体

八、本同盟盟員不分團体個人加盟時均須宣誓並須遵守盟約誓詞與盟約另定之

九、本同盟之工作由縣動員委員會（未設動員委員會之縣由縣政府）隨時派員巡迴督導考核

十、本同盟各主任幹事及其他幹部工作努力成績優良者酌予下列獎勵

1、嘉獎

2、記功

3、增加生活費或酌予津貼

4、升遷較優職務

十一、本同盟工作人員均已義務職為原則其必需開支之費用在敵偽控制區之每村街單位及一般游擊區之每區單位暫定月各支五十元

12

至一百元在一般游擊區每鄉鎮單位暫定月支三十元至五十元由縣政府作正開支不足之時由省款補助之

十二、本辦法由軍事委員会及行政院核定施行

盟約

一、我誓死不替敵人和偽組織當兵

二、我誓死不替敵人和偽組織做工

三、被強迫征丁時我要聯絡其他同胞乘机破壞敵偽的工作

誓詞

我現在参加反對敵偽征丁大同盟我一定遵守我們的盟約我以後如有不遵守盟約的了願受本同盟嚴重處分

附（三）各游击区根据地义民收容所设置办法

各游擊區根據地義民收容所設置辦法

一、凡在淪陷區不願受敵偽壓迫而逃避至我游擊地區根據地之義民及其家屬，該地方政府應設置義民收容所收容撫慰之

二、義民收容所設立之地點應以比較安全地帶之公共場所為原則，由主管地方政府隨時斟酌情形指定之

三、各義民收容所收容義民應分為少壯、婦女、老弱、兒童四組，先行登記，再按其能力與就近需要分別安置

四、各義民收容所設主任一人，管理員、事務員若干人，由地方政府指派或僱用

五、各義民收容所得請當地軍政機關派隊保護

六、各義民收容所應請當地駐軍政治部、戰地黨政委員會分會、區會或游擊部隊及各救濟機關派員輪流到所實施組訓工作

七、前項經訓義民中如有年齡適合身体健壯志願服行兵役殺敵報國者應由各收容所主任函送當地縣政府或兵役機關服行兵役

八、凡原籍地方已經克復或願投親友謀生者得按地方交通情形經濟能力分別資遣

九、義民及其家屬如願轉入後方得由當地地方政府或義民收容所出具證明遣送至後方各收容所或生產機關各依其規定妥為辦理

十、各游擊區根據地義民收容所之成立或撤銷轉移應由地方政府分報該管省振濟會暨當地主管軍事機關備案

十一、各游擊區根據地義民收容所之事務經費每月不得超過三百元應由地方政府自籌其義民收容時之臨時給養不分大小口每口各發國幣四角先由地方政府墊發[illegible]請由該管省振濟会發給如地方力能自籌則由地方政府自行籌發

十二、各地義民收容所定期發給給養時應一併請當地軍政機關会同監督並予發放名冊加蓋領受給養義民之印章或指摹

及監發人之具名蓋章以昭信實

十三 各游擊區根據地義民收容所之收容義民人數過多其不敷給養為省振濟機關所難負担時得由省振濟會開具成立所數義民人數及不敷給養數省方負担不敷給數請由中央振濟委員會核撥補助

十四 本辦法自呈奉 行政院 軍事委員會 備案後施行

14

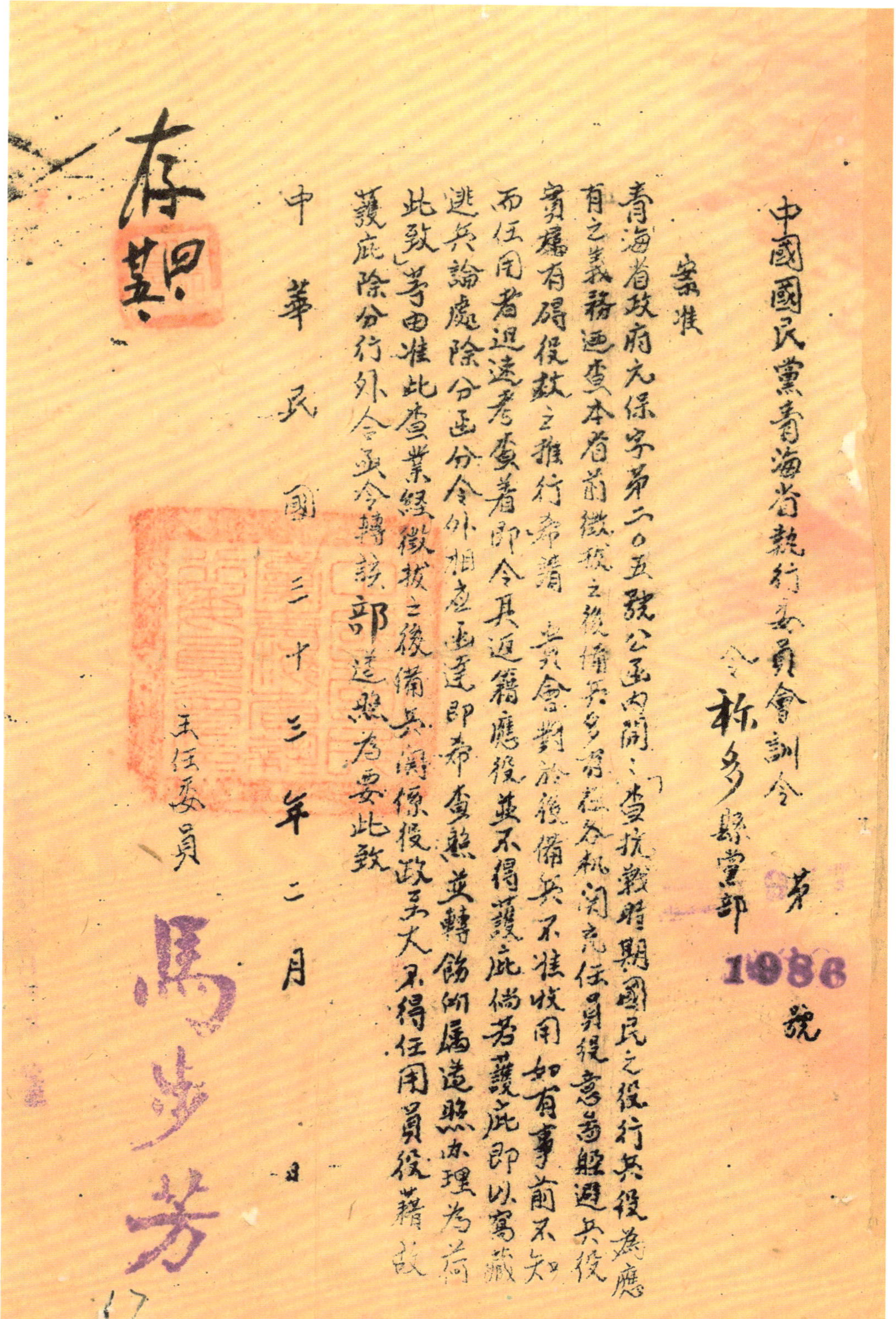
中國國民黨青海省執行委員會訓令 第1986號

令称多縣黨部

案准

青海省政府元保字第二〇五號公函內開：「查抗戰時期國民之役行兵役為應有之義務，迺查本省前徵拔之後備兵多有在各机關充任員役，意為躲避兵役，實屬有碍役政之推行。希請貴會對於後備兵不准收用，如有事前不知而任用者，迅速考查着即令其返籍應役，並不得護庇，倘若護庇，即以窩藏逃兵論處。除分函分令外，相應函達，即希查照，並轉飭所屬遵照辦理為荷。此致」等由。准此，查業經徵拔之後備兵，關係役政至大，不得任用員役，藉故護庇。除分行外，合亟令轉該部遵照為要。此致

中華民國三十三年二月 日

主任委員 馬步芳

存

中国国民党青海省执行委员会关于各机关不准收用业已征拔的后备兵致称多县党部的训令（一九四四年二月）

中国国民党青海省执行委员会关于发动知识青年从军举行座谈会研究办法提供政府参考致称多县党部的训令

（一九四四年十一月十六日）

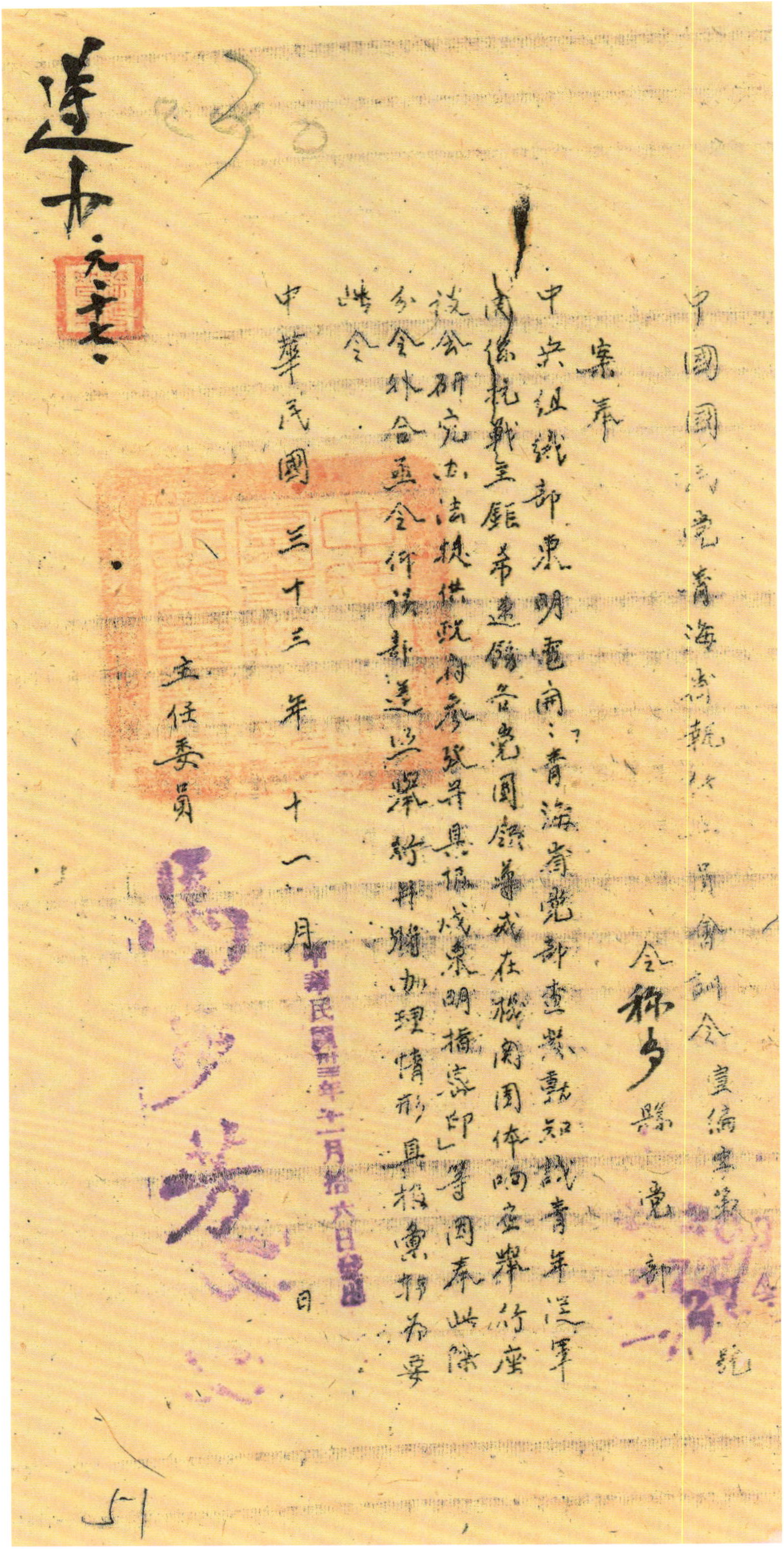

中國國民黨青海省執行委員會訓令 宣編字第 號

令稱多縣黨部

案奉

中央組織部東明電開：「青海省黨部查照，發動知識青年從軍

關係抗戰至鉅，希速飭各黨團籌備在機關團体內分舉行座

談會，研究方法，提供政府參考，並具報成果明播案印」等因。奉此，除

分令外，合亟令仰該部遵照舉行，并將辦理情形具報彙轉為要。

此令。

中華民國三十三年十一月 日

主任委員 馬步芳

中華民國卅三年十一月拾六日發出

青海省民政厅关于训练区乡镇保甲长以加紧抗战力量的提案（时间不详）

議題：訓練區鄉鎮保甲長以加緊抗戰力量案

理由：查國營武力暨國國防為抗戰時期當務之急其最要者惟有編組保甲如本省保甲除蒙藏區域外各縣業已編就但保甲人員多以知識關係難得適當人選有礙保甲推進殊非淺鮮推己及人各省無不同一情形故為使保甲人員深切認識本身責任及語善必須知能超見應加以適當之訓練俾其知識增高志向堅定然後可以團結民衆而達舉國國防之目的

辦法：1.分期訓練區鄉鎮保甲長之訓練為便利起見擬將所有各縣區鄉鎮長在省垣集中訓練

2.保甲長人數甚多在省垣不便集中就各縣分期加以訓練

民政廳

主文：請組織本省各縣保長訓練巡迴團案

理由：查本省各縣保長不僅缺乏常識，而且缺乏對於國家之熱忱與抗戰之認識，如是而欲其為動員民眾之最基層骨幹者，難矣。是以為

由本省府組織各縣保長訓練巡迴團，遴聘良好教師，編輯精簡教材，巡迴各縣予保長以短期之訓練，以政治教育為主，技術教育為輔，不但精神賴以振作，而行政效率亦必大增。

辦法：由本省府訂定組織辦法實行

提案者：馬峻

審查意見：內開五件（一）擬將保甲長分期集中各該縣縣城予以訓練（二）鄉鎮長集中省城訓練（三）由省府組織訓練團分別派赴各縣擔任訓練保甲長訓練責任。此致

大會秘書處

民政審查組負責人 郭學禮

抗日战争档案汇编

青海省档案馆藏抗战档案选编

2

青海省档案馆　编

中華書局

（三）抗战物资动员

青海省会反日救国会常务委员基生兰、燕化棠等关于为捐款慰劳前方抗日将士起见印就捐册等事致青海省政府建设厅的公函（一九三二年四月十一日）

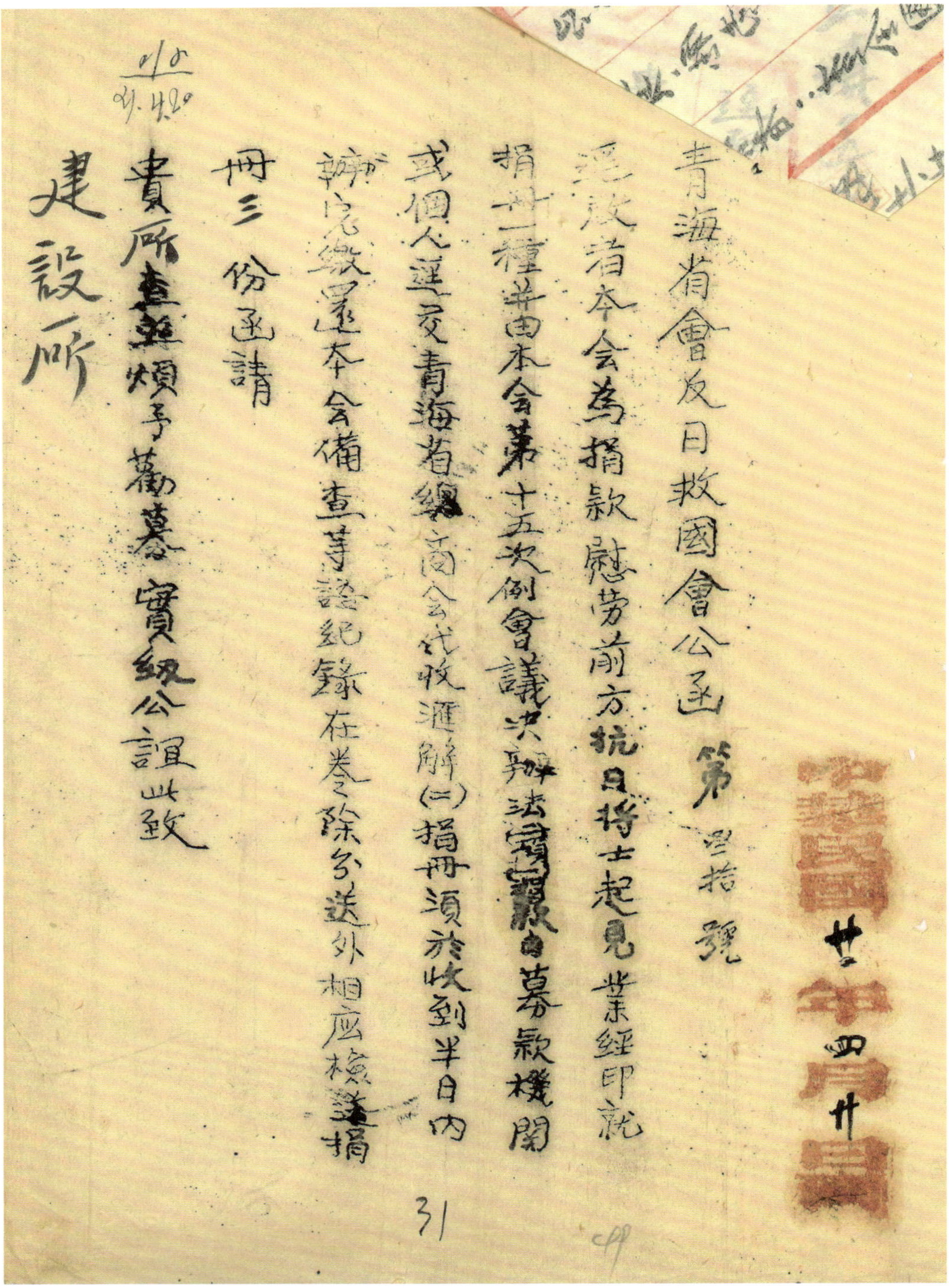

青海省會反日救國會公函 第 捐 號

逕啟者本会為捐款慰勞前方抗日將士起見業經印就捐冊一種並由本会第十五次例會議決辦法(一)捐款由募款機關或個人逕交青海省總商会代收滙解(二)捐冊須於收到半日內辦完繳還本会備查等語紀錄在卷除分送外相應檢送捐冊三份函請

貴所查照煩予勸募實級公誼此致

建設所

中華民國廿一年四月廿日

附送捐冊三份

常務委員 基生蘭
燕化棠
楊希堯
孟士傑
楊煥

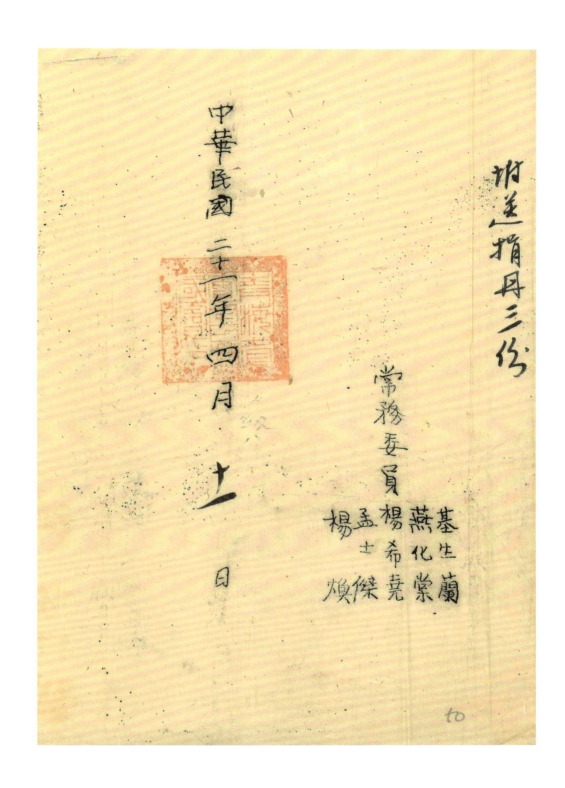

中華民國二十一年四月十二日

青海省政府转发中央执行委员会关于募捐款项什物用以接济及慰劳前线将士或赈济灾民等致青海高等法院的公函

（一九三三年五月八日）

内

00084

青海省政府公函　第一五七二號

廿二，五，十

逕啟者：案奉

行政院第一三八四號訓令內開：為令遵事。案奉

國民政府第一一三號訓令內開：為令遵事。案准

中央執行委員會秘字第二四一九號公函開：查募捐款項什物用以接濟及慰勞義勇軍與前線將士或振濟被災民衆，用意本屬至善。惟募集方式應合於下列兩原則：（一）以一部分人的精神或物質貢獻於群衆，藉以喚起多數人之同情，並換取其剩餘物質；（二）以有組織的少數人民之努力及信譽，喚起無組織之群衆同情與興奮，而收得其自願貢獻之精神與物質，方能收大量之效果。默觀近來募捐辦法，多未適合此旨，而流弊所及，則有下列情形：（一）任何人皆可發起募捐，任何人皆有被募之義務，募捐者既未必合於上述原則，被募者亦未必具有同情；（二）募集之款項什物用諸何處，未經公開，被募者不知其確實用途，至假藉名義、招搖撞騙者有之；（三）募捐者每慷他人之慨，被募者類強允而不敢

89

遲拒(四)募捐者衆足使被募者不能踴躍為謀多方應付遂至
不克盡量輸將(五)募捐之機關斷立費用亦多無形減損捐款(六)
募捐者信譽未孚使被募者感受惡因影響所至反足使信譽素
著者進行困難(七)每一事項輒有多數機關為之募集捐款致所
捐款項不能集中紛紜複雜使不肖者易於從中漁利綜此情形今
後對於募捐辦法實有改進之必要爰經本會第六十一次常會議
決辦法四項如左

(一)全國各種社會文化團體學校等組織凡募集捐款接濟義勇
軍慰勞前方將士助充軍實救濟匪區戰區災民等等須以
智能之表現(例如演劇遊藝會展覽會等)貢獻於群衆並喚起其
同情以換取其捐助或以正式組織之努力與信譽喚起群衆同情
募集捐助款項或什物其方式之採用須經當地黨政機關之核准
其款項之收管須有本組織以外之人員共同參與以昭大信

(二)全國各職業團體之募集前項捐款者須混合組織一委員會管
理之由當地黨政機關倡導發起確定組織使民衆易于認識並
易起同情其款項等之收管須由若干組織中份子共同參與並
公布其數目以昭大信

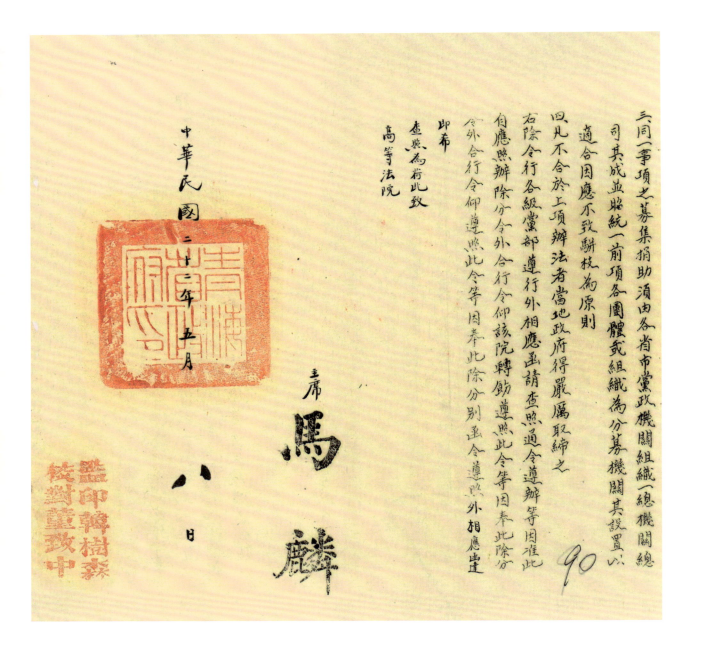

三、同一事項之募集捐助須由各省市黨政機關組織一總機關總
司其成並聯統一前項各團體或組織為分募機關其設置以
適合因應不致駢枝為原則
四、凡不合於上項辦法者當地政府得嚴厲取締之
右除令行各級黨部遵行外相應函請查照通令遵辦等因准此
自應照辦除分令外合行令仰該院轉飭遵照此令等因奉此除分
令外合行令仰遵照此令等因奉此除分別函令遵照外相應函達
即希
查照為荷此致
高等法院

主席 馬麟

中華民國二十二年五月八日

監印韓樹森
校對韓致中

90

青海省政府转发关于全国各地机关团体等输送慰劳绥远前方将士物品办法事致青海省政府教育厅的训令（一九三七年二月二十七日）

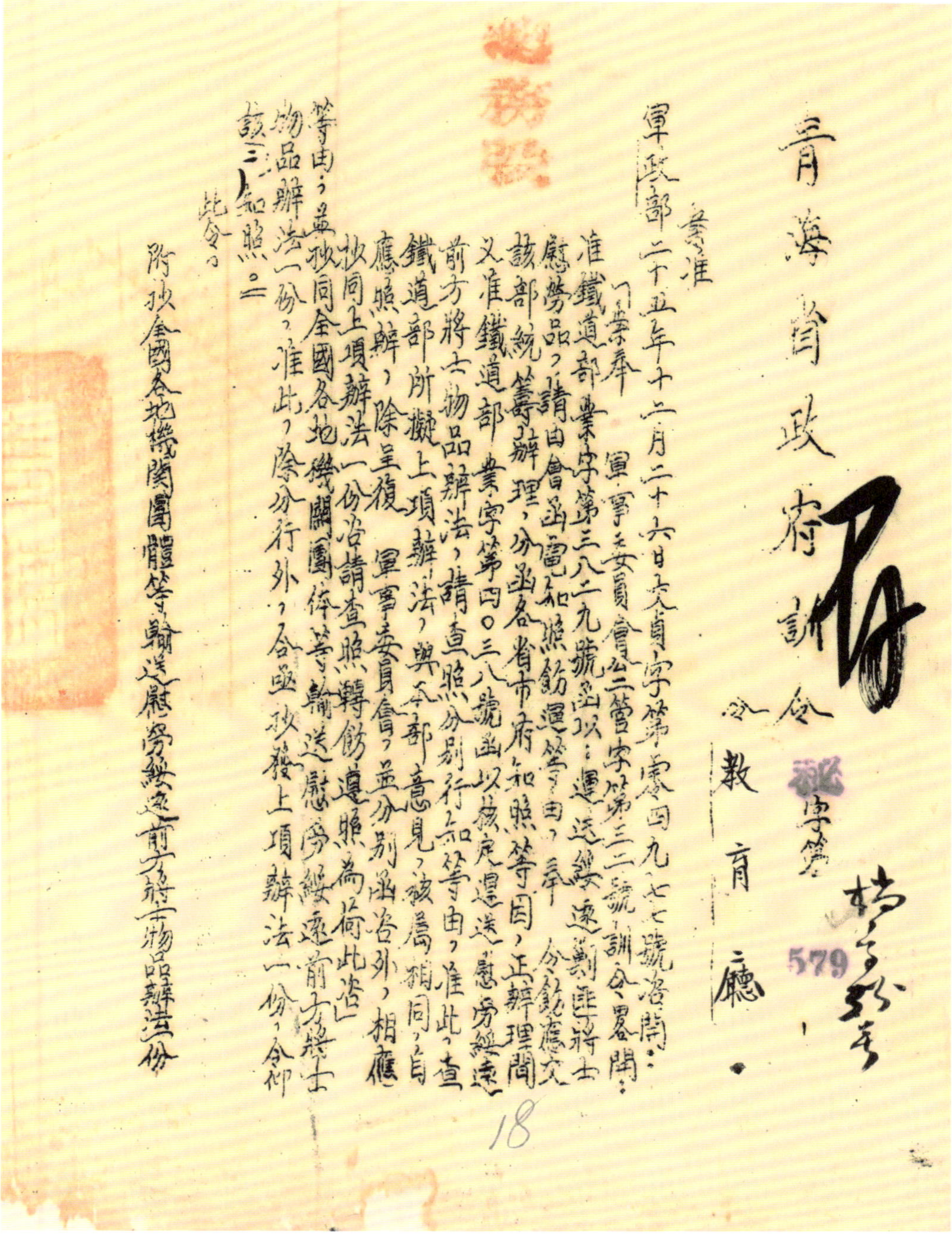
青海省政府訓令　秘字第　號

令教育廳

案准

軍政部二十五年十二月二十六日交通字第零四九七七號咨開：「案奉

軍事委員會公二營字第三二號訓令略開：准鐵道部業字第三八二九號函以：運送綏遠剿匪將士慰勞品，請由會函電知照飭遵等由；業經分飭遵照該部統籌辦理，分函各省市府知照等因，正辦理間，又准鐵道部業字第四〇三八號函以擬定運送慰勞綏遠前方將士物品辦法，請查照分別行知等由，准此，查鐵道部所擬上項辦法，與本部意見，該屬相同，自應照辦，除呈復

軍事委員會，並分別函咨外，相應抄同上項辦法一份，咨請查照，轉飭遵照，為荷此咨」等由；並抄同全國各地機關團體等輸送慰勞綏遠前方將士物品辦法一份，准此，除分行外，合亟抄發上項辦法一份，令仰該廳知照。此令。

附抄全國各地機關團體等輸送慰勞綏遠前方將士物品辦法一份

579

18

中華民國二十六年二月廿七日

代主席 馬步芳

監印 伍學詳
校對 陳顯澤

全國各地機關團體等輸送慰勞綏遠前方將士物品辦法

(一) 凡由國營各鐵路優待運輸慰勞綏遠前方將士物品，以合於前方需要者為限。

(二) 前項優待，係專指鐵路運費一項免收而言，經行首都輸渡仍應照章核收全價渡款。

(三) 凡各地機關團體等請運該項慰勞物品，應先將名稱數量，經行鐵路起訖站點等逐項列明，報由軍政部核轉鐵道部核准飭運。

(四) 該項慰勞物品之押運人，仍應照章購票。

(五) 凡運該項慰勞物品，除前四項規定者外，關於經行各鐵路一切章程均應遵守。

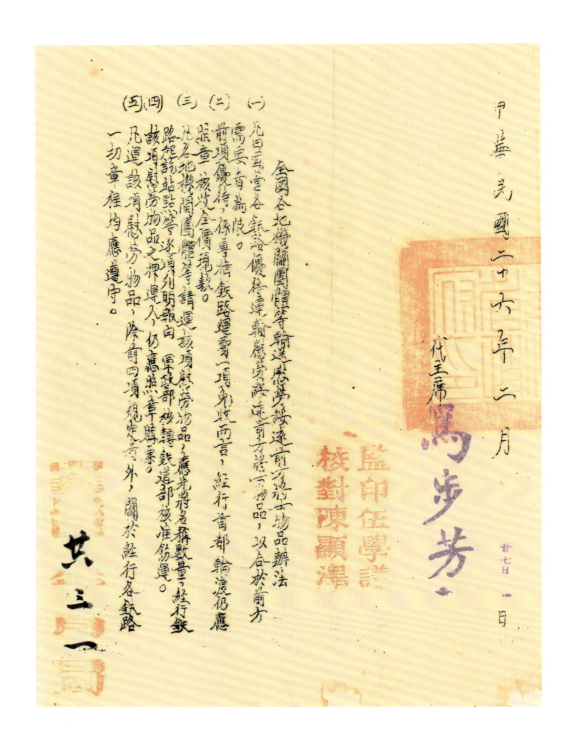

共三一

青海省政府关于转发捐输款物慰劳守士将士草案事致青海省政府教育厅的密令（一九三七年九月十日）

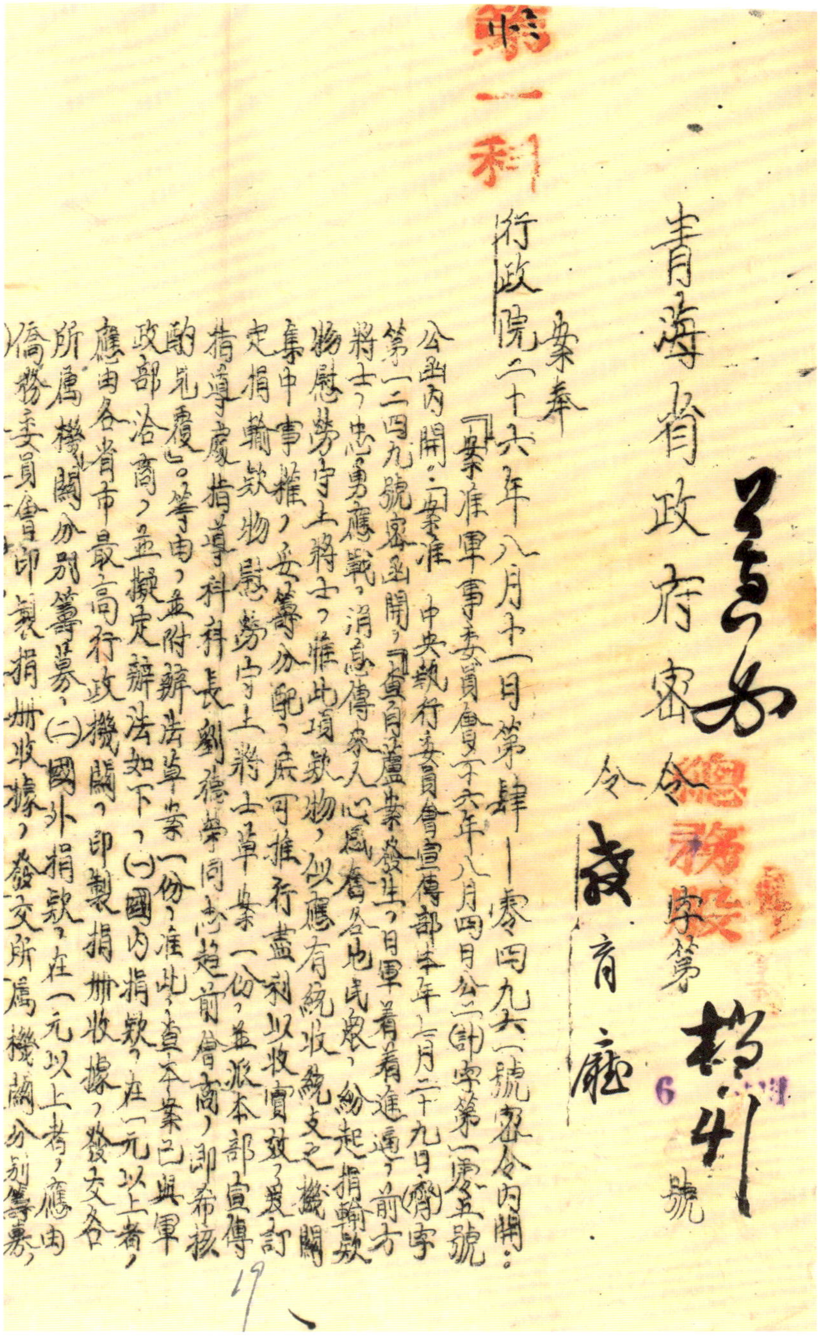
第一科

青海省政府密令 總務 字第 號

令教育廳

案奉

行政院二十六年八月十一日第肆一零四九六〇號密令內開：

「案准軍事委員會二十六年八月四日公二(部)字第一零五號

公函內開：「案准 中央執行委員會宣傳部本年七月二十九日(部)字

第一二四九號密函開：『查自盧案發生，日軍着着進逼，前方

將士，忠勇應戰，消息傳來，人心感奮，各地民衆，紛起捐輸款

物慰勞守土將士，惟此項款物，似應有統收統支之機關

集中事權，妥籌分配，庶可推行盡利，以收實效，現已訂

定捐輸款物慰勞守土將士草案一份，並派本部宣傳

指導處指導科科長劉德峰同志趨前會商，即希拔

酌見覆』，等由，並附辦法草案一份，准此，查本案已與軍

政部洽商，並擬定辦法如下：(一)國內捐款，在一元以上者，

應由各省市最高行政機關，印製捐册收據，發交各

所屬機關分別籌募，(二)國外捐款，在一元以上者，應由

僑務委員會印製捐册收據，發交所屬機關分別籌募，

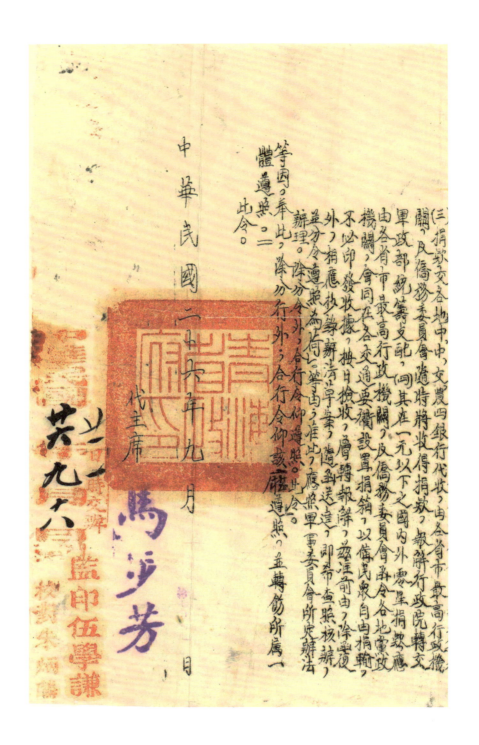

(三)捐款交各地中、中、交、農四銀行代收，由各省市最高行政機
關，及僑務委員會隨時將收得捐款，報解行政院轉交
軍政部統籌支配，(四)其在一元以下之國內外零星捐款，應
由各省市最高行政機關，及僑務委員會分令各地黨政
機關，會同在各交通要衢設置捐箱，以備民衆自由捐輸，
不必印發收據，按日檢收，分層轉報解，茲准前由，除分發
外，相應抄發辦法草案，隨文送達，即希查照核辦，
並分令遵照為荷」。等由，准此，應照軍事委員會所定辦法
辦理。除分令外，合行令仰遵照。此令。」
等因，奉此，除分行外，合行令仰該廳遵照，並轉飭所屬一
體遵照。
此令。

中華民國二十六年九月　日

代主席 馬步芳

共九六八

監印伍學謙

青海省政府转发关于捐输款物慰劳守土将士草案事致囊谦县政府的密令（一九三七年九月十七日）

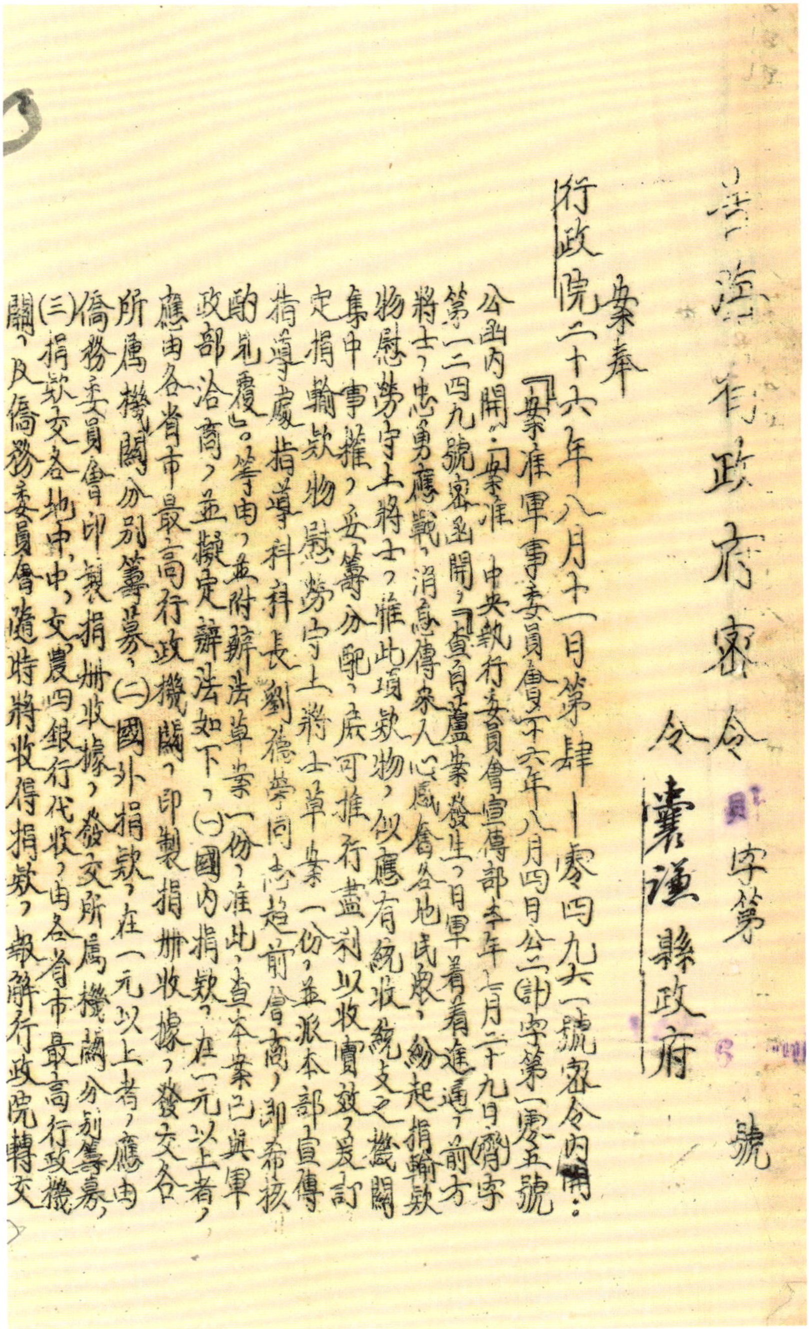

青海省政府密令 字第 號

令囊謙縣政府

案奉

行政院二十六年八月十一日第肆一零四九六一號密令内開：「案准軍事委員會二十六年八月四日公二即字第一零五號公函内開：『案准中央執行委員會宣傳部本年七月二十九日齊字第一二四九號密函開：「自盧案發生，日軍着着進逼，前方將士，忠勇應戰，消息傳來，人心感奮，各地民衆，紛起捐輸款物慰勞守土將士，惟此項款物，似應有統收統支之機關集中事權，妥籌分配，庶可推行盡利，以收實效。爰訂定捐輸款物慰勞守土將士草案一份，並派本部宣傳指導處指導科科長劉德學同志趋前會商，即希核酌見覆」。等由，並附辦法草案一份，准此，查本案已與軍政部洽商，並擬定辦法如下：(一)國内捐款，在一元以上者，應由各省市最高行政機關，印製捐册收據，發交各所屬機關分别籌募；(二)國外捐款，在一元以上者，應由僑務委員會印製捐册收據，發交所屬機關分别籌募；(三)捐款交各地中中、交、農四銀行代收，由各省市最高行政機關，及僑務委員會隨時將收得捐款，報解行政院轉交

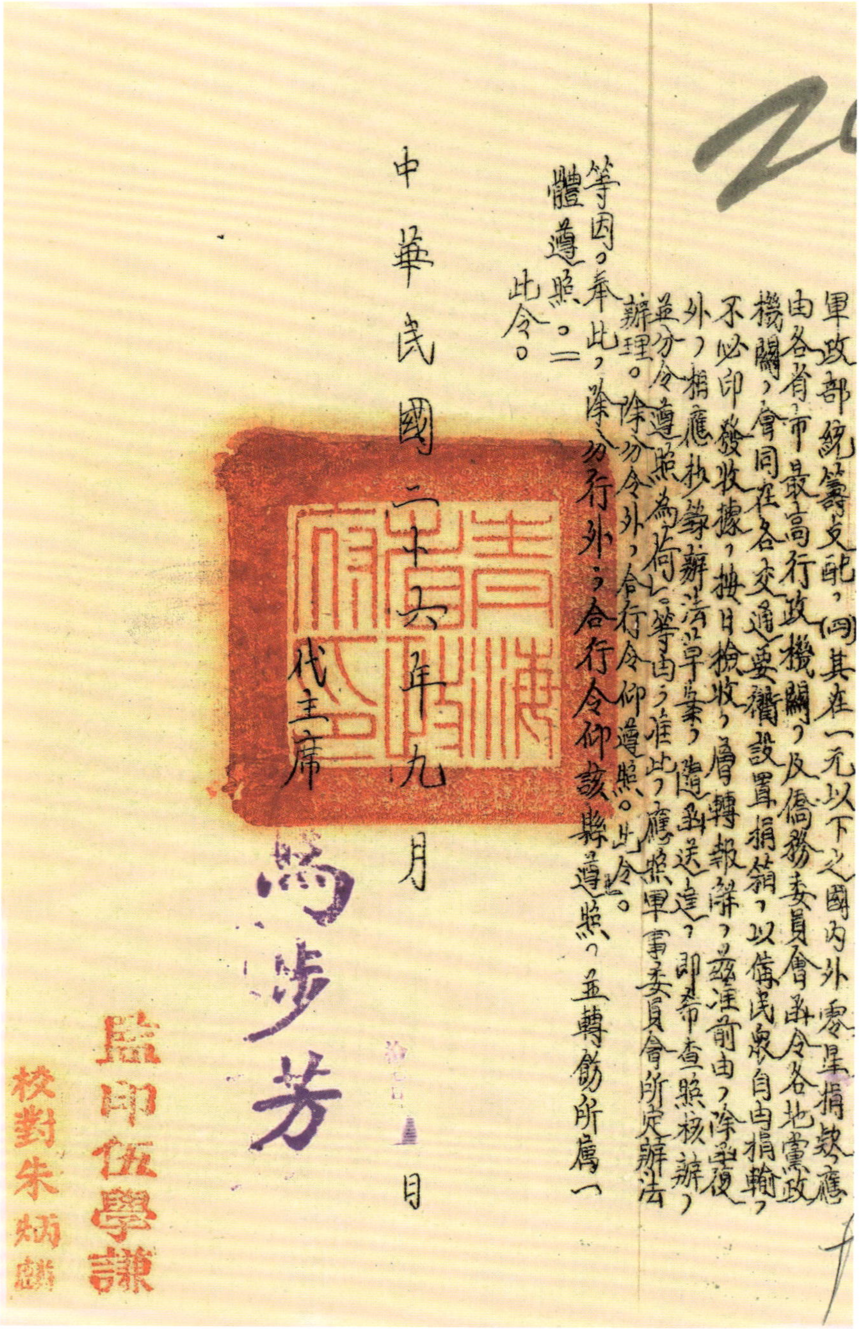
軍政部統籌支配，(四)其在一元以下之國内外零星捐款，應由各省市最高行政機關，及僑務委員會函令各地黨政機關，會同在各交通要衢設置捐箱，以備民衆自由捐輸，不必印發收據，按日檢收，彙轉報解，並注前由，除呈復外，相應抄發辦法草案，隨函送達，即希查照核辦，並分令遵照為荷。」等由，准此，應照軍事委員會所定辦法辦理。除分令外，合行令仰遵照。此令。」等因，奉此，除分行外，合行令仰該縣遵照，並轉飭所屬一體遵照。二

此令。

中華民國二十六年九月　日

代主席　馬步芳

監印伍學謙

校對朱炳麟

中国妇女慰劳自慰抗战将士总会关于前方抗战将士急需棉鞋毛袜经第十一次执委会决议函请贵部转饬各地女校织赠给青海省教育厅的公函（一九三七年十月）

二科

中國婦女慰勞自衛抗戰將士總會公函

事由	擬辦	批示	備考
為前方抗戰將士急需棉鞋毛袜經本會第十一次執委會決議函請貴部轉飭各地女校織贈由	飭知并存		

附件

字第　號

二十六年十一月十八日　時到

24

收文　字第

字第334號

中國婦女慰勞自衛抗戰將士總會 公函

案因暴日侵凌，前線將士忠勇衛國，浴血抗戰，已歷五月，迭建奇功。刻已深秋，瞬屆嚴冬，軍中禦寒物品頗切急需。兹經本會第十一次執委會議決，函請

貴廳分函初等各女校學生織製毛袜棉鞋彙送前方將士，以增強抗戰力量。相應錄案奉達，敬煩

察照飭辦，無任公感！此致

教育部

青海省教育廳

25

教育局

常務委員

蔣宗魯

李德全

吳貽芳

趙懋華

沈慧蓮

26

中華民國二十六年十月　日

中國婦女慰勞自衛抗戰將士總會章

27

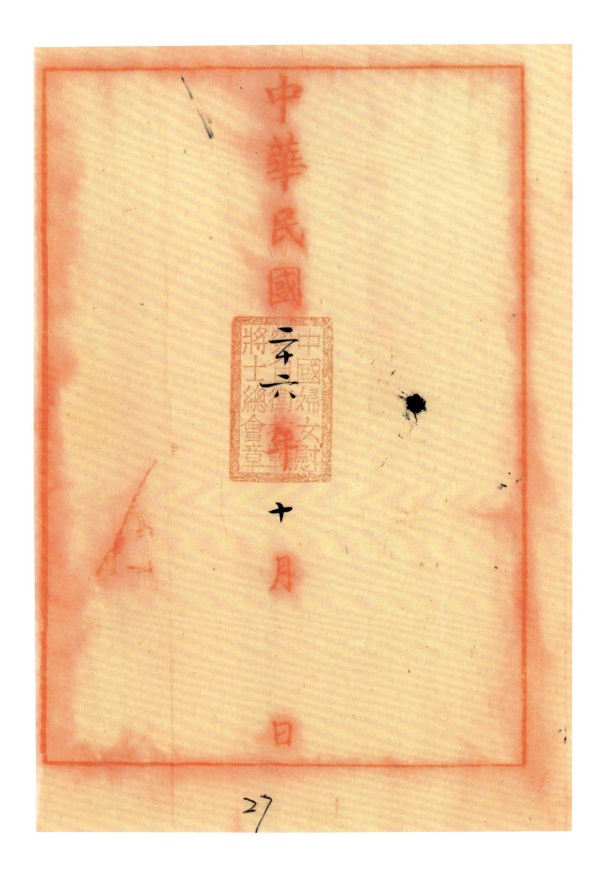

青海省政府关于前方抗战将士急需棉鞋毛袜仰遵照织制汇送给青海省立西宁简易女子师范学校的训令及公函
（一九三七年十二月一日）

青海省政府稿

文别	训 指令 出函
事由	令為前方抗戰將士急需棉鞋毛襪仰遵照織製彙送由 函為前方抗戰將士急需棉鞋毛襪囑分函女校織製彙送前方由 令遵另外復請查照由
送達機關	文內各機關
類別	学校教育
附件	

主席 [illegible]

秘書長 魏敷滋印

廳長 核

核稿 核稿 核稿 核稿

撰擬 鍾錫九

核稿 潘維綸

中華民國二十六年

收文	交辦	擬稿	核簽	判行	繕寫	校對	蓋印	封發	收文發文相距
十一月廿四日三時	月廿五日十時	月日十時	月日時	月日時	月日時	月卅日時	月日時	十二月一日時	日時

收文 字第 號

發文 字第 號

檔案 [illegible] 字第 號

20

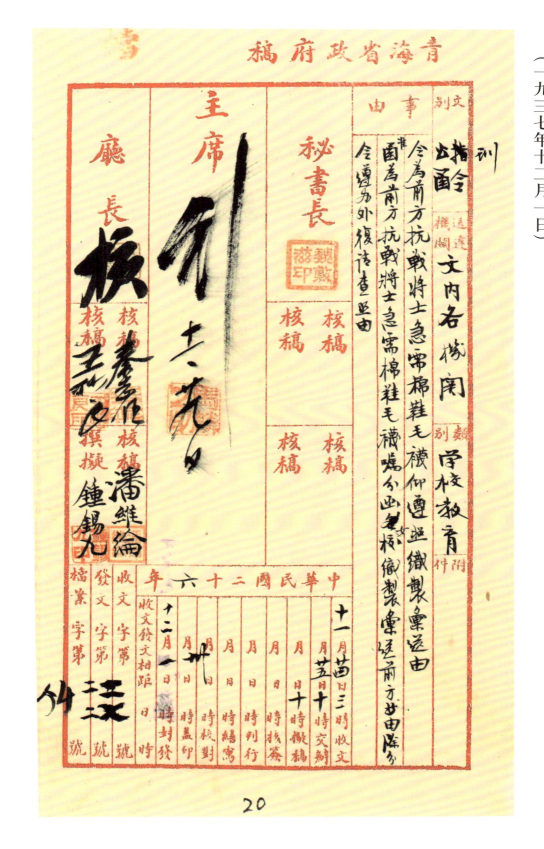

本府訓令　教吏字第[illegible]號

令省立西寧簡易女子師範學校

案准

中國婦女慰勞自衛抗戰將士總會二十六年十月日第三三四號公函開：

「入原文至云云感」

等由，准此，合行令仰該校遵照，織製毛襪、棉鞋，彙送前防，以應急需，為要！

此令。

21

本府公函　教吏字第二二號

逕復者：頃准

貴會二十六年十月日第三三四號致教育廳公函，囑分函勸導各女校學生，織製毛襪、棉鞋，彙送府方將士，以增强抗戰力量等由。准此，除令飭各女校遵照辦理外，相應函復，即希

查照為荷！

此致

中國婦女慰勞自衛抗戰將士總會

主席馬〇

22

中華民國二十六年十一月　日

主席馬

繕寫

校對

監印

23

青海省政府关于决定慰劳前方将士募制寒衣办法十项给囊谦县政府的训令（一九三八年二月十日）

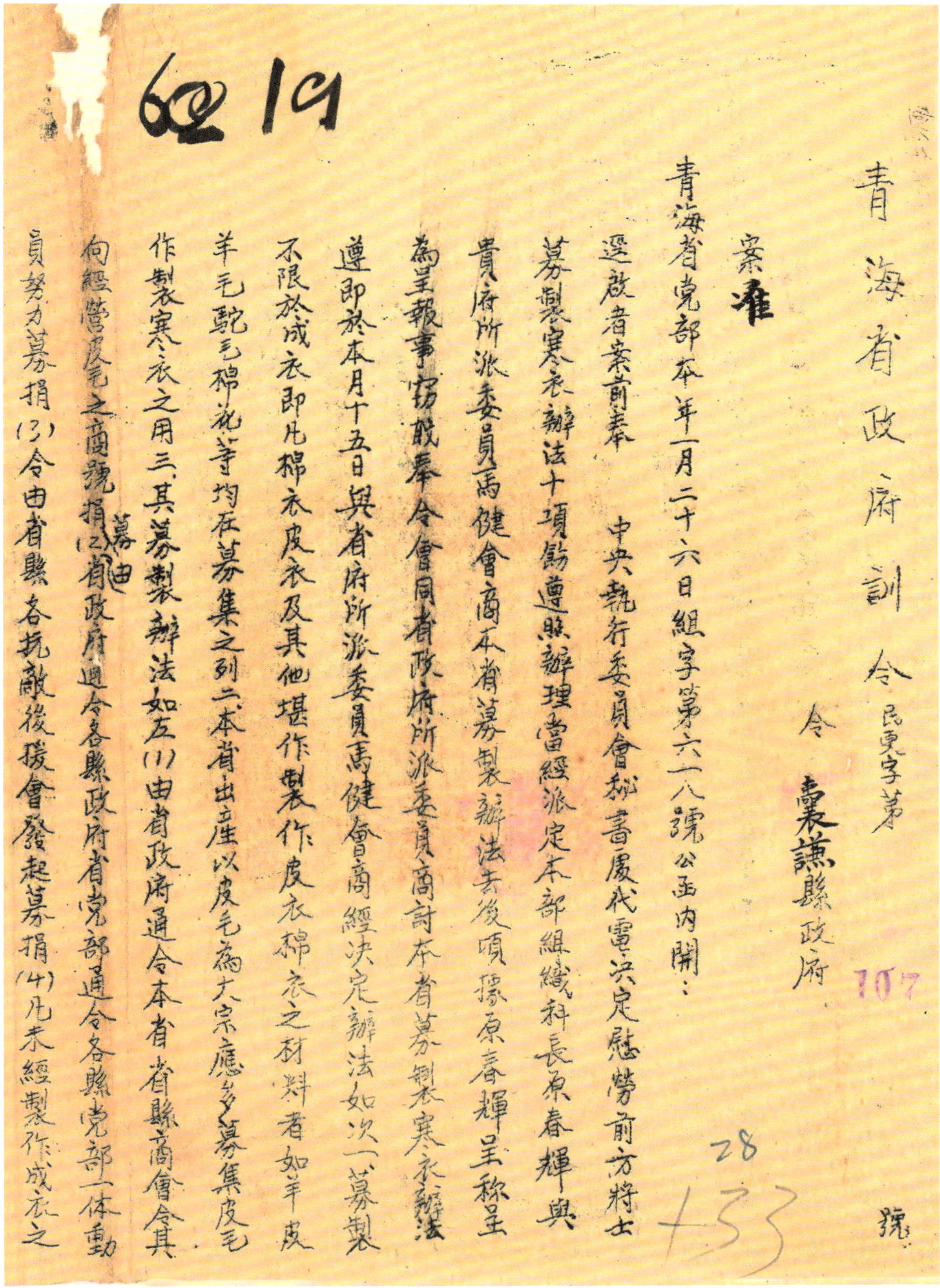

青海省政府訓令　民字第　號

令囊謙縣政府

案准

青海省黨部本年一月二十六日組字第六一八號公函內開：

遝啟者案前奉　中央執行委員會秘書處代電決定慰勞前方將士

募製寒衣辦法十項飭遵照辦理當經派定本部組織科長原春輝與

貴府所派委員馬健會商本省募製辦法去後頃據原春輝呈稱呈

為呈報事窃職奉令會同省政府所派委員商討本省募制寒衣辦法

遵即於本月十五日與省府所派委員馬健會商經決定辦法如次(一)募製

不限於成衣即凡棉衣皮衣及其他堪作製作皮衣棉衣之材料者如羊皮

羊毛駝毛棉花等均在募集之列(二)本省出產以皮毛為大宗應多多募集皮毛

作製寒衣之用(三)其募製辦法如左(1)由省政府通令本省各縣商會令其

向經營皮毛之商號募捐(2)由省政府通令各縣政府省黨部通令各縣黨部一體動

員努力募捐(3)令由省縣各抗敵後援會發起募捐(4)凡未經製作成衣之

羊皮羊毛駝毛布疋棉花等俟募捐集有成數即交由省抗敵後援會負責
製衣作成衣寄往前方作慰勞將士之用（丙）募製事宜限於本年二月底以前辦
理完竣所有以上辦法是否可行理合備文呈報鈞部鑒核施行等情據此經提
經本部第三十九次特派員會議議決照辦等語紀錄在卷除分行外相應錄
案函達貴府即請查照辦理並盼見復至紉公誼此致」
等由。准此。除函復外，合行令仰該縣遵照（一）（二）等項辦法，赶速辦理，并將
辦理情形，先行具報，以憑核備，為要！此令。

主席 馬麟

中華民國二十七年二月拾日

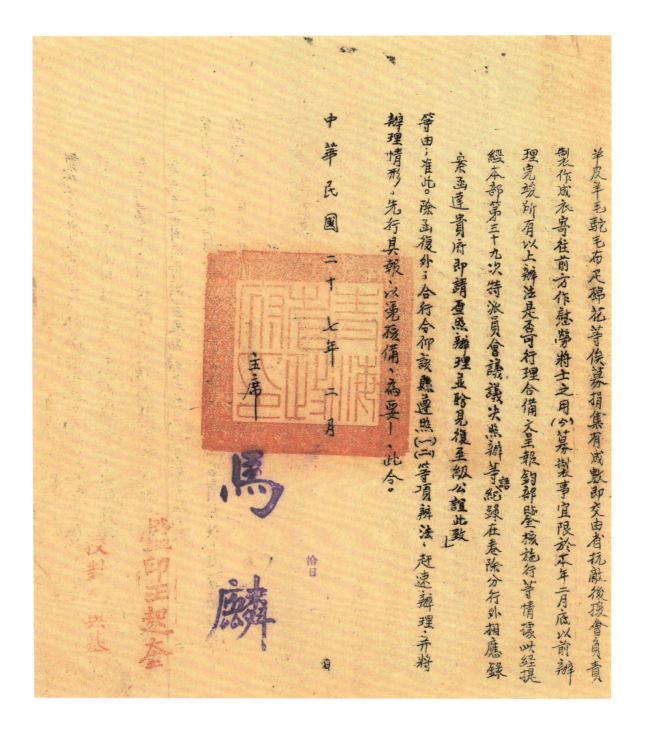

監印 王熙叁
校對 興基

青海省主席马步芳关于缴纳抗日军马望勿延误给刚察千户的令（一九三八年七月）

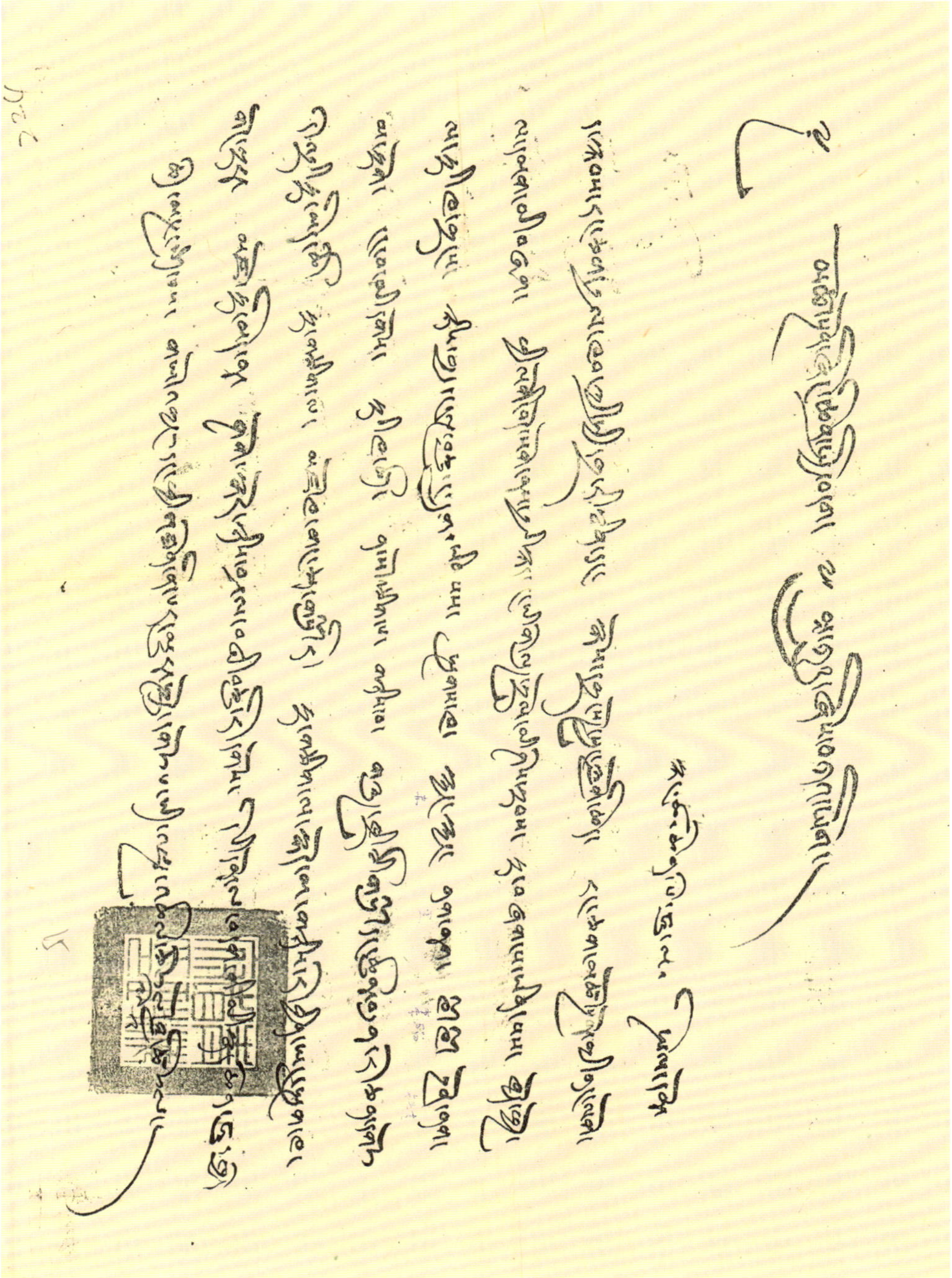

6

青海省统帅马主席令

刚察千户：

为了抗击我国公敌日本，我们青海边陲地区的蒙藏民族，不懂汉语汉文，不懂内地的风俗，因此，我省不向内地派兵，只缴军马即可。据此，今年分配你部军马二百五十六匹，毛色必须是枣骝、黑色、土黄色、铁青色四类，不要灰色，口齿是四岁或满口，身高三尺七寸。如果此类马缴不够，可用三扶满口犏牛或两匹骒马顶替一匹军马，毛色同上。如果犏牛或军马均缴不够数，每匹军马计价钞票

（15×15＝225）　　第　页

8. 13

二百四十元。为此，特派办公员到千户府上，望勿延误时间，切切！

青海省政府印

民国二十七年七月 日

（15×15＝225） 第 页

9.14

青海省政府关于改征战马一百匹等事致刚察族的密令（一九三八年八月十日）

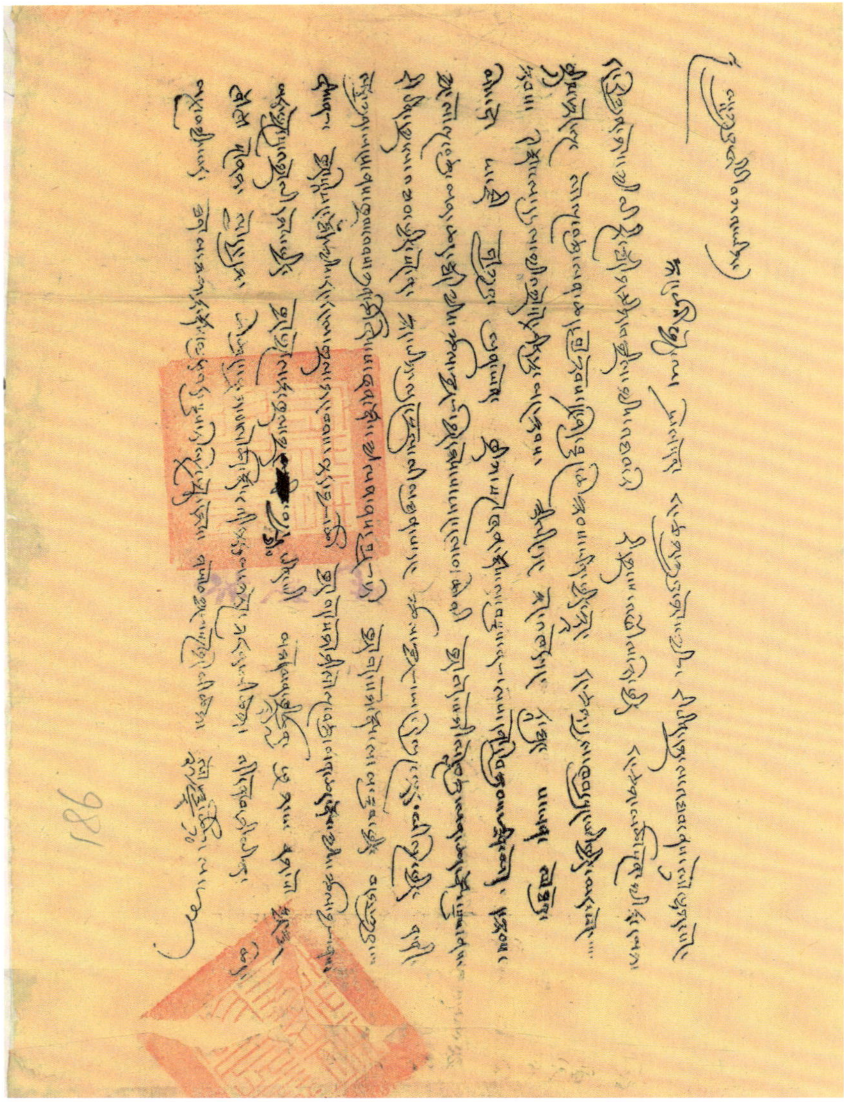

青海省政府密令　秘機字第52號

令剛察族頭

查全面抗戰發動以來，業逾一載，我全國上下同仇敵愾，屢挫敵鋒。本省參加抗戰部隊已先後出騎兵一萬五千人，壯丁二千名，徵集開拔，需費浩繁，均由本省西寧、湟源、大通、化隆、樂都、民和、循化、互助、亹源、貴德等各縣派辦。近來又訓練壯丁，人民甚屬辛苦。惟蒙藏各族，如派壯丁東下參戰，誠恐人地生疏，困難殊多；又若實施壯丁訓練，因蒙藏兩族習慣不同，困難更多；且歲各縣担負公債，該旗均未派辦。本府為因人制宜、因地制宜起見，免予徵拔壯丁，並免壯丁訓練。為此通飭辦理，着派該族馬[illegible]匹，身高最低三尺七寸，顏色黑、赤、棗騮、鉄青四種，口齒四歲至六歲，不得稍有變通，合亟令仰該族遵照，赶速如數呈交。切切，毋違延自干咎戾，為要。

此令

中華民國二十七年八月十日

主席　馬步芳

監印史載忠

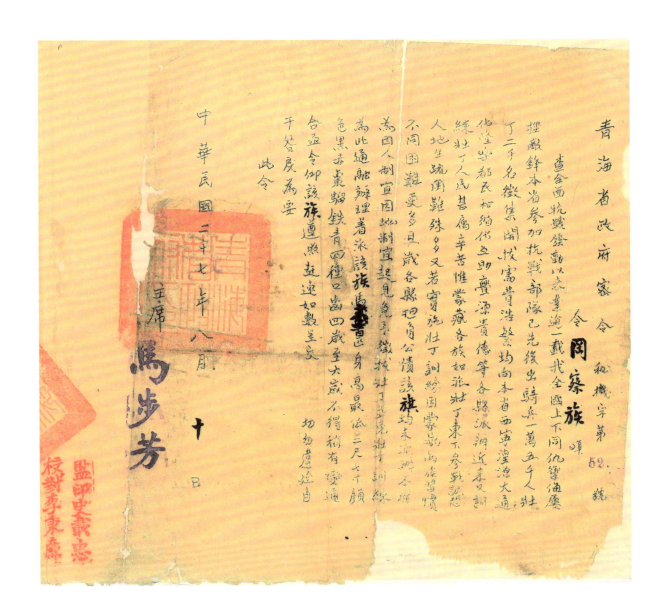

校對李秉森

青海省政府关于抄发抗战时期统制废金属废棉絮暂行办法致囊谦县政府的训令（一九三八年十月二十九日）

附：市县警察机关发给收售废金属废棉絮小贩营业执照暂行规则

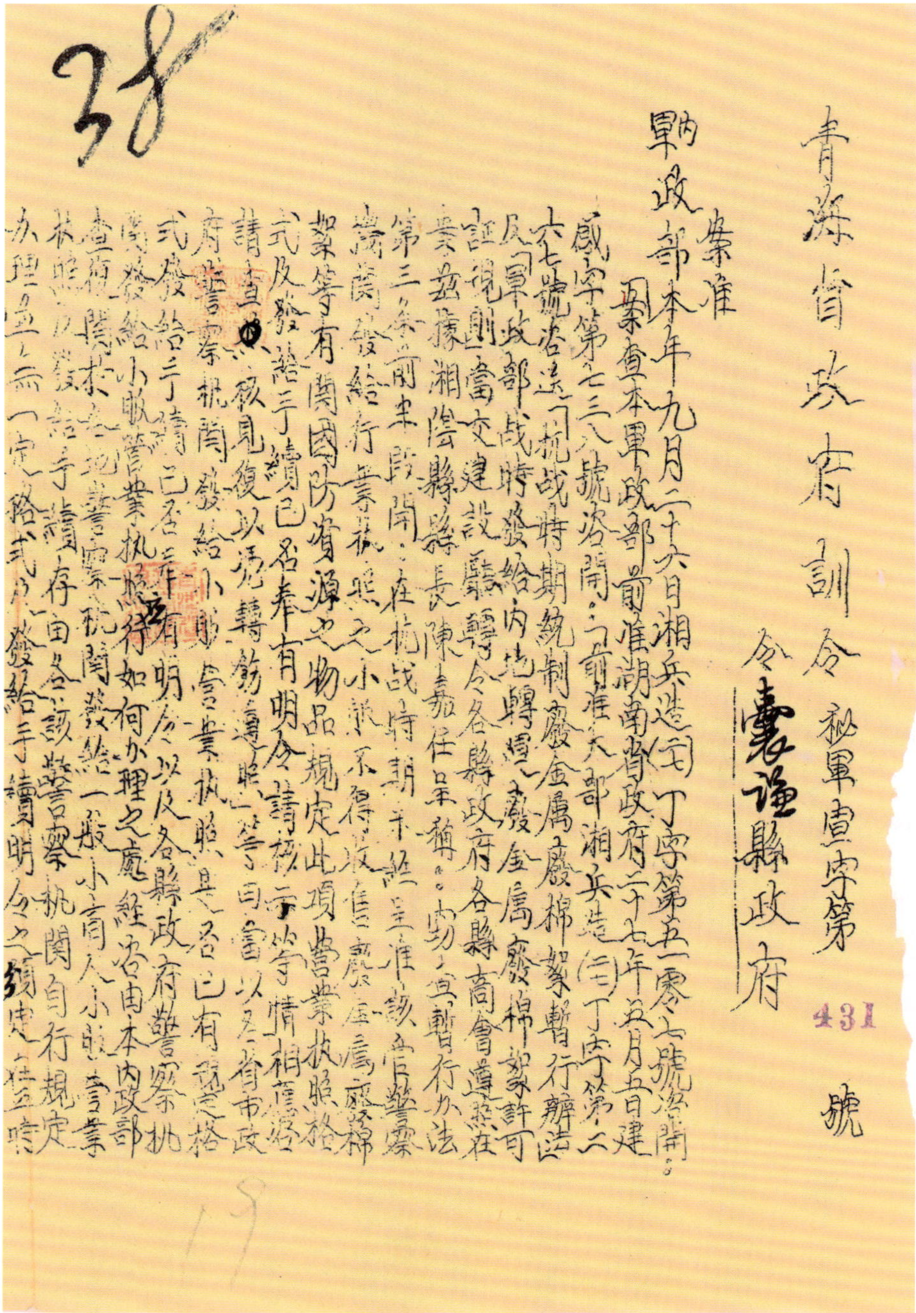
青海省政府訓令 秘軍壹字第 號
令囊謙縣政府
案准
軍政部本年九月二十六日湘兵造(三)丁字第五一零七號咨開：
案查本軍政部前准湖南省政府二十七年五月五日建
威字第七三八號咨開：「前准大部湘兵造(三)丁字第二
六七號咨送《抗战時期統制廢金屬廢棉絮暫行辦法》
及《軍政部战時發給內地轉運廢金屬廢棉絮許可
證規則》，當交建設廳轉令各縣政府、各縣商會遵照在
案。茲據湘陰縣縣長陳嘉任呈稱：[illegible]暫行办法
第三條開：在抗战時期未經呈准該管警察
機關發給營業執照之小販，不得收售廢金屬廢棉
絮等有關國防資源之物品。規定此項營業執照格
式及發給手續已否奉有明令，請核示等情，相應咨
請查照核見復，以憑轉飭遵照」等由。當以各省市政
府警察機關發給小販營業執照，是否已有規定格
式發給手續，已否另有明令，以及各縣政府警察機
關發給小販營業執照應如何办理之處，經咨由本內政部
查核。[illegible]一般小商人小販營業
執照，[illegible]存由各該警察機關自行規定
办理，並[illegible]發給手續明令之[illegible]

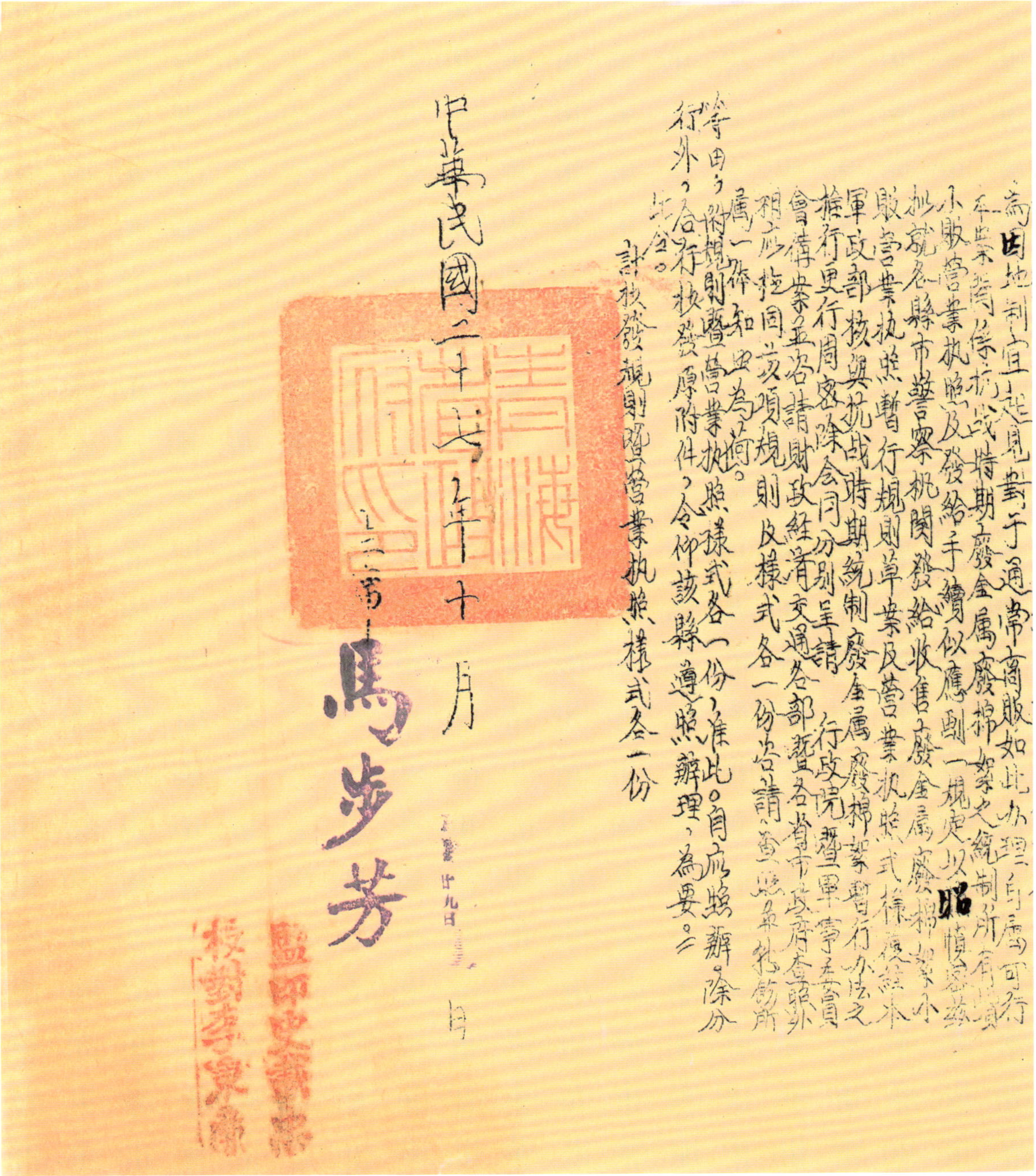
為因地制宜起見，對于通常商販如此辦理，自屬可行
本案擬仿照抗戰時期廢金屬廢棉絮之統制，所有攤
小販營業執照及發給手續，似應劃一規定，以昭慎重。茲
擬就各縣市警察機關發給收售廢金屬廢棉絮小
販營業執照暫行規則草案及營業執照式樣，經本
軍政部核與抗戰時期統制廢金屬廢棉絮暫行辦法之
推行更行周密，除會同分別呈請　行政院暨軍事委員
會備案並咨請財政經濟交通各部暨各省市政府查照外，
相應抄同該項規則及樣式各一份，咨請查照，並轉飭所
屬一體知照為荷。
等由，附規則暨營業執照樣式各一份，准此，自應照辦。除分
行外，合行抄發原附件，令仰該縣遵照辦理，為要。
此令。
計抄發規則暨營業執照樣式各一份
中華民國二十七年十一月　日
馬步芳

縣市警察機關發給收售廢金屬廢棉麻等小販營業執照暫行規則

第一條 本規則依據抗戰時期統制廢金屬廢棉麻等暫行辦法第三條之規定制定之

第二條 凡收售廢金屬廢棉麻等之小販均須依照本規則之規定，檢同本人最近二寸半身照片二張，照費國幣伍角，印花税一角，於開始收售十日前備具呈文，載明左列各款事項，向該管警察機關請領營業執照，經核准發給後方准營業。其易地營業者，須於五日內向該管警察機關登記，由該管警察機關於原領營業執照上加蓋印信

一、姓名

二、性別

三、年齡

四、籍貫

五、住所

六、資本額數

七、收售地區

在本規則公布施行前已開始收售廢金屬廢棉麻等之小販，應於本規則公布施行後一个月內遵照規定補領營業執照

第三條 收售廢金屬廢棉麻等之小販具呈請領營業執照時，應覓具殷實舖保一家，在原呈上加蓋戳記

第四條 警察機關於依本規則核准發給收售廢金屬廢棉麻等營業執照時，應公告之

第五條 收售廢金屬廢棉麻等之小販依本規則領得營業執照，不得擅自轉讓或借貸頂替

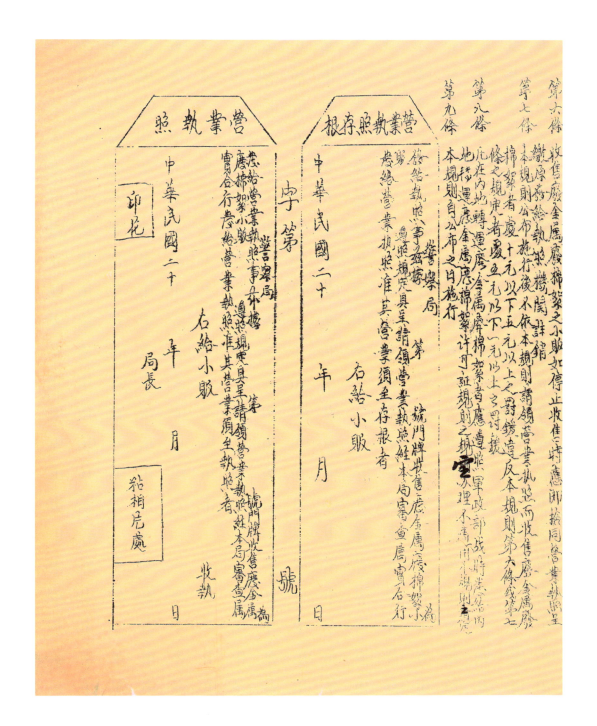

第六條　收售廢金屬廢棉絮之小販如停止收售時應即檢同營業執照呈繳原發給執照機關註銷

第七條　本規則公布施行後不依本規則請領營業執照而收售廢金屬廢棉絮者處十元以下五元以上之罰鍰違反本規則第六條或第七條之規定者處五元以下一元以上之罰鍰

第八條　凡在內地轉運廢金屬廢棉絮者應遵照軍政部戰時公佈內地移運廢金屬廢棉絮許可證規則之規定辦理不適用本規則之規定

第九條　本規則自公布之日施行

營業執照存根

警察局　為

發給執照事茲據　第　號門牌收售廢金屬廢棉絮小

販　遵照規定具呈請領營業執照經本局審查屬實合行

發給營業執照准其營業須至存根者

右給小販

中華民國二十　年　月　日

字第　號

營業執照

警察局　為

發給營業執照事茲據　第　號門牌收售廢金屬

廢棉絮小販　遵照規定具呈請領營業執照經本局審查屬

實合行發給營業執照准其營業須至執照者

右給小販　收執

局長

中華民國二十　年　月　日

印花

粘相片處

青海省政府、乐都县政府等关于各级学校应以活动制作用品用以贡献前方事的训令

青海省政府致乐都县政府的训令（一九三九年一月二十三日）

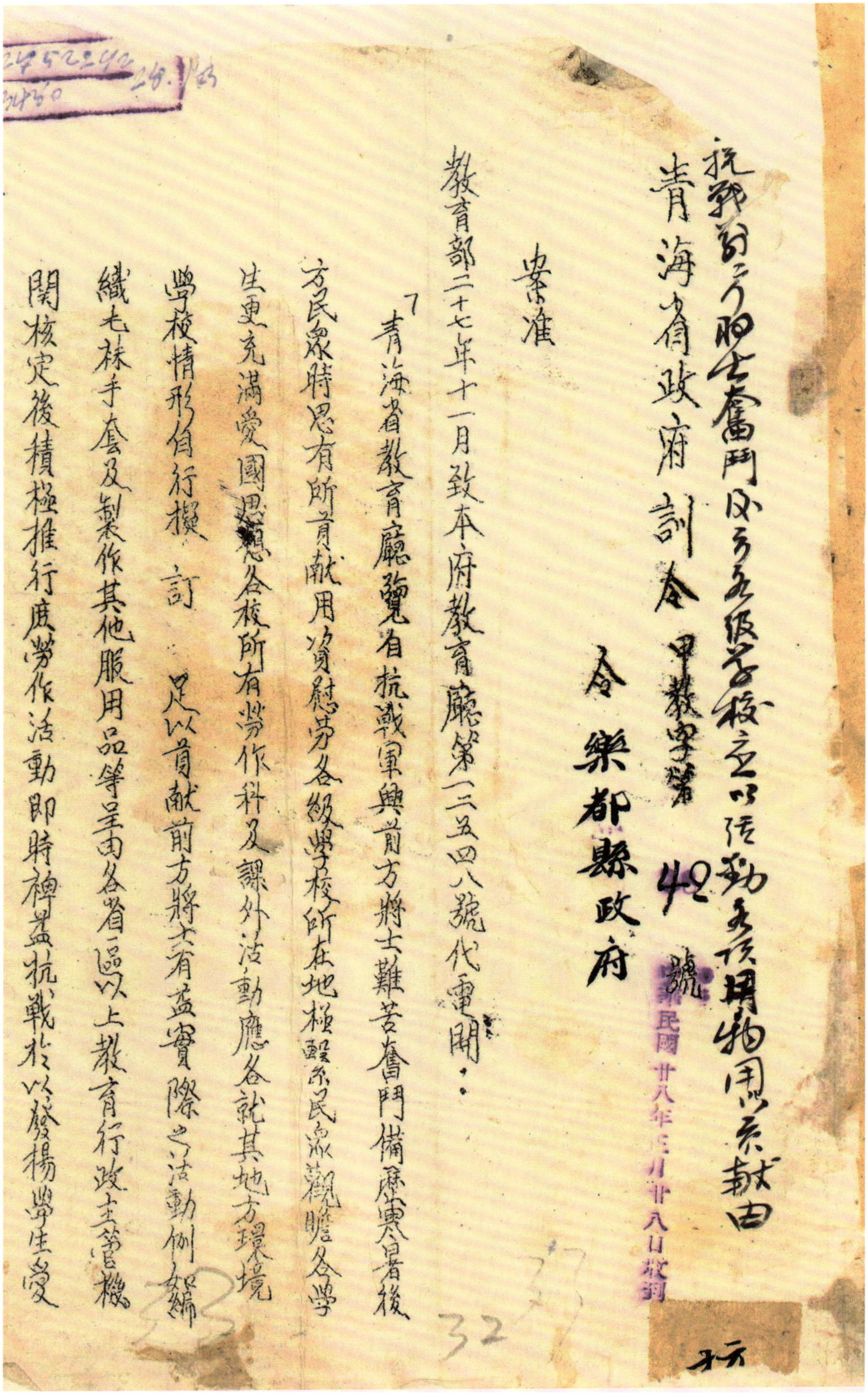

抗戰前方將士奮鬥令各級學校應以活動製作用物用以貢獻由

青海省政府訓令 甲教字第42號

令樂都縣政府

案准

教育部二十七年十一月致本府教育廳第一三五四八號代電開：

「青海省教育廳鑒：省抗戰軍興，前方將士艱苦奮鬥，備歷寒暑，後方民眾時思有所貢獻，用資慰勞。各級學校所在地極堪為民眾觀瞻，各學生更充滿愛國思想，各校所有勞作科及課外活動，應各就其地方環境、學校情形自行擬訂，足以貢獻前方將士有益實際之活動，例如編織毛襪手套及製作其他服用品等，呈由各省區以上教育行政主管機關核定後，積極推行，庶勞作活動即時裨益抗戰，於以發揚學生愛

民國廿八年三月廿八日收到

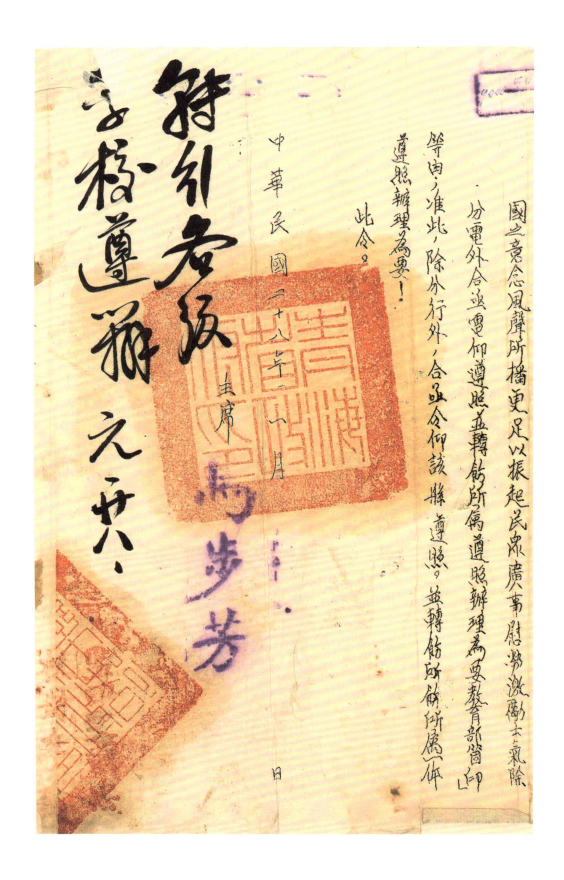

國之意念風聲所播更足以振起民衆廣大革命慰勞激勵士氣除

分電外合亟電仰遵照並轉飭所屬遵照辦理為要教育部皆印

等因，准此，除分行外，合亟令仰該縣遵照，並轉飭所屬一体

遵照辦理為要！

此令。

中華民國二十八年一月　日

主席　馬步芳

轉行各級

學校遵辦　元卅八

乐都县政府致县立各小学校的训令（一九三九年一月二十九日）

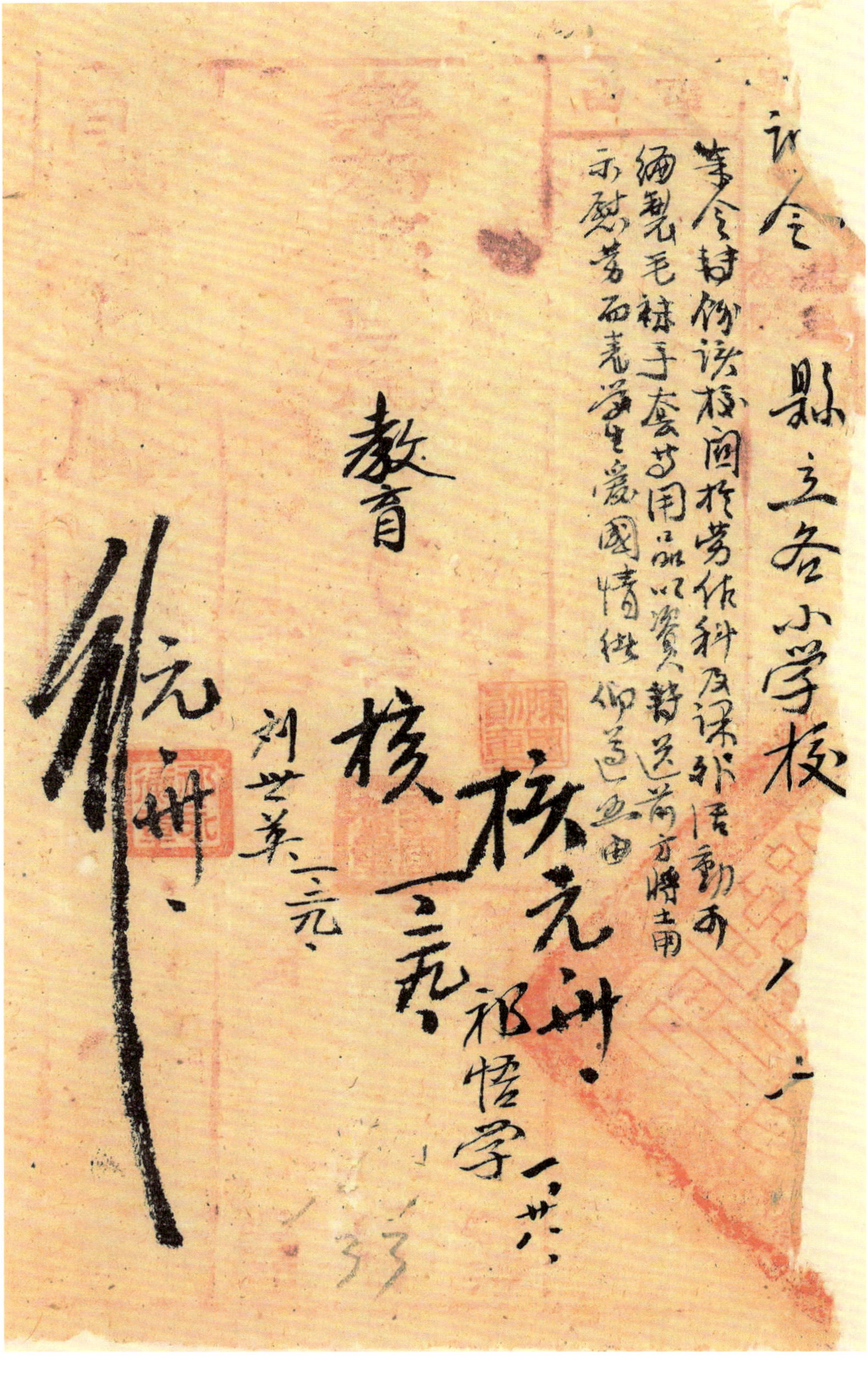
训令 县立各小学校
案令转饬该校应於劳作科及课外活动开
始制毛袜手套等用品以资馈送前方将士藉
示慰劳而养学生爱国情绪仰遵照由
教育

樂都縣政府訓令　第　號

令縣立各小學校校長

案奉

青海省政府本年一月廿二日甲教字第四二號訓令內開：

「案准　教育部廿七年……

……此令。」

等因。奉此。除分令外，合行令仰該校遵照辦

理。為要。此令。

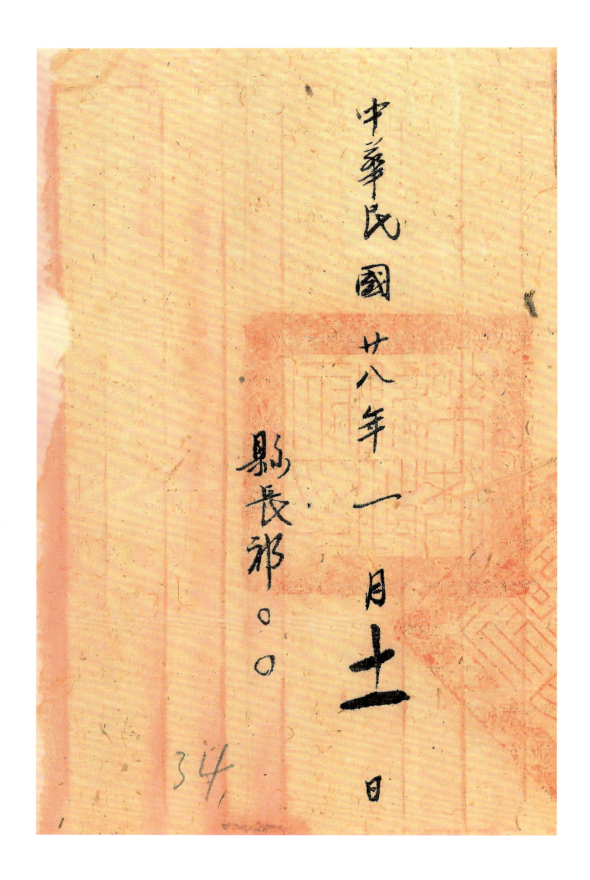

中華民國廿八年一月十一日

縣長祁〇〇

34

教育部关于令饬各校学生为前方将士赶制毛袜等事致青海省政府教育厅的训令（一九三九年三月）

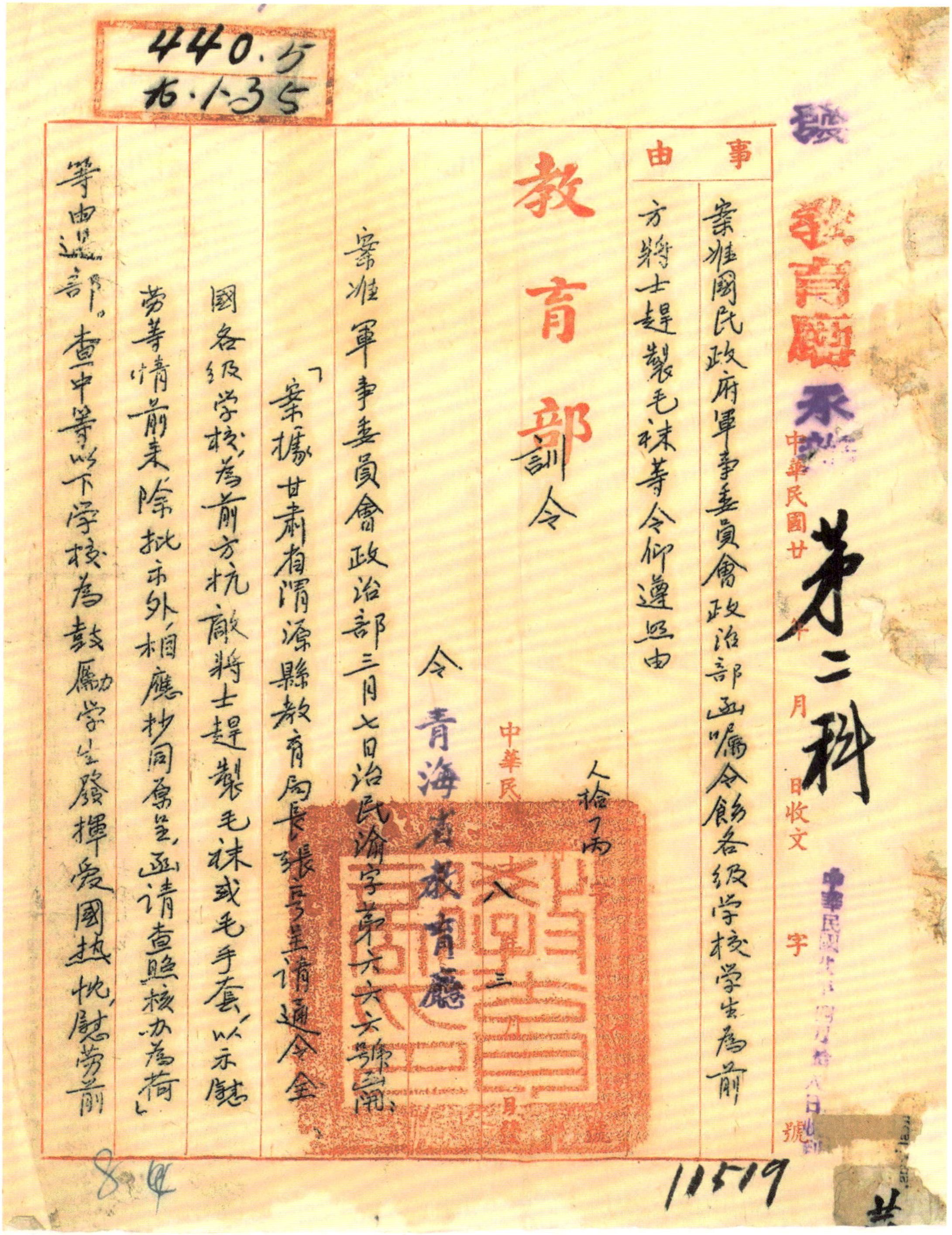
440.5
16.1.35

青海省政府教育廳收文 第二科
中華民國廿八年四月 日收文 字 號

事由：案准國民政府軍事委員會政治部函囑令飭各級學校學生為前方將士趕製毛襪等令仰遵照由

教育部訓令 [illegible] 八 三

令青海省教育廳

案准軍事委員會政治部三月七日治民渝字第六六六號函，「案據甘肅省渭源縣教育局長張[illegible]呈請通令全國各級學校為前方抗敵將士趕製毛襪或毛手套，以示慰勞等情，前來。除批示外，相應抄同原呈，函請查照核辦為荷」等由，准此。查中等以下學校為鼓勵學生發揮愛國熱忱，慰勞前

11519

方殺敵起見，自應一体斟酌時令與前方需要，令學生在勞作科課程內趕製毛襪手套或布襪衫褲等將士用品，彙送主管教育行政機關，轉送前方應用。除函復外，合行令仰轉飭遵照。此令。

部長 陳立夫

擬准通飭所屬各小學遵辦。盧 四．十九．

校對

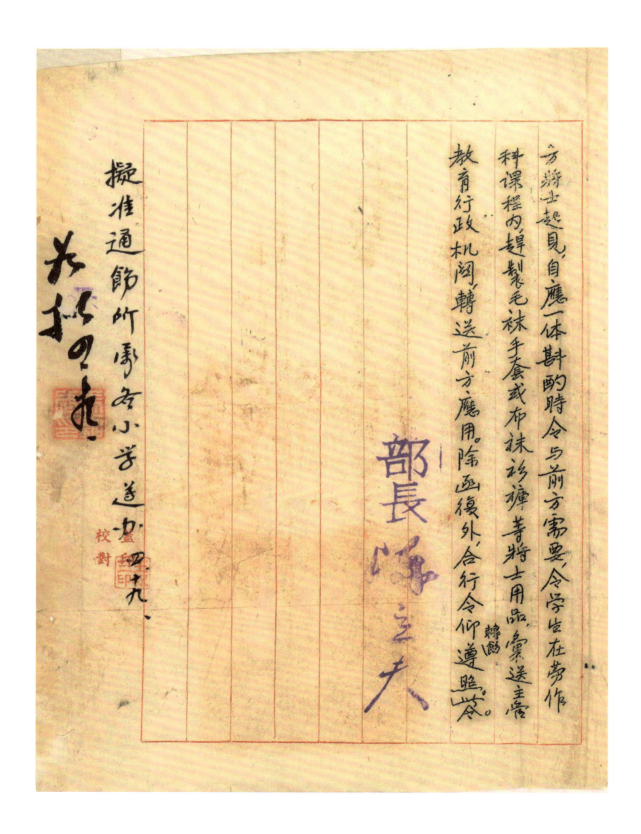

如擬 四．廿．

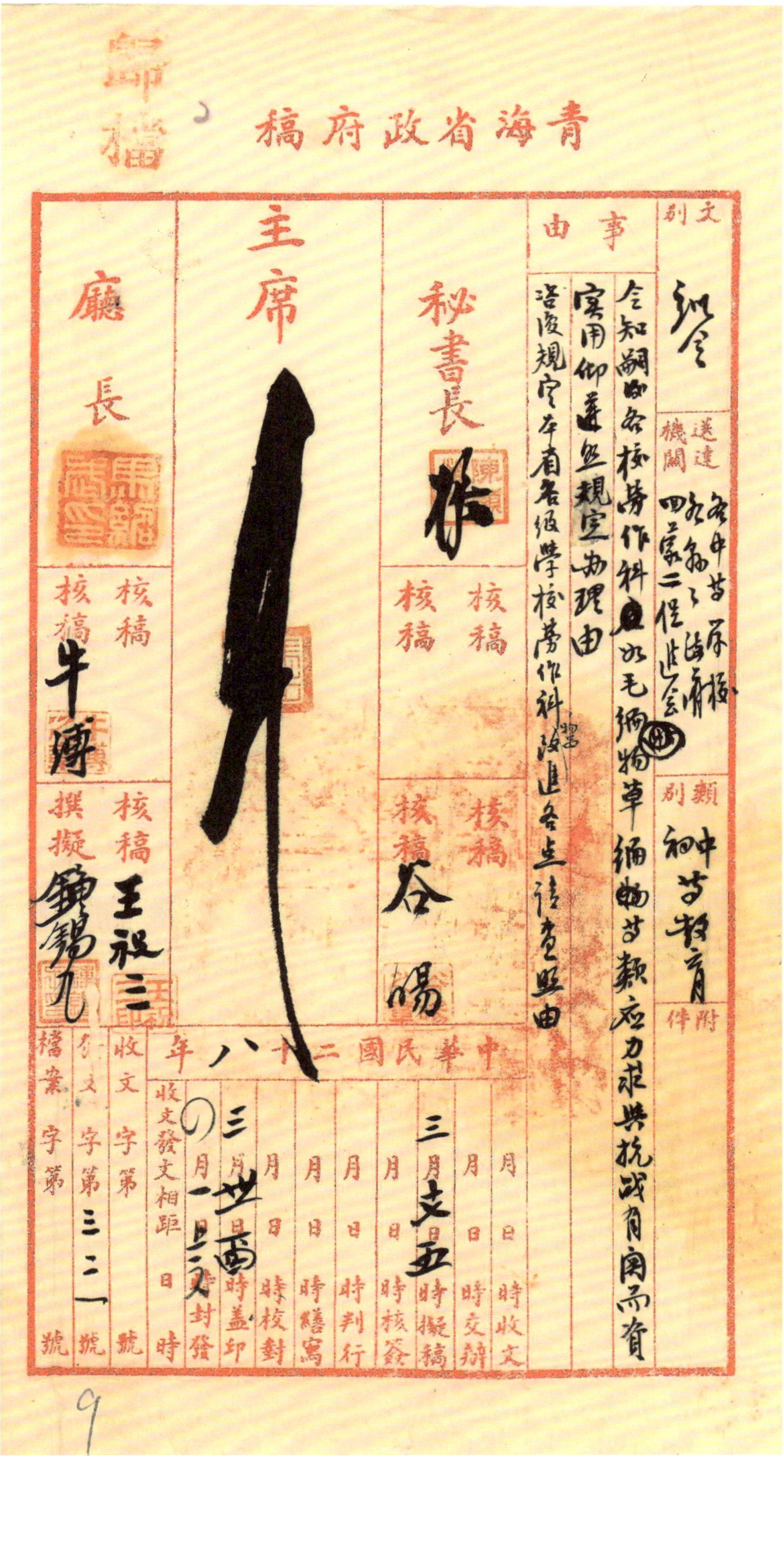

青海省政府稿

文別	訓令
送達機關	省中等學校、各縣政府、回教蒙二促進會
類別	初中等教育
附件	

事由：令知關於各校勞作科以毛編物草編物等類應力求與抗戰有關而資實用，仰遵照規定辦理由

主席

秘書長

廳長

核稿　牛溥

撰擬　鍾錫九　核稿　王祝三

核稿　谷暘

中華民國二十八年三月廿五日

發文字第三二一號

青海省政府关于各校劳作品力求与抗战有关而资实用事致青海省立各中等学校、各县政府、省回教蒙二促进会的训令（一九三九年四月一日）

本府训令　　甲教字第　　号

令省立各中等学校、各县县政府、回族促进会

案准

教育部廿八年二月养社一〇字二八九二号行教育厅代电开：

「原文」

等由，准此，查本省各级学校劳作科，前经本府令饬注重毛编物，以资实用在案。自去岁举行全省书画劳作展览会时，各校草编物甚多，如草帽、背斗等类，亦极与抗战有关，应即一体加意编制，以

備左一行係咨文用

資提倡。茲擬將應行注意各點，規定如次：（一）毛織方面：如毛襪、手套、毛衣等物，應將針數加大，以供成人之服用為主。（二）草編方面：如草帽、背斗等物，不宜過大或過小，以免不合實用。其草帽及背斗大小，規定如左：甲、人草帽：帽中直徑以五公寸，口徑二公寸，頂高一公寸為準。乙、背斗容量以約受本省新公制之四斗為限，以資劃一。

除分令外，合行令仰該會轉飭所屬各校一體切實遵照辦理，並將辦理情形隨時具報，以憑考核備查為要。

此令。

17

中華民國二十八年三月　日

主席馬○○

繕寫

校對

監印

青海印刷局印

西宁县立南大街小学、青海省教育厅关于转送军部慰劳出征将士毛袜毛手套等事的往来公文

西宁县立南大街小学致青海省教育厅的呈文（一九三九年十一月十日）

附：西宁县立南大街小学校学生编制毛编物清册

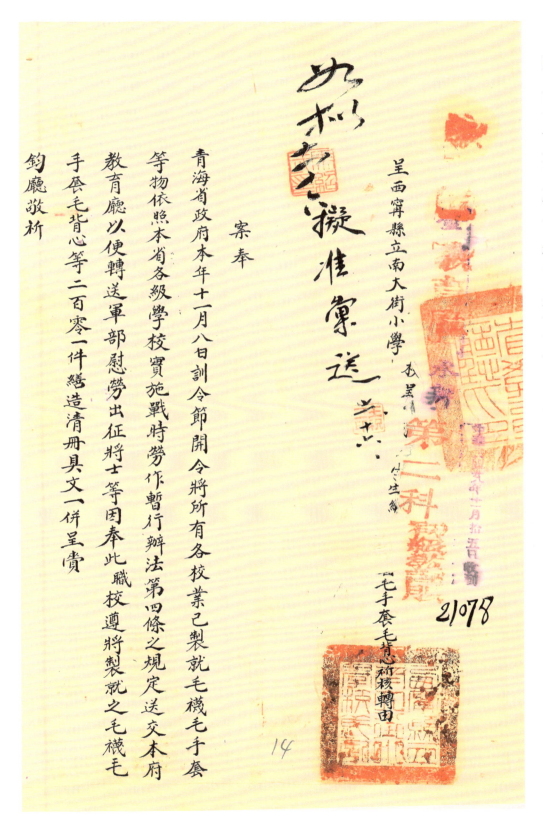

呈西寧縣立南大街小學

為呈[illegible]學生[illegible]一毛手套毛背心祈核轉由

如擬准稟送

廿六

案奉

青海省政府本年十一月八日訓令節開令將所有各校業已製就毛襪毛手套等物依照本省各級學校實施戰時勞作暫行辦法第四條之規定送交本府教育廳以便轉送軍部慰勞出征將士等因奉此職校遵將製就之毛襪毛手套毛背心等二百零一件繕造清冊具文一併呈賫

鈞廳敬祈

第二科

21078

14

核轉謹呈

青海省政府教育廳廳長馬

附呈賞清冊一份

西寧縣立南大街小學校校長李惠民

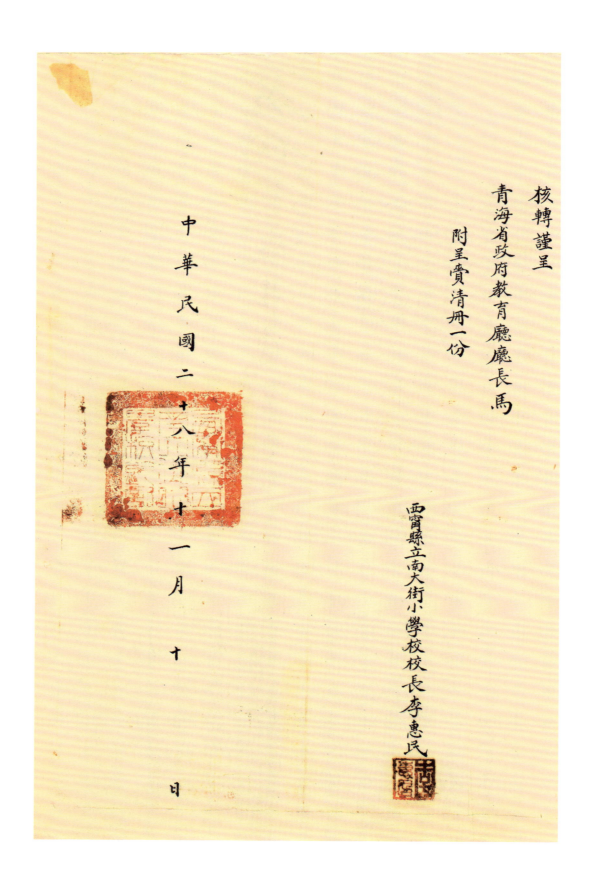

中華民國二十八年十一月十日

西寧縣立南大街小學校學生編製毛編物清冊

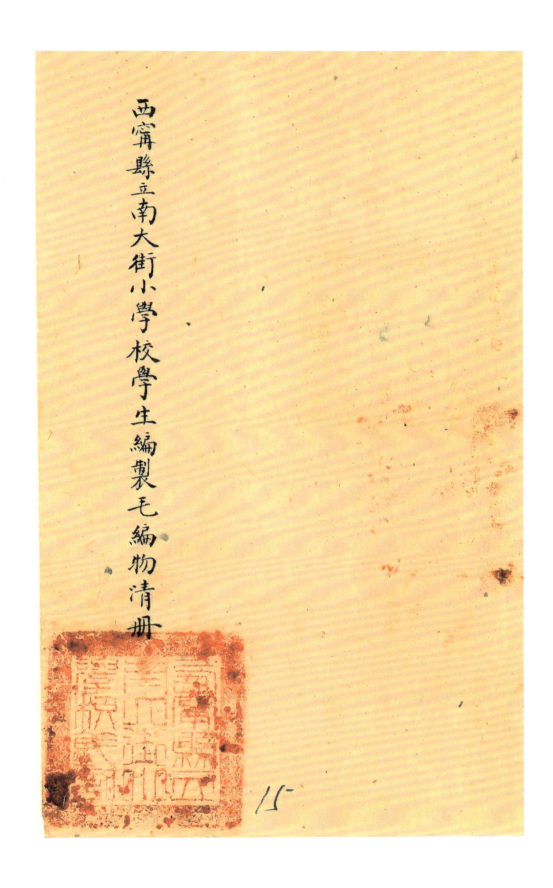

15

姓名	級别	品類及件數	備考
盧大明	六年級	毛背心一件	
何全喜	六年級	仝上	
唐永清	六年級	仝上	
李潤章	六年級	仝上	
唐永泰	六年級	仝上	
寇佐堯	六年級	仝上	
鍾于元	六年級	仝上	

16

魏鈞	六年級	仝上
郭永祿	六年級	仝上
馬逢伯	六年級	毛襪一雙
祁信	六年級	毛手套一雙
莫如溫	六年級	仝上
王義忠	六年級	仝上
王占泰	六年級	仝上
師成琪	六年級	毛手套一雙毛襪一雙

毛治邦	六年級	全	上
竇成山	六年級	全	上
許國璉	六年級	全	上
賀鵬舉	六年級	全	上
毛義明	六年級	全	上
賈光學	六年級	全	上
宋鵬	六年級	全	上
常建吉	六年級	全	上

17

王登嵩	六年級	仝	上
任重雄	六年級	仝	上
李永浦	六年級	仝	上
龍登山	六年級	仝	上
謝成德	六年級	仝	上
周煥章	六年級	仝	上
李順德	六年級	仝	上
李富山	六年級	仝	上

李鳳霖	六年級	仝上
李毓恭	六年級	仝上
張治政	六年級	仝上
劉永福	六年級	仝上
楊錫麟	六年級	毛手套一雙
陳善	六年級	仝上
胡得皋	六年級	仝上
李毓貴	六年級	仝上

18

祁成德	六年級	仝	上
張生藝	六年級	仝	上
黃得忠	六年級	仝	上
陳亨邦	六年級	仝	上
杜成魁	六年級	仝	上
喬占祥	六年級	仝	上
顧焕新	六年級	仝	上
吳文艷	六年級	仝	上

青海省教育厅的指令（一九三九年十一月十八日）

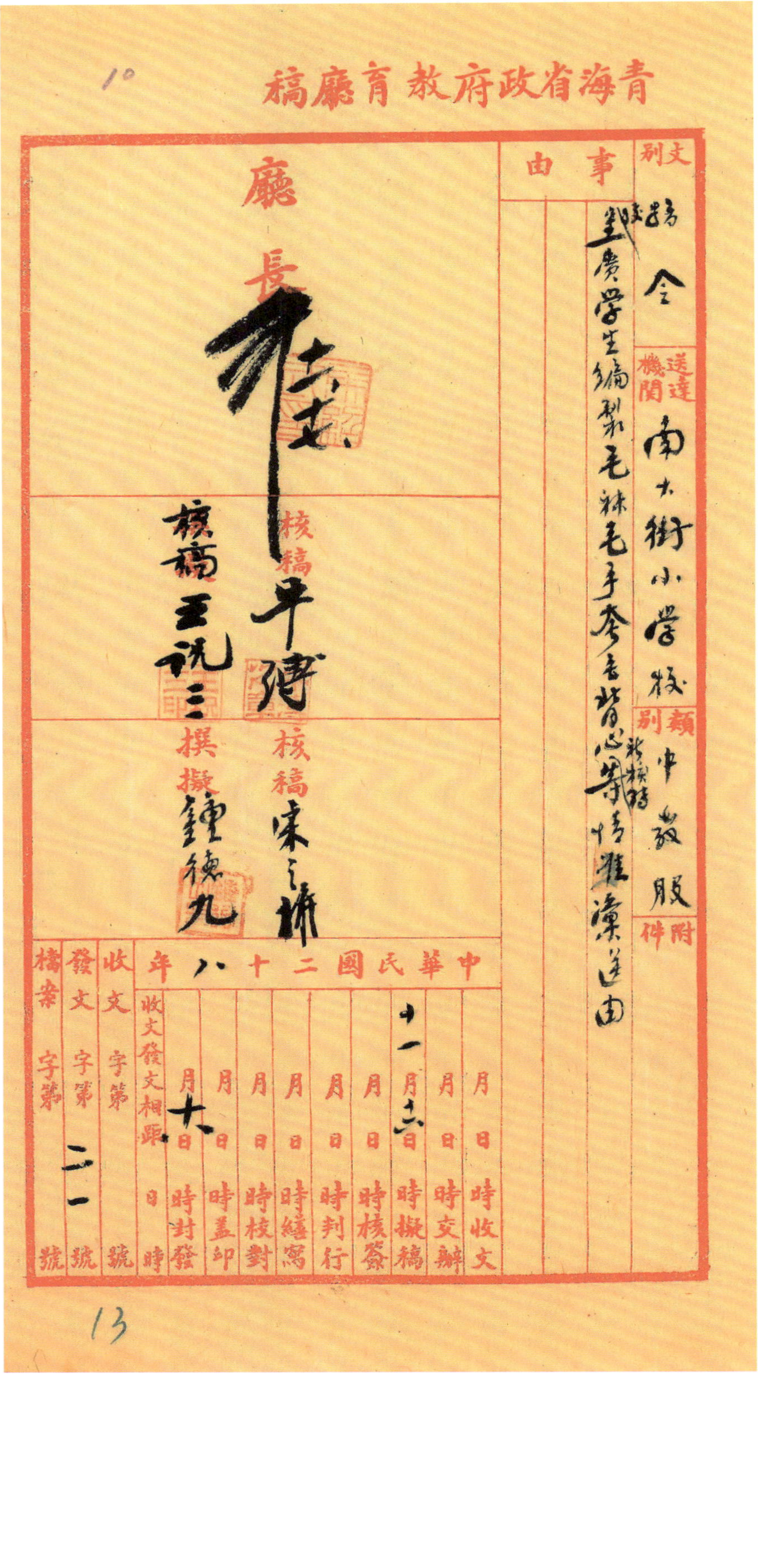
10

青海省政府教育廳稿

文別：指令

事由：為據呈廣學生編製毛襪毛手套毛背心等[illegible]情准[illegible]遂由

送達機關：南大街小學校

類別：中教股

附件：

廳長 [signature]

核稿 王祝三

核稿 [illegible]

核稿 宋之楨

撰擬 鍾德九

中華民國二十八年

收文	交辦	擬稿	核簽	判行	繕寫	校對	蓋印	封發	收文發文相距
月 日 時	月 日 時	十一月十六日 時	月 日 時	月 日 時	月 日 時	月 日 時	月 日 時	月十八日 時	日 時

收文 字第 號

發文 字第二一號

檔案 字第 號

13

本廳指令　甲學字第27號

令縣立南大街小學校

本年十一月十日呈一件，呈賚學生編製毛襪毛手套毛背心，祈核轉由

呈件均悉。准予彙送，仰即知照。

此令。件存。

中華民國二十八年十一月　日

廳長馬

繕寫

校對

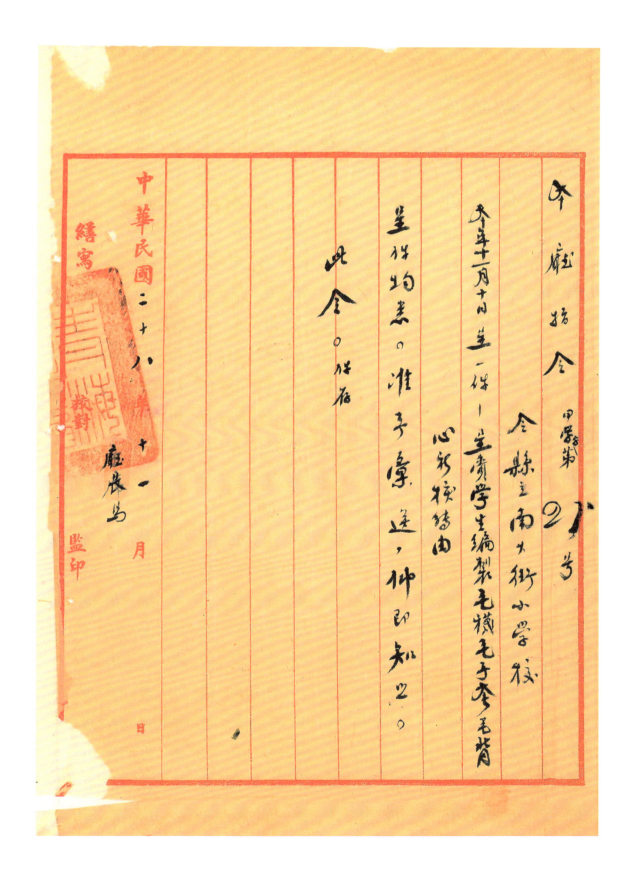

監印

青海省立西宁简易师范学校关于本校劳作品已分别送交师部建设厅事给青海省政府的呈

（一九三九年十一月二十一日）

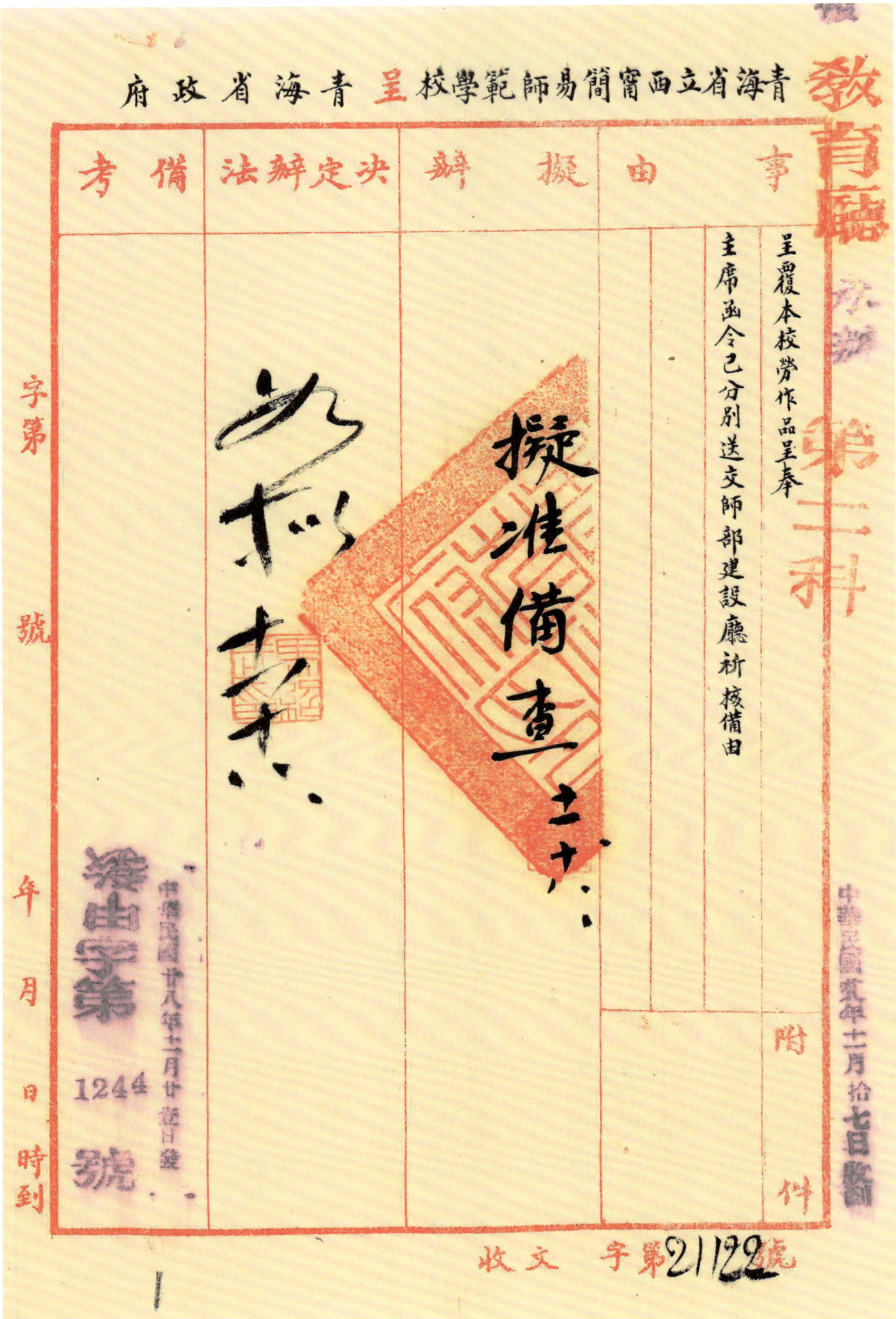
青海省立西寧簡易師範學校 呈 青海省政府

事由	擬辦	決定辦法	備考
呈覆本校勞作品呈奉 主席函令已分別送交師部建設廳祈核備由	擬准備查 十一、廿六	如擬 十一、廿六	

附件

中華民國廿八年十一月廿一日發

發出字第1244號

收文 字第21122號

呈爲呈覆事案奉
鈞府甲教字第一一六二號訓令飭按本省各級學校實施戰時勞作暫行辦法
第四條之規定將製就之毛襪手套等物送交教育廳以便轉送軍部慰勞
出征將士等因奉此遵查本校勞作品於十月二十日呈奉
主座取開該校在展覽會陳列毛襪手套背斗等全數捐作軍用足見
關懷部卒之意極堪嘉慰希將毛襪手套送城內師部交爲成處慈收背斗送交
建設廳以便分發備用爲要此復等因遵於二十一日將手套叁百貳拾雙毛襪貳佰
貳拾雙送交師部傳令兵禹成處慈收背斗壹百個亦於同日送交建設廳收過
並分别扯有收據存案茲奉前因理合具文呈覆
鈞府鑒核備查實爲公便謹呈

青海省政府主席馬

青海省立西寧簡易師範學校校長張昌榮

2

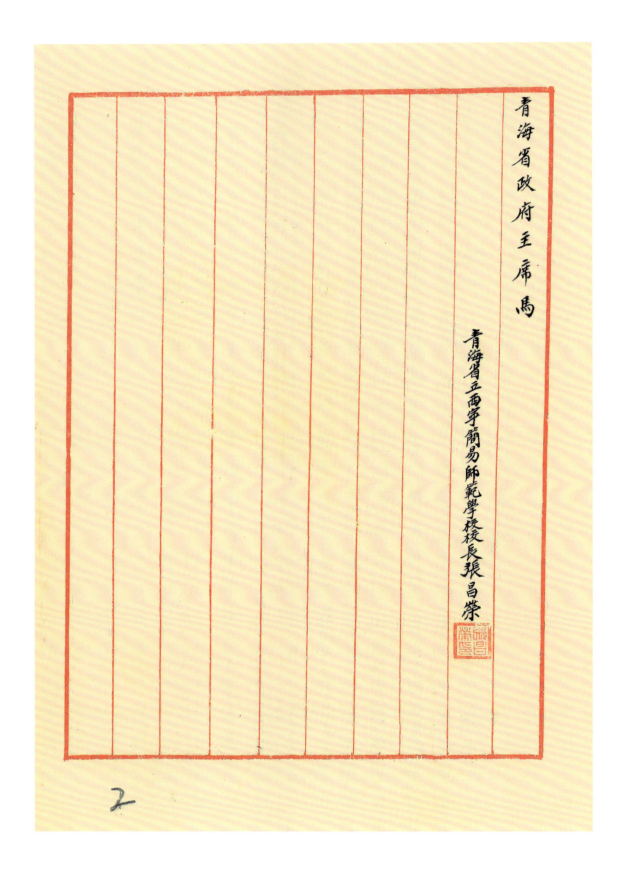

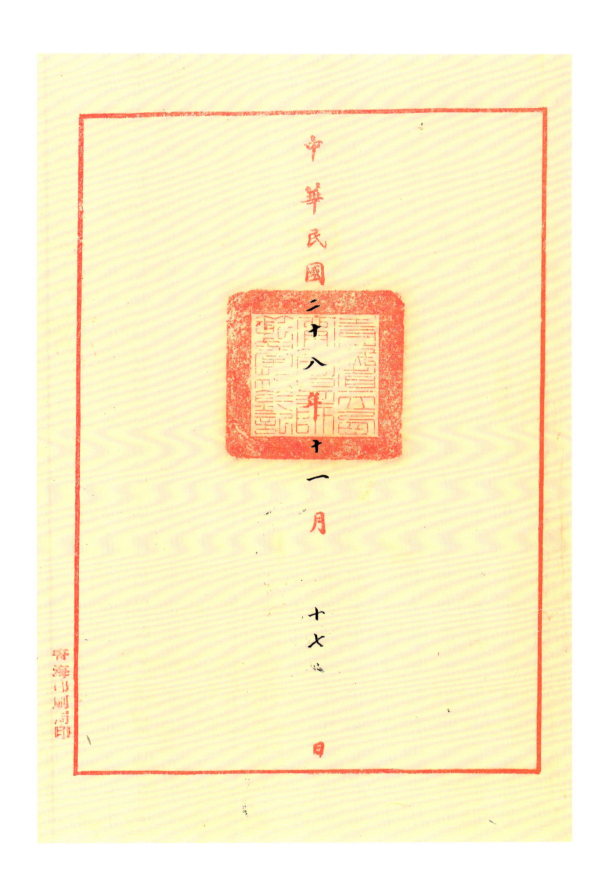

中華民國二十八年十一月十七日

青海印刷局印

三民主义青年团青海支团西宁分团部为鼓励士气发动出钱劳军运动致中国银行西宁分行的函及该行的回复（一九四一年三月二十四日至二十六日）

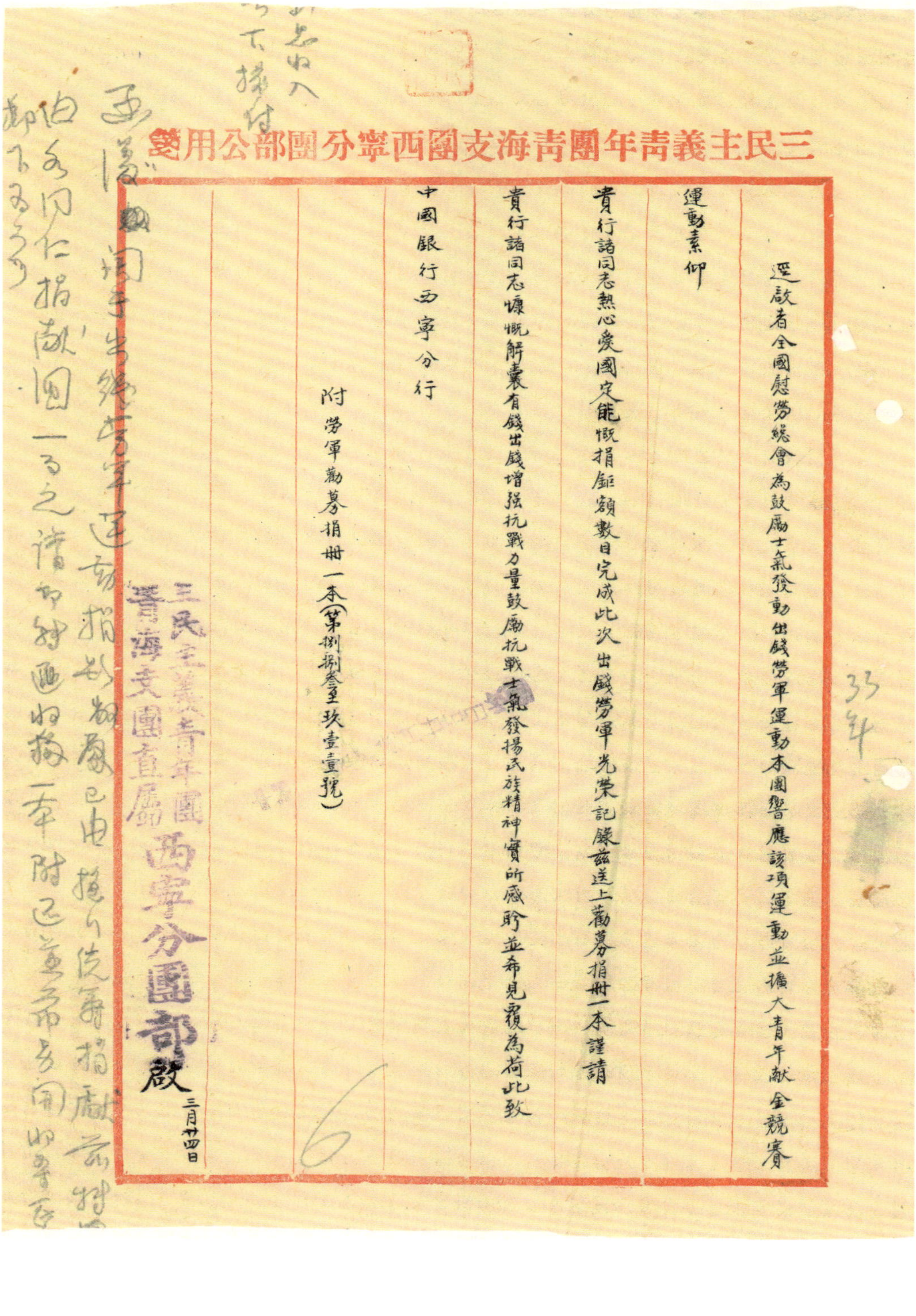
三民主義青年團青海支團西寧分團部公用箋

逕啟者全國慰勞總會為鼓勵士氣發動出錢勞軍運動本團響應該項運動並擴大青年獻金競賽運動素仰

貴行諸同志熱心愛國定能慨捐鉅額數目完成此次出錢勞軍光榮記錄茲送上勸募捐冊一本謹請

貴行諸同志慷慨解囊有錢出錢增強抗戰力量鼓勵抗戰士氣發揚民族精神實所感盼並希見覆為荷此致

中國銀行西寧分行

附勞軍勸募捐冊一本（第捌捌叁玖壹壹號）

三民主義青年團青海支團直屬西寧分團部啟

三月廿四日

00023

西寧中國銀行用箋

逕復者頃奉

台函附下勞軍勸募捐册一本祇悉關於出錢勞軍

運動捐款敝行已由總行在渝統籌捐獻故敝處不

便重複舉行茲將捐册一本隨函附還至希

查照為荷專復此致

三民主義青年團青海支團西寧分團部

啓

附還捐册一本

中華民國三十年三月廿六日 鄯字第不列號第全頁

青海省政府关于军政人员如有藉势避纳赋税军粮者按级申请惩处致囊谦县政府的训令（一九四二年十月二十七日）

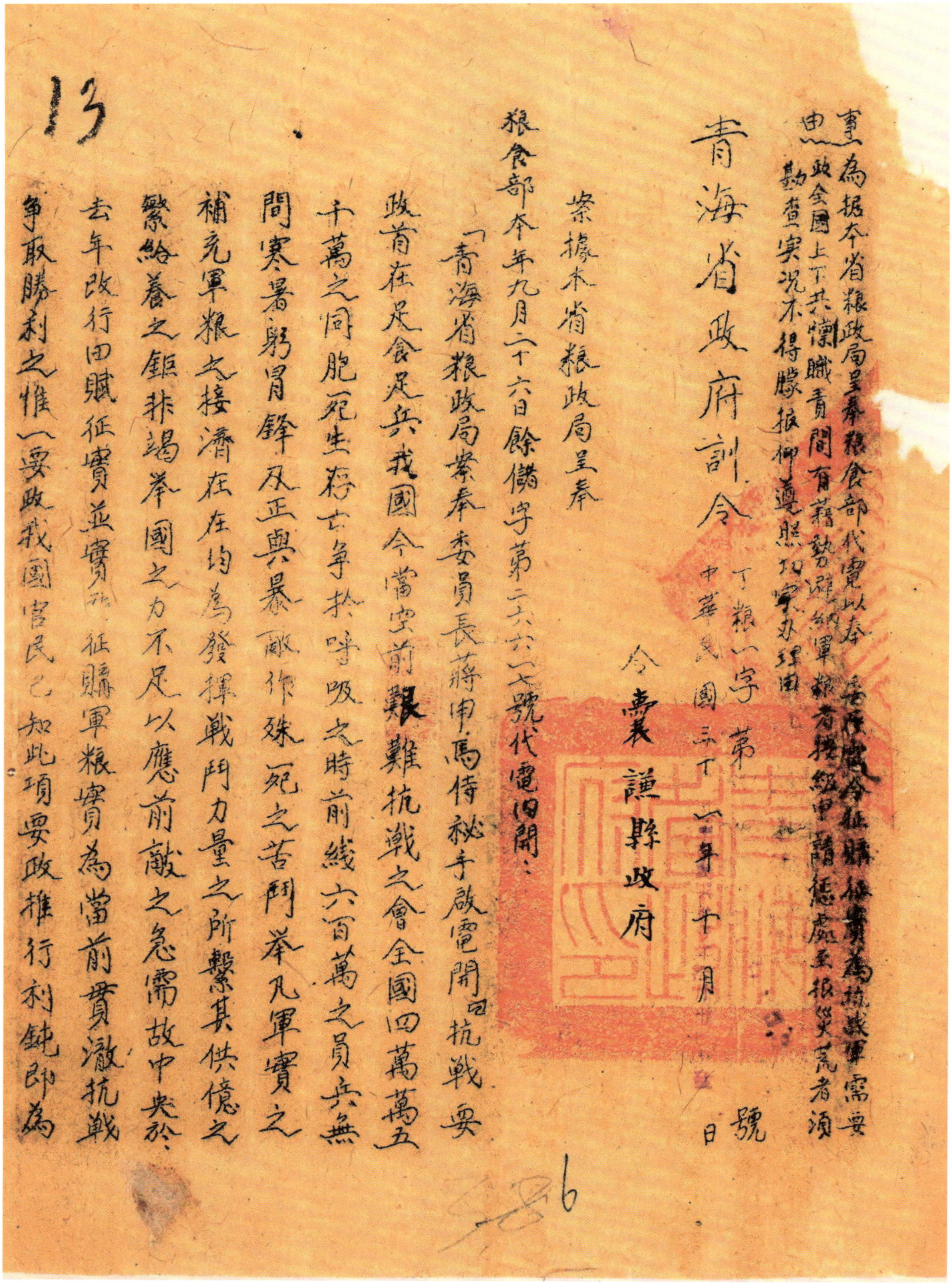

事由：為據本省糧政局呈奉糧食部代電以奉委座代電令征購征實為抗戰軍需要政，全國上下共懔職責，間有藉勢避納軍糧者按級申請懲處，至被災荒者須勘查實況，不得朦報，仰遵照切實辦理由

青海省政府訓令 丁糧一字第 號

中華民國三十一年十月 日

令囊謙縣政府

案據本省糧政局呈奉

糧食部本年九月二十六日餘備字第二六六一七號代電內開：

「青海省糧政局案奉委員長蔣申馬侍秘手啟電開：『抗戰要政首在足食足兵，我國今當空前艱難抗戰之會，全國四萬萬五千萬之同胞一死生、存亡爭於呼吸之時，前線六百萬之員兵無間寒暑，躬冒鋒鏑，正與暴敵作殊死之苦鬥，舉凡軍實之補充，軍糧之接濟，在在均為發揮戰鬥力量之所繫，其供億之繁，給養之鉅，非竭舉國之力不足以應前敵之急需，故中央於去年改行田賦征實並實施征購軍糧，實為當前貫徹抗戰爭取勝利之唯一要政，我國官民已知此項要政推行利鈍即為

13

6

國家民族主奴榮辱以至個人身家性命生死存亡之所關自當負責盡職踴躍輸將以相率致其事功由去歲各省征實征購之成績而觀足徵我全國同胞皆具擁護國策爭取勝利之熱忱實使中正引爲無限之欣慰惟中正此次視察各省所得關於征糧之實際情形竟發現有若干在中央或地方服務之軍政高級人員尚有不脱舊時惡習對其鄉里所有之産業不納賦税不繳軍糧甚且以此自炫其尊嚴而地方政府及鄉鎮保甲長亦遂不敢過問置不追科似此弁髦法令玩視國計不惟玷辱其從公服官之地位實屬喪失其國民之資格法理兩無可恕恥辱莫甚於茲我國民間自秦最流行之朱伯廬治家格言有曰「國課早完雖饔飧不繼猶有餘歡」此種先公後私國而忘家之道德精神早在我國深入人心而現代歐美各國人士無論在政府居何

崇高地位對其本身或家庭應納之租税均不煩政府催索按時繳納甚至遠在異國家亦必遵照規定如數滙寄絶無逃匿情事倘我各級官吏秉此古訓大義而不明豈非上貽祖宗之羞更何顔立身現代社會之林自今以往必須痛自懲艾絶此弊端務期全國人民均養成恪遵法令以自動完粮納税為光榮之風氣軍政各機關服務官吏尤應以身作則為一般民衆之表率嗣後無論任何地方如再有假借地位勢力避納賦税軍粮者該管之鄉鎮保甲長及縣長應即按級呈報省政府或中央主管機關其有情節重大者准予直電中正以憑依法懲處否則如竟縱容規避放棄征收則一經查出該管之縣長鄉鎮保甲長等即以受賄論罪決不稍予寬貸須知今日全國同胞同生死共患難有力出力有錢出錢有粮出粮實為每個國民應盡之天職中央量度軍事要需以征粮並不為過分之誅求人民即應激發忠誠以献納決不

容有絲毫之規避去歲各省征□□□糧四川一省征實征購之數最鉅實佔全國之首位自開征結果不特在時間上如數完成且在數量上超過規定額達一百餘萬石之多全省人民之勇於報國全省紳士之贊助宣勞以及省府之督導有方各專員縣長及鄉鎮保甲長之辦理認真均足表現上下一致同心同德之精神乃克有此優異特殊之成績今年各省征實征購業已次第開征所望全國同胞各級政府均視去歲四川為模範奮發自效不僅如期達到中央規定之數額尤聯爭取超收成果以期繼美於後來凡人民率先繳納數額特多者或縣長鄉鎮保甲長辦理得力特著成績者統應詳切具明予以特殊獎勵藉照激勸至各地巨富糧戶如有巧避軍糧囤積糧食以圖射利居奇者中正並經授權各戰區司令長官准其就近先行查封電報

中央主管機關飭候處分各縣政府如查出此類粮户不及呈報省府省亦得呈報就近之司令長官或當地最高軍政長官按照上項程序予以處理其次本年有若干省地方官紳文電紛馳報水旱災况或稱赤地千里或稱田廬湮没一方請求豁免征賦一方請求賑款振濟則其間多數地區雖或畧有災歉但大都以少報多以輕報重過甚其詞張皇入告揆其心跡官吏則藉報災荒預圖減輕征課之責任或竟假以結好於富豪士紳則藉報災荒以期市惠於鄉里或竟假以規避其本人納課之義務通同謊報祇便私圖在官吏爲不忠在士紳爲不義平時既干法紀戰時尤所不容嗣後無論省縣政府或當地士紳呈報災荒必須勘查明確根據實况倘有揑詞朦報一經查明必當依法以繩嚴切懲辦要之今日粮政問題爲國家財用所關抗戰軍需所託必須全國上下共矢忠誠悉力以赴法令必求貫澈弊竇悉宜剷除務期裕國便民兼顧並籌

所望我各級政府與全國同胞咸體斯旨，共懔職責，各盡奮發自效之忱，共成國家民族復興之業，是所切盼」。此等因。奉此。查征實征購爲抗戰軍需所託，必須全國上下共懔職責，悉力以赴。嗣後如再有恃勢避納賦稅軍糧者，自應恪遵電令，按級申請懲處。至呈報災荒，必須勘查實況，不得捏詞朦報，希圖倖免。案關特飭，除分行外，合亟電仰該局遵照切實辦理，並轉飭所屬併遵照。糧食部申寒儲一印巳等因。奉此，自應遵辦，懇祈轉飭遵照辦理

等情。據此，除分令外，合亟令仰切實遵照辦理爲要。

此令。

主席 馬步芳

監印 趙燮

校對 馬曉東

青海省政府为适应抗战需要广设毛织工厂发展边疆教育等事致青海省蒙藏文化促进会的训令

（一九四四年七月二十九日）

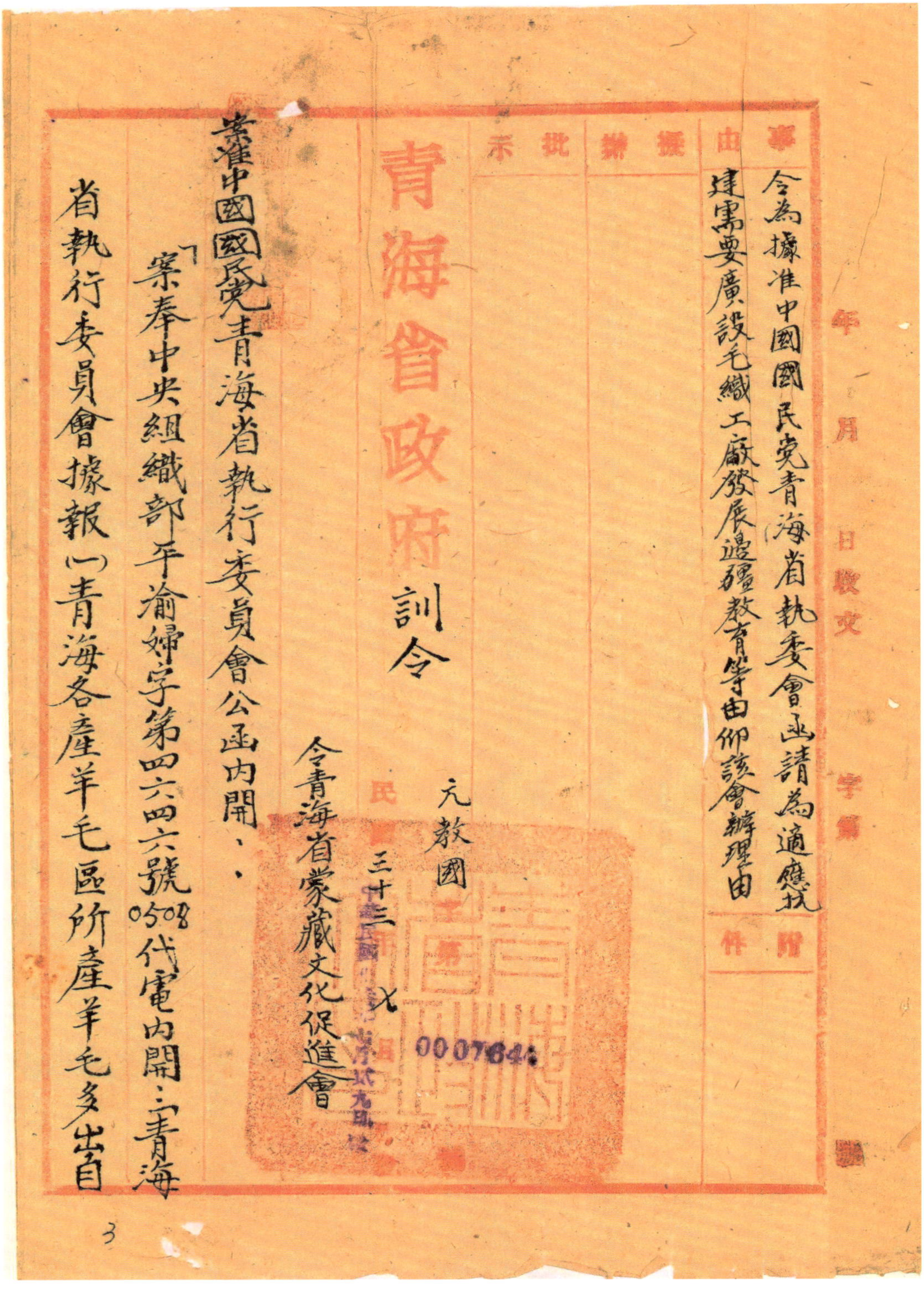
事由：令為據准中國國民党青海省執委會函請為適應抗戰需要廣設毛織工廠發展邊疆教育等由仰該會辦理由

附件

青海省政府訓令

民國三十三年七月 日

元教國字第 號

令青海省蒙藏文化促進會

案准中國國民党青海省執行委員會公函内開：

「案奉中央組織部午渝婦字第四六四六號0508代電内開：『青海省執行委員會據報(一)青海各產羊毛區所產羊毛多出自

0007644

3

婦女以手工撕毛紡織因無較大工廠產量甚微致使物不能盡其用值此抗戰期中物資缺乏之國内需要是項原料至為迫切之際如能在邊疆產毛區廣設工廠發動婦女從事紡織使產品源源内運以供軍需民用俾益抗戰建國至鉅（二）藏族兒童類多眉目清秀體格健康活潑靈敏先天雖具優良條件而後天教育殊不足道從使千萬牧民兒童嬉戲荒原終日終年乃至終身與牛羊為伍殊為可惜故如何發展邊疆教育使邊地兒童具有知能俾為國家社會效力等情查青海為我國著名羊毛產區對於當地手工業積極倡導增加生產並同時廣設工廠發動婦女從事紡織工作實為當務之急又普及國民教育亦為抗戰建

國主要工作之一，該省党部應洽商該省省政府注意辦理，為荷，此致
貴府查照辦理為荷等因，奉此，相應函請
等由，准此。查原函第一項廣設毛織工廠一節，除飭建設廳辦理外，至第二項發展邊疆教育一層，合仰該會遵照辦理為要！
此令。

主席 馬步芳
教育廳長 劉呈德

監印 吳如旅
校對 徐德諭

4

青海省政府关于改善士兵待遇加强抗敌力量献粮献金办法致囊谦县党部的训令（一九四五年一月十二日）

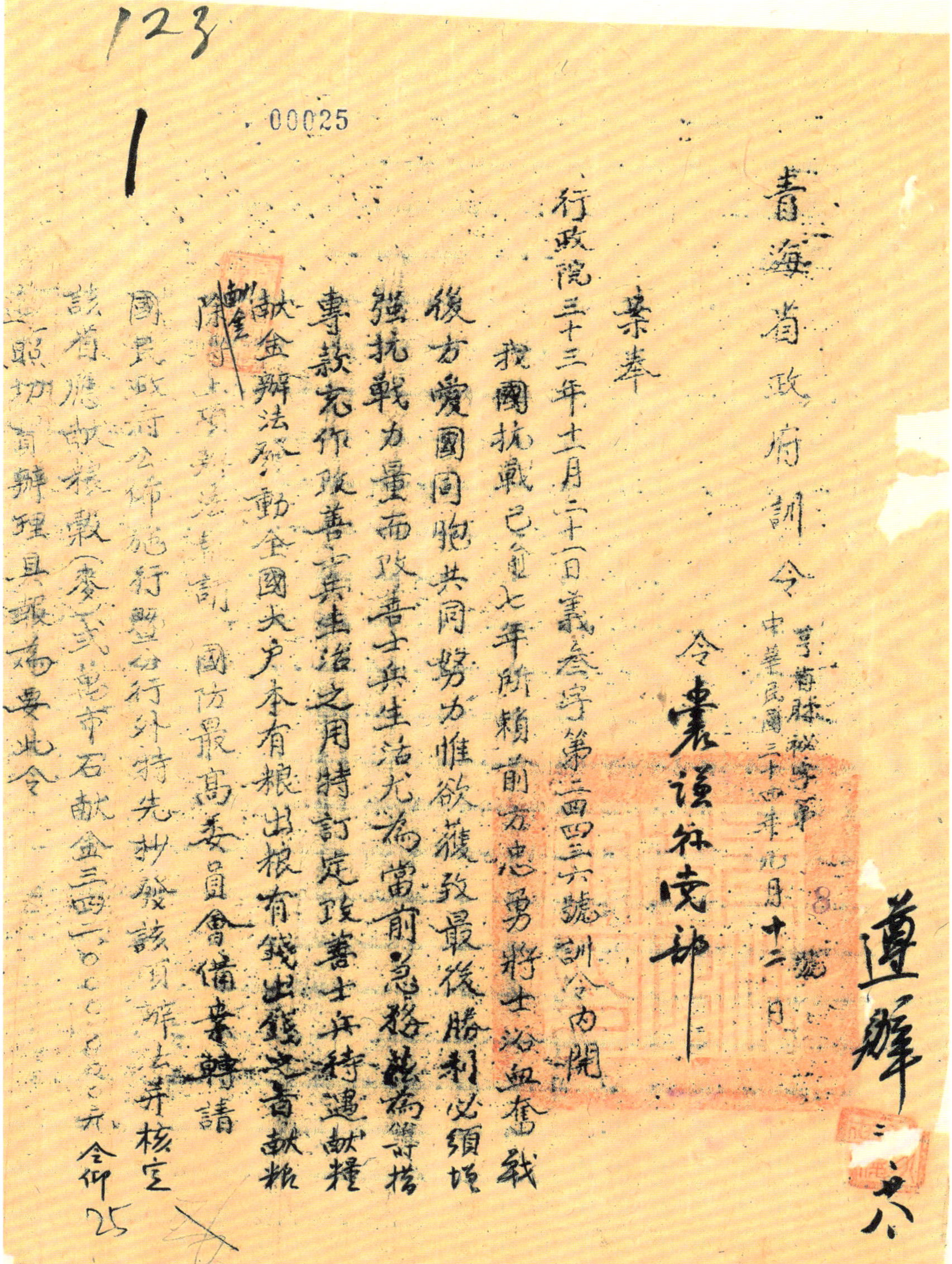

123

00025

遵辦 三十八

青海省政府訓令

[illegible]秘字第8號

中華民國三十四年元月十二日

令囊謙縣黨部

案奉

行政院三十三年十二月二十一日義叁字第二四四三六號訓令内開：

我國抗戰已逾七年，所賴前方忠勇將士浴血奮戰，後方愛國同胞共同努力，惟欲獲致最後勝利，必須增強抗戰力量，而改善士兵生活尤為當前急務。茲為籌措專款充作改善士兵生活之用，特訂定改善士兵待遇獻糧獻金辦法，發動全國大戶本有糧出糧、有錢出錢之旨獻糧獻金。除將上項辦法呈請國防最高委員會備案轉請國民政府公佈施行暨分行外，特先抄發該項辦法，並核定該省應獻糧穀（麥）貳萬市石，獻金三四〇〇〇〇〇〇元，令仰遵照切實辦理具報為要。此令。

25

青海省各界慰劳出征将士献金大会关于举行慰劳出征将士献金大会请省垣各学校组织宣传队进行宣传事致西宁中学校的函（时间不详）

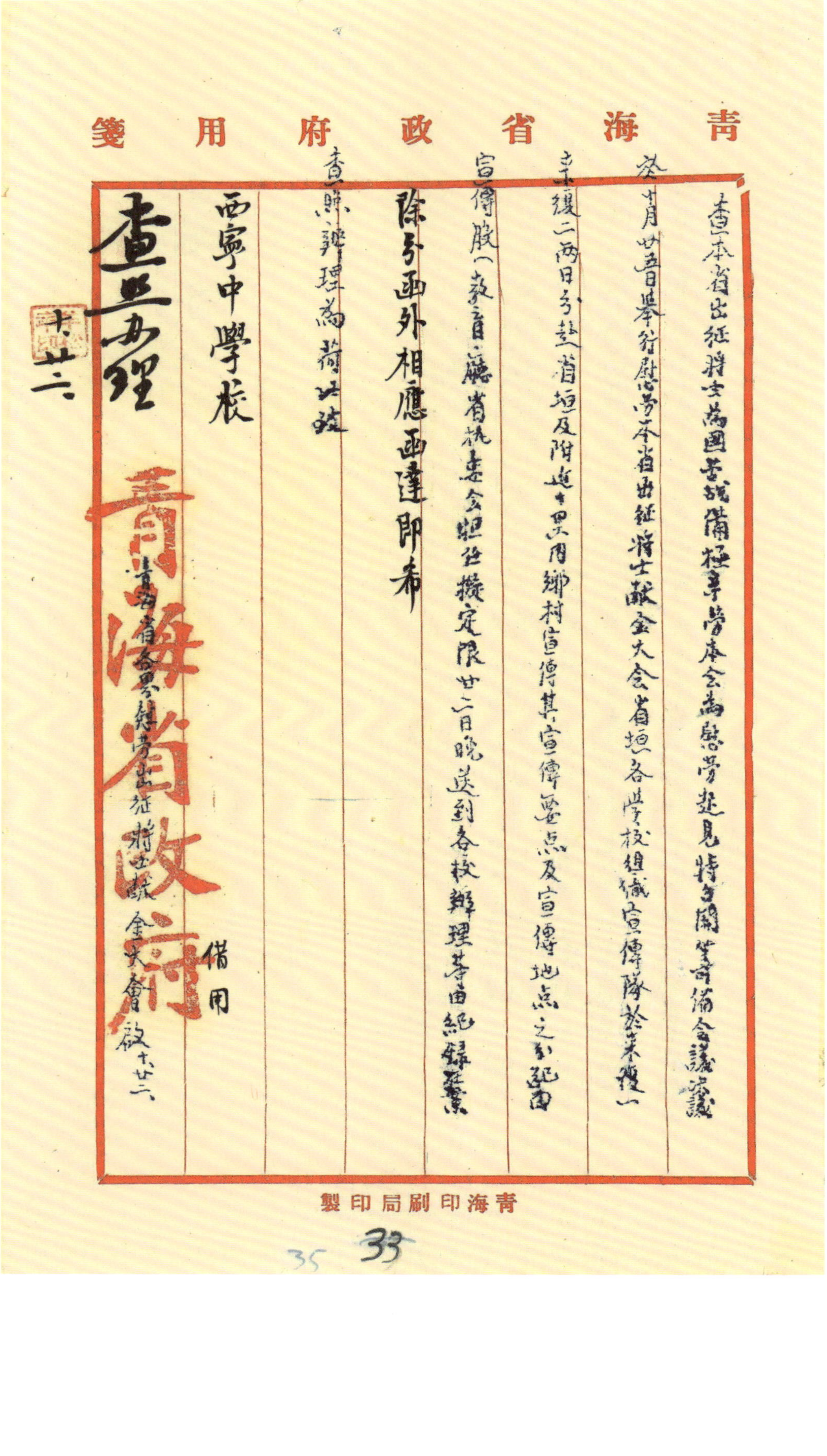
青海省政府用箋

查本省出征將士為國苦戰備極辛勞本會為慰勞起見特召開籌備會議決議於十月廿五日舉行慰勞本省出征將士獻金大會省垣各學校組織宣傳隊於來復一來復二兩日分赴省垣及附近四鄉村宣傳其宣傳要點及宣傳地點之分配由宣傳股（教育廳省抗委會）組織擬定限廿二日晚送到各校辦理等由紀錄在案除分函外相應函達即希

查照辦理為荷此致

西寧中學校

青海省各界慰勞出征將士獻金大會 啟 十、廿二

備用

查照辦理

十、廿三

青海印刷局印製

35 33

青海省政府用箋

逕啟者：頃奉
青海省各界慰勞本省出征將士大會函開（原文）等因奉此，相應通知
台端于早九时到校同往（以便）為荷。此致
……先生

查本省出征將士為國效命，備極辛勞，本會為慰勞起見，特召開
籌備會，議決於十月廿五日上午十時舉行各界慰勞本省出征將士獻金
大會，紀錄在案。除分函外，相應函達，即希
查照，率領全體教職員準時參加為荷。此致
西寧中學校

青海省各界慰勞本省出征將士大會（借用）

查照通知全體教職員準時參加，惟地點究在何處，先期派人問明。
十、廿三

青海省政府

青海印刷局印製

36 34

马麟关于劝汉满蒙回藏五大民族民众购买公债齐心协力对抗日本致刚咱族的函（时间不详）

逕啟者此次日本帝國主義者恃着他的橫暴武力向我國大肆侵畧節節逼近直欲亡我國家滅我民族現在中央下定決心準備長期抗戰所以向各省發行公債五萬萬元此項公債專為充實國力準備抗戰之需意義重大須知國家者漢滿蒙回藏五大民族之國家各族民衆若不同心努力幫助國家倘使日本一旦

地址：青海南大街天興成書籍五金文具社製

45

戰勝必要滅我國家亡我民族不但我們與
日本人作牛馬奴隸即一切產業財物不能
為自己所有其痛苦情形不堪言狀況公
債是國家向民衆借貸之款與其他差派之
款不同將來國家與民衆加給利息歸還公
債條例規定明白每年利息四釐自民國三
十年起每年歸還一次本利按三十年還
清刻下各省民衆購買公債日甚踴躍我

地址：青海南大街天興成書籍五金文具社製

46

蒙藏同胞對國家公益事件向來熱心努力
中央極為嘉許且稔
貴族輸財救國不居人後務希將應攤認
購公債之款迅速照數交付俾早轉滙免
誤軍需無任切盼此致
剛咱族

主任委員馬麟

馬麟之印

地址：青海南大街天興成書籍五金文具社製

三、抗战保障

（一）声援与慰劳

青海省会反日救国会关于捐款慰劳前方抗日将士检送捐册查照劝募事致青海省政府教育厅的公函
（一九三二年四月十一日）

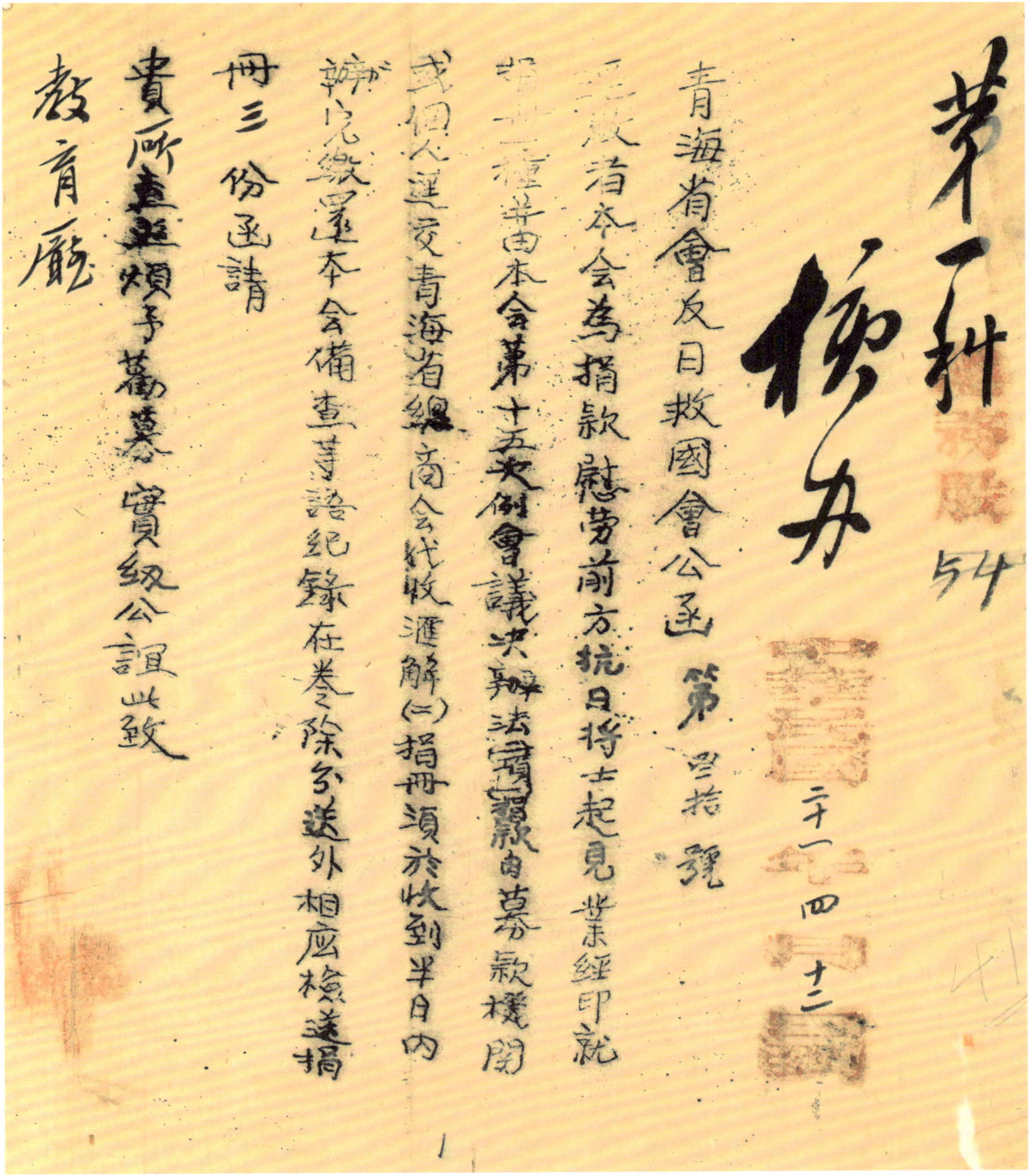
第一科 擬办
54

青海省會反日救國會公函 第 号 指 號

二十一 四 十二

逕啟者本会為捐款慰勞前方抗日將士起見業經印就捐冊一種並由本会第十五次例會議決辦法（甲）捐款由募款機関或個人逕交青海省總商会代收滙解（乙）捐冊須於收到半月内辦竣繳還本会備查等語紀錄在卷除分送外相應檢送捐冊三份函請

貴所查照煩予勸募實紉公誼此致

教育廳

附送捐册三份

常務委員 基生蘭
燕化棠
楊希堯
孟士傑
楊煥

中華民國二十一年四月十一日

508
函送捐冊三份查照勸募由

8885

總理遺囑

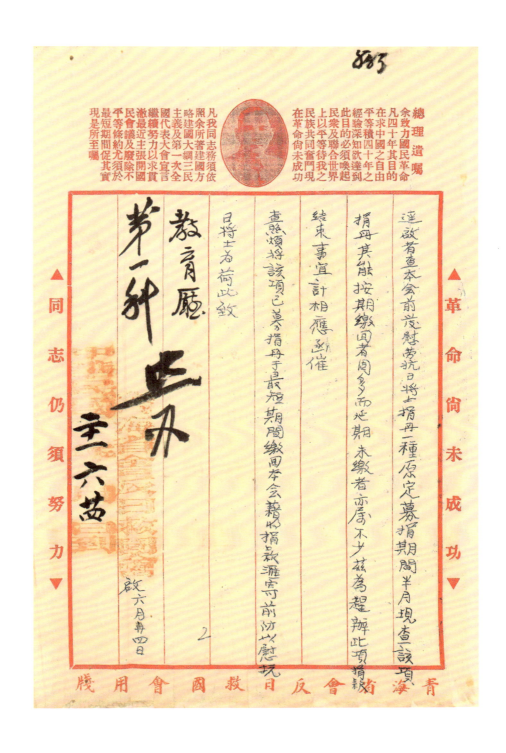

余致力國民革命凡四十年其目的在求中國之自由平等積四十年之經驗深知欲達到此目的必須喚起民衆及聯合世界上以平等待我之民族共同奮鬥現在革命尚未成功

凡我同志務須依照余所著建國方略建國大綱三民主義及第一次全國代表大會宣言繼續努力以求貫徹最近主張開國民會議及廢除不平等條約尤須於最短期間促其實現是所至囑

▲革命尚未成功▼

逕啟者：查本会前發慰劳抗日將士捐冊一種，原定募捐期間半月，現查該項捐冊其能按期繳回者固多，而延期未繳者亦屬不少。茲為趕辦此項捐款結束事宜，計相應函催，查照，煩將該項已募捐冊于最短期間繳回本会，藉將捐款滙寄前防，以慰抗日將士為荷。此致

教育廳

第一科

存 丹

廿一 六 卅

啟 六月廿四日

2

▲同志仍須努力▼

青海省會反日救國會用牋

青海省学生义勇军训练处关于报送慰劳前方抗日将士捐册事给青海省政府教育厅的函（一九三二年五月十一日）

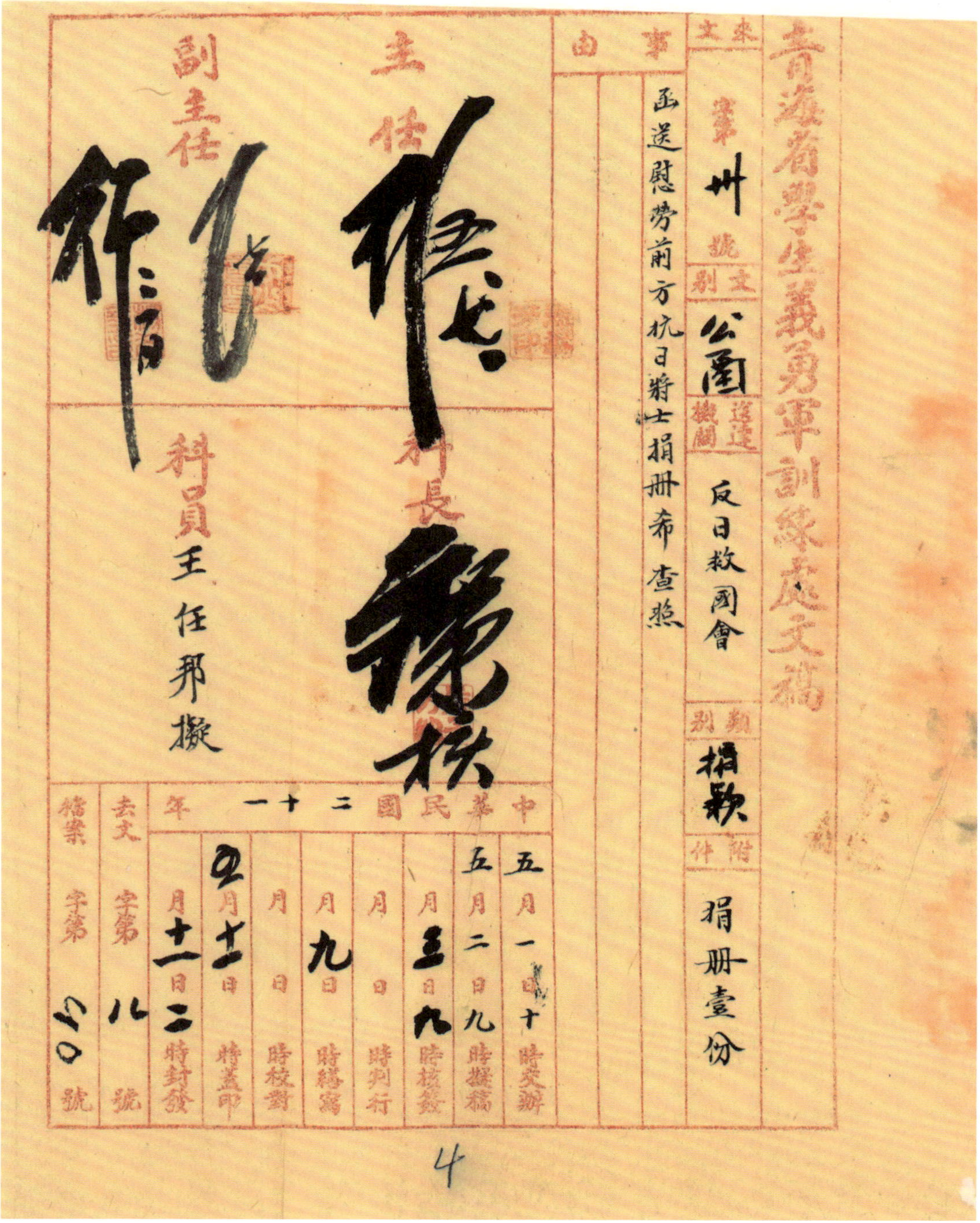
青海省學生義勇軍訓練處文稿

來文 字 號

文別 公函

送達機關 反日救國會

事由 函送慰勞前方抗日將士捐冊希查照

類別 捐款

附件 捐冊壹份

主任

副主任

科長

科員王任邦擬

中華民國二十一年

五月一日十時交辦

五月二日九時擬稿

五月三日九時核發

月 日 時判行

月九日 時繕寫

月 日 時校對

五月十一日 時蓋印

月十二日二時封發

去文 字第八號

檔案 字第50號

4

本處公函　第八號

逕覆者案准

貴會函送捐款慰勞前方抗日將士捐册一份請予募捐等由准此除

本處職員捐共大洋壹拾肆元業經逕交青海省總商會代收滙解外

相應函送捐册一份即希查照為荷此致

青海省反日救國會

附送捐册一份

主任馬△△
副主任牙△△
楊△△

5

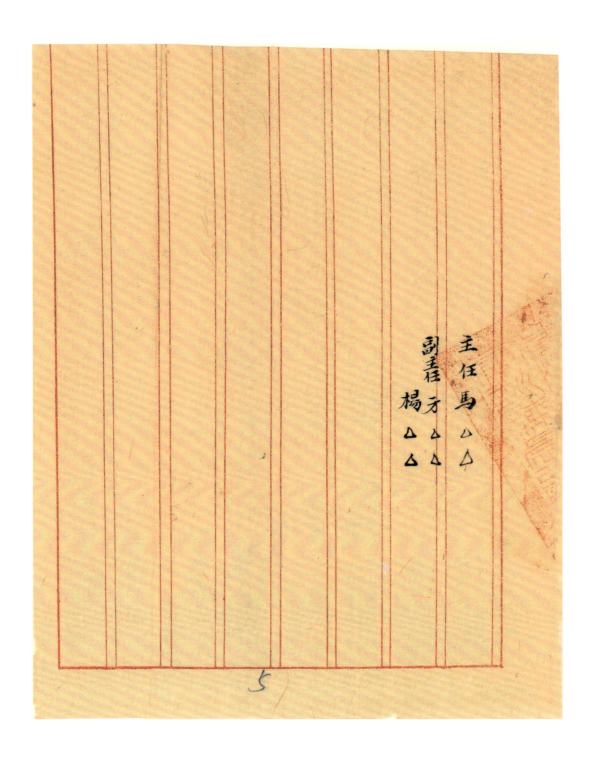

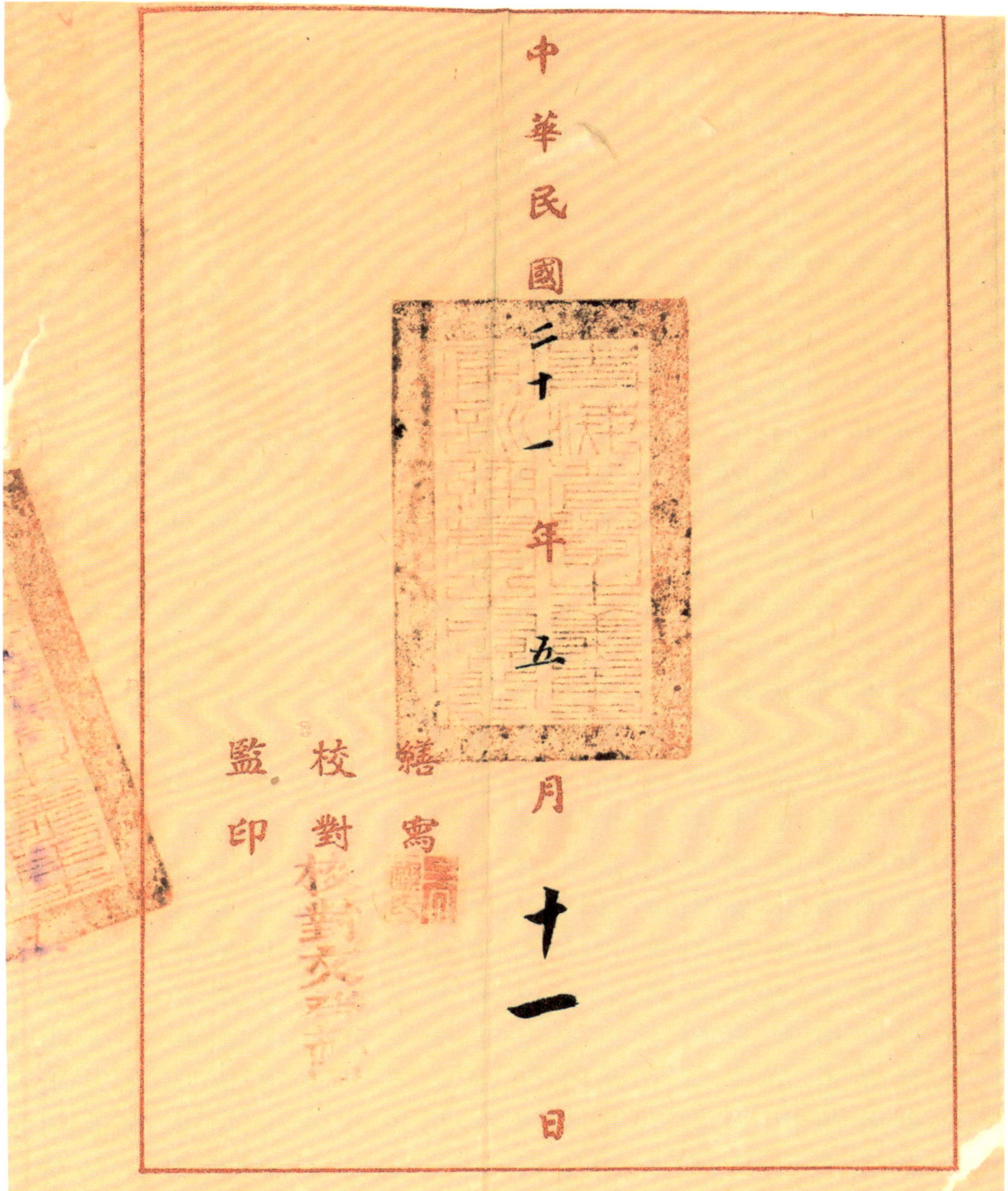

中華民國二十一年五月十一日

繕寫

校對

監印

教育部关于转饬所属各小学鼓励儿童给予抗战前方将士精神上之协助与慰劳致青海省政府教育厅的训令

（一九三八年七月十四日）

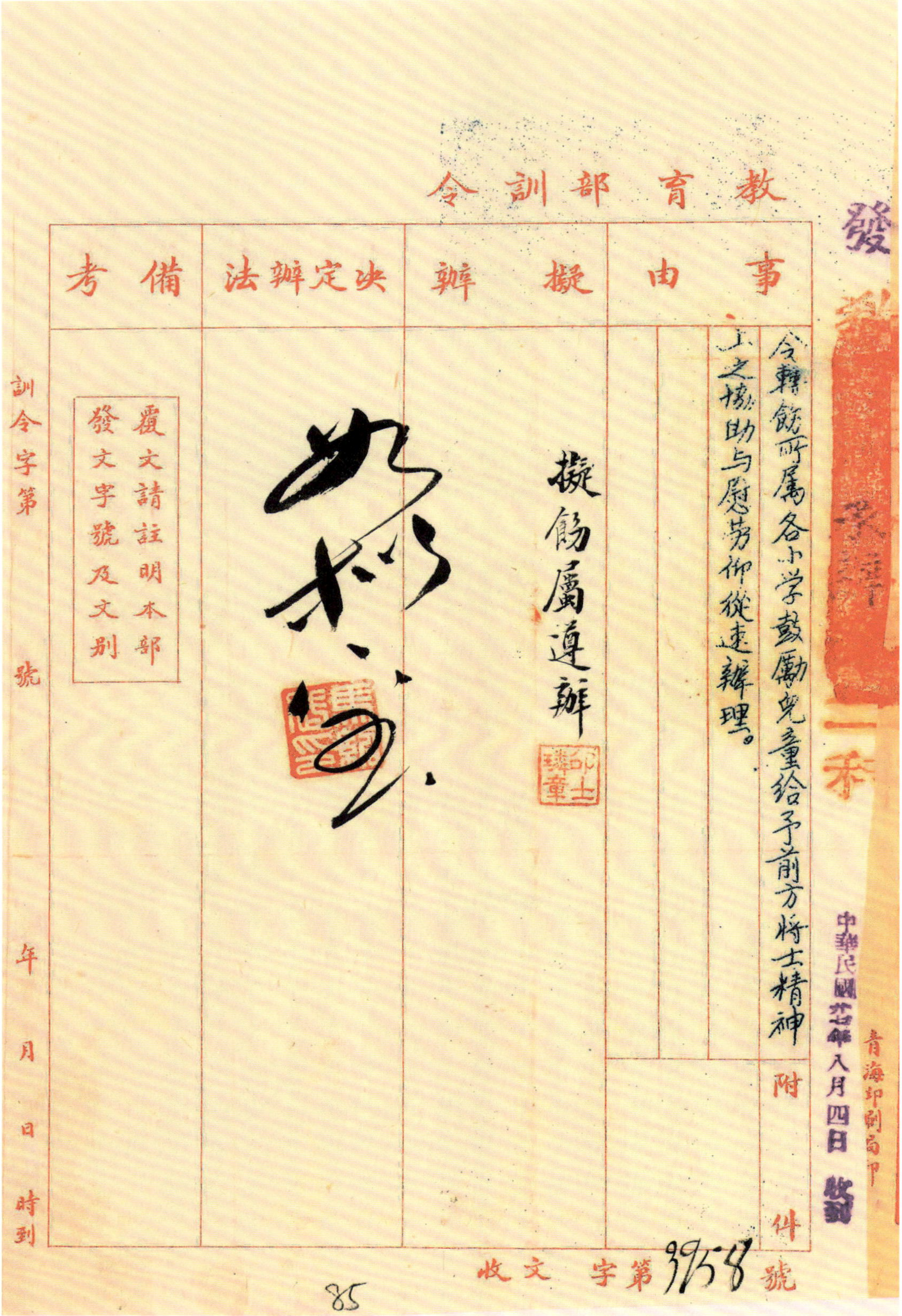
教育部訓令

事由	擬辦	決定辦法	備考
令轉飭所屬各小学鼓勵兒童給予前方將士精神上之協助与慰勞仰從速辦理。	擬飭屬遵辦		覆文請註明本部發文字號及文別
附件			

訓令字第　號　年　月　日　時到

收文　字第3958號

中華民國廿七年八月四日收到

青海印刷局印

85

教育部訓令

復文請註明左列字號
廿七年發 普零乙 第02914號

令青海省教育廳。

查我國此次對日抗戰，原為民族求生存，並為世界保障和平，意義至為重大。我前線將士前仆後繼，直接負荷此重大之使命，艱難困苦，為亙古所未有。凡我後方民眾，自應予以物質及精神之協助與慰勞，俾其奮勉有加。小學兒童在物質方面，尚無能為力，但在精神方面，例如去函慰問，贈送旗幟，募集物品捐款等，亦優為之。兒童為各方所同愛，倘能對抗戰將士與以種種同情，定可使其有「兒童尚知愛國，吾輩豈可惜命」之感，而益加奮勉。况使兒童參加此項慰勞工作，亦足以奮發兒童愛國情緒，增長兒童民族意識，收效當較徒讀抗戰教材為尤宏。其法，例如作文方面，可相机用語体文多作賀某軍戰勝，送某君出征，弔勵某軍堅守某地，慰勞某某戰士（最好為本人熟識者）等文件，擇尤寄往。為此令行該廳，仰即轉飭所屬各小學，從速辦理為要。此令

86

中華民國廿七年七月　日

校對王之申

青海省立西宁中学校请以全省学界名义派遣代表一人随同驰赴前方代表教育界慰劳本省出征将士致青海省教育厅的函（一九三九年十月十九日）

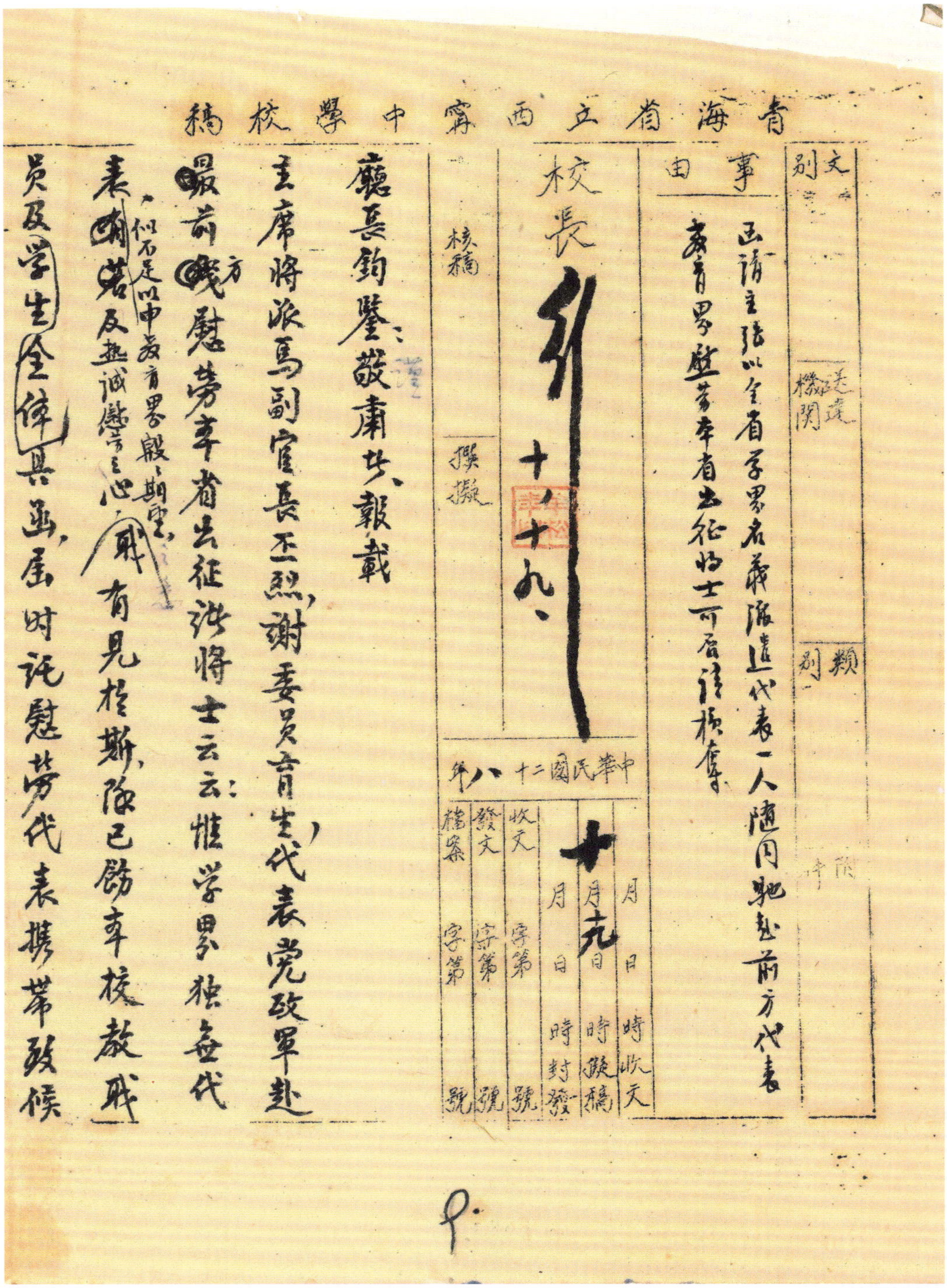

青海省立西寧中學校稿

文別

事由：函請主張以全省學界名義派遣代表一人隨同馳赴前方代表教育界慰勞本省出征將士可否請核奪

校長 十、十九、

中華民國二十八年 十月十九日

廳長鈞鑒：敬肅者，頃載主席將派馬副官長丕烈、謝委員育生代表黨政軍赴最前方慰勞本省出征將士云云。惟學界獨無代表，（似不足以申教育界殷殷期望及熱誠慰勞之心）職有見於斯，除已飭本校教職員及學生全體具函，屆時託慰勞代表携帶致候

前綫將士外，擬請

鈞座主張請示

主席，由以全省學界名義，亦派代表一人，隨同謝馬二先生馳赴前綫慰勞，藉表教育界熱烈慰勞之意。或即派職代表，以勉前驅，

如是否可行，伏乞

核奪。恭請

鈞安

職○○謹上

中華民國二十　年　月　日

青海省政府教育厅关于组织宣传队开展征募宣传事致青海省垣各中小学校的训令（一九三九年十月二十二日）

附：宣传要点

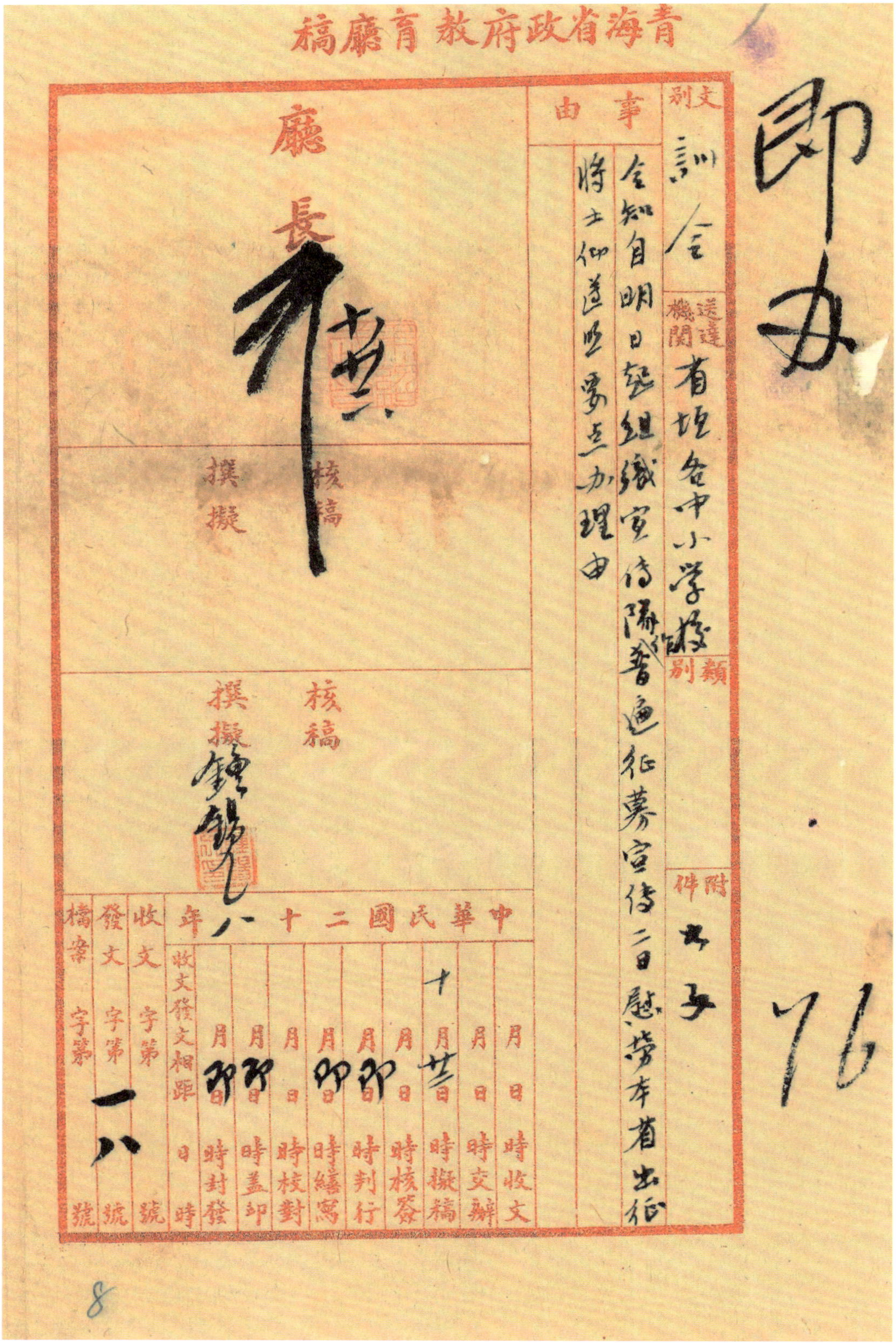
青海省政府教育廳稿

文别：訓令

送達機關：省垣各中小學校

事由：令知自明日起組織宣傳隊普遍征募宣傳二日慰勞本省出征將士仰遵照要点办理由

附件：如文

廳長

撰擬　核稿

撰擬　核稿

中華民國二十八年十月

收文　字第　號

發文　字第一八號

檔案　字第　號

本廳訓令　甲學字第18號

令省垣各中小學校

查本省出征將士為國苦戰，備極辛勞，書經慰勞會召開會議，議决定于本月二十五日舉行獻金大會，并派員携款前往慰勞；省垣各中小學學生組織征募宣傳隊，自廿三日起至二十四日止，分赴城郊普遍宣傳，以資家喻戶曉等語，紀錄在卷。除分令外，合行附發宣傳要點一份，令仰該校遵照，切實宣傳，以收實效為要。此令

附發宣傳要點一份

中華民國二十八年十月　日

廳長　馬〇〇

繕寫　校對　監印

青海印刷局印

宣傳要點

一、本省出征將士，為國家為民族，在前方轉戰苦鬥，已逾兩年，極為辛勞，我們後防民衆，應本有錢出錢之昭示，予以精神或物質上之援助。

二、此次出征的各將士，都係我青海之健兒，我們後防回民衆，或為其父老兄弟，或為其親戚鄰朋，都有很密切之關係，應彼此勸勉，踴躍献金，以資慰勞。

三、現在嚴冬在即，氣候漸寒，前綫諸將士，冒寒苦战，鉄衣無溫，我們後防飽食暖衣之民衆，應有天寒思將士之熱情，憫念前綫作战將士之苦，慨然解囊，共襄善舉。

9

四、我們後防民衆現在之安居樂業，是前方苦戰流血各將士換來的。欲求長此安靖，惟有盡力援助前方將士，盡力殺敵，則後防民衆方能永遠樂居，各安職業。

青海省政府教育厅关于组织宣传队开展征募宣传附发征募宣传要点致省立西宁中学校的训令

（一九三九年十月二十二日）

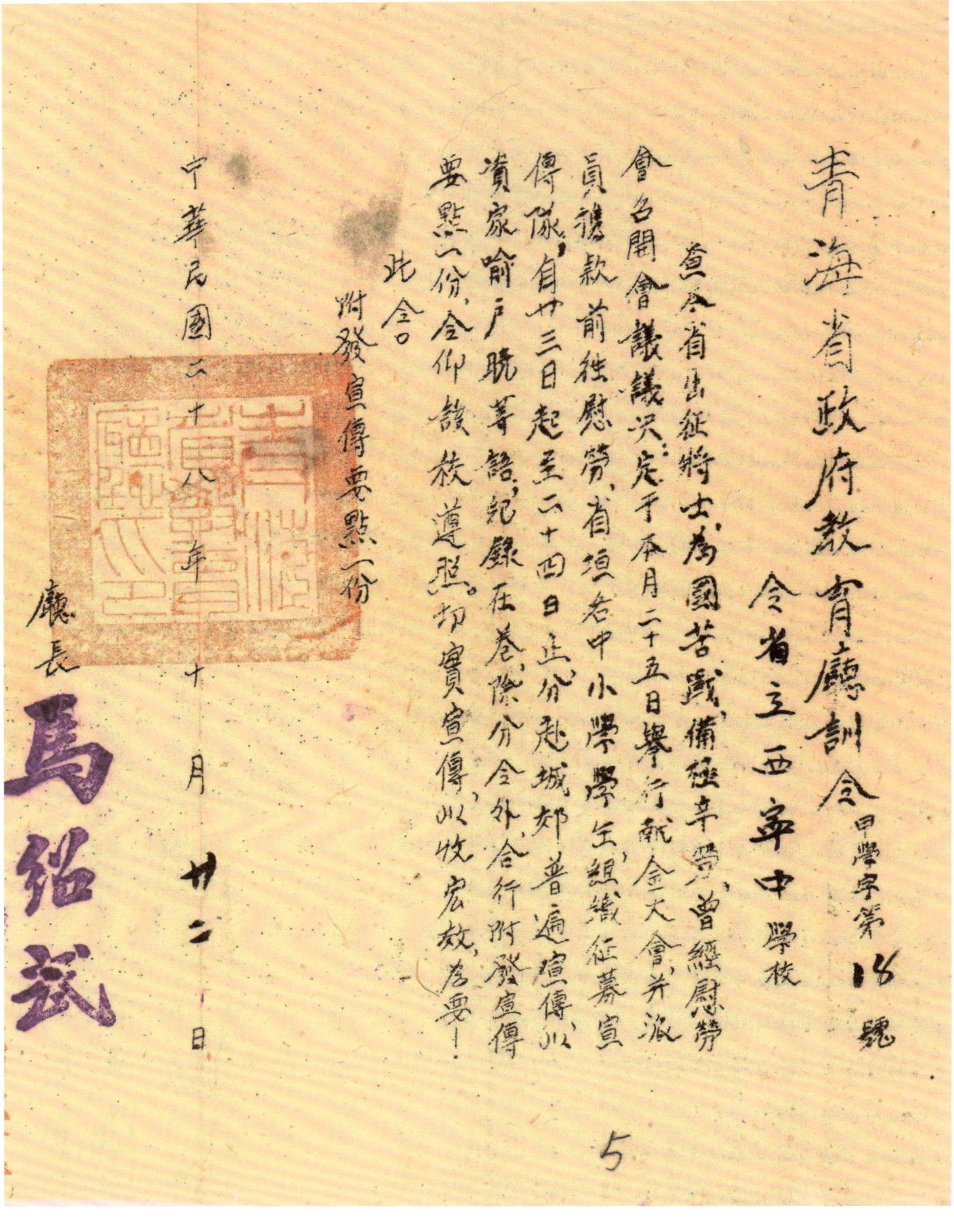

青海省政府教育廳訓令 甲學字第16號

令省立西寧中學校

查本省出征將士為國苦戰，備極辛勞，曾經慰勞會召開會議議決，定于本月二十五日舉行獻金大會，并派員攜款前往慰勞。省垣各中小學學生組織征募宣傳隊，自廿三日起至二十四日止，分赴城郊普遍宣傳，以資家喻户曉等語，紀錄在卷。除分令外，合行附發宣傳要點一份，令仰該校遵照，切實宣傳，以收宏效，爲要！

此令。

附發宣傳要點一份

中華民國二十八年十月廿二日

廳長 馬紹武

宣傳要點

一、本省出征將士，為國家民族，在前方轉戰苦鬥，已逾兩年，備極辛勞，我們後防民衆，應本「有錢出錢」之昭示，予以精神或物質上之援助。

二、此次出征的各將士，都係我青海之健兒，我們後防民衆，或為其父老兄弟，或為其親戚鄰朋，都有很密切之關係，應彼此勸勉，踴躍獻金，以資慰勞。

三、現在嚴冬在即，氣候漸寒，前線諸將士冒寒苦戰，缺衣無溫，我們後防飽食暖衣之民衆，應有「天寒思將士」之熱情，憫念前線作戰將士之苦，慨然解囊，共襄善舉。

四、我們後防民衆現在之安居樂業，是前方各將士流血苦戰換來的，欲求長此安靖，惟有盡力援助前方將士盡一殺敵，則後防民衆方能永遠樂居，各安職業。

遵照。責導部切實辦理，以資家喻戶曉，踴躍獻金。道 十、廿六

青海省立西宁中学校校长及全体职教员慰问前方抗战将士函（一九三九年十月二十三日）

青海省立西寧中學校稿

文别	
事由	
送遞 標閱	
類别	
附件	
校長	（签）十廿三
核稿	
撰擬	（签名）

中華民國二十　年　月　日

月　日　時收文	月　日　時擬稿	月　日　時封發
收文　字第　號	發文　字第　號	檔案　字第　號

前方抗战諸將士鈞鑒：暴日肆虐，舉世震憤，凡我華胄，無不同仇敵愾，切齒痛恨。溯自抗战軍興，瞬逾兩年，倭寇所處，廬舍為墟，我同胞之被慘殺者，不知凡幾，我婦女之遭蹂躪者，又復难数，至於財產之損失、地方之糜爛，尤难以言狀。我民族逢此空前之大劫，受此無名之奇辱，每一念及，髮指眥裂，幸賴我

6

「寄騎馬[illegible]彪
及將士信時括歸
內之教自勿寄」

諸將士在長官領導之下，慨然捍衛國家，履危犯堅，不惜浴血裹創，與敵人作殊死戰，為黨國盡忠，為民族盡孝，不惟人民之福，亦全青之光也。頃傳捷報，欣悉於淮陽大捷，斬獲敵人無算，我軍聲威遠播，遐邇鐵騎之名，喧騰人口矣。欣佩無已，將見殺敵致果，盡雪國恥，收復最後勝利，期不遠矣。肅函慰問，并頌

軍祺。

青海省立西寧中學校校長年〇〇、教導主任陳〇〇及全體

教員仝叩

中華民國二十八年十月二

青海省立西宁中学校关于慰劳前方将士辛苦并希于努力杀敌以求胜利致师长马宪臣的便函（一九三九年十月二十三日）

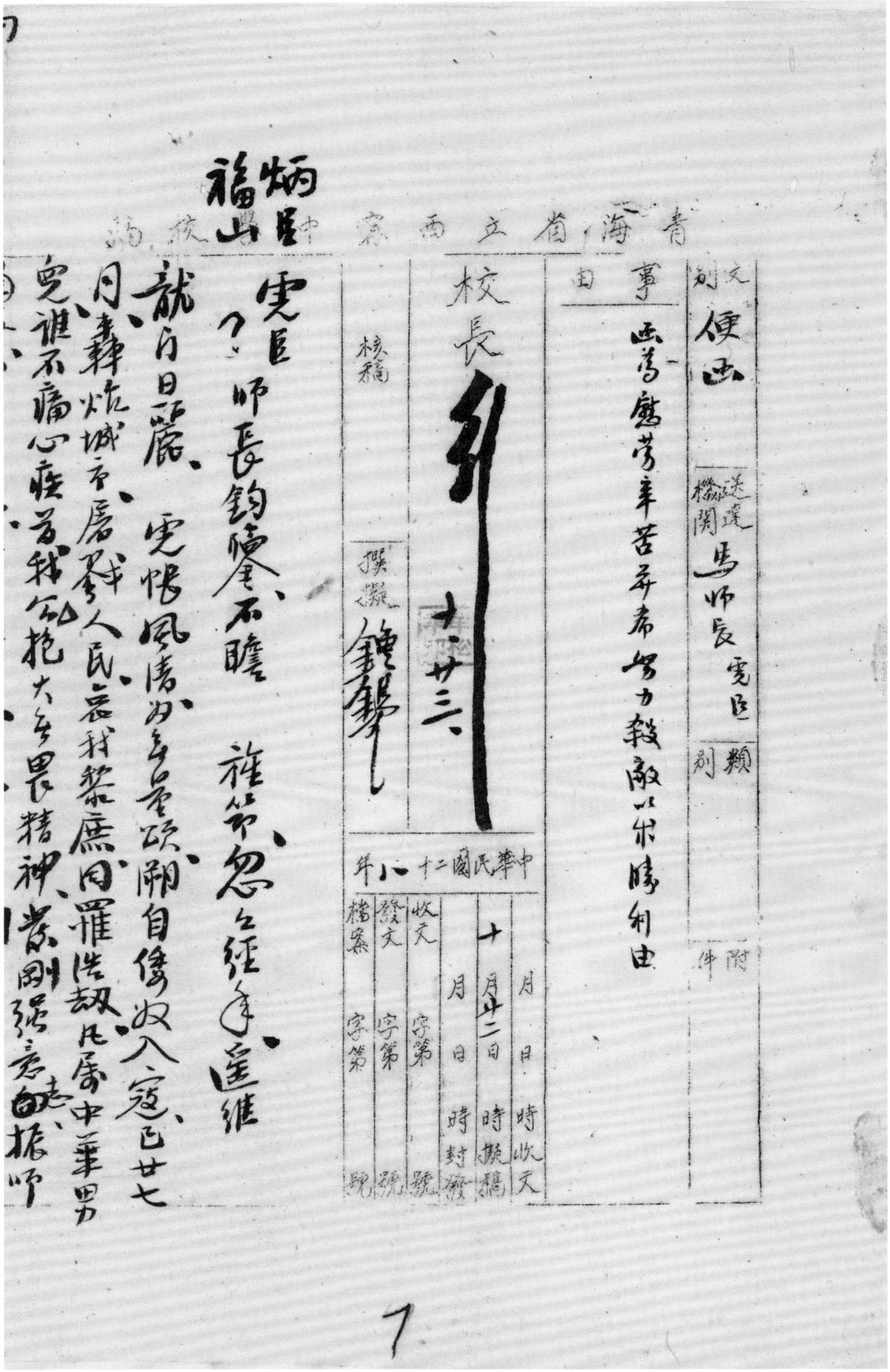
青海省立西寧中學校稿

文别：便函

送達機關：馬師長宪臣

類别

附件

事由：函為慰勞辛苦并希努力殺敵以求勝利由

校長 十、廿三

核稿

撰擬 鍾

中華民國二十八年 十月廿二日 時擬稿

炳福山

宪臣
師長鈞鑒：不瞻旌節，忽已經年，遥維
就日月麗，宪帳風清，為無任頌。溯自倭奴入寇，已廿七
月，轟炸城市，屠戮人民，我黎庶同罹浩劫，凡屬中華男
兒，誰不痛心疾首！我公抱大無畏精神，發剛强之志，振師

寄致馬騎師
長倍時括鄉
內話句均向全國

羈旅義軍長征，鐵騎所向，望風披靡，淮陽之捷，尤令敵人
膽寒，聲威所播，至遠而屆，捷報傳來，全青婦孺，無不鼓舞，
聞馬旅長秉忠，心事苦志進旅，為國捐軀，忠勇壯烈，
列，可泣可歌，同仁等忝事教育，不克執戈陣地，同效馳驅，慚愧
何如，惟鄉閭慕之誠，猶終之面國所幸我
師長指揮若定，將見盡殲倭寇，克復舊宇，以求獲最
後勝利，想不遠矣，天寒多厲，諸希
珍攝，佇候
捷音，並請
鈞祺。

青海省立西寧中學校校長年耕教導主任陳
鵬翔及全體教職員同叩

中華民國二十八年十月廿三日

青海省立西宁中学校关于全体员生慰劳本省出征抗战诸将士书信请转交慰劳代表携呈前方将士给青海省政府的呈（一九三九年十月二十五日）

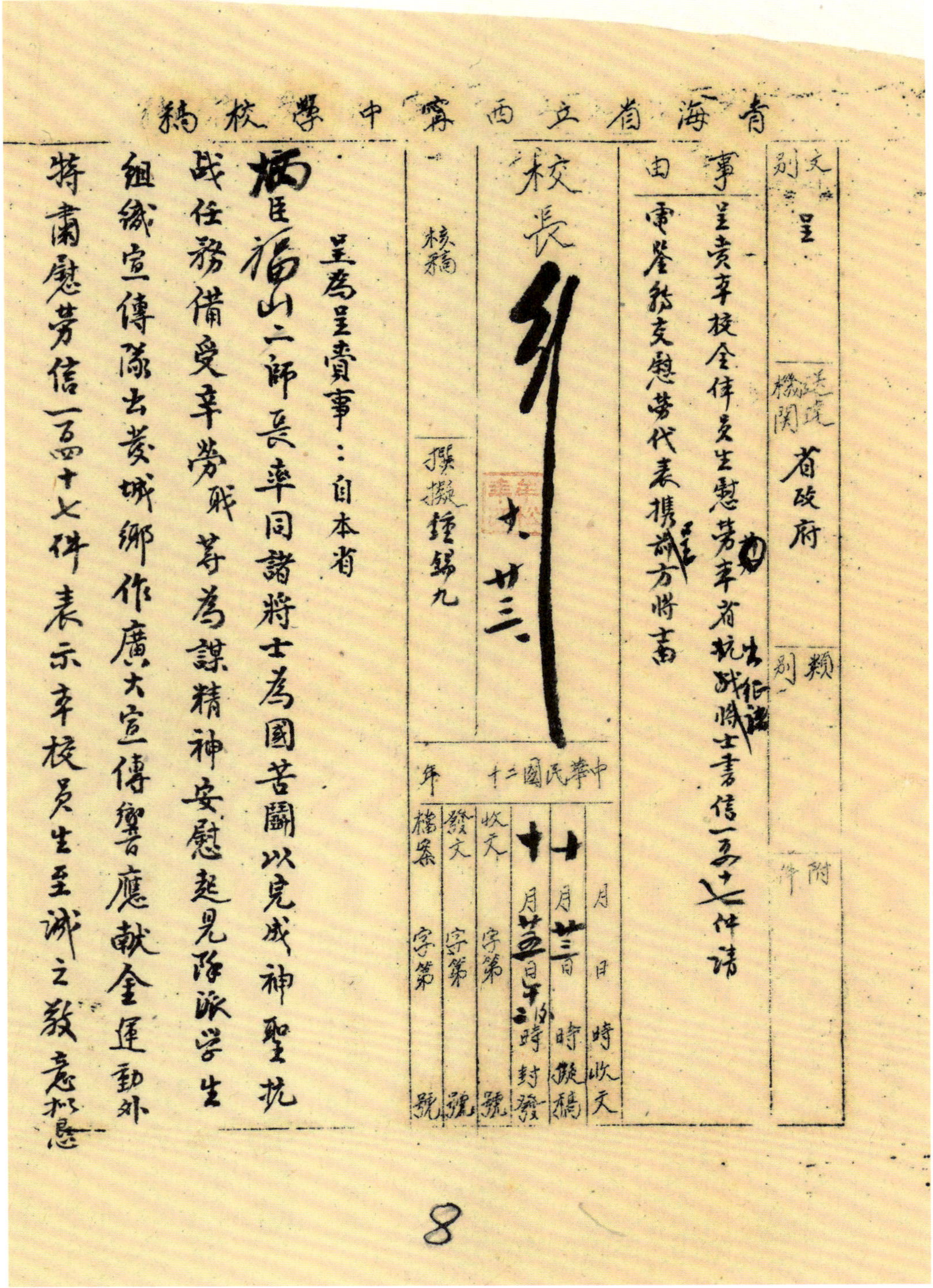
青海省立西寧中學校稿

文別：呈
送達機關：省政府
類別
附件
事由：呈賫本校全體員生慰勞本省抗戰將士書信一百四十七件請電送慰勞代表携呈前方將士由
校長
核稿
撰擬：鍾錫九
中華民國二十　年
十月　日　時收文
十月二十三日　時擬稿
十月廿五日十時封發
收文　字第　號
發文　字第　號
檔案　字第　號

呈為呈賫事：竊自本省馬師長率同諸將士為國苦鬭，以冕成神聖抗戰任務，備受辛勞，職等為謀精神安慰起見，除派學生組織宣傳隊出發城鄉作廣大宣傳響應獻金運動外，特肅慰勞信一百四十七件，表示本校員生至誠之敬意

8

銷產電鑒（鑒）務交慰勞代表馬副官長（不一一）謝委員代呈謝（言生）

將士感何有極

謹呈

青海省政府主席馬

附呈慰勞書信一萬四十七封

全銜　銜〇〇

中華民國卅八年十月廿五日

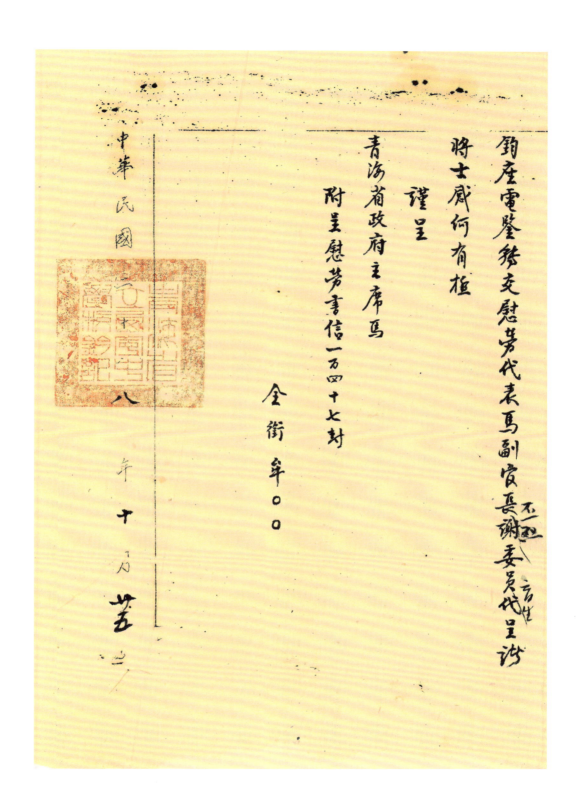

青海省政府主席關防鈐記

马步芳关于派员前来青垣慰劳凯旋将士致马炳臣司令等的电文（一九四〇年四月二十九日）

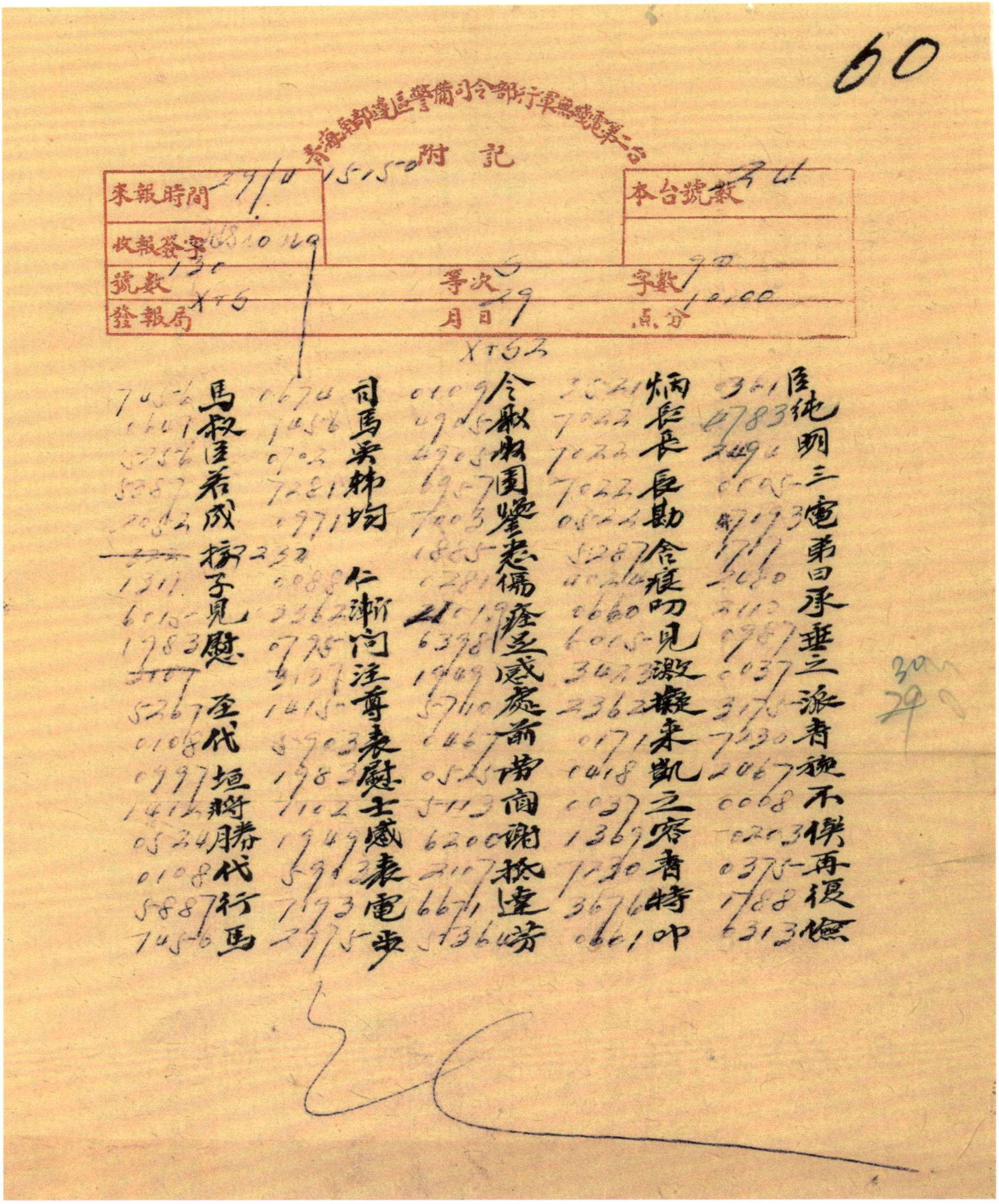

60

附記

來報時間	29/0 15150		本台號數	24
收報簽字				
號數	130	等次	字數	90
發報局	XT5	月日 29	點分	10.00

臣纯明三電第四承垂之派青旋不俟再復偹
炳長長長勳合旌叨見激擬來凱之容青特叩
令敝敝國鑒忠儁痊乏感處前带商謝捺遠勞
司馬吳柿均仁漸問注尊表慰士感表電步
馬叔臣若成探子見慰至代垣將勝代行馬

青海省政府民政厅关于各机关学校全体及保甲长列队前往指定地点欢迎抗战将士并送列队次序单致合作事业管理处的函（一九四六年六月五日）

附：关于骑八师将士参加各机关学校列队次序单

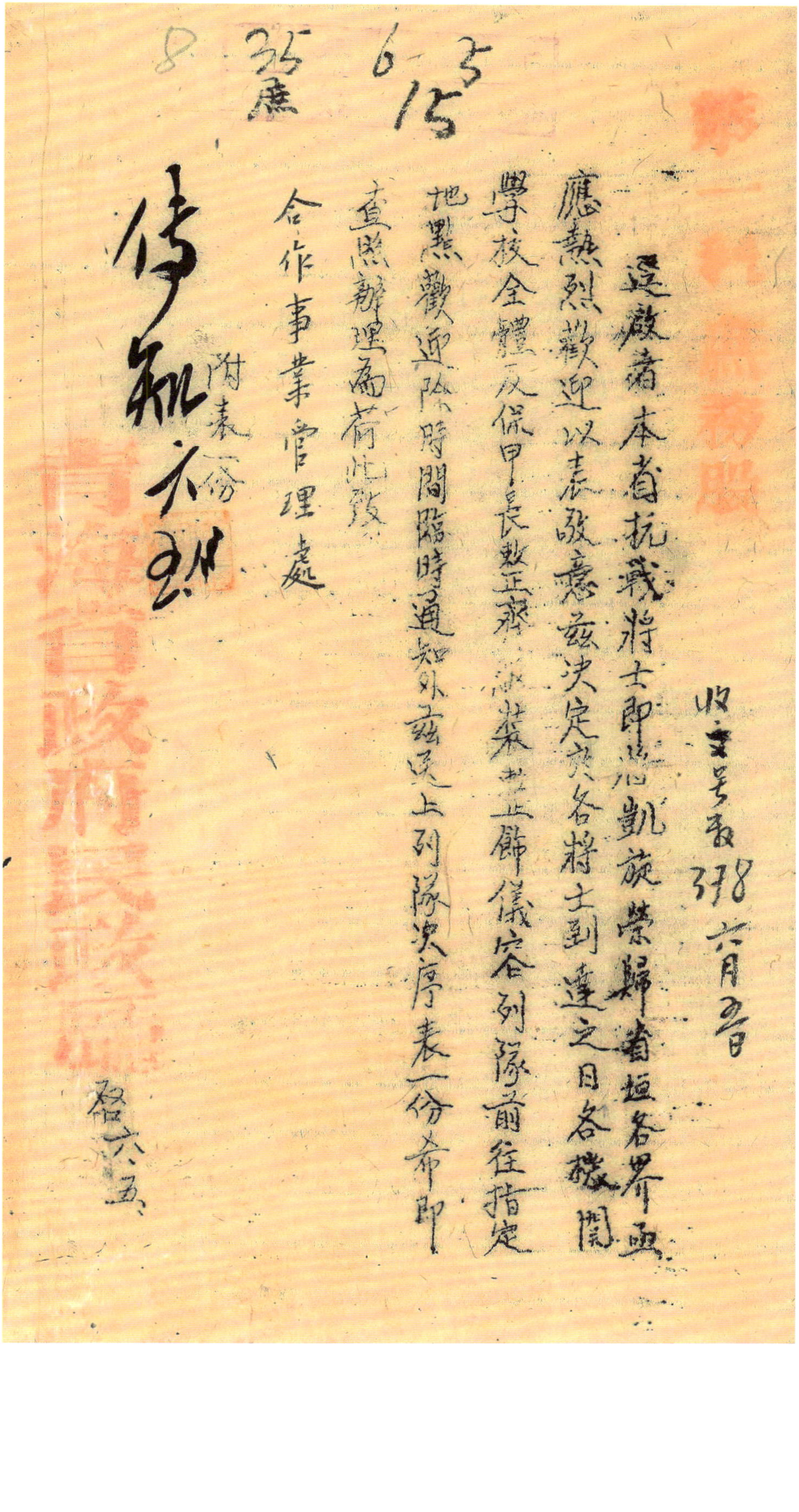
收文号數338 六月五日

逕啟者本省抗戰將士即將凱旋榮歸省垣各界亟應熱烈歡迎以表敬意茲決定於各將士到達之日各機關學校全體及保甲長整齊服裝並整飭儀容列隊前往指定地點歡迎除時間臨時通知外茲送上列隊次序表一份希即查照辦理爲荷此致

合作事業管理處

附表一份

傳觀示人

兹定於明日上午九時（寧夏時間）在小教場舉行歡迎凱旋將士大會，届時希率領全体職員整齊服裝，來場參加為荷。此致

合管處

青海省政府民政廳啟

六月六日

10

三、疏散時、開始各參加各機關學校依次序如下：

（一）自[illegible]以西地帶

1.音樂隊　2.各機關公務員　3.各中等學校員生

4.各中心學校職教員及各高年級學生　5.西縣市各區保甲長

（二）東帶橋以東地帶

1.青市參議會參議員及職員　2.青城鎮公所

三、城關街道一帶民眾自由參加

四、火炬等至省府門口

女師及各中心學校高年級學生（歸各校長帶隊指揮）。

青海省立西宁第一中学校慰问出征将士事致炳公师长的函（时间不详）

〇〇師長鈞鑒：溯自元凶日寇，禍我華夏，興縱虐之師，施鬼蜮之技，蹂躪我同胞，侵佔我國土，强暴專橫，虜掠奸淫，無所不用其極。人道盡喪，公理淪亡，凡有血氣者，莫不髮指。我公為殲滅醜類，復興河山，慷慨請纓，奮勇東下，自抗戰以來，將近一載，以大無畏之精神，與敵作殊死戰，不怕飛機大砲，奮勇前進，所向皆捷，挫敵之鋒，寒賊之膽，使倭奴不敢越雷池一步，固國關之門，為所屏障，現在已成全民族魂。殲滅之期，當在不遠，尚祈大加威風，直搗黄龍，繼續努力，掃蕩群凶，迅速恢復失地，增進西北之光榮，保障世界之和平，全青喁喁之，同深嚮往，為荷

健兒，於雲作後盾，引聽

鈐轅，神與俱馳，凱旋在即，把臂匪遙，肅此恭候 叩

帥業暨筆祝

抗日戰將士勝利

青海省立西寧第一中學校全體教職員暨全體學生仝啟

二長壹祝之

請

王先生儒鴻正楷信一封 標點不用

46

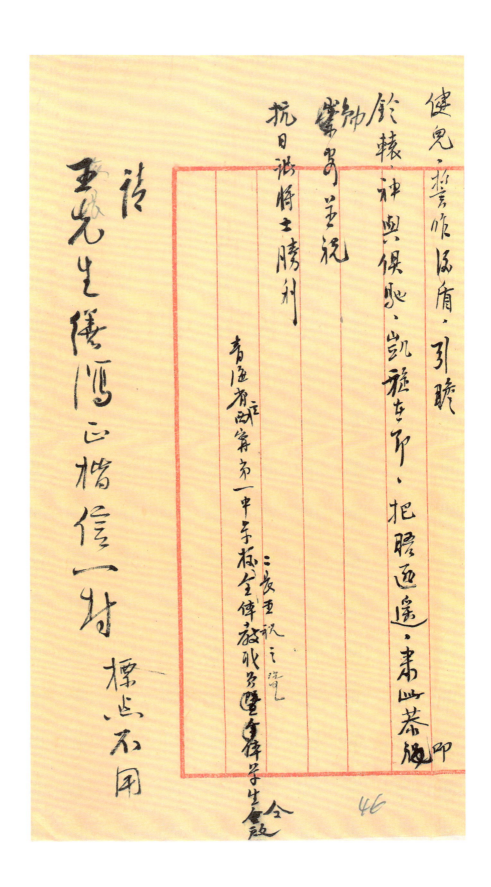

職校教職員暨全體學生抄慰問 炳公師長暨各旅團營長士兵傷病戰士，以表後方人士之敬意，祈請
鈞長核轉
主席可否由校直接郵寄或由師部轉寄，代乞
示遵（祗遵）謹呈

校長王△△謹上 九月廿日

（47）

敬啟者：查 貴報取材豐富，登載周詳，久為一般人士所歡迎。本校地處邊陲，交通梗塞，值此抗戰之際，關于前方消息，翹盼極殷，爰此函請 貴社惠贈一份，俾[redacted]以廣學子見聞，至為感禱！此致

武漢日報社
蘭州民國日報社
掃蕩報社
蘭州西北日報社
中國的空軍
[illegible]
抗戰情報

欢送骑兵第一师赴前防抗敌歌（时间不详）

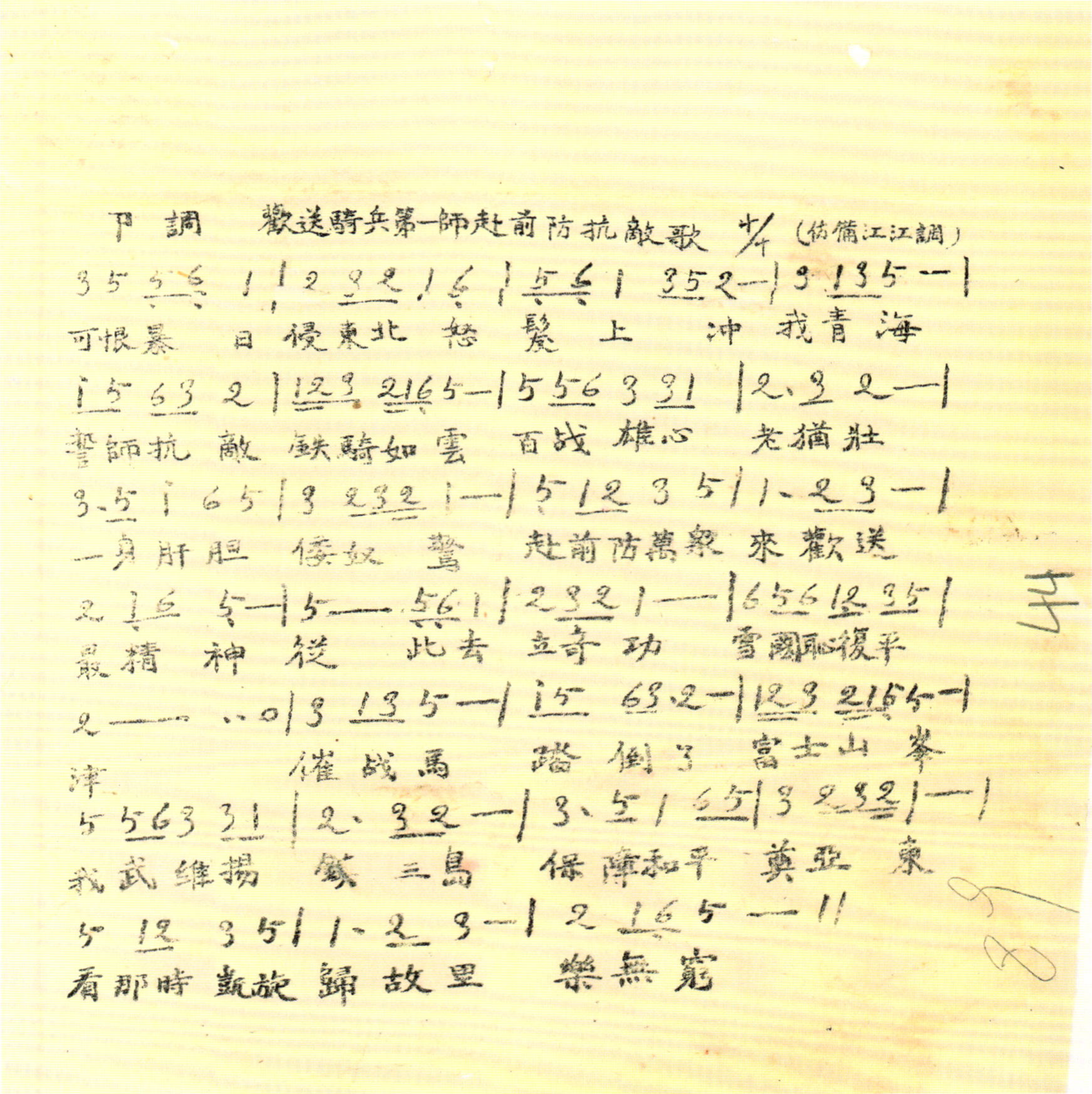

F調 歡送騎兵第一師赴前防抗敵歌 4/4 (仿滿江紅調)
可恨暴日侵東北 怒髮上沖 我青海
誓師抗敵 鉄騎如雲 百战雄心 老猶壯
一身肝胆 倭奴警 赴前防萬衆來歡送
最精神 從此去 立奇功 雪國恥復平
津 催战馬 踏倒了富士山峯
我武維揚 殲三島 保障和平 奠亞東
看那時 凱旋歸故里 樂無窮

青海省各界欢送抗敌将士筹备委员会关于各机关民众团体学校及各部队全体人员参加欢送抗战将士大会致第一中学校的函（时间不详）

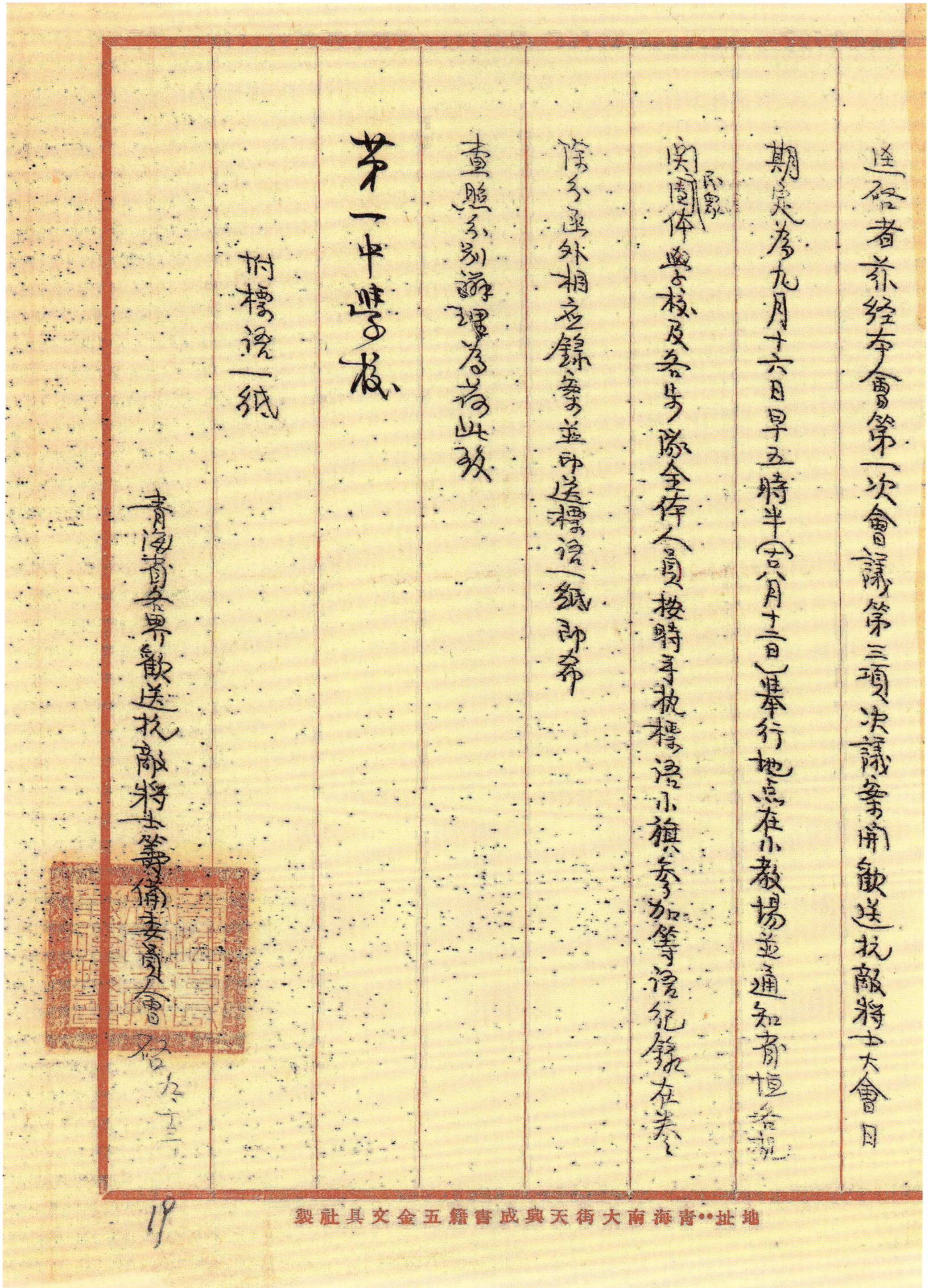

逕啓者：案經本會第一次會議第三項決議案開：歡送抗敵將士大會日期定為九月十六日早五時半（古八月十三日）舉行，地點在小教場，並通知省垣各機關民眾團体學校及各步隊全体人員按時手執標語小旗參加等語，紀錄在卷。除分函外，相應錄案並印送標語一紙，即希查照分別辦理為荷。此致

第一中學校

附標語一紙

青海省各界歡送抗敵將士籌備委員會 啓 九、十三

19

地址：青海南大街天興成書籍五金文具社製

青海省各界欢送整八十二师将士出征大会筹备委员会关于欢送八十二师将士出征捐献国币运动等给省工会的函
（时间不详）

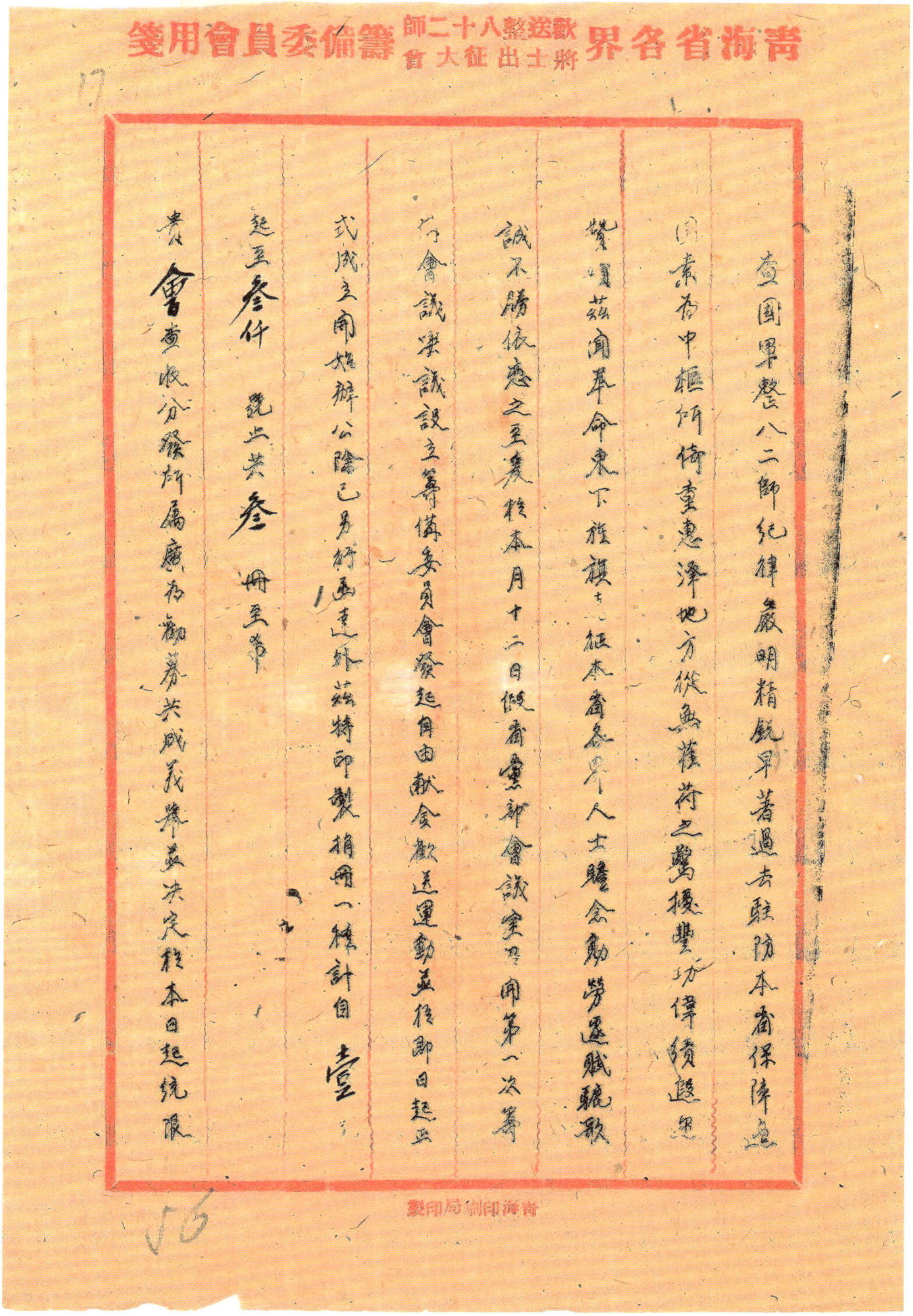

青海省各界歡送整八十二師將士出征大會籌備委員會用箋

查國軍整八二師紀律嚴明精銳早著過去駐防本省保障邊圉素為中樞所倚重惠澤地方從無雈苻之驚擾豐功偉績遐邇贊頌茲聞奉命東下旌旗之征本省各界人士騰念勛勞還賦驪歌誠不勝依戀之至爰於本月十二日假省黨部會議室召開第一次籌備會議決議設立籌備委員會發起自由獻金歡送運動並於即日起正式成立開始辦公除已另行函達外茲特印製捐冊一種計自壹號起至叁仟號止共叁冊至希貴會查收分發所屬廣為勸募共成義舉並決定於本日起統限

青海印刷局印製

青海省各界歡送整八十二師將士出征大會籌備委員會用箋

務於十日内辦竣至所捐獲款洋或實物如有成數時希逕送本會
獻金組（省商會）扯取收據以資公佈而便陳獻爲荷此致

省工會

附送捐冊計叁拾冊共叁仟頁（先送二千四百頁後送）

〔印〕啟 三十二

秘書長分會 三、十三

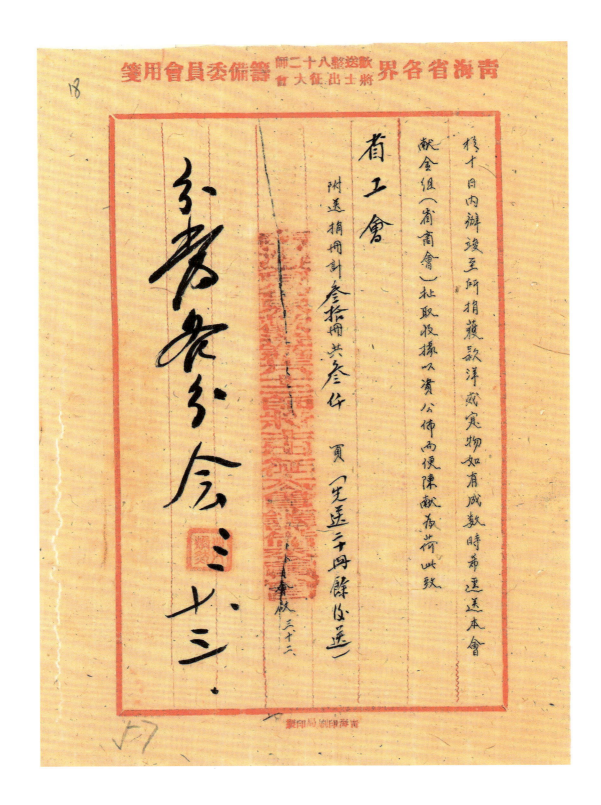

青海印刷局印製

青海省各界歡送整八十二師將士出征委員會籌備委員會用箋

頃悉國軍整八二師旌旗東下奉命遠征我全省各界人士念及

國軍整八二師過去駐防本省迄今十有餘載軍民合作地方賴以安謐紀律嚴明人民無不稱頌遽賦驪歌不勝依戀本省各界人士爲伸歡送之意假省黨部文化會堂設立籌備委員會發起自由獻金運動并擬本月十二日起開始辦公爲此函達

貴會以後對本會捐獻工作各方予以協助並希轉飭所屬一體協助藉伸歡送忠忱爲盼此致

總工會

啟 三八、十二、

青海印刷局印製

（二）赈济·捐献与财政支持

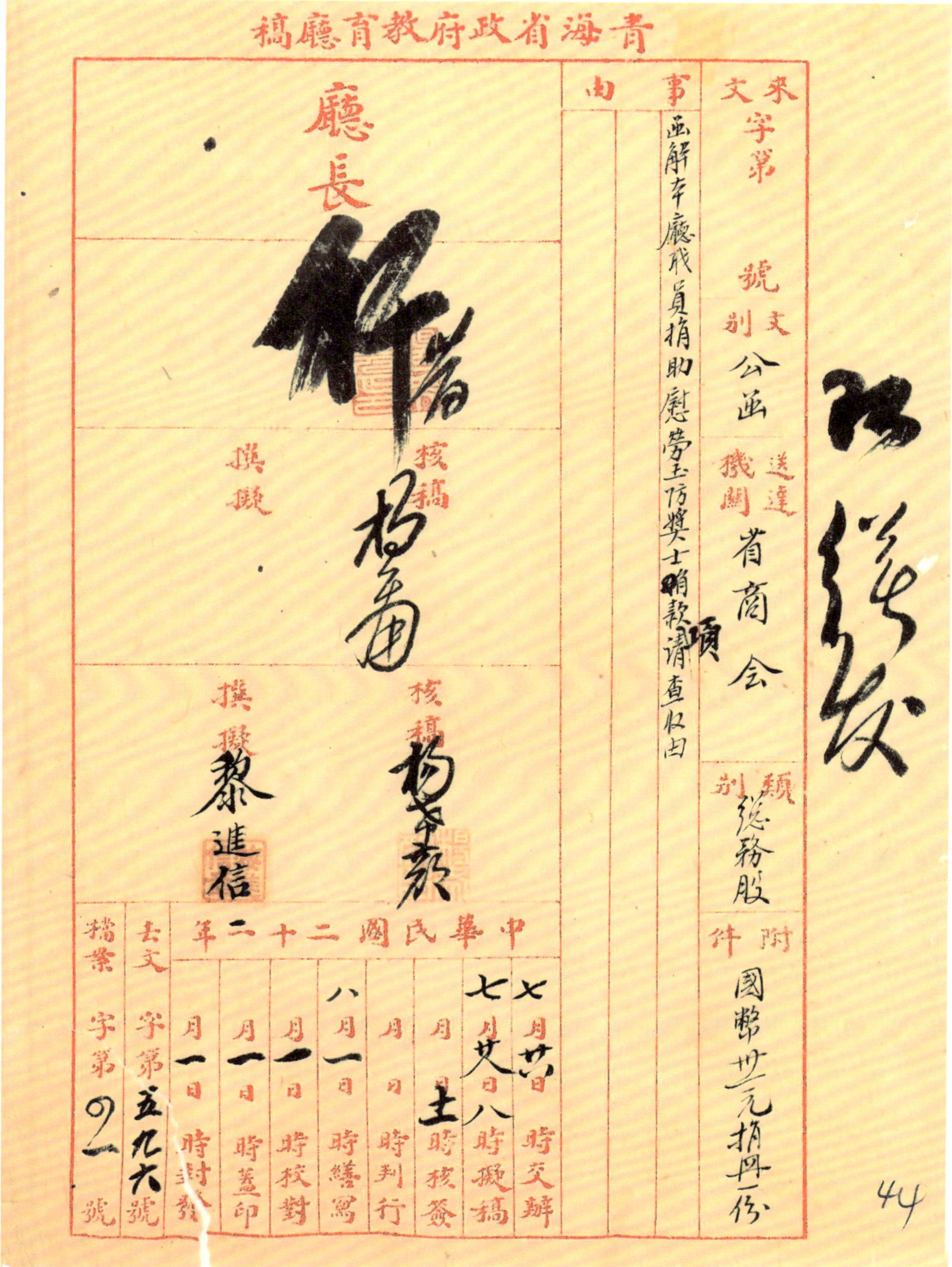

青海省政府教育廳稿

廳長

核稿 撰擬

核稿 楊[illegible] 撰擬 黎進信

事由：函解本廳職員捐助慰勞[illegible]防將士捐款請查收由

來文字第 號

文別：公函

送達機關：省商会

類別：總務股

附件：國幣卅元捐冊一份

中華民國二十二年

七月廿日時交辦

七月廿八日時擬稿

月 日十一時核發

月 日 時判行

八月一日時繕寫

月一日時校對

月一日時蓋印

月一日時封發

去文字第五九六號

檔案字第2號

44

青海省政府教育厅关于解送该厅职员捐助慰劳捐款事给青海省商会的公函（一九三三年八月一日）

本廳公函第　號

逕啟者案准

青海省民國衆慰勞玉防將士聯合會函送第一百八八號捐冊

一份囑即勸捐解交省商會彙轉等由准此當即由本廳

職員捐助共得大洋三十一元相應函解即希

查收彙轉賜據為荷此致

青海省商會

計解送國幣叁拾壹元　捐冊一份

廳長楊〇〇

中華民國二十二年七月　日

繕寫 張漢之　校對　監印

今收到

青海省教育廳大洋叁拾壹元 捐册壹本

尉勞玉付壹捐

民國廿二年八月一日

青海省商會

条

45

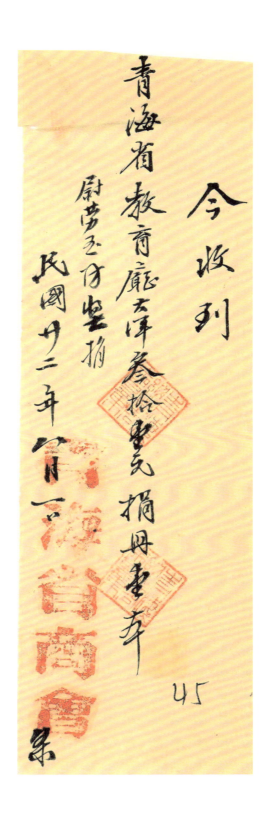

副官韩得福收到刚察千户交来抗日军马和退回毛款的收条（一九三七年八月十四日）

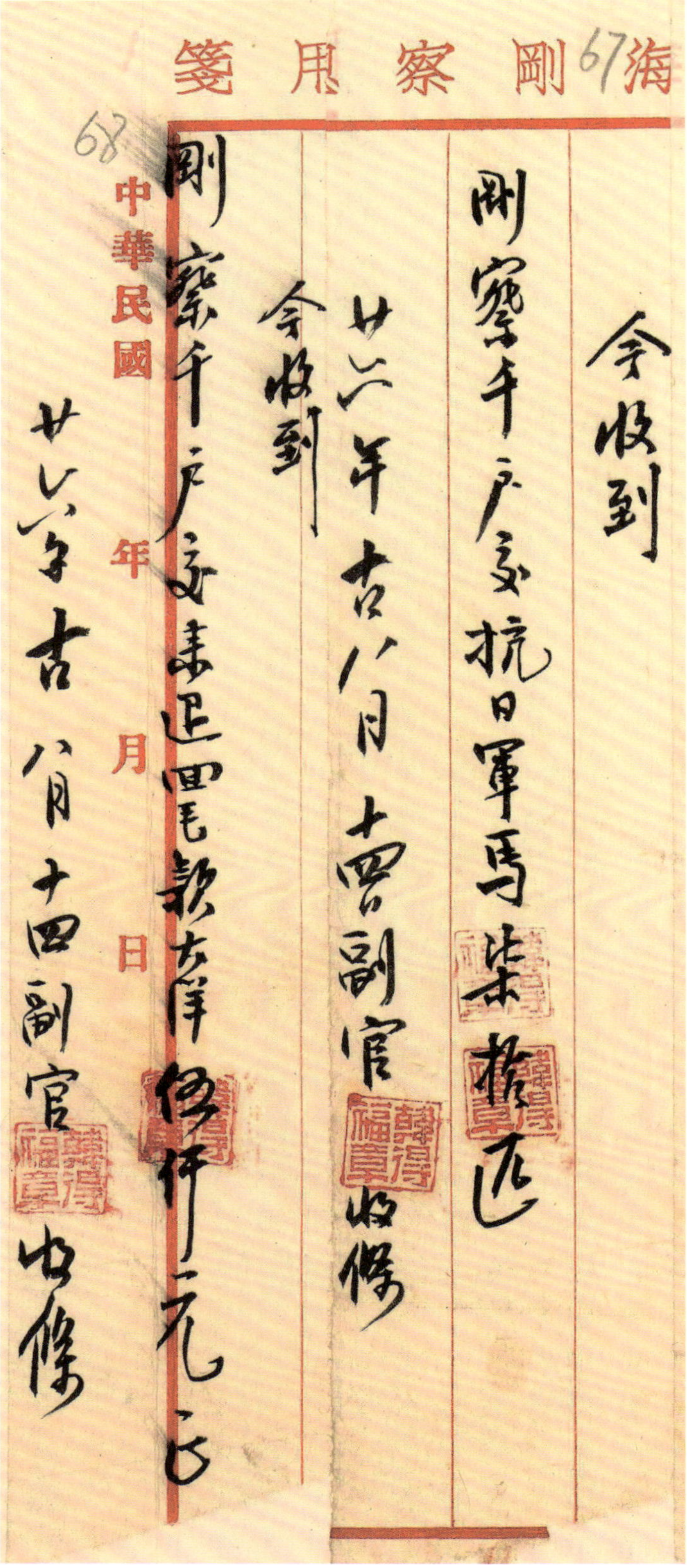

海剛察用箋

67

令收到

剛察千戶交抗日軍馬柒拾匹

廿六年古八月十四副官收條

令收到

剛察千戶交來退回毛款大洋伍仟元正

68

中華民國　年　月　日

廿六年古八月十四副官收條

青海省新生活运动促进会关于抄发征集慰劳品名单请青海省新生活劳动服务团查照办理的通告
（一九三七年十月十五日）

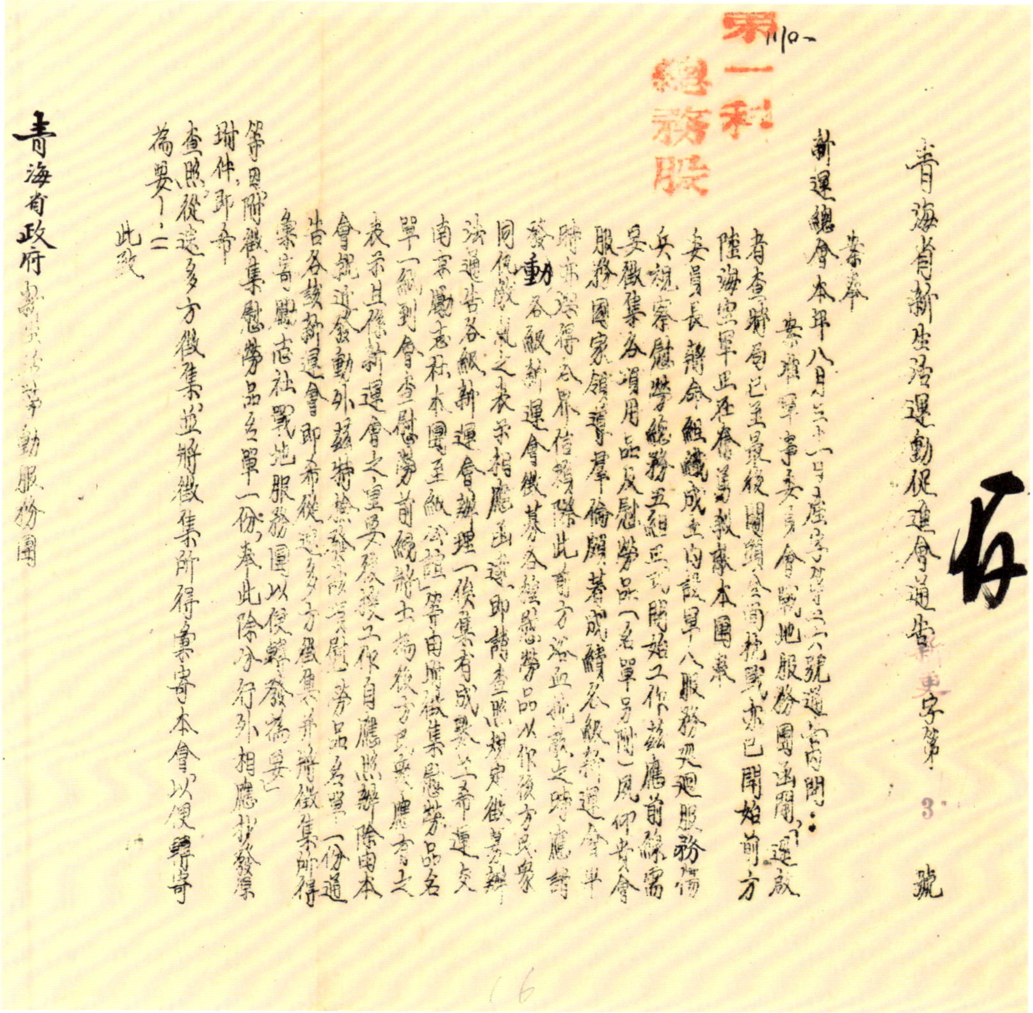

青海省新生活運動促進會通告 新奧字第3號

案奉

新運總會本年八月二十一日新運總字第二六八號通字内開：

案准軍事委員會戰地服務團函開：「逕啟者：查本團已呈最高領袖命令，抗戰以來已開始前方陸海空軍正在奮勇殺敵，本團奉

委員長蔣命令組織成立，内設第八服務處，迎服務傷兵，視察慰勞總務五組，正式開始工作。茲應前線需要，徵集各項用品及慰勞品（名單另附）。夙仰貴會服務國家，領導群倫，著成績，各級分會，素孚號召，深得各界信仰，際此前方將士需要孔殷之時，應請

發動各級新運會，徵募各種慰勞品，以作後方民眾同仇敵愾之表示，相應函達，即請查照規定，徵募辦法，通告各級新運會辦理，一俟募有成數，並希運交南京勵志社本團駐京辦事處」，等由，附慰勞品名單一紙到會。查慰勞前線將士為後方民眾應有之表示，且係新運會之重要工作，自應照辦。除由本會就近發動外，茲將徵集慰勞品名單一份，通告各該新運會，即希從速多方徵集，並將徵集所得彙寄勵志社戰地服務團，以便轉發為要。

等因，附徵集慰勞品名單一份，奉此。除分行外，相應抄發原附件，即希

查照，從速多方徵集，並將徵集所得彙寄本會，以便轉寄為要！

此致

青海省政府新生活勞動服務團

計抄發徵集慰勞品名單一份

中華民國二十六年十月

指導員兼主任幹事 馬麟

拾五日

徵集用品及慰勞品名單

一、單毯 棉被 白被單 枕頭 連套 傷兵灰棉布衣褲 灰單衣褲 白傷兵襯衣褲 灰布帽

二、斜紋布花路 藥水棉花 紗布

三、厚絨手套手帕 草黃色咖啡布襯衫 短褲（白色或草綠色）襪鞋 手電筒（永備牌電池電泡）行軍床 被單 蚊帳（圓頂式） 餅乾茶葉 咖啡可可防克力糖 各種罐頭糖醬 汽水 沙濾缸（大號） 熱水壺 飯盒 盥洗用具等

四、麻袋 鋼絲 及食用物品

五、現款及金銀飾物

青海省抗敌后援会请将慰劳款品送交该会事致青海省政府教育厅的代电（一九三八年九月三日收）

13

090

第312號

第一科

57

簽顏

來文機關	青海省抗敵後援會
附件	
事由	電請希予短期内將慰勞款品迅予送交本會其未募捐各地亦盼從速進行而資結束
二十七年九月三日到府	
年月日呈閱	
年月日到處	
發	承辦

青海印刷局印製

76

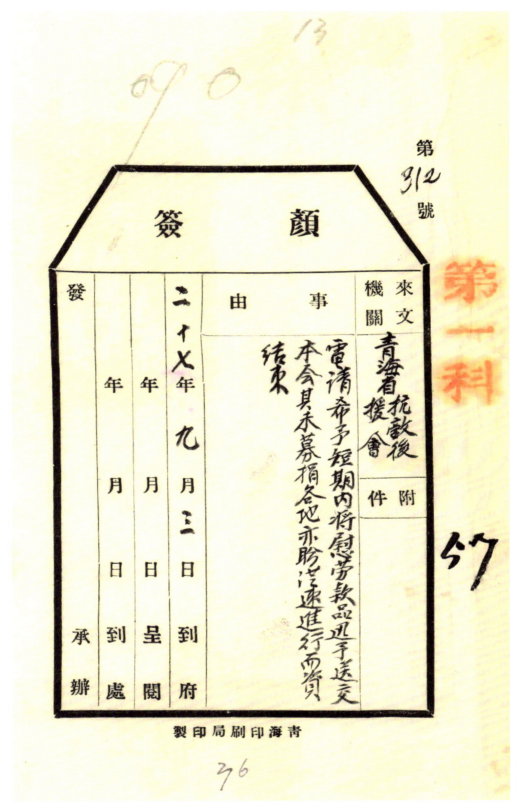

快郵代電

省政府教育廳公鑒：查本會為捐款慰勞前方抗敵將士，迭見曾經製發捐冊等件，函請酌予捐助，並請將捐款送交本會，以便轉匯各在案。茲以限期將近一載，雖經本會一再函催，而各處尚未進行募捐，或已捐而未彙解本會者甚多，為此再電請

貴 希予短期內將所捐慰勞款品迅予送交本會，其未募捐各地，亦飭從速進行，而期及早辦理結束。事關救國，希勿再延為盼。青海省抗敵後援會江印

青海國民印刷局印製

37

自一九三八年起至一九四〇年止经手羊皮折价献金寒衣捐慰劳款等收支及实存数目一览表

（一九三八年九月十七日）

自二十七年起至二十九年止經手羊皮折價獻金寒衣捐慰勞款等收支及實存數目一覽表

名稱	年月份	收入數	支出數	實存數	備考
羊皮折價	二十七年	六萬九千八百九十六元八角七分	六萬九千八百九十六元八角七分		查教育廳領印傳單收據等洋四百八十三元四角五分捆皮麻繩等洋一千九百八十七元一角八分趙文陝領洋五千零六十八元運蘭皮張運費洋二千九百四十四元八角匯西安馬納臣師長洋四十元馬興太王獻如等皮價洋五萬五千四百一十三元四角四分共支如上數
牙稅款	二十八、九年	九千七百一十三元三角六分四厘	六千一百七十二元一角	三千五百四十一元二角六分四厘	查此款農行存儲
振救款	二十八、九年	六百三十四元五角一分	一百四十八元二角三分	四百八十六元二角八分	查此款農行存儲
鞋襪捐	二十八年	八千二百四十三元四角	七千三百五十七元	八百八十六元四角	
寒衣捐	二十八年	九萬零五百九十三元一角三分八厘	九萬零五百九十三元一角三分八厘		查省黨部爲大會函對合墒費用洋二百六十一元零五分交秘書處洋九萬零三百三十二元零八分八厘共支如上數
本省出征將士慰勞款	二十八年	九萬四千五百五十三元七角八分五厘	九萬四千五百五十三元七角八分五厘		查省黨部領追悼會用洋二百七十元七角七分馬局長赴前防旅費洋一千二百元送馬秉忠洋一千元匯西安張礼堂轉交前防將士慰勞洋六萬元交秘書處洋三萬二千一百八十三元零一分五厘共合支如上數
春節獻金	二十九年	七千九百八十三元七角四分	七千九百八十三元七角四分		查省黨部等領印傳單做錦標煤油茶水等洋八百零二元一角五分魏南芳赴前防慰勞洋四十元交秘書處洋三千一百八十一元五角九分合支如上數

榮譽特別票價	二十九年	二十二百一十五元九角	二十二百一十五元九角		查此款如數交秘書處收訖
傷兵友社捐款	二十九年	一十四百一十四元七角	一十四百一十四元七角		查此款如數交秘書處收訖
寒衣捐	二十九年	一十三萬九十四百一十四元七角	一十四百八十一元五角三分	一十三萬七十九百三十三元一角七角	查此款農行存儲
寒衣戲票捐	二十九年	七十五百七十九元		七十五百七十九元	查此款農行存儲
救國公債	二十六年	一十萬零六千肆百叁十五元	一十萬零六千肆百叁十五元		
勝利公債	三十一年	一百萬元	一百萬元		
同盟勝利公債	三十三年	五百萬元	五百萬元		
合計		四十三萬二十二百四十三元零六分七厘	二十八萬一十七百一十六元九角九分三厘		

青海省民众抗敌后援会征募会关于为抗战将士征募皮毛背心等事致青海省政府教育厅的函（一九三八年九月二十七日收）

090　15

第335號

顏簽

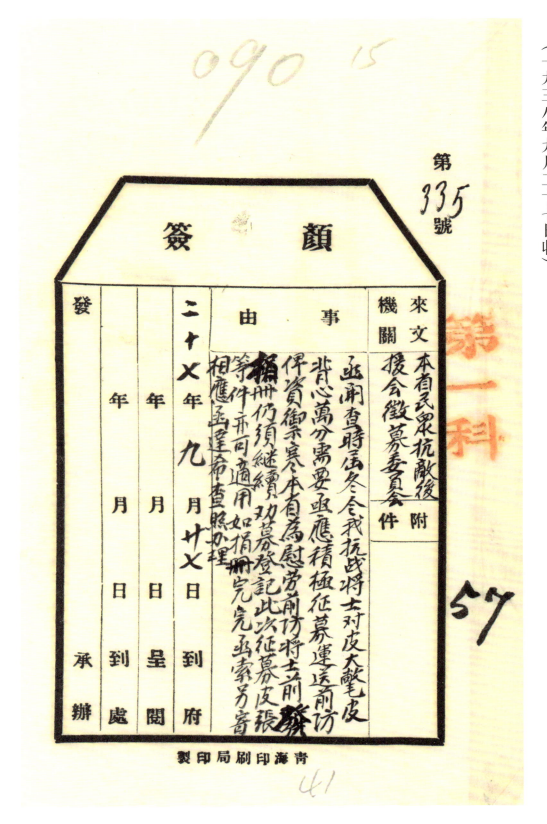

來文機關：本省民眾抗敵後援會徵募委員會

附件：

事由：函開查時屆冬令我抗战将士对皮大氅毛皮背心萬分需要亟應積極征募運送前方俾資禦寒本省為慰勞前方將士前發捐冊仍須繼續功募登記此次征募皮張等件亦可適用如捐冊完竣函索另寄相應函達希查照辦理

二十七年九月廿七日到府

年　月　日呈閱

年　月　日到處

發

承辦

青海印刷局印製

第一科

57

41

青海省民衆抗敵後援會徵募委員會函　字第一號

敬啟者：查時屆冬令，我抗戰將士，對皮大氅、皮背心萬分需要，亟應積極征募，運送前防，俾資禦寒，茲擬定辦法四項，(一)勸募老羊皮十萬張，(二)皮張以外有願捐現款及食糧實物等亦可，代收食糧實物變價繳解，(三)以上兩項均限於十月十五日以前稟解省政府內抗敵後援會總收發處，取具收據，以昭徵信，(四)本省抗援會爲慰勞前防將士前所發捐冊，仍須繼續勸募登記，此次徵募皮張等件，亦可適用，如捐冊用完，函索另寄，相應函達，希

查照辦理爲荷！此致

教育廳

中國國民黨青海省黨部

偕啟　九月廿七日

42

循化县抗敌后援会关于催收募集慰劳捐册致青海省抗敌后援会的呈文（一九三八年十二月十七日）

呈为呈报事。案准

钧会循化县抗敌后援会主任委员马辅若、副主任委员韩呈光咨称：

为咨送事。查本县抗敌后援会自去岁七月成立以来，即附设于县府据迄一切工作。

嗣于廿七年十二月奉到青海省抗敌后援会颁发募集慰劳捐册，业经转饬

当即分发后援委员会诚、韩、马、康、马、王、满各处捐募去后，迄今一载。

除陆续收获本城三一七、三一八、三一九、三二〇，以及上四工、查加下四工、

清水起台等处三〇七、三〇九、三一一等号七本捐册，于廿七年元二九各

会自收后援会募捐委员马文华、马君慶援会报收取获收据备案

外，所有赵塔上四工马尚禄、韩光廷三〇六号（三〇八）捐册，也都满旦马三一〇号捐册，

卑塘八分以保三一二号捐册，罗堡果什三一三号，以及隆城四庄王尚马祥

麟等三一〇、三一五、三一六号等八本捐册，迄今尚未收获，相应咨请

廿七年十二月十七日

案准省抗会函为抗敌后援会催收以凭汇续实报核销等由准此

查县抗敌后援会经募一面为抗敌后援会各县分会一面将募款捐册报会催收

追前三月该持去捐册多人[illegible]人失遗请核销另颁新册

以等因情前来除由县会函抗敌后援会委员马步良令其负责追失遗

请纸有案外理合具文呈报

钧会鉴核查前积案而去捐册另为示遵

青海省抗敌后援会

青海省循化县抗敌后援会卸任主任委员王荣光关于送抗敌后援会各项文卷及剩余捐款收据给中国国民党青海省执行委员会曹书记长的咨（一九三八年十二月十七日）

咨文

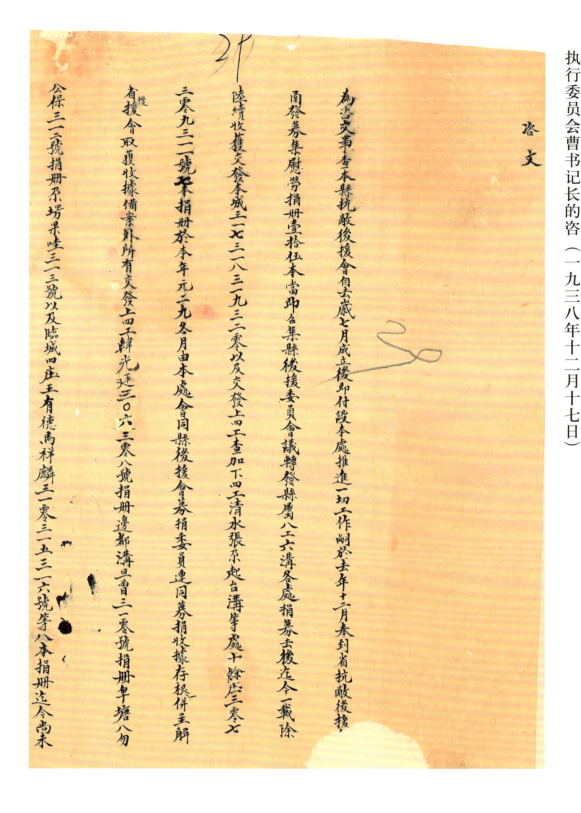

為咨文事。查本縣抗敵後援會自去歲七月成立後，即付設本處推進一切工作。嗣於去年十二月奉到省抗敵後援會發募集慰勞捐冊壹拾伍本，當即召集縣後援委員會議，轉發縣屬八工六溝各處捐募去後，迄今一載，除陸續收獲，交發本城三一七、三一八、三一九、三二零，以及交發上四工、查加、下四工、清水、張尕、起台溝等處十餘庄三零七、三零九、三一一號七本捐冊，於本年元、二、九各月由本處會同縣後援會募捐委員連同募捐收據存根併呈解省後援會取獲收據備案外，所有交發上四工韓光廷三〇六、三零八號捐冊，邊都溝呈曹三一零號捐冊，阜塘八勿公保三一二號捐冊，尕塄果哇三一三號以及臨城四庄王有德、馬祥麟三一零、三一五、三一六號等八本捐冊，迄今尚未

收獲相應咨請

貴任查核會同縣抗敵後援會催收以清手續實級公誼此咨

循化縣執行委員會書記長曹

計咨交抗敵後援會各項文卷一本剩餘捐款收據十伍張

卸任循化縣抗敵後援會主任委員王榮光

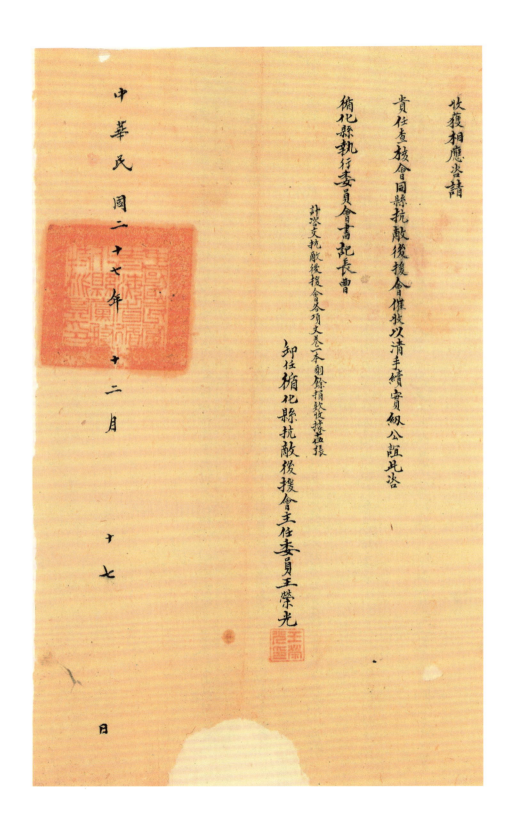

中華民國二十七年十二月十七日

教育部、青海省政府关于征募寒衣的一组文件

教育部训令（一九三九年九月）

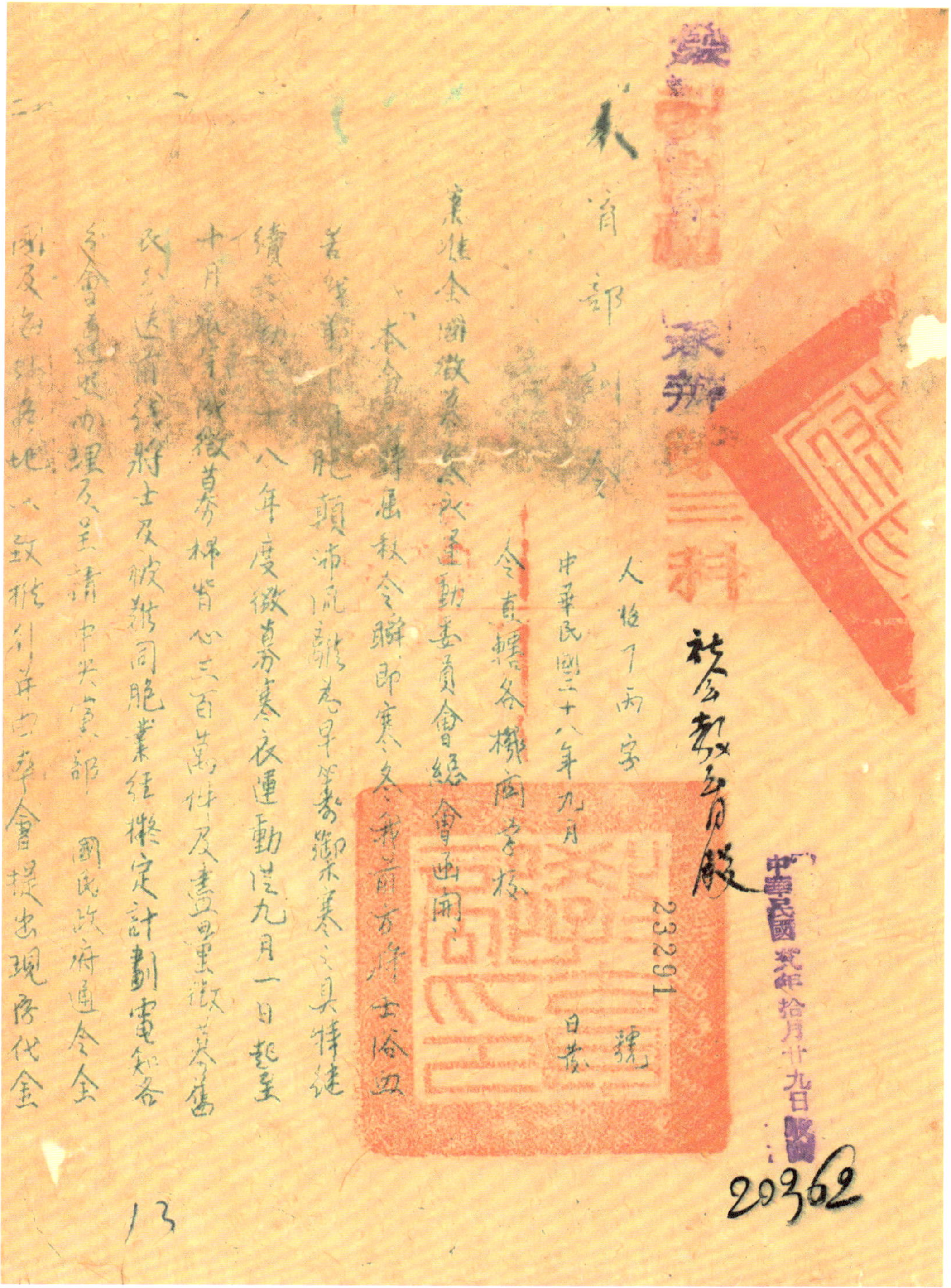
教育部訓令
中華民國二十八年九月 日發
令直轄各機關學校
案准全國徵募寒衣運動委員會總會函開：

及〔今〕〔秋〕在軍政部、收容部建議之西安、宜昌、桂林、

吉安四處[illegible]各地先行縫製六七十萬件，儘先配發，即

希[illegible]查[illegible]備，并飭屬一體發動，俾

[illegible]早[illegible]預定日內列加惠將士，殊能裨益抗戰

前途至鉅等語。

并附宣傳大綱[illegible]計劃各一份過部，自應遵即開始徵募，

除分令外，合行抄發[illegible]送附件，令仰遵照切實辦理。

此令。

計抄發徵募寒衣宣傳大綱、計劃各一份

部長 何應欽

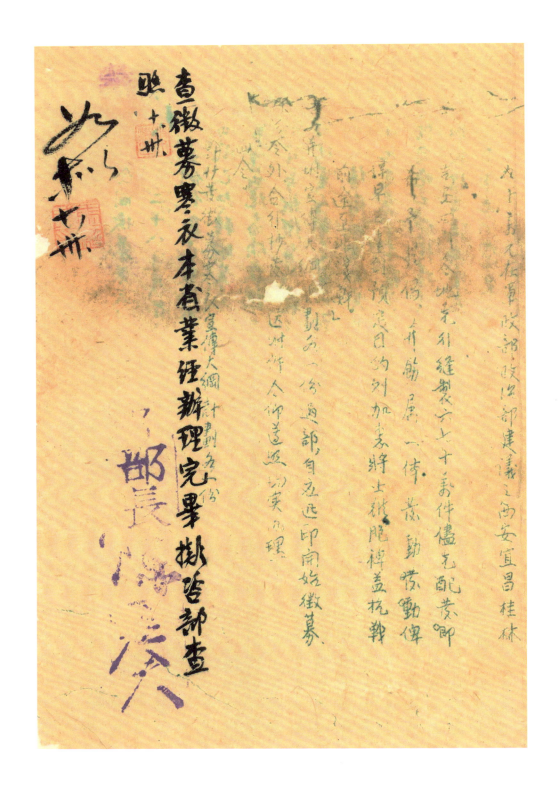

查徵募寒衣本省業經辦理完畢，擬咨部查照。十、廿八

如擬 十、廿八

全國徵募寒衣運動委員會總會

二十八 徵募寒衣運動宣傳綱要

我們保衛[illegible]對倭抗戰到今天已是第三個秋天了西風已起轉[illegible]冬即至而我們前線數百萬將士還穿着單衣在炮火[illegible]裡為國家民族的自由解放而浴血苦戰千百萬離鄉[illegible]顛連無告的難胞還在茫茫的曠野裡瑟縮號寒人都[illegible]有一顆心的試問誰能這樣的安心下去呢

保衛祖[illegible]不是某一個人的事業而是我全民族的責任凡是黃帝子孫誰都應該出錢出力援助抗戰將士及災難同胞而增強抗戰的力量本會曾於去冬代表前方將士和被難同胞向全國及海外僑胞募得寒衣四百餘萬件分別贈給他們禦寒今年夏天又復徵募縫製夏季暑衣三

壹

14

十餘萬套苦役新兵及傷病將士腰圍并以寒冬將屆更由大會議決發動本年度徵募棉背心三百萬件及盡量徵募舊衣運動期自九月一日起至十月底完成現除已分別通知各分會并請求全國各省市及海外各地黨政軍機關民衆團体分頭發動外更將本會現存代金撥九十萬元做員在西安桂林宜昌吉安四川五地先行縫製棉背心六十萬件儘先配發此僅代表前方將士和流離失所的難胞向我全國各界及海外僑胞呼籲懇請大量捐贈寒衣尤盼捐獻代金在[illegible]利地區散發藉以減少運輸上的困難須知我們少一個受凍的士兵便多一個殺敵的戰士我們少一個受凍的難胞便增加一分國家的元氣

我們必須堅持長期抗戰才能獲得最後勝利我們要

動員一切人力物力財力，發動全民族的全面抗戰，前方保衛後方，後方援助前方，一切為着抗戰利益，一切為着抗日勝利，則抗戰建國偉業的完成，定可指日而待也。茲根據上述原因，特製訂徵募運動宣傳實施辦法及標語提要如下：

宣傳實施辦法

一、請於接到二十八年度徵募運動計劃之日起，會同當地黨政軍機關及民衆團體積極發動擴大宣傳。

二、斟酌情形舉行徵募宣傳週，以推進此次徵募運動，並加強其效果與影響。

三、會同黨政機關召集當地紳耆富户殷商會議，曉以大義，使其儘先倡率，在民間發生模範作用。

四、儘可能利用各該地出版之報章雜誌及其他一切大

15

貳

徵物廣事宣傳最好能由報社出特刊專刊其次數視時間及需要而定宣傳標語及壁報應經常變換

五、在鄉村中應儘量利用圖畫通俗標語及通俗故事等方法以引起人民對寒衣運動之重視

六、在海外及國內之通都大邑舉行賣花賣旗演劇及義賣等運動以擴大徵募效率

七、在城市應以各學校教師及學生民眾團體等為基幹在鄉村則由各小學教師作基幹組織「宣傳勸募隊」

標語提要

一、切實推行徵募寒衣運動便是直接幫助抗戰

二、我們少一個受凍的士兵便多一個殺敵的戰士少一個受凍的難胞便增一分國家的元氣

三、節衣縮食踴躍捐輸發揮我民族的偉大同情

四、有錢的盡量捐助現金與布料有力的盡量參加縫製

以作實現有錢出錢有力出力的真精神

五、幫助前線抗戰將士及被難同胞便是幫助自己

六、你忍心看見缺乏寒衣的將士在前方冰天雪地中浴血抗戰嗎你忍心看見飢寒交迫的被難同胞作凍死鬼嗎

七、捐助寒衣是最具体的軍民合作是最真誠的愛國表現。

16

附（二）全国征募寒衣运动委员会总会一九三九年征募运动计划

全國徵募寒衣運動委員會總會二十八年度徵募運動計劃

甲、目標：

一、徵募棉背心三百萬件分發抗戰將士

二、徵募舊衣物救濟難民數目不定以盡量多募為原則

乙、期限：自本年九月一日開始至十月底完成如有因特殊原因不能趕期完成者亦可酌量延長日期惟此日期須商得本總會之同意

丙、徵募機構：以本總會為統籌機關以原有各分會為辦事處為實施徵募及縫製配發機關如無分支會地方於必要時亦可增加組織

丁、徵募及縫製衣物數量：本年度以募集棉背心三百萬件為最低目標按照各省市經濟情形決定其分担數目南

17

滬港各地因交通關係以募集代金為限此項代金決以之分發運輸困難之情由數人後方各部隊

一、各地方分担數目（詳另表）

二、以勸募為原則以最迅速最普遍最深入之方法完成之

三、徵募勸捐事宜自九月一日起應繼續不斷運用各種能深入普遍之有效宣傳方法推進之

四、根據去年經驗與目前交通困難情形本屆以徵募代金在各省市選擇交通便利材料人工齊備之適中地点縫製及配發為原則其办法如左

(1)棉背心以國幣一元五角折抵一件、

(2)如以材料折抵棉背心者可照本会規定尺碼依據

各当地棉布市價折算
(3)舊衣方面不論長短大小均可數目亦不限定如有
以現金代舊衣者亦所歡迎均請交由中央振濟委
員會所屬各当地振濟机関收受轉發但須將其數
目通知本会各当地無振委会所屬机関者可交由
本會轉交中央振濟委員會統籌分配

五、材料

(1)以堅實耐用而不甚光澤之粗布為主顏色以灰色
為主黑藍草綠亦可
(2)棉花或粗細毛絨每件以鋪七兩為限
(3)如西北各地以皮件作背心者亦所歡迎此項皮件
應依照当地市價折抵棉背心數目

18

六、棉背心式樣（詳另表）分兩種第一種普通用第二種[illegible]

簡单任擇一式均可

戊、分配及運輸

一、因目前交通運輸極感困難各省所募製者可逕由各分會若其各該省本境內或鄰近之部隊及新兵壯丁傷病兵但在配發以前須將其數目及發交部隊之番號通知本会由本会按照軍政部政治部之意見通盤籌劃俾免重複而資普及

二、其因材料困難或運輸不便而無法縫製者可將其經費代金匯交本總会製發

己、現決定先以總會現有經費除酌量提出一小部份作為必要之周轉金外決以九十萬元分交軍政部建議之

西安重慶桂林吉安宜昌五處發動縫製除本会所在地
外由本会請求各該戰区政治部（或仍由本会派員）会同
各当地党政軍机关民众團体及本会所属分支会積極
辦理并决定將来即以此五地為棉背心集中及分發地
点凡各省市分会除直接分發者外均集中此五大製作
配發地各省雖交總會之代金亦分別發交各該製作地
繼續縫製之
庚代金請匯交重慶兩路口大田灣陶業專门学校本總會

19

棉背心式樣

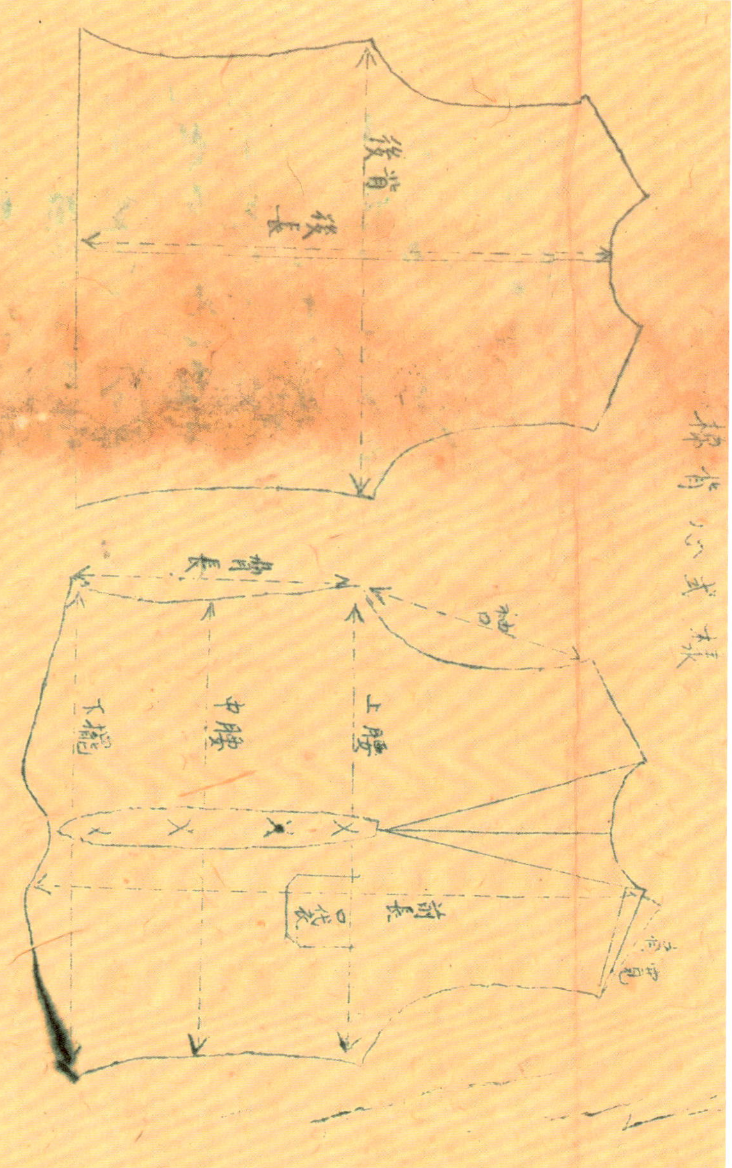

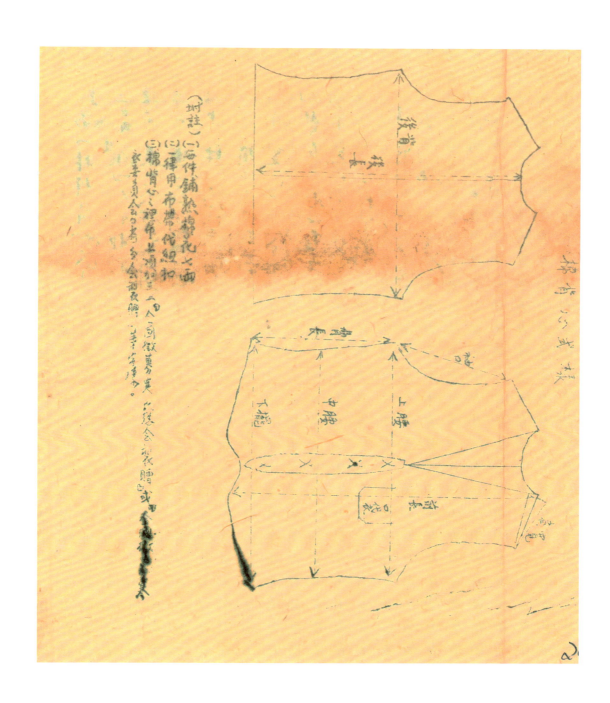

（附註）

（一）每件鋪熟棉花七兩

（二）一律用布帶代紐扣

（三）棉背心之裡布並須加蓋[illegible]人[illegible]徵募寒[illegible]總會[illegible]衣贈[illegible]或[redacted]

衣委員會[illegible]者[illegible]全國征衣贈[illegible]字樣。

第一種棉背心尺寸表

部位＼尺寸＼種類	甲種	乙種	丙種
前長	一尺八寸六分	一尺八寸	一尺七寸四分
上腰	二尺九寸四分	二尺八寸六分	二尺七寸八分
中腰	二尺七寸四分	二尺七寸	一尺六寸六分
下擺	二尺八寸八分	二尺八寸	二尺七寸二分
肩寬	三寸六分	三寸三分	三寸
袖口	七寸五分	七寸一分	六寸九分
背長	九寸六分	九寸三分	九寸
後背	九寸六分	九寸三分	九寸
後長	一尺七寸一分	一尺六寸五分	一尺五寸九分

說明

1、顏色：以灰色為主，黑藍草綠亦可

2、布料：以堅實耐用而不太光滑之粗布為主

3、棉花：每件用熟棉花七兩

4、尺寸大小均以市尺計算

5、每件縫一口袋，縫於左襟之上，右側長三寸八分，寬三寸四分

6、紐扣用布帶二條製成，每件縫五枚

00

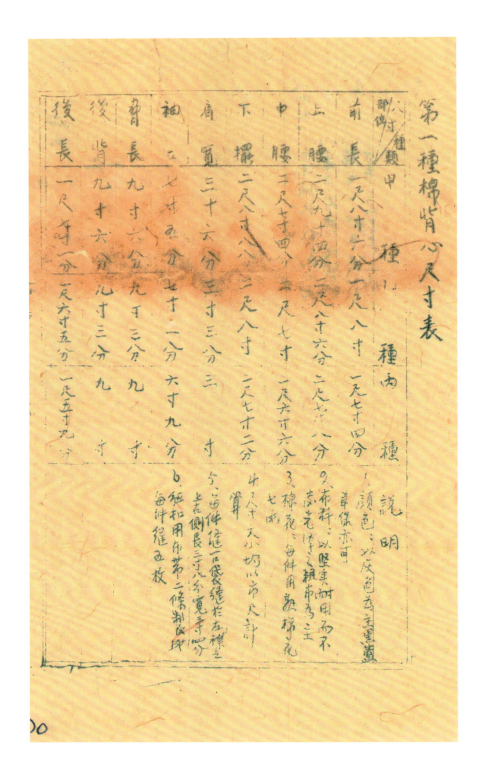

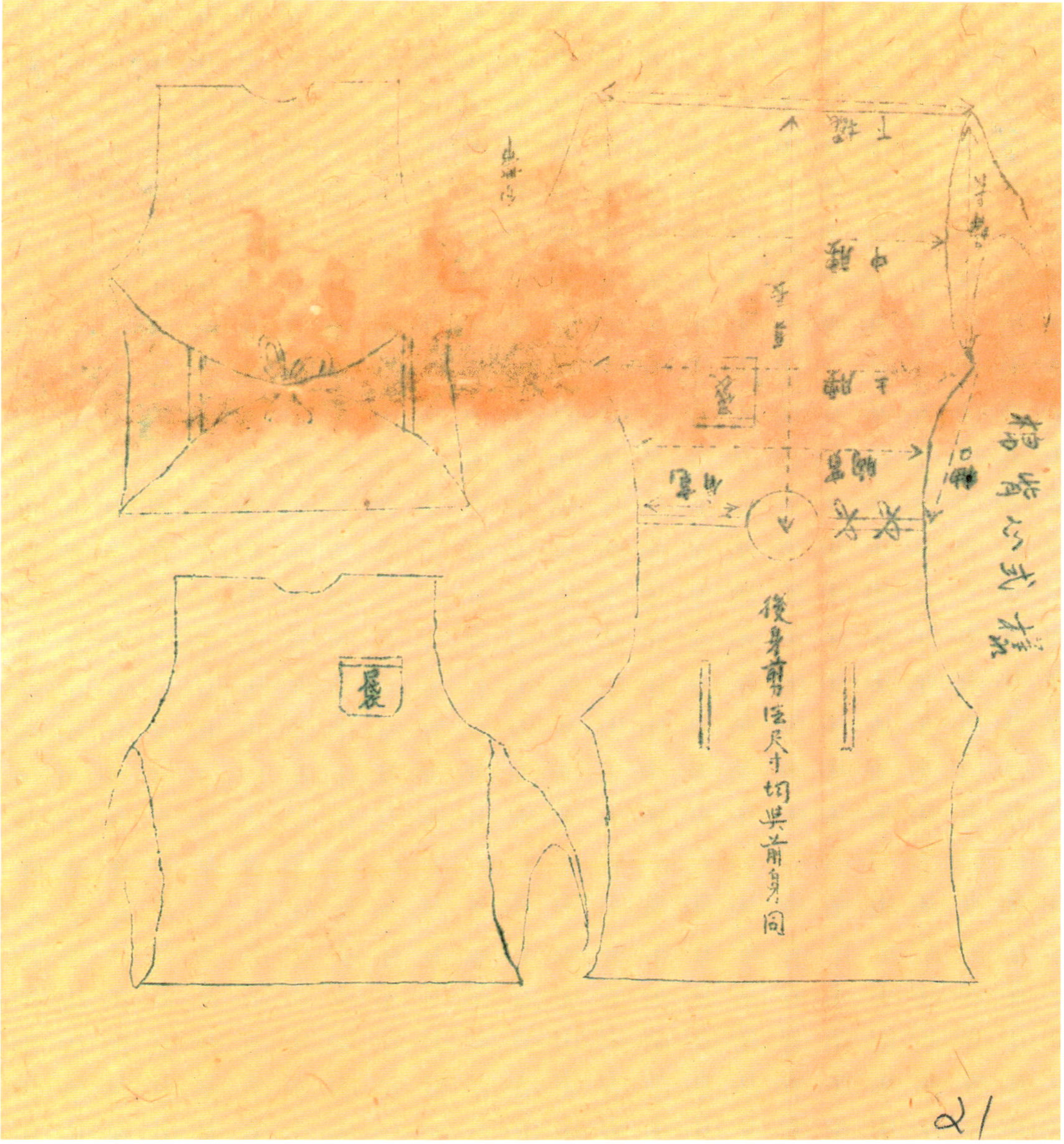
棉背心式樣
後身剪法尺寸均與前身同
21

第六種棉背心尺寸之

部位（尺寸）	甲種	乙種
身長	一尺九寸	一尺七寸六分
上襠	一尺六寸	一尺五寸
[illegible]	一尺八五寸	一尺四寸
下擺	一尺五寸八分	一尺四寸八分
肩寬	四寸	三寸六分
袖口	七寸五分	七寸
衿長	一尺一寸	一尺
[illegible]	[illegible]	九寸

注意：

1、右肩上分開加縫布帶二條打結

2、左胸前須縫一口袋，背心之腰身兩幅不必合縫，但須於前幅之腰身兩側各縫寬布帶一條，帶狀如圍帶，長須能於背後打結為度

3、背心之後幅加縫布帶二條，以便前幅之布帶穿過打結

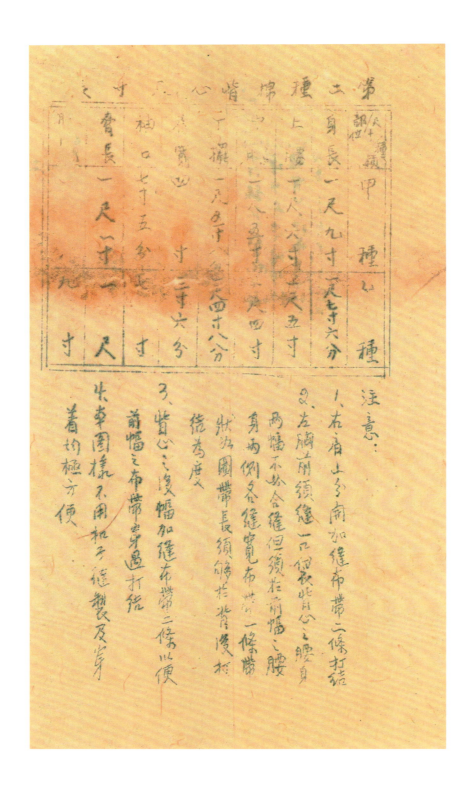

此車圍裙不用扣子，縫製及穿著均極方便

各地分担數目一覽表

地名	徵募數目
湖北	一〇〇、〇〇〇件
湖南	二〇〇、〇〇〇件
貴州	二〇〇、〇〇〇件
雲南	二〇〇、〇〇〇件
廣東	三〇〇、〇〇〇件
廣西	二〇〇、〇〇〇件
福建	一五〇、〇〇〇件
浙江	五〇、〇〇〇件
江西	一〇〇、〇〇〇件
重慶	二〇〇、〇〇〇件

地名	代金數目
南洋及海外各地	一〇〇、〇〇〇元
上海	二〇〇、〇〇〇元
香港	一〇〇、〇〇〇元

自貢市　二〇〇、〇〇〇件
四川　二〇〇、〇〇〇件
西康　一〇〇、〇〇〇件
河南　一〇〇、〇〇〇件
安徽　五〇、〇〇〇件
陝西　二〇〇、〇〇〇件
甘肅　一〇〇、〇〇〇件
新疆　二〇〇、〇〇〇件
青海　五〇、〇〇〇件
寧夏　二〇〇、〇〇〇件
合計　二、〇〇〇、〇〇〇件

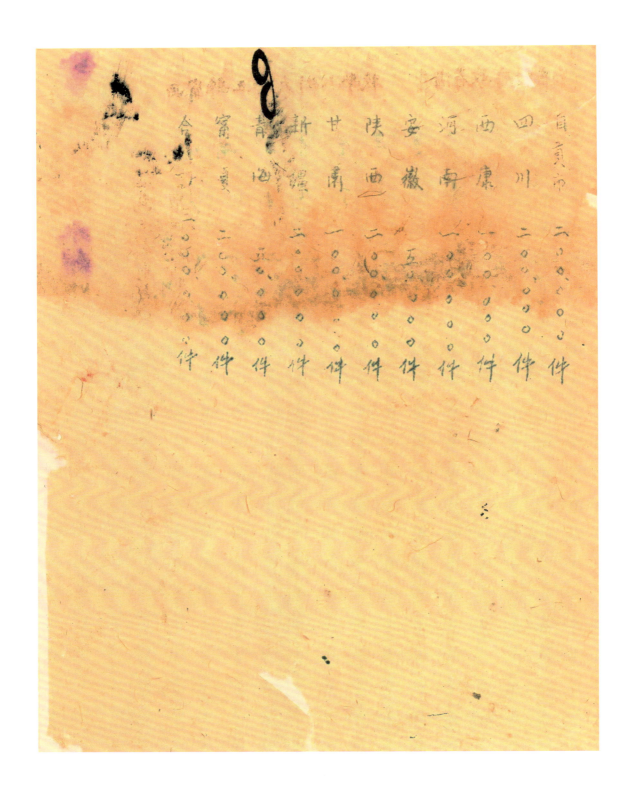

青海省政府致教育部的咨复（一九三九年十一月四日）

690

5

青海省政府稿

文别	咨
送达机关	教育部
类别	社教股
事由	咨復本省徵募寒衣業經九月间舉办完畢請查照由
附件	

秘書長 張

主席

廳長 振

核稿 楊璦

核稿 賈思復

擬撰 王有德

核稿 趙文煥

中華民國二十八年

收文	交辦	擬稿	核簽	判行	繕寫	校對	蓋印	封發	收文發文相距
月日時	月日時	十月廿日時	十月卅一日下二時	月日時	月日時	月日時	十一月三日時	十一月四日上午時	五日時

收文字第號

發文字第一一〇一號

擋案字第號

86

12

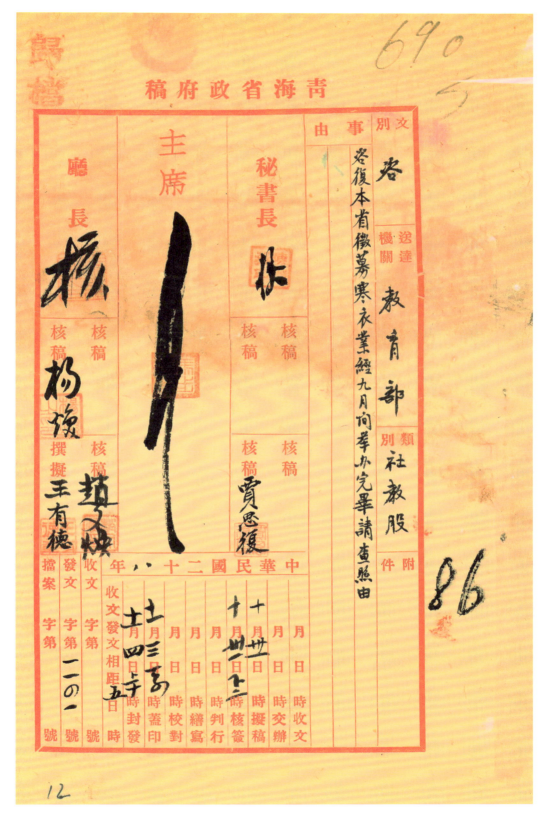

本府咨　甲教字第　1141　號

案准

貴部本年九月行本府教育廳令拾丙字第二三二九一號訓令節開：

「令發徵募寒衣宣傳大綱計劃各一份，仰遵照辦理」

等由，附徵募寒衣宣傳大綱計劃各一份，准此，查本省徵募寒衣業經本年九月間省會及各縣同時舉辦完竣，相應咨復

查照為荷！此咨

教育部

主席馬○

中華民國二十八年十月　日

繕寫　校對　監印

青海印刷局印

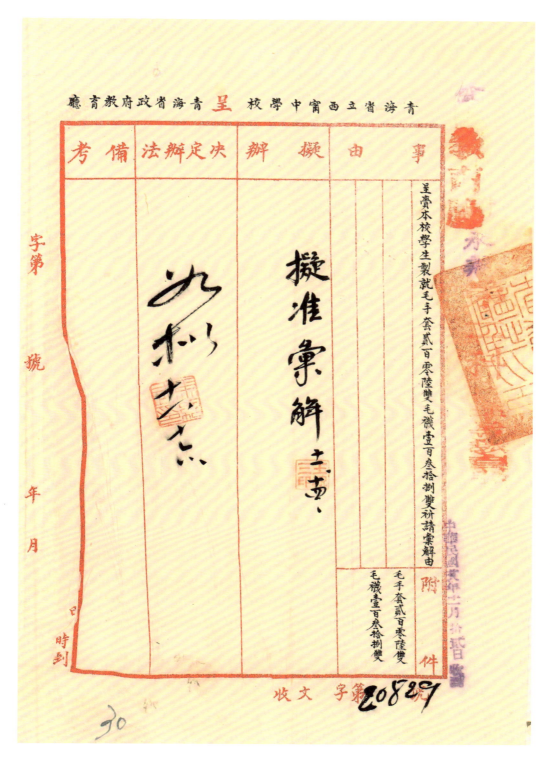

青海省立西宁中学校、青海省政府教育厅关于学生毛编织物已汇解事的往来公文

青海省立西宁中学校致青海省政府教育厅呈文（一九三九年十一月十二日收）

青海省立西寧中學校 呈 青海省政府教育廳

事由	擬辦	決定辦法	備考
呈賫本校學生製就毛手套貳百零陸雙毛襪壹百叁拾捌雙祈請彙解由	擬准彙解 十二、十五	如擬 十二、十六	
附件：毛手套貳百零陸雙 毛襪壹百叁拾捌雙			

字第 號 年 月 日 時到

收文 字第 20829 號

30

呈為呈賫事：：案奉

鈞府十一月八日甲教字第一一六二號訓令節開：：

「各校業已製就毛襪手套送交本府教育廳以便轉送軍部慰勞出征將士」

等因：：奉此，遵將本校各級學生：製就毛手套共貳百零陸雙，毛襪壹百叁拾捌雙

理合具文一併呈賫

鈞廳鑒核彙解，實為公便。

謹呈

青海省政府教育廳廳長馬

附解毛手套貳百零陸雙　毛襪壹百叁拾捌雙

青海省立西寧中學校校長牟松年

牟松年印

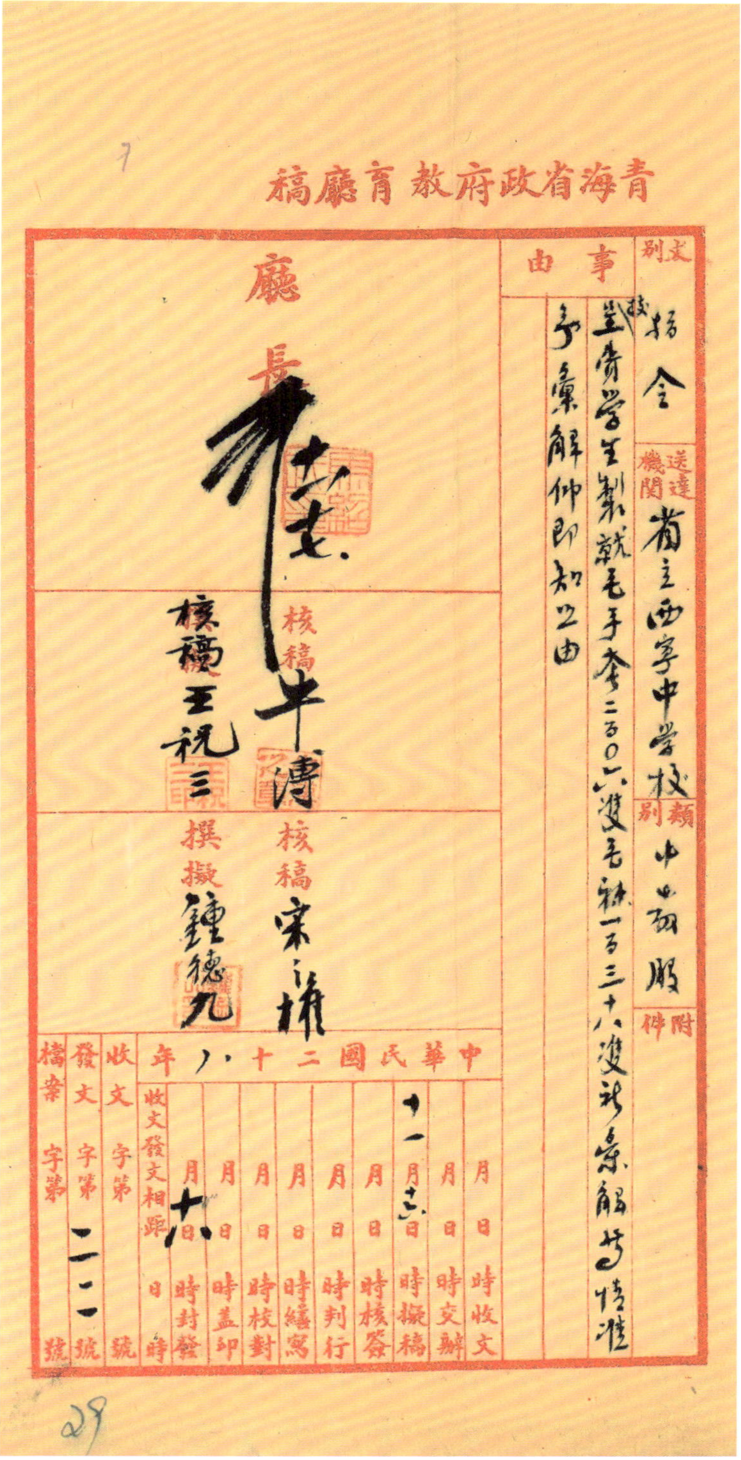
青海省政府教育廳稿

文別：指令

送達機關：省立西寧中學校

類別：中教股

附件：

事由：據呈賫學生製就毛手套二百〇六雙毛襪一百三十八雙請彙解等情准予彙解仰即知照由

廳長

核稿 牛濤

核續 王祝三

核稿 宋之樞

撰擬 鍾德九

中華民國二十八年

收文 月 日 時

交辦 月 日 時

擬稿 十一月十二日 時

核簽 月 日 時

判行 月 日 時

繕寫 月 日 時

校對 月 日 時

蓋印 月 日 時

封發 月 日 時

收文發文相距 十六 日 時

收文 字第 號

發文 字第二二二號

檔案 字第 號

青海省政府教育厅指令（一九三九年十一月十八日）

本廳指令　甲學字第22號

令省立西寧中學校

本年十一月十二日呈一件：呈賚學生製就毛手套二百零六雙、毛襪一百三十八雙，祈彙解由

呈悉。准予彙解，仰即知照。

此令。

中華民國二十八年十一月　日

廳長馬○○

繕寫　校對　監印

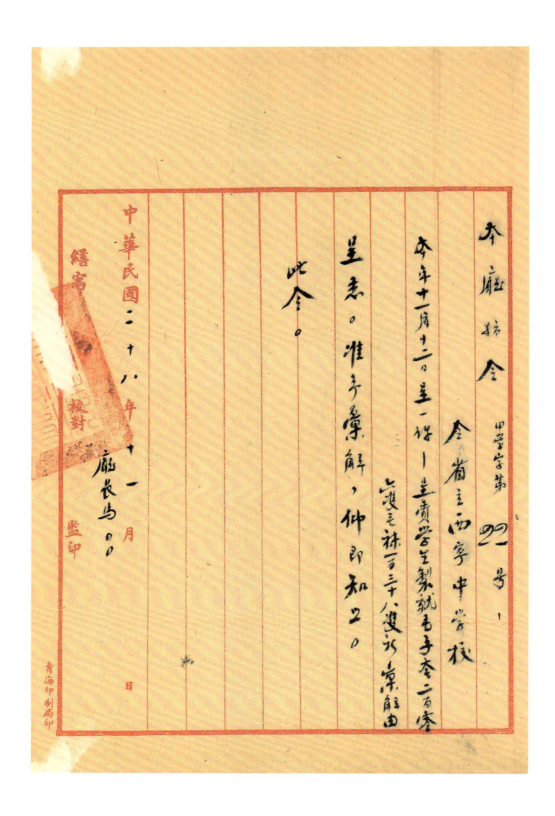

青海印刷局印

青海省立西宁女子简易师范学校关于该校学生所编毛织物已转解前方将士事致青海省政府的呈（一九三九年十一月十四日）

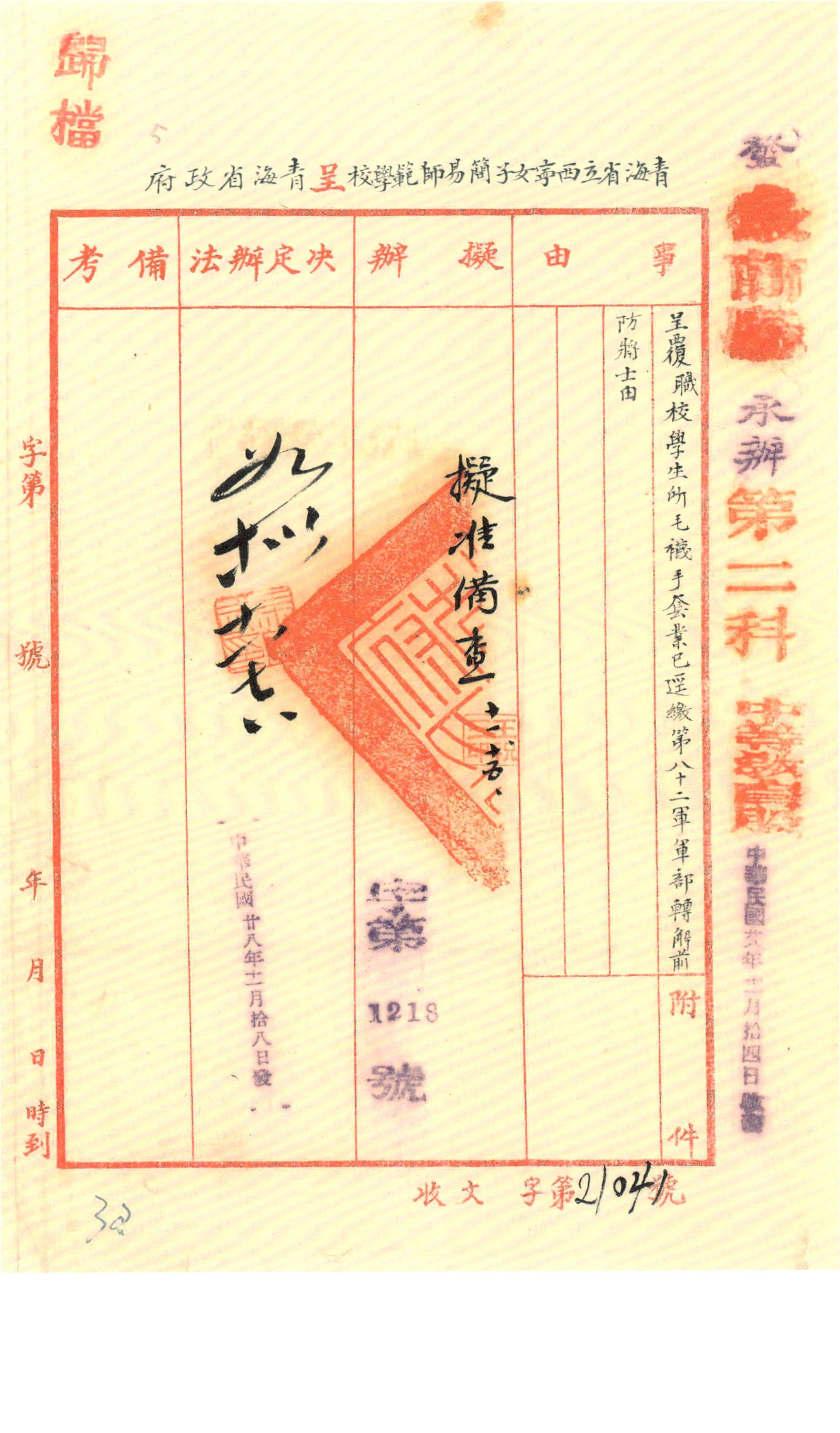

歸檔

青海省立西寧女子簡易師範學校 呈 青海省政府

事由	擬辦	決定辦法	備考
呈覆職校學生所毛織手套業已逕繳第八十二軍軍部轉解前防將士由	擬准備查	如擬	

附件

中華民國廿八年十二月拾八日發

第1218號

秘書處 承辦第二科

中華民國廿八年十一月拾四日收

字第 號 年 月 日 時到

收文 字第2104號

呈為呈覆事案奉

鈞府甲教字第一一六二號訓令內開：

「查本省各級學校實施戰時勞作暫行辦法早經令發遵照在案現將時值隆冬前防將士急需禦寒物品所有各校業已製就毛襪手套等物依照上項辦法第四條之規定送交本府教育廳以便轉送軍部慰勞出征將士除分行外合亟令仰該校遵照此令。」

等因奉此遵查職校本年學生所編毛襪一百六十雙毛手套一百四十五雙業已於十月二十七日逕繳第八十二軍軍部轉解前防將士在案茲奉前因理合具文呈覆仰祈

鑒核備查謹呈

青海省政府主席馬

青海省立西寧女子簡易師範學校校長祁中道

祁中道印

33

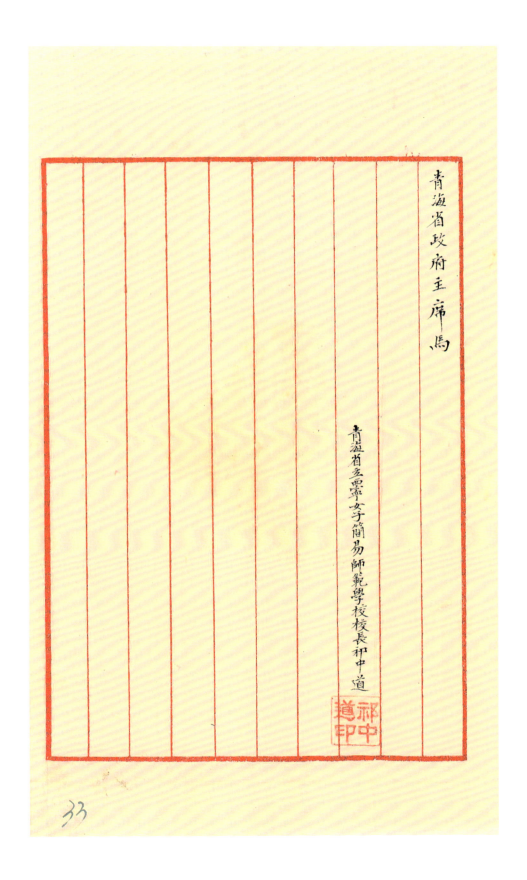

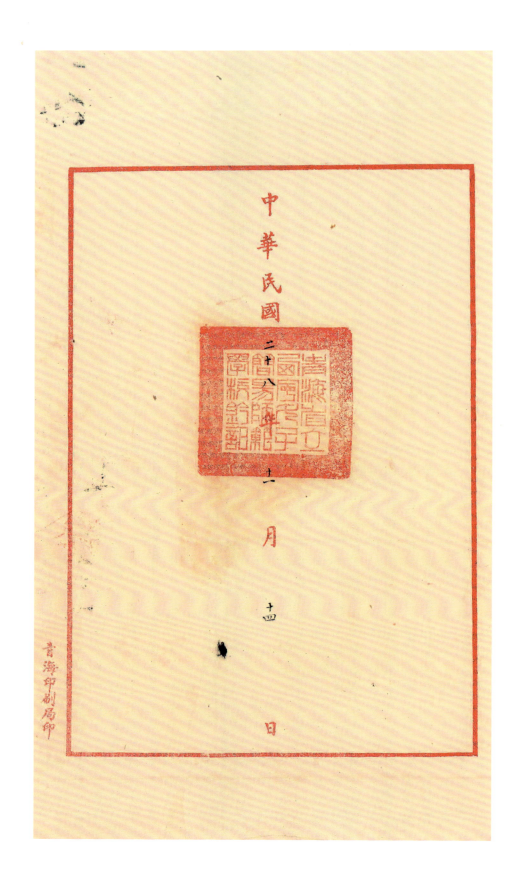

中華民國二十八年十一月十四日

青海印刷局印

青海省立西宁蒙藏简易师范学校关于汇解该校所编毛织物及清折事致青海省政府的呈（一九三九年十一月十五日）

附：清折一份

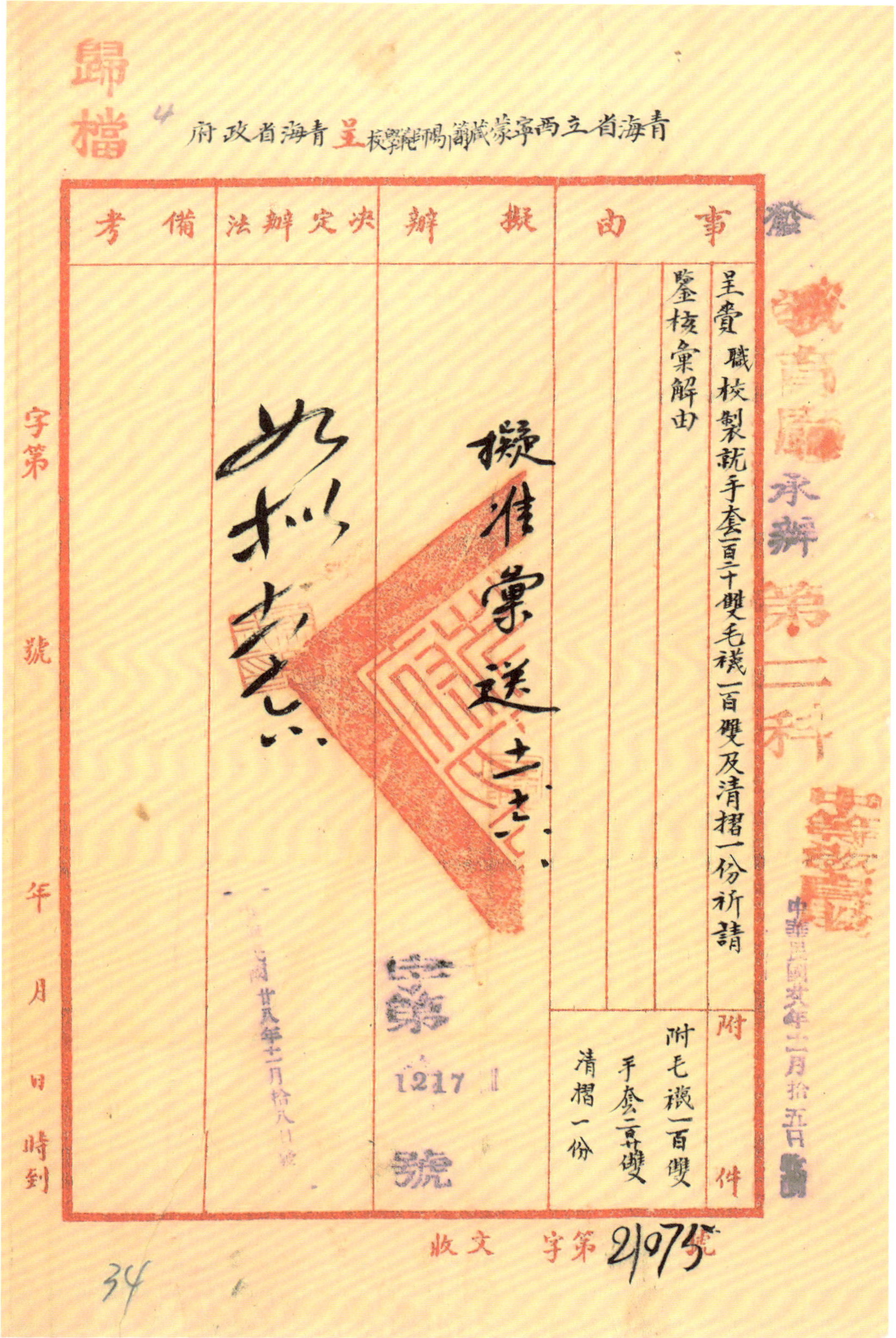

歸檔

青海省立西寧蒙藏簡易師範學校 呈 青海省政府

事由	擬辦	決定辦法	備考
呈賫職校製就手套一百二十雙毛襪一百雙及清摺一份祈請鑒核彙解由	擬准彙送	如擬	

附件：附毛襪一百雙 手套一百廿雙 清摺一份

秘書處承辦第二科

中華民國廿八年十一月拾五日

中華民國廿八年十一月拾八日

第1217號

字第 號 年 月 日 時到

收文 字第2107號

呈為呈報事：案奉

鈞府本年十一月八日甲教字第二一六二號訓令開：

「令知將製就之手套毛襪送交教育廳以便轉送軍部慰勞出征

將士」

等因；奉此，遵即將職校製就之手套一百二十雙毛襪一百雙造具清摺理

合具文一併呈賫

鑒核彙解，謹呈

青海省政府主席馬

附呈賫手套一百二十雙毛襪一百雙清摺一份

青海省立西寧蒙藏簡易師範學校校長邵士璘

邵士璘章

清摺

謹將藏校製就手套毛襪數目恭請

鑒核

呈閱

一手套共一百二十雙

一毛襪共一百雙

青海省立西寧蒙藏簡易師範學校校長郎士璘

郎士璘章

35

中華民國二十八年十一月十五日

36

青海省政府关于严禁奸商操纵、鼓励民间踊跃自动出售马骡致囊谦县政府的训令（一九三九年十二月二十五日）

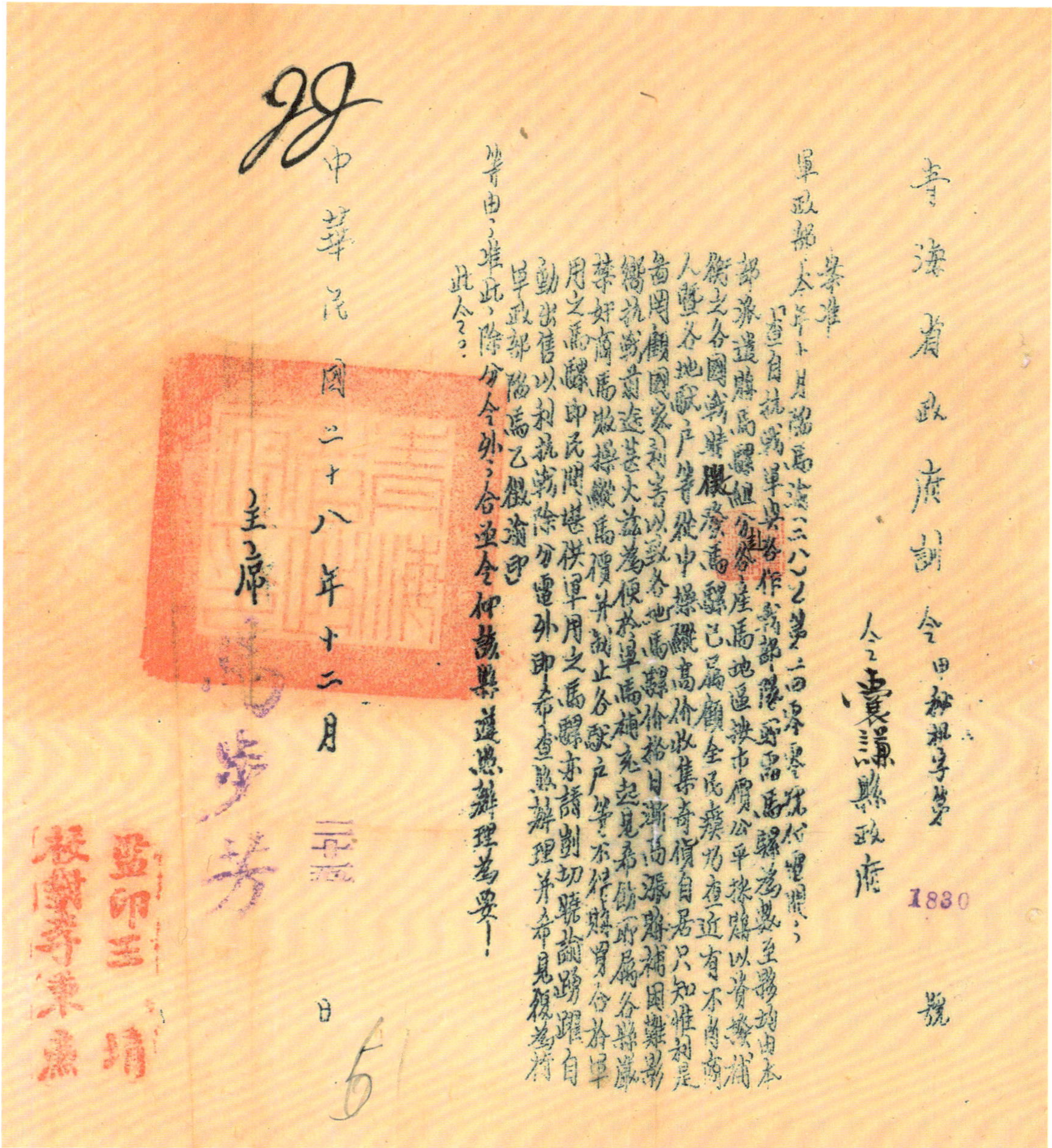
青海省政府訓令 田秘机字第 號 1830

令囊謙縣政府

案准

軍政部本年十月馬渝（三八）乙第二四〇號代電開：

"查自抗戰軍興，各作戰部隊所需馬騾為數至多，均由本部派遣購馬組分赴各產馬地區按市價公平採購，以資補給之。各國戰時徵發馬騾已屬顧全民艱，乃查近有不肖奸人暨各地殷户等從中操縱，高價收集，奇貨自居，只知唯利是圖，罔顧國家利害，以致各地馬騾價格日漸高漲，殊補困難，影響抗戰前途甚大。茲為便於軍馬補充起見，希飭所屬各縣嚴禁奸商馬販操縱馬價，並就止各殷户等不得購買，俾於軍用之馬騾，即民間堪供軍用之馬騾亦請剴切曉諭踴躍自動出售，以利抗戰。除分電外，即希查照辦理，并希見復為荷。軍政部陷馬乙徵渝印。"

等由。准此，除分令外，合亟令仰該縣遵照辦理為要！

此令。

中華民國二十八年十二月 日

主席 馬步芳

監印 王瑋

校對 李秉熹

青海省政府关于军政部抗战部队需补充兵员该省缴以马代丁于一九四〇年七月份开始实施致称多县政府的训令

（一九四〇年七月八日）

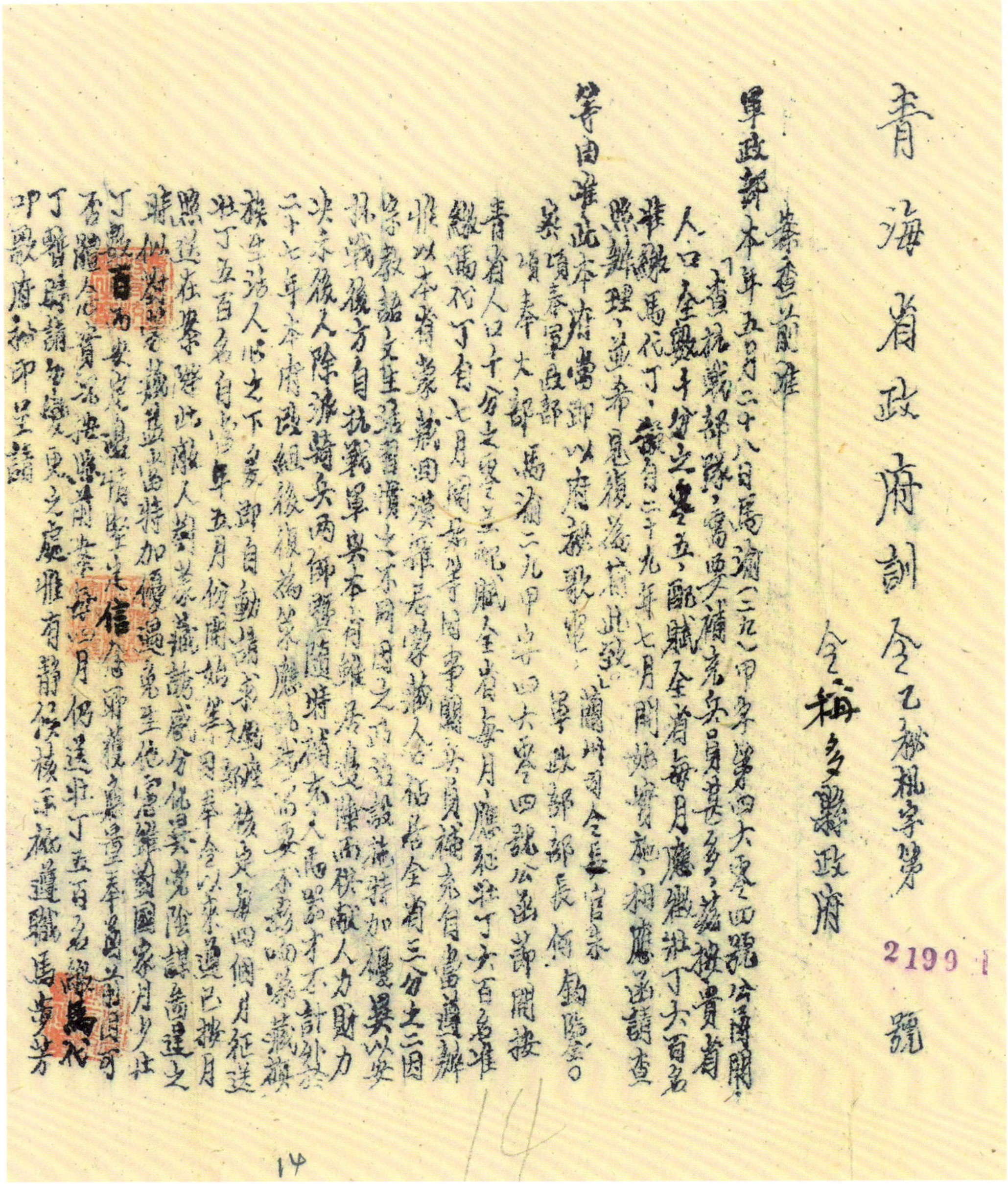
青海省政府訓令　令乙秘机字第　號

令稱多縣政府

案查前准

軍政部本年五月二十八日馬渝（三九）甲字第四六零四號公函開：

「查抗戰部隊，需要補充兵員甚多，茲按貴省人口全數千分之零點五，配賦全省每月應徵壯丁六百名，准繳馬代丁，請自二十九年七月開始實施，相應函請查照辦理，並希見復為荷」此致」

等由，准此，本府當即以府秘歌電，……

[illegible]

第八戰區司令長官朱、軍政部部長何核示去後，茲奉

朱長官本年七月艷行西徵電開：

「西寧馬主席子香兄鑒：府秘電敘番屬經轉請核

示在案，茲准軍政部復馬牧電開：青海情形特殊，請轉商變

更配賦壯丁名額一節，自應照辦，請轉知自本年七月份起仍

照原案每四個月五百名改為以馬代丁，並將自二十七年五月

起至本年六月止撥補情形報查等由，特電知照。弟朱紹良

艷行西徵參印」等因。奉此，除分令外，合亟令仰該縣長知照。

此令。

中華民國二十九年七月　日

主席　馬步芳

中華民國廿九年七月八日發

監印　趙　燮

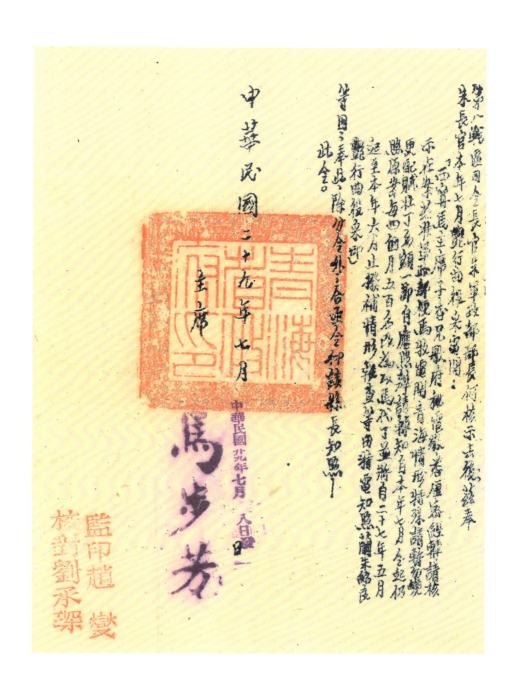

校對　劉承樑

全国征募寒衣运动委员会青海分会第一次委员会议筹备会记录（一九四〇年九月二日至十一日）

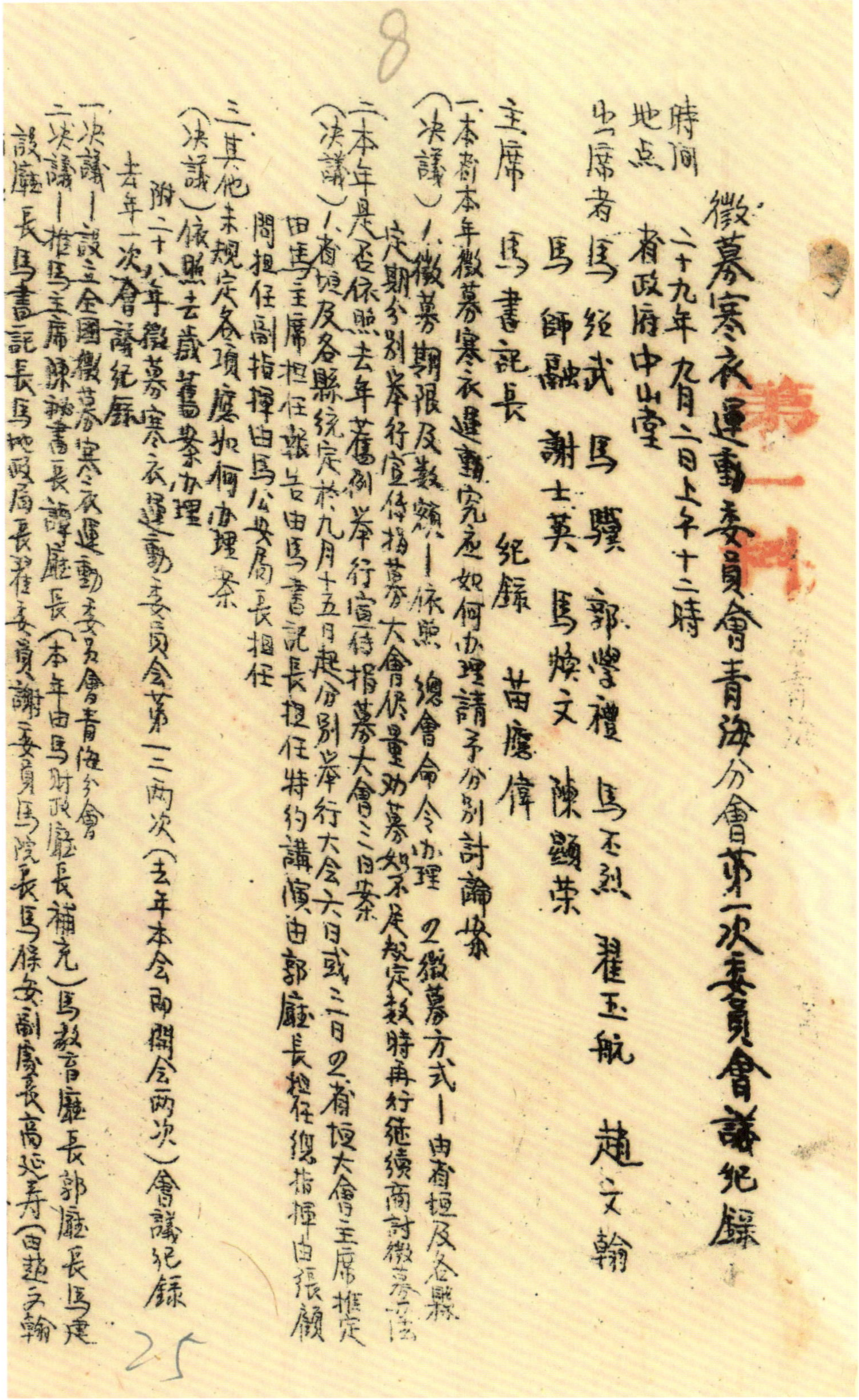

徵募寒衣運動委員會青海分會第一次委員會議紀録

時間 二十九年九月二日上午十二時

地点 省政府中山堂

出席者 馬紹武 馬驥 郭學禮 馬丕烈 翟玉航 趙文翰
馬師融 謝士英 馬煥文 陳顯榮

主席 馬書記長 紀録 苗應偉

一、本屆本年徵募寒衣運動究應如何办理請予分别討論案

（决議）1.徵募期限及數額——依照總會命令办理 2.徵募方式——由省垣及各縣定期分别举行宣傳捐募大會依量劝募如不足规定数時再行继續商討徵募方法

二、本年是否依照去年舊例举行宣傳捐募大會三日案

（决議）1.省垣及各縣统定於九月十五日起分别举行大会六日或三日 2.省垣大會主席推定由馬主席担任報告由馬書記長担任特约講演由郭廳長担任總指揮由張顧問担任副指揮由馬公安局長担任

三、其他未规定各項應如何办理案

（决議）依照去歲舊案办理

附二十八年徵募寒衣運動委員会第一二两次（去年本会兩開会两次）會議紀録

去年一次會議紀録

一、决議——設立全國徵募寒衣運動委員會青海分會

二、决議——推馬主席兼秘書長譚廳長（本年由馬財政廳長補充）馬教育廳長郭廳長馬建設廳長馬書記長馬地政局長翟委員謝委員馬院長馬祿安副處長高延壽（由趙文翰

補充）刘公安局長　本年又增聘馬副軍長為委員，並推馬主席為主任委員

三、決議——本會分由部組織分總務、徵募、宣傳三組，由省黨部、教育廳、八二軍政治部、三民主義青年團青海支團部等機關擔任宣傳組事宜，並由省黨部召集之；由省府秘書處、建設廳、民政廳等機關擔任總務事宜，由秘書處召集之；由財政廳、八二軍司令部、高等法院、警察局、地政局、保安處、省商會擔任徵募事宜，由財政廳召集之。

四、決議——推陳秘書長為總務組長，推譚廳長（本年由馬財政廳長補充）為徵募組長，推馬書記長為宣傳組長

五、決議——徵募券辦法如下：1.按照五萬件棉背心折價數目（本年為代金十五萬元）分配省垣及各縣徵募；2.另印製收據，自由捐助

六、決議——徵募期限定十月十日截止（本年為十月底截止）

去年二次會議紀錄

一、定於九月二十一日起至二十四日止，舉行徵募寒衣運動大會三天（本年定九月十五日起共舉行六日）

二、大會地點——公共體育場

三、大會時間——定於每日上午十時起

四、大會參加單位——省垣各機關、法團、學校全體人員及省垣各區區長、保甲長、全體壯丁

五、大會會場——一切佈置事宜由動員委員會函請省政府負責辦理

六、大會徵募事宜由徵募組及各單位機關派定委員二人，每日輪流前來大會服務

七、印製寒衣收據事宜由徵募組辦並分發各單位應用

八、推馬主席、郭廳長、馬教育廳長、馮建設廳長、陳秘書長、馬書記長等擔任主席團主席

九、大會舊劇由省會警察局文隊，新劇由兒童抗戰劇團及新生活俱樂部各演三日（今年規定除小教場由雲台劇社演劇外，並於西寧劇院自十五日起由兒童抗戰劇團及新生活俱樂部新舊劇股分出兩組，前後各演三日，共六日）

十、大會經費由各組墊付，事後據實報實銷

青海省徵募寒衣分會籌備會紀錄

時　間：九月十八日下午二時

地　點：省黨部會議室

出席者：三民主義青年團青海支團籌備處王文俊 牛湞代

青海省抗敵後援會代表楊生蘭 馬步芳

秘書處陳顯榮 陸軍第一百師政治部代表王益昌 青海省商會高廷壽 西亞地方法院代表馬百川 財政廳代表唐綬 盧澄 翟玉航 馬師融 郭學禮 馬紹武 謝士英 馬煥文 毛耀斌

主席：馬煥文　紀錄：毛耀斌

甲、報告事項　宣讀中央社會部原電

乙、討論事項

1.決議設立「全國徵募寒衣運動委員會青海分會」

2.決議：1.推馬主席、譚廳長、郭廳長、教廳馬廳長、馬廳長（建廳）、陳秘書長、馬局長（財政局）、馬處長（保安處）、哈主任、劉局長（警察局）、高主席（省

25

商會一主任（青年團）馬院長馬參謀長省黨部
謝馬翟各委員為分會委員長又推馬主席為主任
委員

3、決議：本分會組織分總務徵募宣傳等三組由省黨部
教育廳八十二軍政治部三民主義青年團青海支團
等機關担任宣傳事宜並由省黨部召集之
由省府秘書處民政廳建設廳等機關担任總務事宜
由秘書處召集之
由財政廳八十二軍司令部高等法院警察局地政局
保安處省商會等機關担任募徵事宜由財政廳召
集之

4、決議：推陳秘書長為總務組長 譚廳長為徵募組長
推馬書記長為宣傳組長

5、決議：徵募辦法如下：
1、按照五萬件棉背心折 數目分配省垣及各
縣徵集之
2、印製捐冊自由捐募

6、決議：徵募期限定十月十日截止

教育部、青海省政府关于转发全国慰劳抗战将士委员会出钱劳军运动实施办法的往来公文

教育部转发的代电（一九四一年三月三日）

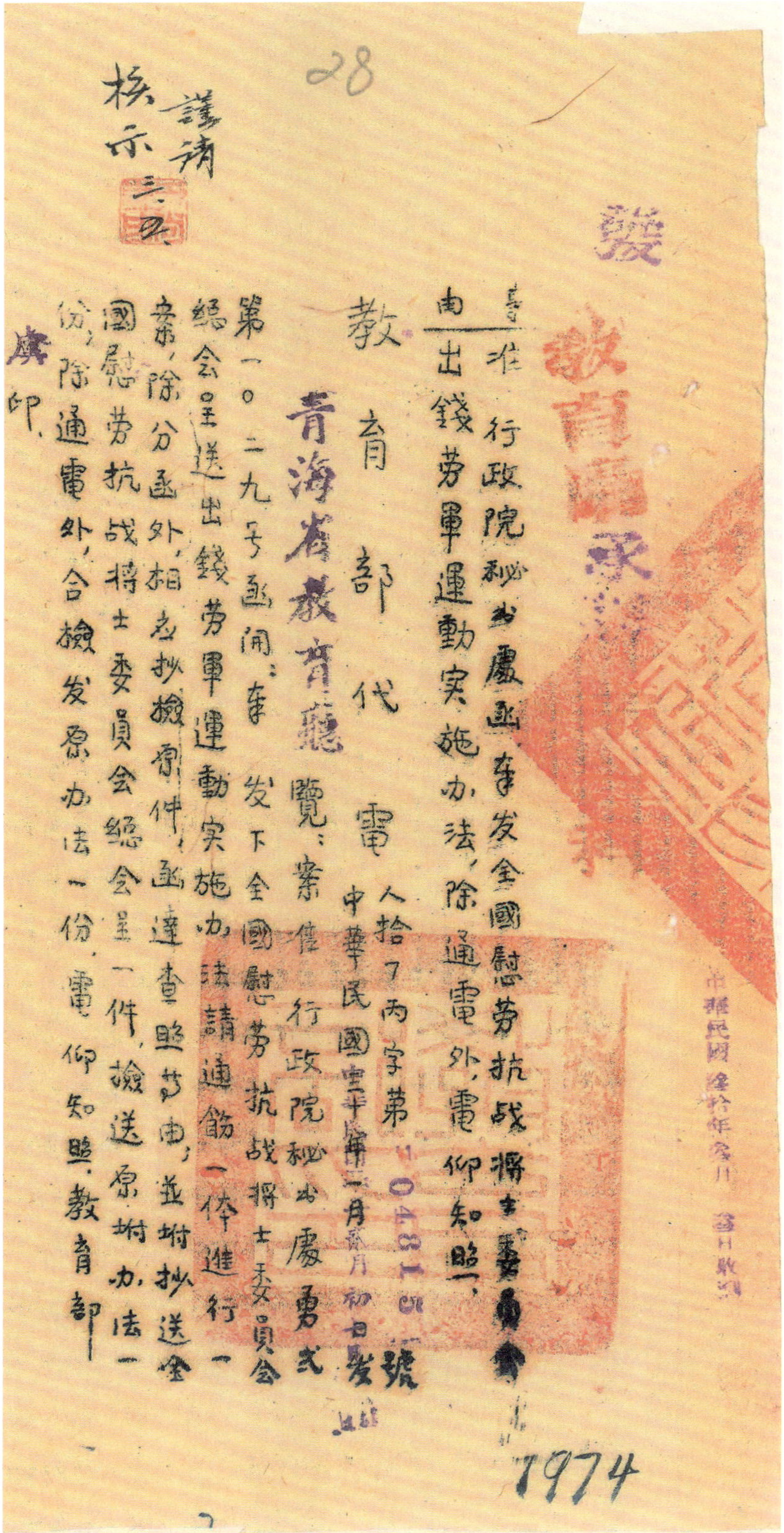

事由：奉准行政院秘书处函奉发全国慰劳抗战将士委员会出钱劳军运动实施办法，除通电外，电仰知照。

教育部代电

人拾7丙字第 号

中华民国卅年三月 日发

青海省教育厅览：案准行政院秘书处勇式第一〇二九号函开：奉发下全国慰劳抗战将士委员会总会呈送出钱劳军运动实施办法，请通饬一体进行一案，除分函外，相应抄检原件，函达查照等由，并附抄送全国慰劳抗战将士委员会总会呈一件，检送原附办法一份，除通电外，合检发原办法一份，电仰知照。教育部

印。

谨请
核示
三.五

出錢勞軍款、項本省業經籌集十萬元、解送慰勞總会矣、容郎、三、廿八

附发出錢勞軍運動实施办法乙份，內附缺項開
途監一举办了業办法乙份

監印 左学
校對 韓幼珊

2

青海省政府的咨复（一九四一年三月六日）

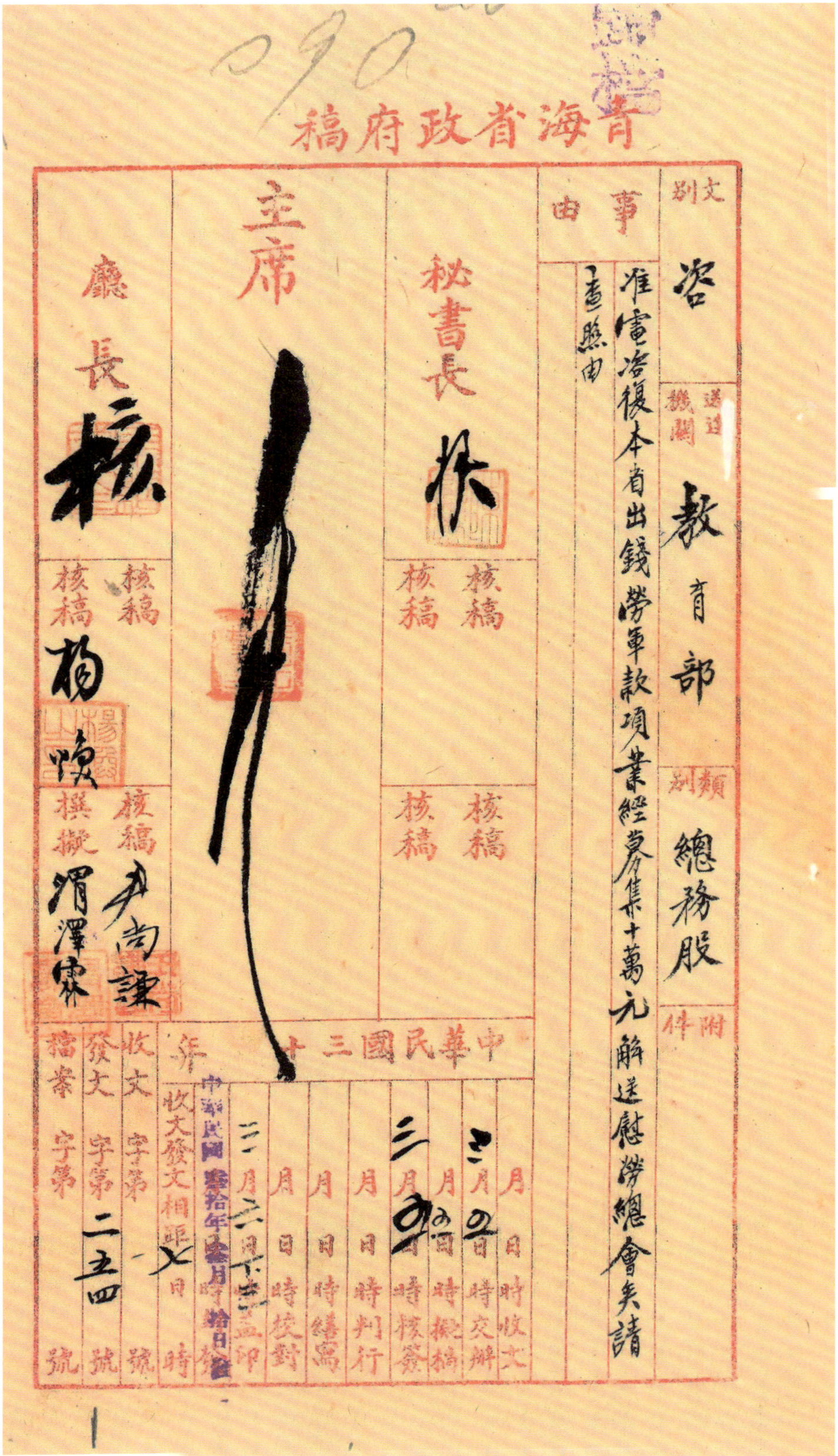

青海省政府稿

文别	咨
送達機關	教育部
類別	總務股
附件	

事由：准電咨復本省出錢勞軍款項業經募集十萬元解送慰勞總會矣請查照由

主席

秘書長

廳長

核稿

撰擬

中華民國三十年

收文 字第 號

發文 字第 二五四 號

檔案 字第 號

本府咨　丙教總字第000254號

案准

貴部本年二月廿日行本府教育廳人拾了丙字第零四八一五號代電內開

「入原文」

等由，附發出錢勞軍運動實施辦法一份，准此。查本省出錢勞軍款項業經募集十萬元解送全國慰勞總會，兵准電前由，相應咨復

查照為荷。此咨

教育部

主席　馮○○

中華民國三十年三月　日

校對　監印

青海省政府关于筹计推展国家财源加强抗战力量等情形致囊谦县政府的训令（一九四一年八月二十二日）

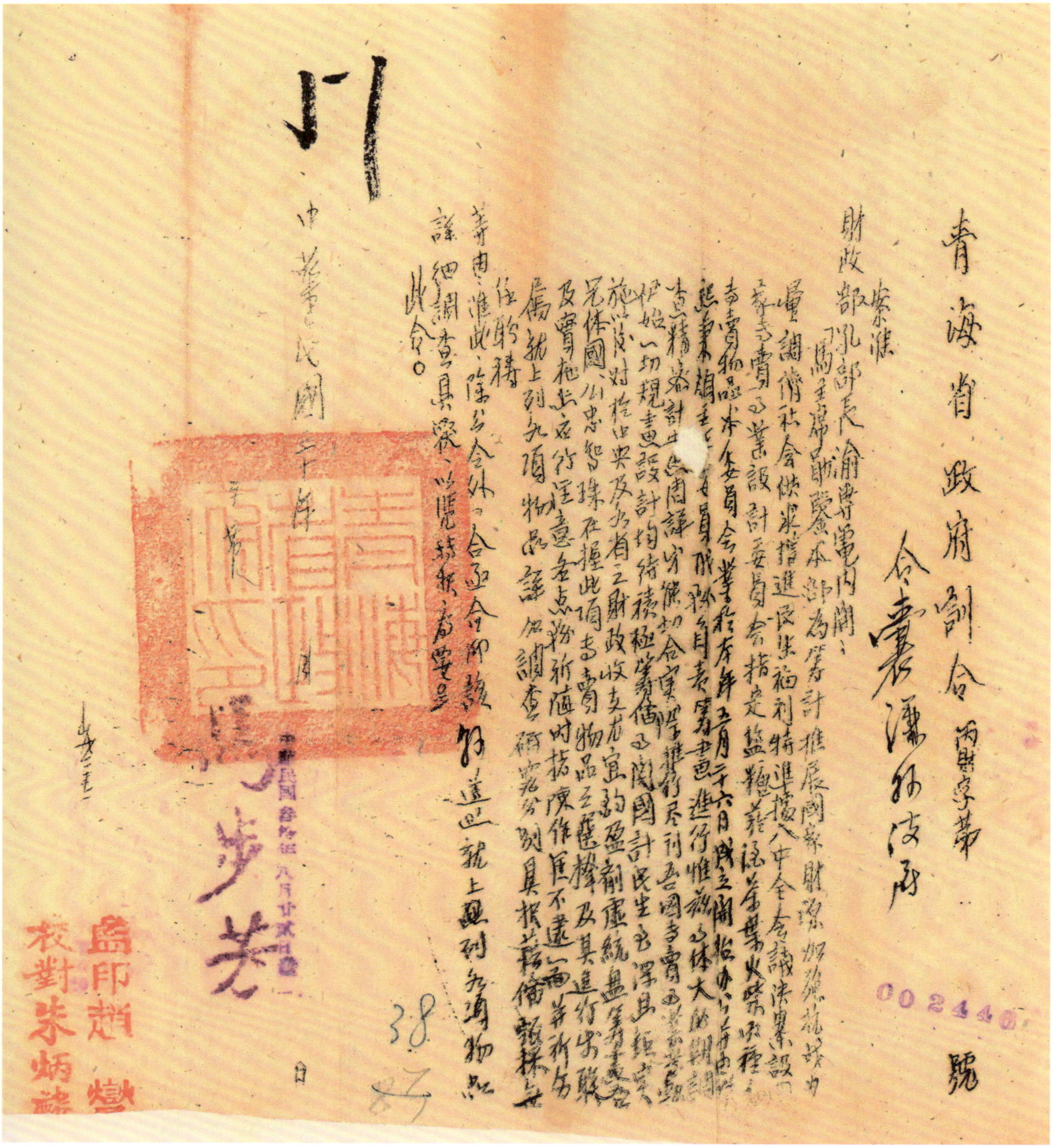

青海全省商会联合会关于将尚欠公债如数募齐连同应送债款送交中央银行西宁分行事致乐都、贵德等县商会的函（一九四二年十月十九日）

青海全省商會聯合會用稿紙

逕啟者案查前奉攤戰時公債陸拾萬元內分攤

貴會（四萬弍千元 三萬六千元 三萬元）除收過（弍萬元 壹萬元 二萬二千元）尚未交（弍萬二千元 弍萬六千元 捌千元）迄今屢催未准

清交前來殊屬延緩已極查前項公債總額原係定於廿九年度

應認購之數現奉

青海省勸募總隊令飭結束廿九年度公債手續所有尚欠之款嚴

令頻催剋期解清決不容緩似難再事推延相應函催

貴會查照希將尚欠公債刻即如數募齊連同應送債款送交

中央銀行西寧分行通知書及債款收據第二聯一併飛速函送來

會以便報解幸勿再延致干未便此致

樂都 貴德 互助 縣商會

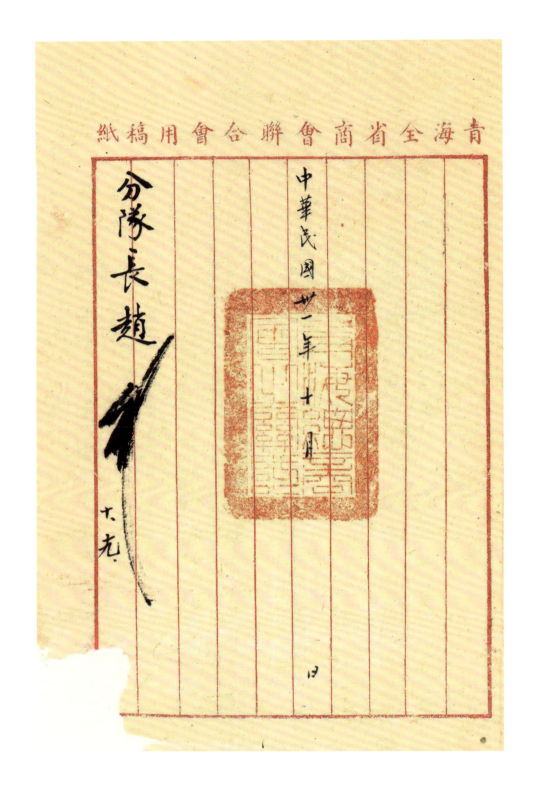

青海全省商會聯合會用稿紙

中華民國卅二年十月　日

分隊長趙

十、九

青海省政府关于实施存粮登记调剂民食供需并布告全体民众致称多县政府的训令（一九四二年十一月二十六日）

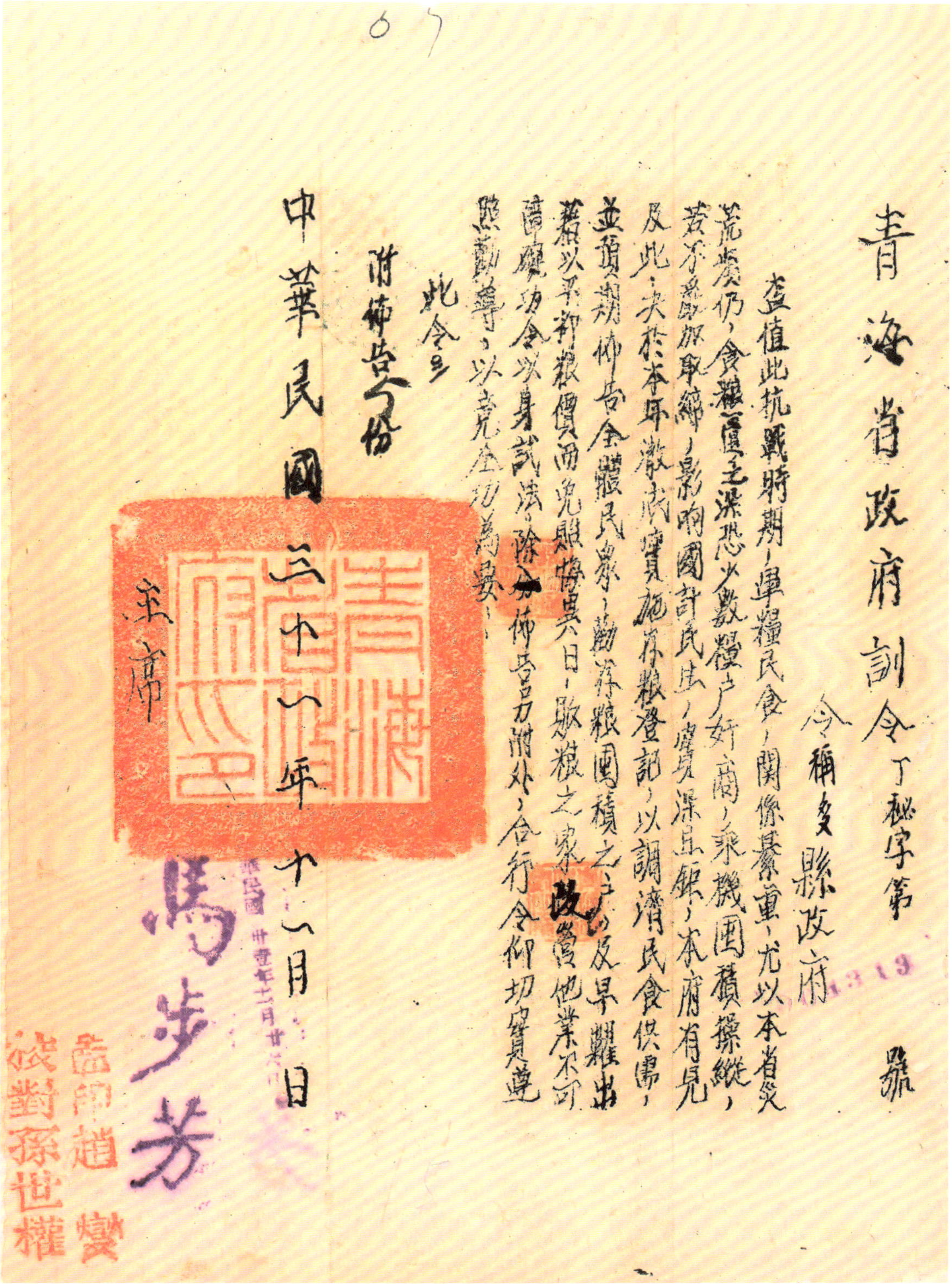

青海省政府訓令 丁秘字第　　號

令稱多縣政府

查值此抗戰時期，軍糧民食，關係綦重，尤以本省災荒屡仍，食糧價值至深，恐少數糧户奸商，乘機囤積操縱，若不嚴加取締，影响國計民生，實深且鉅，本府有見及此，決於本年澈底實施存粮登記，以調濟民食供需，並頒發佈告全體民衆，勸存糧囤積之户，以及早糶出，藉以平抑粮價，而免販奸商，販粮之家，改營他業，不可蹈廢功令，以身試法。除分佈佈告另附外，合行令仰切實遵照勸導，以竟全功為要。

此令。

附佈告　份

主席 馬步芳

中華民國三十一年十一月　日

中華民國卅壹年十一月廿六日

監印 趙燮

校對 孫世權

青海全省商会联合会关于劝募公债由银行在原通知书并收据报告单及呈文注明实收债款数目字上加盖收讫戳记事致战时公债青海省劝募总队的呈（一九四三年一月二十五日）

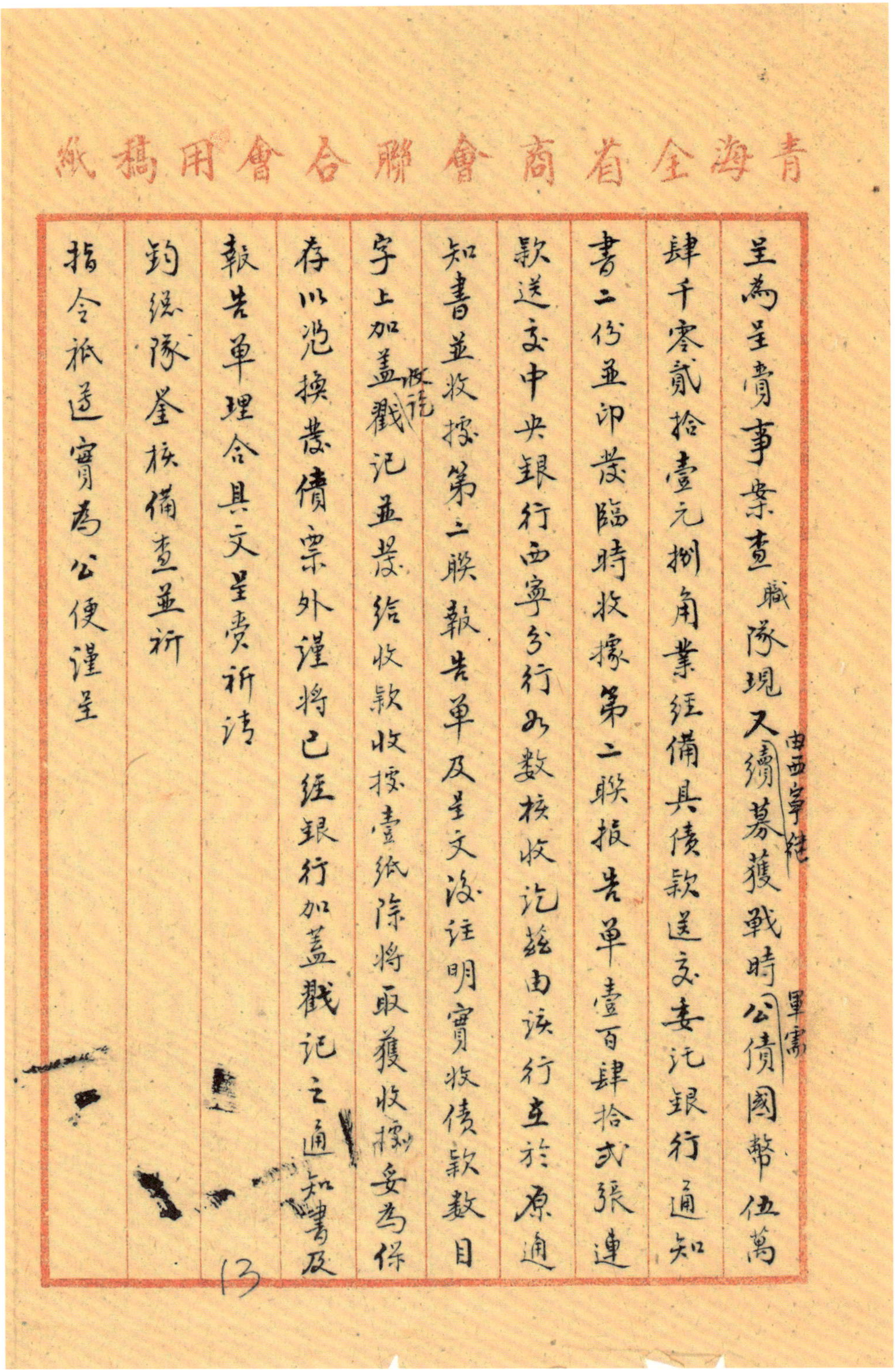
青海全省商會聯合會用稿紙

呈為呈覆事案查職隊現又續募獲戰時公債國幣伍萬肆千零貳拾壹元捌角業經備具債款送交委託銀行通知書二份並印發臨時收據第二聯報告單壹百肆拾貳張連款送交中央銀行西寧分行如數核收訖茲由該行在於原通知書並收據第二聯報告單及呈文後註明實收債款數目字上加蓋收訖戳記並發給收款收據壹紙除將取獲收據妥為保存以憑換發債票外謹將已經銀行加蓋戳記之通知書及報告單理合具文呈賚祈請

鈞總隊鑒核備查並祈

指令祗遵實為公便謹呈

13

青海全省商會聯合會用稿紙

戰時公債青海省勸募總隊
計呈賚 聯字第二號債款送交中央銀行西寧分行通
知書壹份
臨時收據第二聯報告單壹百捌拾弍張
中華民國卅二年元月 日
分隊長趙元艺

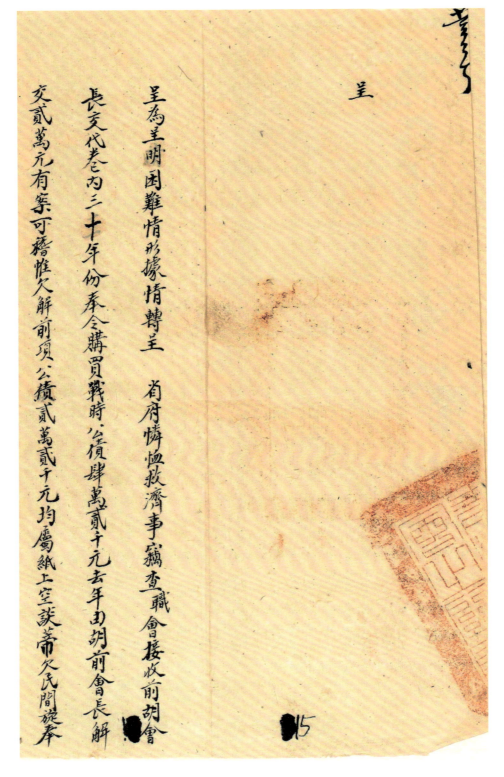

乐都县商会、青海全省商会联合会关于交一九四二年同盟胜利美金及国币公债款的往来公文

乐都县商会致青海全省商会联合会的呈文（一九四三年三月三十一日）

呈

呈為呈明困難情形據情轉呈　省府憐恤救濟事竊查職會接收前胡會長交代卷內三十年份奉令購買戰時公債肆萬貳千元去年由胡前會長解交貳萬元有案可稽惟欠解前項公債貳萬貳千元均屬紙上空談蓋欠民間旋奉

縣長面諭轉奉財廳電令將前項未解公債悉數刻速解交等因奉此職會遵即
前往向所屬蓄欠公債各商民催收並壹再勸導勉力設法承應交款之户能收壹萬肆千
肆百餘元之譜其餘七千五百餘元各商户均歇業他往此種虛懸之款委實無法催收職
會勢處無奈祇得將困難各情形據實呈明伏乞
鈞會鑒核下情可否將前項蓄欠之戰時公債該商民等沒法承應交納之款寬限職
會催收湊集成數再行解交所有歇業他往無處催收之柒千伍百餘元體恤豁免以資
救濟而免商民賠累至據情轉呈

省府之處則出自

鈞裁以上困難各情是否有當敬候

訓示祇遵臨呈不勝廹切待命之至謹呈

青海全省商會聯合會主席趙

青海省樂都縣商會主席李春發

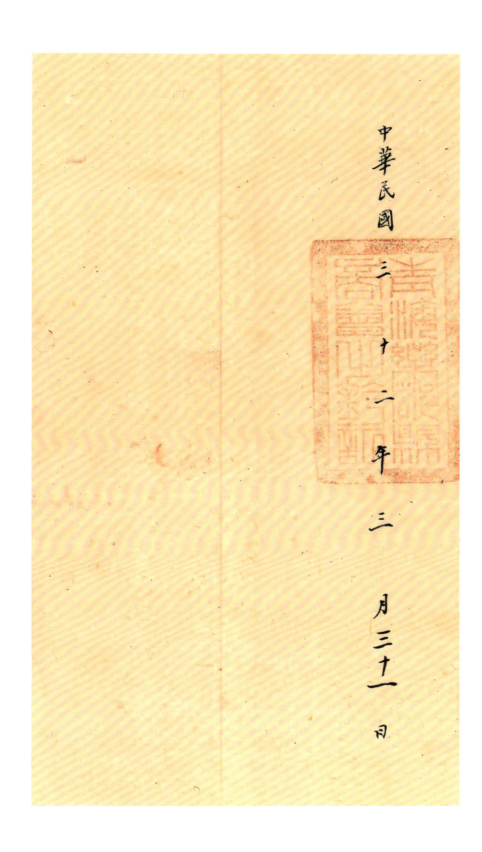

中華民國三十二年三月三十一日

青海全省商会联合会致乐都县商会的公函（一九四三年四月十三日）

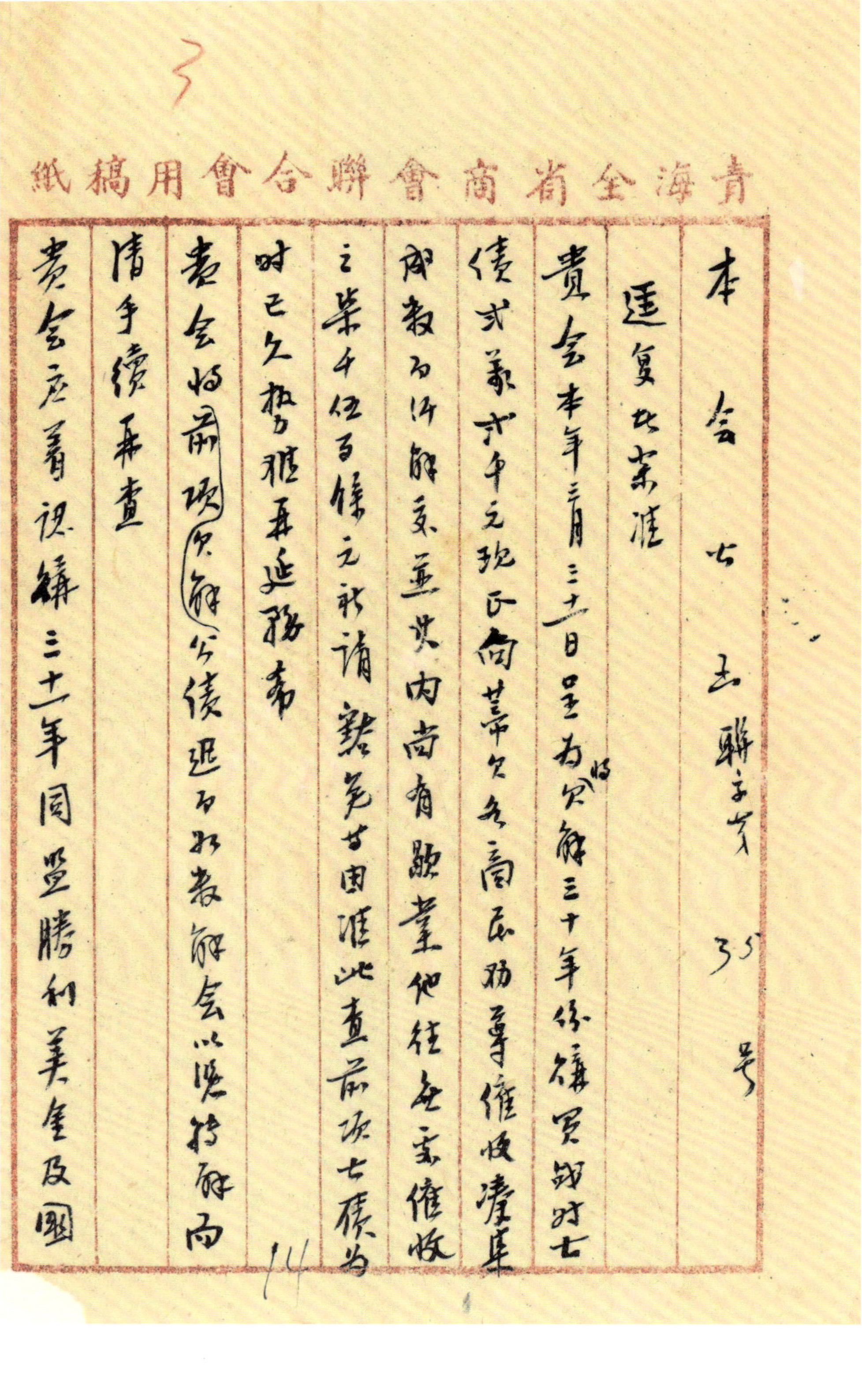

青海全省商會聯合會稿用紙

本会七五聯字第35号

逕復者案准

貴会本年三月三十日呈為旧欠解三十年份犒賞飼料七

債式萬式千元現正向欠商民劝導催收凑集

成数即行解交並以內尚有[illegible]業他往無家催收

之柒千伍百餘元懇請豁免等由准此查前項七債為

時已久勢難再延務希

貴会將前項欠解公債迅即如数解会以憑轉解而

清手續再查

貴会應募認購三十一年同盟勝利美金及國

青海全省商會聯合會用稿紙

幣公債洋伍萬元至今尚未清解前來，實屬延悞。此

項公債致

省府等提撥用剋不容緩，而各縣均經解京清楚，惟

貴會尚欠未解，以致不能結束。爰續為此函催，即希

查照，即將應着三十一年同盟勝利美金及國幣公債

洋伍萬元如須剋日如數清解來會，以憑轉解，幸勿

再延為荷。此致

樂都縣商會

中華民國三十二年四月　日　主席趙

主席趙

四．十三．

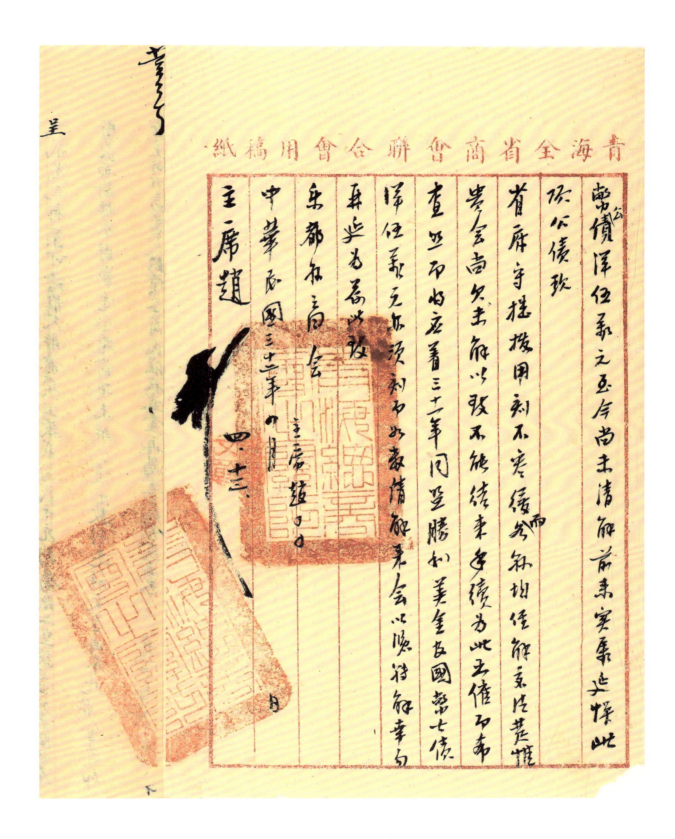

呈

教育部、青海省政府关于捐献慰劳金事的往来公文

教育部代电（一九四四年一月十三日）

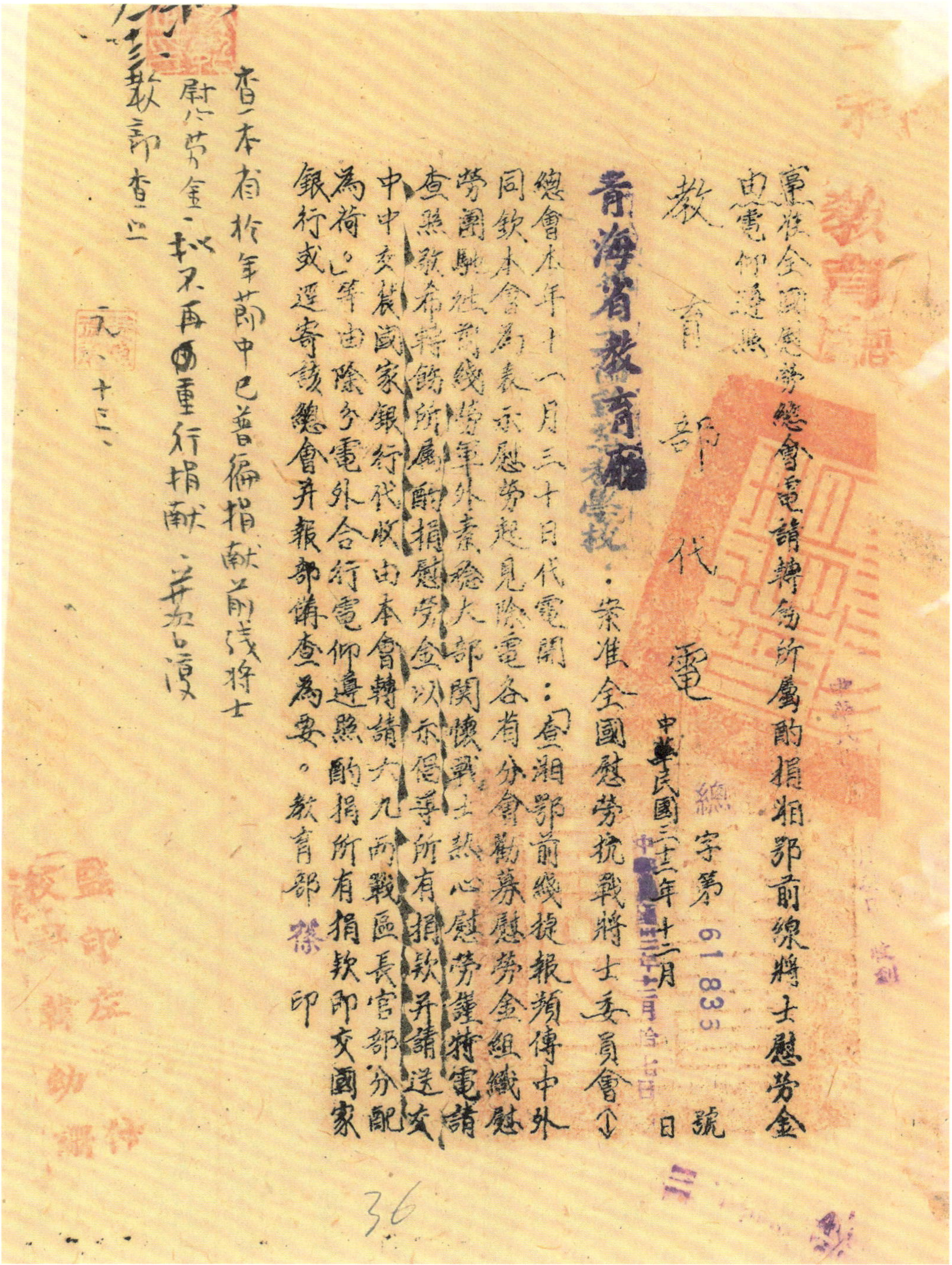
事由：據全國慰勞總會電請轉飭所屬酌捐湘鄂前線將士慰勞金電仰遵照

教育部代電

總字第61833號

中華民國三十二年十二月　日

青海省教育廳：案准全國慰勞抗戰將士委員會總會本年十一月三十日代電開：「查湘鄂前綫捷報頻傳，中外同欽，本會爲表示慰勞起見，除電各省分會勸募慰勞金，組織慰勞團馳赴前綫勞軍外，素稔大部關懷戰士，熱心慰勞，謹特電請查照，敬希轉飭所屬酌捐慰勞金，以示優尊，所有捐款，并請送交中中交農國家銀行代收，由本會轉請六九兩戰區長官部分配爲荷」等由，除分電外，合行電仰遵照酌捐，所有捐款即交國家銀行或逕寄該總會，并報部備查爲要。教育部　孫印

查本省於年節中已普遍捐獻前綫將士慰勞金，擬不再重行捐獻，并存卷

元．十三

青海省政府致教育部的咨（一九四四年一月二十九日）

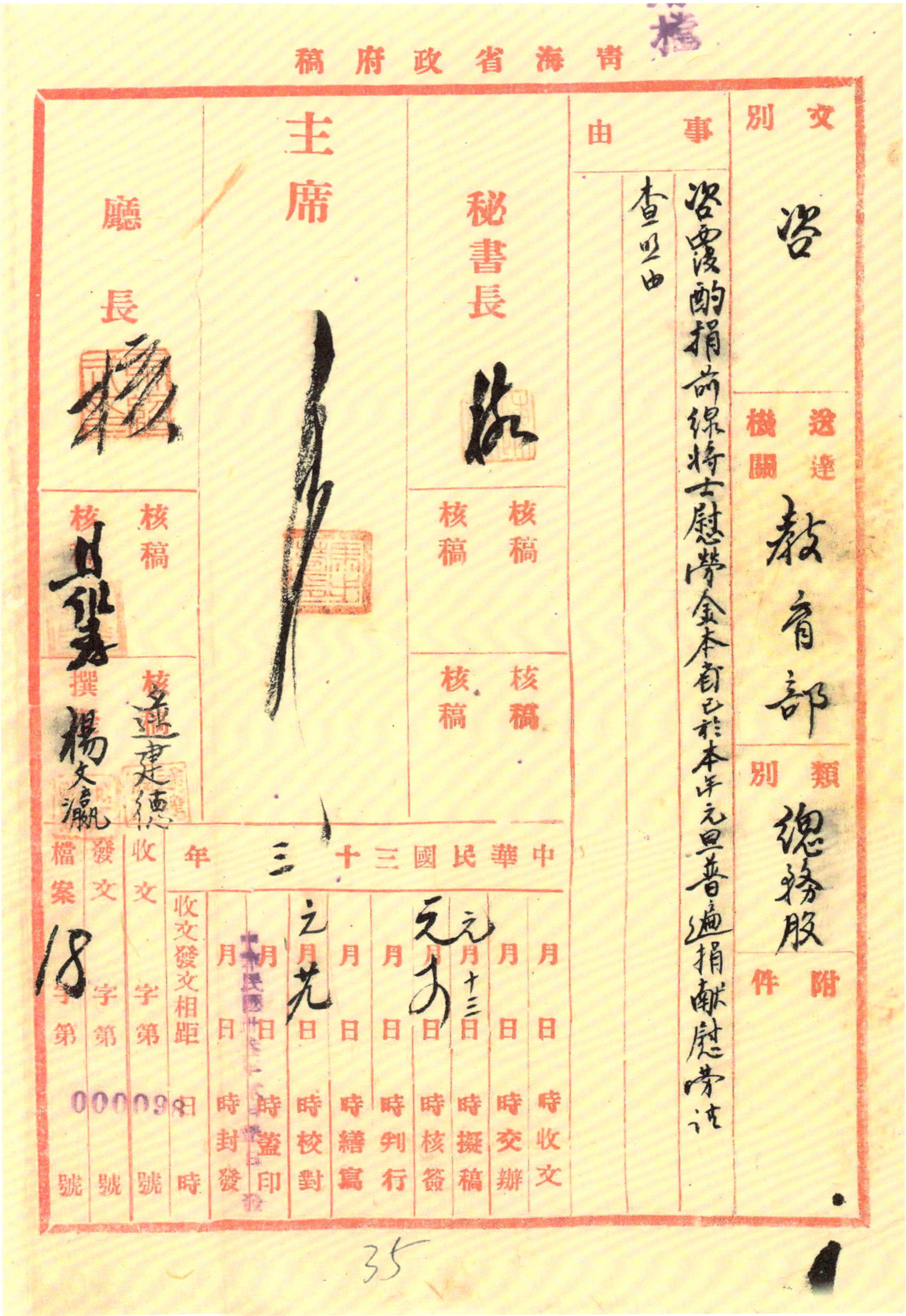
青海省政府稿

文別	咨
事由	咨覆酌捐前綫將士慰勞金本省已於本年元旦普遍捐獻慰勞請查照由
送達機關	教育部
類別	總務股
附件	
秘書長	
主席	
廳長	
撰	楊文瀛
核稿	

中華民國三十三年

收文	交辦	擬稿	核簽	判行	繕寫	校對	蓋印	封發	收文發文相距
月 日 時	月 日 時	元月十三日 時	月 日 時	月 日 時	月 日 時	元月廿日 時	月 日 時	月 日 時	日 時

收文 字第 號　發文 字第 號　檔案 字第18號

35

本府咨　元教總字第　號

000008

案准

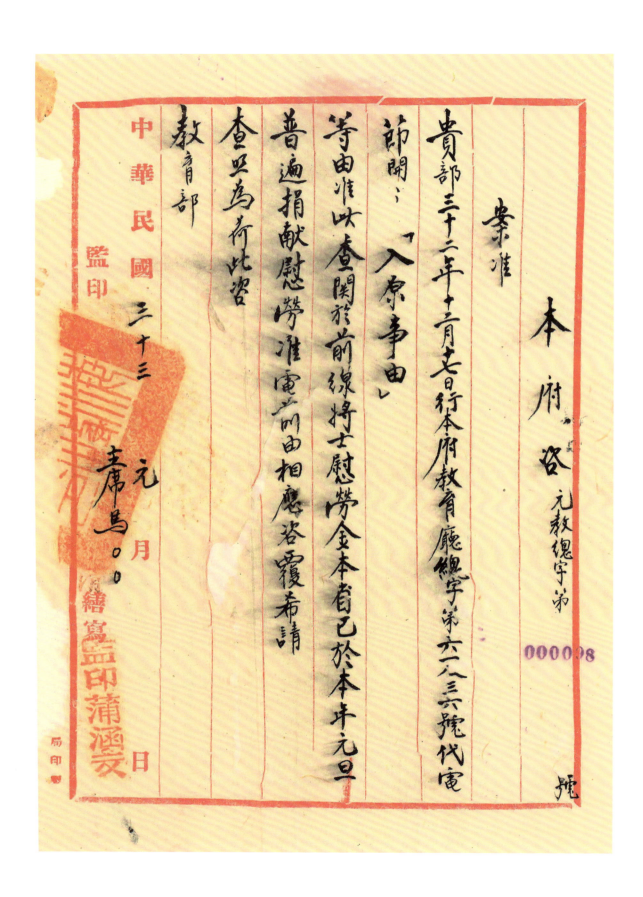

貴部三十二年十二月七日行本府教育廳總字第六一八三六號代電節開：「入原事由」等由准此查關於前線將士慰勞金本省已於本年元旦普遍捐獻慰勞准電前由相應咨覆希請查照為荷此咨

教育部

中華民國三十三年元月　日

主席馬○○

監印

繕寫

監印蒲涵雯

局印製

中国农民银行西宁支行关于送员工慰劳湘鄂抗战将士献金希查收转汇致西宁四联支处的函（一九四四年二月二十五日）

附：中国农民银行西宁支行员工慰劳湘鄂抗战将士清单

中國農民銀行西寧支行

青公字第十三號第 全 頁 三十三年 二 月二十五日

逕啓者總字第二六六號

台函洽悉茲送上本行員工慰勞湘鄂

抗戰將士獻金計幣壹千六百肆拾元

正並清單一份至希

查收彙滙為荷此致

西寧四聯支處

附

幣壹千陸百肆拾元正

清單 乙份

中國農民銀行西寧支行

12

中國農民銀行西寧支行員工慰勞湘鄂抗戰將士清單

職別	姓名	捐獻金額
專員	周行	壹百元
經理	熊鑄	壹百元
襄理	朱紹倫	壹百元
仝	吳敏訓	壹百元
文書主任	王獻寔	壹百元
儲蓄主任	國宗琮	壹百元
農貸主任	閆天民	壹百元
辦事員	藺蓂章	壹百元
仝	任致	壹百元
仝	武宗周	壹百元
助員	侯書山	壹百元

中國農民銀行西寧支行月報

仝	宋之權	壹百元
仝	張天祐	壹百元
處參支參長	陳健	壹百元
行役	許永泰	弍拾元
仝	孫文德	弍拾元
仝	曾生相	弍拾元
仝	李興榮	弍拾元
仝	李生貴	弍拾元
仝	李常榮	弍拾元
仝	陳鴻泰	弍拾元
仝	馬文林	弍拾元
車夫	邵文玉	弍拾元

中國農民銀行西甯支行月報

行役　楊葆昌　貳拾元

机工　王國俊　貳拾元

仝　鮑富　貳拾元

總計國幣壹仟柒百肆拾元整

门源县代理县长孙树人关于查填一九四二、一九四三两年份献金及替丁军马伊盟驮马各杂捐调查表致青海省政府的呈（一九四五年六月九日）

附：青海省一九四三年度摊派杂捐调查表

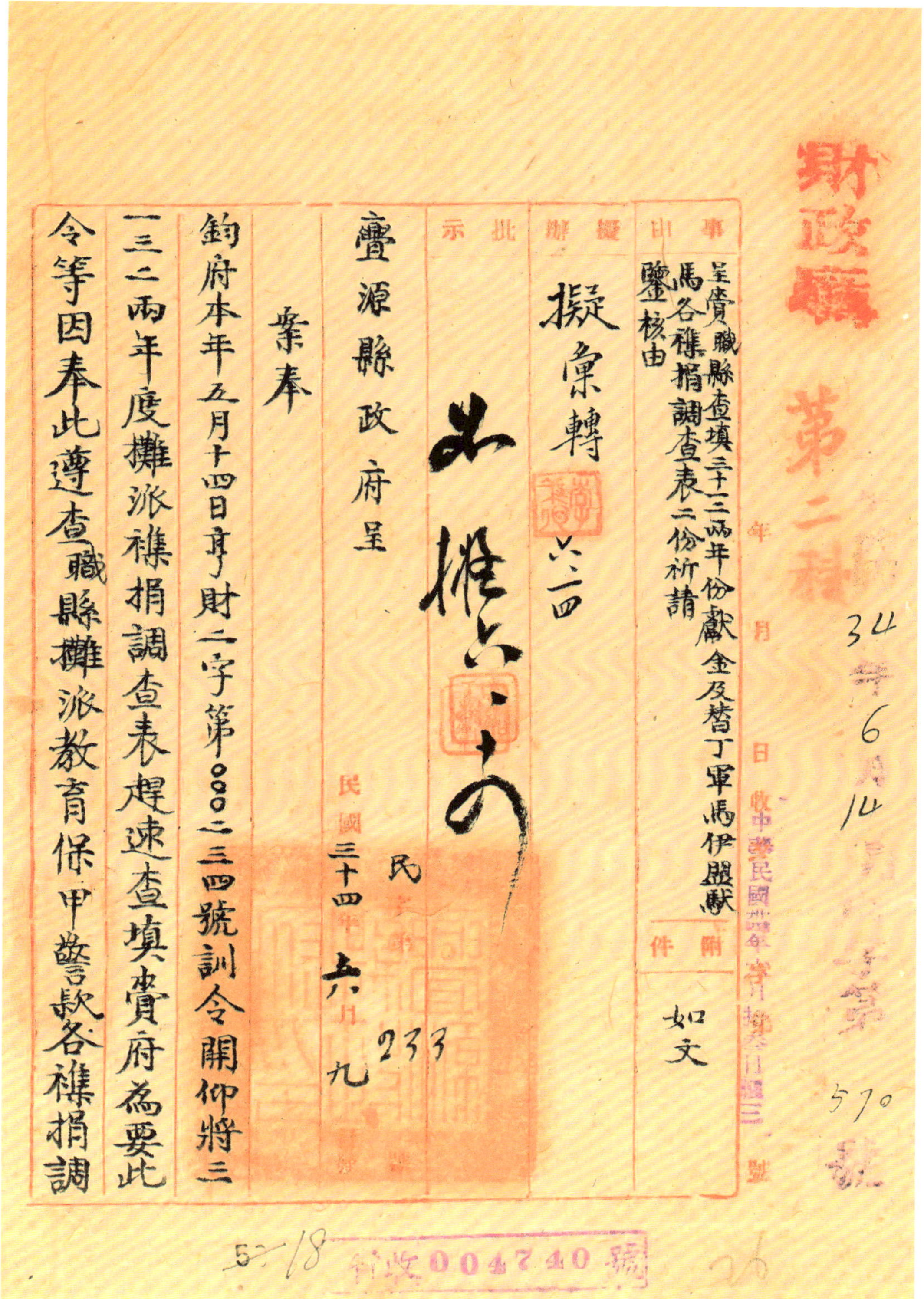
財政廳 第二科 34年6月14日 收字第570號

事由：呈賫職縣查填三十一二兩年份獻金及替丁軍馬伊盟馱馬各雜捐調查表二份祈請鑒核由

附件：如文

擬辦：擬彙轉 六、一四

批示：

門源縣政府呈 民字第233號

民國三十四年六月九日

案奉

鈞府本年五月十四日寅財二字第〇〇二三四號訓令開：「仰將三一、三二兩年度攤派雜捐調查表迅速查填賫府為要。此令。」等因。奉此，遵查職縣攤派教育保甲警款各雜捐調

5-18

收004740號

查表業經呈賫在案兹謹將三十一二兩年度獻金及
替丁軍馬伊盟馱馬玉樹烏拉馱馬各襍捐依式填
造就緒理合具文一併呈賫
鈞府鑒核謹呈
青海省政府主席馬
計呈賫 三十一二年份攤派襍捐調查表各二份
代理亹源縣縣長孫樹人

（27）

青海省三十二年度攤派款捐調查表

縣別	攤捐名目	攤捐數額	攤捐用途	攤捐方式	收支實況	應如何廢除	備註
亹源縣政府	替丁軍馬	一〇二〇〇〇元〇〇〇	開支購買軍馬價款	依照全縣糧賦攤派	由各區鄉鎮保甲長攤派收齊後交由鄉保長轉給馬主領授		查替丁軍馬共計叁拾肆匹每匹按照彼時馬價每匹作價洋叁千元折合幣數
	伊盟馱馬	一九八〇〇〇元〇〇〇	開支購買馱馬價款	依照全縣糧額攤派	由各區鄉鎮保甲長攤派農民收齊後由鄉保長轉給馬主領授		查伊盟馱馬肆拾肆匹依照規定馬價每匹作價洋肆千五百元折合幣數
	獻金						查三十一二兩年度獻金係由縣党部經手究竟收解若干縣府無案可查檢查党部底案並未列有數目無從填註合併聲明
	總計	三〇〇〇〇〇元〇〇〇					

填表者

填表日期　民國三十四年五月

青海省征募寒衣分会关于西宁第一中学校办理征募寒衣成绩卓著颁发奖状致该校的函（时间不详）

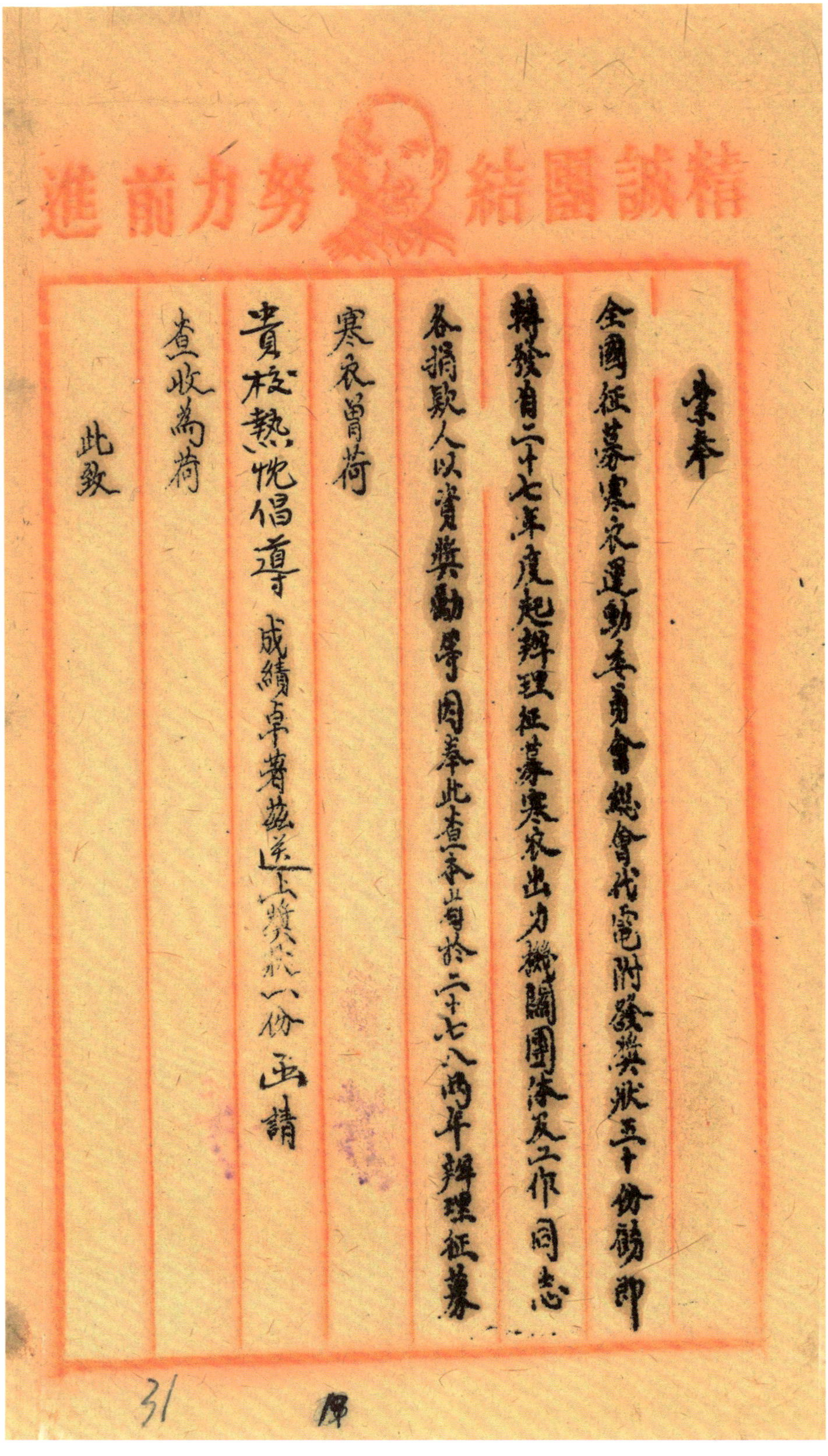

案奉

全國征募寒衣運動委員會總會代電附發獎狀五十份飭即轉發自二十七年度起辦理征募寒衣出力機關團体及工作同志各捐款人以資獎勵等因奉此查本分會於二十七八兩年辦理征募寒衣曾荷

貴校熱忱倡導成績卓著茲送上獎狀一份函請

查收為荷

此致

31

精誠團結  努力前進

第一中學校

附送獎狀壹份

青海省征募寒衣分會 啟 四月 日

查照

原件公佈後陳列成績室備覽

四月廿六日

全国征募寒衣运动委员会青海分会关于青海省政府教育厅承购劝募前方将士寒衣代金戏票价汇解交会的函（时间不详）

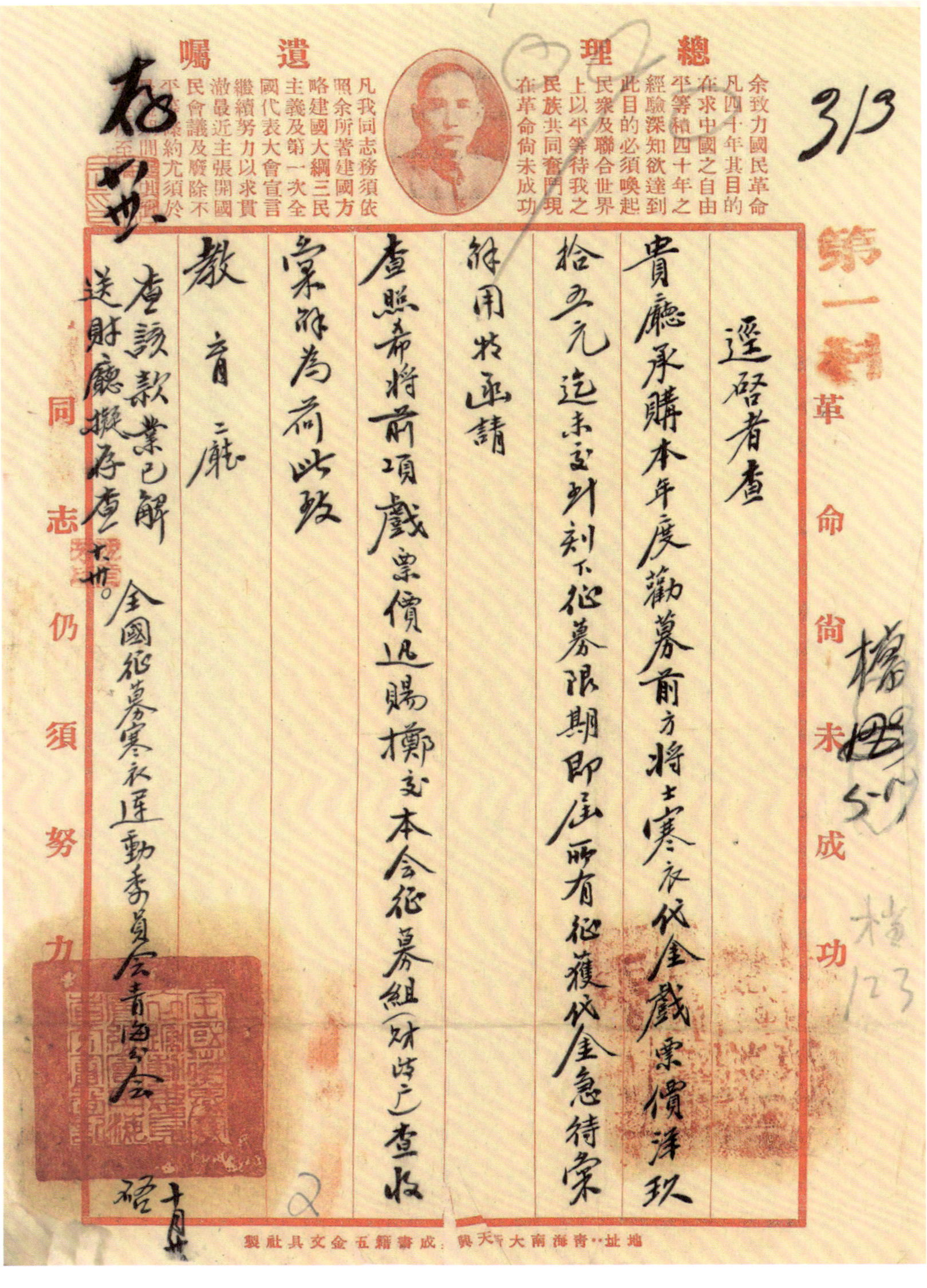

總理遺囑

余致力國民革命凡四十年其目的在求中國之自由平等積四十年之經驗深知欲達到此目的必須喚起民衆及聯合世界上以平等待我之民族共同奮鬥現在革命尚未成功凡我同志務須依照余所著建國方略建國大綱三民主義及第一次全國代表大會宣言繼續努力以求貫徹最近主張開國民會議及廢除不平等條約尤須於……

第一封

革命尚未成功 同志仍須努力

逕啓者：查貴廳承購本年度勸募前方將士寒衣代金戲票價洋玖拾五元，迄未交到，刻下征募限期即屆，所有征獲代金急待彙解，用特函請查照，希將前項戲票價迅賜擲交本會征募組（財政廳）查收彙解為荷。此致

教育廳

全國征募寒衣運動委員會青海分會 啓

十月卅

查該款業已解送財廳，擬存查。十卅。

存 卅

3/13

檔 123

地址：青海南大街天興成書籍五金文具社製

四、抗战抚恤

（二）抗战将士

青海省政府关于对一五九师四七五旅旅长林伟抗战勇为嘉奖事给青海省政府教育厅的训令（一九三八年二月十三日）

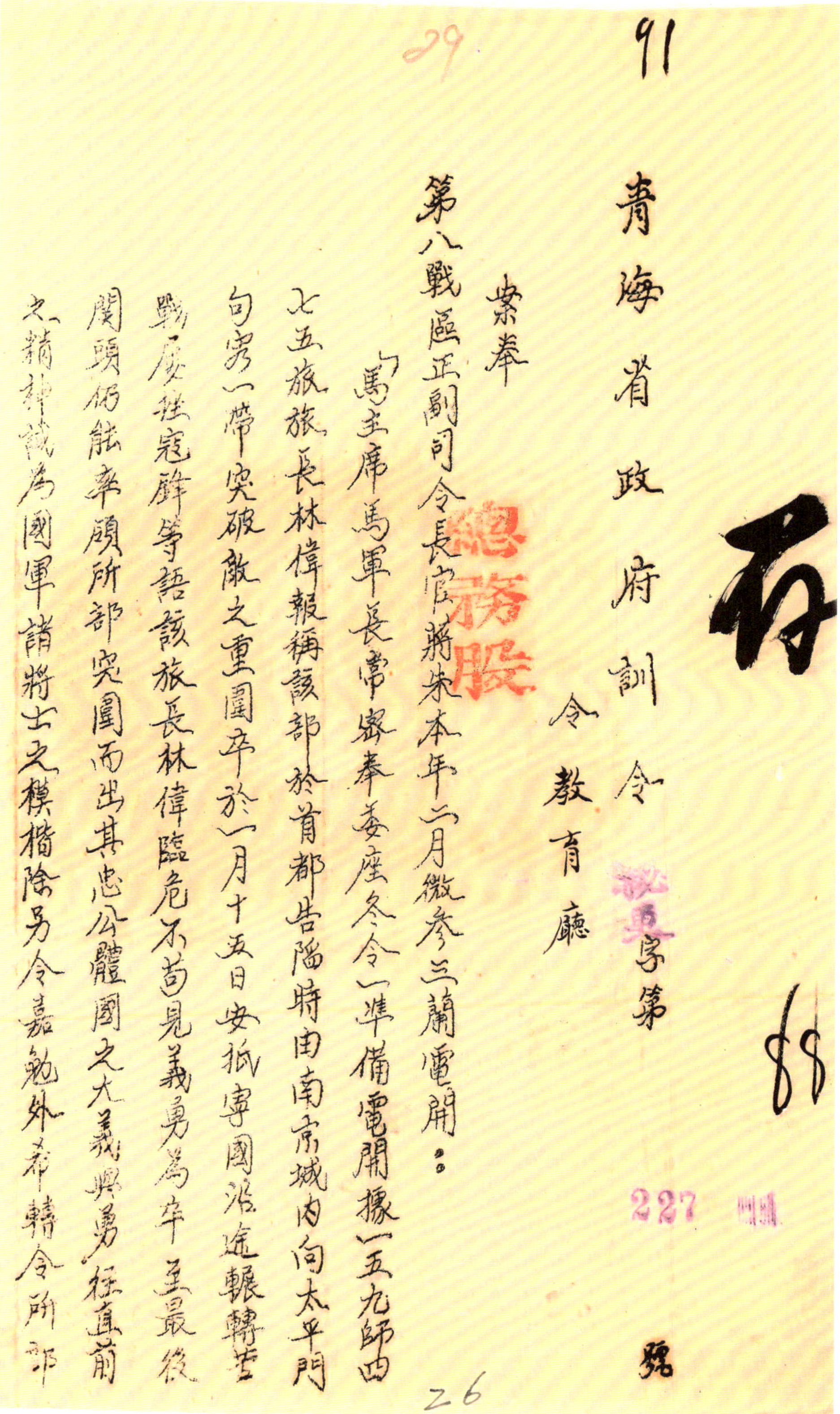

青海省政府訓令　字第　號

令教育廳

案奉

第八戰區正副司令長官蔣朱本年二月微參三蘭電開：「馬主席馬軍長鑒：奉委座冬令一準備電開：據一五九師四七五旅旅長林偉報稱：該部於首都告陷時，由南京城內向太平門句容一帶突破敵之重圍，卒於一月十五日安抵寧國，沿途輾轉苦戰，屢挫寇鋒等語。該旅長林偉臨危不苟，見義勇為，卒至最後關頭，仍能率領所部突圍而出，其忠公體國之大義，與勇往直前之精神，誠為國軍諸將士之模楷，除另令嘉勉外，希轉令所部

知縣等因特電知照并飭屬知照朱紹良微秦三蘭印

等因奉此除分令外合亟令仰該廳知照

此令

中華民國二十七年二月　　日

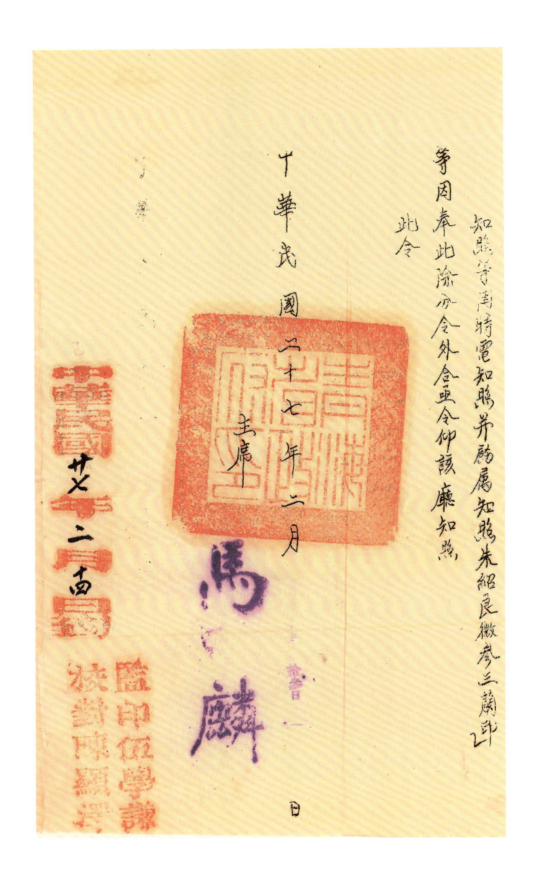

主席　馬麟

青海省政府关于青海官兵在河南祁水作战歼灭日军三千余人和缴获大量战利品喜讯致蒙藏同胞书

（一九三九年一月二十五日）

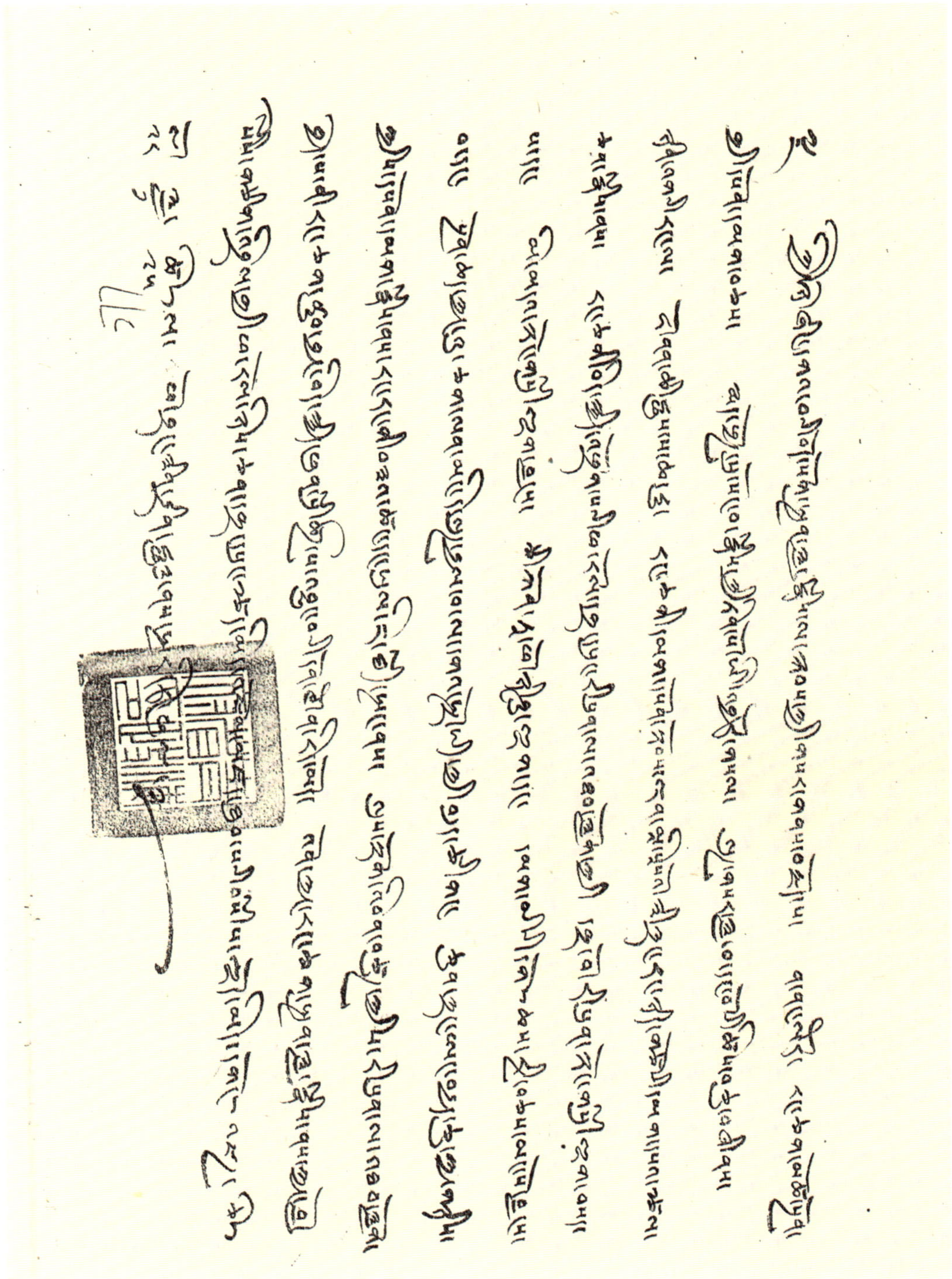

2

兹告亲爱的蒙藏同胞们：

特大喜讯：

去年，我青海官兵赴内地作战，前沿阵地传来电讯说，旧历元月十四日以来的12天内，在河南祁水地区，以英勇善战的马彪师长为首的我青海官兵，一举歼灭了剥夺我幸福生活的公敌日本军三千余人，缴获枪支三千条，机关枪、大炮二十多门及许多战利品！如此大捷，曾有多次，可庆可贺可喜！

我八十二军官兵，丢下妻儿、远离家乡，视死如归，这是关系我们西北地区千万人幸福生活的一件

（15×15＝225）　　第　页

4

大矣！ 我青海同胞必要精诚团结，同仇敌忾，一刻也不能忘记敌情观念。

民国二十八年一月二十五日

青海省政府印

译者：

郭跃之

马有春

（15×15＝225） 第 页

5

青海省政府教育厅关于骑兵一团赴前方参加抗战令各校组成宣传队事致青海省立各中等学校、回蒙二促进会、各县政府等的训令（一九三九年十一月十五日）

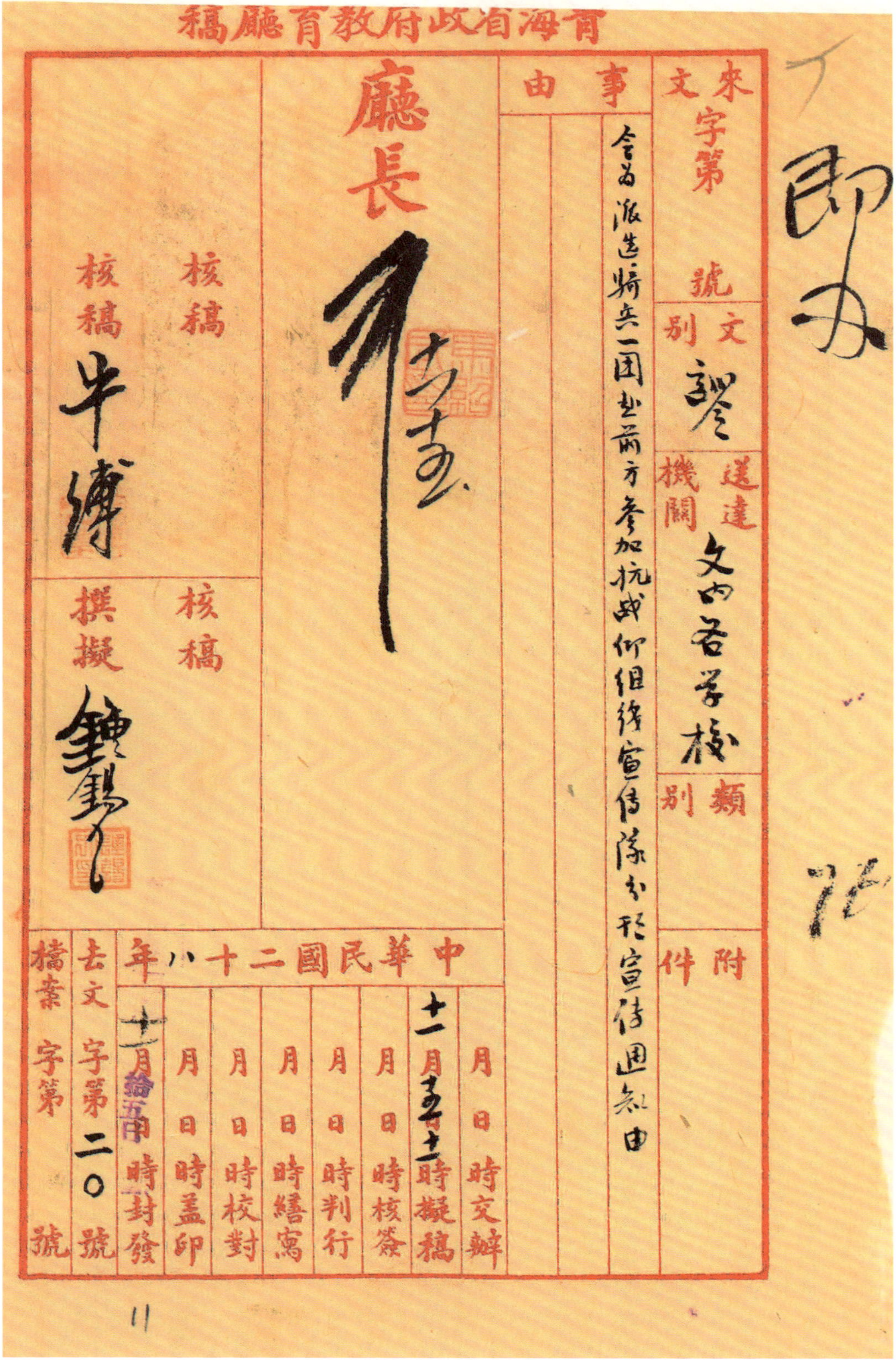
青海省政府教育廳稿

廳長

核稿 核稿 核稿 撰擬

來文字第　號

文别 訓令

送達機關 各學校

事由

類别

附件

中華民國二十八年

十一月　日　時交辦

月　日　時擬稿

月　日　時核簽

月　日　時判行

月　日　時繕寫

月　日　時校對

月　日　時蓋印

月　日　時封發

去文字第二〇號

檔案字第　號

本廳訓令　第　　號

令省立各中等學校、各縣政府、四、三區專員公署

查本省騎兵第一師及騎兵第二師將士自奉命出征以還，迄今已逾年有奇。轉戰綏豫晉，迭奏膚功。上月淮陽之捷，殲敵甚夥，而我軍人馬，以奮不顧身，為國捐軀及受傷者亦不乏之人。而馬師長彪非常請濟師，以資補充，第八十二軍部派選精銳騎兵一團，由團長治有祿率領東下，參加抗戰。全團將士均皆振奮異常，踴躍直前，大有不滅樓蘭誓不還之概。其精忠報國、勇往邁進之精神，誠足振[illegible]懦，令人欽佩不置。亟應普遍宣傳，俾家喻戶曉。除分令外，合行令仰該校遵照，隨飭所屬各校分向城鄉廣為宣傳，俾眾周知。此令。

中華民國二十八年十一月　日

廳長　馬□□

繕寫　校對　監印

陆军暂编骑兵第一师乐都县出征抗敌军人官兵姓名册（一九四〇年七月）

00004
00005
陸軍暫編騎兵第一師樂都縣出征抗敵軍人官兵姓名冊

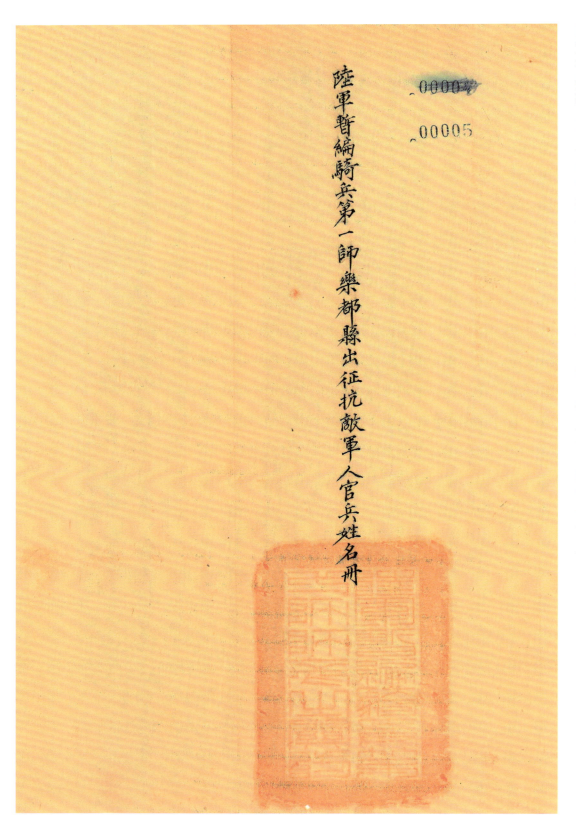

00006

2 2 2

陸軍暫編騎兵第一師樂都出征軍人官兵姓名冊

師司令部

階級	職別	姓名	籍貫	詳細住址	備考
上校	參謀處長	来元勳	樂都	瞿曇堡洒都營	
上校	軍法處長	謝爾升	樂都	瞿曇堡新城街	
中校	工兵營長	朱長安	樂都	深溝堡深溝莊	
中校	軍需主任	辛存祿	樂都	双溝堡小甘溝	
中校	副官主任	李守祿	樂都	第二區双塔營	
少校	參謀	段開威	樂都	第二區段堡子	
少校	參謀	吳乾元	樂都	瞿曇堡吳家台	

	少校	軍馬科長	魏文煥	樂都	瞿曇堡新城街	差徭概歸繼父謝廷貞管理當納
2	少校	軍法官	白良珪	樂都	双塔堡侯白家	
1	少校	軍械官	馬希平	樂都	本城東關	
1	上尉	軍需科員	保奮民	樂都	第一區澤润鄉	
2	中尉	通信軍需	趙國楨	樂都	蘆草溝窩木池	
1	中尉	軍醫	鄭守恭	樂都	本城倉門街	
	中尉	附員	張鼎新	樂都	瞿曇堡那能溝	
	少尉	錄事	趙永勵	樂都	瞿曇堡大樹莊	
1	少尉	錄事	張繼英	樂都	徐家沙溝	
1	少尉	譯電員	王生才	樂都	勝番溝土官口	

00007

1	上士文書	時林玉	樂都	崗溝 時家台	
	上士文書	許懷德	樂都	歸德堡 絶營莊	
	上等傳事兵	朱尚賢	樂都	瞿曇堡 洒都營	二十八年十月淮陽陣亡
	上等傳達兵	魏國英	樂都	瞿曇堡 魏家壑口	二十九年元月水寨病故

第一旅

2	上尉軍需官	俞國寶	樂都	第二區 石嘴子	
2	上尉軍醫	李國香	樂都	双溝 李家台	
2	中尉軍需	李承英	樂都	李家鄉 大灣堂	
2	中尉軍需	姜應天	樂都	双溝 姜灣	
1	中尉書記	申文義	樂都	崗溝 申家莊	

2 1 1 2 1 2 1 1

中尉書記	王得祥	樂都	第二區大灣堂
中尉書記	李振邦	樂都	第二區大灣堂
中尉查馬長	許積善	樂都	第一區許家寨
少尉司號長	趙元祥	樂都	崗溝趙家莊
上士文書	劉世忠	樂都	第二區高廟鎮
上士文書	馬天雲	樂都	崗溝高家莊
上士文書	徐秉禎	樂都	第二區長里鄉
上士文書	張發興	樂都	勝番溝潘青莊
上士文書	王福海	樂都	雨润堡旱莊子
上士文書	熊永勝	樂都	歸德堡拉甘邑

00008

2	中士班長	辛德祖	欒都双溝堡辛家莊
1	中士班長	俞學良	欒都本城教場街
1	上等傳令兵	張國強	欒都本城東門巷
1	上等傳事兵	巨邦成	欒都南渲堡旱莊子
2	上等傳達兵	戴多結	欒都双溝頭莊子
	上等兵	馬成吉	欒都峯堆溝馬家莊
2	上等兵	王得名	欒都第二區紅水店子
1	上等兵	楊應淄	欒都勝番溝楊家莊
2	上等兵	甯友俊	欒都第二區阿鶯堡
1	上等兵	李進才	欒都勝番溝土官口

2	上等兵	趙文全	樂都	冰溝趙家鋪
2	上等兵	吳森成	樂都	
2	上等兵	冶進才	樂都	
1	一等兵	蘇有祿	樂都	本城西街
	第二旅			
2	上校參謀長	石慶雲	樂都	第二區老鴉鄉
2	上尉參謀	陳明甫	樂都	冰溝甘溝灘
2	上尉軍需官	李香泉	樂都	第二區大灣堂
2	上尉書記官	李守忠	樂都	第二區李六门
人	中尉軍需	陳希賢	樂都	冰溝孟家灣

00009

2	中尉軍需	俞存業	樂都	第二區石嘴子
1	中尉書記	晁映琳	樂都	崗溝晁家莊
2	上等兵	保守清	樂都	冰溝黑八土
2	上等兵	楊占標	樂都	第二區高廟鎮
	上等兵	周占魁	樂都	瞿曇堡中莊
	上等兵	李進山	樂都	
2	一等兵	阿殿仕	樂都	第二區白崖子
	一等兵	王佐邦	樂都	第三區七里店子

第三旅

2	上校副旅長	馬騰雲	樂都	第二區老鴉鄉

2	少校	參謀	馬海雲	樂都	第二區紅水店子
2	上尉	參謀	石耀南	樂都	冰溝黑八土
1	中尉	連附	袁英邦	樂都	本城楊家門
2	中尉	連附	李文國	樂都	第二區高廟鎮
2	中尉	附員	韓尚德	樂都	第二區紅水店子
2	少尉	特務長	俞存祿	樂都	第二區石嘴子
	少尉	司藥	熊占祥	樂都	瞿曇堡聶家莊
2	上士	文書	李繼緒	樂都	第二區張家鄉
2	上等兵		李登奎	樂都	第二區老鴉鄉
1	上等兵		李石金	樂都	東門外水磨營

00010

21

上等兵哈得存 樂都崗溝哈家莊

上等兵李洪先 樂都下北山馬營庄

上等兵薛養在 樂都歸化堡虎狼溝

共官佐士兵柒拾柒員名

00011

中華民國二十九年七月 日

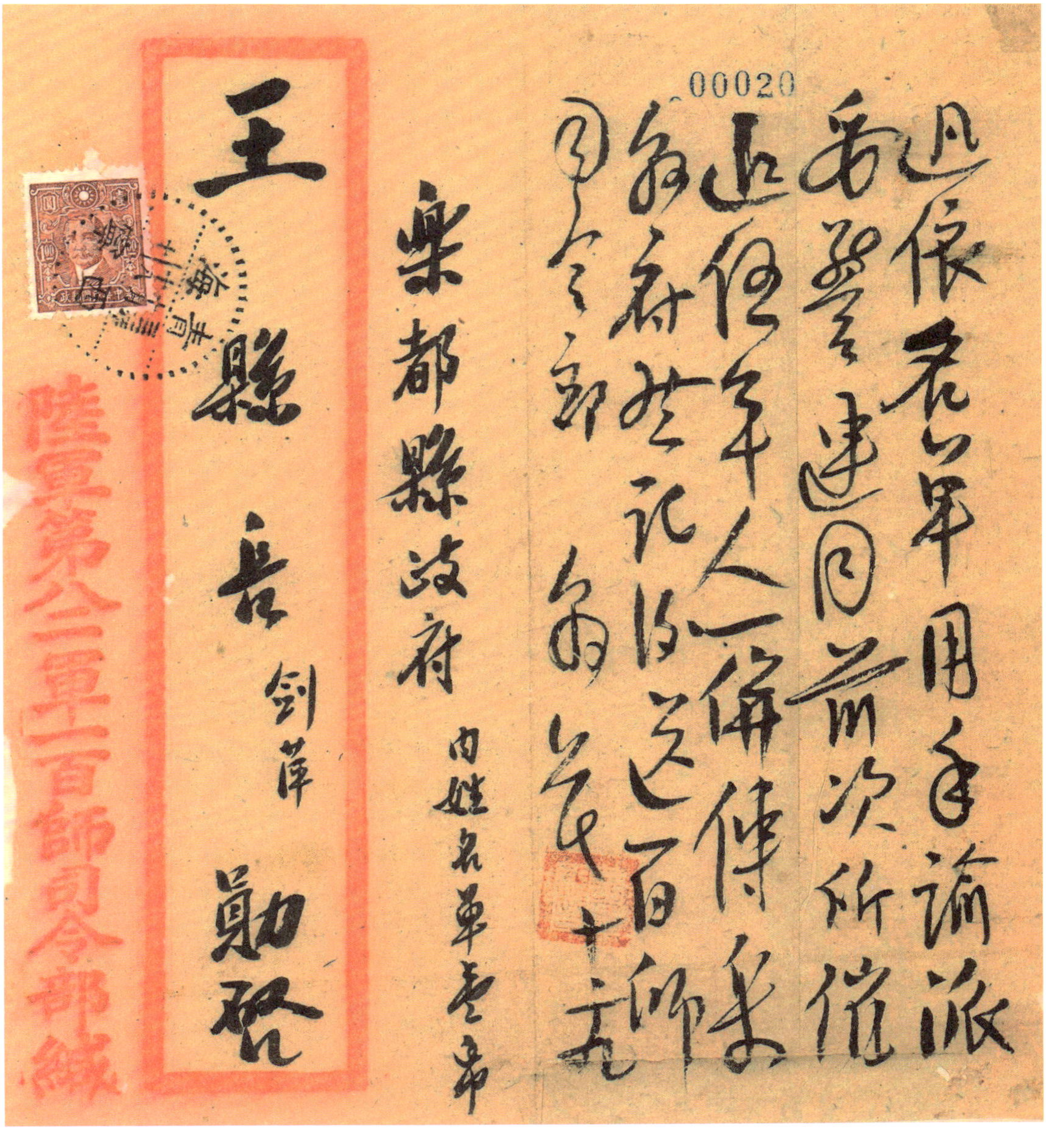

00020

迅依名單用手諭派
委員速同前次所催
退伍軍人一併傳集
務希[illegible]送百師
司令部 [illegible] 十九

王縣長 劍萍 勛啓
樂都縣政府
内姓名單壹串
陸軍第八十二軍一百師司令部緘

韩起功关于「骑五」「八二」两军退伍军官佐整训事致王剑萍县长的函（一九四三年十月十七日）

00021

鈞鑒：敬啓者，奉
總司令面諭，凡康藏之八二兩軍退伍
軍官佐，着即催收來部，俾資整訓等
因。前派職部副營長張殿泰等前來
催收，想已達
貴治矣。兹將附各部隊退伍軍官佐姓
名單表冊隨函寄上，至日務請
台端轉告職部催收人員速即辦理

00022

並希
派員協同催收，俾便整頓，是所至盼。
專此特達，順頌
勛綏

韓起功敬啓

月十七日

陆军第八十二军司令部关于六一师三团工友刘秉钧确在本军服务实为出征军人的现役军人证明书

（一九四四年五月二十四日）

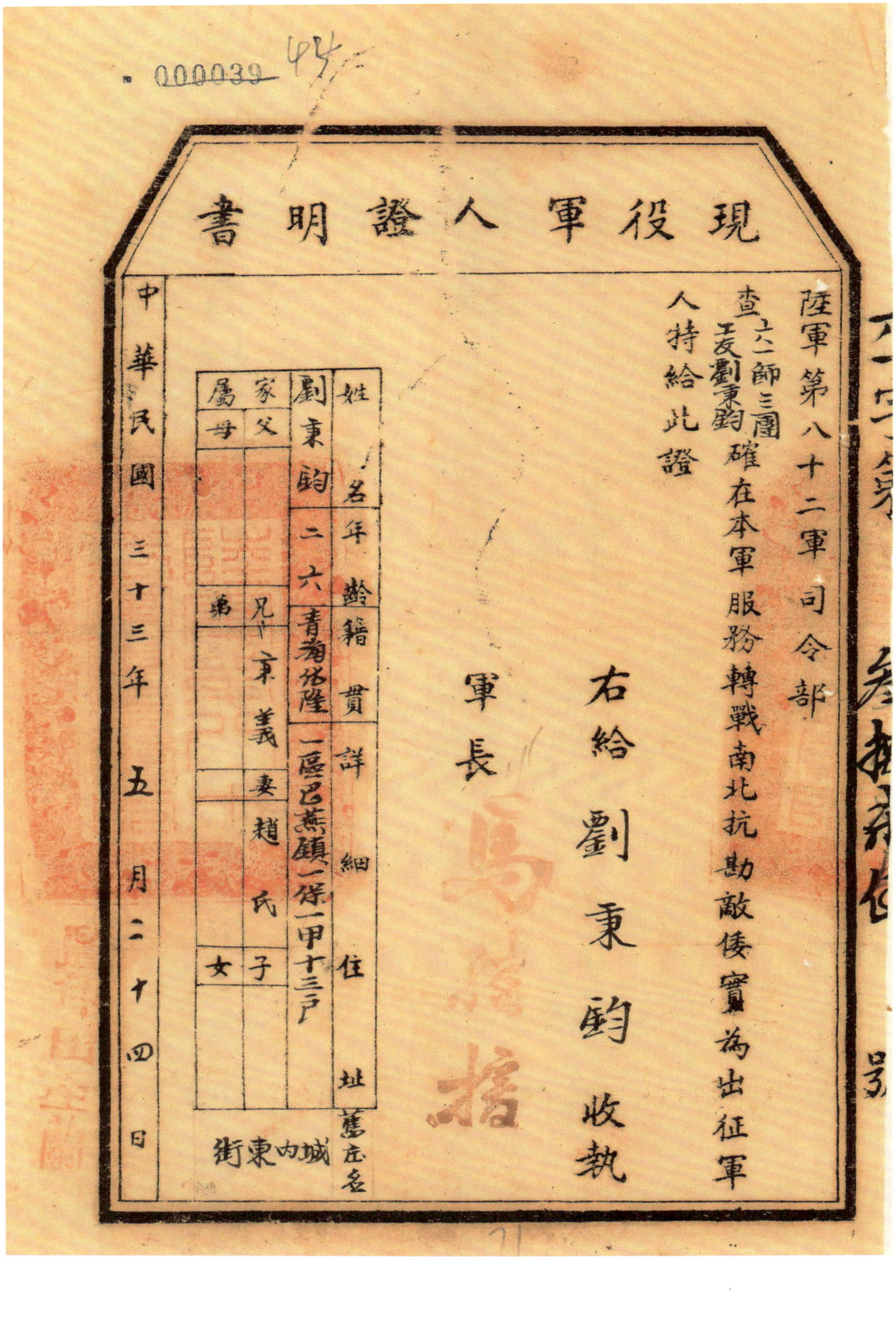

000039 45

现役军人證明書

陸軍第八十二軍司令部

查六一師三團工友劉秉鈞確在本軍服務轉戰南北抗勘敵倭實為出征軍人持給此證

右給 劉秉鈞 收執

軍長

姓名	年齡	籍貫	詳細住址
劉秉鈞	二六	青海化隆	一區巴燕鎮一保一甲十三戶

家屬				
父	兄 東義	妻 趙氏	子	
母	弟		女	

舊庄名 城内東街

中華民國三十三年五月二十四日

陆军骑兵第八师为建筑抗战阵亡将士公墓启事（一九四四年八月二十五日）

卅三八廿五

陸軍騎兵第八師為建築抗戰陣亡將士公墓啟事

逕啟者查本師自參戰東征瞬經六載馳騁沙場縱橫中原我桓桓健兒矯矯壯士奮天賦之神威本伊斯蘭之精神首創兇鋒於蘭封再敗強敵於淮陽開抗戰未有之先例嗣後皖北剿匪懷遠出擊大小戰役不下三百餘次陣亡官兵凡一千七百九十一員名各先烈均一秉至誠盡瘁黨國視死如歸慷慨成仁精忠貫日氣吞長虹血染黃沙浩節凜冽故能所向披靡先聲奪人敵偽迄今聞風胆寒緬懷英烈良深欽折然以部隊任務頻繁棲息不定先烈忠骸多未安葬後死袍澤無任歉疚茲復駐防阜陽馬店除秣馬礪兵以備再戰外爰擬就機建築本師抗戰以來陣亡將士公墓并訂於三月二十九日在阜陽馬店舉行追悼大會敬請各級長官各界同志同胞屆期惠賜

輓章誄詞以彰忠烈而慰英靈是所感盼謹啟

此致

昂謙縣政府

陸軍騎兵第八師建築抗戰陣亾將士公墓籌備會

如蒙

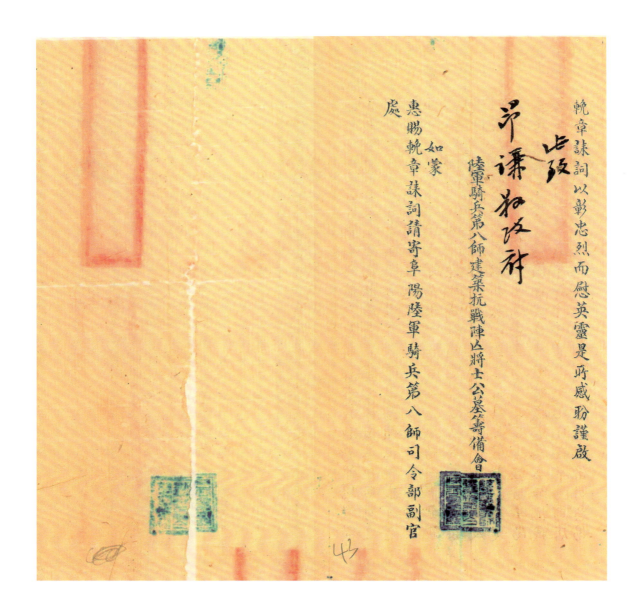

惠賜輓章誄詞請寄阜陽陸軍騎兵第八師司令部副官處

乐都县高庙镇抗战期间及胜利后退伍荣誉军官佐属调查表（一九四七年六月十八日）

乐都縣 5號

抗戰期間及勝利後退伍榮譽軍官佐屬調查表

高廟鎮

民國三十六年六月十八日

姓名	年齡	籍貫及詳細住址	原屬部隊及參加戰役曾任職務及勛獎	現時確是住址及職業	生活及健康狀況	備考
侯佩	四〇	樂都高廟鎮一保八甲	騎五軍五師步五團少校軍需主任 寧夏及河西勦匪之役	住址同上 務農	生活困難 素患腿疾	三十一年十月十七日退伍
徐秉禎	四〇	樂都高廟鎮一保七甲	騎八師一團中尉軍需 豫淮抗日皖北粵南勦匪之役	住址同上 務農	生活困難 現患腿疾	三十五年七月十五日退伍
李維俊	四七	樂都高廟鎮一保九甲	一百師手槍團軍需 河西勦匪之役	住址仝上 務農	生活困難 患腰腿病	
張樹森	四四	樂都高廟鎮二保一甲	騎五軍步兵旅上校參謀長及騎二師軍法處長 二十七年參加河南之役	住址仝上 樂都縣參議員	生活困難	三十二年七月三日退伍
鍾世元	四五	樂都高廟鎮二保十甲	騎五軍砲兵團少校教官及連長等職 河西勦匪之役	住址同上 務農	生活困難	三十六年二月自新疆退伍
馬本驥	三九	樂都高廟鎮二保五甲	陸軍騎一師中校軍法處長 河西勦匪之役	高廟鎮中心學校校長 住址仝上	生活艱苦	三十一年十二月二十一日退伍

馬本驊	四〇	樂都高廟鎮二保五甲	騎五軍特務團二營少尉軍需	河西剿匪之役	住址仝上 務農	生活難 體壯健	三十三年退伍
段開盛	四九	樂都高廟三保甲	騎八師一團中校副團長	豫北抗日戰北剿匪中原會戰魯南剿匪之役	住址仝上 務農	家道小康 體弱	三十五年七月十七日退伍
俞守憲	四七	樂都高廟鎮三保三甲	八二軍上校參議	仝前	住址同上 石嘴子中心學校教員	生活困難 體格健壯	
俞振武	四〇	樂都高廟鎮三保四甲	騎八師二團少校軍需	仝前	住址同上 務農	家道小康 體強	三十五年二月十五日退伍
馬如昌	五二	化隆縣卧龍鄉二保六甲	騎五軍補充旅一團二營七連上尉連長	河西剿匪之役	現住樂都高廟鎮二保二甲 經商	生活困難	三十二年十二月二十日退伍
賈永明	四四	樂都高廟鎮二保一甲	一百師二團一營中尉副官	河西剿匪之役	住址仝上 務農	生活困難	三十二年四月退伍
余守禮	三七	樂都高廟鎮二保二甲	八二軍司令部中校總務科科長	河西之役次寧夏臨夏玉樹剿匪之役	住址仝上 務農	生活困難 身体強健	三十五年四月十一日退伍
王永槐	二五	樂都高廟鎮二保四甲	八二軍六十一師中尉書記		住址仝上 農	生活困難 體格健康	三十四年十一月二十八日因病退伍

韓世英	四六	循化縣	八二軍特務團少校團副官	河西剿匪之役	樂都高廟鎮二保六甲興海店	生活困難身體受傷	三十二年調高廟興海店
馬毓琨	四二	樂都高廟二保四甲	八二師樂都軍糧處少校主任		住址仝上 商	家貧體弱	三十二年六月退伍
石寶魁	四五	樂都高廟鎮三保十一甲一三戶	三百旅六百團二營一連兵士	河西戰役	住址仝上 農		二十五年二月十六日退伍
李進業	五三	樂都高廟三保十二甲	青海七區專員公署兵	寧夏戰役 河西之役	仝上 農	生活困難 年老退伍	三十二年十月十二日退伍
余占榮	四三	樂都高廟二保十甲	一百師三團衛生隊上士軍士		仝上 農	生計困難	三十五年四月二十九日退伍
馬得福	四七	樂都高廟二保四甲	四十集團軍總司令部衛士隊		仝上 農	家貧體弱	三十三年八月三日年老退伍
王得功	四六	樂都高廟鎮一保四甲四戶	一百師六百團通信排		仝上 農	家貧體弱	三十一年三月三十日疳瘡退伍
李鴻祥	四二	樂都高廟一保三甲八戶	騎五軍暫一師三團二連		仝上 農	家貧體弱	三十三年十一月退伍

28

李永荣 四〇	樂都高廟鎮一保七甲	前陸四二軍十七師七九旅一五七團三營九連中士	抗日	仝上 農	家貧 体弱	二十八年三月十九日退伍
李之蘭 五三	樂都高廟鎮一保十甲七户	一百師六百團通信排		仝上 農	家貧	三十三年十一月退伍
段得昌 四〇	樂都高廟鎮三保一甲	一百師二團二營		仝上 農	家貧 体強	三十年五月退伍
段祿堂 三八	樂都高廟鎮三保一甲	暫一師步兵一團二營二連中士		仝上 農	家貧 体強	三十二年五月退伍
段玉璞 三九	樂都高廟鎮三保一甲	第八區專員公署士兵		仝上 農	家貧 体強	三十三年九月退伍
段玉貴 二五	樂都高廟鎮三保一甲	六師一團三營一連兵		仝上 農	家貧 体強	三十三年十月退伍

乐都县冰沟乡抗战期间及胜利后退伍荣誉军官佐属调查表（一九四七年六月十八日）

抗戰期間及勝利後退伍榮譽軍官佐屬調查表

冰溝鄉　民國三十六年六月十八日

姓名	年齡	籍貫及詳細住址	原屬部隊及曾任職務	參加戰役及勛獎	現時確是住址及職業	生活及健康狀況	備考
王成虎	四六	樂都冰溝鄉一保七甲三户	八二軍補充旅一團一營三連連長	河西之役及寧夏臨夏玉樹勦匪之役	住址仝上 務農	生活困難 體格健強	三十三年十二月退役
陳希賢	四三	樂都冰溝鄉二保八甲三户	陸軍騎兵第八師司令部軍需處三等正軍需科長	參加秦晉魯蘇豫皖等地抗日剿匪諸戰役	住址仝上	生活困難 體格健強	三十六年四月十六日退役
馬生財	三九	樂都冰溝鄉三保六甲六户	八二軍六一師一團一營一連司務長	河西之役及寧夏臨夏玉樹勦匪之役	住址仝上 務農	生活困難 體格健強	三十三年十二月退役

抗戰期間及勝利後退伍榮譽士兵調查表

冰清鄉

民國三十六年六月十八日

姓名	年齡	籍貫及詳細住址	依屬部隊及曾任職務及勳獎	參加戰役	現時確是住址及職務	生活及健康狀況	備考
楊正榮	三八	樂都冰清鄉一保四甲十三戶	八二軍六一師一團二營一連士兵		住址仝上務農	生活困難体格腰病	三十三年十二月退役
王建章	四〇	樂都冰清鄉二保一甲三戶	八二軍六一師一團二營三連上士兵	寧夏勦匪之役	住址仝上務農	生活困難体格腰病	三十三年四月退役
賴守統	三四	樂都冰清鄉二保八甲十一戶	八二軍特務團二營三連上士兵		住址仝上務農	生活困難体格手疾	三十三年十二月退役
張長隆	三〇	樂都冰清鄉二保八甲九戶	一百師二團二營一連士兵		住址仝上務農	生活困難体格腔中疾	三十三年十二月退役
李長林	三〇	樂都冰清鄉三保八甲三戶	六一師三團二營三連四班士兵		住址仝上務農	生活困難体格最弱	三十五年十月退役
楊成秀	三三	樂都縣冰清鄉三保八甲五戶	八二師騎砲團一營二連九班兵		住址仝上務農	生活困難体格很弱	三十五年十一月退役
李長鴻	四五	樂都冰清鄉四保九甲六戶兵			住址仝上務農	生活困難体格腿疾	三十四年十月一日退役

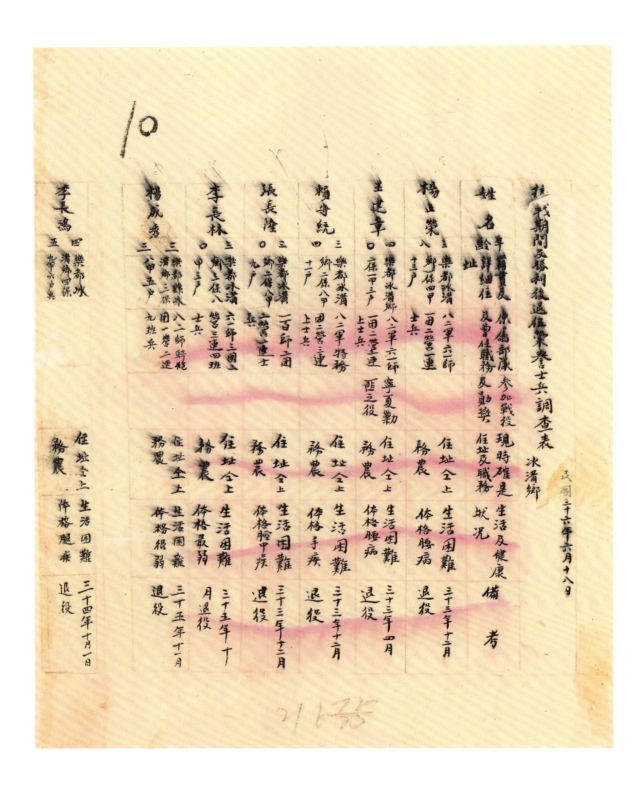

乐都县马营乡抗战期间及胜利后退伍荣誉军官佐属调查表（一九四七年六月十八日）

抗戰期間及勝利後退伍榮譽軍官佐屬調查表

馬營鄉

民國三十六年六月十八日

姓名	年齡	籍貫及詳細住址	原屬部隊及曾任職務	參加戰役及勛獎	現時確是住址及職業	生活及健康狀況	備考
李承英	四六	樂都馬營鄉三保六甲九戶	由於騎兵第八師司令部上尉軍械官	參加秦晉魯蘇豫皖等抗日剿匪諸戰役	住址仝上務農	生活困難體格健強	三十六年四月十六日退役

乐都县老鸦乡抗战期间及胜利后退伍誉军官佐属调查表（一九四七年六月十九日）

抗戰期間及勝利後退伍榮譽軍官佐屬調查表

民國三十六年六月十九日

姓名	年齡	籍貫及詳細住址	原屬部隊及曾任職務	參加戰役及勳獎	現在確實住址及職業	生活及健康狀況	備考
馬登山	四一	青海省樂都老鴉鄉一保	騎八師特務連上士		老鴉鄉一保二甲 小販	生活艱苦	生
張夔成	四八	青海省樂都老鴉鄉一保	工兵一營二連列兵		老鴉鄉一保五甲 農	生活艱苦	
阿殿育	三二	青海省樂都老鴉一保	保步三團二營列兵		老鴉鄉一保十甲 農	生活艱苦	
阿殿佐	四三	青海省樂都老鴉一保	八二軍一百師二團二營三連加級司書		老鴉鄉二保三甲 農	生活艱苦	
阿信德	一八	青海省樂都老鴉二保	保安處		老鴉鄉二保七甲 農	生活艱苦	殘廢他往
阿官英	三五	青海省樂都老鴉二保	八二軍六一師一團二營一連列兵		老鴉鄉二保五甲 農	生活艱苦	
李英保	三七	青海省樂都老鴉二保	八二軍六一師一團一營列兵		老鴉鄉二保九甲 農	生活艱苦	

老鴉

18

抗戰期間及勝利後退伍榮譽軍官佐屬調查表

老鴉鄉　民國三十六年六月十九日

姓名	年齡	籍貫及詳細住址	原屬部隊及曾任職務	參加戰役及勳獎	現在確實住址及職業	生活及健康狀況	備考
李熾祥	五一	青海省樂都縣老鴉鄉一保六甲	陸軍二九師二七師三團一營少校營長	參加平津徐州等戰役	老鴉鄉中心學校教員	生活艱苦受傷殘廢	
石慶雲	四三	青海省樂都老鴉鄉一保五甲	陸軍二九軍二七師	參加皖北及淮陽中原會戰等役勳章三面	老鴉鄉一保五甲	生活艱苦腿部受傷	三十六年四月十六日退役
段發祥	三八	青海省樂都老鴉鄉一保六甲	陸軍騎兵第五軍輜重營營副		老鴉鄉[illegible] 農	生活困難腿部受傷	
晁成祥	四二	青海省樂都老鴉鄉一保	陸軍八二軍騎兵一旅一團一營二連連長		老鴉鄉一保八甲 農	生活艱難	
謝占元	三六	青海省樂都老鴉鄉一保六甲	陸軍騎兵第五師一團二營七連連副		老鴉鄉一保六甲 農	生活艱苦	
謝英贊	三〇	老鴉鄉一保	財政部緝私署騎兵一團副官		老鴉鄉一保四甲 農	生活艱苦	
杜壽才	四〇	青海省樂都老鴉鄉一保	保安騎兵八二團少尉附員		老鴉鄉一保二甲 農	生活艱苦	

乐都县水磨沟乡抗战期间及胜利后退伍荣誉军官佐属调查表（一九四七年六月二十日）

抗戰期間及勝利後退伍榮譽軍官佐屬調查表

姓名	年齡	籍貫詳細住址	原屬部隊及曾任職務	參加戰役及勳獎	現時確實住址及職業	生活及健康狀況	備考
袁復禎	四六	樂都縣水磨溝鄉第二保第四甲第十户	陸軍勦匪軍第二總隊司令部中尉副官	江西勦匪之役無有勳獎	水磨溝鄉第二保第四甲十户務農	生活困難體格尚健	由民國二十五年請假歸里至二十六年加入壯丁内徵訓
拉登元	三六	樂都縣水磨溝鄉第一保第八甲第五户	陸軍第二十九軍第三十七師二百二十一團第一營三連連長	北平勦匪抗日之役無有勳獎	水磨溝鄉第一保第八甲五户務農現任水磨溝鄉鄉長	生活困難體格尚健	現今赴青新工路服務
杜金玉	三三	樂都縣水磨溝鄉第三保第十甲第八户	一百師第一旅第三團二營三連列兵		樂都縣水磨溝鄉第三保第十甲第八户務農	生活困難體格衰弱	

民國三十六年六月二十日
樂都縣水磨溝鄉

水磨湔鄉鄉長馬駿德

乐都县乐坝乡抗战期间及胜利后荣誉军官佐属调查表（一九四七年六月二十日）

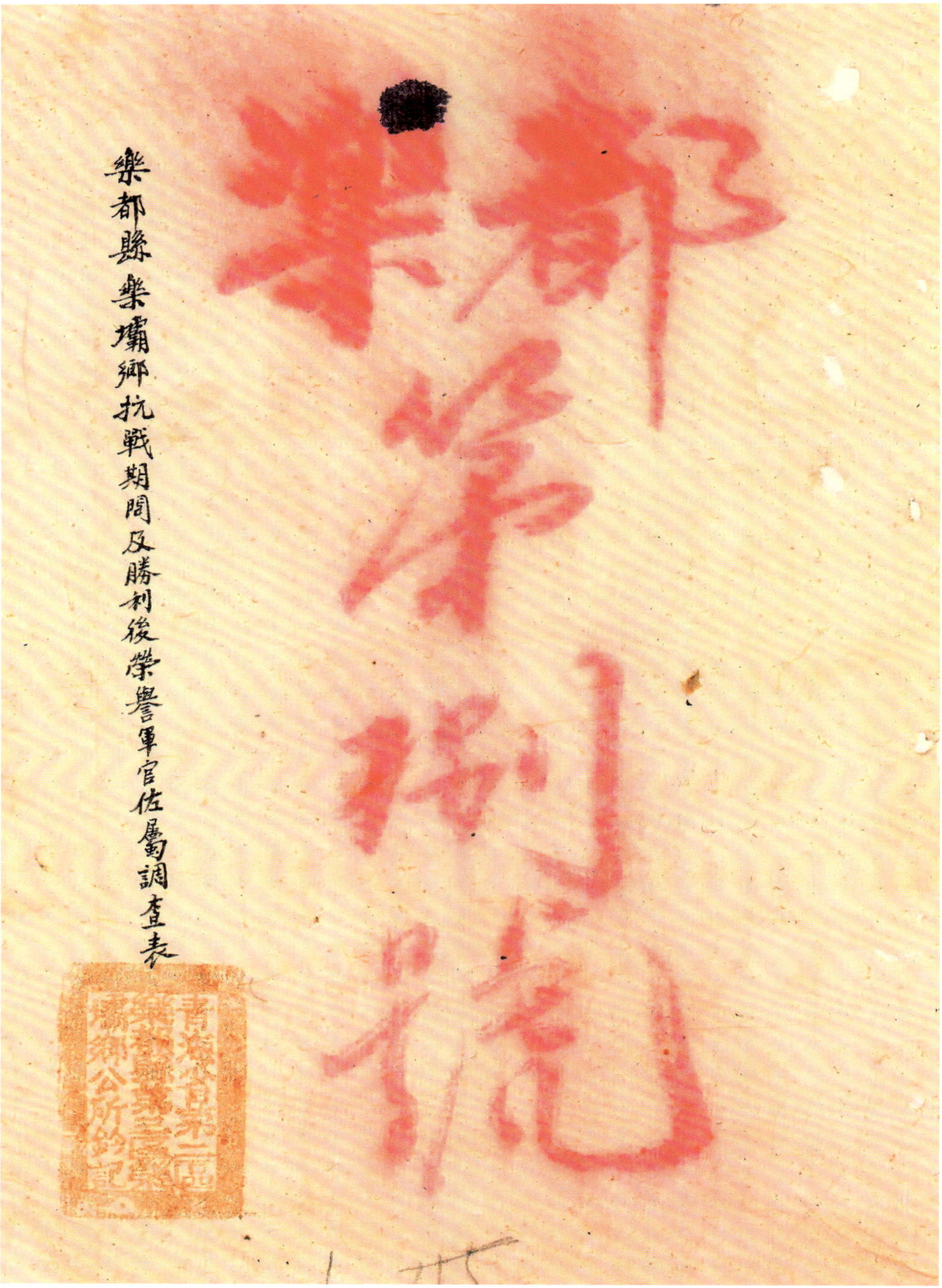
樂都縣樂壩鄉抗戰期間及勝利後榮譽軍官佐屬調查表

樂壩鄉抗戰期間及勝利後退伍榮譽軍官佐屬調查表

民國三十六年六月二十日 樂壩鄉

姓名	年齡	籍貫詳細住址	原屬部隊及曾任職務	參加戰役及功獎	現時確實住址及職業	生活及健康狀況	備考
許成貴	三六	樂壩鄉第一保六甲八戶車路庄	手槍團二營二連二等兵	剿共匪三次	樂壩鄉第一保六甲八戶車路庄	家境寒難身常肺疾	現役甘肅碟礦廠
魏福才	二七	樂壩鄉第一保五甲四戶魏家壢口	六二師三團三營二等兵	戰役尚未參加	樂壩鄉第一保五甲四戶魏家合口農	家境寒難身体癆疾	
何恒邦	四六	樂壩鄉第二保一甲七戶陽坡庄	八二師師部傳令隊上士	抗日四年剿共匪五次	樂壩鄉第二保一甲七戶陽坡庄	生活寒難身体癆疾	
劉蜀存	四三	樂壩鄉第二保十甲九戶柳樹庄	百師二團一營二等兵	剿共匪二次	樂壩鄉第二保十甲九戶柳樹庄務農	生活寒難身体癆疾	
侯永祥	四七	樂壩鄉第三保六甲五戶隆國洞	八二軍軍部軍士	剿共匪五次	樂壩鄉第三保六甲五戶隆國洞務農	生活寒苦身体衰弱	
徐明德	三三	樂壩鄉第四保五甲二戶晁家庄	保安處會計主任	剿共匪數次	樂壩鄉第四保五甲二戶晁家庄務農	家境稍周身体癆疾	

12

張福元	三五	樂壩鄉第四保五甲六戶晁家庄	一百師二團炮連上士	剿共匪數次	樂壩鄉第四保五甲八戶晁家莊務農	家境困難 身体勞疾	
張國棟	四五	樂壩鄉第五保一甲二戶臈莊	補充旅旅部司書	戰役尚未參加	樂壩鄉第五保一甲二戶臈庄務農	家境困難 身体癆疾	現任老師
趙方貴	三三	樂壩鄉第五保七甲二戶土谷營	砲兵連上士	戰役尚未參加	樂壩鄉第五保七甲二戶土谷營務農	家境困難 身体腿痛	
盛增祿	三八	樂壩鄉第六保四甲七戶盛家莊	一百師三團三營排長	剿共匪數次	樂壩鄉第六保四甲七戶盛家莊務農	家境困難 身体健康	
盛永全	三九	樂壩鄉第六保五甲九戶盛家莊	騎八師三團二大連上士	剿共匪數次	樂壩鄉第六保五甲九戶盛家庄務農	家境困難 身体健康	
徐萬祥	三九	樂壩鄉第六保九甲九戶周家大庄	八二師一團三營士兵	戰役尚未參加	樂壩鄉第六保九甲九戶周家大庄務農	家境困難 身体癆疾	

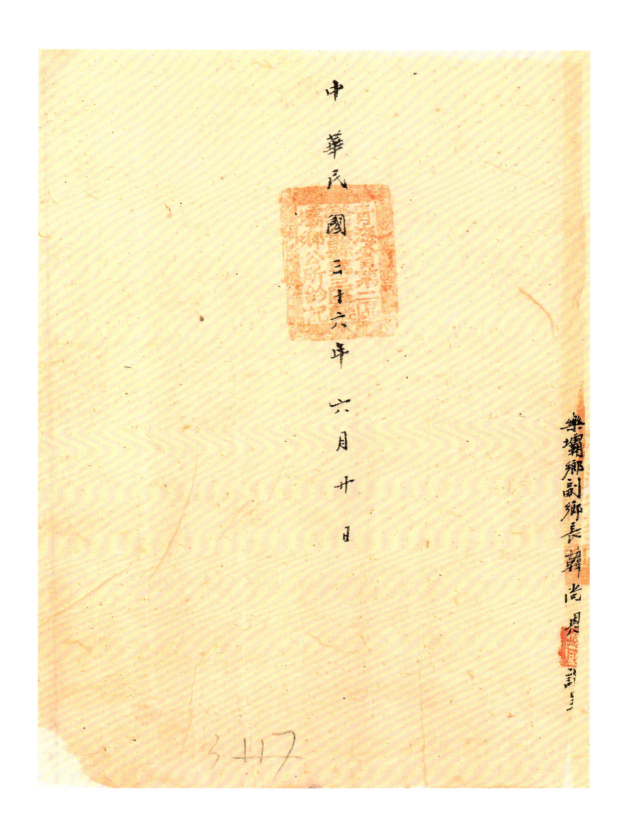

中華民國三十六年六月廿日

樂壩鄉副鄉長韓尚典[illegible]

3417

乐都县引胜乡抗战期间及胜利后退伍荣誉军官佐属调查表（一九四七年六月二十日）

抗戰期間及勝利後退伍榮譽軍官佐屬調查表

民國三十六年六月二十日 樂都縣引勝鄉

姓名	年齡	籍貫詳細住址	原屬部隊及曾任職務	參加戰役及勳獎	現時確實住址及職業	生活及健康狀況	備考
李尚文	四四	樂都縣引勝鄉第六保第一甲八戶	八二師騎八旅第三團中校幹事	勦裸猓之役河西勦共匪之役無有勳獎	引勝鄉第六保一甲八戶務農現任引勝鄉鄉長	生活困難體格尚健	
張更元	四四	樂都縣引勝第六保第一甲八戶	一百師一團衛生隊少校隊長	河西勦共匪之役無有獎勳	引勝鄉第三保四甲六戶任家務農	生活平常體格尚健	
馬昌國	四六	樂都縣引勝鄉第一保第四甲二戶	騎五軍補充旅旅部少校科長		引勝鄉第一保四甲二戶務農	生活平常體格衰弱	
撖秀山	三一	樂都縣引勝鄉第一保第四甲一戶	騎五軍補充旅騎二團上尉遊擊隊隊長	河西勦共匪之役陝西抗日之役無有勳獎	引勝鄉第一保四甲一戶務農	生活平常體格衰弱	係甘肅永登縣人於民國三十三年退伍居住樂都
來生榮	四五	樂都縣引勝鄉第六保	八二師獨立通信營中尉連附	河西勦共匪之役無有勳獎	引勝鄉第六保七甲十三戶務農	生活平常體格衰弱	

4118

引勝鄉鄉長 李尚文

姓名	年齡	籍貫詳細住址	原屬部隊及曾任職務	參加戰役及勳獎	現時確實住址及職業	生活及健康狀況	備攷
馬得福	四二	樂都縣引勝鄉第一保第五甲第三户	八二師騎炮团一营二連上士班長	河西剿共匪之役無勳奬	引勝鄉第一保第五甲八里橋第三户務農	生活困難 身体健康	
徐占魁	四一	樂都縣引勝鄉第一保第五甲第三户	八二師一百旅三团担架排上士班長	河西剿共匪之役無勳奬	引勝鄉第一保八里橋第五甲第三户務農	生活平常 體格健康	
徐貴福	四五	樂都縣引勝鄉第一保第十甲一户	省府運輸處		引勝鄉第一保蘇家嘴第十甲第一户務農	生活困難 身体薄弱	
賀存福	三四	樂都縣第一保第五甲第五户	騎五軍特務团列兵	河西剿共匪之役無勳奬	引勝鄉第一保八里橋第五甲第五户務農	生活平常 身体尚佳	

5119

姓名	年齡	籍貫詳細住址	原屬部隊及曾任職務	參加戰役及勳獎	現時確實住址及職業	生活及健康狀況	備考
李積善	四五	樂都縣引勝鄉第二保第二甲第六户	省政府運輸處列兵		引勝鄉第一保土官口第二甲第六户務農	生活維艱 體格萎弱	
楊善存	三八	樂都縣第二保第十一甲第十一户	保安處工匠營列兵		引勝鄉第二保王家庄第十一甲十二户務農	生活維艱 体格健康	
馮更英	三七	樂都縣第二保第一甲第四户	暫一師三团三連列兵		引勝鄉第二保馬家灣第一甲第四户務農	生活平常 体格萎弱	
段進祿	三六	樂都縣第二保第一甲第四户	暫一師二營七連連副中尉		引勝鄉第二保馬家灣第一甲第四户務農	生活困苦 体格弱	
李蘊琪	三四	樂都縣第二保第五甲第六户	騎八師礮連列兵		引勝鄉第二保土官口第五甲第六户務農	生活平常 体體強健	

6+20

馬忠	三六	樂都縣第二保第二甲第三户	一百師二团团部列兵	河西勦共匪出役無奬勵	引勝鄉第二保馬家灣第二甲第三户務農	生活困難 体格衰弱
熊元春	二八	樂都縣第二保第八甲第九户	一百師一团一營二連列兵	河西勦共匪出役無勳奬	引勝鄉第二保馬家灣第二甲第三户務農	生活平常 体格有病
王生朝	三〇	樂都縣第二保第十一甲十二户	六一師一团三營机槍連列兵	河西勦共匪出役無勳奬	引勝鄉第二保王家庄第十一甲十二户務農	生活困苦 體格不強
王長生	三九	樂都縣引勝鄉第二保第十一甲十一户	八二师特務三連二班中士班長	河西勦共匪出役無有勳奬	引勝鄉第二保王家庄十一甲十二户務農	生活平常 身体健康
保才子	四一	樂都縣引勝鄉第二保第一甲第二户	八二師一团机槍連列兵	河西勦共匪出役無勳奬	引勝鄉第一保馬家灣第一甲第二户務農	生活平常 身体健康

姓名	年齡	籍貫詳細住址	原屬部隊及曾任職務	參加戰役及勳獎	現時確實住址及職業	生活及健康狀況	備考
蘇應瑞	五五	樂都縣引勝鄉第三保第四甲第三戶	工區營一連三班列兵		引勝鄉第三保陳家堡第四甲第三戶務農	生活平常 体格衰弱	
祁義德	二八	樂都縣引勝鄉第三保第六甲第一戶	一百師工兵連列兵	河西剿共匪之役無獎勳	引勝鄉第三保倉嶺溝第六甲第一戶務農	生活平常 身体強壯	
王新邦	三三	樂都縣引勝鄉第三保第一甲第九戶	大車連木車四大隊運輸處列兵	—	引勝鄉第三保王佛寺第一甲第九戶務農	生活平常 体格強健	

姓名	年齡	籍貫詳細住址	原屬部隊及曾任職務	參加戰役及勳獎	現時確實住址及職業	生活及健康狀況	備考
楊庭寶	三五	樂都縣引勝鄉第四保第七甲第八戶	運輸處木車一大隊士兵		引勝鄉第四保潘湧莊第七甲第八戶務農	生活平常 身体康健	
祁永清	三九	樂都縣引勝鄉第四保第七甲第六戶	省政府		引勝鄉第四保潘湧莊第七甲第六戶務農	生活困難 身体衰弱	
祁建國	三四	樂都縣引勝鄉第四保第一甲第五戶	騎五師第十四團四連准尉特務長		引勝鄉第四保祁家灣第一甲第[illegible]戶務農	生活難 [illegible]健格強	
楊應林	四六	樂都縣引勝鄉第四保第三甲第十戶	補充旅一團一營一連士兵		引勝鄉第四保楊家崗第三甲第十戶務農	生活維難 身体強健	
楊生福	四八	樂都縣引勝鄉第四保第三甲第十戶	木車隊士兵		引勝鄉第四保楊家崗第三甲第十戶務農	生活困難 身体強健	

8

楊漢清

四四

雩都縣引騰鄉第四保第二甲第八戶

木車隊 士兵

引勝鄉第四保楊家閣第二甲第八戶務農

生活困难 体格壮健

姓名	年齡	籍貫詳細住址	原屬部隊及曾任職務	參加戰役及勳獎	現時確實住址及職業	生活及健康狀況	備考
王天成	三二	樂都縣引勝鄉第五保第一甲第二戶	一百師衛生隊列兵	河西勦共、匪之役無獎勳	引勝鄉第五保窑庄第第一甲第二戶務農	生活困难 身体强健	
許才方	二九	樂都縣引勝鄉第五保第八甲第三戶	一百師二九八旅迫擊連列兵	河西勦共、匪之役無獎勳	引勝鄉第五保窑庄第八甲第三戶務農	生活困难 身体衰弱	
王三升	二八	樂都縣引勝鄉第伍保第八甲第七戶	六一師二团列兵		引勝鄉第五保新堡子第八甲第七戶務農	生活平常 身体强健	
馬三合	二一	樂都縣引勝鄉第五保第三甲第七戶	六一師三团列兵		引勝鄉第五保趙家灣第三甲第七戶務農	生活困难 身体强健	
楊得祿	五三	樂都縣引勝鄉第五保第十甲第二戶	省政府運輸處列兵		引勝鄉第五保薛家庄第十甲第十二戶務農	生活困难 身体衰弱	

楊忠義	張長壽
吾	二五
樂都縣引勝鄉第五保第三甲第十三户	樂都縣引勝鄉第五保第五甲第九户
省政府服務	省政府保二团四連列兵
引勝鄉第五保薛渚庄第三甲第十三户務農	引勝鄉第五保龍潘[illegible]第九甲第七户務農
生活平常 身体衰弱	生活平常 身体强健

姓名	年龄	籍贯详细住址	原属部队及曾任职务	参加战役及勋奖	现时确实住址及职业	生活及健康状况	备考
李福成	四六	乐都县引胜乡第六保第九甲第七户	省政府运输处列兵		引胜乡第六保赵家湾第九甲第七户务农	生活平常 身体衰弱	
郭富贵	四五	乐都县引胜乡第六保第九甲第十户	六一师[illegible]部少尉附员		引胜乡第六保赵家寺第九甲户务农	生活平常 身体尚健	
赵以温	四〇	乐都县引胜乡赵家湾第六保第九甲第七户	青海省政府运输处列兵		引胜乡第六保赵家湾第九甲第七户务农	生活平常 身体尚健	
赵由由	二八	乐都县引胜乡第六保五甲第五户	保安骑兵三团二连列兵		引胜乡第六保赵家湾第五甲第五户务农	生活平常 身体甚康	
赵来存	五〇	乐都县引胜乡第六保第十甲第九户	一百师一团一营一连士兵	河西剿共匪之役与勋奖	引胜乡第六保赵家湾第十甲第九户务农	生活困苦 身体衰弱	

10770

宋三德 五〇

樂都縣引
勝鄉第六
保第十甲
九户

運輸處
列兵

引勝鄉第 生活困苦
六保趙家灣
第十一甲九户 身体衰弱
務農

乐都县水磨营乡抗战期间及胜利后退伍荣誉军官佐属调查表（一九四七年六月二十日）

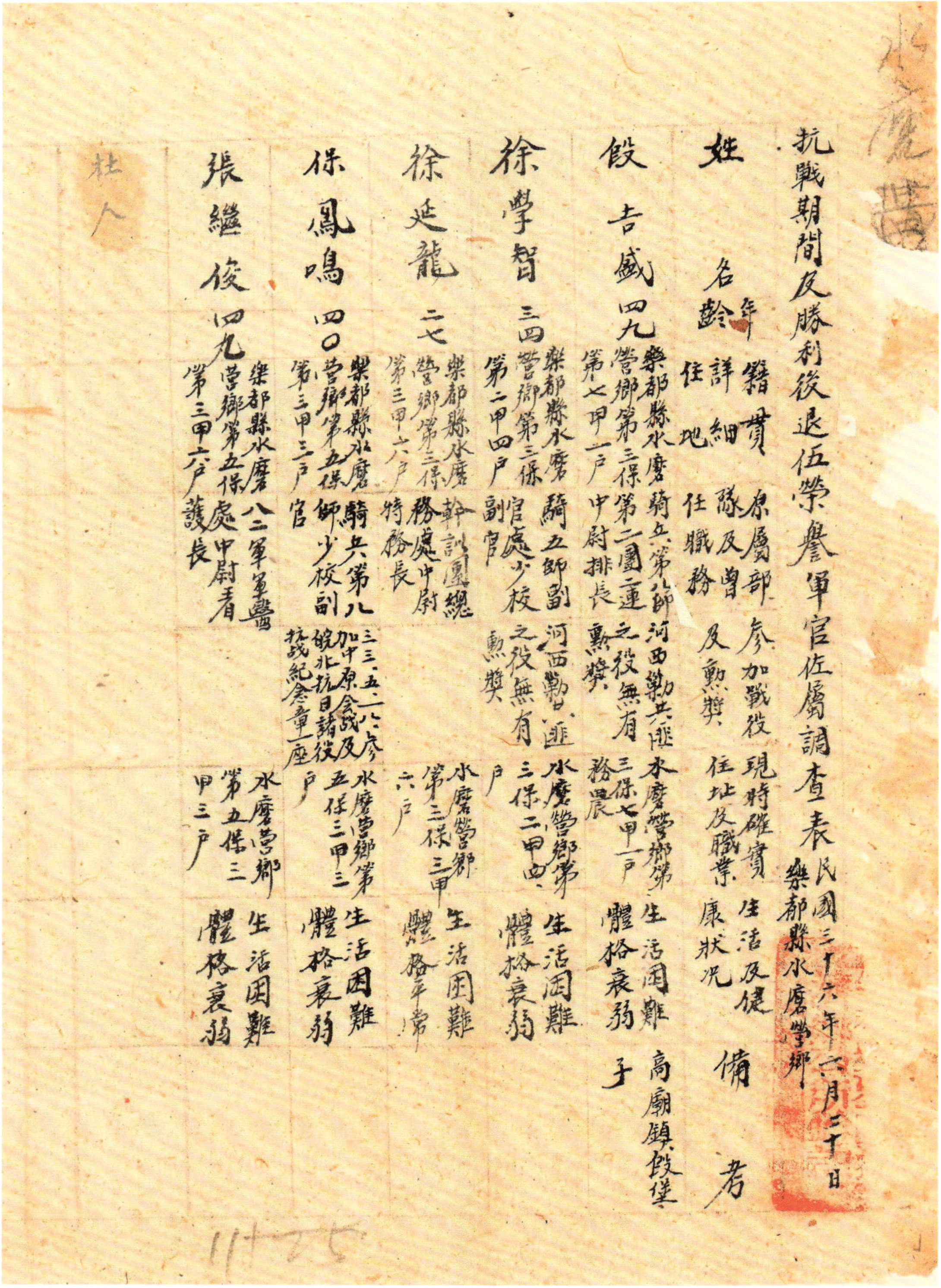

水磨營

抗戰期間及勝利後退伍榮譽軍官佐屬調查表 民國三十六年六月二十日 樂都縣水磨營鄉

姓名	年齡	籍貫詳細住地	原屬部隊及曾任職務	參加戰役及勳獎	現時確實住址及職業	生活及健康狀況	備考
殷吉戚	四九	樂都縣水磨營鄉第三保第七甲一戶	騎五、第八師第二團連中尉排長	河西勦共匪之役無有勳獎	水磨營鄉第三保七甲一戶務農	生活困難 體格衰弱	高廟鎮殷堡子
徐學智	三四	樂都縣水磨營鄉第三保第二甲四戶	騎五師副官處少校副官	河西勦匪之役無有勳獎	水磨營鄉第三保二甲四戶	生活困難 體格衰弱	
徐延龍	二七	樂都縣水磨營鄉第三保第三甲六戶	幹訓團總務處中尉特務長		水磨營鄉第三保三甲六戶	生活困難 體格平常	
保鳳鳴	四〇	樂都縣水磨營鄉第五保第三甲三戶	騎兵第八師少校副官	三三、五、二八參加中原會戰及皖北抗日諸役 抗戰紀念章一座	水磨營鄉第五保三甲三戶	生活困難 體格衰弱	
張繼俊	四九	樂都縣水磨營鄉第五保第三甲六戶	八二軍軍醫處中尉看護長		水磨營鄉第五保三甲三戶	生活困難 體格衰弱	

11775

水磨營鄉鄉長馮秉驊

抗戰期間及勝利後退伍榮譽士兵調查表

樂都縣水磨營鄉　　民國三十六年六月　日

姓名	年齡	籍貫詳細住址	原屬部隊參加戰役及曾任職務及獎勳	現時確實住址及職業	生活及健康狀況	備考
趙發明	三二	樂都縣水磨營鄉一保三甲	運輸處木車隊士兵	水磨營鄉一保三甲農	生活困難體格衰弱	走青新公路修路
祁寶德	四六	樂都縣水磨營鄉一保八甲	八二師修械所列兵	水磨營鄉一保八甲農	生活困難體格衰弱	
黄永祿	二八	樂都縣水磨營鄉一保一甲	一百師野戰醫院担架排	水磨營鄉一保一甲農	生活困難體格困難	
李進財	四八	樂都縣水磨營鄉一保七甲	特務團一營士兵	水磨營鄉一保七甲農	生活困難體格平常	
巴德成	四七	樂都縣水磨營鄉一保六甲	一百師五九五團三營士兵	水磨營鄉一保六甲農	生活困難體格衰弱	
巴存德	三五	樂都縣水磨營鄉一保六甲	八二師司令部修械所	水磨營鄉一保六甲農	生活困難體格平常	

李承林	三四	樂都縣水磨營鄉二保一甲	運輸處四大隊士兵	河西勦匪之役無有獎勳	水磨營鄉二保一甲農	生活困難體格衰弱	
李萬成	四四	樂都縣水磨營鄉二保二甲	特務團一營士兵		水磨營鄉二保二甲農	生活困難體格衰弱	
張舉邦	二四	樂都縣水磨營鄉二保五甲	暫一師司令部合作社僱員		水磨營鄉二保五甲農	生活困難體格衰弱	
逯有福	三八	樂都縣水磨營鄉二保九甲	運輸處木車隊士兵		水磨營鄉二保九甲農	生活困難體格衰弱	
黃成忠	三八	樂都縣水磨營鄉三保九甲	保安處勞動營四連十班士兵		水磨營鄉三保九甲農	生活困難体格衰弱	
張壽山	三六	樂都縣水磨營鄉三保一甲	一百師三團一營二連四班班長		水磨營鄉三保一甲農	生活困難体格衰弱	
管正昌	四八	樂都縣水磨營鄉三保四甲	運輸處木車隊士兵		水磨營鄉三保一甲農	生活困難身体槍傷	

趙占奎	三八	樂都縣水磨營鄉三保八	六一師師部軍士班上士兵		水磨營鄉三保八甲農	家景貧困 體格衰弱	
黄占奎	四四	樂都縣水磨營鄉三保五甲	六一師師部軍士班上士兵		水磨營鄉三保伍甲農	生活困难 體格衰弱	
徐長貞	四五	樂都縣水磨營鄉三保四甲	軍官訓練團士兵		水磨營鄉三保四甲農	生活困难 體格衰弱	
李德元	三八	樂都縣水磨營鄉五保壹甲	二團一營二連一班士兵		水磨營鄉五保一甲農	生活困难 體格衰弱	走青新脩公路
王通州	四二	樂都縣水磨營鄉五保三甲	六一師一團二營三連三班士兵		水磨營鄉五保三甲農	生活困难 體格衰弱	走青新脩公路
王水清	四十	樂都縣水磨營鄉四保六甲	保安處機動營四連十班班長		水磨營鄉四保六甲農	生活困难 體格衰弱	
王克愛	四十	樂都縣水磨營鄉四保四甲	獨立旅步兵二團一營三連五班士兵		水磨營鄉四保四甲農	生活困难 體格衰弱	走青新脩公路

牛如麟

一五

樂都縣
水磨營鄉
四保六甲

運輸處
管理員

水磨營鄉
四保六甲農

生活困难
體格衰弱

馬秉福 三三	一百旅一团七营	拉廿邑三保二甲二六户 务农	困难 精神弱	正戴
趙文魁 四四	保一团大連	三保×甲×户 务农	……困难 神衰弱	赴青新公路
巨三貴 三五	保安處	三保×甲十户 务农	……困难 精神弱	
趙釗 二六	一百师野战医院	巴口庄四保五甲八户 务农	……困难 神弱瘦	赴青新大路
張扶勝 二九	一百师三团营二连四班	山城庄四保十甲一户 务农	……困难 神黄瘦	腰腿痛
何忠信 四五	保安處工兵营一连三班二等兵	山城庄四保八甲三户	……困难 神老衰	
李原上 二四	一百师二团三营一连	葉家庄一保八甲四户 务农	……困难 神弱	目疾
祝存貴 四一	湟中实业公司	一保×里×人 务农	……困难 神瘦弱	腰腿痛
李迎蓮 四二	煤窯山三場司称员	深湍庄五保八甲八户 务农	……困难 神弱	嗓病
劉玉章 四六	一百师迫砲营	深湍庄五保五甲十户 务农	……困难 神弱瘦	背痛

抗戰期間及勝利後退伍榮譽軍官佐屬調查表

樂都縣洪水鄉

中華民國三十六年六月二十日

姓名	年齡	籍貫詳細住址	原屬部隊參加戰役及曾任職務	現時確實住址及職業	生活及康健狀況	備考
郝成鴻	四五	樂都縣洪水鄉一保十甲	騎五軍五師一團上尉軍需 大拉牌戰役升級軍需官	洪水鄉一保十甲 務農	生活困難 身體殘疾	
吴起漢	三九	樂都縣洪水鄉一保二甲	保安三團營部司書	現迁他往化隆縣	依匠為生 身體康健	
吴永傑	四五	樂都縣洪水鄉二保三甲	八二軍司令部特務團三連少尉特務長	洪水鄉二保三甲 務農	生活困難 身體康健	
吴進德	三四	樂都縣洪水鄉三保九甲	陸軍騎兵第八師上尉連長	洪水鄉三保九甲八戶 務農	生活困難 身體康健	
邢國玉	三五	樂都縣洪水鄉二保三甲	暫編騎兵六師步兵六團三營三連上尉連副	洪水鄉二保三甲 務農	生活困難 身患腿疾	

洪水鄉鄉長李文煥呈

抗戰期間及勝利後退伍榮譽軍官佐屬調查表　樂都縣碾伯鎮　三十六年六月　日

姓名	年齡	原屬部隊及曾任職務	參加戰役及勛獎	現時住址及職業	確實生活及健康狀況	籍貫詳細住址	備考
鄭守身	四二	騎五軍軍部軍法官		碾伯鎮第一保七甲二户，現任中心學校校長	家道殷實	樂都縣碾伯鎮	
馬登英	四二	獨立步兵旅一團二營一連特務長		碾伯鎮一保五甲七户農人	家道平常	樂都縣碾伯鎮	
李增輝	四六	步兵旅二團團部中尉軍需書記官		碾伯鎮第市一保二甲一六户農	家道寒難	仝上	
徐益三	三九	騎五軍炮兵團合作社經理		碾伯鎮第市一保九甲一三户商	家道平常	仝上	
梁國楨	四四	陸軍三十軍特務旅一團炮兵連上尉連長	北伐之役	碾伯鎮第市保五甲四户，本鎮合作社理事長	家道平常	樂都縣碾伯鎮	
熊有山	四十	騎五軍特務團第一營營副		碾伯鎮第四保八甲七户農人	家道貧寒	仝上	
鄧國正	四一	八二軍一百師二九九團一營二連連附		碾伯鎮第四保十一甲九户農人	家道殷實	仝上	
鄭子明	三七	八戰區司令部傳達排排長		碾伯鎮第二保二甲八户農人	家道平常，身體康狀	仝上	

姓名	年齡	職務	住址及職業	家道身體	備考
馬子明	二五	騎五師一旅二團四營一連連長	碾伯鎮第二保八甲七戶 農人	家道殷實 體格強壯	
馬廷銓	二七	騎兵第八師二團副團長	碾伯鎮第二保七甲三戶 農人	家道充實 身體健康	
何正財	三五	暫騎二師修械所中尉技員	碾伯鎮第二保七甲戶 中央警官學校 農人	家道寒難 身體康健	
馬積善	三八	八二軍一百師拍炮營二連軍事	碾伯鎮第二保八甲戶 農業	家道貧寒 身体康健	仝上
馬希平	四十	騎八師師部少校軍械官騎五師少校軍需主任	碾伯鎮第三保八甲六戶 農人	家道平常 身体強狀	樂都縣碾伯鎮
許常福	四八	八二軍六一師二團三營三連准尉連附	碾伯鎮第三保一甲十戶 商人	家道貧難 身体強狀	仝上
嚴崇順	四七	騎五師步兵旅二團二營一連連附	碾伯鎮第三保七甲八戶 商業	家道貧寒 身体康強	仝上
張有才	四二	騎五師步兵二團二營九連中尉連附	碾伯鎮第三保十甲五戶 農業	家道平常 身体強壯	
馬[illegible]福	四五	騎二師一團三連上尉連長	碾伯鎮第三保十甲九戶 商人	家道貧寒 身休強壯	仝上
嚴占魁	四七	一百師一團三營一連連附	碾伯鎮第三保十一甲二戶 商人	家道頗富 身體康壯	仝上

15

邑正魁	四八	一百师二九八旅五九五团团部副官		碾伯镇第三保六甲三户农人	家道贫寒 身体康强	乐都县碾伯镇
李成俊	四七	一百师二团一营三连连附		碾伯镇第三保六甲三户农	家道充实 身体健强	仝上
馬玉龍	四三	一百师六百团二连连附		碾伯镇第三保七甲二户农	家道困乏 身体完全	仝上
祝占魁	四六	陆军十五军军部中尉差遣副官		碾伯镇第三保三甲五户商	家道寒难 身体很好	
周培賢	四三	一百师一团一营二连连附及团部军医官		碾伯镇第五保七甲三户农	家道寒难 身体完全	仝上
周郁禮	五二	六一师上尉副官	参加河西剿匪三次	碾伯镇第五保三甲七户农	家道贫寒 身体完全	仝上
余豐年	三五	陆军暂编骑兵二师参谋处上尉书记官司令部上尉书记官		碾伯镇第五保六甲二户商人	家道寒难 身体常有微疾	仝上
張永年	三四	六一师一营一连排长		碾伯镇第六保十甲二户农	家道殷实 身体完全	仝上

碾伯镇镇长郑守章

檢定號數

姓名	李國繁	字號	子寶	性别	男
籍貫	青省海樂都縣洪水鄉第二保				

學歷

畢業學校及受訓機關	肄業及受訓年月數　畢業年數	証件名稱
樂都縣洪鄉下王家國民學校畢業	民國十三年十一月二十日	畢業証書　遺失

經歷

服務機關	在職年月日起訖年月日	証件
陸軍一百師手槍團軍需	二十六年九月二十六日	委任
陸軍新編第二軍司令部中尉軍需	二十六年七月二十二日	委任
陸軍八二軍一百師軍需處准尉司書	二十九年三月十九日	
陸軍八二軍一百師軍需處中尉課員	三十年五月一十二日	

曾受檢

檢定種類	檢定資格

79

山城鄉抗戰期間及勝利後退伍榮譽軍官佐屬調查表

民國卅六年 月 日

姓名	年齡	籍貫詳細住址	原屬部隊及曾任職務	參加戰役及勳獎	現時確實住址及職務	生活及健康狀況	備考
羅貴英	二九	山城鄉衛門庄二保三甲四户	騎二軍暫一師机槍連上尉連附		新庄子 務農	生活困難 精神衰弱	戰 現任一保々長
羅繼智	三二	衛門庄二保三甲四户	八二軍々部大校教官		新庄子二保三甲四户 務農	〃困難 精神瘦黄	
馬尚青	三三	拉甘邑庄三保七甲	青藏公路工程處		拉甘邑三保七甲 務農	〃〃困難 精神形容苦膏	
楊錫霖	三五	山城庄四保九甲十户	八二軍々部科員		山城庄四保九甲十户 務農	〃〃平常 精神弱瘦	湟源孫氏府 水農處
朱長元	三八	湟源庄五保八甲二十五户	一百旅三團軍需		湟源庄五保八甲廿五户 務商	〃〃困難 精神弱	青海省保安 衛保商
祁增祿	四二	六保八甲十一户	本府運輸處		拉甘邑庄六保八甲十一户 務農	〃〃困難 精神老弱	
王占魁	三六	衛門庄二保六甲三户	一百師五九五團三營	衛門庄二保六甲三户		〃〃困難 精神衰	

80

楊良英 四九	特务团二营	衛乃庄二保七甲五户	精神衰弱 三困难
楊生花 二八	仝上	仝上	精神尚可 一困难
馬三元 三八	一百师军医院	拉甘邑庄二保八甲七户 务农	精神衰弱 三困难
喬連昇 二六	一百旅二团三营迫炮排	新庄子二保一甲六户 务农	精神弱 三困难 瘦
蘇有成 三〇	一百旅二团三营	拉甘邑三保十甲三户 务农	腰腿痛 三困难 共和村六 通 六
何文荣 三七	一百旅三团三营	三保六甲四户 弱	精神瘦
巨生英 四〇	修械所	三保六甲十户	精神尤 弱困难

0089

0005-8

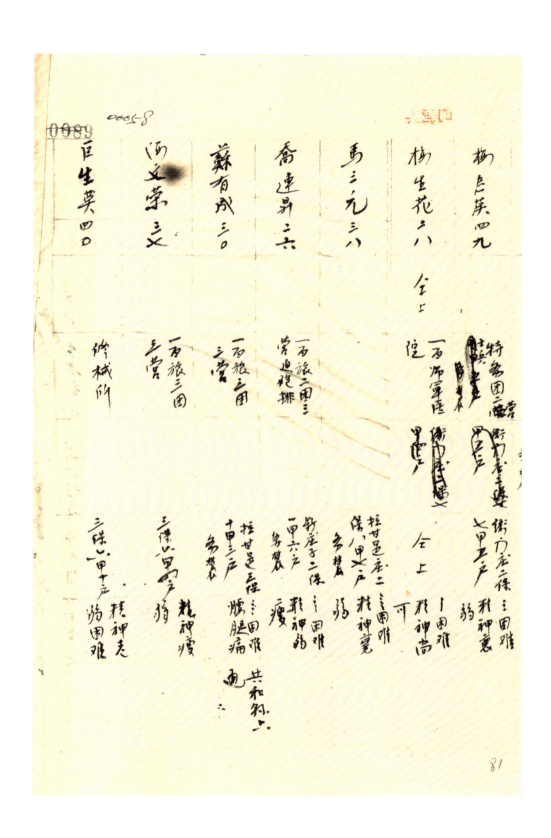

乐都县高店乡抗战期间及胜利后退伍荣誉军官佐属调查表（一九四七年）

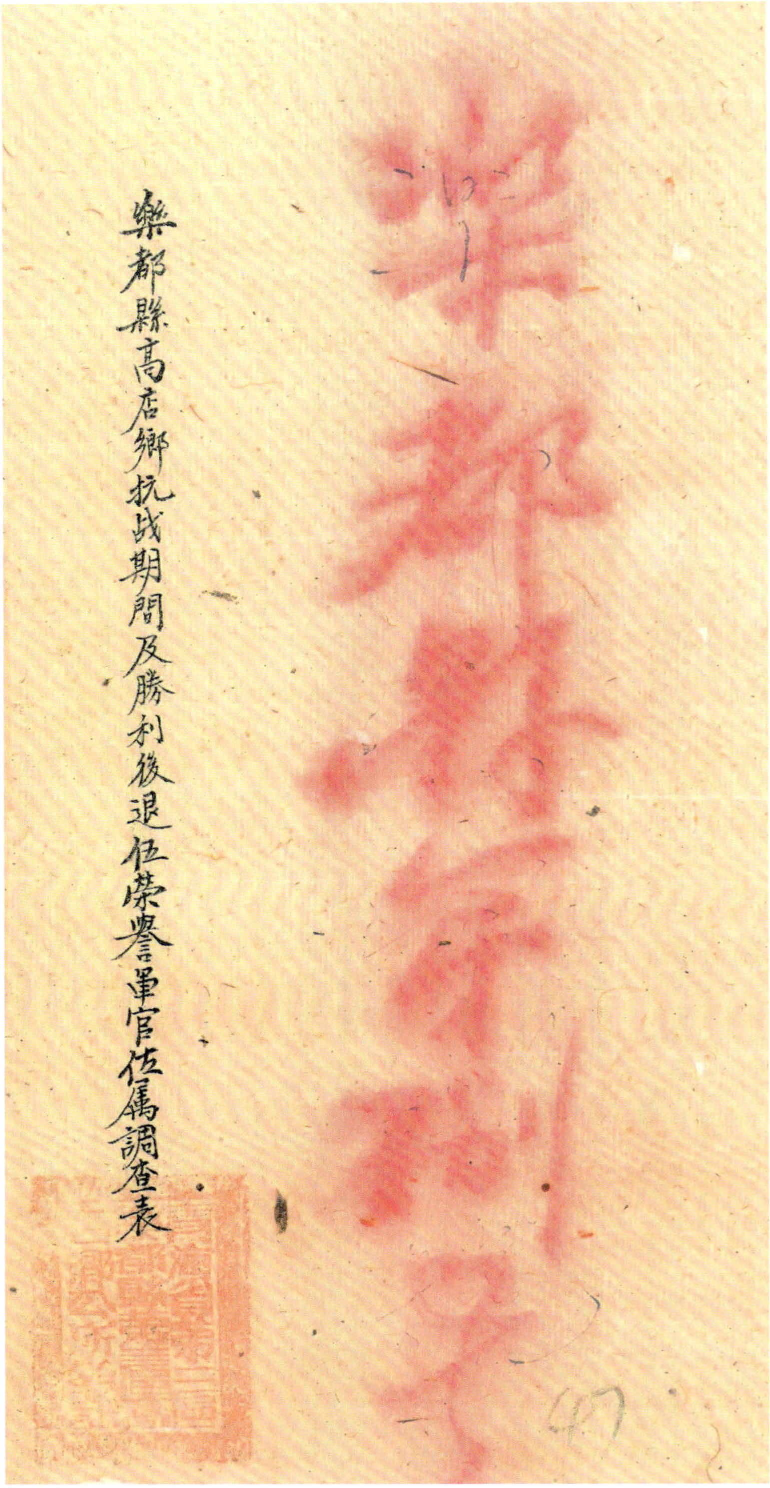
樂都縣高店鄉抗战期間及勝利後退伍榮譽軍官佐屬調查表

抗戰期間及勝利後退伍榮譽軍官佐屬調查表

縣 市　　年 月 日

姓名	年齡	籍貫及詳細住址	原屬部隊參加戰役及曾任職務及勳獎	現時確實生活及健康狀況住址及職業	備考
星進元	二九	樂都高店鄉一保十甲五戶	六一旅醫院上尉連長	高店鄉一保十甲五戶農業 生活良好 身体平常	
劉建善	五一	樂都高店鄉三保八甲四戶	保安處運輸隊一大隊上士班長 河西剿匪之役	高店鄉三保八甲四戶農業 生活平常 身体老弱	
劉占彪	五一	樂都高店鄉三保六甲六戶	暫一師步兵團三營機槍連上士班長 河西剿匪之役	高店鄉三保六甲六戶農業 生活平常 身体有疾	
李景昌	三二	樂都高店鄉三保十甲六戶	陸軍八十二軍司令部一百師文百团一營兵	高店鄉三保十甲六戶農業 生活艰苦 身体有疾	
虎尚林	二九	樂都高店鄉三保二甲四戶	騎五師砲兵團通信排士兵	高店鄉三保二甲四戶農業 生活平常 身体有疾	

48

楊生清	四一	樂都高店鄉四保十甲三戶	手槍團大隊長	河西剿匪之役	高店鄉四保十甲三戶	農業	生活平常	身体健康
馬成功	三七	樂都高店鄉四保九甲五戶	六一師二团三營三連連附	河西剿匪之役	高店鄉四保九甲五戶	農業	生活平常	身体強健
王恒江	三九	樂都店鄉五保二甲二戶	陸軍一百旅元八團二部少校主任	寧夏討孫之役河西剿匪之役	高店鄉五保二甲二戶	農業	生活平常	身体有疾
王恒湘	四五	樂都高店鄉五保二甲三戶	騎八旅三团二部少校幹事	寧夏討孫之役河西剿匪之役	高店鄉五保二甲三戶	農業	生活很好	身体強健 赴新青公路
辛有智	三三	樂都高店鄉五保八甲七戶	騎五軍特務团二營六連上尉連長	寧夏討孫之役河西剿匪之役	高店鄉五保八甲七戶	農業	生活良好	身体強健
白占奎	三七	樂都高店鄉五保五甲七戶	陸軍一百旅一團一營二連上士班長	河西剿匪之役	高店鄉五保五甲七戶	農業	生活平常	身体強健

李生芳	三八	樂都高店鄉五保七甲六户	騎五軍二團三營六連二附	寧夏討孫之役河西剿匪之役	高店鄉五保七甲六户	農業	生活良好	身体強健
白連梅	五〇	樂都高店鄉五保六甲三户	運輸處二大隊兵		高店鄉五保六甲三户	農業	生活困苦	身体老弱
白學梅	四一	樂都高店鄉五保七甲九户	一百旅一團二營二連士兵	河西剿匪之役	高店鄉五保七甲九户	農業	生活平常	身体稍弱
王廷朝	二七	樂都高店鄉五保九甲一户	一百旅二團三營機槍連士兵		高店鄉五保九甲一户	農業	生活平常	身体有傷
巨積思	四五	樂都高店鄉五保十甲七户	保安處士兵	寧夏討孫之役河西剿匪之役	高店鄉五保十甲七户	農業	生活平常	身体強健
巨生蘭	五二	樂都高店鄉五保十甲十户	運輸處士兵	河西剿匪，之役	高店鄉五保十甲十户	農業	生活平常	身体老弱

李生德	三六	樂都高店鄉五保六甲九户	涼州第七師通信連士兵	中日之戰役	高店鄉五保六甲九户	農業	生活平常	身体强健	
周永泰	三四	樂都高店鄉六保一甲三户	騎兵第五軍砲兵團二營一連特務長	寧夏討孫之役 河西剿匪之役	高店鄉六保一甲三户	農業	生活平常	身体强健	
王占勳	四一	樂都高店鄉六保三甲一户	陸軍一百旅三團團部少校幹事	寧夏討孫之役 河西剿匪之役	高店鄉六保三甲一户	農業	生活平常	身体有疾	
王全邦	三六	樂都高店鄉六保四甲十一户	陸軍一百旅旅部准尉附員	寧夏討孫之役 河西剿匪之役	高店鄉六保四甲十一户	農業	生活困难	身体眼目有疾	
吴創業	二四	樂都高店鄉六保五甲四户	陸軍第四十集團軍總司令部無線電台少校事務員		高店鄉六保五甲四户	農業	生活平常	身体强健	
王福久	二八	樂都高店鄉六保七甲十三户	陸軍第四十集團軍幹部訓練團少尉特務長		高店鄉六保七甲十户	農業	生活平常	身体强健	赴新青公路

26

吳生才 四六 樂都高廟鄉六保八甲一戶 運輸處二大隊中士班長 河西剿匪之役 高廟鄉六保八甲一戶 農業 赴新青公路

沈有才 五〇 樂都高廟鄉六保一甲四戶 陸軍八十二軍特務連上士班長 寧夏討孫之役河西剿匪之役 高廟鄉六保一甲四戶 農業

劉建貴 二九 樂都高廟鄉三保八甲八戶 八二師衛士隊特務長 高廟鄉三保八甲八戶 農業

50

中華民國三十六年 月 日

51

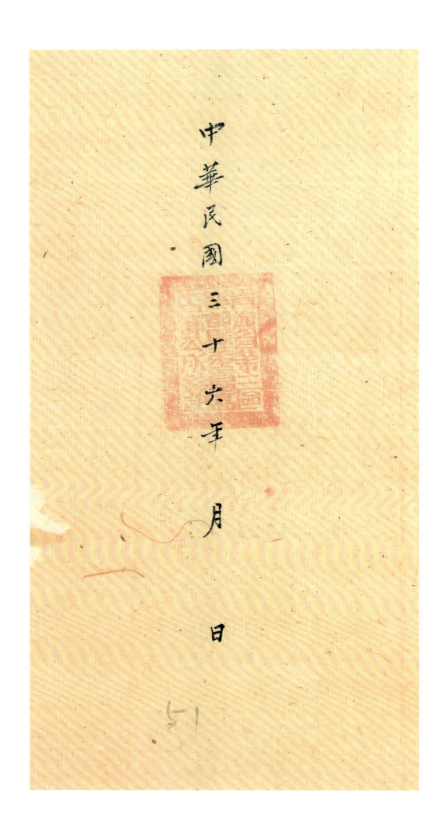

陆军新编骑兵第四师杨濡霖直接参与作战官佐证明书（一九四八年五月）

直接參與作戰官佐證明書

陸軍新編騎兵第四師直接參與作戰官佐證明書

查楊濡霖原籍青海省樂都縣碾伯鄉高廟莊於民國三十六年十二月入伍現在本部獸醫處充任一等佐獸醫並担任作戰勤務此證

中華民國三十七年五月日填發

李大业等人直接参与作战士兵证明书（一九四八年五月）

直接參與作戰士兵證明書
（甲聯）

部隊直接參與作戰士兵證明書

查李大業原籍係青海省樂都縣高廟鄉二保五甲於民國三五年四月入伍

現在本部第三營第三連充當上士文書並擔任作戰勤務此證

聯合勤務總司令部輜重兵汽車第五團團長 劉

中華民國三十七年五月 日填發

由部隊主官分省彙寄各省市政府轉行縣市政府存案

33

輜任附入字第叁叁一六玖號

直接參與作戰士兵證明書

（甲聯）

部隊直接參與作戰士兵證明書

查阿戌全原籍青海省樂都縣老鴉鄉一保十甲於民國三十七年四月入伍

現在本部第一營第九連充當上等兵傳達

並擔任作戰勤務此證

聯合勤務總司令部輜重兵汽車第五團團長

劉[illegible]

334

中華民國三十七年五月　日填發

由部隊主官分齎彙寄各省市政府轉行縣市政府存案

32

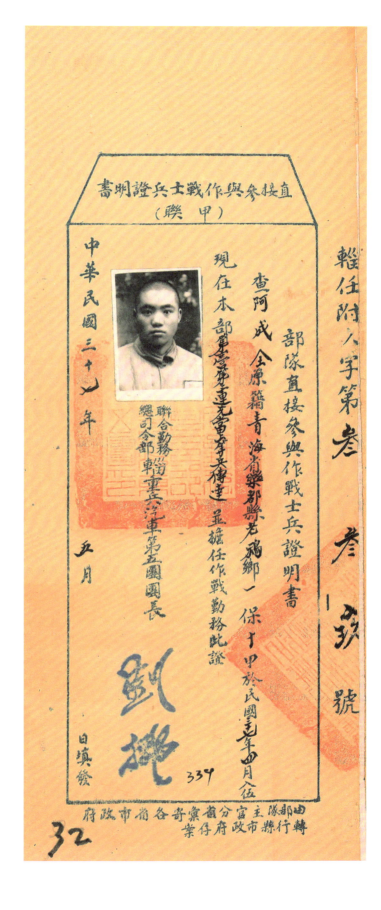

輜[illegible]字第[illegible]號

直接參與作戰士兵證明書

（甲聯）

部隊直接參與作戰士兵證明書

查李建唐原籍係青海省樂都縣高廟鄉二保五甲於民國三十年三月入伍

現在本部第營第三連充當上士器材並擔任作戰勤務此證

聯合勤務總司令部輜重兵汽車第五團團長 劉[illegible]

中華民國三十七年五月 日填發

由部隊主官分寄各省市政府轉行縣市政府存案

31

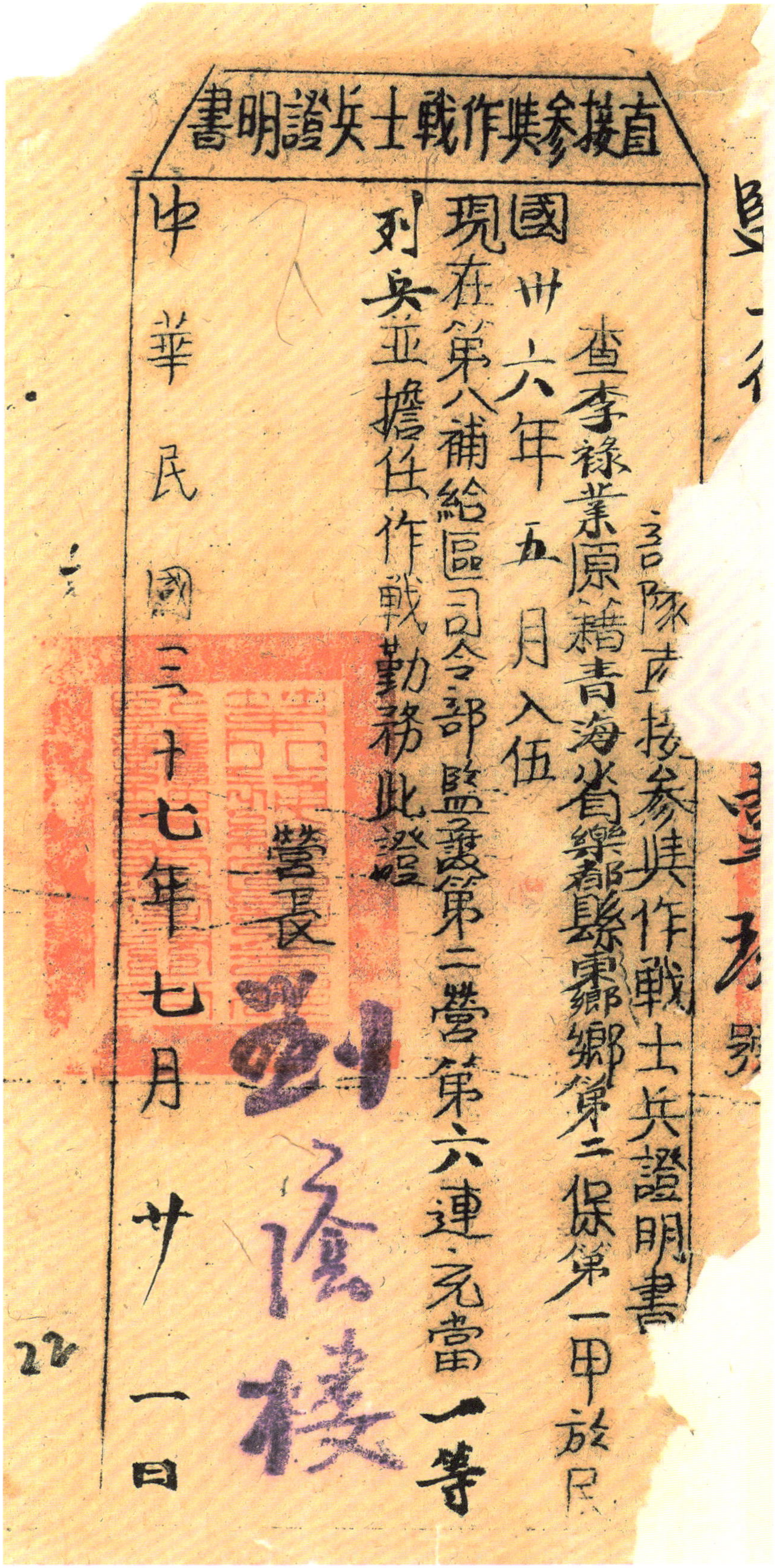

直接參與作戰士兵證明書

部隊直接參與作戰士兵證明書

查李祿業原籍青海省樂都縣東鄉第二保第一甲於民國卅六年五月入伍現在第八補給區司令部監護第二營第六連充當一等列兵並擔任作戰勤務此證

營長 劉倫樓

中華民國三十七年七月廿一日

22

李禄业直接参与作战士兵证明书（一九四八年七月二十一日）

哈致川关于开往太原三原玉林山北一带抗日等事给玉山旅长的函（时间不详）

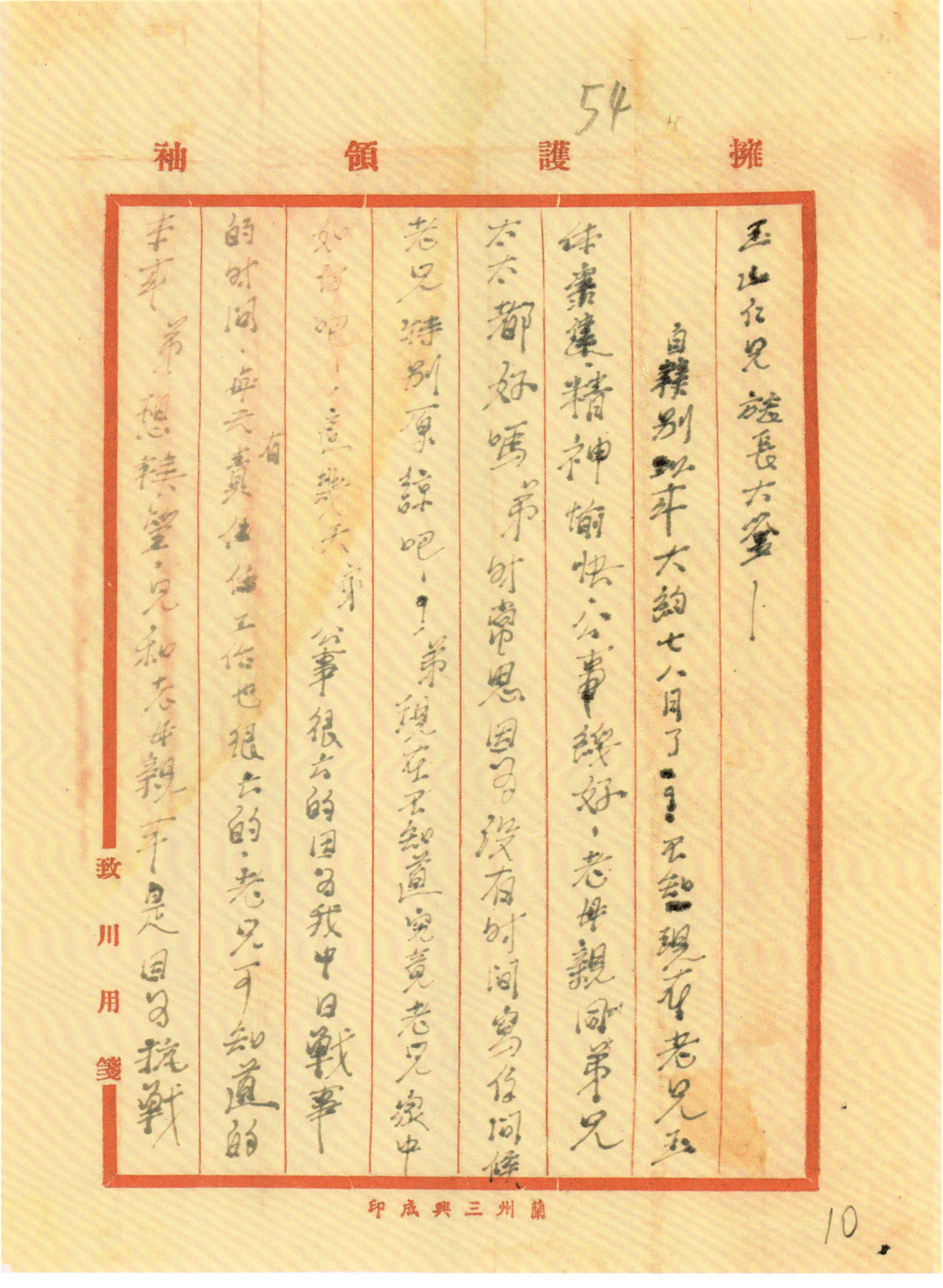

54

擁護領袖

玉山仁兄旅長大鑒！

自離別以來大約七八月了，——，不知現在老兄玉体康健，精神愉快，公事順好，老母親同弟兄太太都好嗎？弟時常思因爲沒有時間寫信聯係，老兄特別原諒吧！——，弟現在不知道究竟老兄家中如何吧！——，這幾天弟公事很大的因爲我中日戰事的時間，每天有責任係工作也很大的，老兄可知道的本年弟想瞻望，兄和老母親本年是因爲抗戰

致川用箋

蘭州三興成印

10

擁護　55　領袖

的問題很大。我本軍軍長除了廿團軍團軍長要
開三原當太原省玉林山北一帶行軍旅旦。弟
也是因為有些責任。再我青年公母應當要旧
為國家多效力。日後勝利之後再來見面談
話。再青海和貴地情形望隨以為要事
此敬請
安
小弟哈致川手上

哈致川章

致川用箋

蘭州三興成印

11

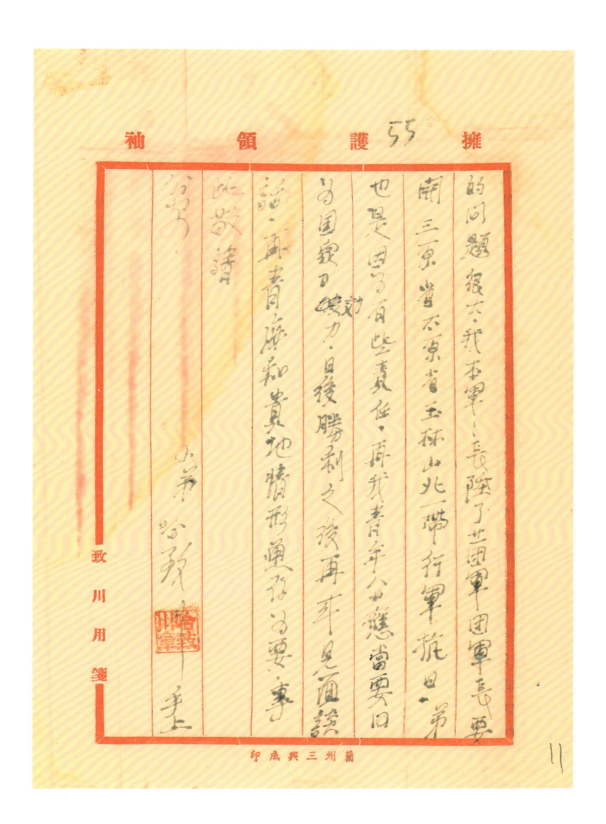

陆军骑兵五、八十二军各部队退伍军官佐姓名册（时间不详）

00023

○ × □

陸軍騎兵五八十二軍各部隊退伍軍官佐姓名冊

隊別	級職	姓名	年齡	籍貫住址	備考
騎五軍	少校課長	馬其昌	四七	樂都	
	准尉司書	張國翔	四〇	樂都	
輜重營	少尉連附	祁萬忠	二九	樂都達子灣	
砲兵團	上尉書記	李增輝	三六	樂都	
特務團	少尉連附	李國泰	二九	樂都	
工兵營	中尉連附	李生芳	二四	樂都	
特務團	上尉連長	侯文正	三六	樂都	
	軍械官	徐全忠	三六	樂都	
	中尉連附	杜景亭	三一	樂都	
輜重營	號長	陳祥祿	二九	樂都城內	
	少校營附	段發祥	三五	老鴉城	

特務團	上尉連長	李全仁	三五	樂都
	准尉司書	周禎祥	三六	崗溝鄉七保六甲
	上尉連長	辛有志	三六	復興鄉八保十甲
暫師二團	中尉連附	徐金山		祺台寺
步兵團	少校主任	李民三	三七	古樓巷
	上尉書記	盛永魁	三三	崗子溝
	少尉連附	謝占元	三〇	老鴉城
	X 上尉連長	張進勝	四三	南鄉卅子村
	中校處長	馬本驥	三六	高廟鎮
騎五師	中尉副官	張得元	[illegible]	樂都
	少校軍法官	李斌祥	三八	老鴉城
步兵團	少校主任	侯佩	三八	高廟子
	上尉軍需	劉連陞	三五	長一店

00024

陸軍騎兵五（八十二）軍各部隊選送軍官佐姓名冊

隊別	級職	姓名	年齡	籍貫住址	備考
X	上尉軍需〇	何承鴻	四二	兔狼溝	
〇	中尉司藥	祁建國	二七	祁家庄	
	少尉排長	陳國禎	三〇	高廟子	
		黄得勝	三五	樂都	
X	中尉連附〇	張有才	三八	河门街	
X	少尉連附	段進祿	三四	勝番溝	
	准尉特務長	黄來福	三三	東鄉水磨	

双堡乡抗战期间及胜利后退伍士兵调查表（时间不详）

抗戰期間及勝利後退伍士兵調查表

姓名	年齡	籍貫詳細住址	原屬部隊及曾任職務	參加戰役及勛獎	現時確實住址及職業	生活及健康狀況	備考
李更祖	四二	双堡三保七甲	運輸處	河西勦共	双堡嚴家坝源务農	生好 体強	
嚴永華	五二	双堡一保七甲	仝上	仝上	双堡曹坝嶺務農	生平 体強	
辛生敬	三四	双堡一保三甲	騎五師二团二營五連班長	仝上	双堡小甘溝務農	家困 体強	
嚴永福	四八	双堡一保六甲	六一師二团一營二連正目	仝上	双堡哈家源務農	仝上	
申李義	四二	双堡一保五甲	一百師三团二營三連上等兵	仝上	双堡小甘溝務農	生佳 体弱	
辛尚禎	四一	仝上	補充旅三团三營	仝上	仝上	仝上	
辛存緒	二六	双堡一保一甲	八三軍工兵營	仝上	仝上	生佳 体強	赴青新路民工

18

姜佐華	五三	双堡五保十二甲	運輸處	宁夏入拒孫 河西勦共匪	双堡姜家湾庄 務農	生活困难 年老力衰
張存善	五四	双堡五保十甲	保安處	仝上	仝上	仝上
姜富武	六四	双堡五保十二甲	排迫連中士兵	河西勦共	仝上	家貧 体強
郭天福	二五	双堡五保十甲	運輸處	仝上	仝上	仝上
李國泰	三九	双堡五保一甲	一百師一团三營三連兵	仝上	双堡双塔營務農	仝上
潘生金	四七	双堡五保四甲	一百師一团三營九連班長	仝上	仝上	仝上
何存壽	三三	双堡五保二甲	一百師一团三營一連兵	仝上	仝上	家貧 身強有目疾
李尚林	四九	双堡五保三甲	運輸處	仝上	仝上	家貧 身弱

雙堡鄉鄉長嚴成章〔印〕呈

（二）抚恤安置

青海省政府关于抗战功勋子女就学免费案致西宁中学校的训令（一九三一年十月二十四日）

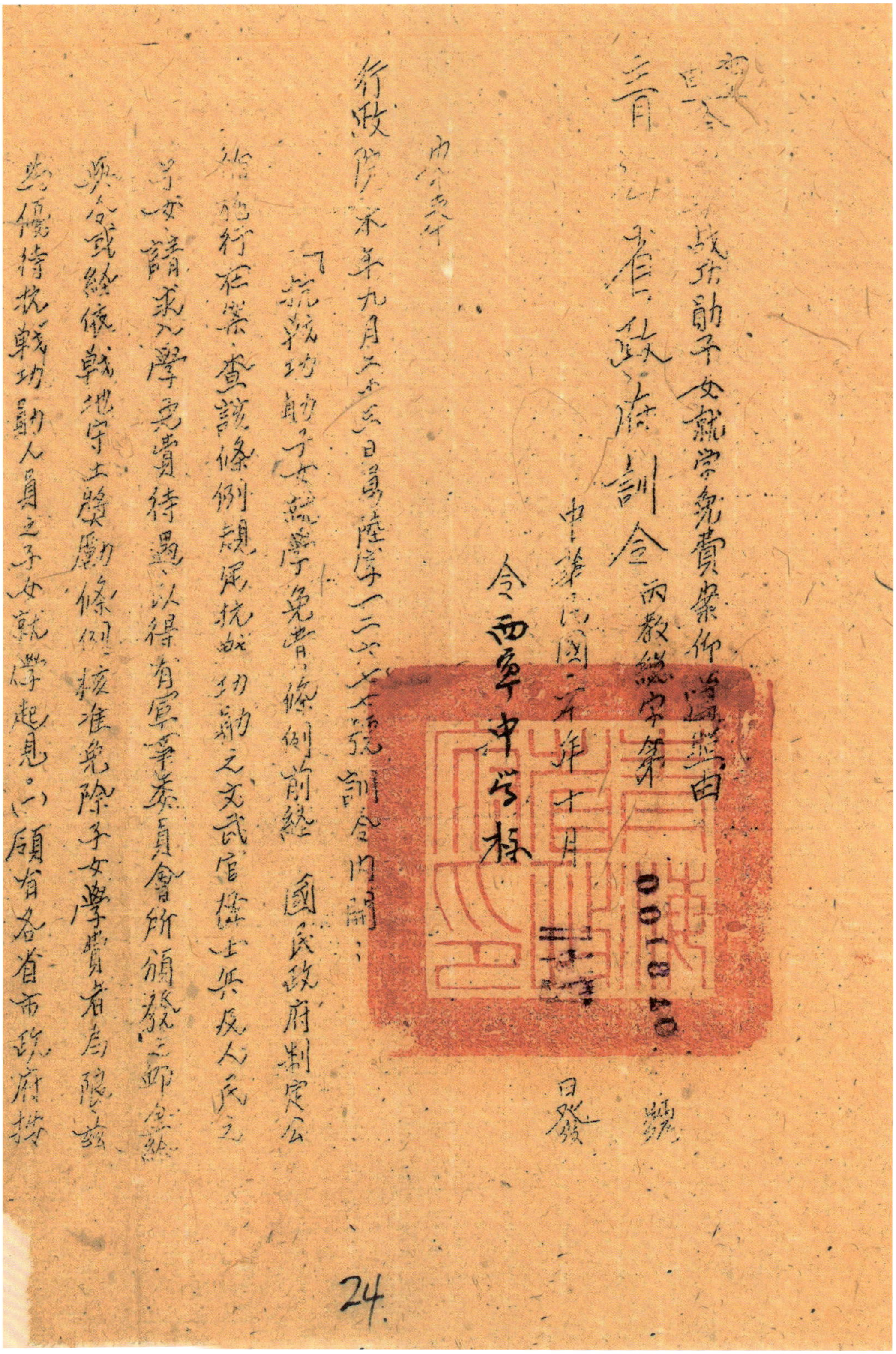

事由：為抗戰功勛子女就學免費案仰遵照由

青海省政府訓令 西教總字第 號

中華民國三十年十月 日發

令西寧中學校

行政院本年九月二十五日第陸字一二六七七號訓令內開：

「抗戰功勛子女就學免費條例前經 國民政府制定公

佈施行在案，查該條例規定抗戰功勛之文武官佐士兵及人民之

子女請求入學免費待遇，以得有軍事委員會所頒發之卹金給

與令或經依戰地守土獎勵條例核准免除子女學費者為限，茲

為優待抗戰功勛人員之子女就學起見，除頒令各省市政府按

24.

照人民守土傷亡撫卹實施辦法，頒發之卹令者；（二）依黨員撫卹辦

法及公務員卹金條例撫卹辦法者，由省市政府自行撫卹，人員無

法領發者，憑該卹令或卹證、卹金證書，並須有核准撫

卹之黨政機關證明為抗戰陣亡或受傷殘廢者，始均得援

照該條例之規定，請求免費入學，以資矜恤，而昭激勸。除

分行外，合行令仰知照，並轉飭所屬一體知照。此令。

等因，奉此，除分令外，合亟令仰該校遵照，並轉飭所屬一體知照。

此令。

主席　馬步芳

遵照　十一、七

監印　趙

校對　宋春

青海省政府关于战区儿童流离异地各地方政府应尽量协助儿童保育及教养等工作致囊谦县政府的训令（一九三八年七月十一日）

青海省政府訓令 民字第　　號

令囊謙縣政府

案奉

行政院二十七年六月十八日渝字第四九二八號訓令內開：

「案奉

國民政府二十七年六月十日渝字第二六三號訓令開：『案奉中央執行委員會二十七年六月六日鄂感字第二九〇號函開：「查自抗戰以來，戰區兒童多因避難棲流異地，親屬離散，乏人教養，其於國家民族之損失至鉅，且大現戰區擴大，流亡兒童日益衆多，各地慈善機關及有識之士已紛起從事於兒童保、育及教養等工作，各地黨政機關自應儘量協助，以宏效益。茲經本會第七十八次常會決議令各省市黨部並函國民政府通飭主管機關及各地方政府對於此類團体儘量協助在案，除

127

24

分行外相應函達即希查照辦理等因到府應即照辦除函
復外合行令仰該院通飭遵照此令等因奉此除分令外合
行令仰該省政府遵照並轉飭遵照此令
等因，奉此，除分行外，合行令仰該縣長遵照，並飭屬遵照。
此令。

中華民國二十七年七月　日

主席　馬步芳

校對毛興基
監印史載熙

青海省政府关于抄送抗战功勋子女就学免费条例及申请书格式致乐都县政府的训令（一九三八年十二月二十七日）

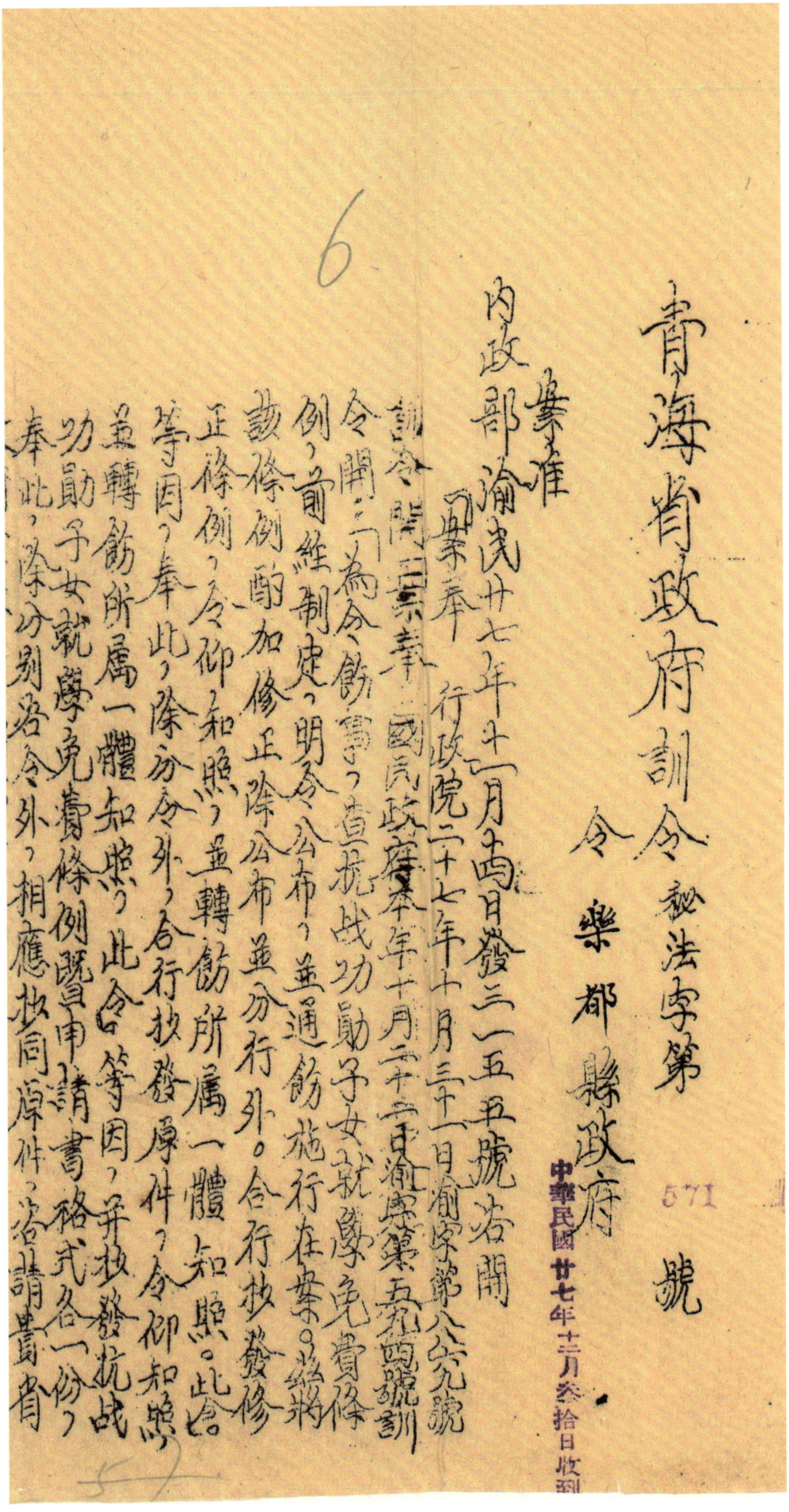
6

青海省政府訓令 秘法字第　　號
令樂都縣政府
571
案准
内政部渝民廿七年十一月十四日發三一五五號咨開：案奉
行政院二十七年十一月三十一日渝字第八六九號訓令開：案奉國民政府本年十月二十六日渝文字第五九四號訓令開：「為令飭事。查抗战功勛子女就學免費條例，前經制定，明令公布，並通飭施行在案。茲將該條例酌加修正，除公布並分行外，合行抄發修正條例，令仰知照，並轉飭所屬一體知照。此令。」等因。奉此，除分令外，合行抄發原件，令仰知照，並轉飭所屬一體知照。此令。等因，并抄發抗战功勛子女就學免費條例暨申請書格式各一份。奉此，除分別咨令外，相應抄同原件，咨請貴省

中華民國廿七年十二月叁拾日收到
57

政府查照，并轉飭所屬一体知照，爲荷。此咨，計
抄送抗战功勳子女就學免費條例暨申請書格
式各一份。
等由。准此，除分令外，合行抄發原件，令仰知照。
此令。
計抄發抗战功勳子女就學免費條例及申請書
格式各一份

存查 十二、卅、代

中華民國二十七年十一月廿七日

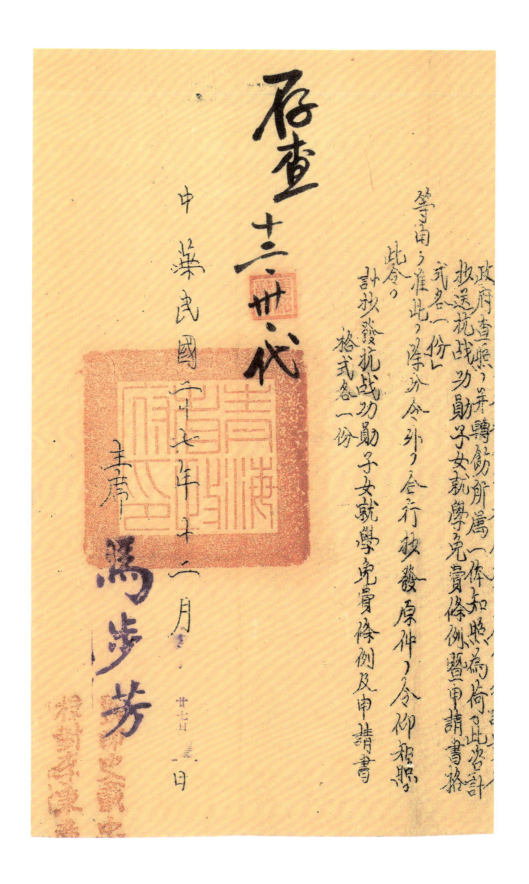

主席 馬步芳

附（一）抗战功勋子女就学免费条例

抗戰功勳子女就學免費條例 二十七年十月二十二日修正公布

第一條 抗战功勳之文武官佐士兵及人民之子女考入各地各級公立學校時其家境貧苦不能担負費用者得依本條例請求免費待遇

前項請求以得有卹金給與令或經依战地守土獎勵條例核准免除子女學費者為限

第二條 免費辦法分左列四種

一、免學費實驗費講義費並補助在校時膳宿制服書籍等費全部

二、免學費實驗費講義費並補助在校時膳宿費全部

三、免學費實驗費講義費並補助在校時膳宿費半數

四、免學費實驗費及講義費

第三條 前條規定之膳宿制服書籍等費由校分別擬核定補助數額于每學期開始或學期中間分兩次發給其由校代辦者于應收費用內扣除其補助數額

第四條 前項書籍費之補助以指定採用之教本為限應免之學費實驗費及講義費兩各校於應列收入數內照數扣列應補助之膳宿制服書籍等費由各該學校專案報由主管教育行政機關在教育經費內專項列支其詳細辦法由教育部定之

第五條 受免費待遇者有左列情形之一時得停止其待遇
一、操行不良或學業不堪造就經受開除學籍之處分者
二、經號奪公權者

第六條 請求免費待遇時應填具其申請書四份附第一條第二項所定證件及本人二寸半身照片四張報由學校呈請主管教育行政機關轉送核定申請書格式如附表

第七條 免費待遇之核定國立學校由教育部組織抗戰功勳子女就學免費審查委員會辦理之省立直隸于行政院之市所立之學校由省市政府組織審查委員會核定轉報教育部備案縣市所立之學校由縣市政府組織審查委員會核定呈報省教育廳備案

第八條 本條例自公布日施行

附（二）申请书格式

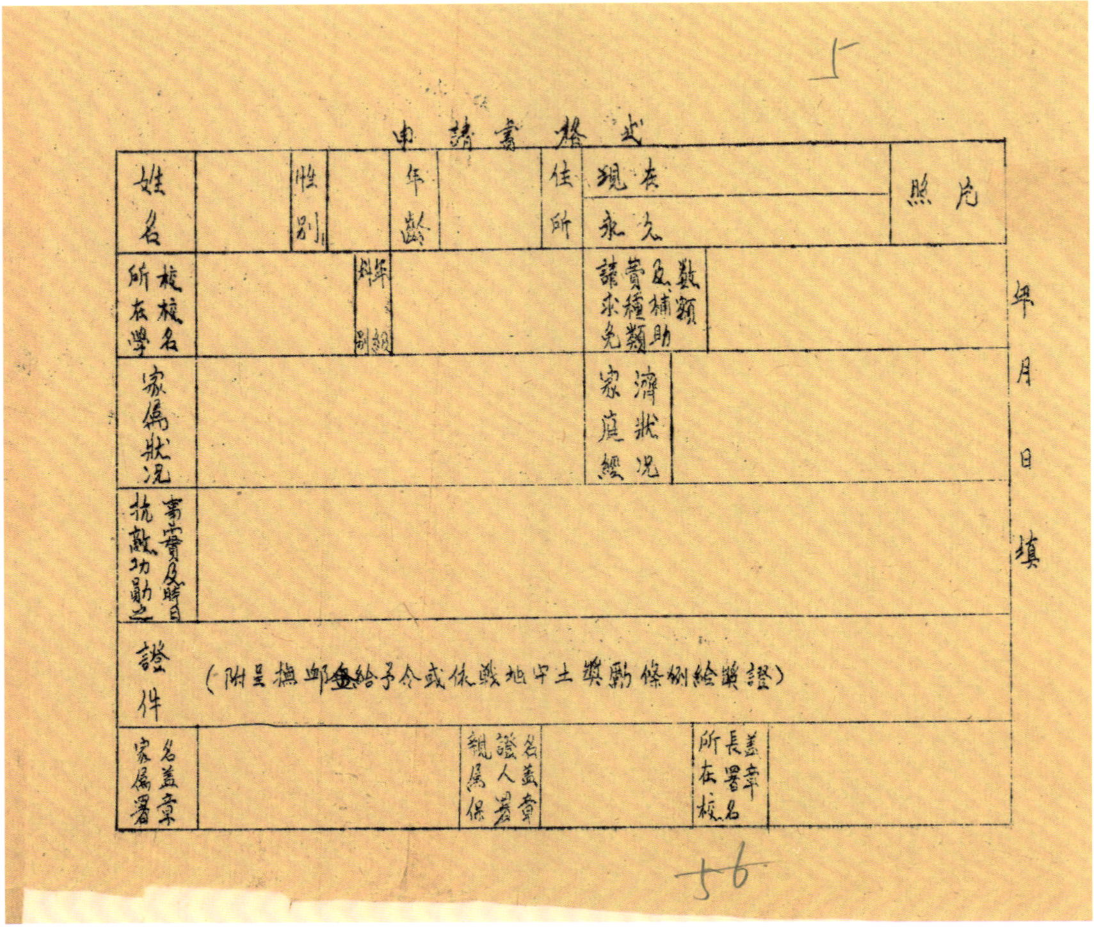

5

申請書格式

姓名		性别		年齡		住所	現在 永久	照片
所在學校校名		年級科别				請求免費補助種類及數額		
家屬狀況						家庭經濟狀況		
抗敵功勳之事實及時日								
證件	（附呈撫卹金給予令或依戰地守土獎勵條例給獎證）							
家屬署名蓋章		親屬保證人署名蓋章		所在校校長署名蓋章				

年 月 日填

56

青海省政府关于抗战建国时期难童救济教养实施方案致称多县政府的训令（一九三九年一月二十四日）

青海省政府訓令　　甲民教字第93號

令稱多縣政府

案據民政廳案呈奉內政部二十七年十二月二十日渝民第三二二二號訓令內開：
「案准振濟委員會二十七年十一月十四日渝丙字第四十九號公函內開：案奉
行政院二十七年十一月二日渝字第八九八七號訓令，以同呈擬抗戰建國時
期難童救濟教養實施方案草案，前經提出本院第三八五次會
議決議「原則通過」，請國防最高會議鑒核，並分令內政、財政、教育
三部遵照，暨指令在案。茲准國防最高會議秘書廳本年十月二十
九日函，以本案業經國防最高會議常務委員第一百零三次會議決
議「交行政院酌核辦理」等由，准此，自應照辦。除分令內政、教育兩
部協同督導辦理外，合行令仰該會依據該項方案次第實
施，並將辦理情形隨時具報」等因，自應遵辦。除將該項抗戰
建國時期難童救濟教養實施方案印訂成冊，代電附送各
省市政府及各難童救濟團体查照，並分別轉飭照辦外，相
應函達，敬希查照協同督導辦理」等由，准此，查此案業奉
行政院分令到部，除原令暨實施方案已准振濟委員會函明

業經通咨各省市政府有案，應候飭轉，不再附發外，合行令仰

該廳遵照督導辦理，并轉飭各市縣政府一体遵辦為要。此令。

等情，據此。查該方案前經救濟委員会青海省分会奉振濟委員会渝乃代電，並發該方案到會，業於二十七年十二月三十一日以民字第三三零號訓令，分飭各縣救濟支會，暨未成立支会之各縣政府，並省救濟院一律遵照在案。茲據該廳案呈前由，除分令外，合亟令仰該縣府遵照辦理為要。此令。

主席 馬步芳

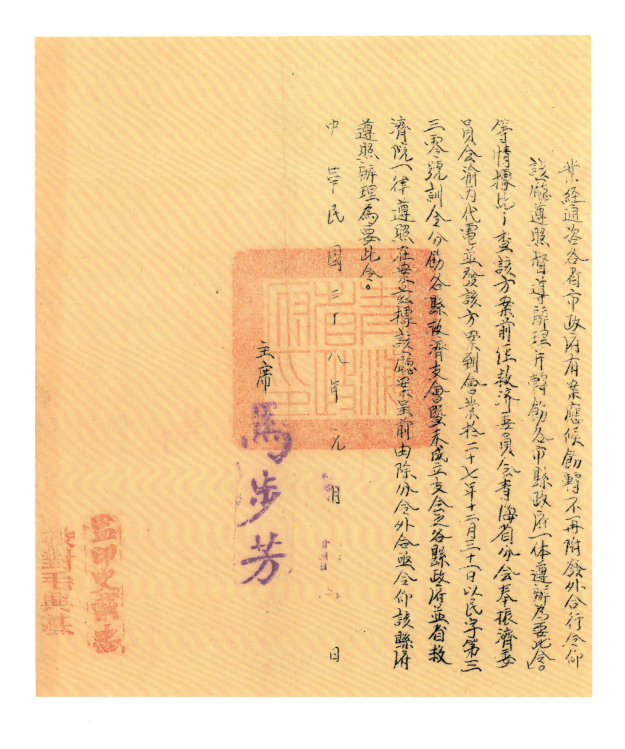

中華民國二十八年九月 日

青海省政府工作报告（节选）——咨复军政部、内政部本省办理优待出征抗敌军人家属情形之经过、对伤亡官兵恤金按期发给不得宕延之经过（一九三九年三月）

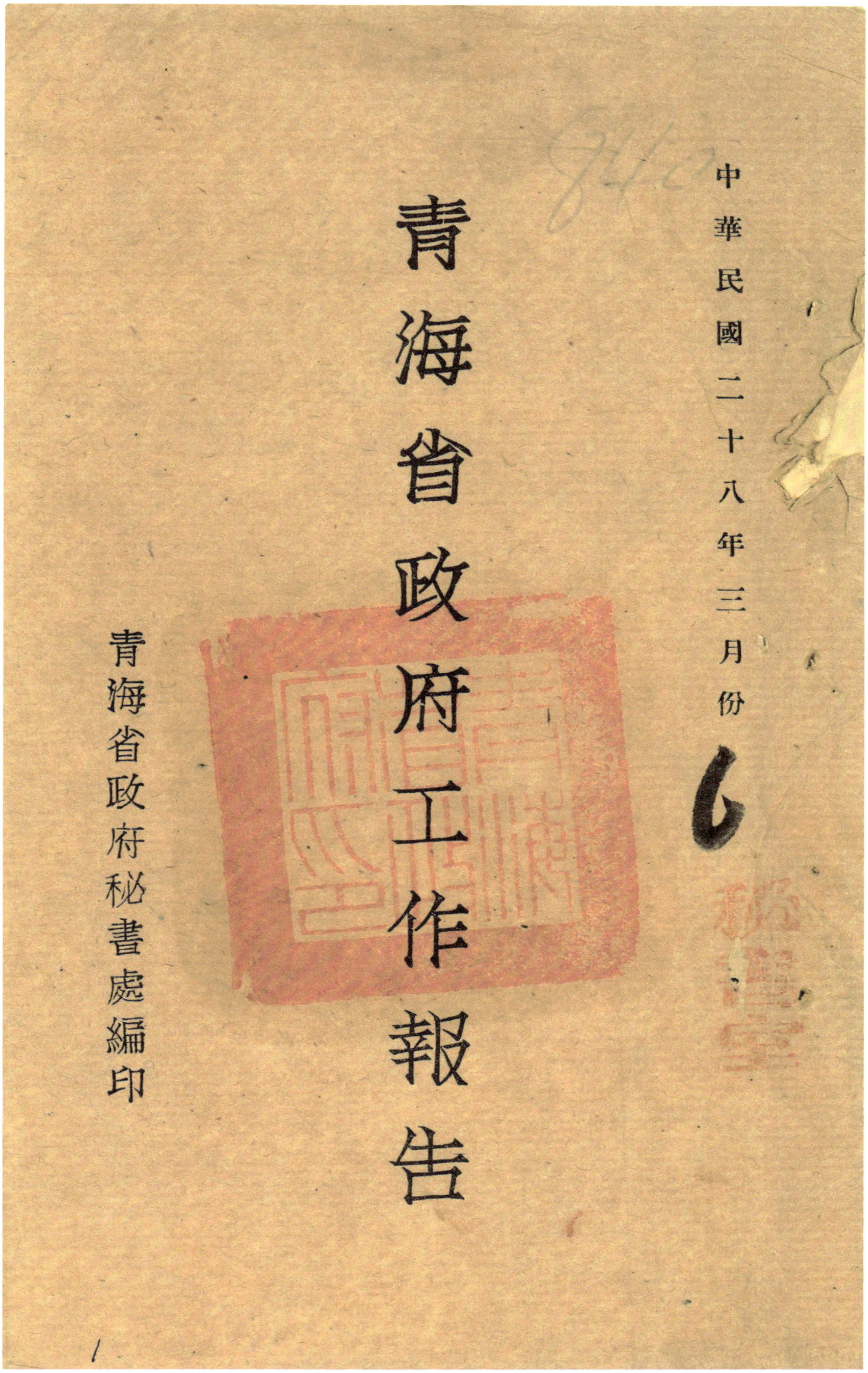
中華民國二十八年三月份

青海省政府工作報告

青海省政府秘書處編印

青海省政府二十八年三月份工作報告要目

一、奉行中央法令事項
二、頒行本省單行法規事項
三、民政
四、財政
五、教育
六、建設
七、保安
八、地政
九、禁煙
十、其他

附表

行政計劃與工作進度對照表

2

步瀛，馬步鑾，馬振武，馬騄，馬驥，馬紹武，冶成榮，穆建業，冶存禮，沈海山，穆成功，馬漢章，韓有文，馬壽昌等，十五人爲委員到府，當經指令照准，並將各該員委狀，填發祗領，從事改組矣。

丁、購就各色粮石借貸貧民藉作籽種之經過

查現值春耕伊始，農民播種之時，一般農民，缺乏子種者，比比皆是，本府有鑒於此，前曾令飭各縣政府將縣倉存糧，按照借糧規程，悉數借放在案。惟查各縣縣倉存儲粮石，爲數無多，各地赤貧農民，恐難均沾實惠，特在各縣就地購得大量大麥豌豆青稞三色粮石，寧升一萬石借放農民，俾使均無缺乏籽種之患，惟此項粮石，專准借給缺乏籽種之貧農，其有力之戶，及不肖之徒，不得冒名濫借，其借還手續，即按照借放縣倉粮辦法辦理，惟至秋後仍還本色，亦不收息出入均用平升，不得稍有加多。當經令飭各縣政府遵照辦理，並佈告一般貧農，逕向各該縣府承借矣。

戊、加委青海省蒙藏文化促進會理事之經過

據蒙藏文化促進會呈，擬請加委馬紹武，譚克敏，馬繩武，馬繼援，馬騰霄，李金鏞，陳顯榮，馬步鑾，桑熱加錯，先靈佛，僧格拉卜旦，齊木棍旺扎勒拉卜旦，馬步勳，洛桑香趣等十四人爲該會理事，以專責成等情，到府，當經指令照准，並塡發委狀，飭即轉發祗領矣。

己、咨覆軍內政部本省辦理優待出征抗敵軍人家屬情形之經過

准軍內政部會咨，囑將本省辦理優待出征抗敵軍人家屬情形，依照修正優待出征抗敵軍人家屬條例第十五條之規定，按月報部查核，等由，到府，查優待軍人家屬，實可激起民氣，安慰軍心，關係抗戰勝利，至深且鉅，前奉行政院令飭組織優待出征將士家屬委員會到府，經轉飭各縣遵辦後，旋據覆呈，業已次第組織成立，惟查本省出征抗敵軍人，計有

騎兵第一師馬彪全部，及騎五軍之一旅，並迭次出征之壯丁，總數不下萬餘人，其出於商農之家，稍有業產者，不過十之二三，其餘多數士兵，率皆出自貧寒之子弟，既無相當職業，又無確定恒產，實無從減免糧賦，以示優異。且本省田賦無多，收入有數，近因受抗戰影響，益抱入不敷出之虞，所需軍政各費，尚賴中央補助，以資維持，本府曾迭據各縣呈覆，以辦理出征抗敵軍人家屬之優待事宜，極感困難，尚屬實情，第值此抗戰吃緊時期，優待出征抗敵軍人家屬，關係極爲重大，不得不於萬分困難中，與以可能範圍內之儘量救濟，以仰副中央優待之至意。茲准前由，當經咨覆，並令飭各縣政府切實遵辦矣。

庚、奉令轉飭各縣政府嗣後對於傷亡官兵卹金按期發給不得宕延之經過

奉軍委會令，抗戰以來，各傷殘官兵，與死亡遺族，或仍居原籍，或遷徙後方，每屆領卹時期，所在縣政府，多有藉口延宕情事，亟應嚴加糾正，按期照發，等因，奉此，當經令飭各縣政府認眞遵辦，以重卹典，而慰忠烈。

辛、會同省黨部派員赴塔爾寺宣傳抗戰之經過

查廢曆元霄節，爲本省塔爾寺觀經會之期，漢回蒙藏各族，前往觀光及禮佛者，比肩接踵，不絕於途，本府爲聯絡民族感情，藉便宣傳起見，會同省黨部，每年有民族聯歡大會之舉行，本年以時際抗戰，不應過事舖張，除暫緩舉行民族聯歡大會外，茲特會同派員，携帶大量宣傳品，依期前往，作廣大抗戰宣傳，收效甚宏。

壬、舉行　總理逝世十四週年紀念與植樹節及第二期抗戰宣傳週之經過

查三月十二日，爲　總理逝世十四週紀念與植樹節及第二期抗戰宣傳週，省垣各界，於是日上午八時，在小教場舉行大會，到會者各機關長官全體人員，及壯丁共約六千餘人，開會儀式，極爲整肅壯嚴，對於紀念　總理植樹及抗戰情

形，均有沉痛講演，聽衆頗爲動容。

癸、奉令轉飭各機關嚴懲貪汚着各長官隨時舉發之經過

奉行政院令，以奉　國府令，嚴懲貪汚，並着各長官隨時舉發，以肅官常，而整吏治一案，飭即遵照等因，奉此，查國家之盛衰，繫乎官吏之邪正，際此抗戰建國時期，凡百有司，尤應仰體時艱，砥礪廉隅，倘稍有貪汚瀆職情事，則民衆之痛苦增加，國策之推行，即因以阻滯，各長官有督飭僚屬之責，更應以身作則，杜漸防微，對於所屬員司，貪汚掊克，操守難信者，必須隨時舉發，期於弊絕風淸，玆奉前因，當即轉飭所屬各機關一體切實遵照矣。

子、令飭恰卜恰汪什代克等各族千百戶等嚴飭屬民對於承運官鹽不准沿途售給私販之經過

准財政部西北鹽務管理局函，以據青海鹽場公署呈稱，茶卡鹽場分署塡發官鹽運票，交由番民承運之官鹽，未經按期送到者，爲數甚多，是項鹽觔，非番民留作食用，即輾轉在途售給私販，請通令嚴禁，等由，到府，應即嚴行查禁，以利鹺政，當經令飭恰卜恰，汪什代克，剛察，都秀，千卜彔，達如玉及郭密各族千百戶等嚴飭屬民遵照，嗣後不准沿途洒賣，並隨時查禁矣。

197　35

青海省政府关于发给伤亡将士抚恤金致称多县政府的训令（一九三九年八月二十六日）

青海省政府訓令　甲民字第　　號

令稱多縣政府

案准

撫卹委員會二十八年七月三十一日撫三渝字第五三五五號真撫三代電開：

「抗戰二年以來我傷亡將士前仆後繼忠勇奮發已奠定最後勝利之基
礎委員長蔣並已於本年七月七日抗戰兩週年紀念之日對我陣亡將士家
屬以至誠至敬之意致其最深摯懇切之慰問本會主管撫卹事務凡各
部隊機關造報請卹案件無不按照規定立即核發卹金給與令並按
卹金給與令規定數目發給卹金誠恐各陣亡將士遺族暨負傷官
兵尚未接到卹金給與令或已接卹令後尚未領到卹金特再電達知

1253

左(一)凡未接到卹金給與令者希向原屬部隊機關查催已否造報或逕
呈本會查詢(二)凡已接卹金給與令而尚未領到卹金者希向本会請
領(三)本会發給卹金計分下列四項辦法(甲)親來本会領取(乙)開具
地址呈請本会滙寄(卹金内並不扣除滙費)(丙)向當地省縣市政府請
求轉發後由本会滙還各該省縣市政府歸墊(丁)由各省縣市政府彙
齊書據送交本會滙請轉發以上各項均係遵照軍事委員会頒行
之請領卹金須知規定辦理此項請領卹金須知函索即寄(四)本会
現駐重慶小龍坎関於查詢卹案請寄郵政信箱一三五號請領卹
金請寄郵政信箱一五一號或親來逕会接洽亦可除分行佈告並在重
慶登報公告外特再電請查照即希責省政府錄案布告張貼各縣
市地方務使窮鄉僻壤之孤寡遺族受卹人共知国家撫卹傷亡之德

意見所至盼！

等由。准此。除分行外，合亟令仰該縣政府遵照，録案佈告廣為張貼，俾衆週

知，并將辦理情形報查為要。此令。

中華民國二十八年八月二十六日

青海省政府印

主席 馬步芳

遵辦 卅四、二

監印 王靖

校對 陳楹

12

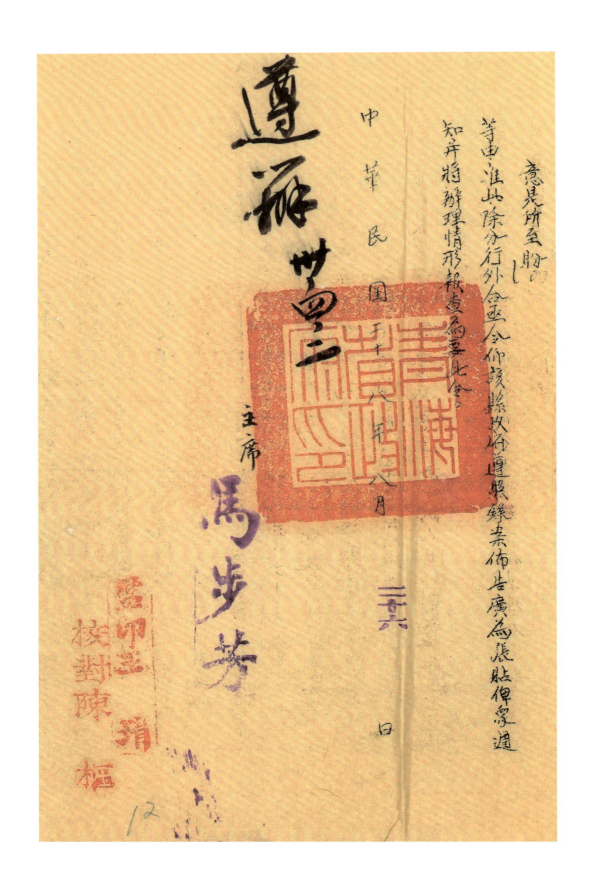

青海省政府关于举行省垣各界追悼出征阵亡将士大会致西宁中学的公函及该校布告（一九三九年十月二十五日）

青海省政府用箋

查本省出征騎兵暫編第一師馬故旅長秉忠、朱故營長國熏及陣亡諸將士為國捐軀，義薄雲霄，本會為表彰勳烈，藉慰英靈，特召開籌備會議決議於十一月五日假省垣公共體育場舉行追悼大會，輓聯輓帳由大會函全省各界廣為徵集，並由紀錄在案，除分函外，相應函達，備希

貴校惠賜輓聯輓帳（材料完全用絲），請於十一月一日以前寄交本會文書股（省府秘書處收發股），以便陳列為荷。此致

省立西寧中學校

青海省各界追悼出征陣亡將士大會 啓 十、廿三

通知全體教職員及各級學生 佈告

踴躍製送輓聯輓帳

十、廿五

青海印刷局印製

青海省政府用箋

查本年出征騎兵暫編第一師馬故旅長秉忠、李故營長國勳及陣亡諸將士為國捐軀，義節凜然，本會為表彰忠烈，藉慰幽魂起見，特召開籌備會議，決議於十一月五日上午十時在公共體育場舉行追悼大會，業由紀錄在案。除分函外，相應函達，即希查照，率領全體員生準時參加為荷。

此致

西寧中學校

青海省各界追悼出征陣亡將士大會啟 十、廿二、

查照 十、廿五

並佈告學生週知

青海印刷局印製

10

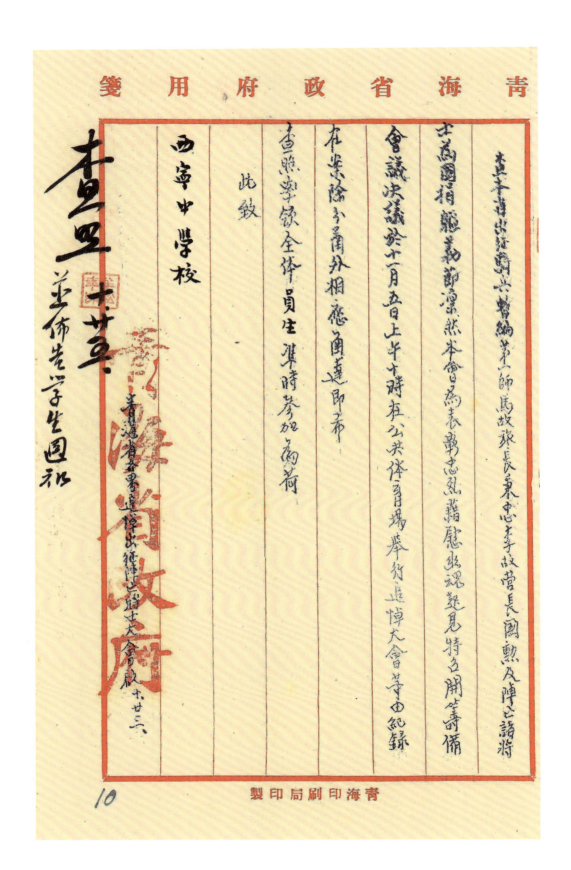

青海省立西寧中學校稿

文別	佈告
事由	
送達機關	
類別	
附件	

校長 兼 十六 孫

校稿 陳鵬翱印

撰擬 孫邦彥 印

中華民國二十　年

十月二五日時收文	月二七日時擬稿	月　日時封發	收文字第　號	發文字第　號	歸案字第　號

本校佈告　第八一號

為佈告事：案准

青海省垣各界追悼出征陣亡將士大會公函（入原函）

等因；同日又准

8

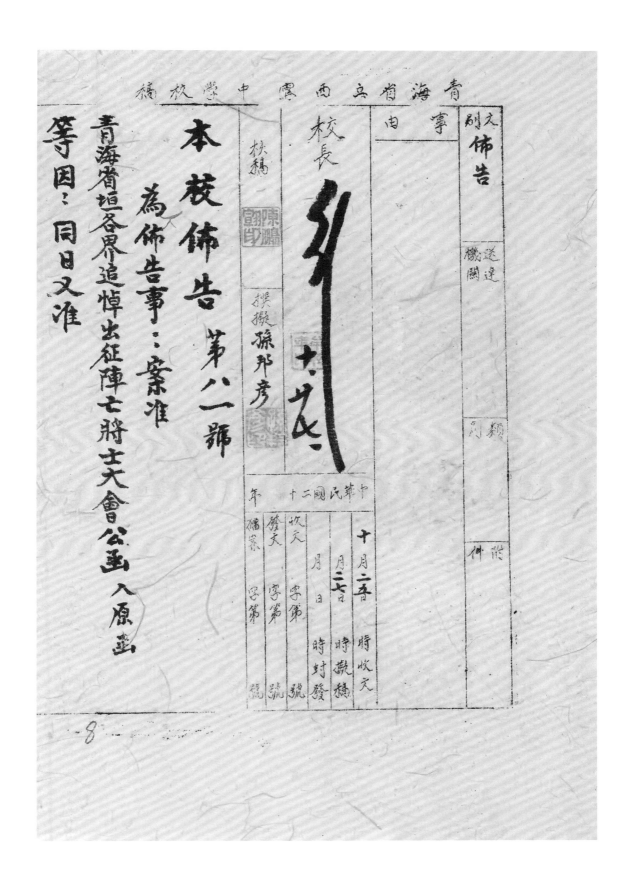

大會公函決議於十一月五日上午十時在公共體育
場舉行追悼大會希即查照率領全体員生
準時參加為荷
各等因=准此=合行佈告仰各級學生一体遵照此
佈

校長年〇〇

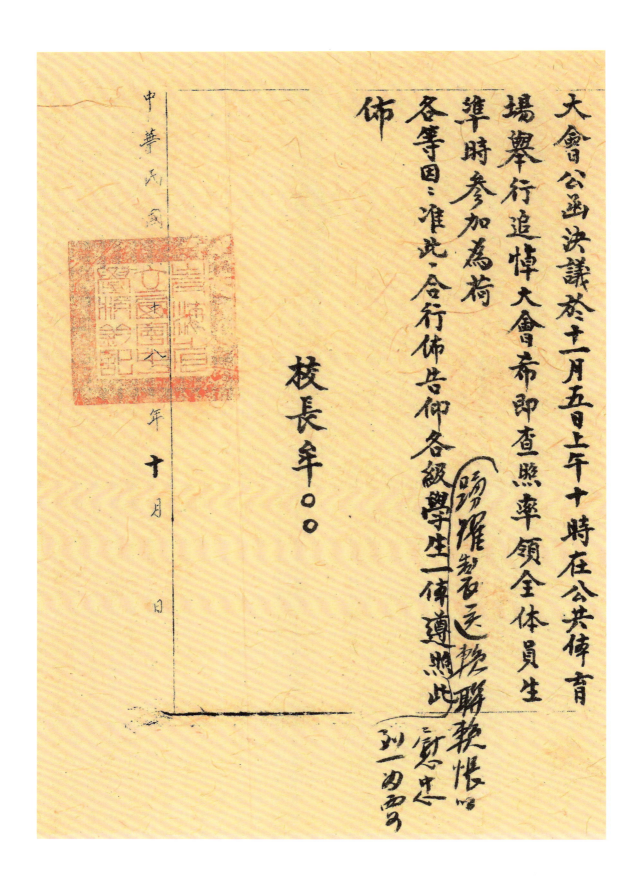

中華民國　　年　十月　　日

青海省政府关于抗战伤愈官兵重赴前线杀敌代领恤金办法致称多县政府的训令（一九四〇年二月十九日）

青海省政府訓令 民字第　號

令稱多縣政府

案准

第八戰區司令長官司令部本年元月廿二日參三字第四二六九號號冢月血海代電開：

「奉軍委會撫一利渝字第一二六二五號訓令內開：『案據浙江省政府呈稱仙居縣負傷排長俞煥章傷愈後仍赴前線殺敵應領之卹金可否由其祖母代領請核示等情。查負傷官兵卹金以本人親自領取為原則，但在重赴前線作戰期間應准酌予變通，以示体卹。茲規定抗戰傷愈官兵重赴前線殺敵代領卹金办法，除指令并分行外，合行檢發办法一份，令仰遵照并轉飭所屬一体遵照』等因。除分電外，特抄發原办法一份，電

轉查照并轉飭所屬遵照。」

等由，附發代領卹金辦法一份。准此，除分令外，合亟抄發原办法一份，仰該縣長遵

344

此令。

附发抗战伤愈官兵重赴前线杀敌代饭朋金办法一份

中华民国二十九年二月　日

主席　马步芳

监印董琦

校对陈[illegible]

22.

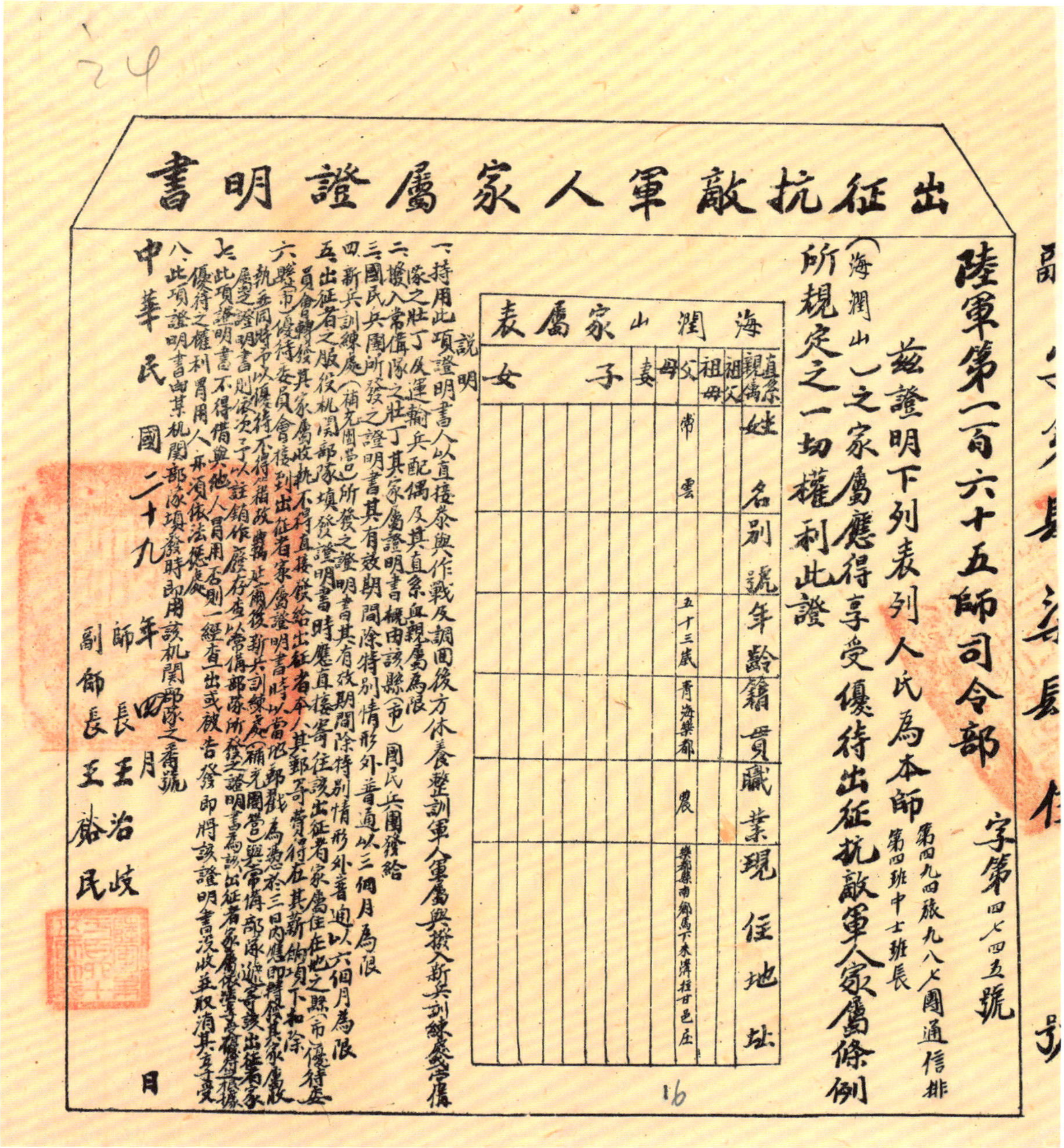

出征抗敵軍人家屬證明書

陸軍第一百六十五師司令部　字第四七四五號

茲證明下列表列人氏為本師第四九四旅九八七團通信排第四班中士班長（海潤山）之家屬應得享受優待出征抗敵軍人家屬條例所規定之一切權利此證

海潤山家屬表

直系親屬	祖父	祖母	父	母	妻	子	女
姓名			常雲				
別號							
年齡			五十三歲				
籍貫			青海樂都				
職業			農				
現住地址			樂都縣南鄉馬下水溝桂甘邑庄				

說明

一、持用此項證明書人以直接參與作戰及調回後方休養整訓軍人軍屬與撥入新兵訓練處或常備隊之壯丁及運輸兵配偶及其直系血親屬為限

二、撥入常備隊之壯丁其家屬證明書概由該縣（市）國民兵團發給

三、國民兵團所發之證明書其有效期間除特別情形外普通以三個月為限

四、新兵訓練處（補充團營）所發之證明書其有效期間除特別情形外普通以六個月為限

五、出征者之服役机關部隊填發證明書時應直接寄往該出征者家屬住在地之縣（市）優待委員會轉發其家屬收執不得直接發給出征者本人其郵寄費用得在其薪餉項下扣除

六、縣（市）優待委員會接到出征者家屬證明書時以當地郵戳為憑於三日內應即轉發其家屬收執並同時予以優待不得稽延或藉故刁難新兵訓練處（補充團營）與常備部隊遞寄該出征者家屬之證明書則俟決予以註銷作廢存查以常備部隊所發之證明書為該出征者家屬依法享受優待之根據

七、此項證明書不得借與他人冒用否則一經查出或被告發即將該證明書沒收並取消其享受優待之權利冒用人亦須依法懲處

八、此項證明書由某机關部隊填發時即用該机關部隊之番號

中華民國二十九年四月　日

師長　王治岐

副師長　王[illegible]民

16

出征抗敌军人海润山家属证明书（一九四〇年四月）

陆军暂编骑兵第一师司令部关于按照优待军人家属条例豁免七十七员出征抗敌军人家属杂差兵役给乐都县县长的代电（一九四〇年七月十六日）

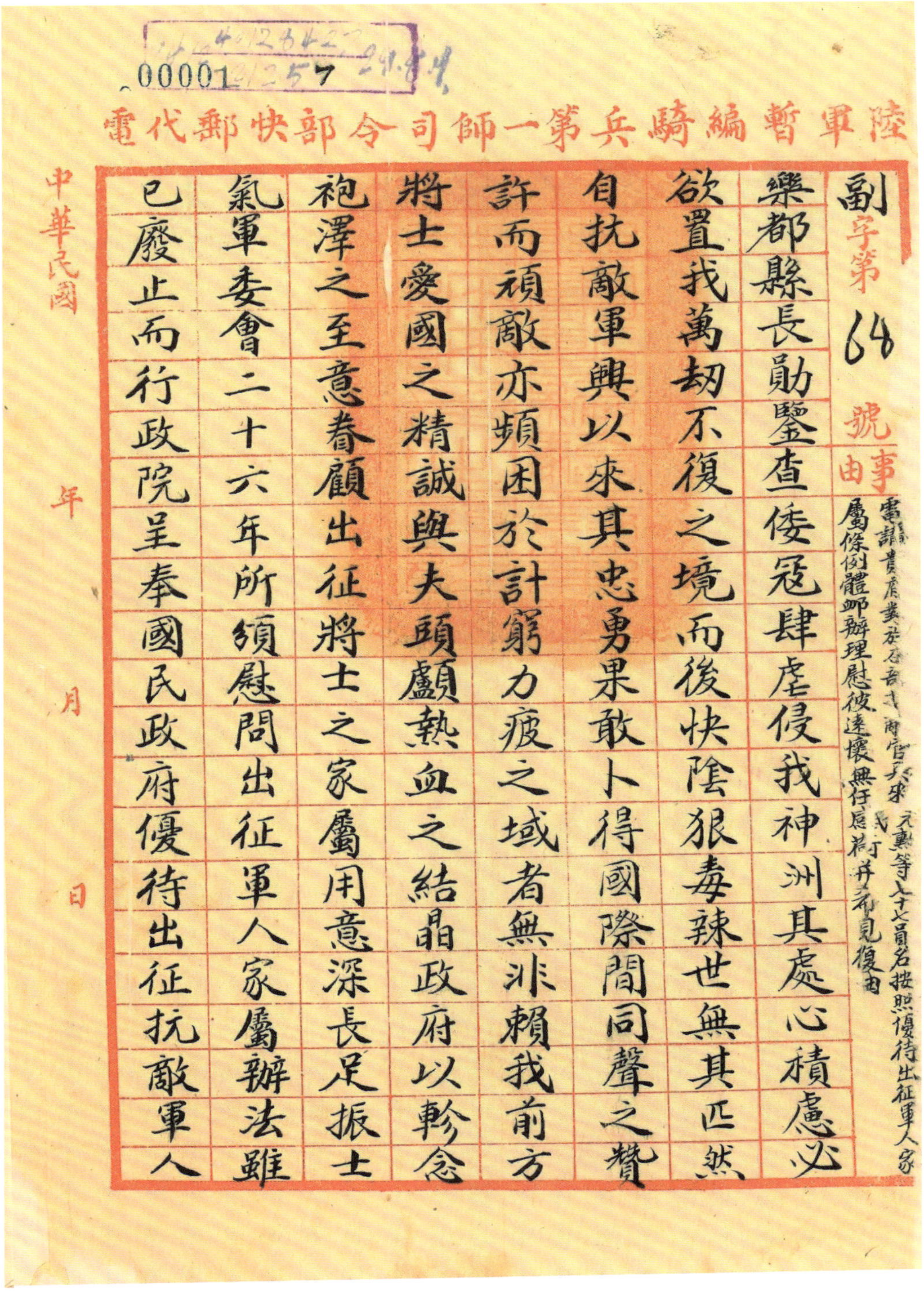

00001257

陸軍暫編騎兵第一師司令部快郵代電

副字第64號

事由：電請貴府對於本師官兵朱元熙等七十七員名按照優待出征軍人家屬條例體卹辦理慰彼遠懷無任感禱并希見復由

樂都縣長勛鑒：查倭寇肆虐，侵我神洲，其處心積慮，必欲置我萬劫不復之境而後快，陰狠毒辣，世無其匹。然自抗敵軍興以來，其忠勇果敢，卜得國際間同聲之贊許，而頑敵亦頻困於計窮力疲之域者，無非賴我前方將士愛國之精誠與夫頭顱熱血之結晶。政府以軫念袍澤之至意，眷顧出征將士之家屬，用意深長，足振士氣。軍委會二十六年所頒慰問出征軍人家屬辦法，雖已廢止，而行政院呈奉國民政府優待出征抗敵軍人

中華民國　年　月　日

00002

軍暫編騎兵第一師司令部快郵代電

字第　　號　事由

家屬條例早經二十八年一月十七日渝撫和(文)字第零零二號令發在案責令地方政府切實遵辦以示政府優䘏之至意本部參謀處長來元勳軍法處長謝爾升第二旅參謀長石慶雲等官兵七十七員名籍隸貴治東下抗戰已經三載其家屬困難之處勢所難免除同時電請青海省政府主席鑒核照章體恤辦理外特為造賫該官兵姓名冊一份請即查照出征軍人家屬應享權利希按優待出征抗敵家屬條例辦理且我公

中華民國　　年　　月　　日

00003

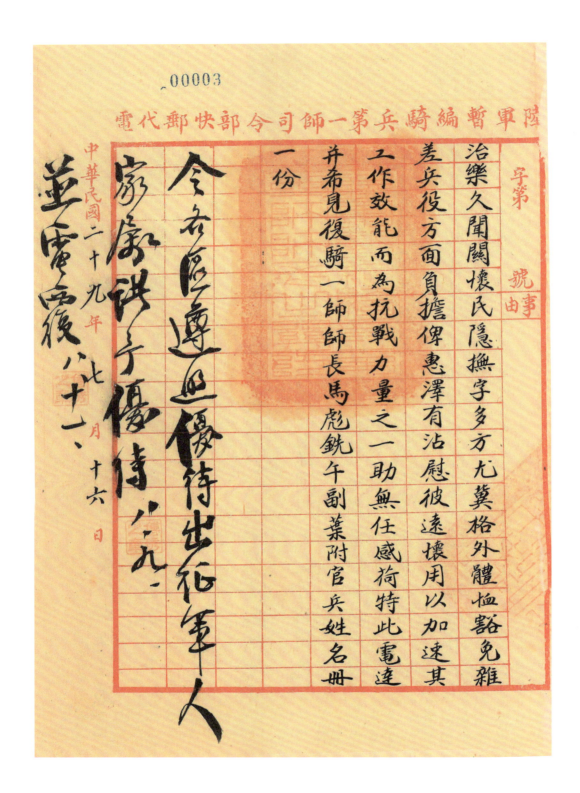

陸軍暫編騎兵第一師司令部快郵代電

字第　號

事由

治樂久聞關懷民隱撫字多方尤冀格外體恤豁免雜差兵役方面負擔俾惠澤有沾慰彼遠懷用以加速其工作效能而為抗戰力量之一助無任感荷特此電達并希見復騎一師師長馬彪銑午副葉附官兵姓名册一份

令各區遵照優待出征軍人家屬，洪予優待。八、九、二

並電復。八、廿一、

中華民國二十九年八七月十六日

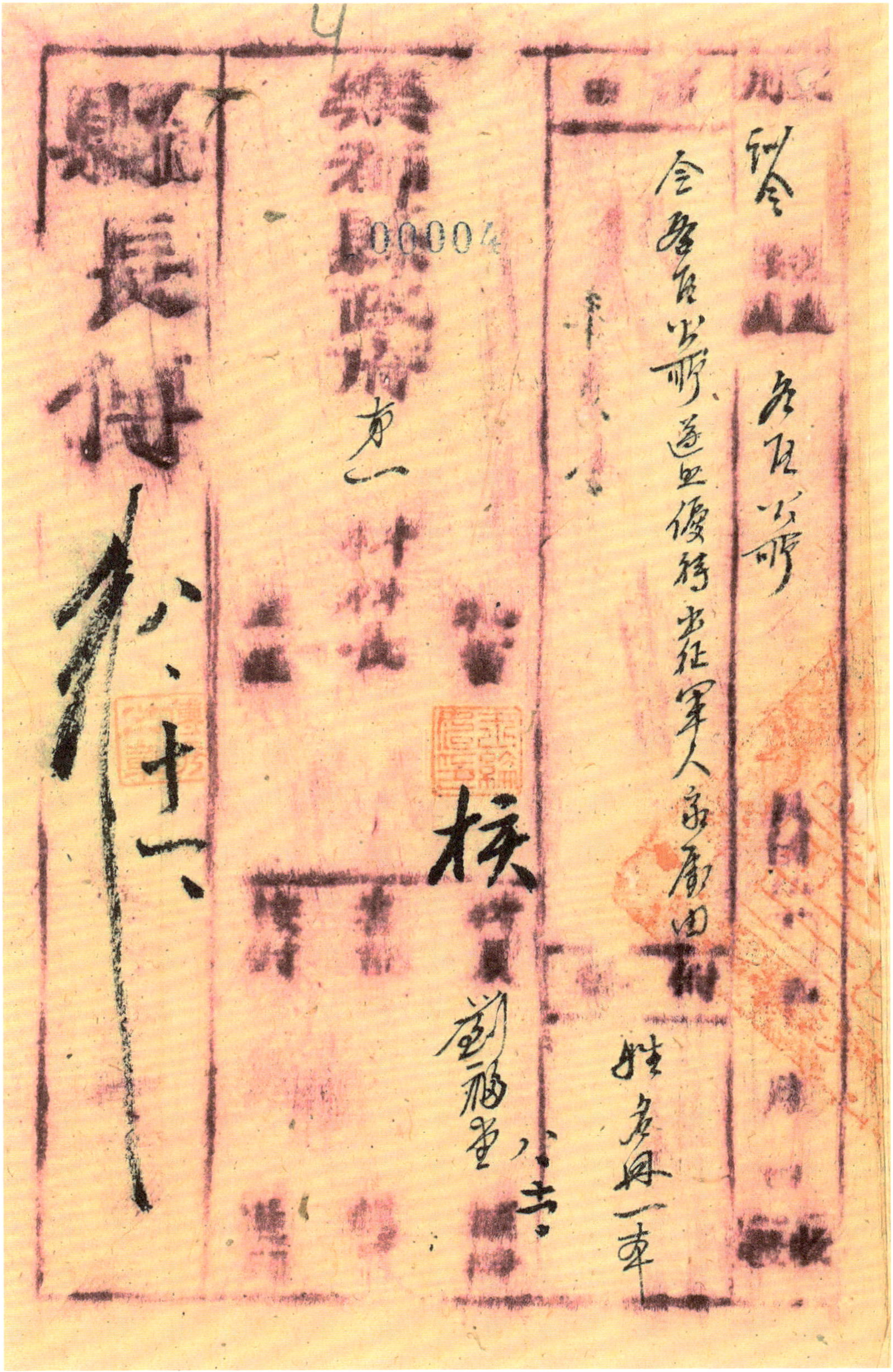
訓令 各區公所
令各區公所 遵照優待出征軍人家屬由
樂都縣政府
縣長
校
劉福董 八、十三
姓名 一本
八、十一

乐都县政府关于遵照优待出征军家属条例请予优待致各区公所的训令（一九四〇年八月十四日）

樂都縣政府訓令 東 行 辦

令各區公所

為令遵照事：案奉

陸軍暫編騎兵第一師司令部快郵代電開：樂都

縣長勳鑒：查倭寇肆虐，侵我神洲，云云，附發兵姓

名冊一份，等因奉此，除分令外，合亟抄發本縣

籍出征官兵姓名冊一份，令仰該區公所遵照優待出征

軍人家屬條例，許予優待，以示体恤而資鼓勵，為要，此令。

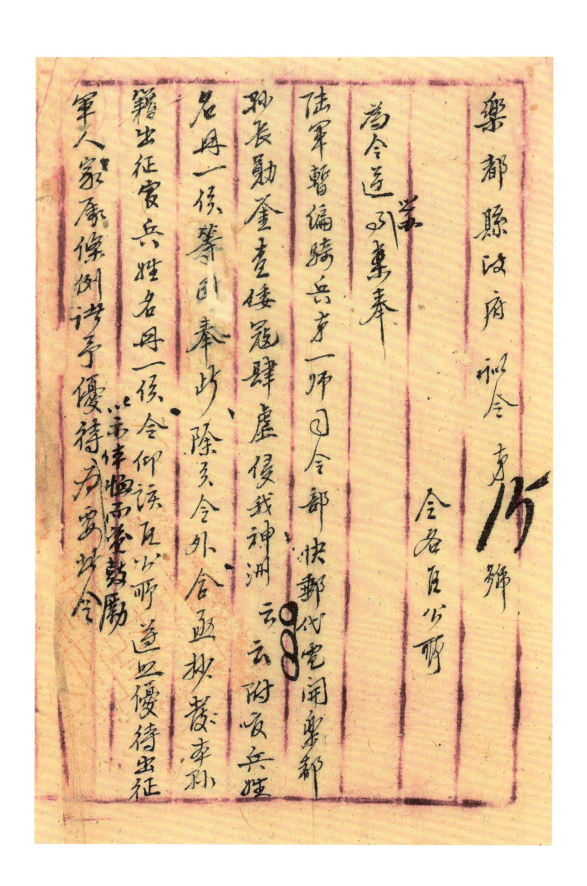

附抄發出征交兵姓名冊一本

中華民國卅九年八月十四日

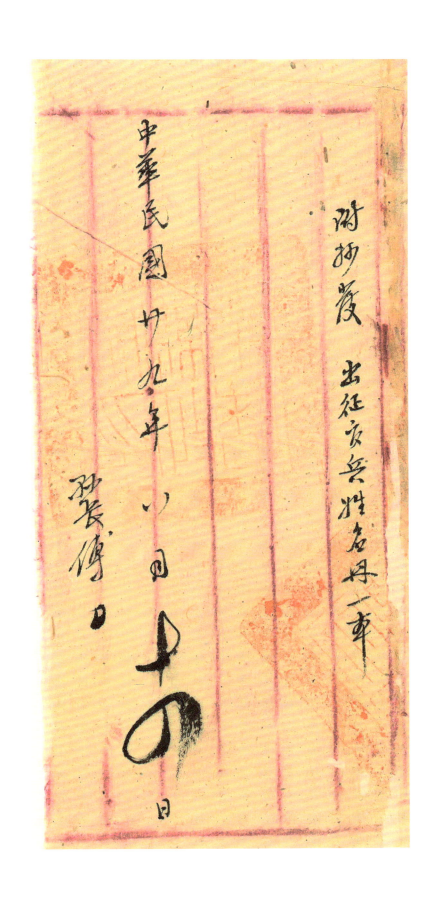

甲長傅

青海省政府关于马彪电送乐都出征官兵名册请转县政府对于家属依照优待出征抗敌军家属条例办理致乐都县政府的训令（一九四〇年八月二十七日）

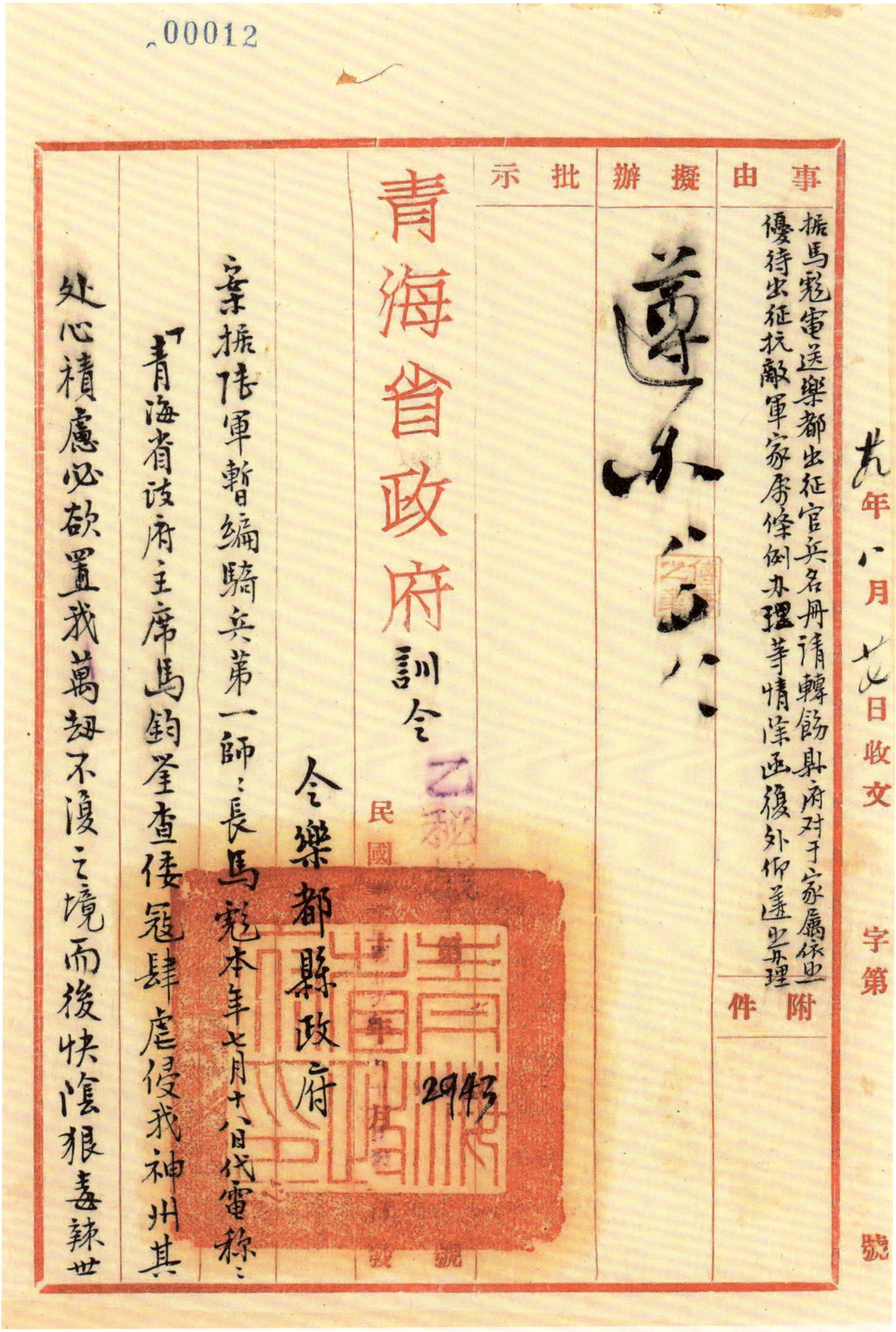
00012

廿九年八月廿七日收文 字第 號

事由：據馬彪電送樂都出征官兵名冊請轉飭縣府對于家屬依照優待出征抗敵軍家屬條例辦理等情除函復外仰遵照辦理

附件

擬辦：遵照公布

批示

青海省政府訓令

乙秘

民國二十九年 月 日 第2943號

令樂都縣政府

案據陸軍暫編騎兵第一師師長馬彪本年七月十八日代電稱：「青海省政府主席馬鈞鑒：查倭寇肆虐，侵我神州，其處心積慮，必欲置我萬劫不復之境而後快，陰狠毒辣，世

無其匹然自抗战軍興以来其忠勇果敢卜得國際間同
声之贊許而頑敵亦頻困於計窮力疲之域者無非賴
我前方将士愛國之精誠与夫頭顱熱血之结晶政府
軫念袍澤之至意眷顧出征將士之家属用意深長足
振士氣軍委会二十六年所頒慰問出征軍人家属办法
雖已廢止而行政院呈奉國民政府優待出征抗敵軍
人家属條例早经二十八年一月十七日渝緫和(文)字第002號
飭該主管責之地方政府切实遵办以示政府優恤之至
意本部東下抗战已經三載隨征各官兵家属困难之處
势所不免用特造賚樂都縣出征官兵姓名冊一份祈鑒

00013

核轉飭該縣所有出征軍人家屬應享權利悉依優待

出征軍人家屬條例辦理以慰軍心藉以提高殺敵情

緒無任感禱並祈賜復職馬彪叩巧午副葉附樂都

出征抗敵官兵姓名冊一份」

等情計附官兵姓名冊一份據此除函復外合亟令仰該縣

長遵照辦理

此令

附抄發官兵名冊一本

主席 馬步芳

監印趙　燮

校對劉承環

青海印刷局印製

陆军第一六五师四九四团团部函送出征抗敌士兵家属调查表的公函（一九四〇年九月十六日收）

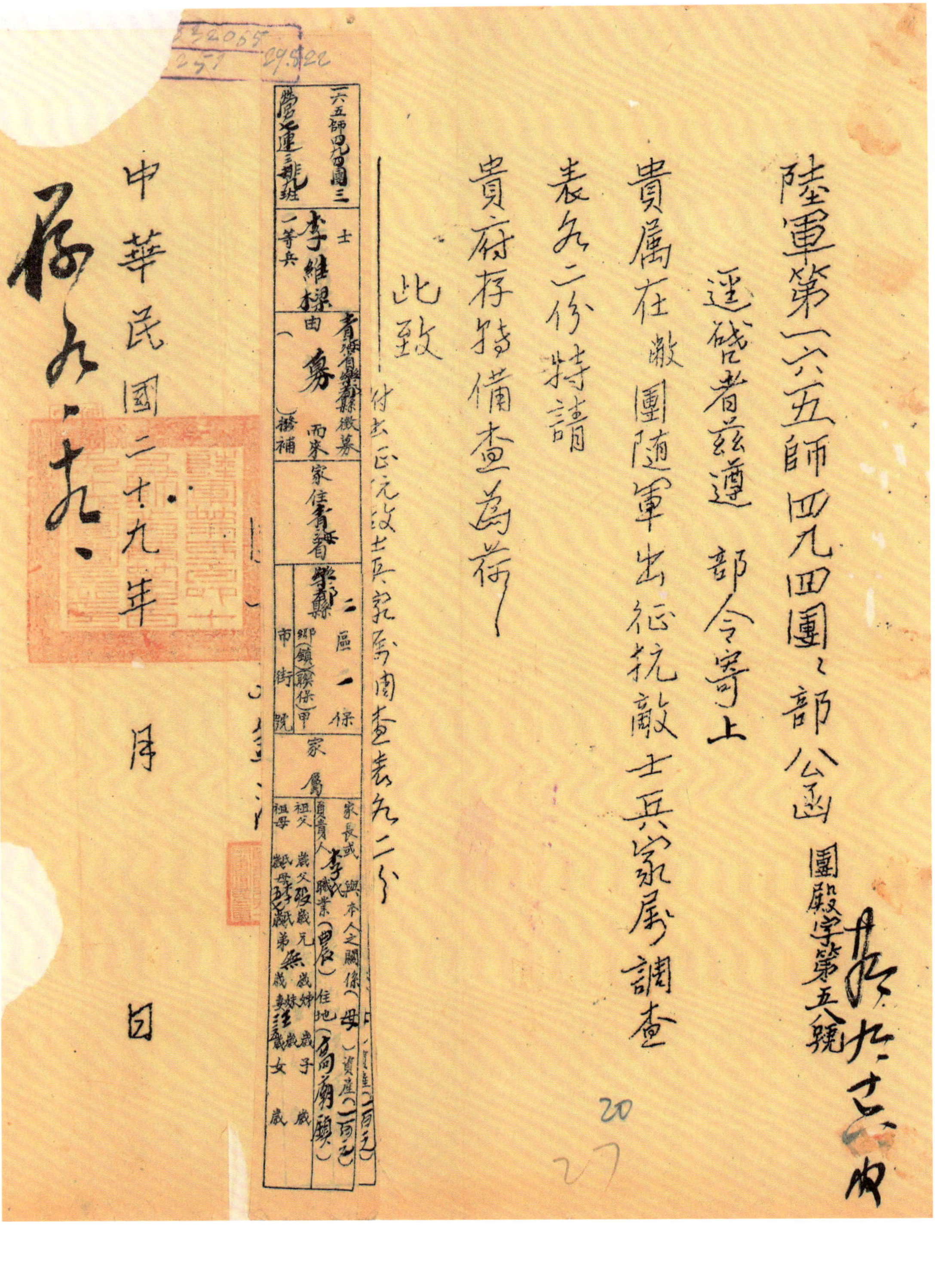
陸軍第一六五師四九四團團部公函 團毆字第五八號
逕啓者茲遵 部令寄上
貴屬在敝團隨軍出征抗敵士兵家屬調查
表念二份特請
貴府存轉備查爲荷
此致
中華民國二十九年 月 日

陆军骑兵第八师司令部关于将出征军人来元勋等证明书转发各官兵家属以享受优待出征抗敌军人家属权利致乐都县县长的代电（一九四〇年十二月二十四日）

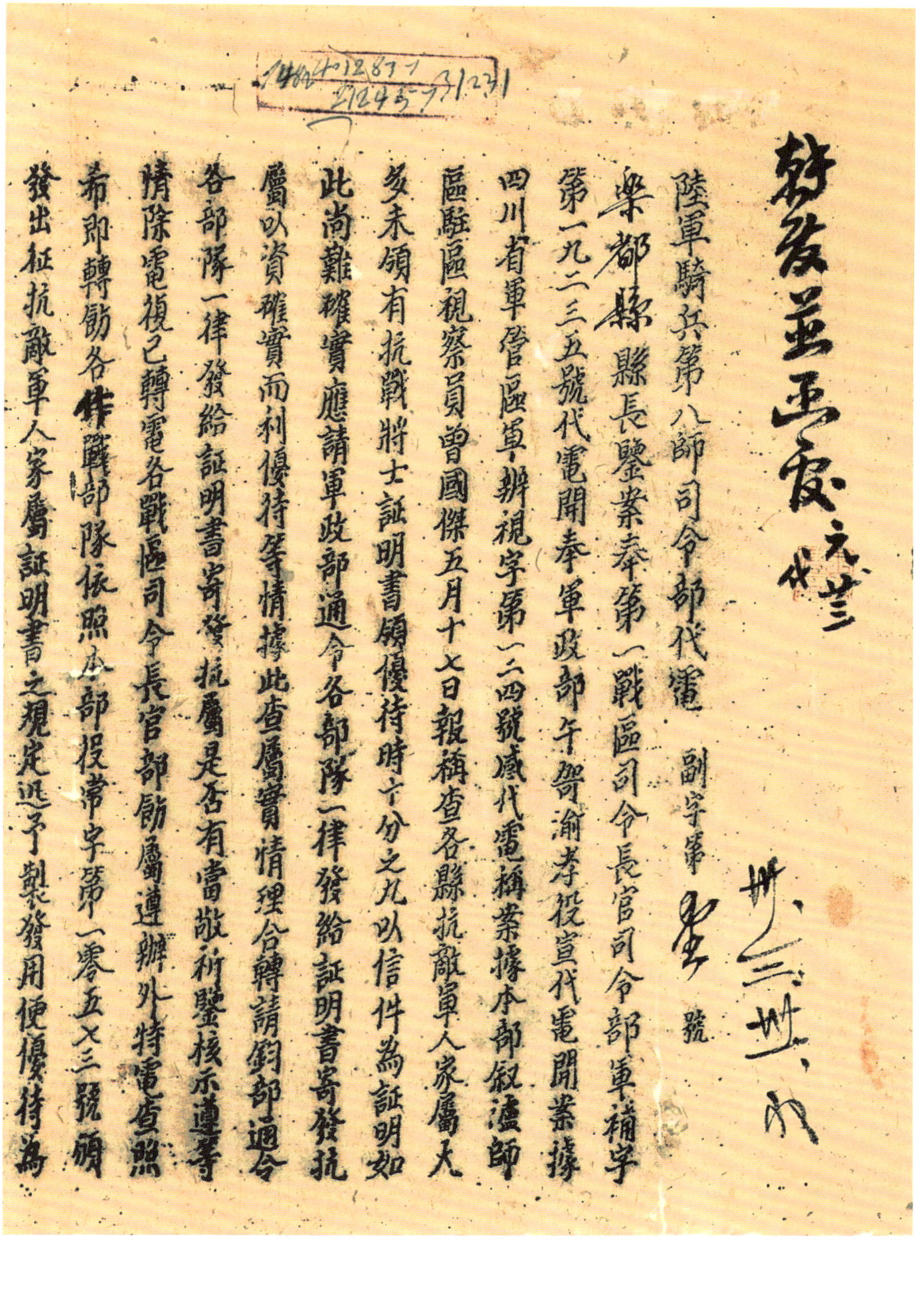
轉發並函覆

陸軍騎兵第八師司令部代電　副字第　號

樂都縣縣長鑒案奉第一戰區司令長官司令部軍補字第一九二三五號代電開奉軍政部午賀渝孝役宣代電開案據四川省軍管區卓辦視字第一二四號感代電稱案據本部敘瀘師區駐區視察員曾國傑五月十七日報稱查各縣抗敵軍人家屬大多未領有抗戰將士證明書頗優待時十分之九以信件為證明如此尚難確實應請軍政部通令各部隊一律發給證明書寄發抗屬以資確實而利優待等情據此查屬實情理合轉請鈞部通令各部隊一律發給證明書寄發抗屬是否有當敬祈鑒核示遵等情除電復已轉電各戰區司令長官部飭屬遵辦外特電查照希即轉飭各作戰部隊依照本部役常字第一零五七三號頒發出征抗敵軍人家屬證明書之規定迅予製發用便優待為

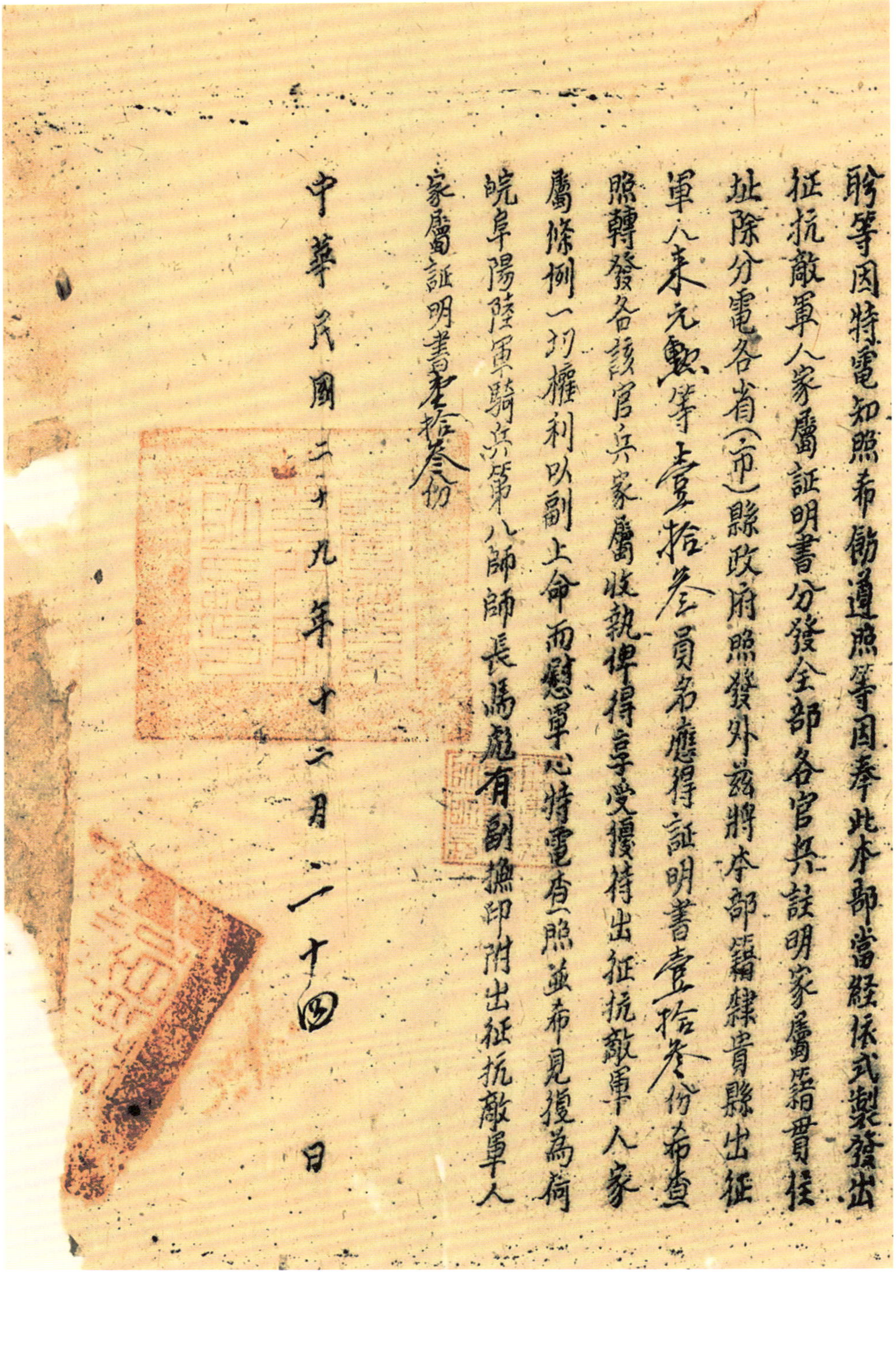

聆等因特電知照希飭遵照等因奉此本部當經依式製發出
征抗敵軍人家屬証明書分發全部各官兵証明家屬籍貫住
址除分電各省（市）縣政府照發外茲將本部籍隸貴縣出征
軍人朱元勳等壹拾叁員名應得証明書壹拾叁份希查
照轉發各該官兵家屬收執俾得享受優待出征抗敵軍人家
屬條例一切權利以副上命而慰軍心特電查照並希見復爲荷
皖阜陽陸軍騎兵第八師師長馬彪有副撫印附出征抗敵軍人
家屬証明書壹拾叁份
中華民國二十九年十二月二十四日

乐都县傅县长关于呈请优待出征抗敌军人家属一案经会议决定免支劳役人夫等事致青海省政府的呈文
（一九四一年三月二十六日）

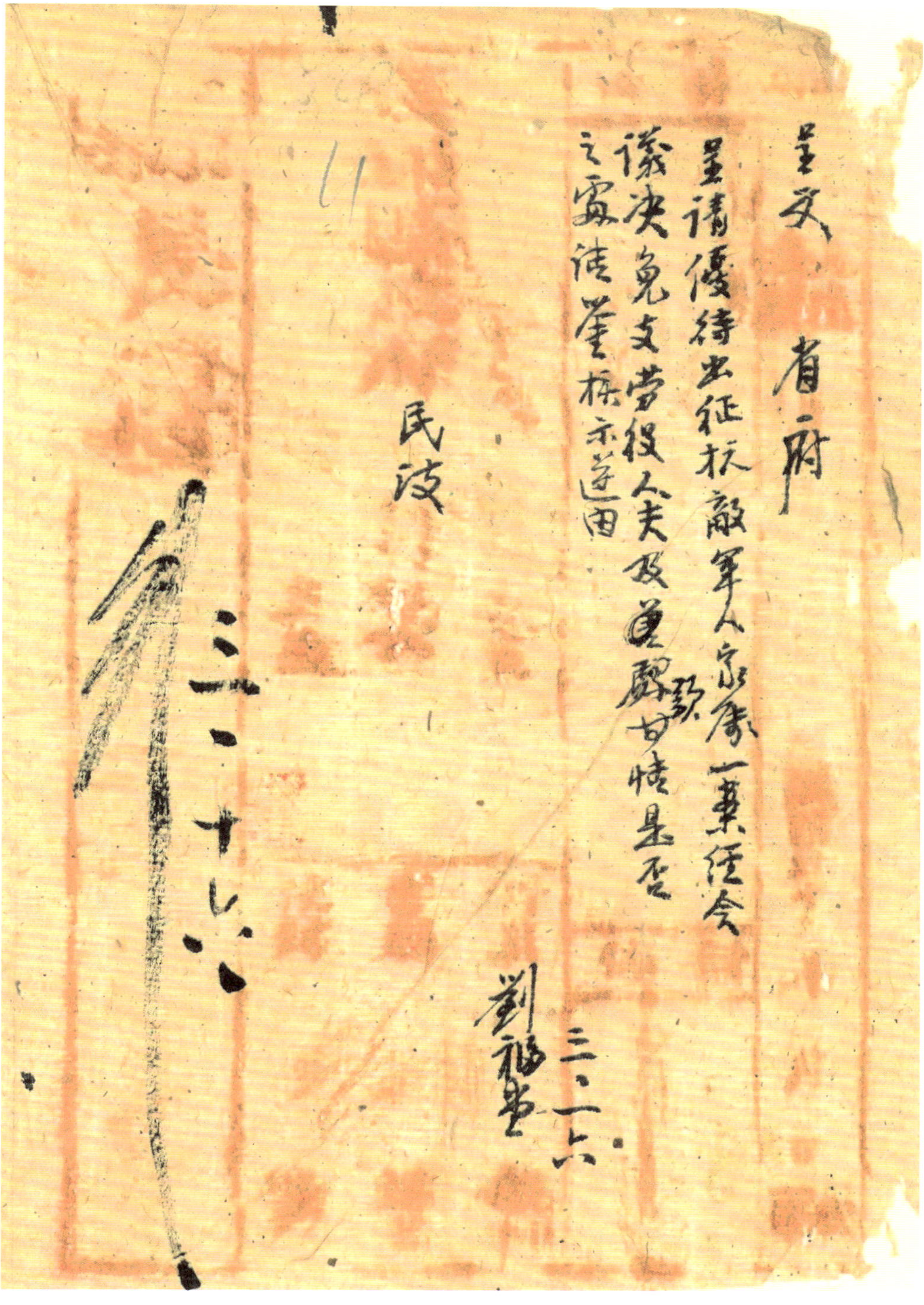

呈文　省府

呈請優待出征抗敵軍人家屬一案經會議決免支勞役人夫及[illegible]款等情是否之處請鑒核示遵由

民政

三、二十六

劉福[illegible]　三、二六

呈為呈請事竊查優待出征抗敵軍人家屬一案遵奉
鈞府訓令頒發優待出征抗敵軍人家屬條例飭即遵行
在案籍隸本邑服務各部參加抗戰當兵為數甚夥
該該軍人家屬以請求優待豁免差賦等紛紛來
府當即提交本年度聯政會議經會決議對于前
方抗戰軍人之家屬持有證明書者不論該戶應出
支差若干名免予勞役人夫一名全年田賦免支[illegible]
以用示優待並請紀錄在案予以優待[illegible]之處理辦[illegible]

具文呈請

至粮賦差徭所關甚重，職未敢
擅刪所有議定免役情形謹又
並呈述

鈞府鑒核示遵，實爲公便。謹呈

青海省政府主席馬

（全）銜 傅印

中華民國三十年三月廿二日

青海省政府关于优待抗战功勋子女就学免费待遇致省立西宁中学校的训令（一九四一年十月二十八日）

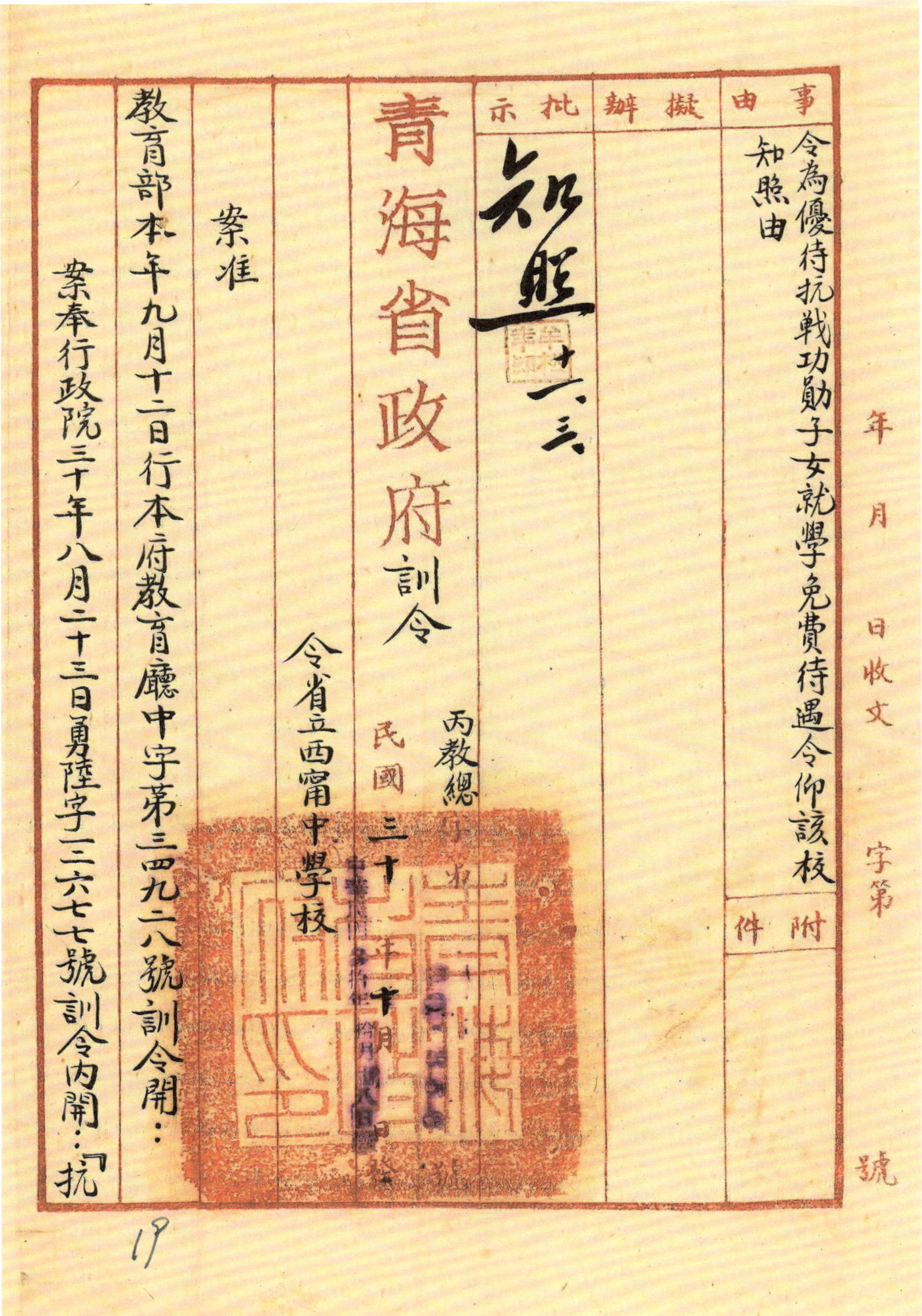
事由：令為優待抗戰功勛子女就學免費待遇令仰該校知照由
擬辦
批示：知照 十、三
附件
年 月 日收文 字第 號

青海省政府訓令
丙教總字第 號
民國三十年十月 日
令省立西甯中學校
案准
教育部本年九月十二日行本府教育廳中字第三四九二八號訓令開：
案奉行政院三十年八月二十三日勇陸字一二六七七號訓令內開：「抗

19

戰功勛子女就學免費條例前經　國民政府制定公布施行在案查該條例規定抗戰功勛之文武官佐士兵及人民之子女請求入學免費待遇以得有軍事委員會所頒發之卹金給與令或經依戰地守土獎勵條例核准免除子女學費者為限茲為優待抗戰功勛人員之子女就學起見㈠領有各省市政府按照人民守土傷亡撫卹實施辦法所頒發之卹令者㈡依党員撫卹條例及公務員卹金條例撫卹暨各省市政府自行撫卹人員無論所頒發者是否卹令或卹金証卹金証書只須有核准撫卹之党政機関証明為抗戰殉國或受傷殘廢者亦均得依照該條例之規定請求免費待遇以資矜恤而昭激勸除分行外合行令仰知照并轉飭所屬一体知照此令』等因奉此除分行外合行

令仰該廳知照，并轉飭所屬一體知照，此令。」

等由；准此，除分行外，合行令仰該校知照。

此令。

主席 馬步芳

20

監印趙燮

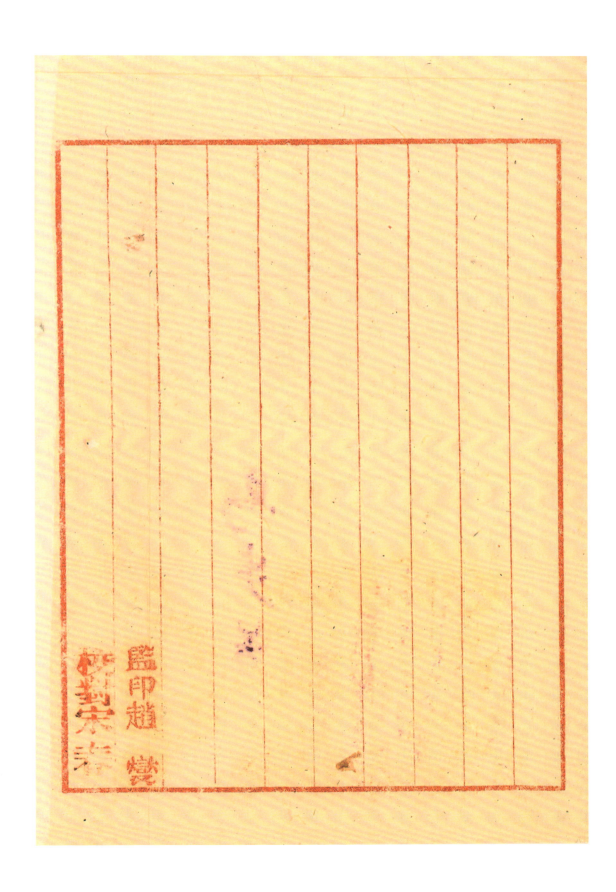

校對宋汴

教育部关于各校应尽先收录抗日阵亡将士遗族子女以示优待致国立西宁师范学校的训令（一九四一年十一月九日收）

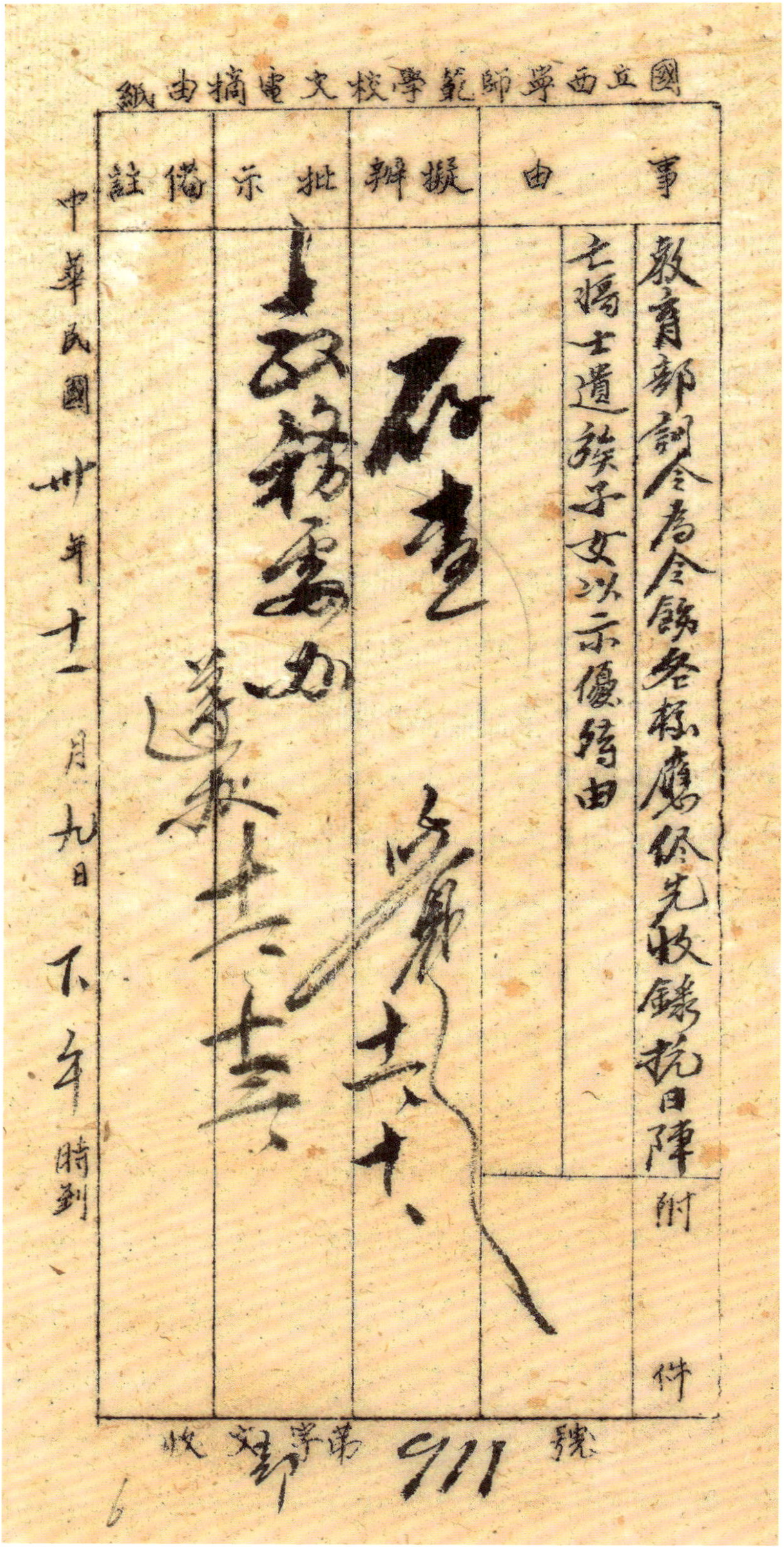

國立西寧師範學校文電摘由紙

事由：教育部訓令為令飭各校應儘先收錄抗日陣亡將士遺族子女以示優待由

附件

擬辦：存查

批示：交教務處辦

備註

中華民國卅年十一月九日下午 時到

收文第 911 號

令飭各校應優先收錄抗日陣亡將士遺族子女[illegible]優待

教育部訓令

中字第34493號

令國立西寧師範學校

中華民國三十年九月十一日發

查本部為崇報抗日陣亡將士起見爾後對於投考各級學校之抗日陣亡將士遺族子女應予優先收錄以示優待倘各級學校取錄名額有限應酌量擴充俾資收容更遺族子女如有程度不足應即設法補習其資質不宜入中學者尤應指導其投考師範及職業學校以期各得其所而遂其進取之志除分令外合亟令仰該校遵照辦理此令

部長陳立夫

監印左[illegible]
校對[illegible]

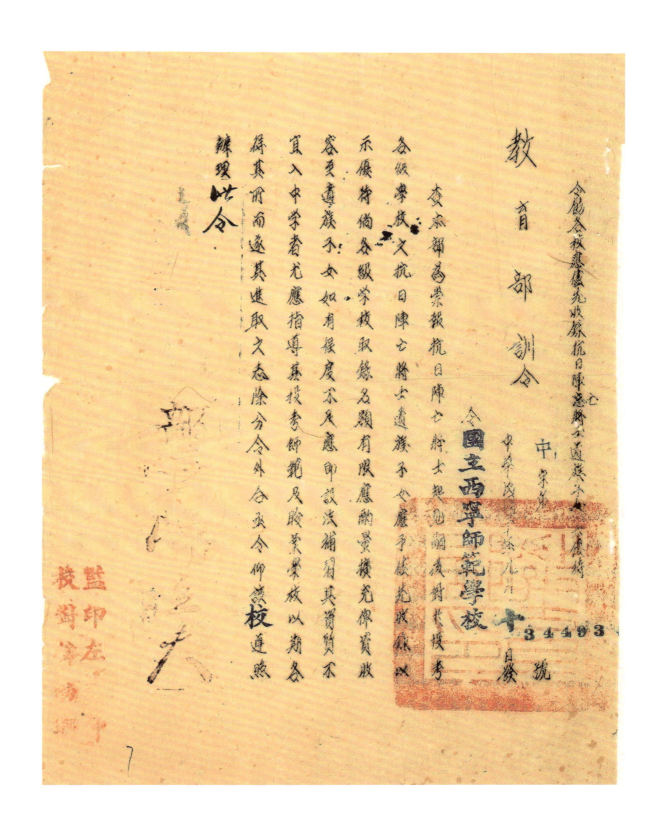

青海省政府关于各校应尽先收录抗日阵亡将士遗族子女以示优待致省立西宁中学校的训令（一九四一年十二月七日）

事由：令饬各校应侭先收录抗日阵亡将士遗族子女以示优待令仰该校遵照办理由

青海省政府训令

丙教统字第　号

民国三十年十二月　日发

令省立西宁中学校

案准

教育部本年九月十日行本府教育厅中字第三四四九三号训令开：

「查本部为崇报抗日阵亡将士起见，嗣后对于投考各级学校之抗日阵亡将士遗族子女，应予侭先收录，以示优待。犹各级学校取录名额有限，应酌量扩充，俾资收容。至遗族子女如有程度不足，应即设法补习；其资质不宜入中学者，尤应指导其

23

設彥師範及職業學校，以期各得其所，而遂其進取之志。除分
令外，合亟令仰該廳遵照辦理，並轉飭所屬學校一併遵照辦
理。此令。」
等由。准此。除分行外，合行令仰該校遵照辦理為要！
此令。

主席　馮步芳

道本十一月十日

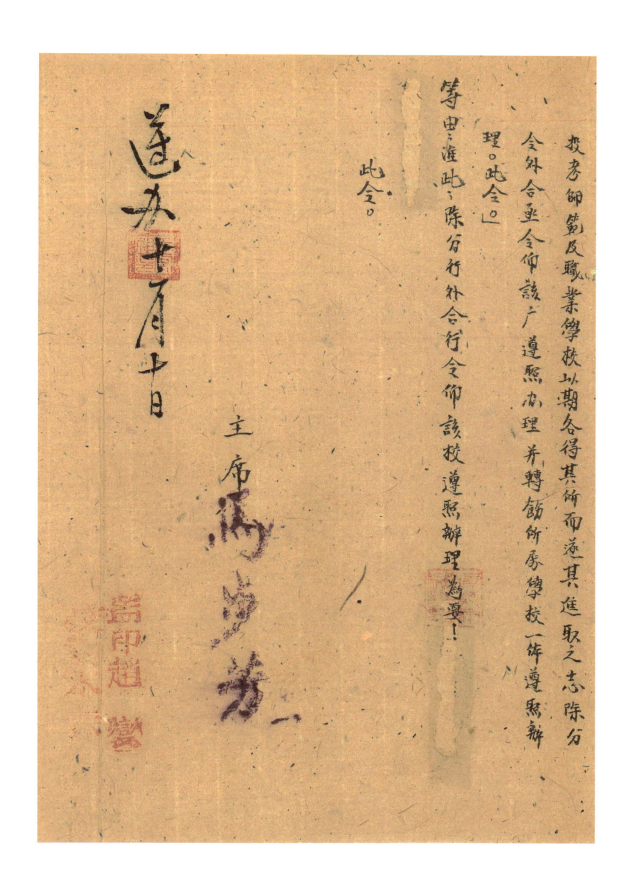

當印趙鑾

青海省政府工作总报告（节选）——筹办空袭善后赈济、救济、伤亡人数等事宜（一九四一年十二月）

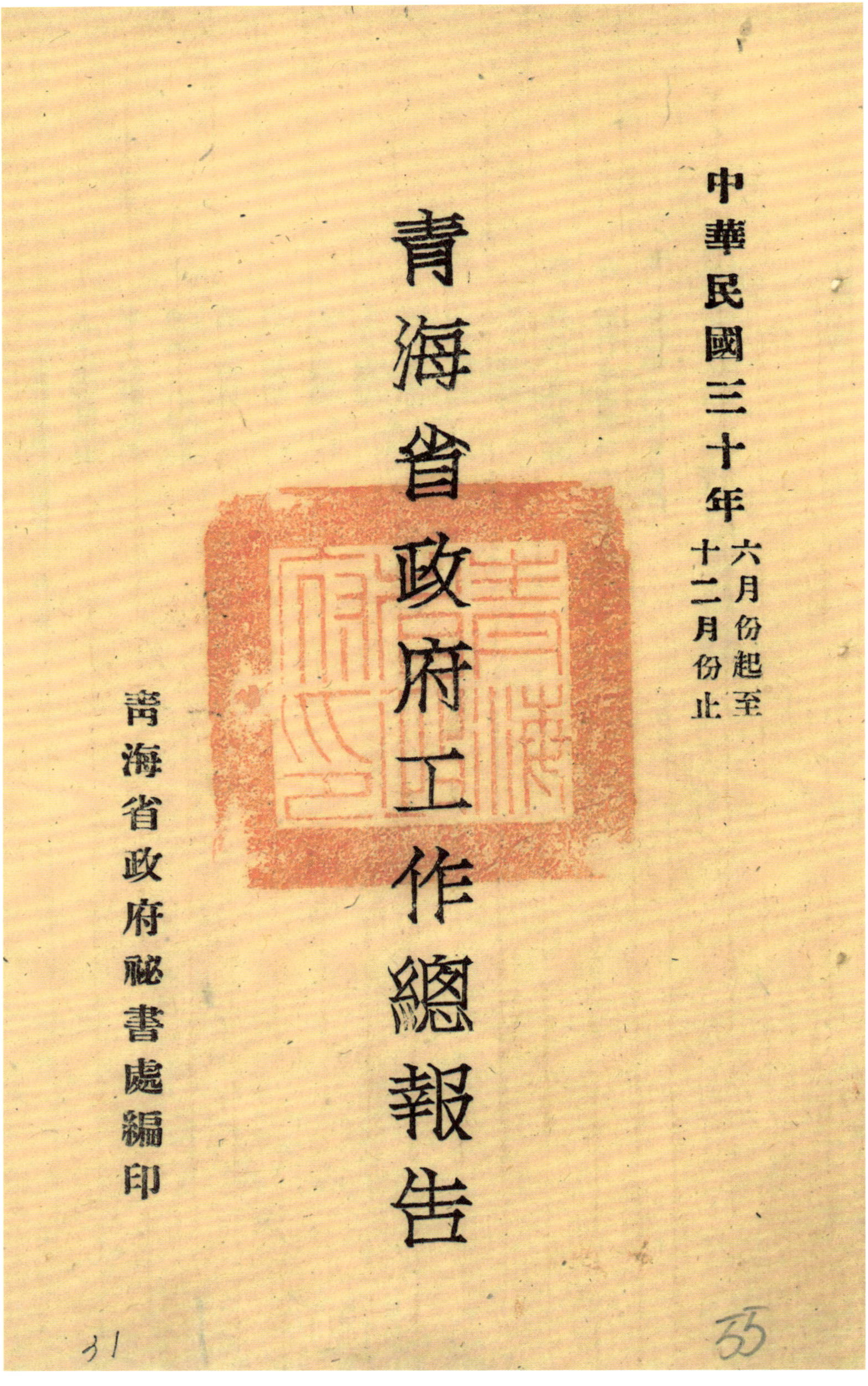
中華民國三十年六月份起至十二月份止

青海省政府工作總報告

青海省政府祕書處編印

31

35

青海省政府工作報告目錄

32

36

（申）其他工作概況

（甲）振濟會

（子）救濟

（一）急救省會被炸死傷災民之經過：

查本年六月二十三日，省會遭受敵機轟炸，死傷人民甚夥，炸毀房屋器具，亦屬不少，情狀極爲悽慘！當由本會會同省會警察局，將死傷災民，調查清楚後，即將炸死警士及人民，分別回漢禮俗，發給卡凡，棺木，即日掩埋，以安幽魂；並發撫卹費，所有炸傷人民，送往各醫院，施藥醫治，並對於貧寒災民，由本會籌發膳食費，以資救濟。玆將被災死傷災民數目，及發放棺木卡凡等，撫卹費數目，列表附後：

青海省省會三十年度遭受空襲傷亡人數表

被炸月日	被炸地點	傷亡人數			備考
		死亡	重傷	輕傷	
六月二十三日	青海省會	四三人	一二人	一六人	一、死亡數內有警士九人其餘均人民 二、重傷數目均係人民 三、輕傷數內有人民七人警士一人官兵八人

青海省振濟會發放炸死人民棺木卡凡等撫邺費數目表

類別	發放數目	備註
棺木費	四千六百二十元（棺木三十三付）	共炸死漢民三十三人
卡凡費	二百八十七元五角（卡凡一十五丈）	共炸死回民五人
撫邺費	一千六百三十元	炸死警士五名每人發邺金三百元受傷警士一名發醫療費一十元受傷官兵八人共發醫療費一百二十元
膳食費	一百二十元五角	
合計	六千六百五十八元	

（二）籌辦空襲善後事宜

自抗戰以來，本省從未遭受敵機之轟炸，對於空襲時之一切處理，多未設備齊全，不料於六月二十三日，慘遭首次轟炸，本會特召開臨時委員會議，商討本市防空及救護事宜，決議趕速組織空襲消防隊，担架隊，臨時治療隊，刻卽分頭工作，並分配西寧縣政府，管理重傷難民食糧，（經費由本會發給）省黨部，西寧縣黨部，調查難民財產損失，本會及省警察局，辦理施振，消防隊由省訓練團省警察局負責担任，所有應用器具，由省警察局購置，經費由本會籌發，担架隊由警察分局負責，按保甲編組，輪流服務，每保須組織十組，每組二人，所用器具，由各保自已置用，並由本會製發單雙人臂章，以示區別；臨時治療隊，除衛生處，中山醫院，當然負責外，並徵調全市各私立醫院醫士，責由本會召棉紗繃，其工作由衛生處負責分配，所有應用藥品藥械等，由本會撥款購置，發交省衛生處、中山醫院分配，並將支出消防器具，担架隊應用器具，治療隊應用藥品藥械等費，列表附後：

青海省振濟會支付空襲時備用藥品藥械及各項器材數目表

類別	款數	備考
消防器具	四千六百四十四元	消防隊應用
担架隊器具	四十二元六角	担架隊應用
藥品藥械	一千九百九十七元四角四分	臨時治療隊應用
合計	六千六百八十二元零四分	

（三）調查被炸災民及公私財產損失情形

自六月二十三日，省垣慘遭轟炸後，除將被炸死傷災民，由本會分別發給棺木卡凡，及撫卹費，剋日掩埋安置外，當卽函請省黨部，省警察局，詳細調查被災人民，及公私財產損失，以便辦理撫卹事宜去後，茲准該部局函送調查表到會，附被炸災民數目，及公私財產損失表於後：

青海省振濟會調查被炸災民人數及公私財產損失表

類別	調查數目	損失情形	炸毁房屋	備考
被害災民	共一百六十戶	共一十一萬九千餘元	共四四九間	

受損機關	共九處	不詳	共八一間
合計	共一百六十九戶		共五三〇間

其他

（四）獎慰省會警察局長韓有文

敵機轟炸省垣之際，省會警察局長韓有文，指揮部屬，克盡厥職，因致身遭危險，衣物損失淨盡，本會深佩該員負責辛勤，又鑒體念物力艱難，着在振款項下，撥發國幣二千元，以資慰勞，而示獎勵。

（五）電撥本省難民寒衣費

奉振濟委員會電撥本省難民寒衣費一萬元一案本會擬會同有關機關趕速調查俾資配撥而救災胞。

（六）電請撥款施振災民

青省去歲旱澇成災，民食極感困難，雖承各方撥款振濟，但因災情過鉅，尤感杯水車薪，今年以來，各地禾稼，春夏尚好，人民均望豐收，以補瘡痍，不料時至新秋，各地慘遭冰雹，禾稼打傷殆盡，又復釀成巨災，迭據湟源，化隆，亹源，互助，大通，西寧，樂都等縣，先後報請撥款振濟，以救民命到會，當即一面令飭各該縣政府詳細勘查，一面電請振濟委員會，撥款施振。

（七）勘查各縣雹災詳情

本年入秋以來，各地慘遭雹災，禾稼打傷殆盡，農民環地泣號，情狀甚爲淒慘，當由本會飭各縣政府，切實履畝詳勘，具報，以憑核辦，去後，茲據各該縣政府列表具復到會，轉請減免糧賦外，尤將詳情縷呈中樞當局，核辦施振，以救民命，其災情表附後：

青海省各縣雹災一覽表

縣別	被災莊村	災別	被災地畝	成災分數	被災戶數	被災人口	被災日期	備考
西寧縣								
湟源縣	三七莊	雹水災	五九一八二畝	七分八分十分		一六〇八三口	八月十九日	
大通縣	一〇二莊	雹災	三一二五、六八升	七分八分九分		一二一一四口		
貴德縣	三莊	旱災	九九六畝	五分				
亹源縣								
化隆縣	四七莊			五分至九分			八月十七、二十二十八九月一日	
互助縣	四一莊	雹災	二〇九八畝		四一〇二戶	二七六五五口	六月初四二十七閏六月初十二十五二十七等日	

（八）購發醫療隊藥品藥械撥借衛生處使用

本省去歲（二十九年）疫癘流行，人民死亡甚多。特由本會購置大量藥品，藥械，撥發衛生處，組織青海省振濟會臨時防疫醫療隊三隊，分赴各縣巡迴治療，現在各地疫癘，似形稍減，所有各防疫醫療隊，飭即結束，其工作均由各衛生院接辦，所存藥品藥械，一律撥借衛生處使用，並由該處負保管責任。

（九）配撥蒙藏區域及八二軍疫癘救濟費

今年各地疫癘復熾，蒙藏區域，及軍營尤爲最烈，當經本會第十一次委員會議決議：各疫區配撥救濟費，以便防治一，俾資救濟。茲將配撥數目，分別列表附後：

青海省振濟會配撥各地疫癘救濟費數目表

被災區域	配撥數目	備考
八二軍軍營	共四〇〇〇〇 〇〇〇	
玉樹稱多囊謙三縣	共四〇〇〇〇 〇〇〇	
都蘭縣夏日哈一帶	共三〇〇〇〇 〇〇〇	
同德縣蘇戶一帶	共二〇〇〇〇 〇〇〇	
祁連八寶一帶	共八〇〇〇 〇〇〇	
海晏各旗	共七〇〇〇 〇〇〇	
恰卜恰一帶	共五〇〇 〇〇〇	
合計	共一四五五〇〇〇 〇〇〇	

（十）賑䘏青海右翼輔國公那拉是得

本府以青海右翼輔國公那拉是得住地，迭遭匪患，生計艱困，流落省垣，無資回番，懇祈救濟等情，當即令飭振濟會撥發國幣二千元，以示振䘏。

（十一）配撥防疫藥品以資普遍防治疫癘

查自青省疫癘流行以來，本會積極設法防治，並請振濟委員會，撥發藥品施振，以免蔓延，去後，茲奉振委會准予撥滙西北防疫處疫苗費二千元，轉囑配辦防疫製品云云。茲查上項製品，已由西北防疫處，配發運到，計白喉抗毒素四十六瓶，霍亂傷寒混合疫苗，一百四十二瓶，白喉沉澱類毒素二十九瓶，並由本會配撥各方，普遍施治，俾資救濟。茲將配撥各方防疫藥品數目，列表附後：

青海省振濟會配撥各方防疫葯品數目表

機關	藥品	配撥數目	備考
八二軍司令部	白喉沉澱類毒素	十瓶	
	霍亂傷寒混合疫苗	十瓶	
	白喉抗毒素	十瓶	
八二軍軍醫處	霍亂傷寒混合疫苗	五十六瓶	
	白喉抗毒素	一十八瓶	
八二軍步兵獨立旅	白喉沉澱類毒素	五瓶	
青海省衛生處	白喉沉澱類毒素	五瓶	
	霍亂傷寒混合疫苗	五十瓶	
	白喉抗毒素	一十瓶	

（十二）配撥互助等縣雹災救濟費情形

青海各地，今年復遭雹災，業經電請中央主管機關核辦施振在案，茲奉振濟委員會電，准撥發互助縣雹災振款二千元，又准撥發湟源等縣雹災振欵五千元，本會已遵照如數配撥各被災區域村內，購儲食糧，以作明春施振之用。

（十三）增撥西寧初級職業學校修理費

本年六月二十三日，敵機轟炸省垣時，西寧職業學校被炸，將校內外墻垣房屋，炸毀甚多，業由本會查明，撥給振欵壹千元，飭即從速修理在案，茲據該校呈請，以物價人工，過於昂貴，所撥之款，尚不敷修理等情前來，當由本會准予再行增撥修理費叁百元，俾資完成全部工程。

（廿）籌募

（一）加撥互助等縣雹災救濟費

奉賑濟委員會銑渝甲財電；加撥互助等縣雹災振欵五千元，上項款額，已由本會如數收到，並擬撥發互助等縣，購糧存儲，以備明春散放被災區域村莊內籽種，而資振濟。

（二）電撥本省難民寒衣費

奉振濟委員會電：撥本省難民寒衣費一萬元一案，本會擬會同有關機關，趕速調查，俾資配撥而救災胞。

（三）籲請撥欵振濟被炸災黎

自本年六月二十三日，省會遭受敵機轟炸後，除由本會積極籌欵，撥發棺木卡凡，掩埋炸死災民，並施藥醫治受傷災民外，特由省政府，向中樞當局，電呈被炸情形，籲請施振，去後，計先後收到中央，及各方捐撥救濟費，共一十八萬六千五百元，飭由本會，分別辦理，各項救卹事宜，茲將各方捐欵數目，列表附後：

青海省振濟會收到各方捐撥空襲救濟費數目表

機關名稱	姓名	款數	備考
軍事委員會	蔣委員長	五○○○○ ○○○	
振濟委員會		一○○○○○ ○○○	
八戰區司令長官	朱紹良	三○○○ ○○○	
騎五軍軍長	馬步青	二○○○○ ○○○	
互助縣各界		三○○○ ○○○	
湟源縣各界		二○○○ ○○○	
樂都縣各界		一○○○ ○○○	
化隆縣各界		六○○○ ○○○	
亹源縣各界		一五○○ ○○○	

（四）撥發被害災民及團體空襲損失費

准省黨部，省警察局，函送被炸人民團體財產損失，及輕重傷災民調查表到會，當經本會第九次委員會議決議：依照調查情形，分別撥款救濟，所發詳細數目，列表附後：

青海省振濟會撥發空襲救濟費數目表

類別	受損戶（人）數	發放款數	備考
被害人民	共一百六十戶	共二萬二千二百九十元	

受損機關	共九處	共二萬八千元
重傷	共一十二人	共六千元
輕傷	共一十六人	共三千元

(五)增撥防疫藥品費

准振濟委員會電：增撥青省、疫癘救濟費一萬元，已逕滙西北防疫處，購買白喉血清，運交本會施振一案，本會已函商西北防疫處，趕速將上項藥品配運，俾資施振，而應急需。

(乙)訓練團

(一)省訓練團之繼續擴大

本府爲實施新縣制，並促進地方自治與建設，依照縣各級幹部人員訓練大綱，並參酌本省實際情形，於二十九年三月，設立青海省行政幹部訓練團，調訓全省各級幹部人員，計省府各廳處局，及黨部，法院，各縣政府，各特稅局行政人員，與各縣區鄉鎮保長，幷各人民團體負責人員，教育界男女人員，分爲一二三期，分別予以訓練，計共訓練二千八百七十名，內有行政警察爲四百零七名，至三十年度，本會爲擴大訓練機構，培養未來幹部人員，於二十九年十一月復招考會計，合作，黨務，蒙藏語文研究，縣務，童子軍，分別設班，予以訓練。

(二)擴導考核之辦理

(子)設計：本年度，在省訓練團訓練人員爲各幹部人員，純係招考中小學校學生合格者，分黨務，會計，蒙藏語文，童軍，縣務，合作人員分別設班訓練之；俟黨務班結業後，繼續訓練地政人員，以資現時之需要。

陆军骑兵第八师司令部关于车永昌家属应享受优待出征抗敌军人家属权利的证明书（一九四二年一月一日）

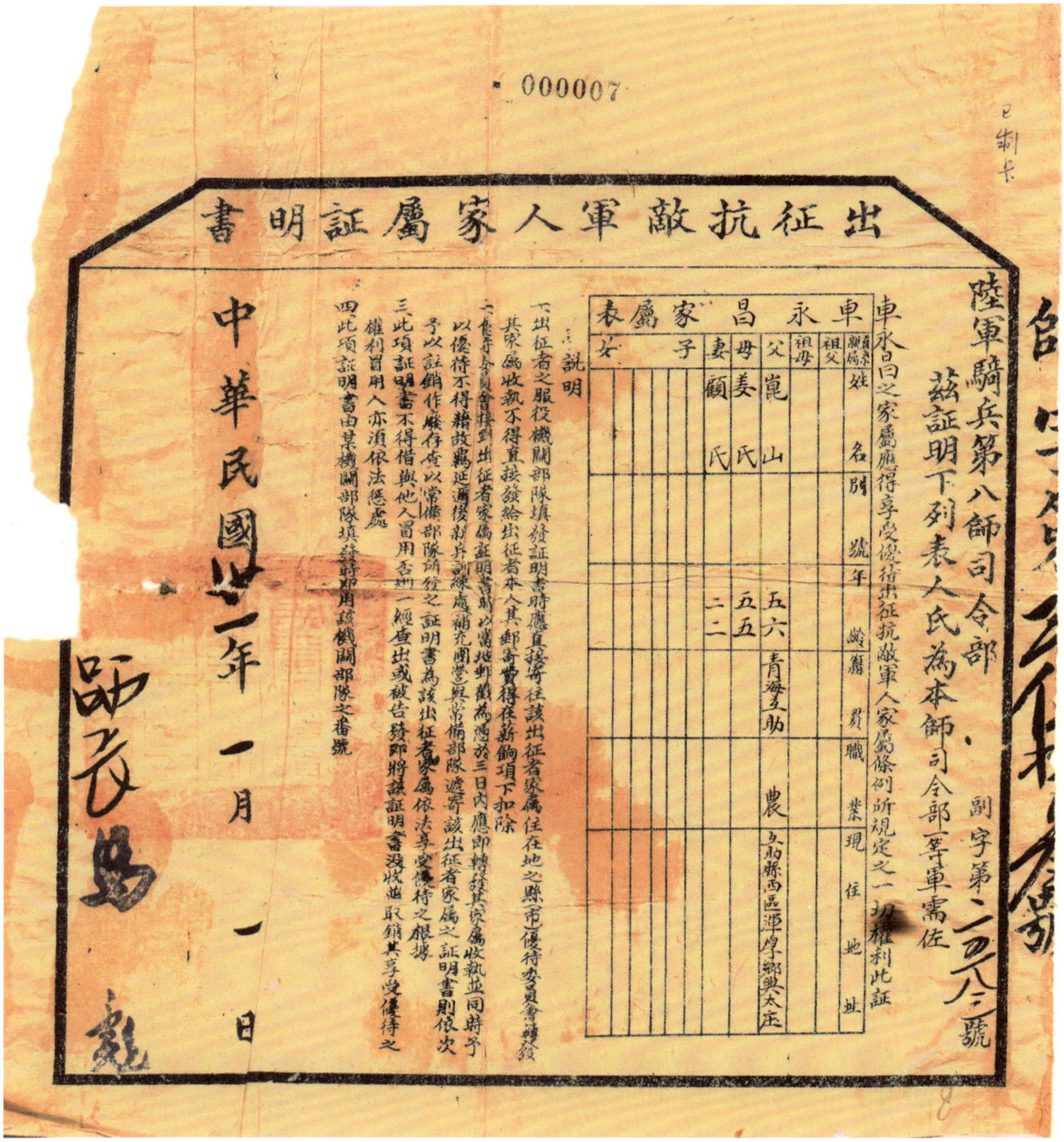

000007

已制卡

出征抗敵軍人家屬証明書

陸軍騎兵第八師司令部　副字第二〇八〇號

茲証明下列表人氏為本師司令部上等軍需佐車永昌之家屬，應得享受優待出征抗敵軍人家屬條例所規定之一切權利，此証

車永昌家屬表

親屬關係	姓名別號	年齡	籍貫	職業	現住地址
祖父					
祖母					
父	崑山	五六	青海互助	農	互助縣西區渾厚鄉與太庄
母	姜氏	五五			
妻	顧氏	二二			
子					
女					

說明

一、出征者之服役機關部隊填發証明書時，應直接寄往該出征者家屬住在地之縣（市）優待委員會轉發其家屬收執，不得直接發給出征者本人，其郵寄費得在薪餉項下扣除。

二、優待委員會接到出征者家屬証明書時，以當地郵戳為憑，於三日內應即轉發其家屬收執，並同時予以優待，不得藉故羈延。遇後新兵訓練處補充團營與常備部隊遞寄該出征者家屬之証明書，則依次予以註銷，作廢存查，以常備部隊所發之証明書為該出征者家屬依法享受優待之根據。

三、此項証明書不得借與他人冒用，否則一經查出或被告發，即將該証明書沒收，並取銷其享受優待之權利，冒用人亦須依法懲處。

四、此項証明書由某機關部隊填發時，即用該機關部隊之番號。

師長　馬

中華民國卅一年一月一日

陆军骑兵第八师司令部函送出征抗敌官兵石发云等四十一员证明书请按规定予以优待以慰家属给乐都县政府的公函（一九四二年二月）

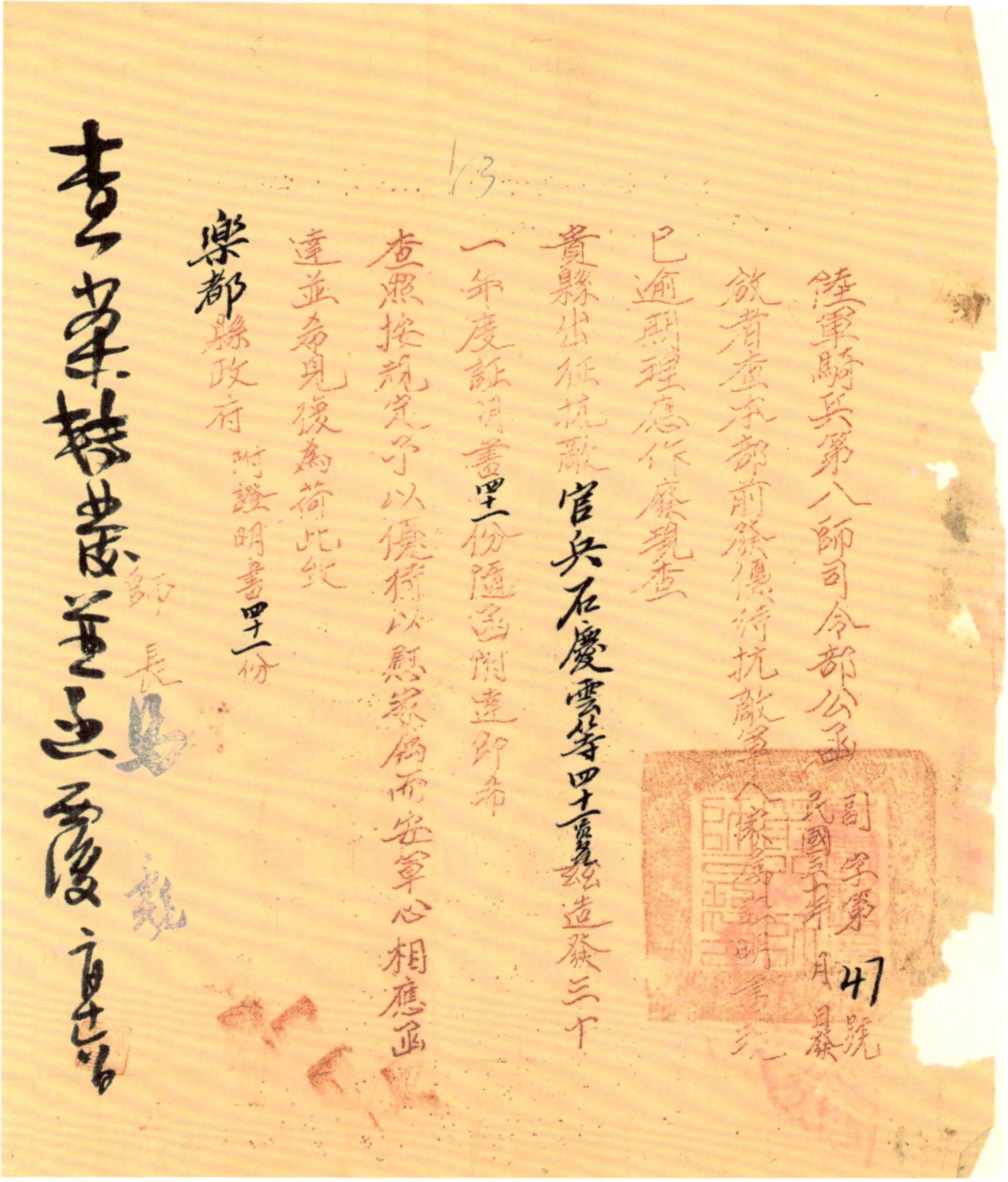

陸軍騎兵第八師司令部公函　副字第47號
民國三十一年　月　日發
敬者查本部前發優待抗敵家屬
已逾期理應作廢現查
貴縣出征抗敵官兵石慶雲等四十一員茲造發三十
一年度証明書四十一份隨函附遞即希
查照按規定予以優待以慰家屬而安軍心相應函
達並希見復為荷此致
樂都縣政府　附證明書四十一份
師長

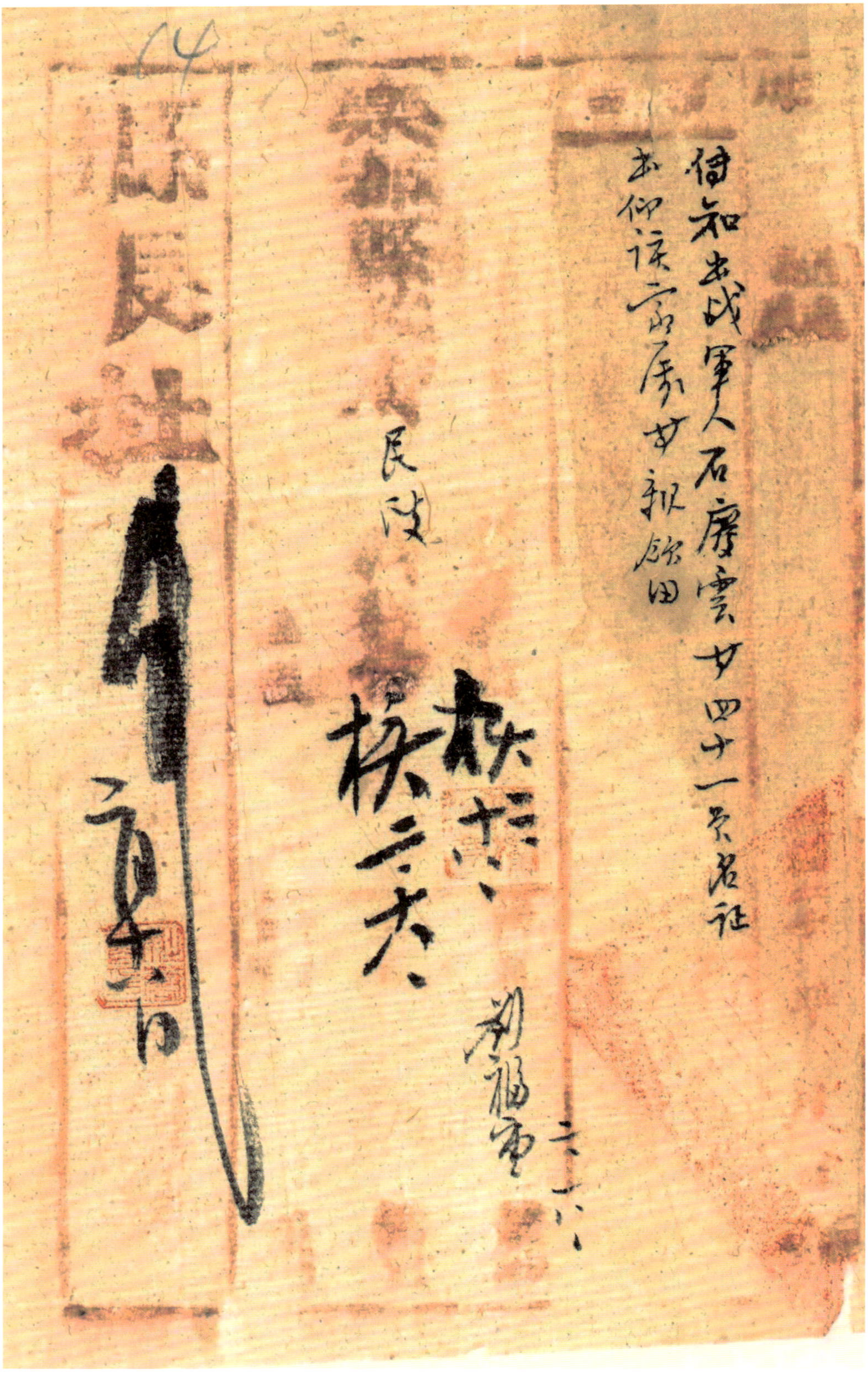
64
伺知出战军人石庚云女四十一贯名证
为仰该家属甘报饮田
民政
核发
刘福堂
二十六
二月十日

前侍知字案准

陸軍騎兵第八師司令部公函附送本縣籍出征軍人石慶雲等四十一員名依待家屬證明書四十一件仰請侍知來府親領分別轉發勿誤為要此侍

計侍知（照函抄）

差

侍

中華民國三十一年二月　日

准函转发敝县籍出征抗敌军人石庆云等四十一员名三十一年度优待家属证书除转发外相应函请查照由

迳启者案准

贵部副字第四七号函送敝县籍出征抗敌军人石庆云等四十一员名三十一年度优待家属证明书四十一件嘱即转发等由准此除将该军人家属传府亲自分别领取外相应函复

贵部查照为荷此致

陆军骑兵第八师师长马

青海省乐都县〻长[illegible][illegible]

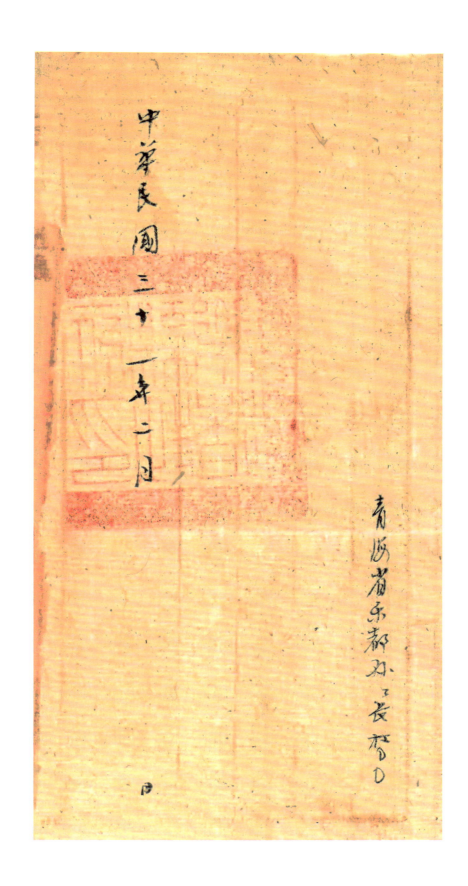

中华民国三十一年二月　　日

青海省政府关于奉军委会令为便利受伤官兵及死亡官兵家属请恤规定地方协助抚恤事项致囊谦县政府的训令

（一九四二年九月九日）

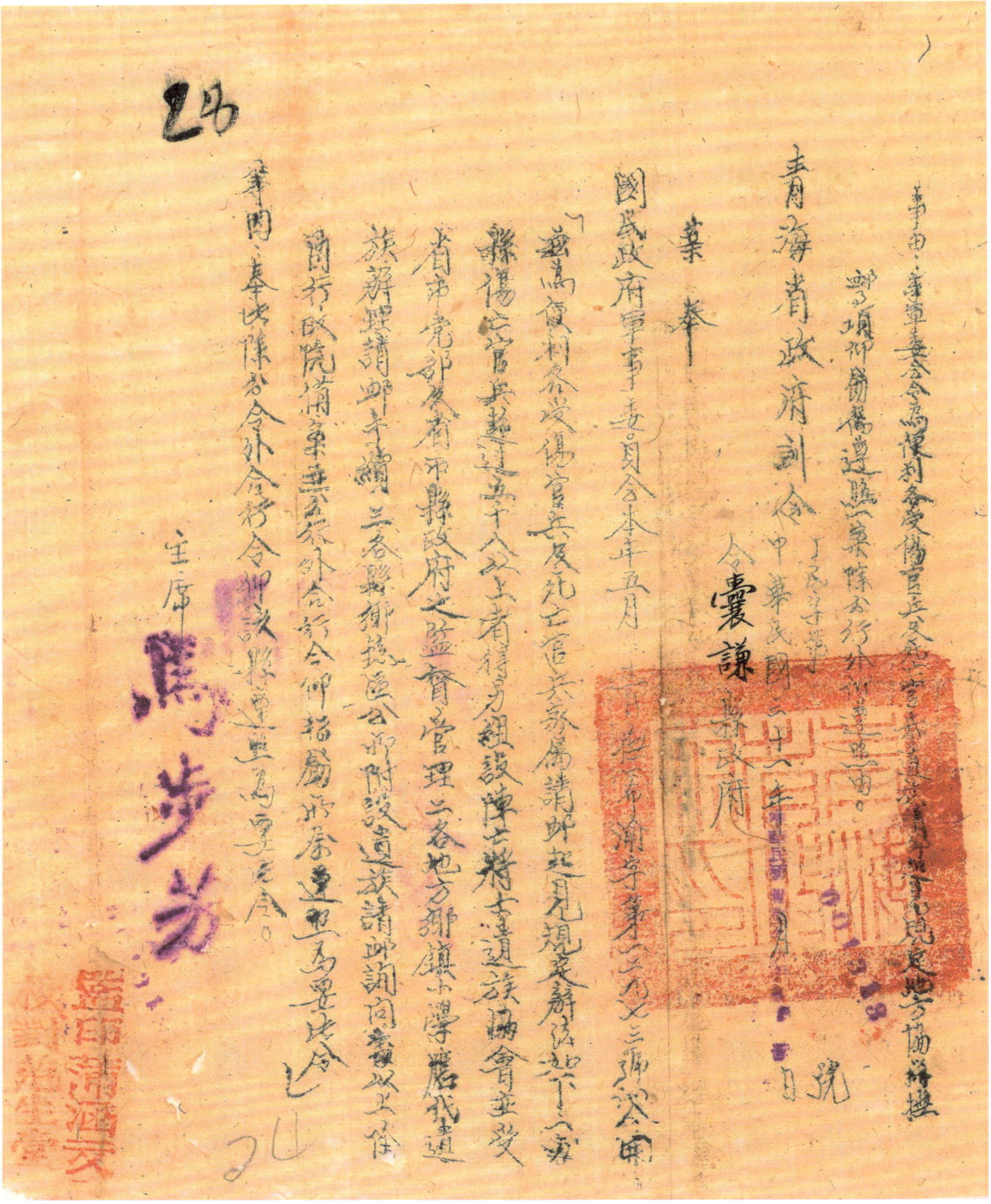

事由：奉軍事委員會令為便利各受傷官兵及死亡官兵家屬請卹規定地方協辦[illegible]事項仰飭屬遵照並案[illegible]除分行外仰遵照由。

青海省政府訓令 中華民國三十一年 月 日 字第 號

令囊謙縣政府

案奉

國民政府軍事委員會本年五月[illegible]衛字第[illegible]號公函開：

「茲為便利各受傷官兵及死亡官兵家屬請卹起見，規定辦法如下：（一）凡受傷官兵殘廢及死亡官兵遺族年十八歲以上者，得分組設陣亡將士遺族協會，並受省市黨部及省市縣政府之監督管理。（二）各地方鄉鎮小學應代遺族辦理請卹手續。（三）各縣鄉鎮區公所附設遺族請卹詢問處[illegible]以上係[illegible]國行政院備案並分[illegible]外，合行令仰轉飭所屬遵照為要。此令。」

等因。奉此，除分令外，合行令仰該縣遵照為要。此令。

主席 馬步芳

青海省政府关于收容不能维持生活之出征军人家属以激励前方士气等致囊谦县政府的训令（一九四三年二月十五日）

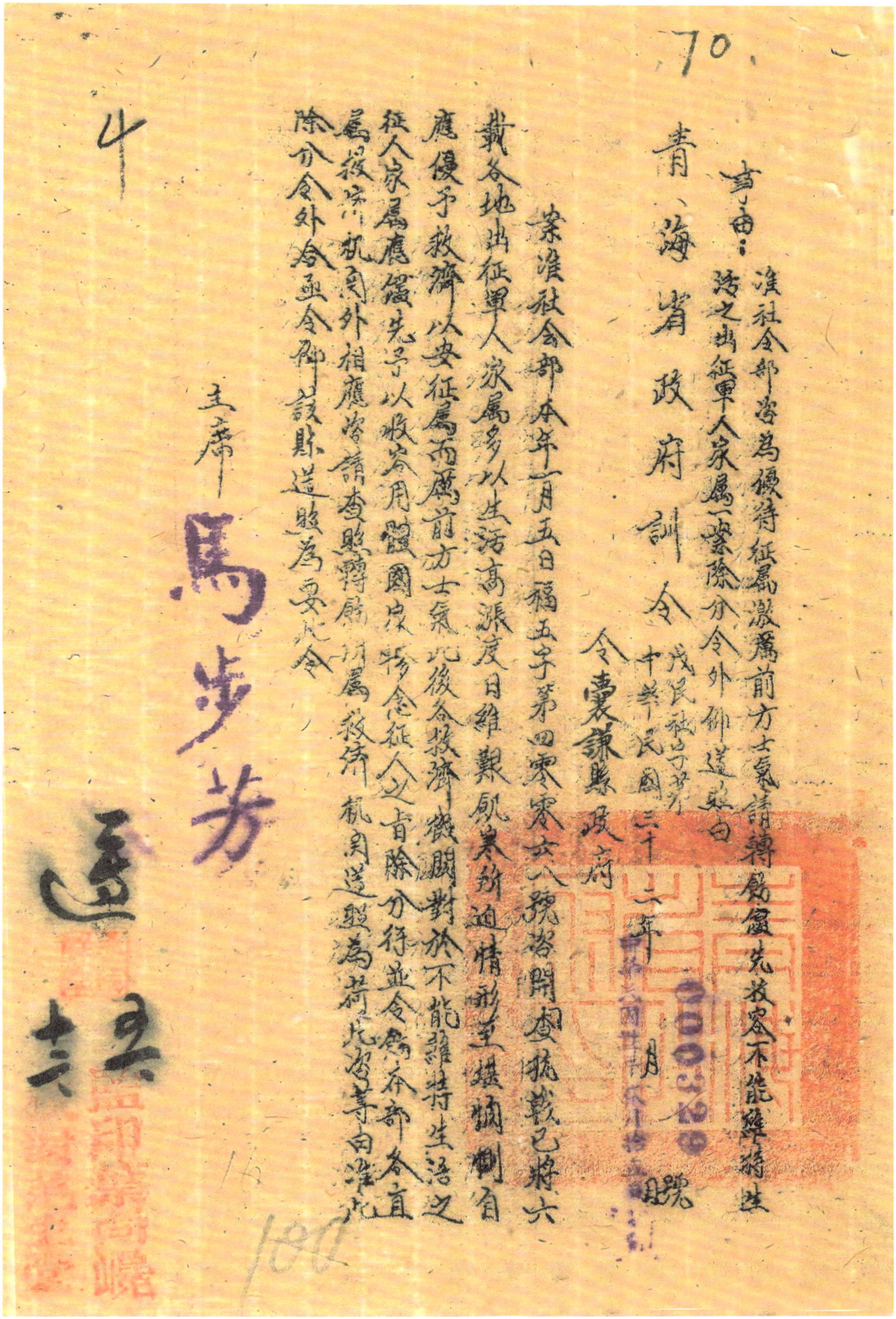

70.

事由：准社會部咨為優待征屬激勵前方士氣請轉飭儘先救濟不能維持生活之出征軍人家屬一案除分令外仰遵照由

青海省政府訓令　戍民秘字第　號　中華民國三十二年二月　日

令囊謙縣政府

案准社會部本年一月五日福五字第四零零六八號咨開：「查抗戰已將六載，各地出征軍人家屬多以生活高漲，度日維艱，飢寒所迫，情形至堪憫惻，自應優予救濟，以安征屬而勵前方士氣。此後各救濟設施對於不能維持生活之征人家屬應儘先予以收容，用體國家矜念征人之旨。除分行並令飭本部各直屬救濟機關外，相應咨請查照轉飭所屬救濟機關遵照為荷。」此咨。等由；准此，除分令外，合亟令仰該縣遵照為要。此令。

主席　馬步芳

陆军第八十一军司令部关于给军士马占林颁发出征抗敌军人家属优待证并予以优待给碾伯县政府的公函

（一九四三年四月一日）

附：马占林出征抗敌军人家属证明书

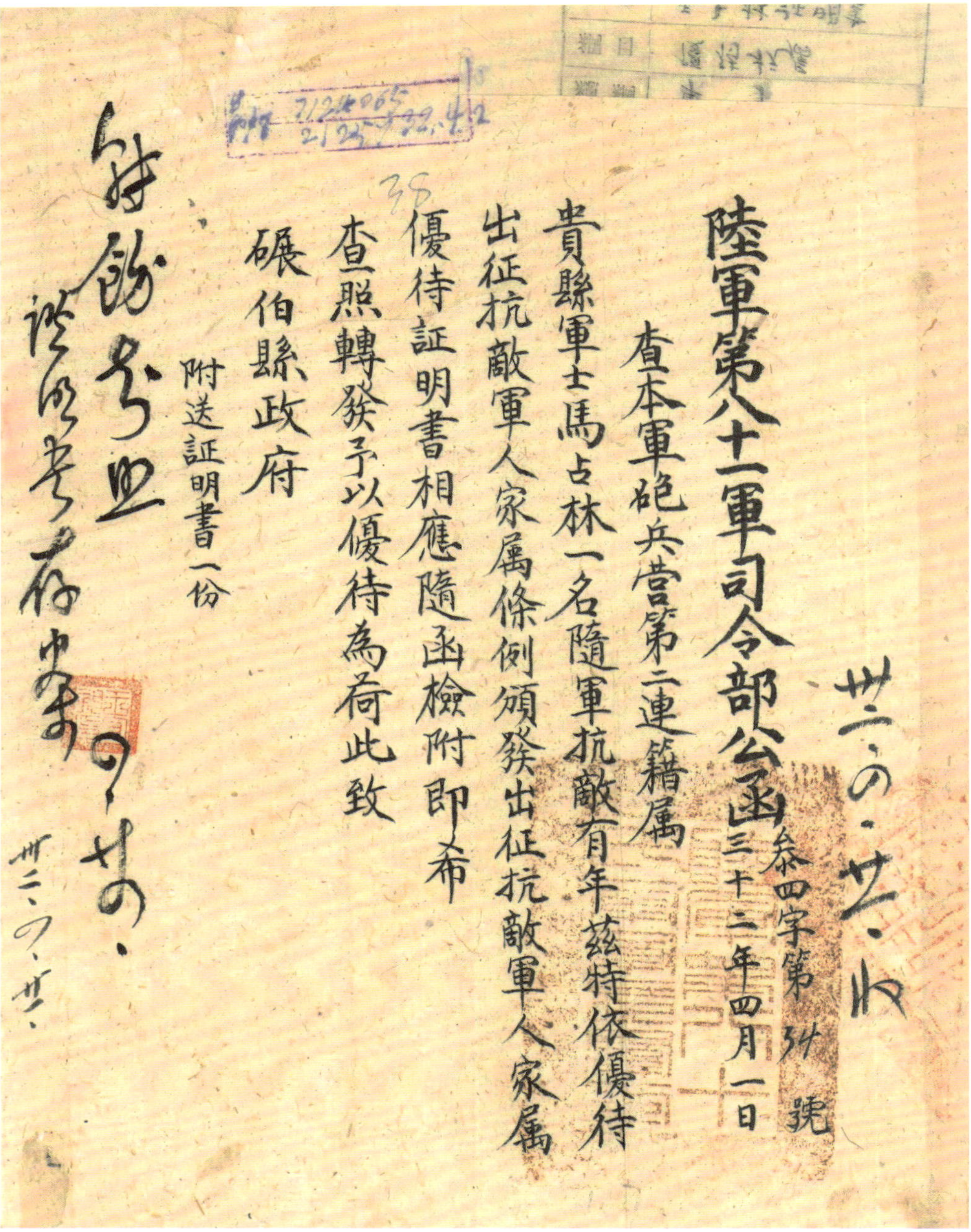

陸軍第八十一軍司令部公函 叅四字第卅號 三十二年四月一日

查本軍砲兵營第二連籍屬

貴縣軍士馬占林一名隨軍抗敵有年茲特依優待

出征抗敵軍人家屬條例頒發出征抗敵軍人家屬

優待証明書相應隨函檢附即希

查照轉發予以優待為荷此致

碾伯縣政府

附送証明書一份

39

出征抗敵軍人家屬證明書

軍砲字第二二七號

陸軍第八十一軍司令部

茲證明下表所列人民爲本軍砲兵營第二連上士軍需士馬占林之家屬應得享受優待出征抗敵軍人家屬條例所規之一切權利

此證

馬占林家屬表

直系親屬	姓名	別號	年齡	籍貫	職業	現住地址
祖父	歿			青海碾伯	農	本縣東鄉老牛城
祖母						
父						
母						
妻						
子						
女						

一、持用此項證明書人以直接參與作戰及調回後方休養整訓軍人家屬與撥入新兵訓練處或常備隊之壯丁及運輸兵及其直系血親爲限

二、撥入常備隊之壯丁其家屬證明書概由該縣（市）國民兵團發給

三、國民兵團所發之證明書其有效時間除特別情形外普通以三個月爲限

四、新兵訓練處補充團營所發之證明書其有效時間除特別情形外普通以三個月爲限

五、出征者之服役機關部隊填發之證明書時應直接寄往該出征者家屬住在地之縣（市）優待委員會轉發兵家屬收執不得直接發給出征者本人其部隊可會得依新編填下扣除

六、縣（市）優待委員會接到出征者家屬證明書時以當地剿戰爲憑於三日內應即轉發其家屬收執並同時予以優待不得藉故稽延逾後新兵訓練處（補充團營）與常備隊遺資該出征者家屬之證明書應依次予以註銷作廢存查以備常備隊所發之證明書爲該出征者家屬依法享受優待之根據

七、此項證明書不得借與他人冒用否則一經查出或被告發即將該證明書沒收並取消其享受優待之權利冒用人亦須依法懲處

八、此項證明書由原機關部隊填發時即用該機關部隊[illegible]蓋

中華民國三十二年四月一日

陆军骑兵第八师司令部关于出征抗敌军人四十一名证明书随函附达请即查照按规定予以优待以慰家属而安军心给乐都县政府的公函（一九四三年九月二十日）

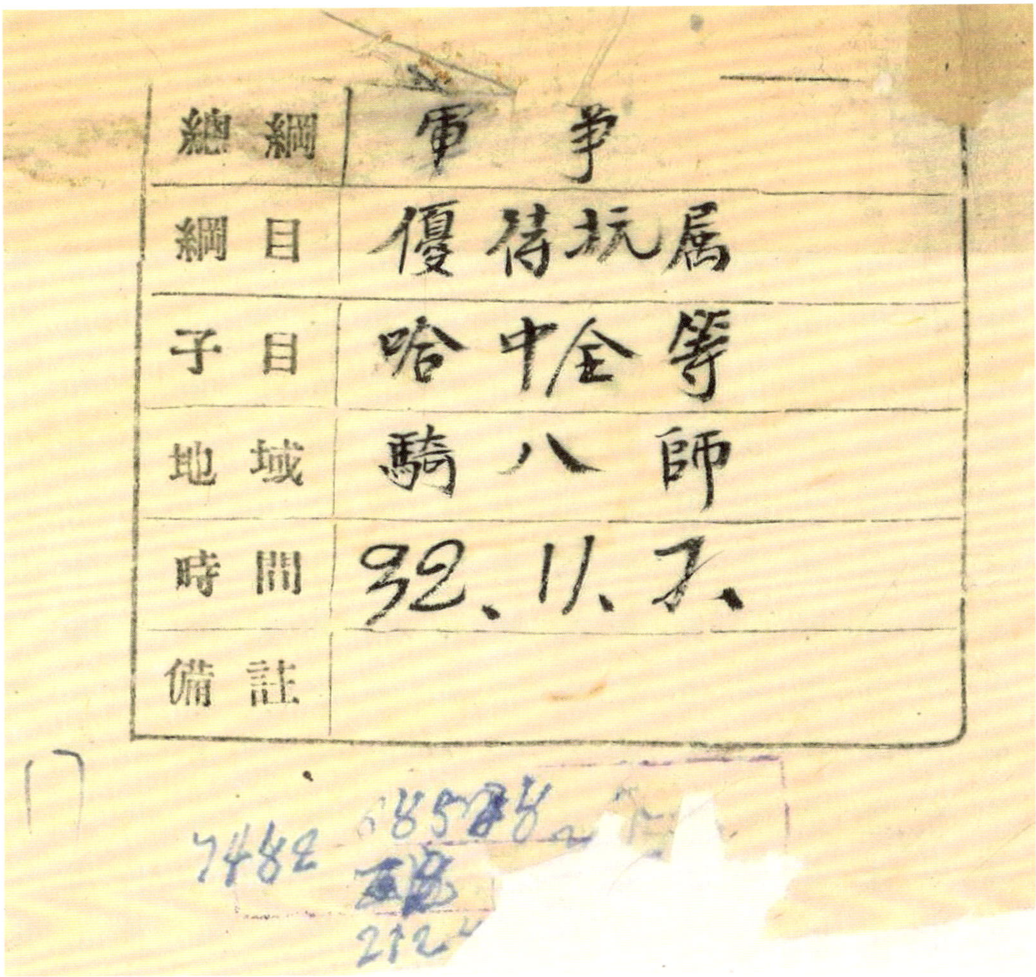

總綱	軍事
綱目	優待抗屬
子目	哈中全等
地域	騎八師
時間	32、11、7、
備註	

7482

民政科

卅二、十、七收

陸軍騎兵第八師司令部公函 行撫字第　號

民國三十二年九月廿一日發

防

啟者查本部前發優待抗敵軍人家屬證明書現已逾期理應作廢現查貴縣出征抗敵軍人四十一員名三十二年下期證明書四十一份隨函附達即希查照按規定予以優待以慰家屬而安軍心相應函達並希見覆為荷此致

樂都縣政府　附證明書四十一份

師長　馬步康

照錄並函

發　十一、十

乐都县政府关于呈转抗战故员姜佐忠等家属来县办理请恤金致青海省政府的呈（一九四三年九月二十六日）

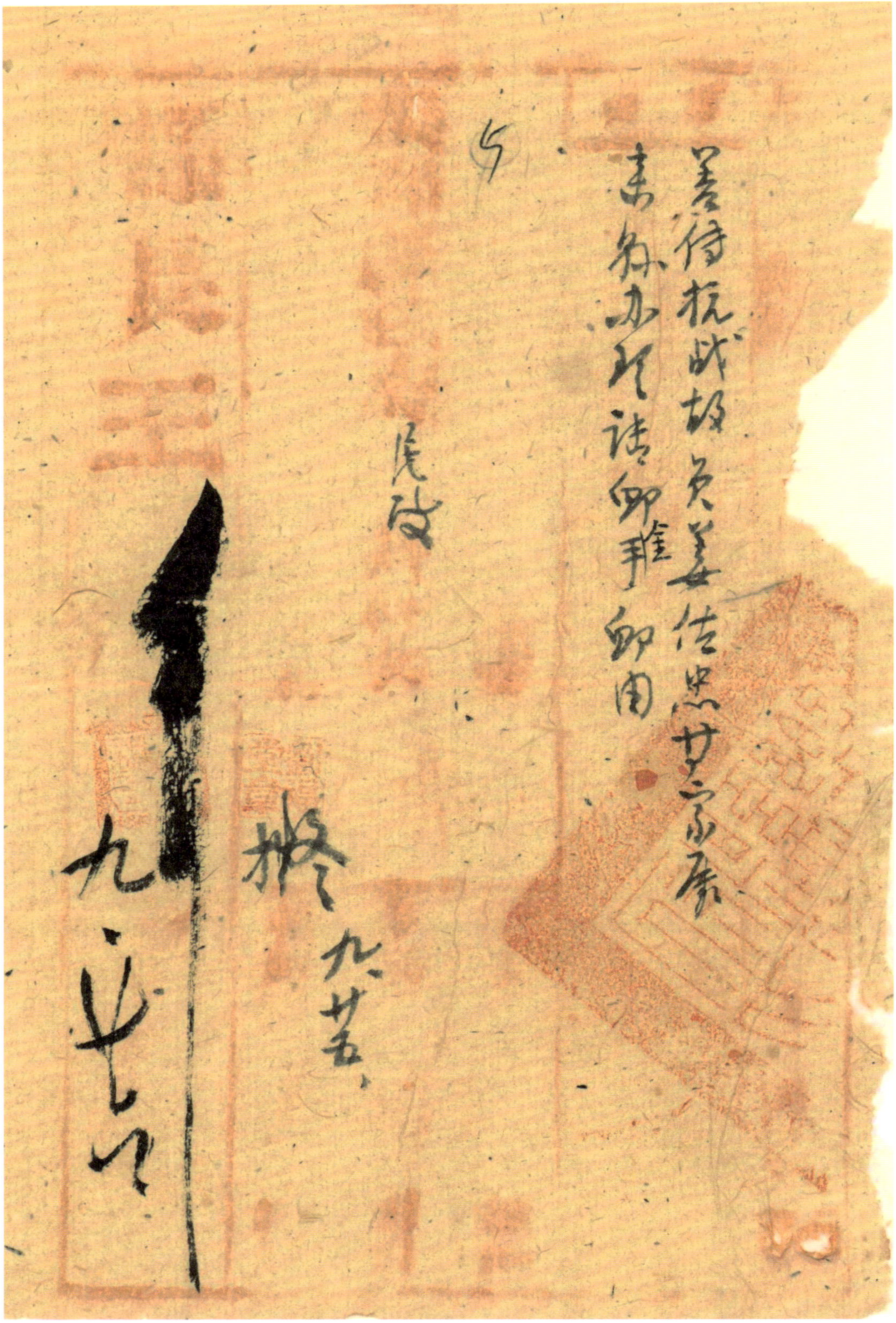

為傳知事。案奉

青海省政府訓令開「原文」等因。奉此，查此案奉

府已於本月十日飭以差名分別傳知（反訴原告等）來府投訊傾鄉

手供在案。茲奉前因，合亟再傳（知仰）仰該原告等

剋即來府，萬勿拖延自懊，為要。此傳。

計差傳：姜佐忠之父姜家成（城南回路來）

余學貴之父余鴻文（亂南余店）

王永新之父王玉伦（住北鄉）

、赵文玉之父赵荣杰 楼被石

、吴尚杰之父吴天寿 畜牧未院

祁有才之父祁发祥 祁家堡

杜鸿奎之母、杜陈氏 城内火巷子

善

光存

王国宪

谨

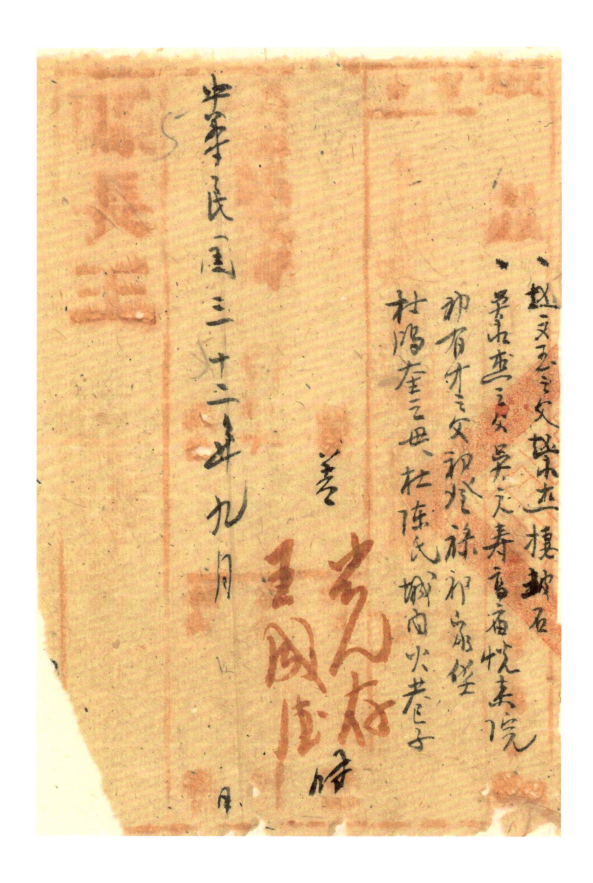

中华民国三十二年九月 日

青海省政府、乐都县政府等关于对伤亡官兵恤令应速转行乡镇保甲长查明洽领事的训令

青海省政府致乐都县政府的训令（一九四三年十月九日）

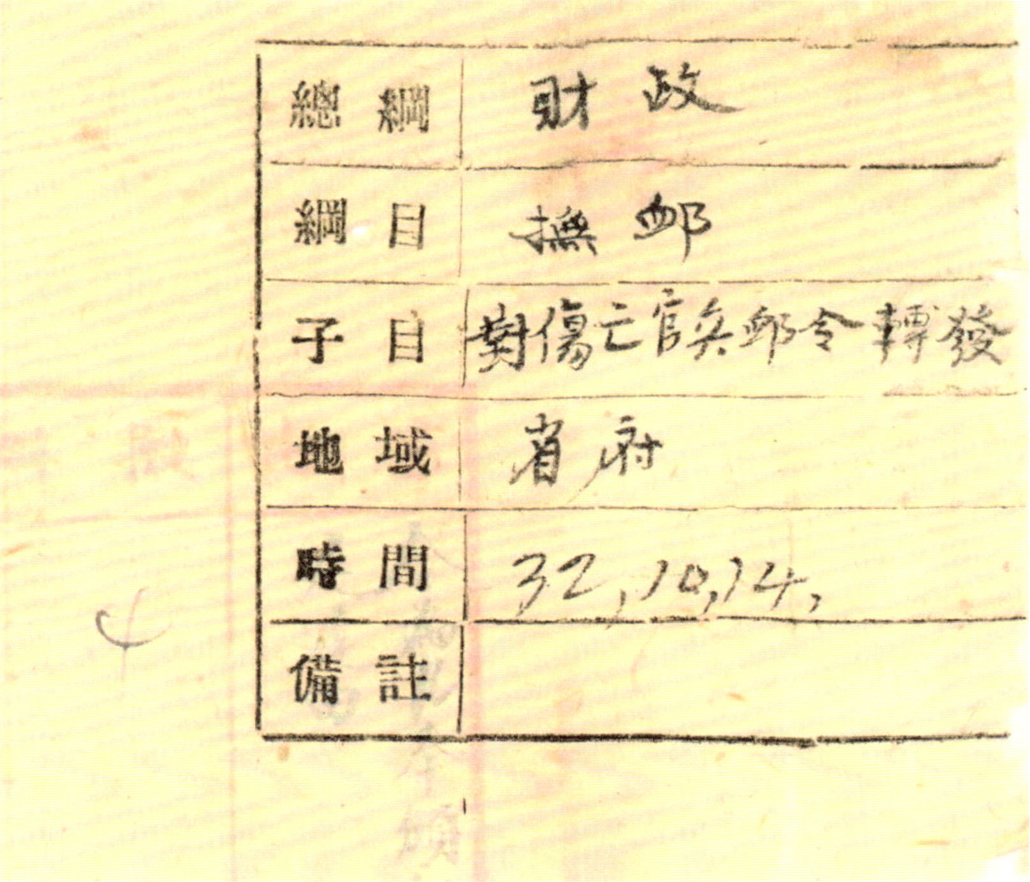

總綱	財政
綱目	撫卹
子目	對傷亡官兵卹令轉發
地域	省府
時間	32,10,14,
備註	

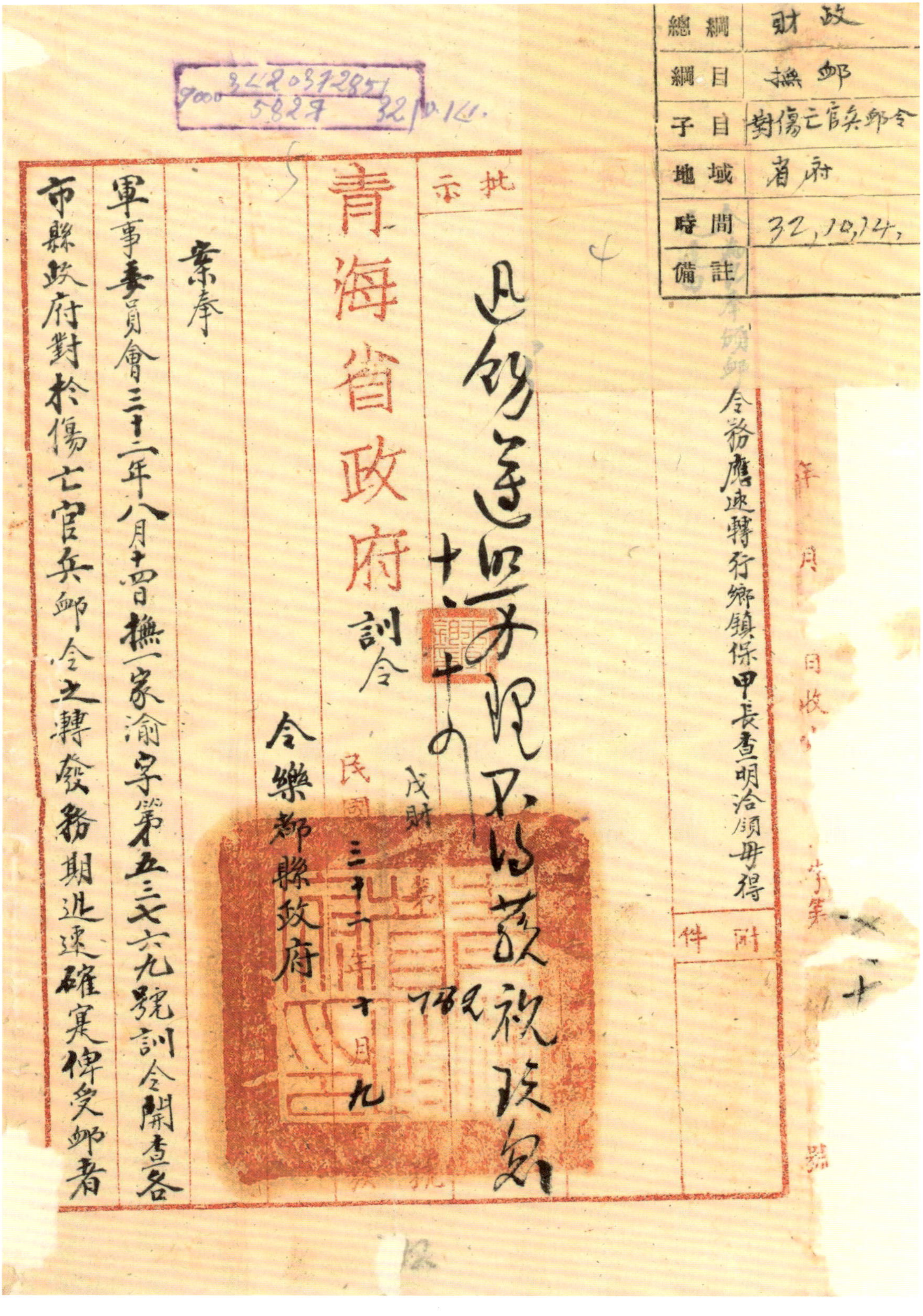

總綱	財政
綱目	撫卹
子目	對傷亡官兵卹令
地域	省府
時間	32,10,14,
備註	

9000 3220372851
5827 32 10.14.

批示

迅飭遵照……

十月十四

青海省政府訓令 戊財字第 號

令樂都縣政府

案奉

軍事委員會三十二年八月十四日撫一家渝字第五三七六九號訓令開：查各市縣政府對於傷亡官兵卹令之轉發，務期迅速確實，俾受卹者……領卹令，務應速轉飭鄉鎮保甲長查明洽領，毋得

附件

民國三十二年十月九日

得早沾實惠，迭經通令遵照在案。乃近查各市縣政府對於承辦撫卹
能認真從事者固多，而奉行不力，任意延宕者亦復不少。茲特重申前令
凡奉領每一卹令，務應迅速轉行鄉鎮保甲長查明給領，毋得延遲。除
令外，合行令仰遵照，即便轉飭切實遵行為要等因。奉此，除分行外，
合行令仰該縣長遵照，並轉飭切實遵行為要。

此令。

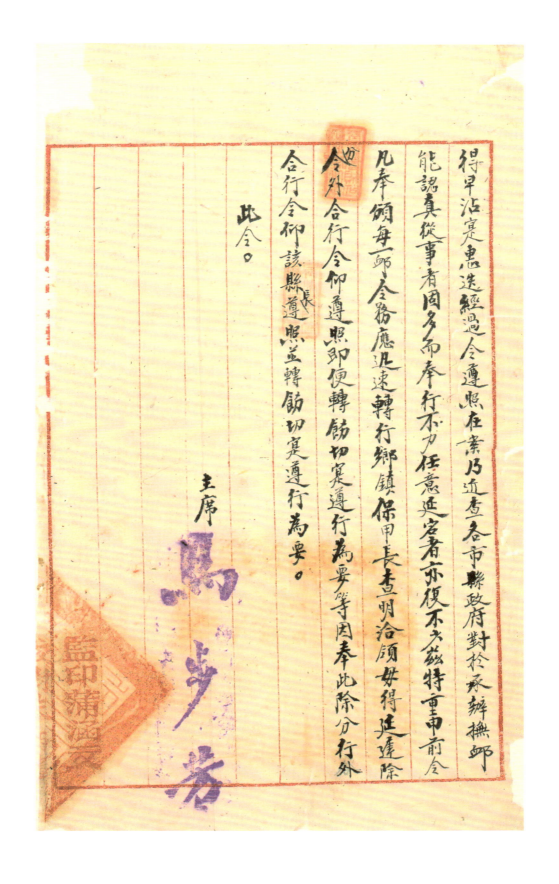

主席　馬步青

乐都县政府致各区所的训令（一九四三年十月十六日）

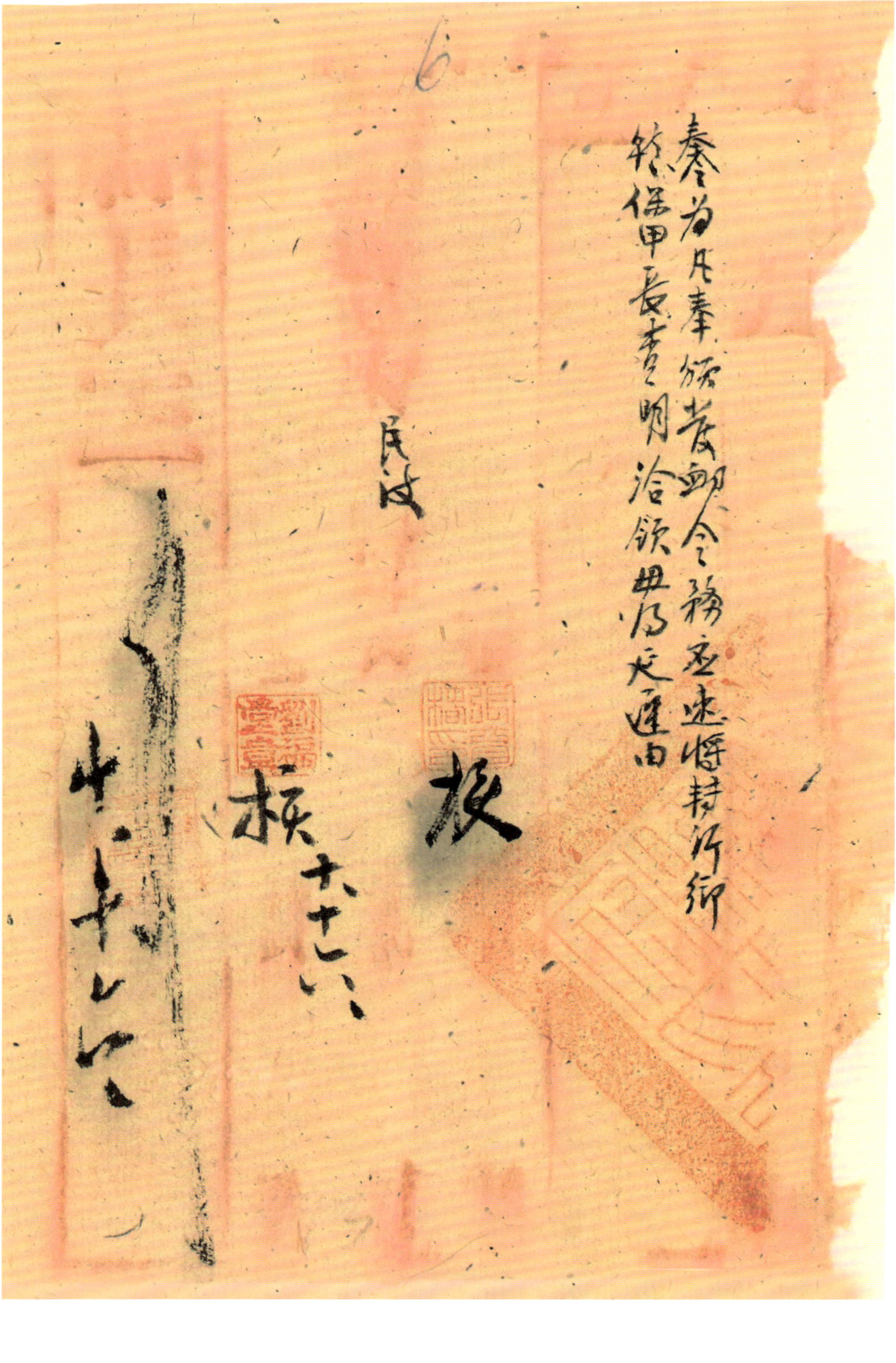

奏为凡奉颁发部令務必迅將持行仰
转饬保甲长查明洽领毋得乃定迟由

民政

校

核 十六

十七

樂都縣政府訓令 字 170 號

令各區署

案奉

青海省政府戌財字第二八二號訓令開：案奉

軍事委員會入酉文巳廿馬奉此除分令外合亟令仰遵照

並轉飭切實遵行為要此令

中華民國三十二年十月十六日

縣長王□□

青海省乐都县政府关于出征抗敌军人优待家属证明本四十一份已转给亲领并优待事给陆军骑兵第八师司令部公函

（一九四三年十一月十二日）

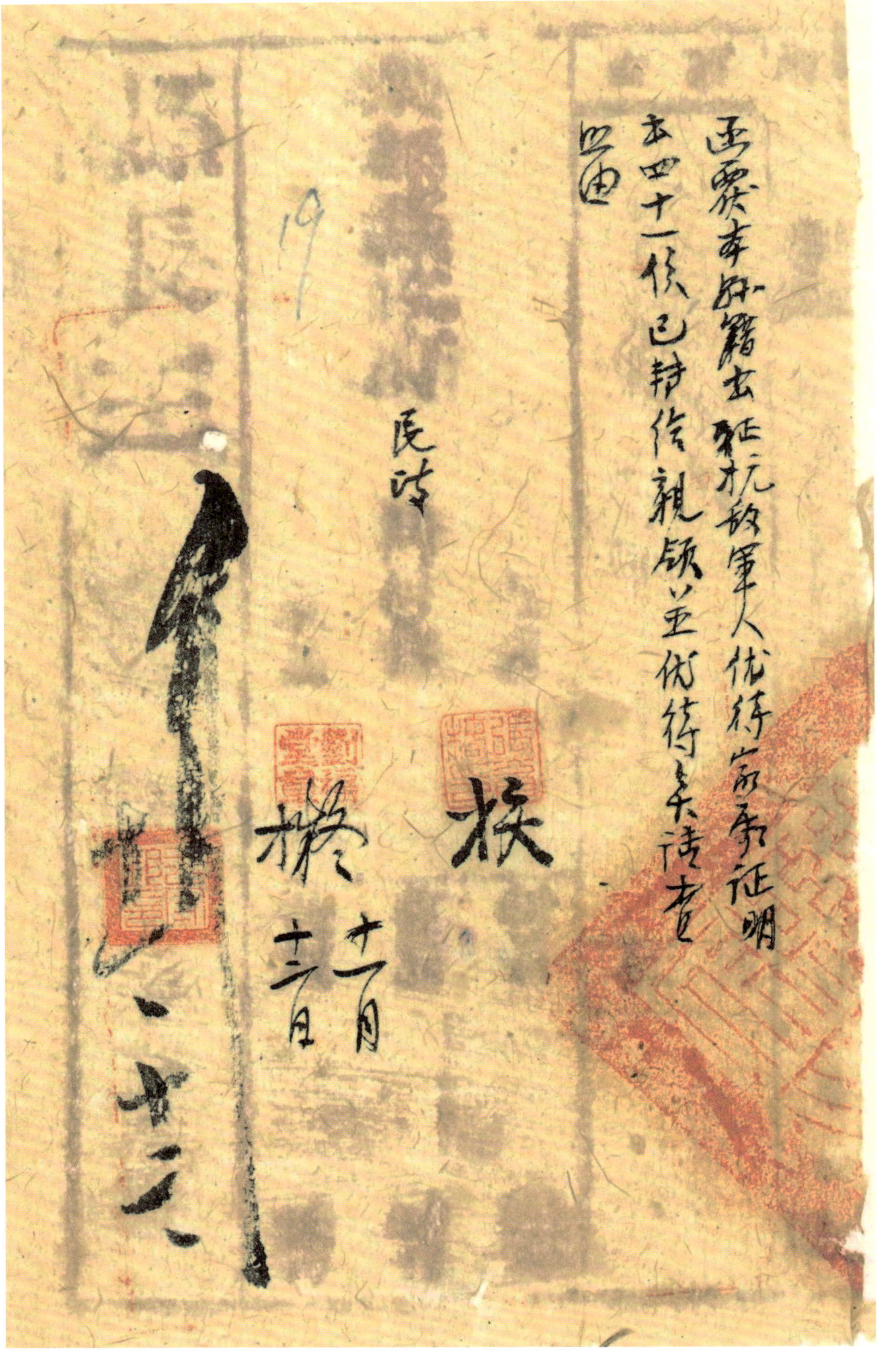

函覆本縣籍出征抗敵軍人優待家屬證明本四十一份已轉給親領並優待矣請查照由

青海省樂都縣政府公函　字　號

送覆等案稿

貴部行政字第三五號函送本縣籍出征抗敵軍
人四十一員名三十二年下期證明書四十一份希按規定予
以優待並希見覆等由准此除飭知各該家屬來府面
給[redacted]予以優待外相應函請
貴部查照為荷此致
陸軍騎兵第八師司令部

存表五〇〇

存付知事：案准陆军骑兵第八师司令部函送本县籍出阵军人优待家属证明书四十一份，嘱家属持赍到府，除分付外，仰该家属来府亲领为要。此付

计付知　啥中全之母李氏白崖村　此致

差　　付

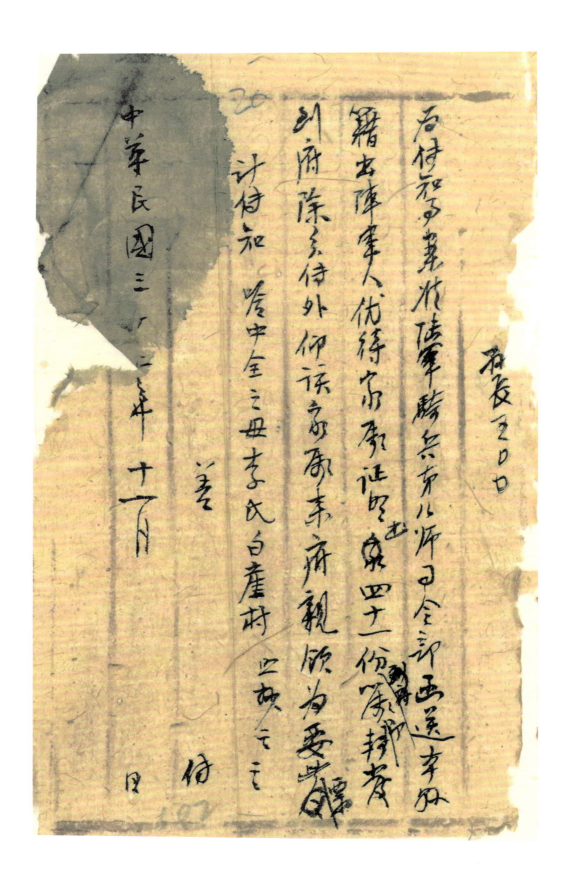

中华民国三十二年十一月　日

青海省乐都县政府关于对本县出征抗敌军人优待家属持有证明者可免骡驮夫等事致乐都县各区署的训令（一九四四年二月二十二日）

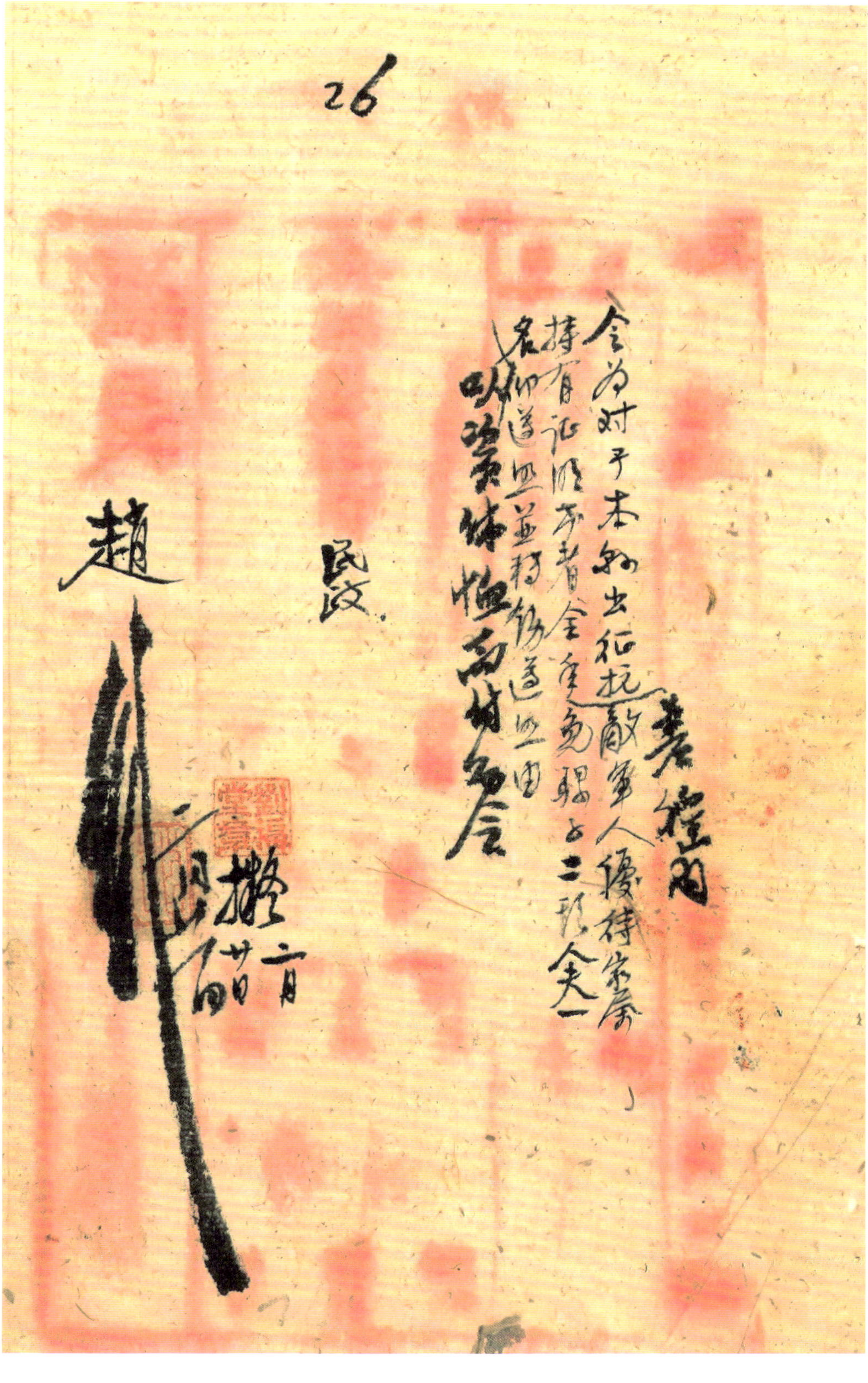
26

令為對于本縣出征抗敵軍人優待家屬差徭內持有證明者全年免騾驮二頭全夫一名仰遵照並轉飭遵照由

以資體恤而符功令

民政

趙

撥

二月廿二日

樂都縣政府訓令

令各區署　第　號

查優待出征抗敵軍人家屬迭奉明令並頒發條例在案並規出征抗敵軍人家屬等紛紛請求依法優待前來本府並奉前廿年度行政大會議案內及本縣應差情形對于本縣抗敵軍人家屬如有該當者准全年免騾子二頭人夫一名以資優待而符法令除分令外合亟令仰該署

27

遵照並將該所屬鄉保甲長一律遵照為要此令

中華民國三十二年二月廿二日

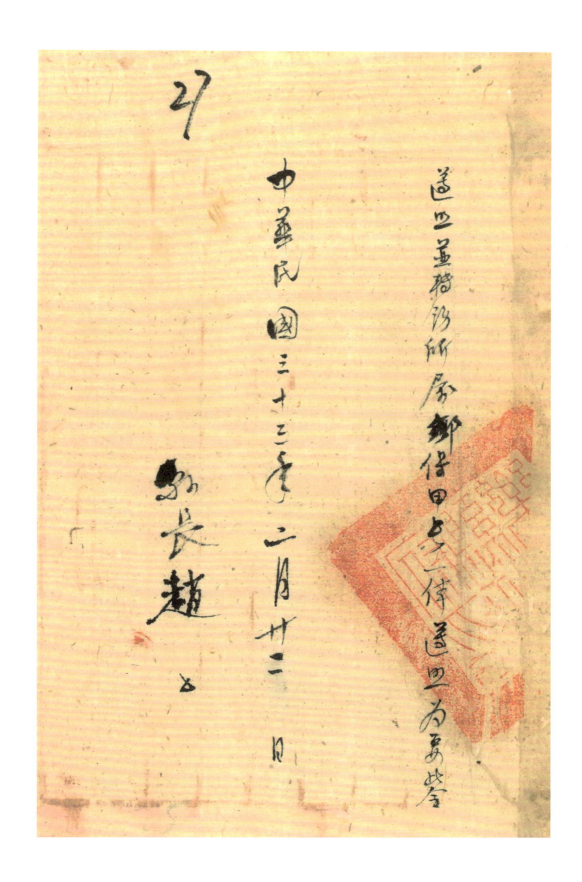

鄉長趙〇

陆军炮兵第二十五团请优待抗属委员会照章分转抗属确予优待致乐都县政府的公函（一九四五年一月一日）

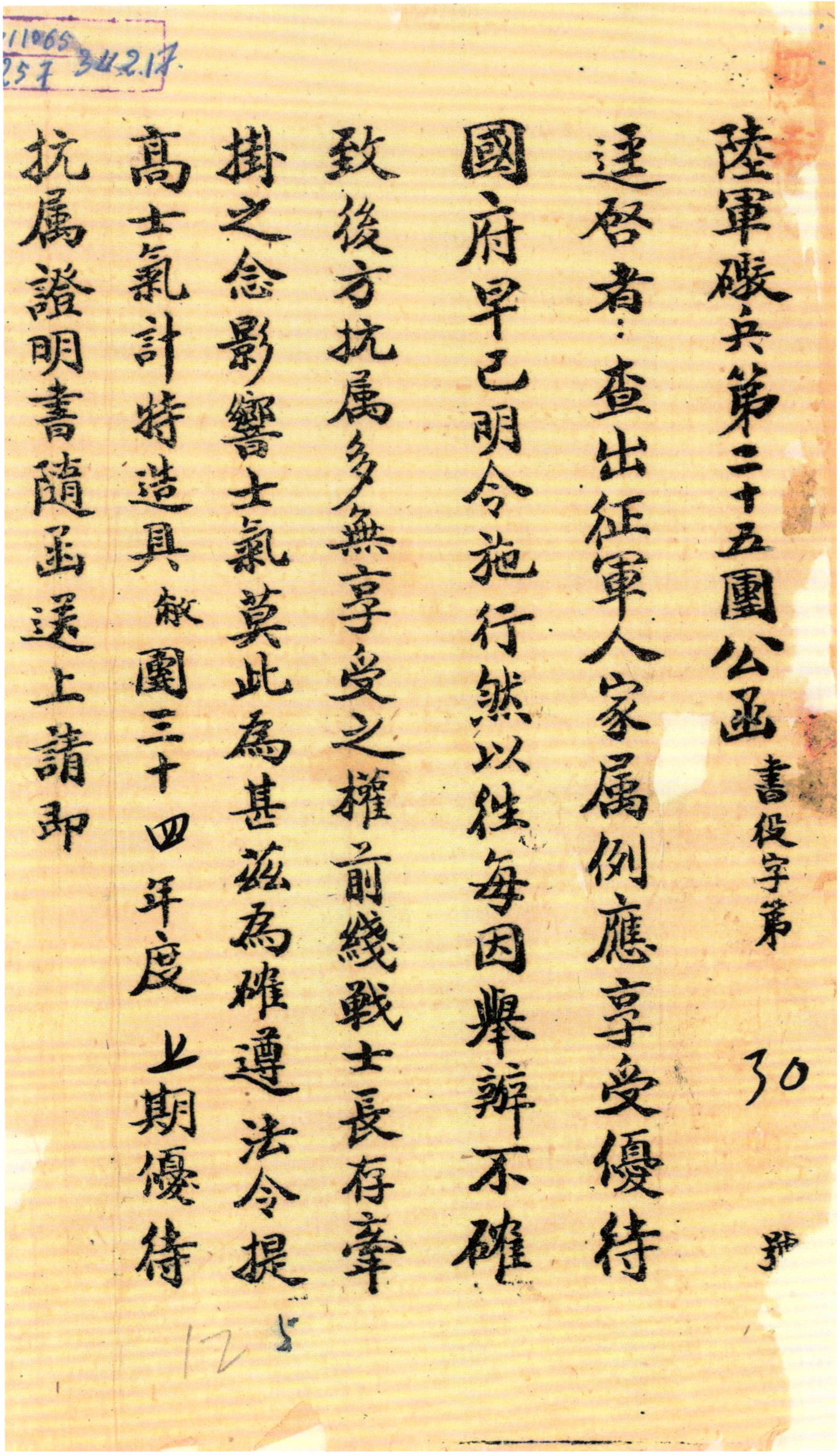

陸軍礮兵第二十五團公函　書役字第30號

逕啓者：查出征軍人家屬例應享受優待

國府早已明令施行，然以往每因舉辦不確

致後方抗屬多無享受之權，前綫戰士長存牽

掛之念，影響士氣莫此爲甚。茲爲確遵法令，提

高士氣計，特造具敝團三十四年度上期優待

抗屬證明書，隨函送上，請即

查照轉飭
貴縣優待抗屬委員會照章分轉抗屬確予
優待并將辦理情形具覆爲荷此致
樂都縣政府
附表乙份
中華民國三十四年元月 八 日
書成 世 謹

书式字第参二玖号

出征抗敵軍人家屬證明書

書役字第二三九號

陸軍砲兵第二十五團團本部

茲證明本團第二營營部一等傳達兵李發元於民國二十九年十二月一日

下表所列人氏確為該兵之家屬應得享受優待出征抗敵

軍人家屬條例所規定之一切權利此證

李發元家屬表

稱謂	姓名	別號	年齡	籍貫	職業	現住地址
祖父						
祖母						
父	李福		五十八歲	青海樂都	農	高廟子三保十甲二戶
母	張氏		五十七歲	仝右	農	仝右
妻						
子						
女						

說明

一、填用此證書以直接參與作戰及[illegible]後方作戰部隊軍人家屬與服入新兵補充處或總備隊之壯丁隊軍需兵配偶及其直系血親屬為限

二、擬入常備隊之壯丁其家屬證明書概由該縣（市）國民兵團發給

三、國民兵團所發之證明書其有效時間除特別情形外普通以三個月為限

四、新兵補充處（補充團營）所發之證明書其有效時間除特別情形外普通以六個月為限

五、出征者之服役抗戰部隊填發證明書時應直接寄交該出征者家屬住在地之縣（市）優待委員會轉發其家屬收執不得直接發給出征者本人其郵寄費用得在其薪餉項下扣除

六、縣（市）委員會接到出征者家屬證明書時[illegible]

七、[illegible]

中華民國三十三年十二月三十一日

指揮官兼團長 劉振藩

填發部隊住址 綏西陝壩

及信箱號數

陆军暂编骑兵第二师司令部、乐都县政府等关于填发出征抗敌军人乔占奎（魁）家属证明书请予该兵家属优待的一组文件

陆军暂编骑兵第二师司令部致乐都县政府的代电（一九四五年三月三十一日）

陸軍暫編騎兵第二師司令部快郵代電

字　號　事由

樂都縣政府公鑒：查本部上等兵傳令兵喬占奎籍隸貴治在本部服務一年，尚屬勤慎，茲填發出征抗敵軍人家屬証明書一份，希請貴府轉飭該管鄉保甲照章予該兵家屬以應享之優待，以符政府功令，而解該兵出征中內顧之憂為荷。陝同官師長馬祿寅世參印

中華民國三十四年三月三十一日發

乐都县政府致第二区署的训令（一九四五年五月八日）

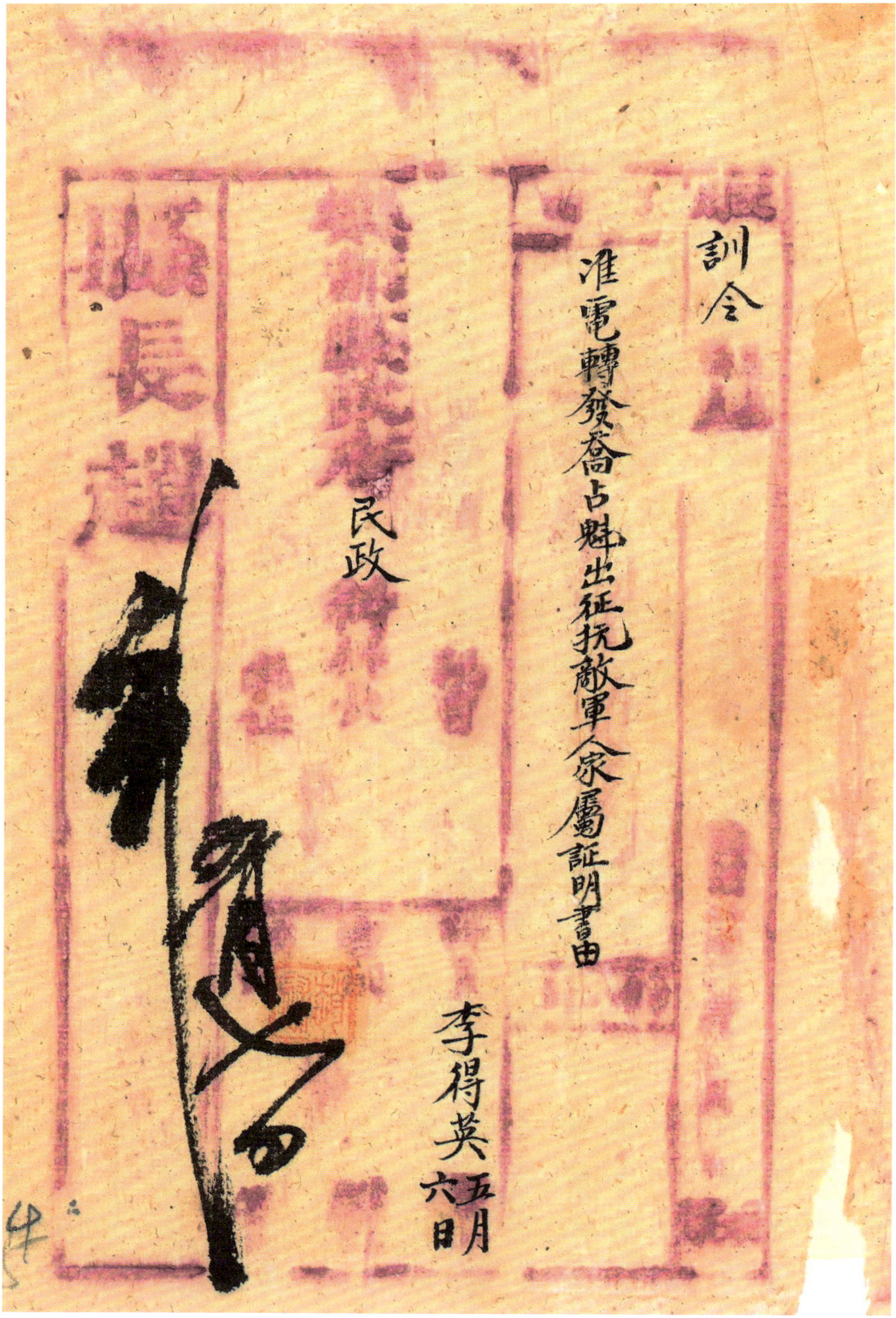
訓令

准電轉發喬占魁出征抗敵軍人家屬證明書由

民政

李得英

五月六日

樂都縣政府訓令 第316號

中華民國三十四年五月八日

令第二區署

案准

陸軍暫編騎兵第二師司令部代電開查本部上等兵云云為荷

等由附證明書一份准此合行檢發原證明書一份令仰該區署

遵照轉飭該管鄉保遵照辦理為要此令

附原證明書一份

縣長趙〇

青海省政府关于发给阵亡将士遗族民国三十四年元旦抚慰金，附发办法中「民国三十年」应更正为「民国三十四年」致称多县政府的训令（一九四五年六月十九日）

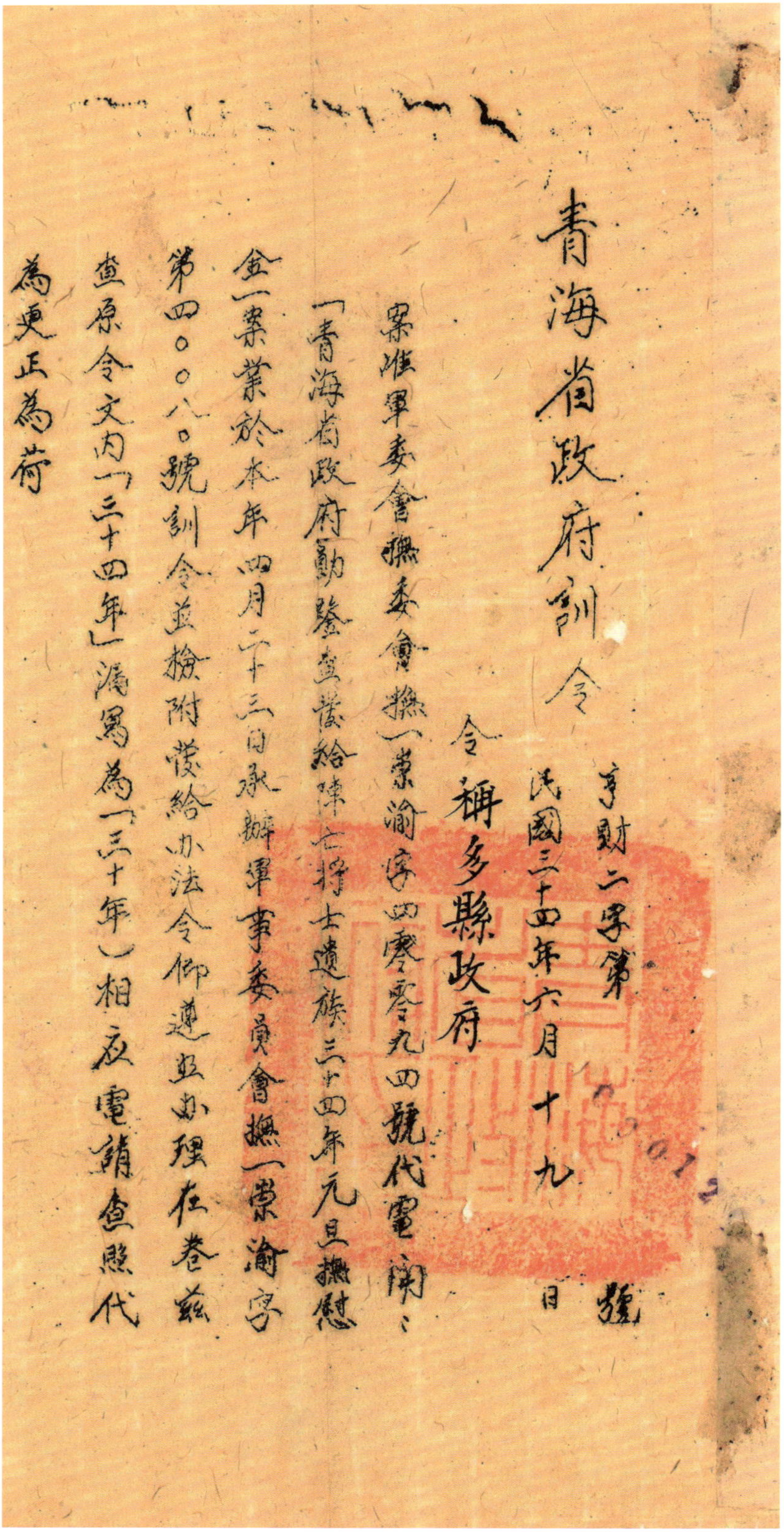

青海省政府訓令

亨財二字第　　號

民國三十四年六月十九日

令稱多縣政府

案准軍委會撫委會撫一崇渝字四零零九四號代電開：「青海省政府勳鑒：查發給陣亡將士遺族三十四年元旦撫慰金一案，業於本年四月二十三日承辦軍事委員會撫一崇渝字第四〇〇八〇號訓令並檢附發給辦法令仰遵照辦理在卷。茲查原令文内『三十四年』誤寫為『三十年』，相應電請查照代為更正為荷等由，准此。查前项办法业经本府以亨财二字第三二九号训令抄发在案，兹准前由，合行令仰该县府遵照更正为要。

此令。

主席 高步力

财政厅厅长 陈如桥

送下正更 发

监印 姜如斌

校对 杨继贤

12

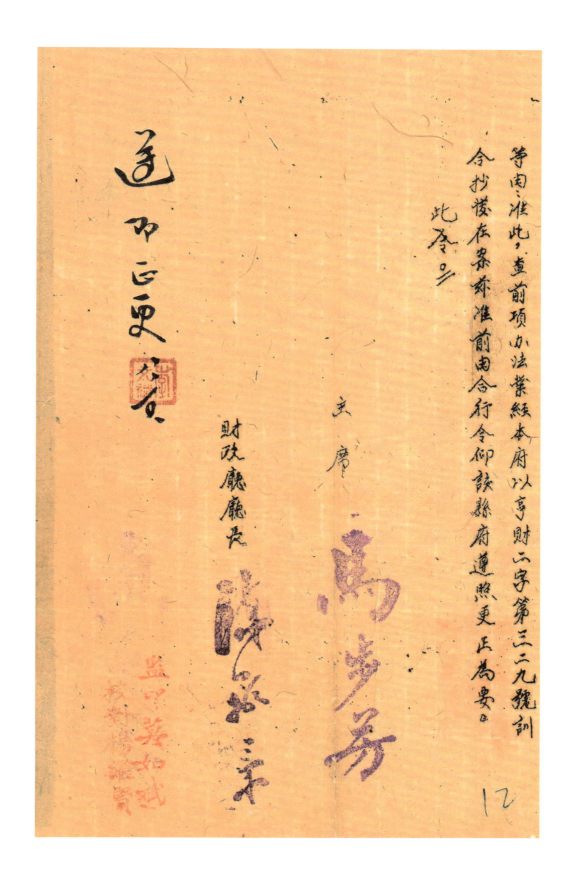

教育部关于抗战军人子女申请升学转学验证后尽量收录致国立湟川中学的训令（一九四五年七月三十日）

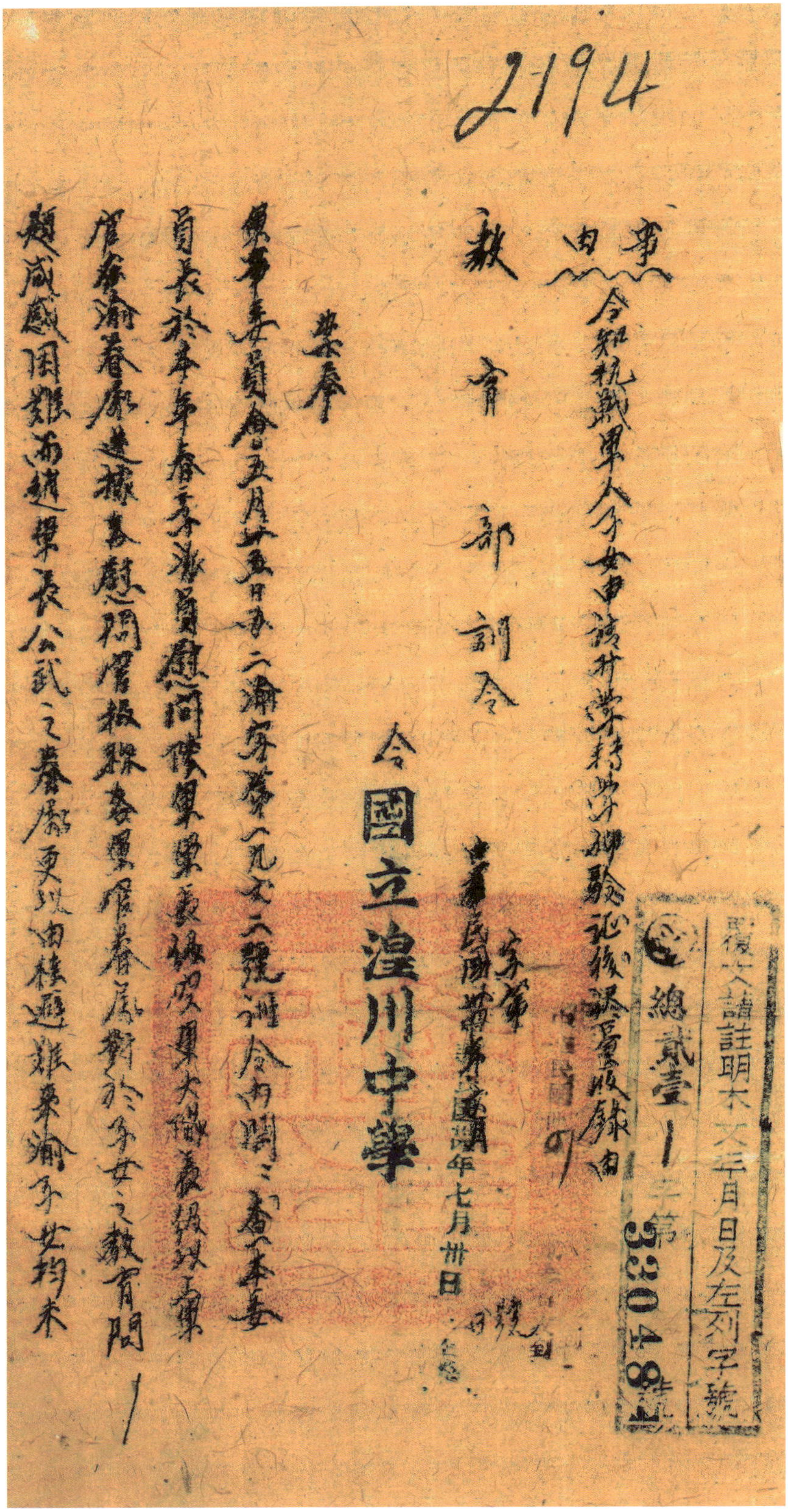
2194

收文簿註明本文年月日及左列字號
總貳壹一字第33048號

事由：令知抗戰軍人子女申請升學轉學驗證後盡量收錄由

教育部訓令

中華民國三十四年七月卅日發字第 號

令國立湟川中學

案奉

軍事委員會五月廿五日辦二渝字第（一九七一二）號訓令內開：「查本委員長於本年春季召集各戰區司令長官及軍長以上各軍事長官來渝舉行會議，據各部隊長官對於子女之教育問題咸感困難，而補送軍長公武之奏廟更改由桂遷來渝子弟均未取得就業證技者不易，設予協助。除呈查各級黨團府文衛職其子女之教育問題，政府實應有以協助，疏釋後顧之憂，振奮精神外，合行令仰遵照，予以協助，並仰遵令全國各級學校對於各級黨官之子女教育問題予以合理解決之便利為要。又學國奉此，嗣後抗戰黨人子弟申請升學或就業，應於核驗證件後發給貸費，設法免試收錄，以示抗待抗屬之意。除呈復暨分令外，合行令仰知照。此令

部長 朱家驊

存查 七月廿六日

陆军新编骑兵第四师司令部关于附发出征抗敌军人家属优待证明书致乐都县政府的代电（一九四五年八月四日）

附：出征抗敌军人家属证明书（一九四五年七月十八日）

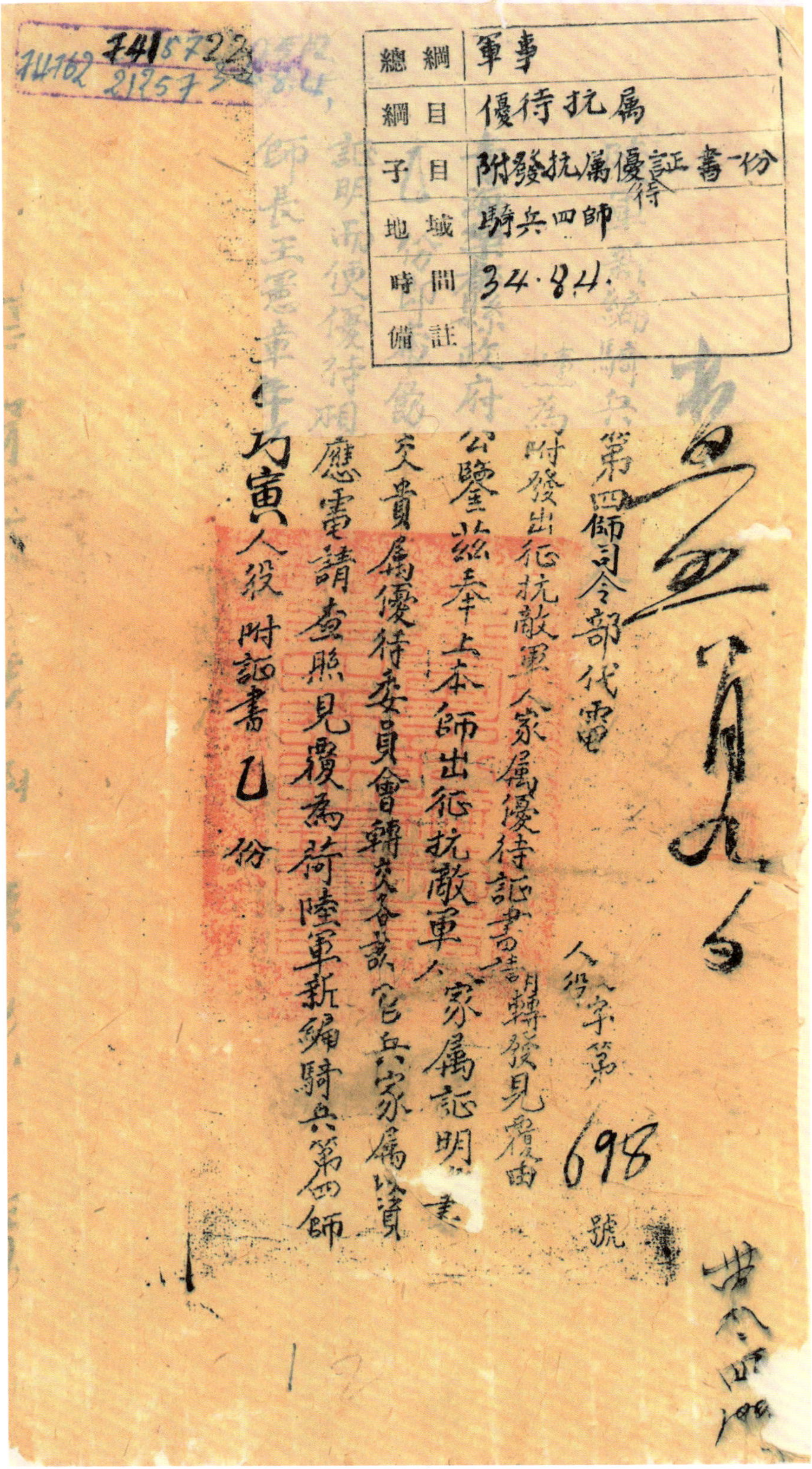

總綱	軍事
綱目	優待抗屬
子目	附發抗屬優待証書一份
地域	騎兵四師
時間	34.8.4.
備註	

陸軍新編騎兵第四師司令部代電 人役字第698號

為附發出征抗敵軍人家屬優待証書請轉發見覆由

樂都縣政府公鑒：茲奉上本師出征抗敵軍人家屬証明書……交貴屬優待委員會轉交各該官兵家屬收領，應電請查照見覆為荷。陸軍新編騎兵第四師師長王愚秉午寅人役。附証書乙份。

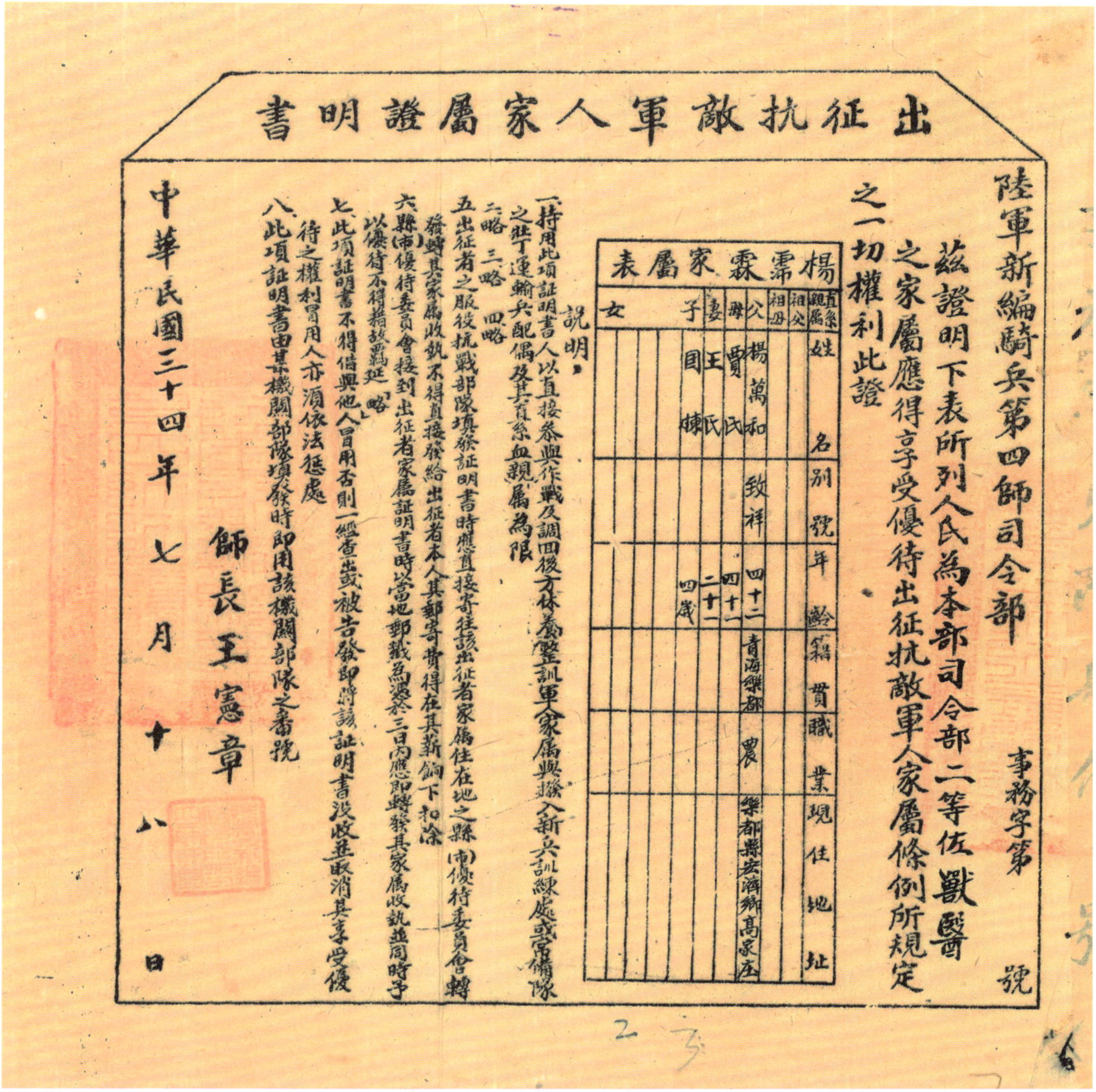

出征抗敵軍人家屬證明書

陸軍新編騎兵第四師司令部　　事務字第　　號

茲證明下表所列人民為本部司令部二等佐獸醫之家屬應得享受優待出征抗敵軍人家屬條例所規定之一切權利此證

楊霈霖家屬表

直系親屬	姓名	別號	年齡	籍貫	職業	現住地址
祖父						
祖母						
父	楊萬和	致祥	四十二	青海樂都	農	樂都縣安濟鄉高家庄
母	賈氏		四十一			
妻	王氏		二十一			
子	固棟		四歲			
女						

說明：

一、持用此項証明書人以直接參與作戰及調回後方休養暨訓軍人家屬與撥入新兵訓練處或常備隊之壯丁運輸兵配偶及其直系血親屬為限

二、略　三、略　四、略

五、出征者之服役抗戰部隊填發証明書時應直接寄往該出征者家屬住在地之縣（市）優待委員會轉發與其家屬收執不得直接發給出征者本人其郵寄費得在其薪餉下扣除

六、縣（市）優待委員會接到出征者家屬証明書時以當地郵戳為憑於三日內應即轉發其家屬收執並同時予以優待不得藉故羈延「略」

七、此項証明書不得借與他人冒用否則一經查出或被告發即將該証明書沒收並取消其享受優待之權利冒用人亦須依法懲處

八、此項証明書由某機關部隊填發時即用該機關部隊之番號

師長王憲章

中華民國三十四年七月十八日

青海省政府对于抗战阵亡遗族按照优待出征抗战军人家属条例第四条规定予以优待致囊谦县政府的训令

（一九四五年十一月十二日）

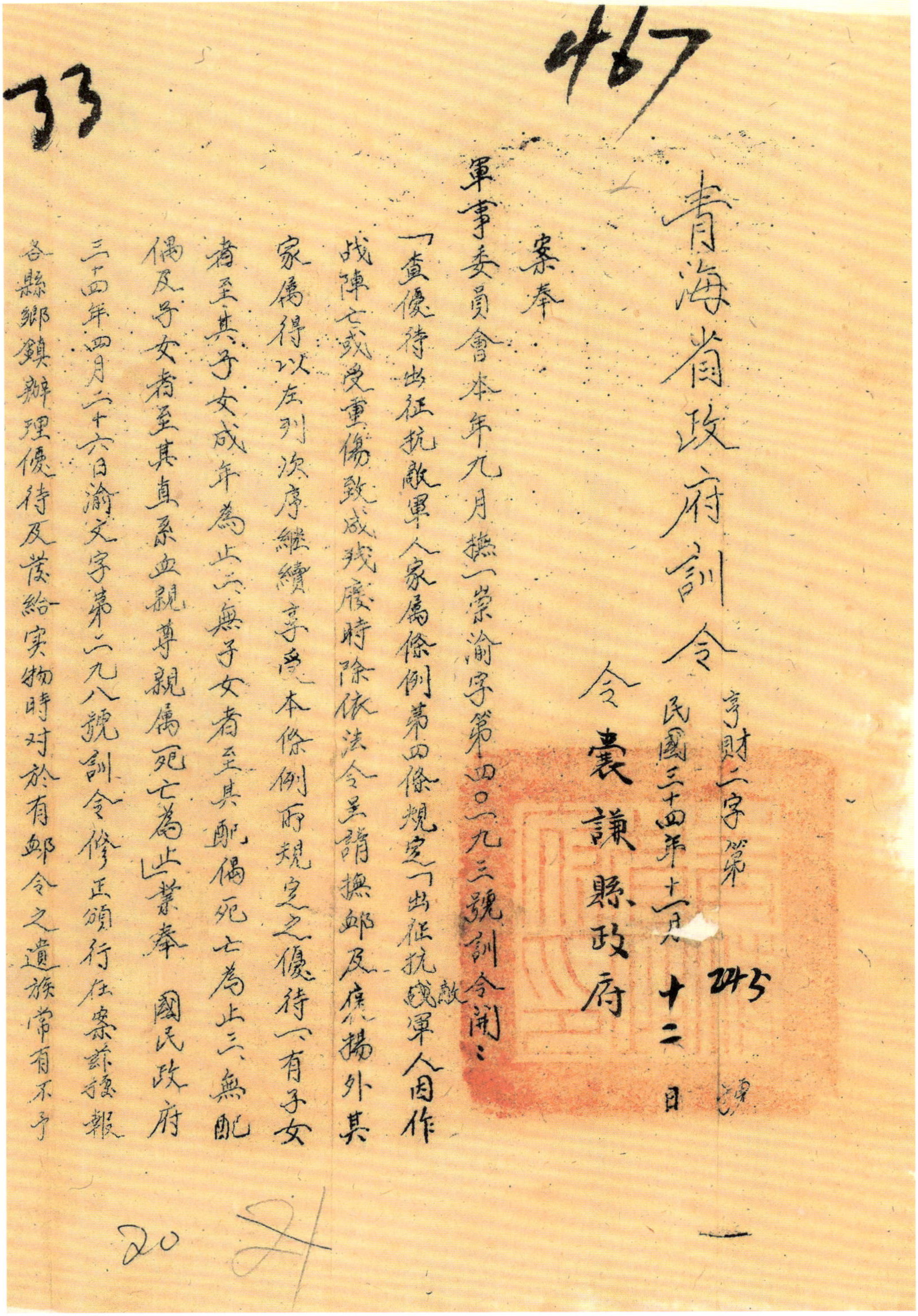

青海省政府訓令 亨財二字第2245號

民國三十四年十一月十二日

令囊謙縣政府

案奉

軍事委員會本年九月撫一崇渝字第四〇一九三號訓令開：

「查優待出征抗敵軍人家屬條例第四條規定「出征抗敵軍人因作戰陣亡或受重傷致成殘廢時除依法令呈請撫卹及褒揚外其家屬得以左列次序繼續享受本條例所規定之優待一、有子女者至其子女成年為止二、無子女者至其配偶死亡為止三、無配偶及子女者至其直系血親尊親屬死亡為止」業奉 國民政府三十四年四月二十六日渝文字第二九八號訓令修正頒行在案茲據報各縣鄉鎮辦理優待及發給實物時对於有卹令之遺族常有不予

發給情形不但使遺族向隅亦且違反條例之規定殊屬非是合亟重

申前令飭後凡屬地方優待对於遺族應一律按照規定予以優待

除分令外合行令仰該省政府遵照并轉飭所屬一体遵照辦理為

要此令」

等因；奉此，除分行外合亟令仰該縣遵照辦理為要。

此令。//

主席 馬步芳

財政廳廳長 [illegible]

遵辦 葉[illegible] 卅八、十二、廿八

監印馬景良

校對楊[illegible]

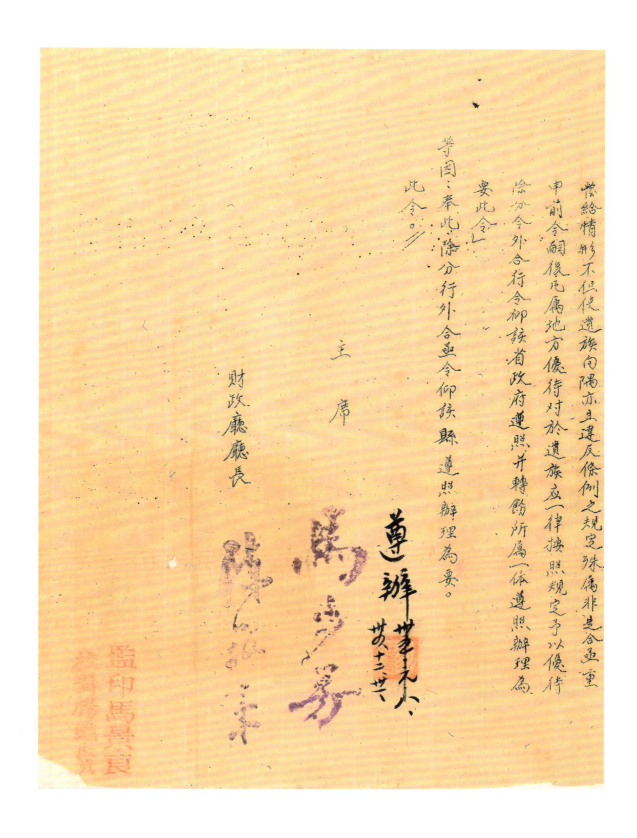

教育部关于优待抗战阵亡将士子女就学免费致国立湟川中学的训令（一九四六年六月十九日）

事由：令饬优待抗战阵亡将士子女就学免费仰遵照由

教育部训令

中华民国卅五年六月十九日

中字第14525号

國立湟川中學

查抗战八年幸赖我全国忠勇将士浴血奋斗前仆后继底于最后胜利方今复员建国教育为先抗战阵亡将士既已为国尽其天职所遗子女孤苦无依亟应予以就学免费之优待以资培植而慰忠魂兹规定自本年度起全国各级公立学校无论招收新生或插班生如有抗战阵亡将士子女持证报名投考应予儘先考收录取入学后得依照抗战功勋子女就学免费条例申请免费待遇由各校根据主管教育行政机关核定各级主管教

2

飭行該机関應並依照抗戰功勳子女就学免费條例之規定於主管經费預算內专項寬列以便核補各校此類費用又申請免費依照規定以公立学校為限惟抗战陣亡將士子女自願入私立学校肄業而各該私立学校設有免費名額者得申請優先給予仰一併遵令辦理除分令外合行令飭遵照為要此令

部長 朱家驊

存查 八月八日

青海省政府、乐都县政府等关于所有恤案由国防部联勤总部继续办理事的训令

青海省政府致乐都县政府的训令（一九四六年十一月二十三日）

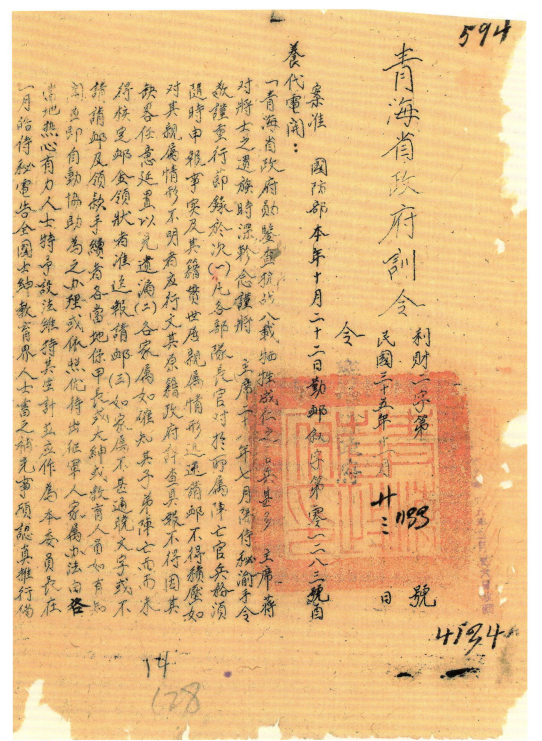

594

青海省政府訓令　利財二字第1183號

民國三十五年十一月廿三日

令

案准

國防部本年十月二十二日勤卹叙字第零一二八三號酉養代電開：

「青海省政府勛鑒：查抗战八載，犧牲成仁之官兵甚多，主席蒋對將士之遺族時深軫念，護將主席三十一年七月陽侍秘渝手令敬謹重行節錄於次：（一）凡各部隊長官对於所屬陣亡官兵，務須隨時申報事实及其籍貫世居親屬情形，迅速請卹，不得積壓。如对其親屬情形不明者，应行文其原籍政府詳查具報，不得因其缺略任意延置，以免遺漏。（二）各家屬如確知其子弟陣亡而未得核定卹金領狀者，准迅報請卹。（三）如家屬不甚通曉文字或不諳請卹及領款手續者，各當地保甲長或大紳或教育人員如有知悉，即自動協助為之辦理，或依照優待出征軍人家屬辦法由各當地熱心有力人士特予設法維持其生計，並应作為本委員長在一月皓侍秘電告全國士紳教育界人士書之補充事項，認真推行，備

4134

14

128

地方政府及保甲人員有故意侵吞各家屬應領卹款者一經查實
無論款目多寡即置重典（四）凡中央黨政軍各機關派往前方視
察與檢閱之文武人員每至一地應即訪查各該地殉[illegible]士之遺族其
應領卹款曾否照章領得規定優待法令地方政府及人士能否切
實遵行將其實情詳報本委員長查核中央各原派機關並以此
列為出差人員勤惰功過考成之一以上各條雖至簡括要為執行
撫卹規章之有效辦法亦即中正與各級軍政長官及全國同胞義
所辭之責任切望一致遵行等因並以撫卹委員會業已結束所有
卹案由本部聯合勤務總司令部撫卹處繼續辦理務望督促所屬
指導遺族申報請卹以期遺族普沾實惠而副我　主席關懷
此意除分電外相應電請查照辦理并轉飭遵行為荷」
除分令外合行令仰該縣遵行為要！

等由……此令。

主席　馬步芳

十一月廿四日

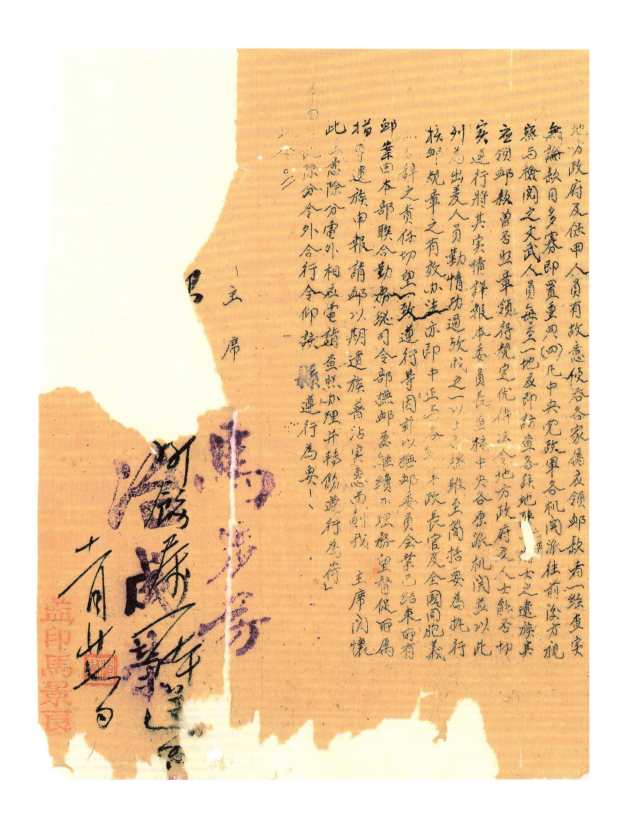

監印馬景良

乐都县政府致各乡镇公所的训令（一九四六年十二月十三日）

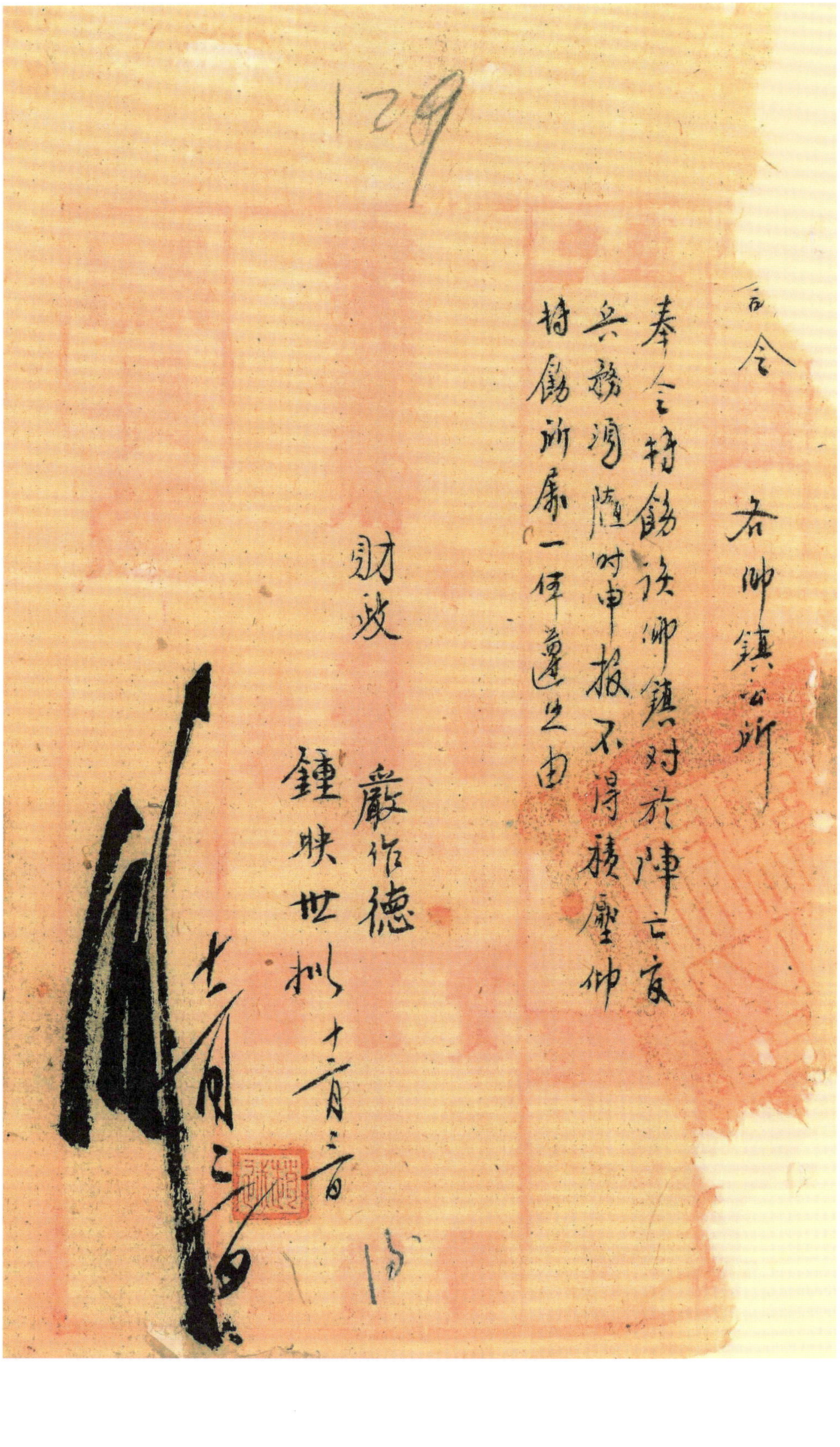

训令 各乡镇公所

奉令特饬该乡镇对于阵亡官兵务须随时申报不得积压仰

特饬所属一体遵照由

财政

严作德

钟映世 拟 十二月二日

十二月二日

樂田粮字第2832號

民國三十五年十二月十三日

本府訓令

令各鄉鎮公所

案奉

青海省政府秘財二字第一一三三號訓令開：「案准

國防部入京令至此令」等因奉此，除分令外，合

令行令仰該鄉長遵照並轉飭所屬一體遵照

為要。此令。

縣長 趙 〇

乐都县洪水乡呈报优待出阵抗敌阵亡遗族及负伤将士调查表给乐都县政府的呈（一九四六年十一月二十六日）

附：青海省乐都县洪水乡优待出征抗敌阵亡遗族及负伤将士情形调查表

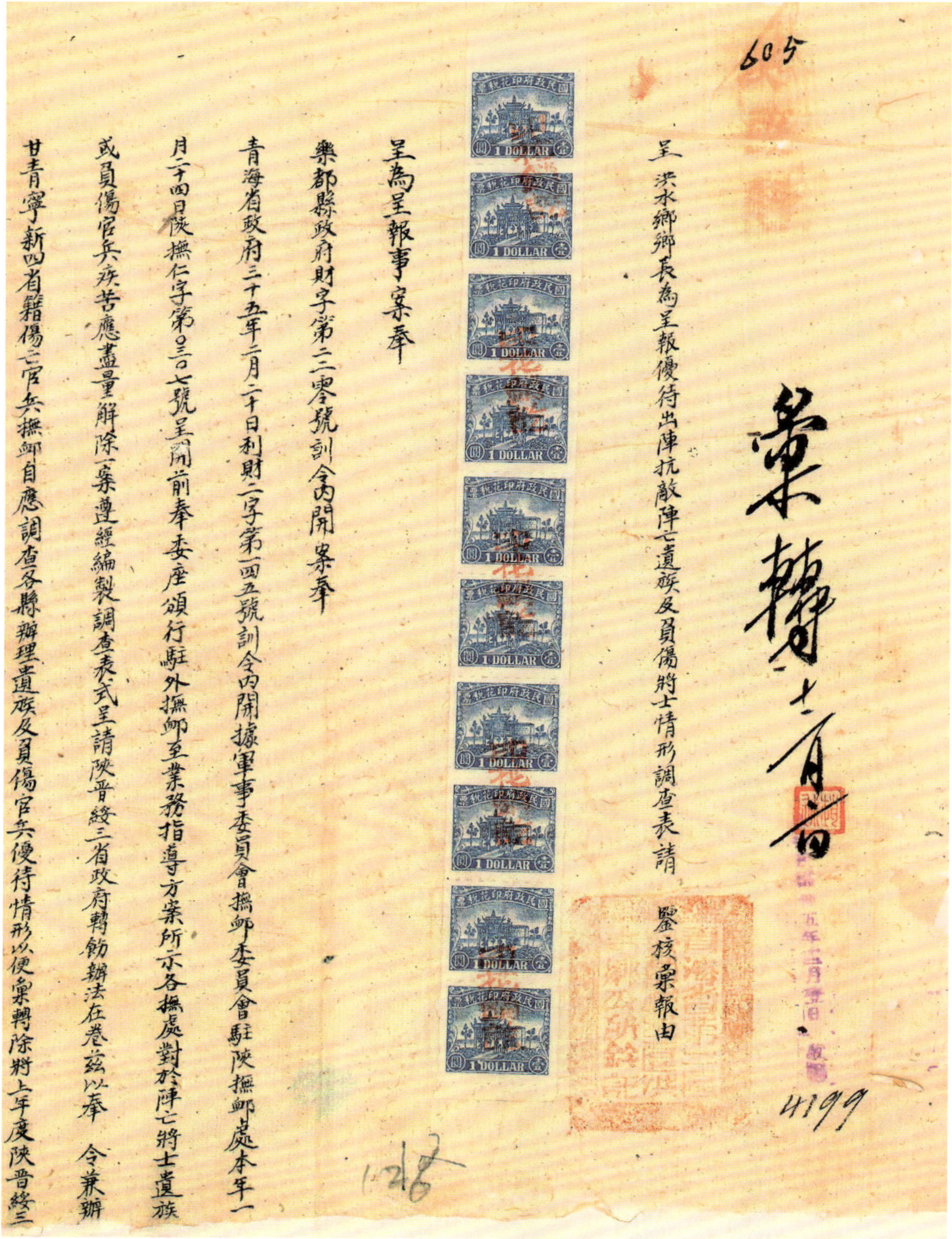

605

呈 洪水鄉鄉長為呈報優待出陣抗敵陣亡遺族及負傷將士情形調查表請 鑒核彙報由

彙轉

4199

呈為呈報事案奉

樂都縣政府財字第二零號訓令內開案奉

青海省政府三十五年二月二十日利財二字第一四五號訓令內開據軍事委員會撫卹委員會駐陝撫卹處本年一月二十四日陝撫仁字第0三0七號呈開前奉 委座頒行駐外撫卹至業務指導方案所示各撫處對於陣亡將士遺族或負傷官兵疾苦應盡量解除一案遵經編製調查表式呈請陝晉綏三省政府轉飭辦法在卷茲以奉 令兼辦甘青寧新四省籍傷亡官兵撫卹自應調查各縣辦理遺族及負傷官兵優待情形以便彙轉除將上年度陝晉綏三

1218

省屬縣已報辦理情形列表彙報考核外謹檢同調查表式一紙賫請鈞府通令所屬各縣依式填送本處實
為公便謹呈等情據此除分令外合行抄發原表式令仰該縣遵辦為要此令等因附抄發調查表式一紙奉此
合行令仰該鄉長遵照為要此令等因附抄發調查表式一紙奉此職遵即令飭所屬遵辦在案有二保保長吳
永泰口稱該保八甲李耀龍於中央陸軍七十七軍三十七師一百十一團一營少校營長服務抗日多年負傷兩處於本
年十二月一日退役歸里等情據此職依式填造調查表一份理合備文一並呈報
鈞府鑒核實為公便 謹呈
樂都縣縣長趙
附呈調查表一份
洪水鄉鄉長王發鑫
中華民國三十五年十一月二十六日

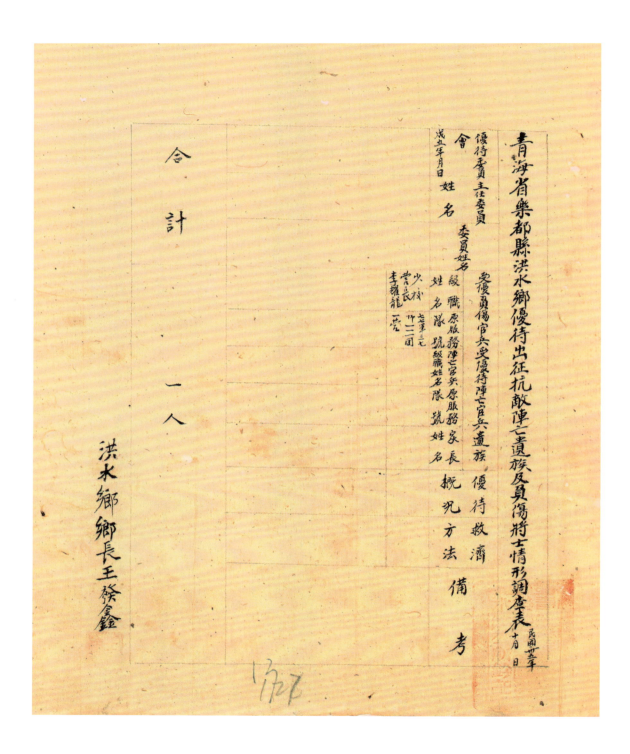

青海省樂都縣洪水鄉優待出征抗敵陣亡遺族及負傷將士情形調查表

民國卅三年十月　日

優待委員會		受優負傷官兵受優待陣亡官兵遺族		優待救濟	備考
成立年月日	主任委員姓名	級職姓名	原服務隊號	概況方法	
	委員姓名	陣亡官兵原服務隊號級職姓名	家長姓名		
		少校營長李耀龍	七軍三七師一二團一營		
合計		一人			

洪水鄉鄉長王發鑫

教育部转发关于革命抗战功勋子女就学免费补助审查委员会组织规程致国立湟川中学的训令（一九四七年五月十二日）

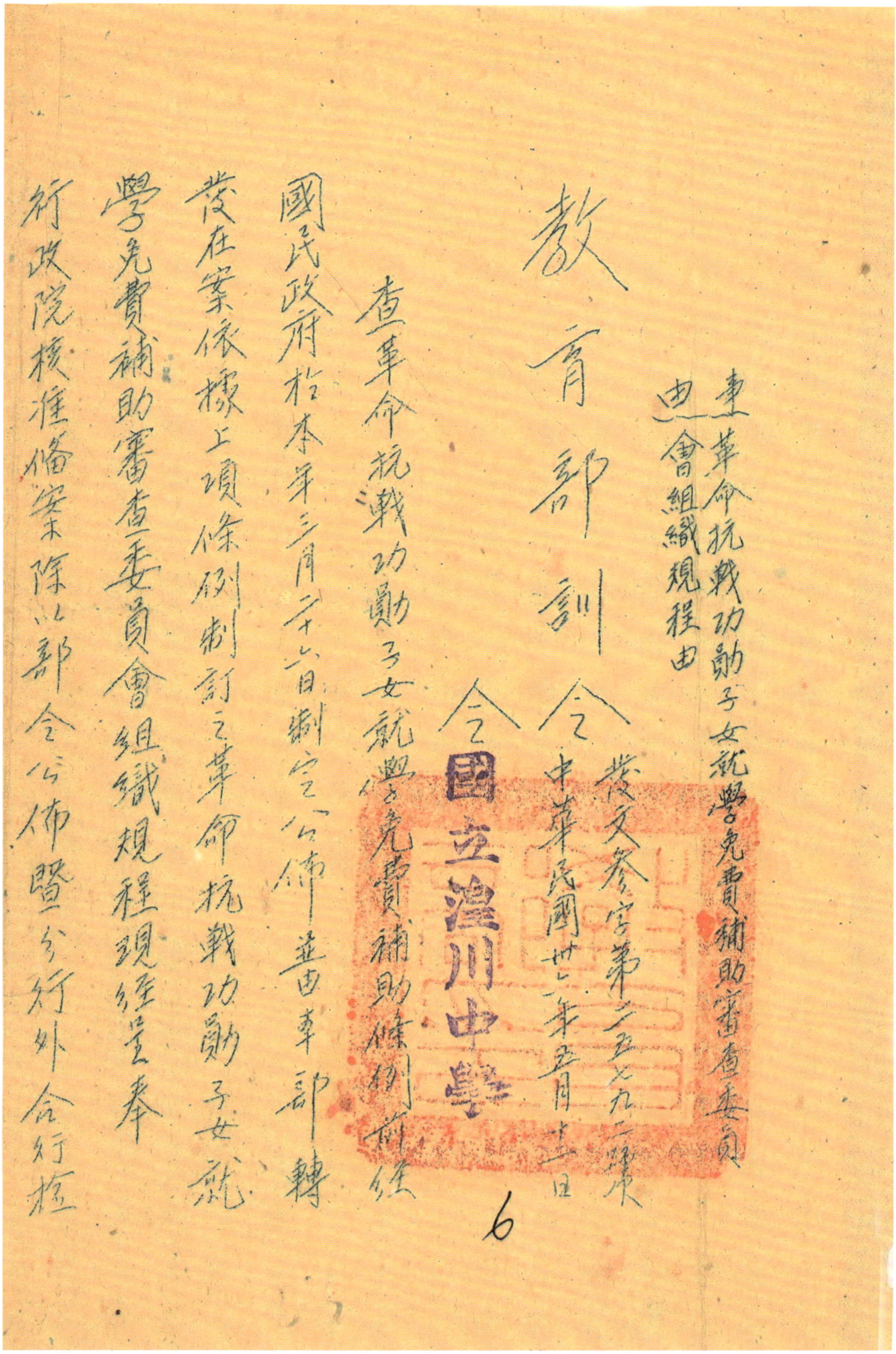
事由　革命抗戰功勳子女就學免費補助審查委員會組織規程由

發文參字第二五七九二號

中華民國卅六年五月十二日

教育部訓令

令國立湟川中學

查革命抗戰功勳子女就學免費補助條例前經

國民政府於本年三月二十六日制定公佈並由本部轉

發在案依據上項條例制訂之革命抗戰功勳子女就

學免費補助審查委員會組織規程現經呈奉

行政院核准備案除以部令公佈暨分行外合行檢

國立湟川中學

6

發該項革命抗戰功勛子女就學免費補助審查委員會組織規程乙份並將上項條例及附之申請書格式連同附發仰即知照

此令

附發革命抗戰功勛子女就學免費補助審查委員會組織規程及申請書格式各乙份

部長 朱家驊

革命抗战功勳子女就學免費補助審查委員會組織規程

第一條 本規程依據革命抗战功勳子女就學免費補助條例第八條第二項之規定訂定之

第二條 教育部設立教育部革命抗战功勳子女就學免費補助審查委員會省或直隸於行政院之市於省市政府所在地設立省或市革命抗戰功勳子女就學免費補助審查委員會縣或市於縣市政府所在地設立縣或市革命抗战功勳子女就學免費補助審查委員會（以下簡稱審查委員會）

第三條 教育部審查委員會設委員九人至十一人由教育部部長就有關機關及部內高級職員聘派之並以教育部部長為主任委員

7

第四條 省或直隸於行政院之市審查委員會設委員七人至九人由省市主管教育行政機關長官就有關機關高級職員聘派之並以各該省市主管教育行政機關長官為主任委員

第五條 縣或市審查委員會設委員五人至七人由縣或市主管教育行政機關長官就有關機關高級職員聘派之並以各該縣市教育行政機關長官為主任委員

第六條 審查委員會為常設機關其委員為兼職其協助辦理審查事宜之各職員調全部由教育部省市縣教育行政機關職員兼任之

第七條 教育部審查委員會辦事細則由教育部訂定之省市審查委員會辦事細則由省市政府擬訂呈請教育部

備案縣市審查委員會辦事細則由縣市政府擬訂呈
報教育廳備案

第八條　本規程自公佈日施行

8

附（二）革命抗战功勋子女就学免费补助申请书

革命抗戰功勲子女就學免費補助申請書

所在學校校名＿＿＿＿＿＿

姓名		性别		籍貫	省 市 縣	年齡		科别 年級		照片
住址	1.現在：				2.永久：					
家属狀況				家庭經濟狀況（有無産業每月收入約數）						
革命抗戰事實及時日										
證件										
請求免費種類及補助数額			審查意見				核定給予待遇			

＿＿年＿＿月＿＿日

家長（或親属）＿＿＿＿＿＿ 簽名蓋章

保証人二人 1.＿＿＿＿（職業＿＿ 住址＿＿＿＿） 簽名蓋章

2.＿＿＿＿（職業＿＿ 住址＿＿＿＿） 簽名蓋章

所在學校校長＿＿＿＿＿＿ 簽名蓋章

注意事項：一、証件應附呈部令給予令或証書

二、保証人資格（甲）家庭所在地鄉鎮保甲長（乙）所在學校訓導人員或教員但有下列情形之一者不得為保証人 1.直属長官 2.[illegible] 3.所在學校校長

三、本申請書填具四份報由學校呈請主管教育行政機關轉送核定

9

教育部关于优待直接参与作战官兵子弟免费就学给国立湟川中学的代电（一九四七年六月二十三日）

附：直接参与作战官兵证明书

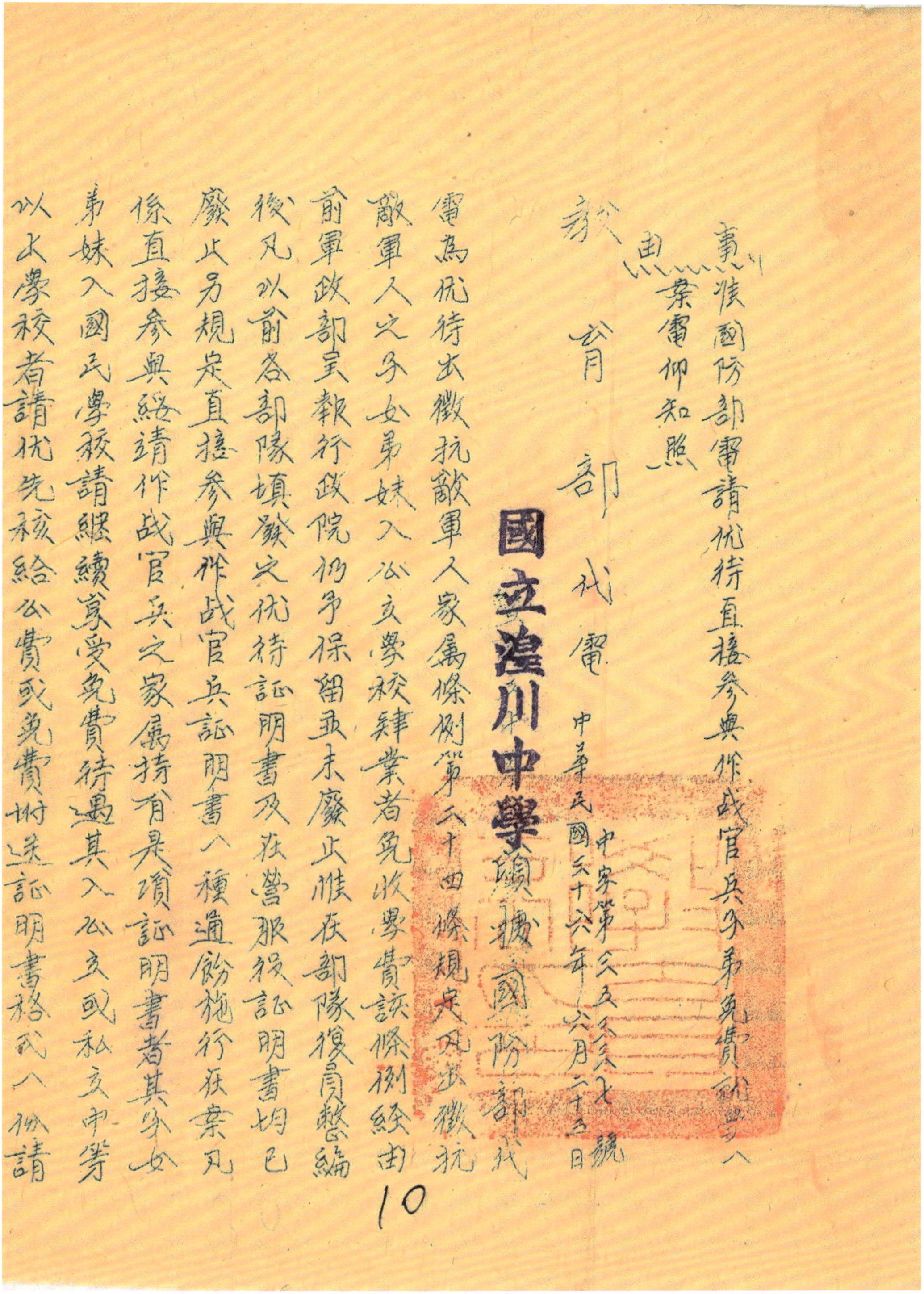

國立湟川中學：頃據國防部代電為優待出徵抗敵軍人家屬條例第六十四條規定凡出徵抗敵軍人之子女弟妹入公立學校肄業者免收學費該條例經由前軍政部呈報行政院仍予保留並未廢止惟在部隊復員整編後凡以前各部隊填發之優待證明書及在營服役證明書均已廢止另規定直接參與作戰官兵證明書一種通飭施行在案凡係直接參與經請作戰官兵之家屬持有是項證明書者其子女弟妹入國民學校請繼續享受免費待遇其入公立或私立中等以上學校者請優先核給公費或免費附送證明書格式一份請

事准國防部電請優待直接參與作戰官兵子弟免費就學入

由 案電仰知照

教育部代電

中華民國三十六年六月二十三日 中字第三五三三七號

10

貴照。案由貴本部在抗戰期中為激勵士氣，曾通令優待出徵抗敵軍人家屬免費就學，除各級公立學校應予免費就學外，國立學校或各省市公立學校設有公費名額或各私立學校無公費名額但設有免費名額者，對徵人子女應准儘先核給。現行優待出徵軍人家屬條例既未廢止，所有未經復員退伍持有直接參與作戰官兵證明書者，其子弟申請免費就學時，自應仍准分別依章盡先核給公費或免費待遇。除電復黃分行外，合亟抄發該項證明書格式八份，電仰知照，並轉飭所屬知照。教育部 印

抄發原送直接參與作戰官兵證明書格式八份

監印 何炳忠
校對 楊靄堂

直接參與作戰官兵證明書

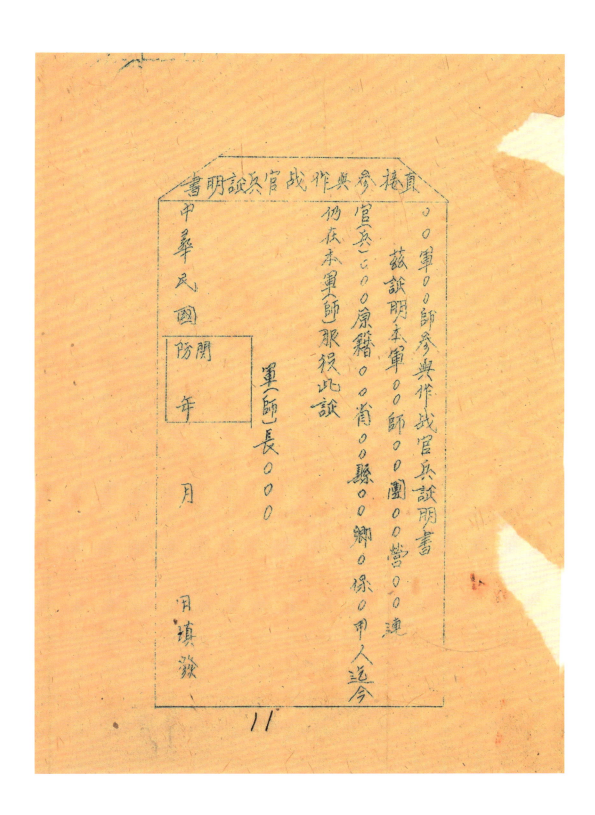

○○軍○○師參與作戰官兵證明書

茲證明本軍○○師○○團○○營○○連

官（兵）○○○原籍○○省○○縣○○鄉○保○甲人迄今

仍在本軍（師）服役此證

軍（師）長○○○

關防

中華民國　年　月　日填發

11

乐都县洪水乡乡长李宗纲呈报该乡抗战以来征属优待概况表致乐都县政府的呈（一九四七年九月十日）

附：乐都县洪水乡抗战以来征属优待概况调查表

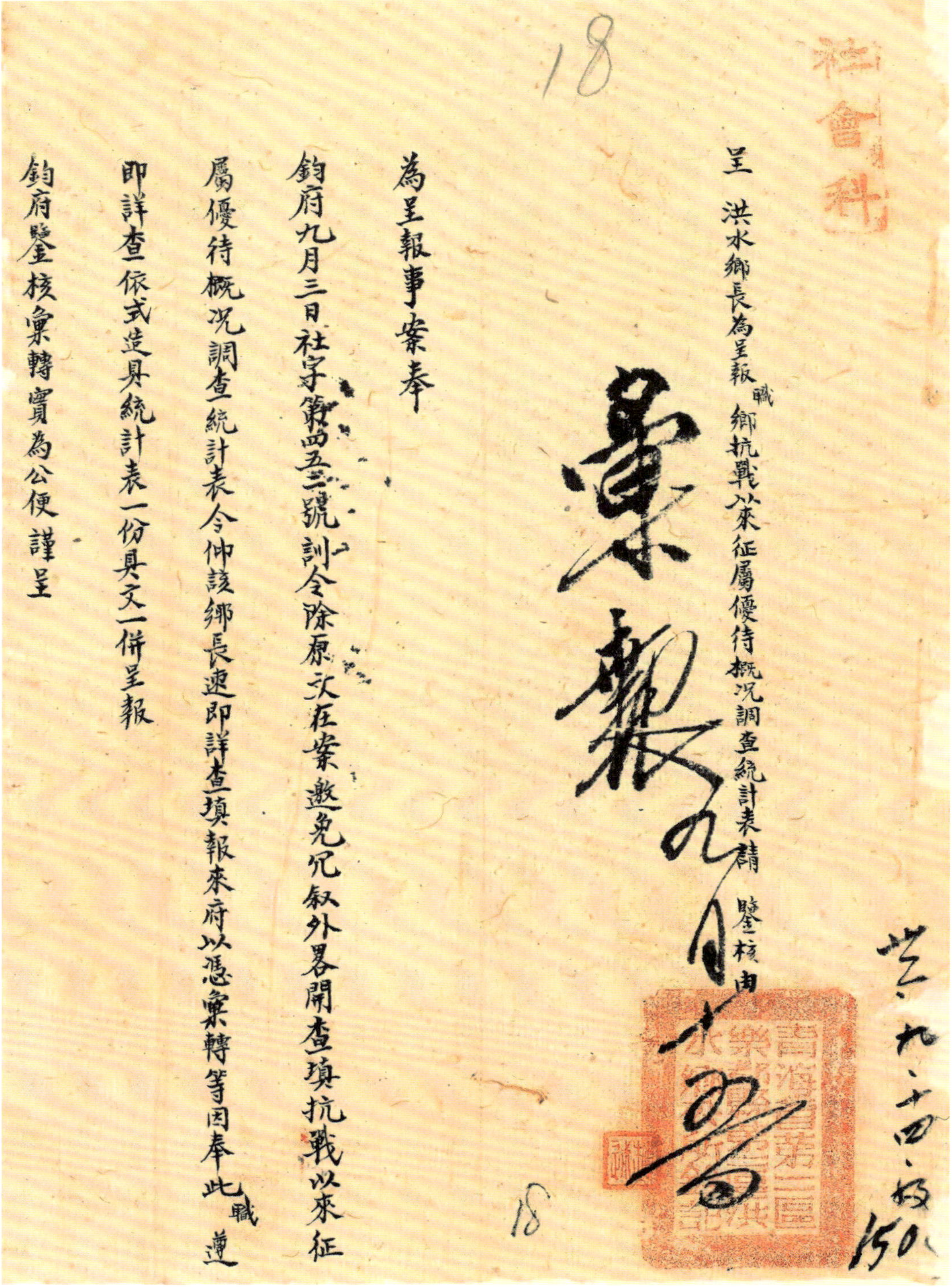

社會科

呈 洪水鄉長為呈報職鄉抗戰以來征屬優待概況調查統計表請鑒核由

彙報 九月十四

為呈報事案奉

鈞府九月三日社字第四五三號訓令除原文在案邀免冗叙外畧開查填抗戰以來征屬優待概況調查統計表令仰該鄉長速即詳查填報來府以憑彙轉等因奉此職遵即詳查依式造具統計表一份具文一併呈報

鈞府鑒核彙轉實為公便 謹呈

樂都縣縣長趙

附呈抗戰以來征屬優待概况調查統計表一份

洪水鄉鄉長李宗綱

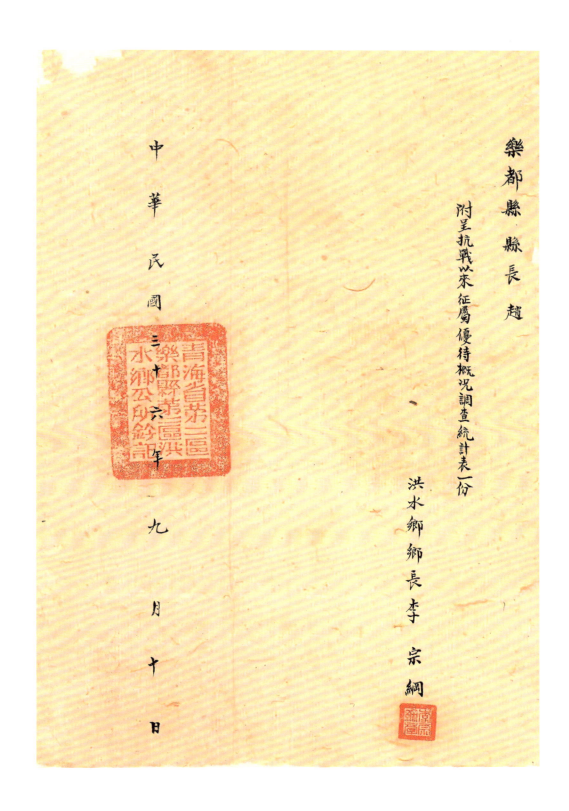

中華民國三十六年九月十日

青海省第二區樂都縣第二區洪水鄉公所鈐記

青海省樂都縣洪水鄉抗戰以來征屬優待概況調查表

民國三十六年九月　日

年度	征屬人口		安家費發放數	優待金發放數	優待發放數	其他備考	附記
	户數	人數	元	元	石		
二十六年度	三户	二二人	無	無	無		
二十七年度							
二十八年度							
二十九年度							
三十年度	一户	二一人					
三十一年度	一户	二五人					
三十二年度							
三十三年度	四户	四八人					
三十四年度	四六户	五三九人					
三十五年度	二户	二六人					
三十六年度	一一四户	九八四人	仝上	仝上	仝上		

乐都县峰堆乡乡长熊有权关于呈报抗战以来征属优待调查表致乐都县政府的呈（一九四七年九月十六日）

附：乐都县峰堆乡抗战以来征属优待概况调查统计表

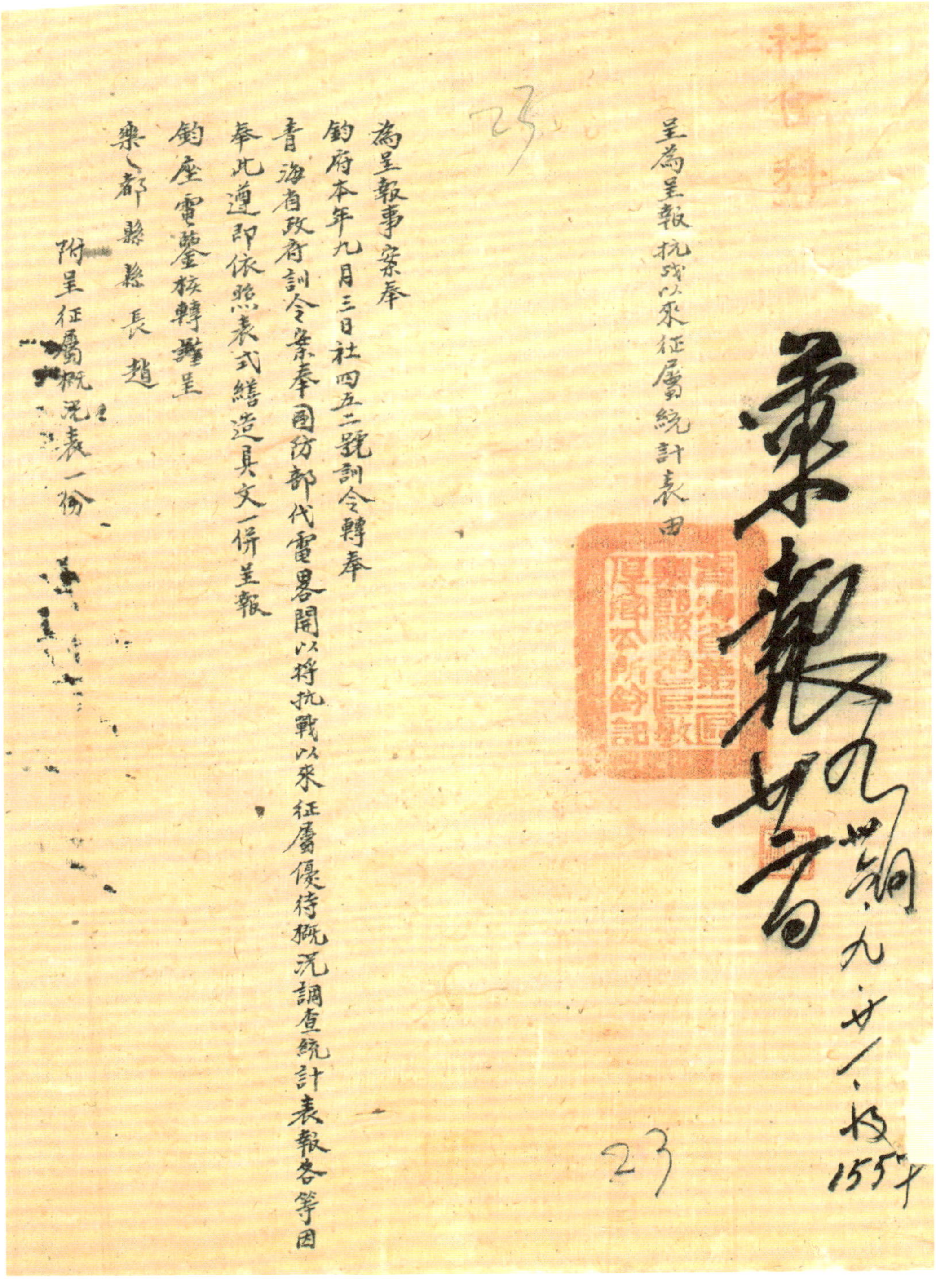

呈為呈報抗戰以來征屬統計表由

為呈報事案奉

鈞府本年九月三日社四五二號訓令轉奉

青海省政府訓令案奉國防部代電略開以將抗戰以來征屬優待概況調查統計表報各等因

奉此遵即依照表式繕造具文一併呈報

鈞座電鑒核轉彙呈

樂都縣縣長趙

附呈征屬概況表一份

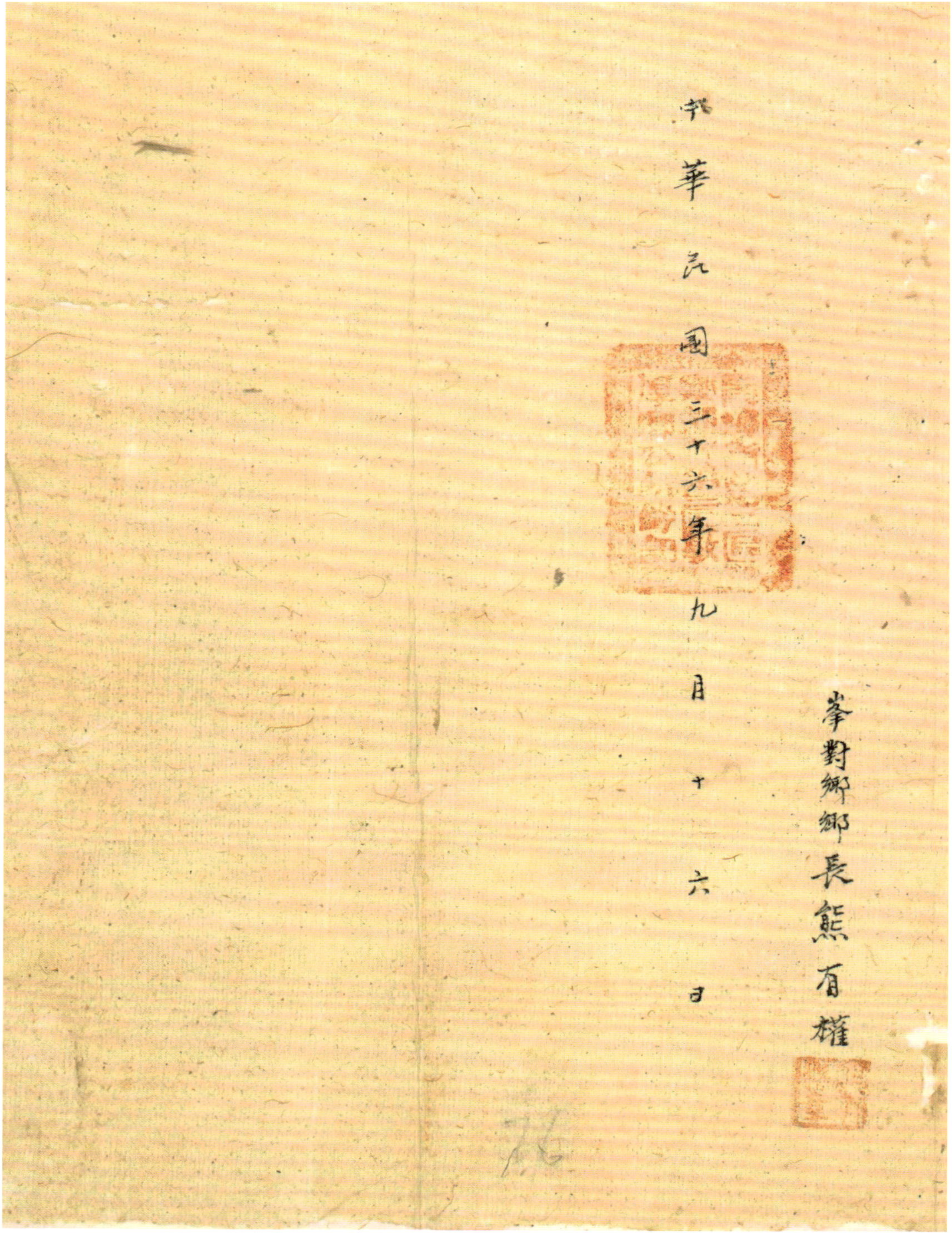
峯對鄉鄉長熊有權

中華民國三十六年九月十六日

樂都縣峯堆鄉抗战以來征屬优待概况調查統計表　　民國三十六年九月　日

年度	征屬戶數	人口人數	安家費發放數（元）	优待金發放數（元）	优待發放數（石）	其他	備考	附記
二十六年度	十九戶	一百二十一口	二百元	一百元	無	其他欄可填列流亡征屬救濟發放征屬慰勞品價等		
二十七年度	七戶	五十二口	一百元	七十元				
二十八年度	二戶	十七口						
二十九年度	二戶	十九口						
三十年度	一戶	一十口						
三十一年度	一十戶	七十九口	一千元	二百元				
三十二年度	十一戶	九十一口	二百元	伍仟元				
三十三年度	六十八戶	五百四十六口	三萬元	伍萬元				
三十四年度	三十六戶	二百九十二口	伍十元	二十萬元				
三十五年度	一戶	八口	七萬元	伍十萬元				
三十六年度	四十八戶	三百六十七口	伍十萬元	叁十萬元	仝上			

峯堆鄉鄉長熊有權　填報

24

保证人曹振银关于吴开元确系抗战功勋弟子请学校垫付膳费致国立湟川中学的保证书（时间不详）

保証書

具保証書人曹振銀今保得

貴校高中部一年級甲組學生吳開元確係

抗戰功勛弟子因家境清寒膳費無法繳納暫

由學校墊發嗣如所申請之公費

教部有不准之情當負責償清所領之公費此上

國立湟川中學

保証人 曹振銀 具

曹振銀現年四十七歲青海西寧人住址：西寧市倉門街門牌105號與學生為親戚關係

祁秀清关于孙家骥确系抗战功勋弟子请学校垫付膳费致国立湟川中学的保证书（时间不详）

具保證人祁秀清今保得
貴校初一甲學生孫家驥確係抗战功勛
子弟且家境清寒現由
貴校墊發其佐食費用若
教育部有不准之情由保證人願賠償所領
之公費此致
國立湟川中學

26

保証人

姓名	年齡	籍貫	現任職務	住址	蓋章
祁秀清	二十八	青海西寧	青青幼稚園主任	西寧市新寺街七號	

保证人朱庆关于孙莫如仁确系抗战功勋弟子请学校垫付膳费致国立湟川中学的保证书（时间不详）

保證書

具保證書人朱慶，今保得

貴校高中部一年級甲組學生莫如仁確係抗戰功勛

子弟，且家境清寒，無法繳納在校膳費，暫由學校墊發，

嗣如所申請之公費

教部有不准之情，當負責償清所領之公費。此上

國立湟川中學

姓名	朱慶
年齡	三十七
職業	青海省黨部監委
住址	西寧县門街川号
籍貫	青海 湟源

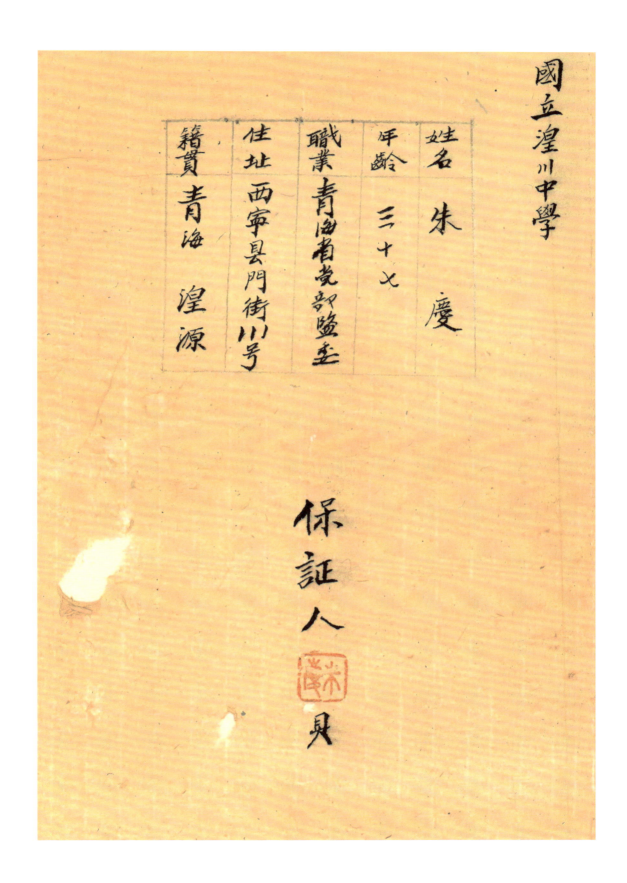

保証人　　具

青海省政府教育厅致抗战将士及家属的慰问信（时间不详）

青海省政府教育廳用箋

本省抗戰將士家屬鈞鑒：暴日侵凌國土，蹂躪我忠勇將士，奉命遠征，奮勵抗戰，卒使狂寇冰消，中國復興。今復員伊始，解甲榮歸，諳戰爭之殘酷，無限悽涼，欣家庭之團聚，快樂何似。今逢兒童節紀念大會，爰經一致決議，向我抗戰將士家屬謹致無上之

31

青海印刷局印製

敬意藉表慰問之熱忱特電致敬諸希
亮詧青海省兒童節紀念大會叩印

壽
四、四、卜

32

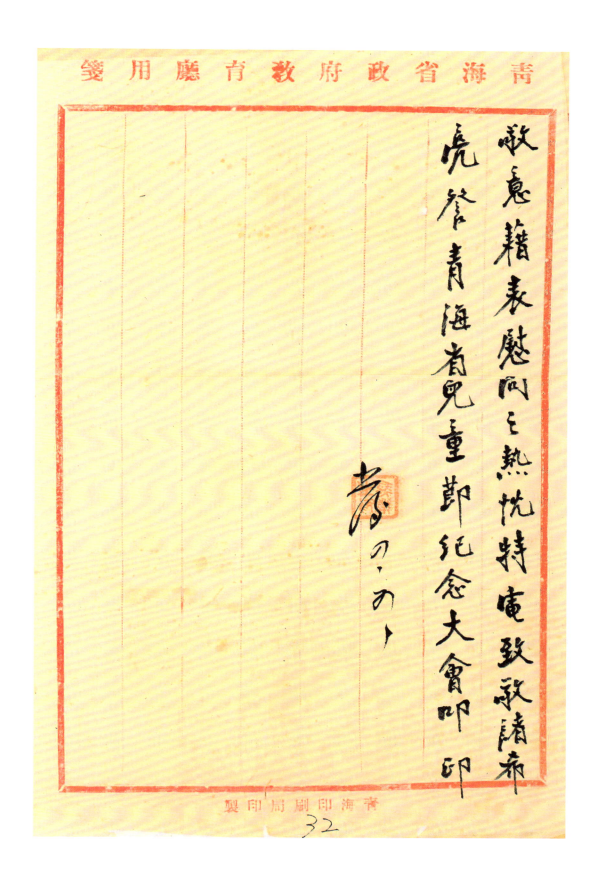

五、抗战损失

青海省政府催报抗战期间公私损失数目表致囊谦县政府的训令（一九三九年十一月三日）

青海省政府訓令　甲財字第　號

令囊謙縣政府

案奉

行政院本年十月六日呂字第一一九六四號訓令內開：

查請查抗战公私損失，前經本院制定表式二十九種及查報須知，於本年七月五日以呂字第七四三四號訓令通飭遵照辦理，并飭將二十八年六月底以前損失於一個月內追查補報在案。現在限期已逾，尚未據查報到院，合行令仰遵照前令，迅將二十八年六月底以前損失分次追查明確，填表補報，以後每遇有損失，務須即時查報，並轉飭所屬一体遵照。此令。

4362

等因；奉此，查抗戰損失查報表式及須知，前奉

行政院令發到府，當即抄發間接損失查報部份，及各項表式令飭分別查填，結報在案。迄今多日，尚未查報前來，殊屬稽延。合再令催，仰即遵照前發表式，於文到三日內分別填報，以憑彙轉，慎勿再延，為要！！

此令。

主席 馬步芳

中華民國三十八年十二月三日

監印 王瑨

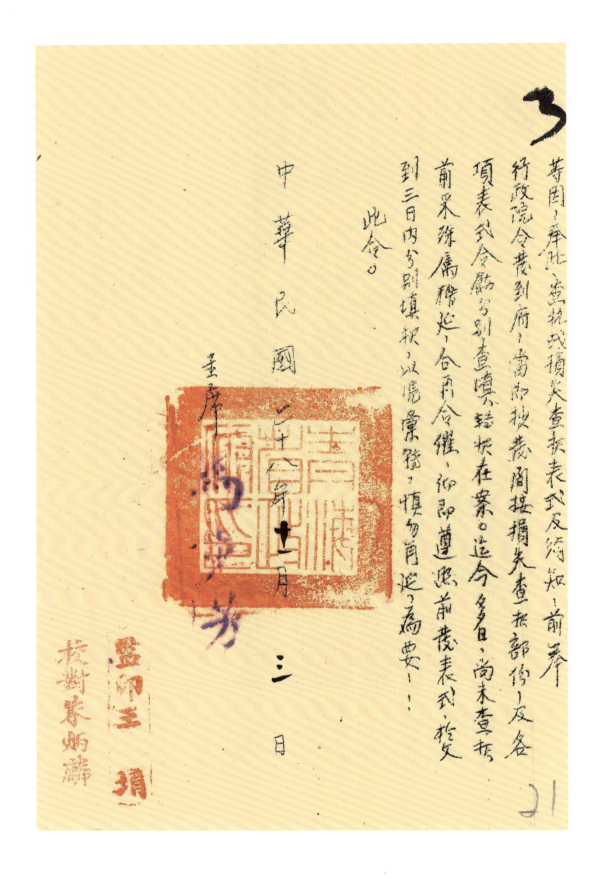

校對 蔡炳麟

青海西互地方法院呈报该院抗战财产损失及调查总表致青海高等法院的呈文（一九四三年十月二十六日）

附：财产损失调查总表一份

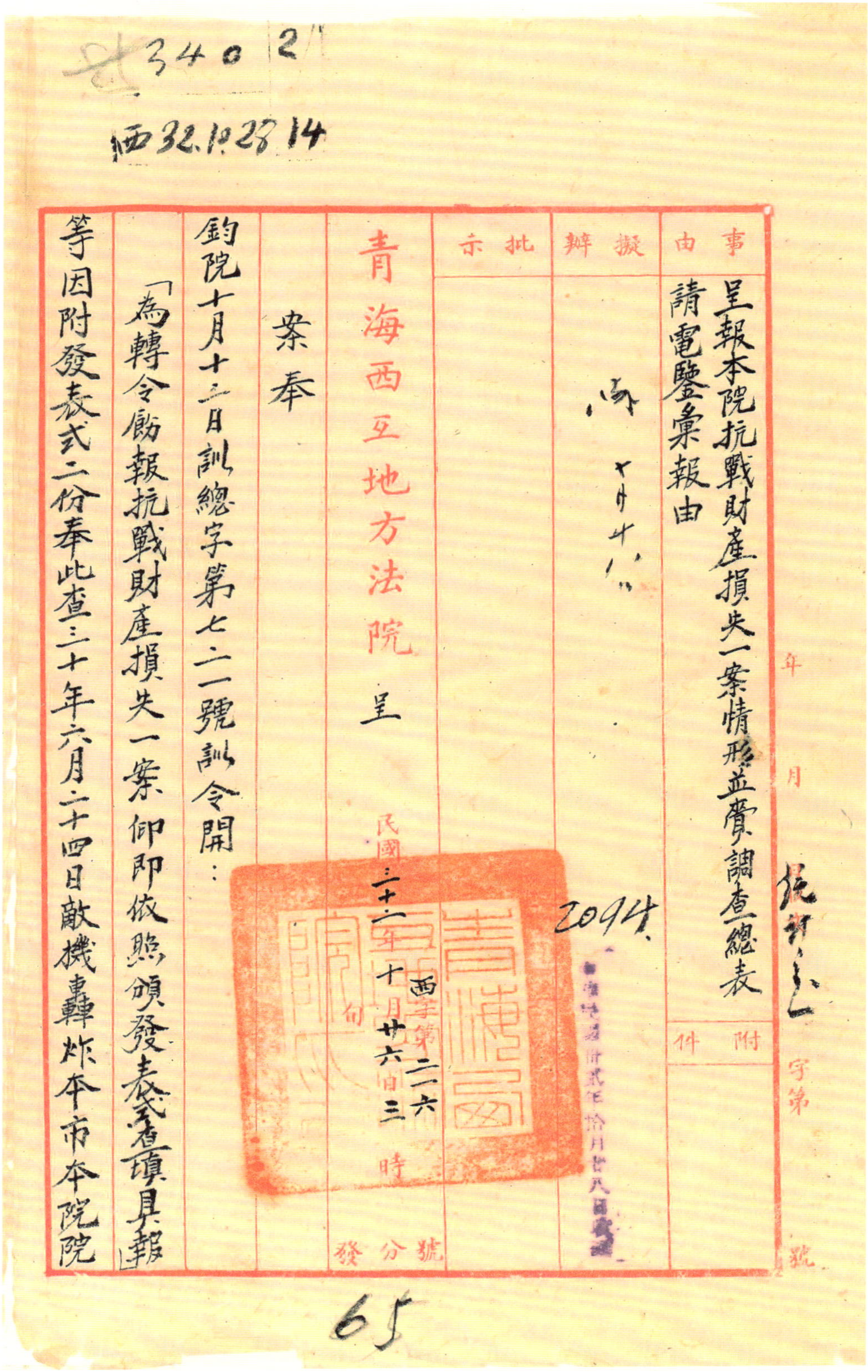

340 2

西32.10.28 14

事由：呈報本院抗戰財產損失一案情形並賫調查總表請電鑒彙報由

擬辦：閱 十月廿八

批示：

附件：

年 月 字第 號

青海西互地方法院 呈

民國三十二年十月廿六日三時

西字第二一六號

分 發

2094

案奉

鈞院十月十三日訓總字第七二一號訓令開：「為轉令飭報抗戰財產損失一案，仰即依照頒發表式查填具報」等因附發表式二份奉此查三十年六月二十四日敵機轟炸本市本院院

65

長室右雖落一彈幸未爆發惟門口爆發一彈已將各院牆壁門窗匾額
及器具等件全行震燬所受損失按照現時物價最低限度詳細估計
其木石磚瓦土塊等質料共值洋貳拾叁萬捌千柒百陸拾元依式填
明理合具文呈賷
鈞院電鑒彙報再查本院人員中尚無財產損失私人財產損失
調查表無從查填合併叙明謹呈
青海高等法院院長馬

計呈財產損失調查總表一份

署青海西寧地方法院院長李永泰

機關	西五地方法院	
直接損失	被難人數	
	房屋	陸千元裡院牆壁值洋壹萬貳千元 牆壁門窗共值洋叁萬柒千陸百陸拾元繕狀處門窗共五合值洋貳千伍百元民事 頭門壹座磚瓦木石共值洋壹拾肆萬肆千貳百元前院門扇四合窗子四合值洋肆千貳
	器用	玻璃四片匾對六面批示架子共值洋叁萬貳千貳百元
	人犯物品贓物或保存	
	材料或存儲物品	
	款項	
	印狀紙	
	文件簿籍	
	其他	
間接損失	法收短絀數	
	還建費用	
	被難人員救濟費用	
	其他	

99

国立西宁师范学校、教育部关于查报抗战期间损失的往来公文

教育部致国立西宁师范学校的训令（一九四四年三月十六日）

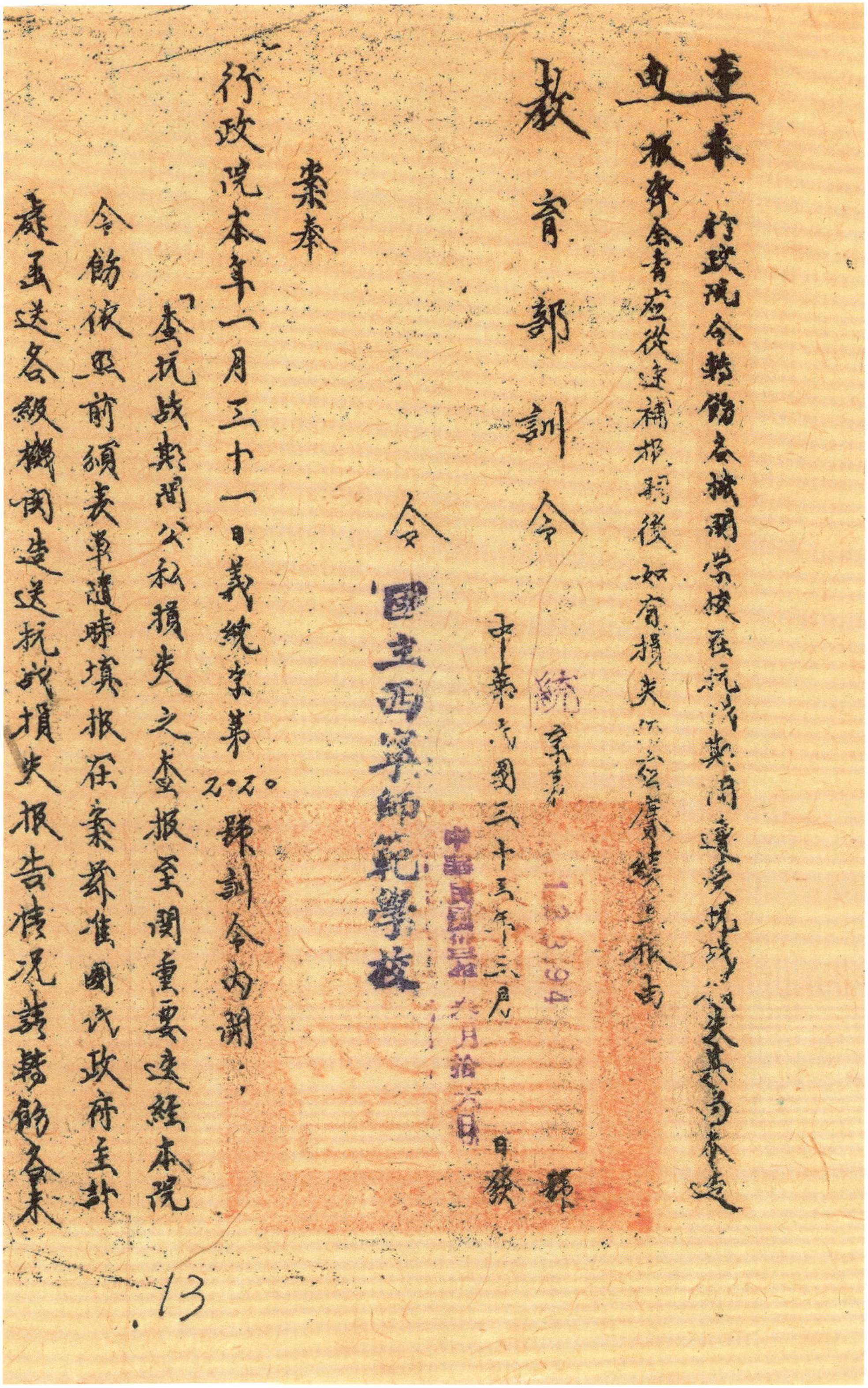
事由：奉行政院令轉飭各機關學校在抗戰期間遭受抗戰損失其尚未造報者仰查案從速補報嗣後如有損失亦應隨時續報由

教育部訓令

統字第　　號

中華民國三十三年三月　日發

國立西寧師範學校

案奉

行政院本年一月三十一日義統字第2250號訓令內開：

「查抗戰期間公私損失之查報至關重要，迭經本院令飭依照前頒表單隨時填報在案，茲准國民政府主計處函送各級機關迭送抗戰損失報告情況，請轉飭各未

13

报機関從速補报已报機関仍賡續造报並由各將該部
暨所屬機関過去造报情况列表隨令附發除收復後損失
仍應隨時查报凡以前未报部係均應從速補报送國
民政府主計處彙編合行令仰切實遵辦并轉飭所屬切
實遵辦為要此令

等因奉此自應遵辦各機関學校過去遭受抗戰損失尚未造报
奉令者即應趕速補报嗣後如有損失亦應按照規定隨時呈报
以憑核轉除分令外合行令仰遵照辦理并轉飭所屬一体遵照
辦理此令。

部長 徐之大

監印 左仲一
校對 楊樹堂

国立西宁师范学校至教育部呈文（一九四五年十二月一日）

附：财产间接损失报告表

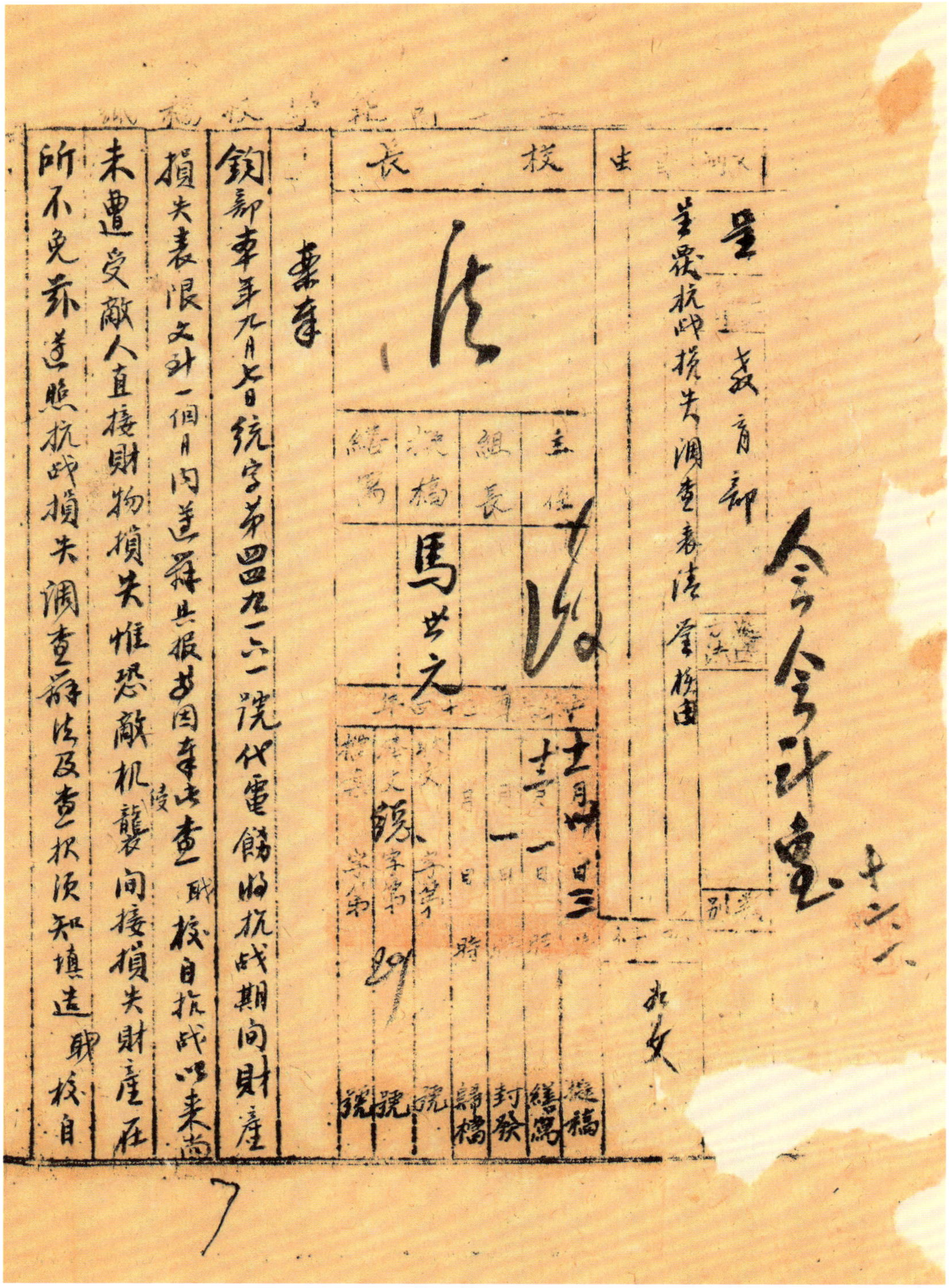

呈 教育部

呈覆抗战损失调查表请鉴核由

校长

案奉

钧部本年九月七日统字第四九一六一号代电饬将抗战期间财产损失表限文到一个月内造报具报，当因本校查战校自抗战以来尚未遭受敌人直接财物损失，惟恐敌机袭陵间接损失财产在所不免，兹遵照抗战损失调查办法及查报须知填造，战校自

廿九年起至卅年止间接财产损失报告表二份，理合一并具文呈
赍，谨请
鉴核备查。
谨呈
教育部部长朱
附表二份
国立西康师范学校校长杨〇〇

財產間接損失報告表

國立西寧師範學校

（29年份） 填送日期 年 月 日

分類	數額（單位國幣元）	
共計	$70,000	00
遷移費	40,000	00
防空設備費	30,000	00
疏散費		
救濟費		
撫卹費		

8

報告者國立西寧師範學校校長楊質夫

財產間接損失報告表

國立西寧師範學校

（30年份） 填送日期 年 月 日

分類	數額（單位國幣元）
共計	$155,000.00
遷移費	70,000.00
防空設備費	85,000.00
疏散費	
救濟費	
撫卹費	

9 報告者

青海省立西宁中学报送抗战期间公私损失情况表致青海省政府的呈（一九四四年四月十四日）

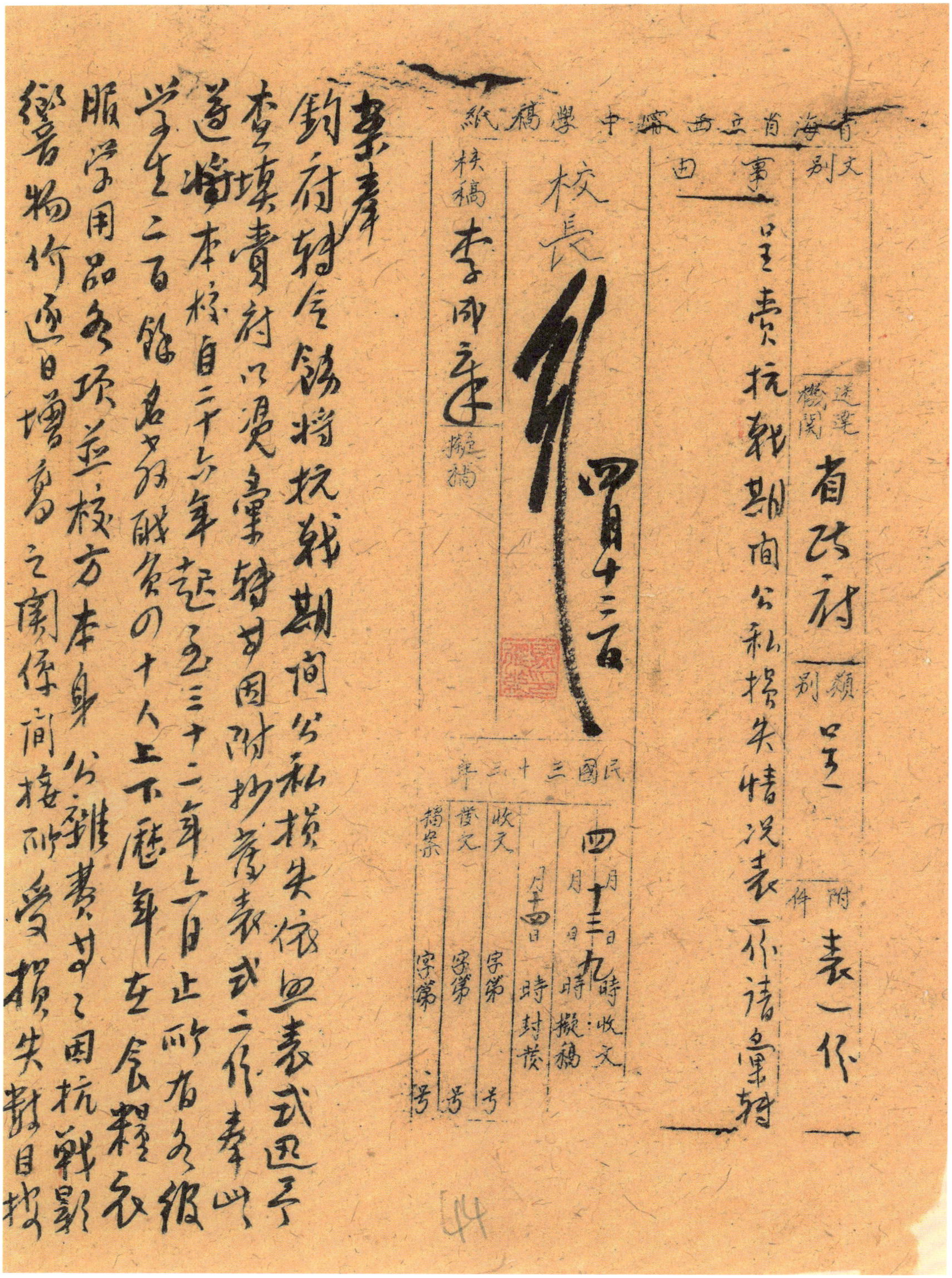

青海省立西寧中學稿紙

文別：呈

事由：呈責抗戰期間公私損失情況表一份請彙轉

送達機關：省政府

類別：呈

附件：表一份

校長 四月十三日

核稿 李國彥

擬稿

民國三十三年 四月十三日九時收文 月十三日時擬稿 月十四日時封發

收文 字第 號 發文 字第 號 歸案 字第 號

案奉

鈞府轉令飭將抗戰期間公私損失依照表式迅予查填責府以憑彙轉，并因附抄發表式二份，奉此遵將本校自二十六年起至三十二年上月止所有各級學生二百餘名教職員工十八人上下歷年在食糧衣服學用品各項並校方本身公私雖費并之因抗戰影響物價逐日增高之關係間接所受損失數目按

年分别填造随文一併呈賫伏乞

電鑒核轉實為公便謹呈

青海省教育廳廳長馬

計呈賫損失情况表一紙

青海省西寧中學抗戰損失情况表

年別	
26年	一萬五千餘元
27年	三萬四千餘元
28年	五萬一千餘元
29年	一十二萬三千餘元
30年	二十八萬九千餘元
31年	四十三萬八千餘元
32年	七十二萬四千餘元
附註	查本校因抗戰影響物價逐日增高之關係各級學生教職員食粮衣服學用品並學校本身公雜經費各項間接損失如上數

中華民國三十三年四月十四日

青海省政府、省立西宁简易师范学校关于查报抗战损失的往来文件

青海省政府致省立西宁简易师范学校的训令（一九四五年六月九日）

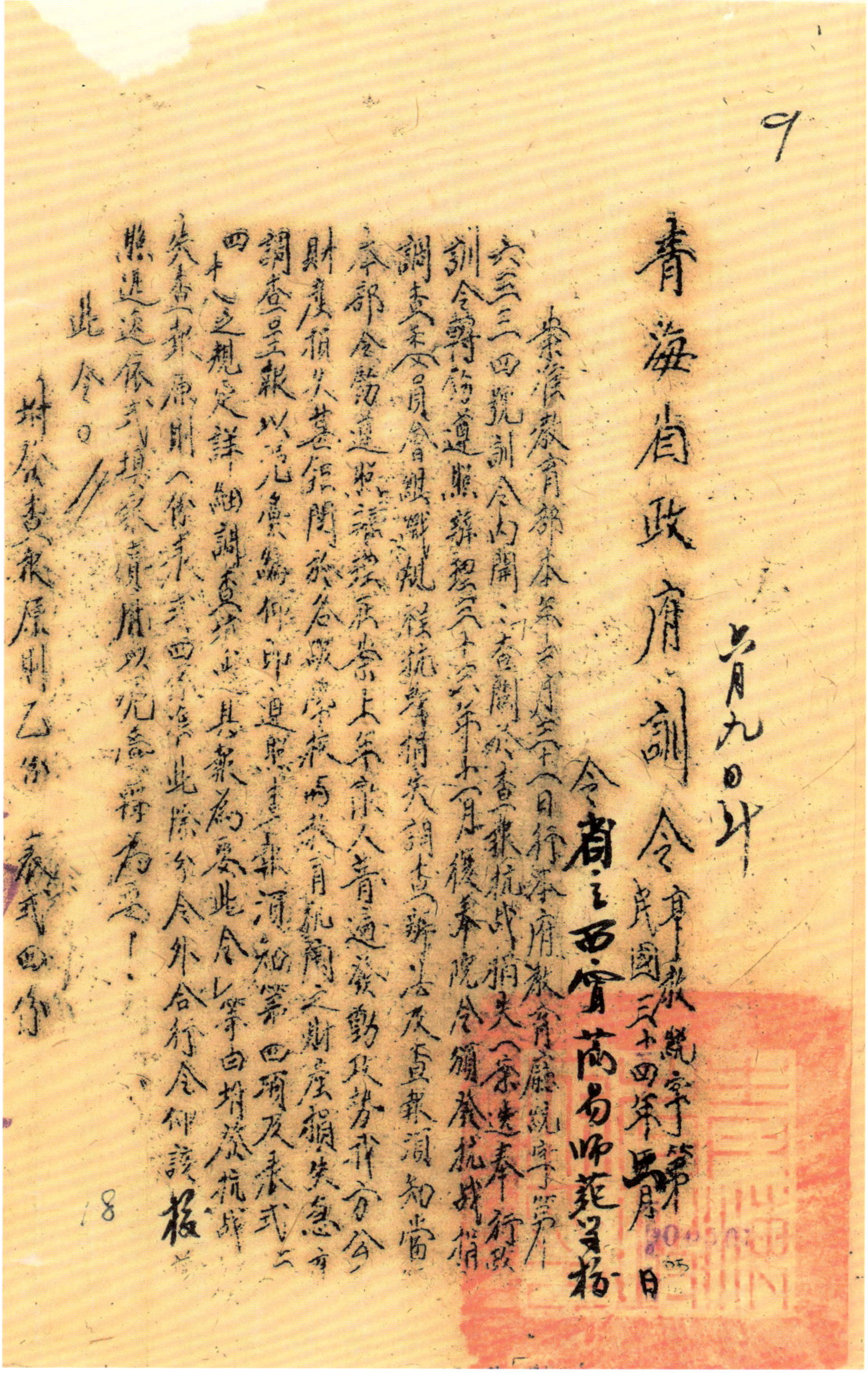
青海省政府訓令
民國三十四年六月　日
令省立西寧簡易師範學校
此令。
附發查報原則乙份 表式四份

壹三手經部辦 六九

查報原則

（甲）範圍：：以包括公私財產損失為原則，公務如政府機關之損失，力求正確，可彙呈（不屬私人財產之損失）可估計其損數。

（乙）方法：：公家財產之損失，採用查報法；私人個人財產之損失，採用估計法，應用之表式仍照行政院制定之修正抗戰損失查報須知中之表格。

（丙）價格：：以損失時之價格為準，則如查報時可按物價指數修定之。

（丁）時期：：自民國廿年九月十八日起，至民國廿六年七月七日為第一期；自民國廿六年七月七日以後為第二期（整個抗戰為第八期）。民國二十六年七月七日至三十年十二月卅（日）。

馮少芬 劉芝德

監印 莫如斌

校對 田□方

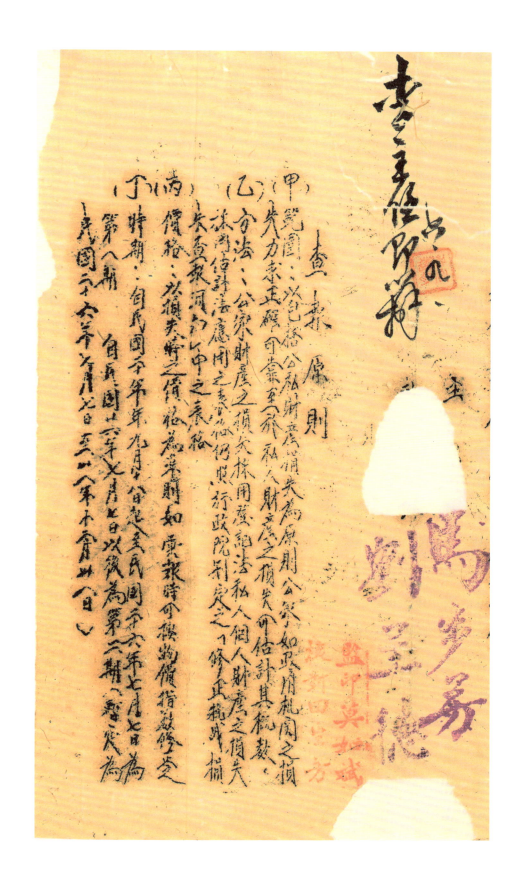

财产直接损失报告表（表式八）

机关名称　　　资料时期　　年　月　日至　　年　月　日

填送日期　　年　月　日

损失分类	价值（国币元）
共计	
建筑物	
器具	
现款	
图书	
仪器	
文卷	
医药用品	
其他	

报告者

说明：1.各机关对上级机关报告该机关财产直接损失或上级机关汇报该机关及所属机关损失时均用此表但须分别注明（某某机关及所属机关等字样，例如公立市政府报告省市政府及附属机关损失时应填某某省政府或某某市政府及所属机关）等字

2.本表列损失资料之时期自民国二十一年九月十八日至[illegible]八年十二月卅一日

3.文卷损失之价值难以估计只须填写遗失之卷宗数

4.报告者系机关应加盖机关印信

5.此表所列损失[illegible]如有本表未列者应归入其他一项

6.本表各类价值如不能求得确定之正确数字时可填入估计数字

财产间接损失报告表（表式六）

机关名称　　资料时期自　　年　月　日至　　年　月　日

填送日期　　年　月　日

损失分类	数额（国币元）
共计	
迁移费	
防空设备费	
疏散费	
救济费	
抚恤费	

报告机关

说明：1.各机关对上级机关报告该机关财产间接损失及上级机关汇报所属各机关财产间接损失时均用此表但须注明某某机关及所属机关等字

2.本表列资料之时期自民国[illegible]年[illegible]月[illegible]日至[illegible]八年十二月卅一日

3.如本机关或本机关及所属机关未受损害

4.报告者系机关应加盖机关印信

19

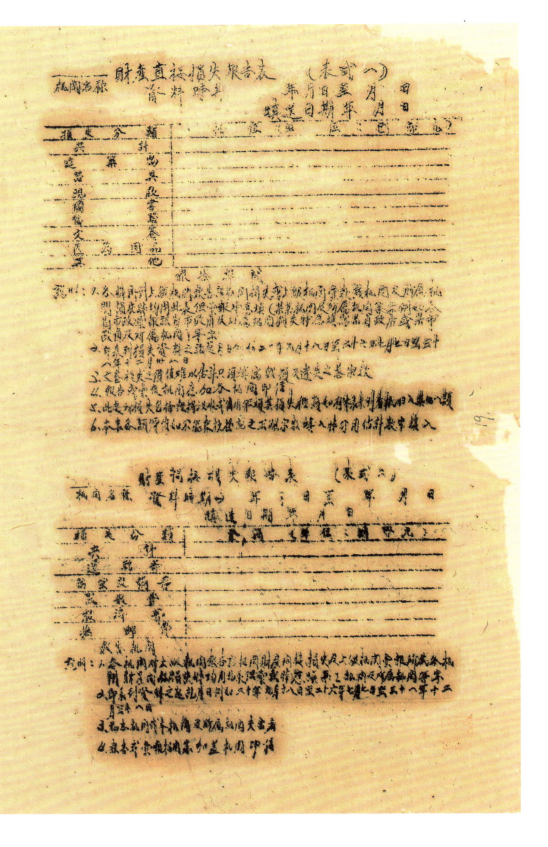

公務員役私人財產損失報告表（表式三）

機關名稱　　資料時期　年　月　日至　年　月　日

填送　年　月　日

損失分類	
共計	
房屋	
器具	
現款	
服着物	
古物書籍	
其他	

報告表

說明：1. 各機關對於所屬機關報告其機關損失與上級機關彙報該機關及所屬機關損失時均用此表但彙報時應填彙報機關及所屬機關等等

2. 即本列損失資料之起訖日期如二十年九月十八日至二十六年七月七日或二十六年七月七日至三十一年十二月三十一日

3. 報告者應簽名蓋章如係彙報機關應加蓋機關印信

4. 此所謂損失之範圍[illegible]損失種類如有本表未列者概歸入「其他」

5. 本表各類價值如不能根據登記之正確數字填入時可用估計數字填入

人民財產直接損失報告表（表式四）

地域名稱　　資料時期　年　月　日至　年　月　日

填送日期　年　月　日

損失分類	價值：單位　國幣元
共計	
房屋	
器具	
現款	
服着物	
古物書籍	
其他	

報告表

說明：1. 各機關對上級機關所轄[illegible]損失或上級機關彙報所轄各地域損失時均用此表應填（某縣市）（某縣市）等等

2. 人民財產[illegible]之[illegible]及[illegible]損失[illegible]在內

3. 即表列損失資料之起訖月日如二十年九月十八日至二十六年七月[illegible]

4. 報告者應簽名蓋章如係彙報機關應加蓋機關印信

5. 所謂損失[illegible]如有本表未列者概歸入其他一類

6. 本表各類價值如不能根據登記之正確數字填入時可用估計數字填入

青海省政府致省立西宁简易师范学校的快邮代电（一九四五年六月二十八日）

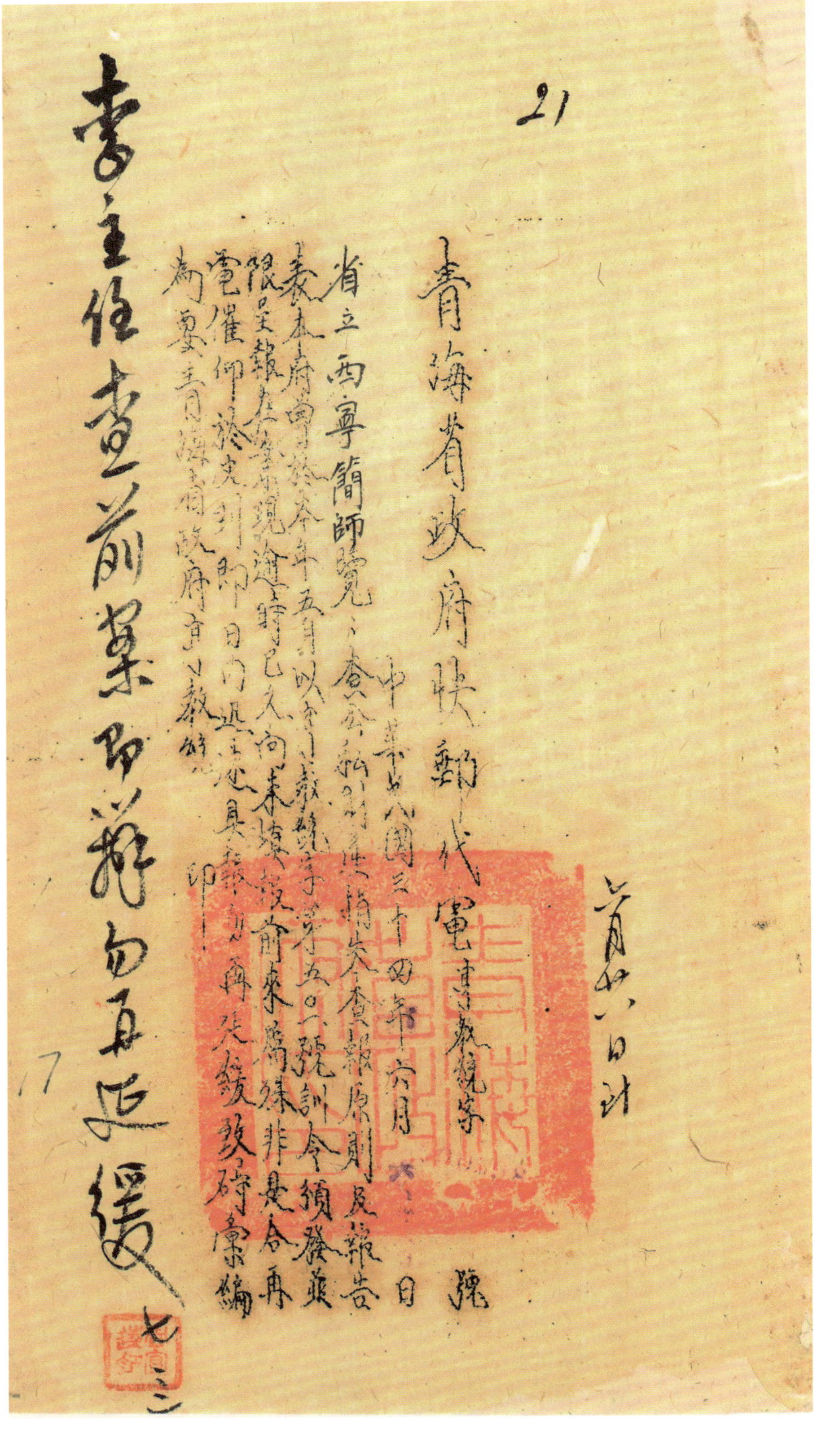
21

青海省政府快郵代電 青教統字 號

中華民國三十四年六月 日

省立西寧簡師覽：查公私財產損失查報原則及報告表，本府前於本年五月以令教統字第五〇一號訓令頒發並限呈報在案，現逾時已久，尚未據報前來，殊非是，合再電催，仰於文到即日內迅速具報，勿再延誤致碍彙編為要。青海省政府育、教統印。

育 六日計

青主任查前案即辦勿再延緩 七二

17

省立西宁简易师范学校致青海省政府呈（一九四五年九月六日）

附：青海省立西宁简易师范学校财产间接损失报告表

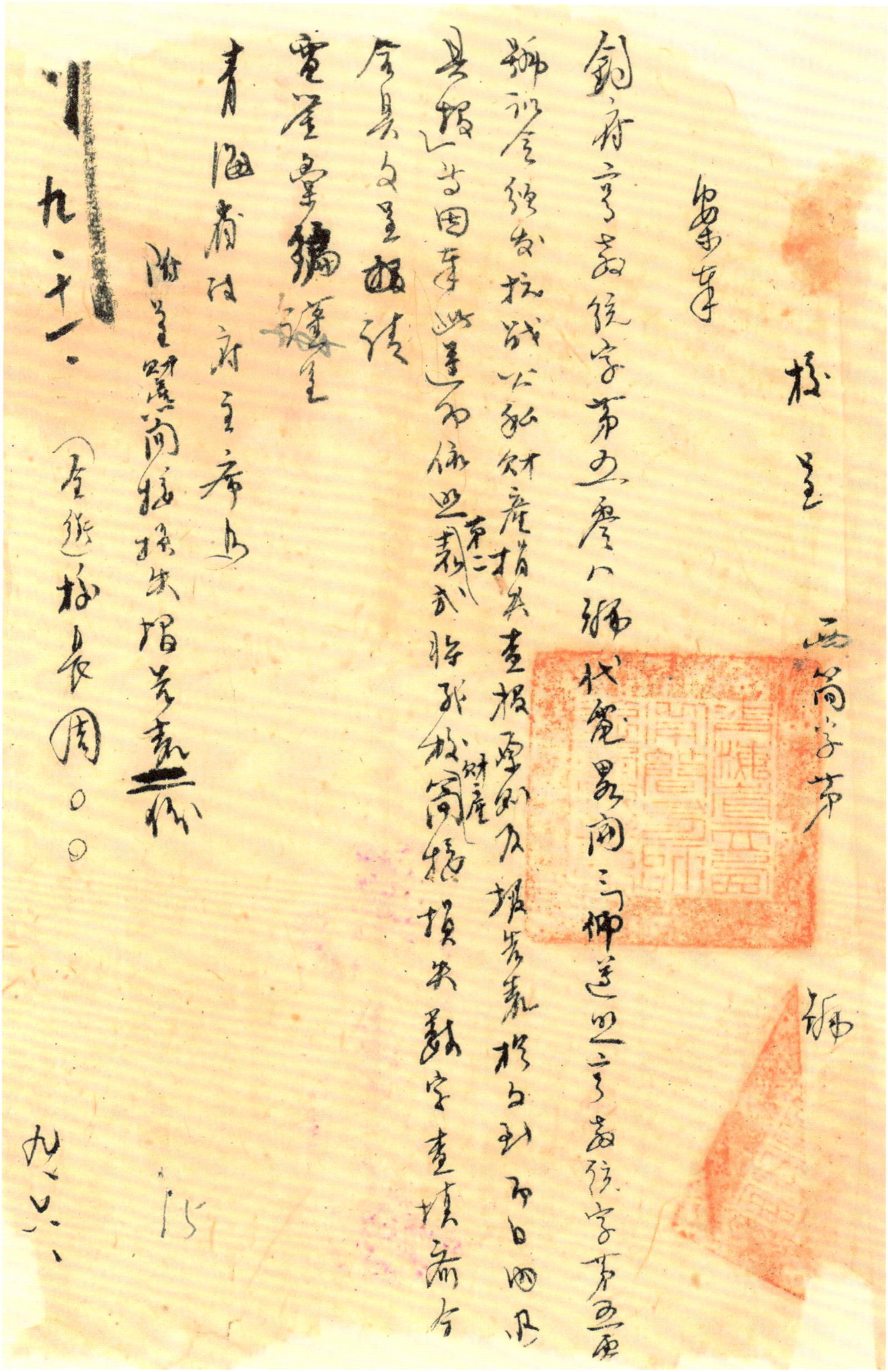

校呈　西简字第　號

案奉

钧府亥齐统字第五〇八號代电略开三师遵照亥齐统字第五〇

號训令饬将抗战公私财产损失查报表及报告表，于文到五日内具

报，遵当因本案所依照表式第二将我校财产间接损失数字查填备合

合具文呈报，请

鉴核汇转

青海省政府主席马

附呈财产间接损失报告表一份

（全衔）校长周〇〇

九、十一

九、六

15

青海省立西宁简易师范学校财产间接损失报告表　（表式二）

机关名称　　资料时期　廿六年七月七日至卅一年十二月卅一日

填造日期　民国卅四年九月　日

损失分类	价值（单位：国币元）
共计	63000元
迁移费	3000元
防空设备费	250000元
疏散费	150000元
救济费	80000元
抚恤费	120000元

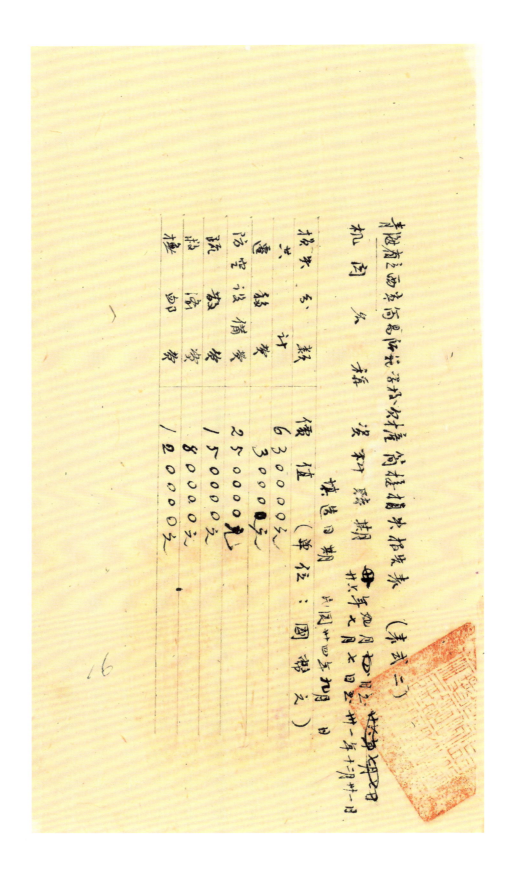

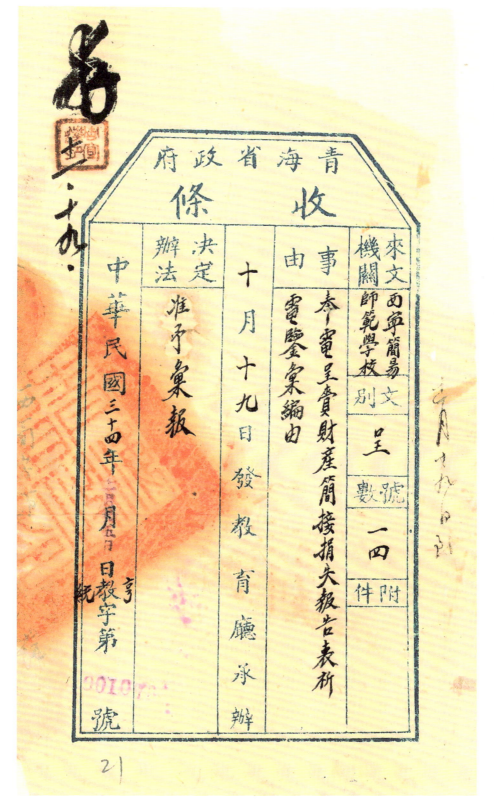

青海省政府收条（一九四五年十月十九日）

存
十、十九

青海省政府
收條

來文機關	西寧簡易師範學校
文別	呈
號數	一四
附件	
事由	奉電呈賫財產簡接捐失報告表祈電鑒彙編由

十月十九日發教育廳承辦

決定辦法：准予彙報

中華民國三十四年十月五日教字第 號

十月十九日到

21

青海省立西宁中学校报送抗战间接损失情况表给青海省政府的呈（一九四五年七月五日）

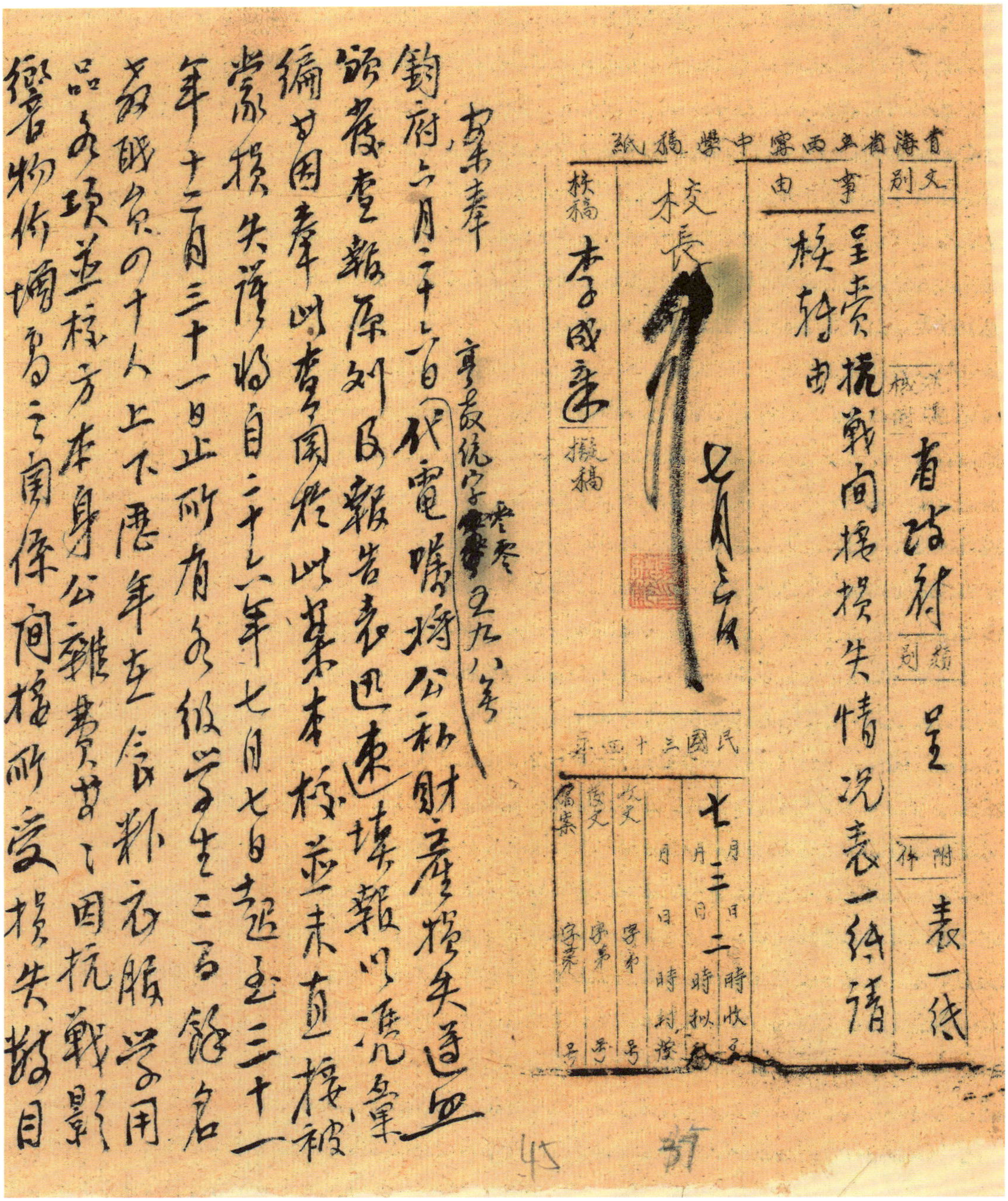

按年分别填造随文一併呈赍，伏乞
鉴核转实为公便。谨呈
—— 马
计呈赍损失情况表一纸
全衔 马〇〇

青海西宁中学抗战损失情况表

年别	
26年	八千六百馀元
27年	三万四千馀元
28年	五万一千馀元
29年	一十二万三千馀元
30年	二十八万九千馀元
31年	四十三万八千馀元
附註	查本校因抗战影响物价昂贵，致学生教职员食料衣服学用品并学校本身公杂费各项间接损失如上数

中华民国卅四年七月五日

青海省政府、青海省政府教育厅关于报送教育厅抗战损失调查表事一组文件

青海省政府致青海省政府教育厅代电（一九四五年八月三十日）

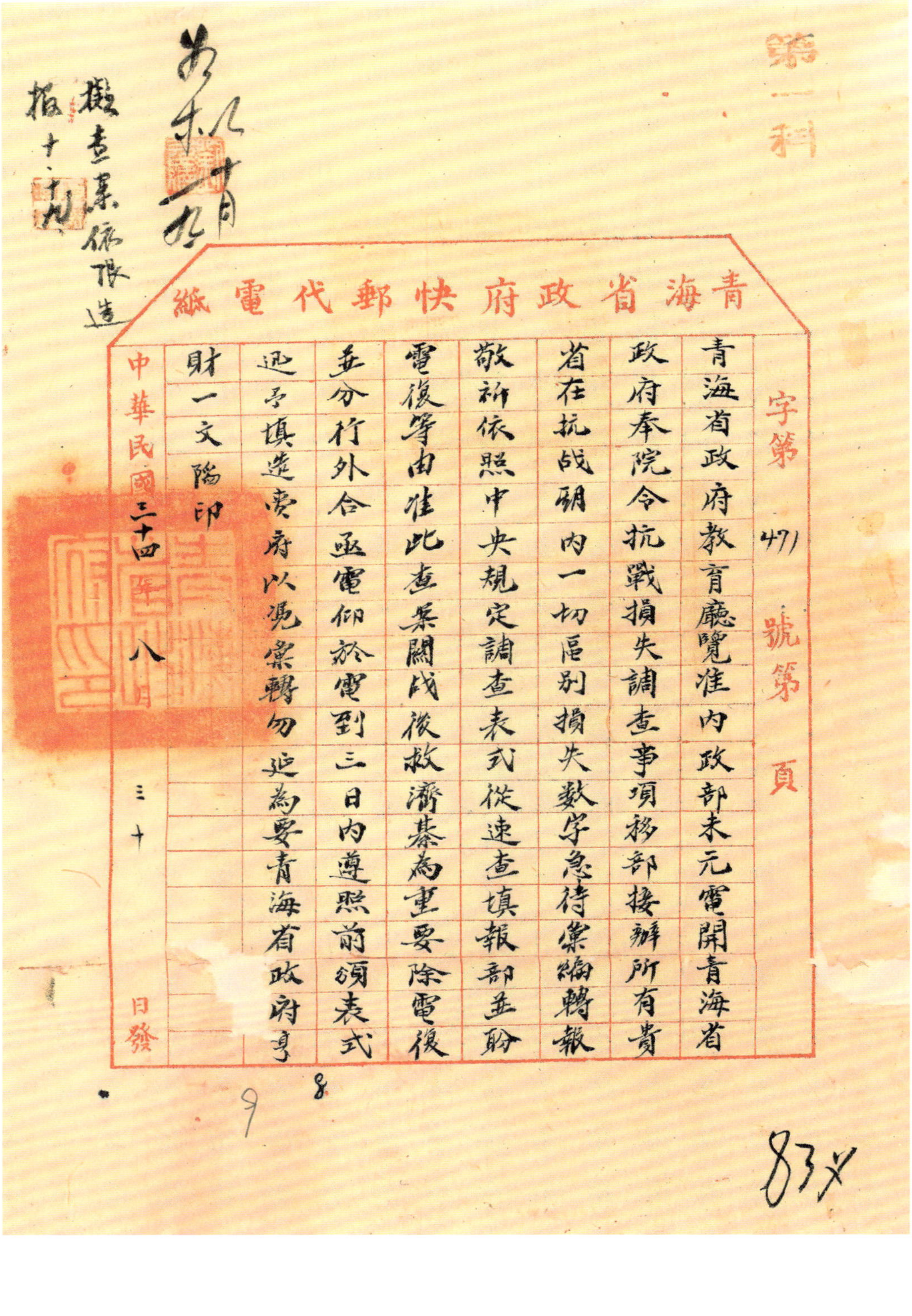

第一科

青海省政府快郵代電紙

字第471號第　頁

青海省政府教育廳覽准內政部未元電開青海省政府奉院令抗戰損失調查事項移部接辦所有貴省在抗战期內一切區別損失數字急待彙編轉報敬祈依照中央規定調查表式從速查填報部並盼電復等由准此查案關战後救濟碁為重要除電復並分行外合亟電仰於電到三日內遵照前頒表式迅予填造賫府以憑彙轉勿延為要青海省政府亨財一文附印

中華民國三十四年八月三十日發

擬查案依限造報

青海省政府致教育厅代电（一九四五年十一月一日）

青海省政府快郵代電紙

字第227號第1頁

青海省政府教育廳覽：查抗戰期內一切區別損失數字，本府前曾於本年八月二十九日子財一文字第（471）號代電飭即迅予填賫彙轉在案。迄今逾時甚久，尚未造賫前來，殊屬稽延。現在彙轉在急，懸宕立待，合再電催，仰於電到日刻即填造賫府，以憑彙轉，慎勿再事延宕為要。青海省政府子財一文東印

中華民國三十四年十一月

青海省政府教育厅致青海省政府呈文（一九四五年十一月二十四日）

附：财产间接损失报告表

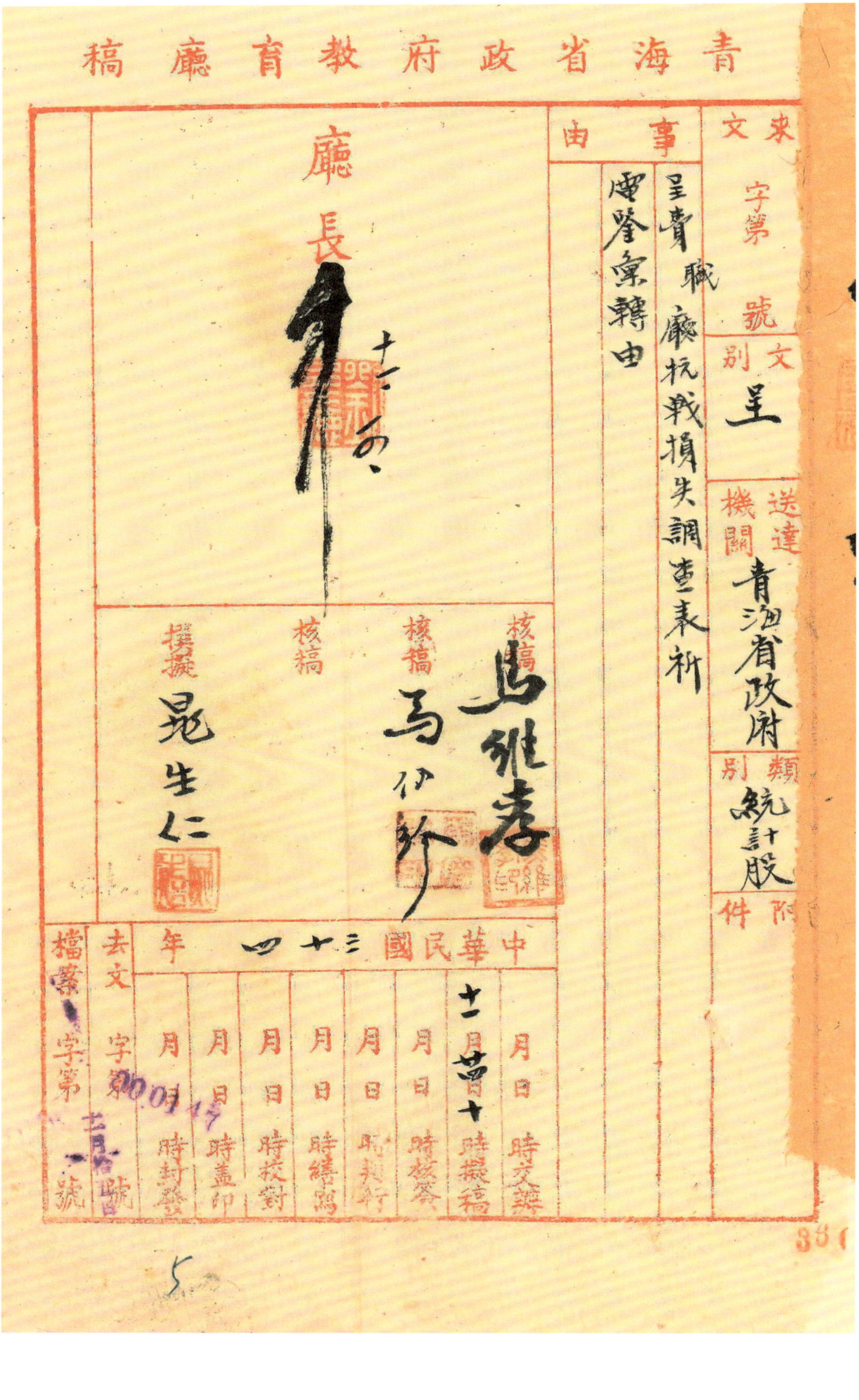
青海省政府教育廳稿
來文字第號
文別 呈
送達機關 青海省政府
類別 統計股
附件
事由
呈賫職廳抗戰損失調查表祈
鑒案轉由
廳長
核稿
核稿
核稿
擬稿 晁生仁
中華民國三十四年
十一月廿四日十時擬稿
檔案字第號
去文字第號

本廳 呈　　亨教統字第　　號

000147

案奉

鈞府本年十一月一日二二七号代電節開

「電催抗戰期間財產損失調查表仰於電

外三日內填造貴府以憑彙轉」

等因附發表式四份奉此遵即依式填就職廳抗戰損失調

查表二份呈請

鑒核彙轉

謹呈

青海省政府主席馬

附呈貴教育廳抗戰損失調查表二份

（全銜）廳長劉

中華民國　　年　　月　　日

繕寫　校對　監印

監印范生瑞

6

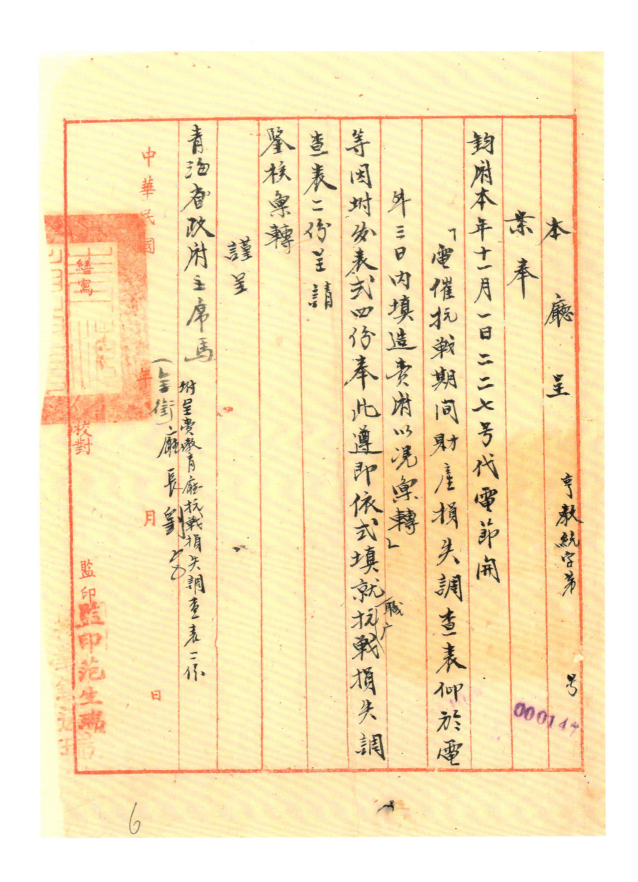

青海省政府教育廳

財產間接損失報告表

機關名稱

資料時期 二十八年十一月七日至三十一年十二月六日

填造日期 三十四年十一月十二日

損失分類	價值 （單位：國幣元）	
共計	220000元	
遷移費	80000元	
防空設備費	140000元	

報告機關 青海省政府教育廳

7 6

青海省合作事业管理处关于抗战期内损失查报表致社会部的呈（一九四六年一月十六日）

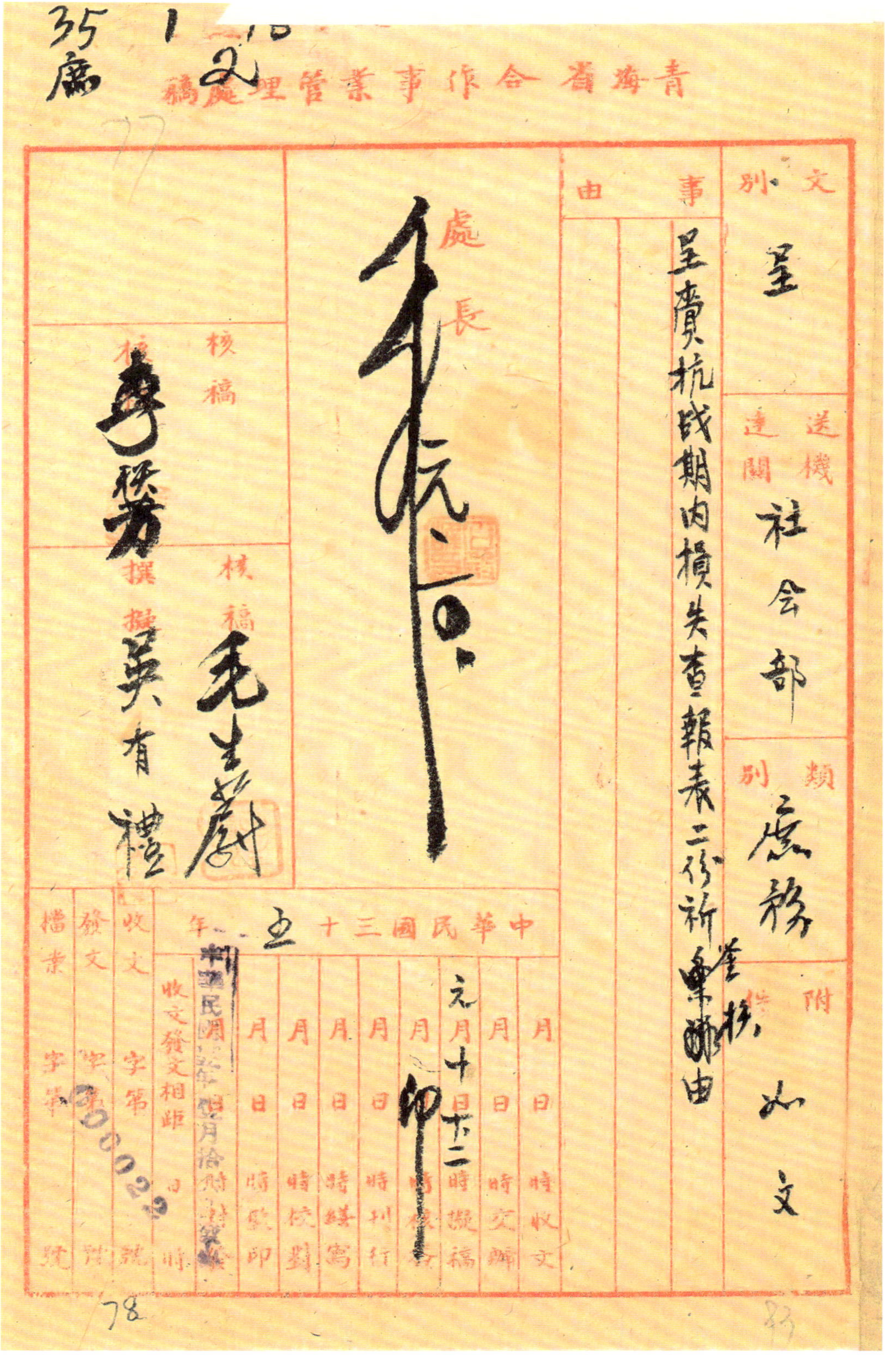

青海省合作事業管理處稿

文別	呈
送達機關	社會部
類別	庶務
附件	如文
事由	呈賫抗戰期內損失查報表二份祈鑒核由

處長

核稿

核稿

撰擬 吳有禮

中華民國三十五年　元月十六日

青海　呈　利合一字第　號

案奉

鈞部卅四年十月廿日統三字第一一五三三七號代電「頒發抗戰損失查報表，仰遵照依限辦理具報」等因，附抗戰損失查報表貳〇〇〇〇份，奉此，查本省各合作社成立未久，對於斯項報表無法填造，茲謹將本處延至抗戰期內公私損失查報表二份備文賫請

鈞部鑒核彙辦，實為公便。謹呈

社會部

附呈賫抗戰損失查報表二份

（全銜）處長○○

中華民國三十五年元月十日

繕寫　校對　監印

青海印刷局印

94

表式1. 人民團体機關私人通用財產直接損失彙報表

事件（註1）30年敌机轟炸西寧時
日期（註2）
地点（註3）西寧

填報者青海省合作事業管理处　　填報日期35年元月十日

分類	損失時價值（國幣元）	重要物品項目及其數量
共計	1[illegible]0325元	
建築物	91200000元	房屋二十八間院基四処
器具	5000000元	卷櫃七个和人器具六十件
現款	100525元	被炸时遗失之人[illegible]款數
圖書	100000元	×十本
儀器		
文卷		
醫藥用品	9000000元	[illegible]
衣物	10500000元	35件
糧食	20000000元	80公石
其他		

註（1）事件：即發生損失之事件如日機轟炸日軍進攻等
（2）日期：即事件發生之日期如某年月日或某年月日至某年月日
（3）地点：即發生事件之地点包括某市某縣某鄉某鎮某村
（4）文卷：文卷損失之價值如難以估計只須填入毀損及遺失之文卷宗數

~~說明：本处直接未受敵人損失之抗戰期內~~

—8.5市寸—

—6市寸—

80

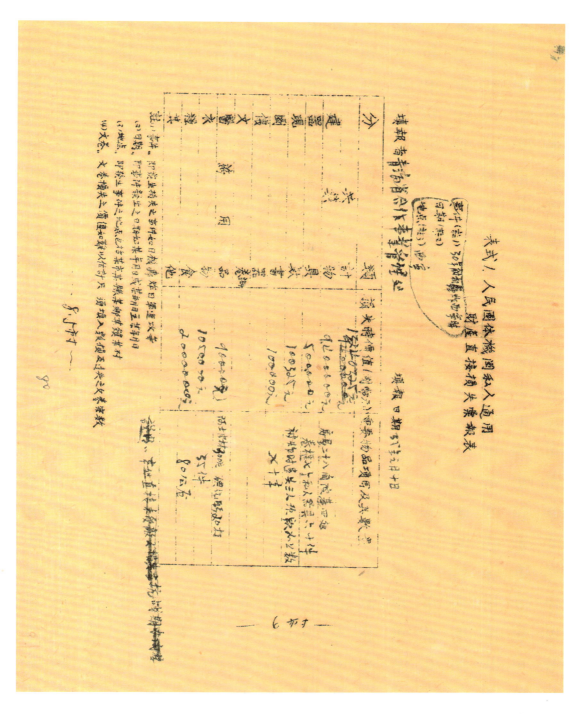

附（二）人民团体机关公司行号合作社及私人通用财产间接损失汇报表

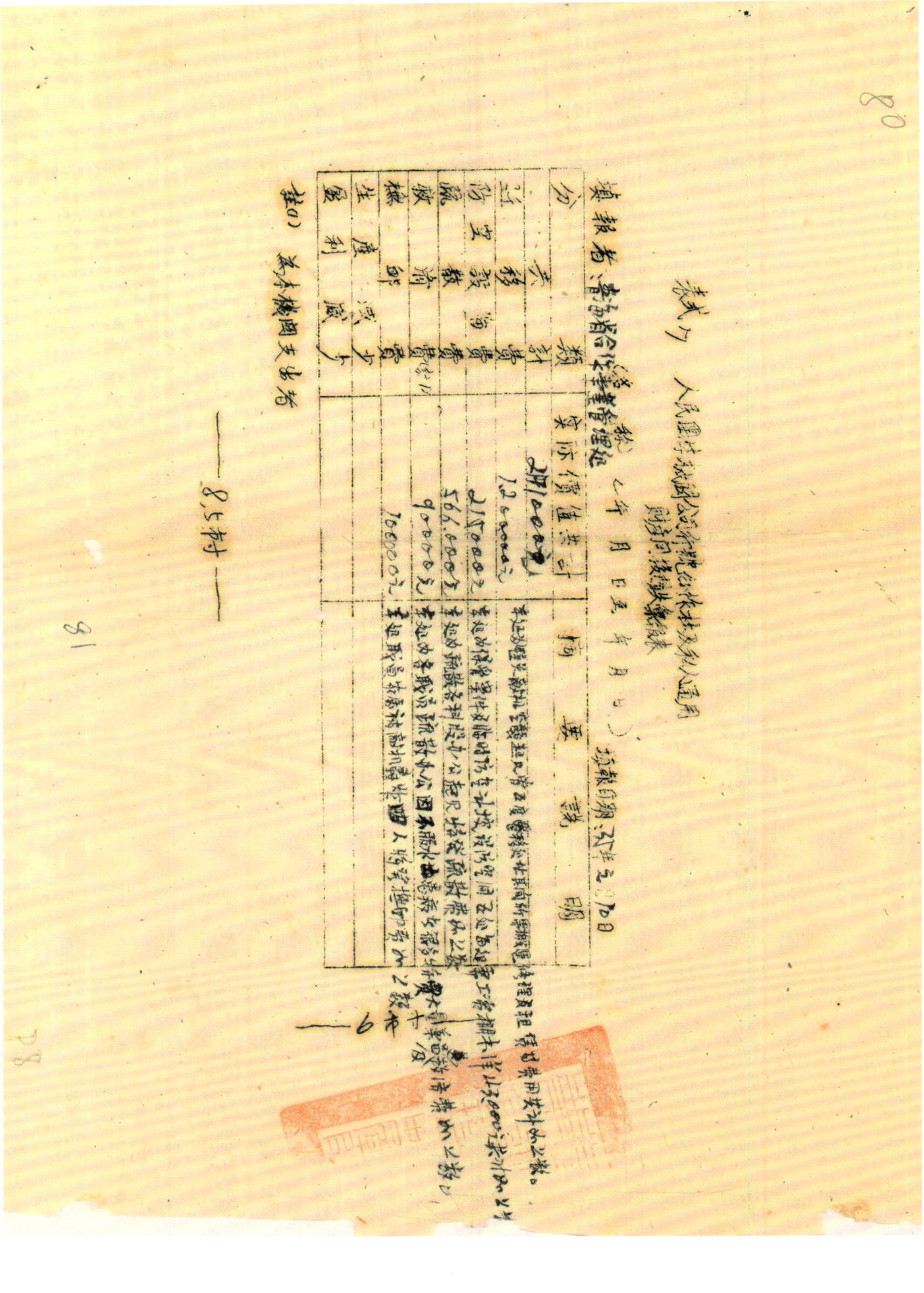

表式7 人民团体机关公司行号合作社及私人通用财产间接损失汇报表

（名称）（　年　月　日至　年　月　日）

填报者：青海省合作事业管理处　　填报日期：35年元月10日

分类	实际价值共计	摘要说明
共计	2081000元	
迁移费	1,200000元	本处为避免敌机空袭起见，曾五度迁移处址，其间所需搬运修理及租赁等费用共计如上数。
防空设备费	215000元	本处为保管案件及临时防空计，挖设防空洞五处，每处需工资棚木洋43000元，共计如上数。
疏散费	566,000元	本处为疏散各科股办公起见，特发疏散费如上数。
救济费(注1)	90000元	本处为各职员疏散办公，因不服水土患病者很多，[illegible]如上数。
抚邮费	10000元	本处职员家属被敌机轰炸四人，特发抚恤费如上数。
生产减少		
盈利减少		

注(1) 为本机关支出者

——8.5吋——

青海省各机关学校县局抗战期内公私财产间接损失总报告表（一九四六年二月十九日）

青海省各機關學校縣局抗戰期內公私財產間接損失總報告表

民國二十六年七月七日起至三十四年十二月 日止

填表日期三十五年二月十九日

機關名稱＼損失分類	遷移費	防空設備費	疏散費	救濟費	撫卹費	辦公費	房屋	器具	現款	服着物	建築物	古物書籍	儀器	醫藥費	圖書	軍需供應	物價波動	人口男	人口女	其他	合計	備考
秘書處	4.186.787	3.978.195	2.684.317	3.741.317																	14.591.230	
民政廳	1.424.000	836.000	560.000	2.009.000	239.000																5.068.000	
財政廳	208.150	286.270	192.692	2.745.086	1.496.892																4.933.390	
建設廳	125.300	90.000	60.000																		275.300	
教育廳	80.000	140.000																			220.000	
地政局	155.450	176.200	131.680				48.000	64.000		24.000											609.330	
衛生處	15.000	28.000	285.000	27.000				15.000					20.000	35.000						12.000	437.000	
中山醫院	36.000			44.000																	80.000	
合管處	1.200.000	215.000				387.000	9.400.000	500.000	100.325	1.050.000											12.852.325	
社會處	36.550	89.000	155.000	540.000	70.000																930.550	
會計室	130.000	180.000		120.000	150.000			100.000													680.000	
警察局							8.426.775	8.426.775													16.853.550	
蒙藏辦事處	1.250	320	530																		2.100	
回教教育促進會	125.700	30.020	51.200	95.400	118.100																419.820	
崑崙中學					4.000		40.000	5.500												1.074	50.574	
西寧中學	150.000	333.600		120.000	140.000			20.000													785.500	
西寧師範	30.000	250.000	150.000	80.000	120.000																630.000	
西寧女子師校	180.000	270.000																			450.000	
西寧職業學校								2.100.000			2.400.000										4.500.000	
滅鎮小學											100.000									39.000	139.000	
南大街小學	20.000	5.000						221.000	8.900	52.000		100.000			25.000					135.000	565.900	
曹家寨小學												192.360		49.650							242.010	
大通簡易師校	243.850	124.500	1.420	114.360				43.000					2.100	1.500	3.500						534.230	
樂都縣		113.550	54.200																		167.750	
西寧縣	274.510	85.320		297.680	95.120																752.630	
互助縣							48.120			42.800											90.920	
大通縣		56.000		100.000	7.900											1.725.600.000					1.725.763.900	
民和縣	256.000	225.300																			481.300	
貴德縣	690.000	420.000		1.840.000	270.000		442.000	820.000	370.000	960.000	2.650.000	180.000	250.000	180.000	280.000						9.352.000	
化隆縣	420.000	350.000	123.000	1.875.000	482.000															1.110.000	4.360.000	
同仁縣	7.560.000	112.000	300.000	1.260.000				1.085.000	8.370.200	2.080.000		220.000									14.937.200	
湟源縣		6.000.000		9.000.000																	15.000.000	
海晏縣											24.000.000					21.017.100	385.000.000				430.017.700	
玉樹縣																				3.840.000.000	2.840.000.000	該縣原表以文呈報特此註明
共和縣																11.232.000	8.360.000				19.592.000	
西樂設治局							6.000.000	3.430.000	8.399.464	437.420		34.260								746.490	19.067.634	
第一區專員公署							1.250.000	447.000		520.000	700.000					37.050.000				1.180.000	41.147.000	
第二區專員公署																				6.360.000.000	6.360.000.000	該區原表以文呈報特此註明
總計	11.598.347	14.394.275	4.745.653	24.000.84[illegible]	3.283.012	387.000	36.155.495	17.492.275	17.128.885	5.127.620	29.850.000	776.620	272.100	266.150	308.500	1.794.897.100	393.360.000	10	9	9.203.383.360	11.572.374.339	

称多县政府填报抗战以来人民间接所受损失调查表致青海省政府的呈（一九四六年四月十八日）

附：称多县抗战损失调查表

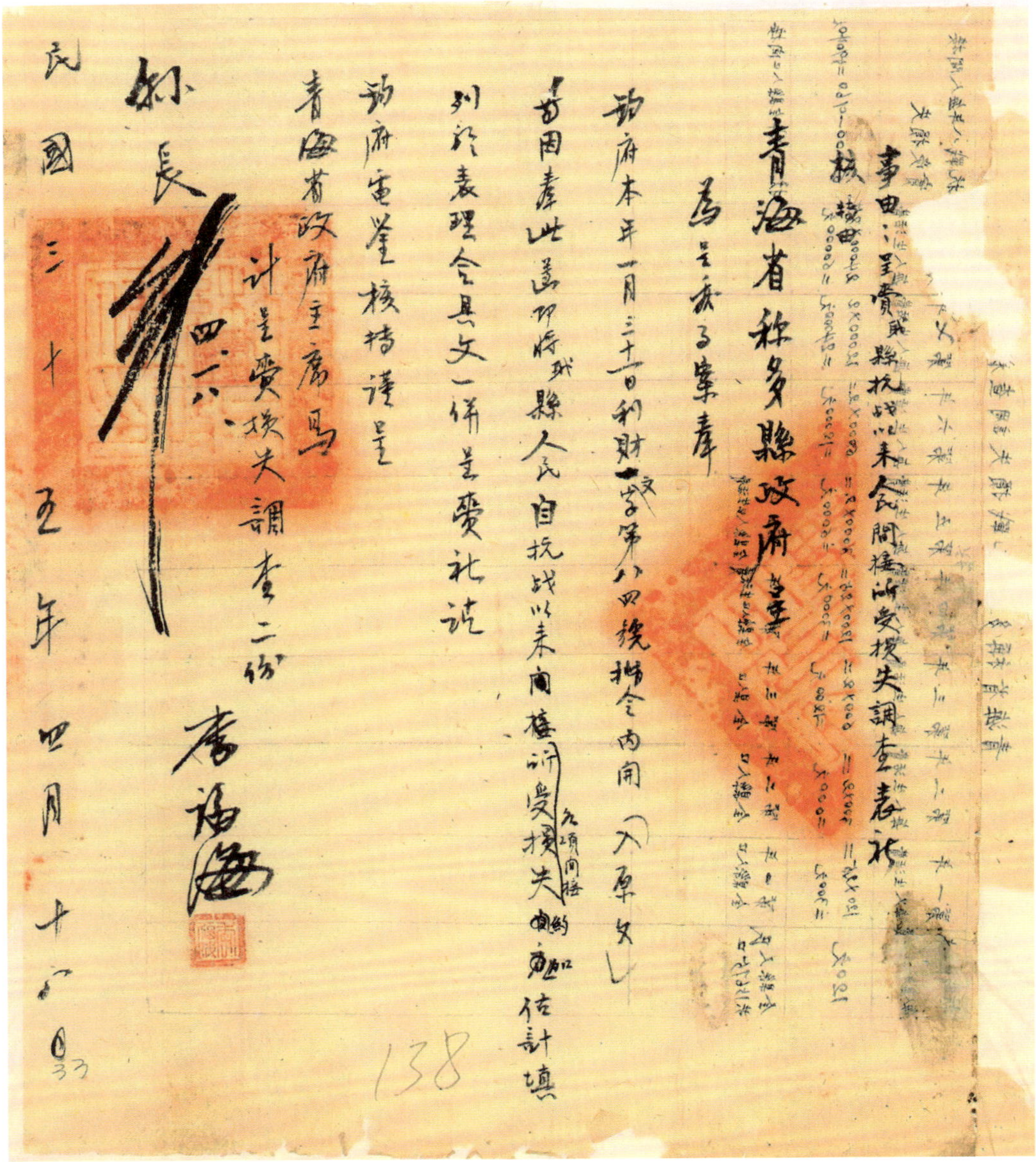
事由：呈賫職縣抗戰以來人民間接所受損失調查表祈核

青海省稱多縣政府呈

為呈秉事案奉

鈞府本年一月三十日利財一字第八四號指令內開（文原文）

等因奉此，遵即將職縣人民自抗战以來間接所受損失約略加以估計填

列該表理合具文一併呈賫祈請

鈞府電鑒核轉謹呈

青海省政府主席馬

計呈賫損失調查表二份

縣長 唐福海

民國三十五年四月十八日

138

青海省稱多縣抗戰損失調查表

抗戰前三年	第一年	第二年	第三年	第四年	第五年	第六年	第七年	第八年	抗戰八年每人間接實受損失
每人每年平均生活費	每人生活費	每人生活費	每人生活費	每人生活費	每人生活費	每人生活費	每人生活費	每人生活費	
120元	120×2.5=300元	300×2=600元	600×2=1200元	1200×2.5=3000元	3000×2=6000元	6000×2=12000元	12000×2=24000元	24000×2.5=60000元	60000−960=59040元
全縣人民共（15675口）	第一年全縣人口生活費	第二年全縣人口生活費	第三年全縣人口生活費	第四年全縣人口生活費	第五年全縣人口生活費	第六年全縣人口生活費	第七年全縣人口生活費	第八年全縣人口生活費	抗戰八年全縣人口實受損失
	120×15675= =1881000	1881000×2.5 =4702500	4702500×2 =9405000元	9405000×2 =18810000元	18810000×2.5= =47025000元	47025000×2 =94050000元	94025000×2 =188050000	188050000×2 =3761000000 3761000000×2 =7522000000	7522000000−15048600 =7505712000元
備考									

34

139

乐都县政府填报该县各职业团体抗战损失间接报告表致青海省政府的呈（一九四六年十一月二十二日）

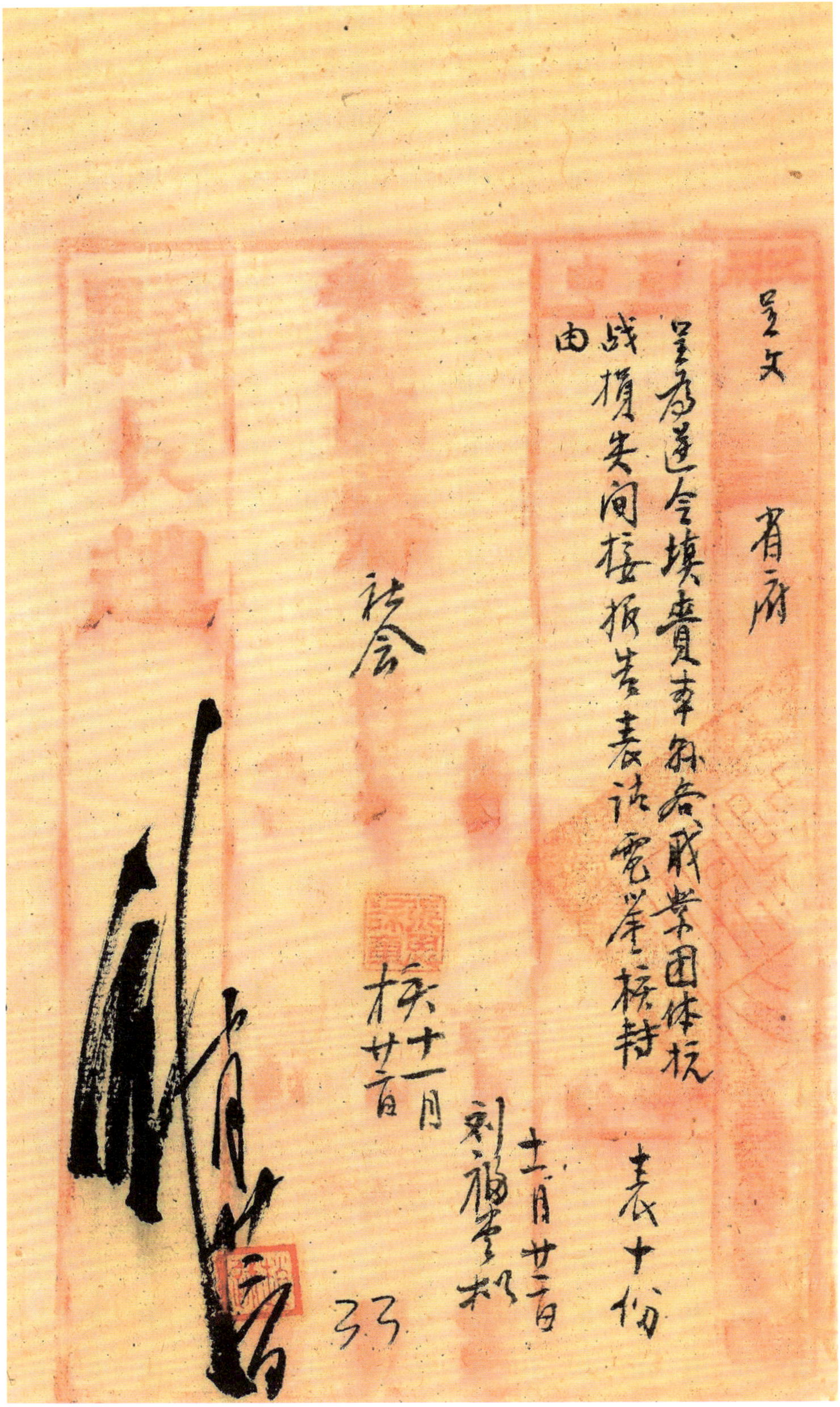
呈文　省府

呈為遵令填賫本縣各職業團體抗戰損失間接報告表請鑒核轉　由

表十份

刘福堂拟　十一月廿二日

核　十一月廿二日

樂都縣政府　呈　社字第2786號
中華民國三十五年十一月　日

案奉

鈞府本年十月二十六日社利一人字第八六五號指令開：「呈乙件」

件因奉此，遵查本縣各國民學校及社教機關抗戰損失間

（于本年五月廿日以社字第二號呈文奉）接報告表業經遵報在案，茲奉令前因，謹將（本府）各

（抗戰）業因抗戰損失間接報告表詳查妥確，（依照規定）填造齊全，

理合具文呈請

鈞府鑒核存案，為公便！謹呈

五月二十二日
一〇七號

1998600元 78

附呈损失表十份

试署乐都县县长赵 印

34

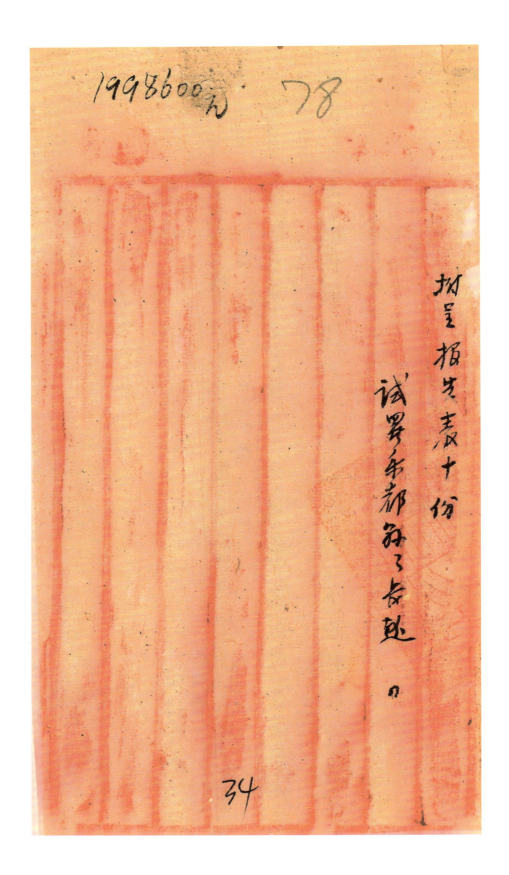

樂都縣商會抗戰損失間接報告表

損失分類	金額	備考
共計	3210元	
遷移費	2100元	為避免敵機轟炸遷移鄉村需費如上數
防空設備費	1110元	建築防空洞一座計需人工材料如上數
疏散費		
救濟費		
撫卹費		

35

附（二）乐都县工会抗战损失间接报告表

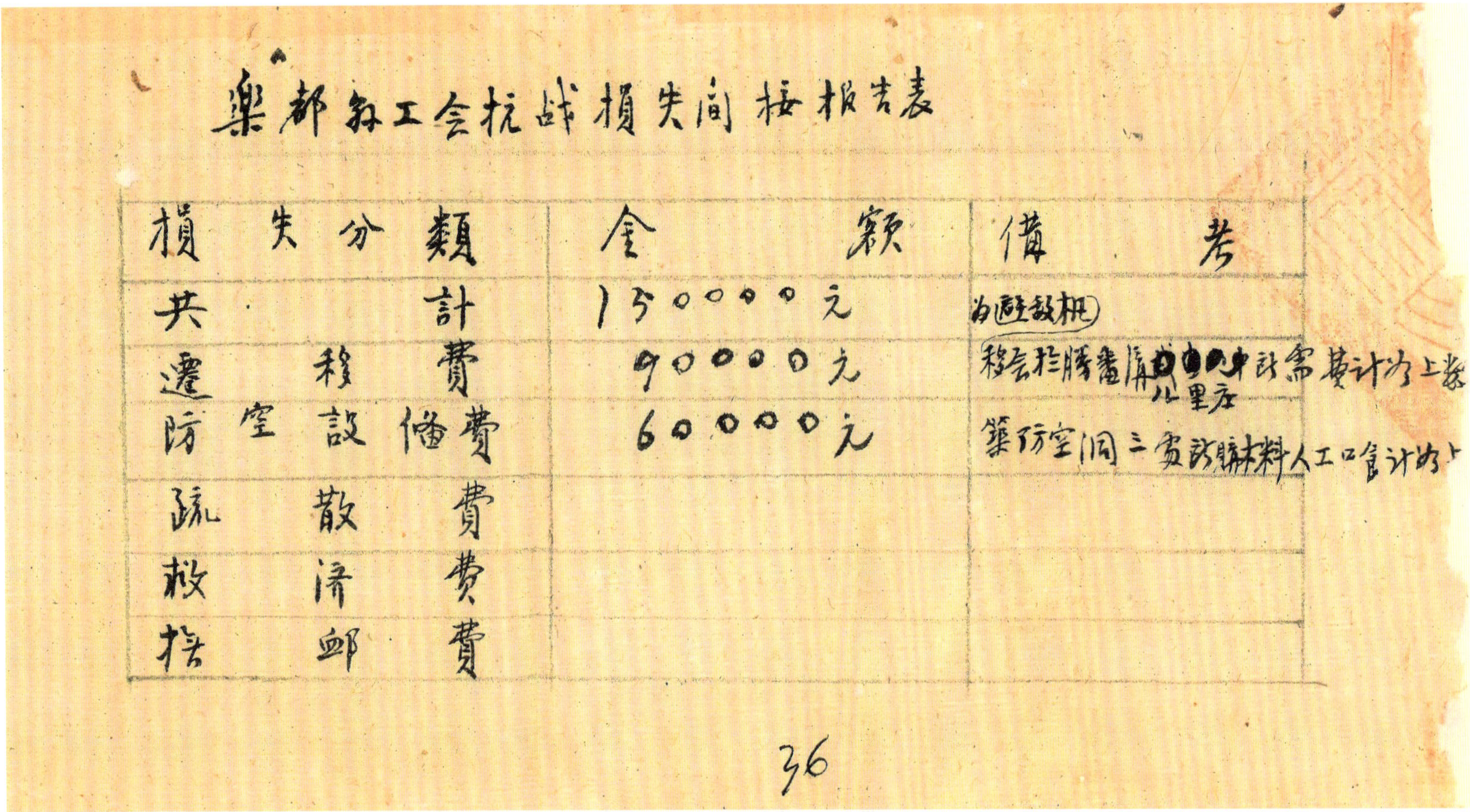

乐都县工会抗战损失间接报告表

损失分类	金额	备考
共计	150000元	为避敌机
迁移费	90000元	移会于滕家庄[illegible]八里庄，所需费计洋上数
防空设备费	60000元	築防空洞二处，所购木料人工口食计洋上
疏散费		
救济费		
投邮费		

36

附（三）乐都县妇女会抗战损失间接报告表

樂都縣婦女会抗戰損失間接報告表

損失分類	金額	備考
共計	570000元	
遷移費	360000元	遷会址於湟水南岸之七里店地所需費如上數
防空設備費	230000元	築防空洞二座所需木料人工資口食計如上數
疏散費		
救濟費		
撫卹費		

37

附（四）乐都县教育会抗战损失间接报告表

樂都縣教育會抗戰損失間接報告表

損失分類	金額	備考
共計	140000元	
遷移費	60000元	為避免敵機遷移城東之水磨營村所需費為上數
防空設備費	60000元	築成防空洞一處所需材料工資各項總計如上數
疏散費		
救濟費		
撫卹費		

38

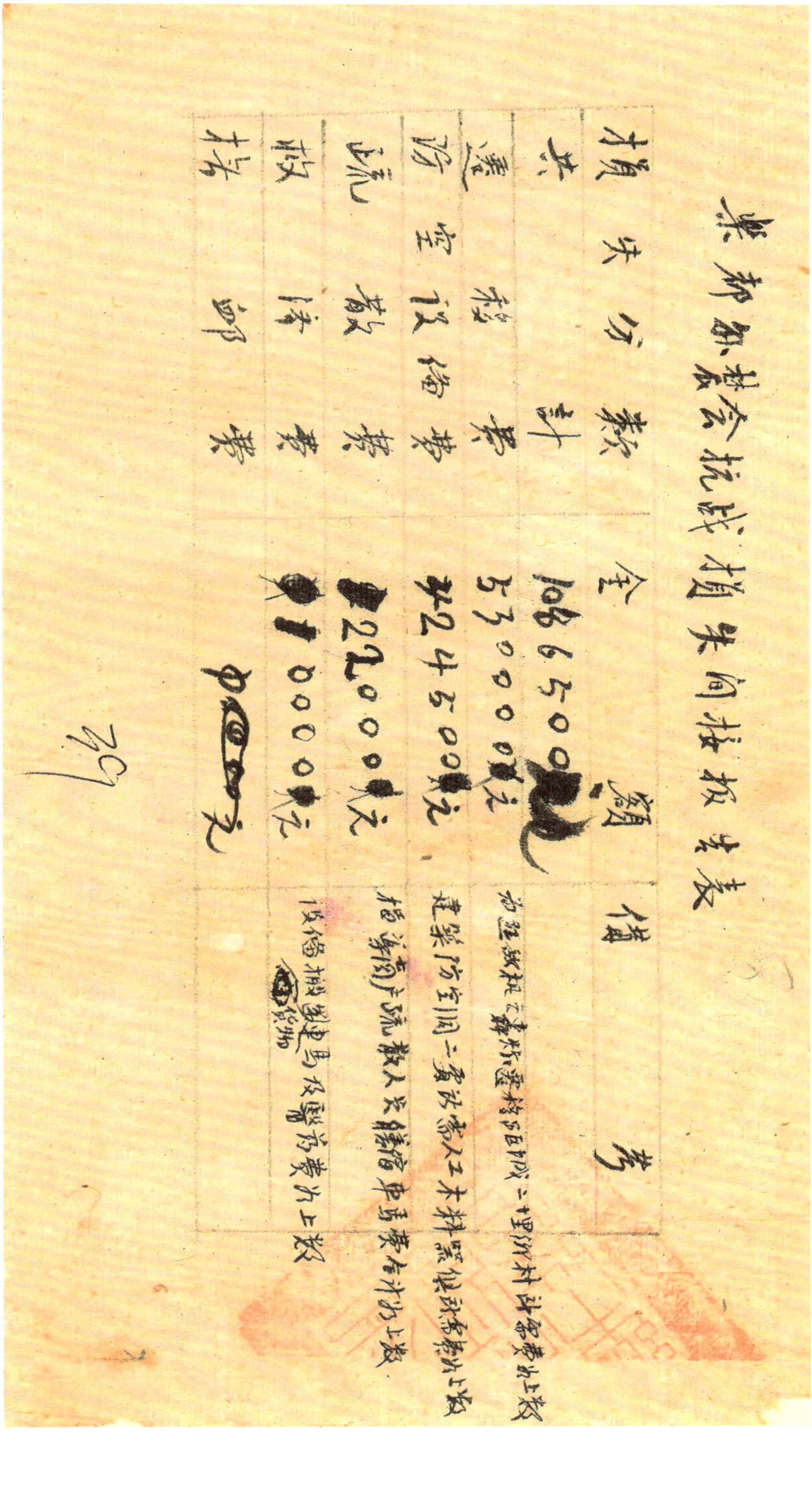

樂都縣農會抗戰損失間接報告表

損失分類	金額	備考
共計	10865000[illegible]元	
遷移費	5370000[illegible]元	前經政府飭令疏散遷移距城二十里以外村莊計需費如上數
防空設備費	[illegible]2445000[illegible]元	建築防空洞二處計需人工木料器具等費如上數
疏散費	[illegible]22000[illegible]元	指導疏散人民搬運糧食車馬等費合計如上數
救濟費	[illegible]10000[illegible]元	設備擁擠[illegible]及醫藥費如上數
撫卹費	[illegible]元	

青海省政府关于查报抗战损失依限填造以凭汇转行政院给囊谦县政府的训令（一九四七年五月十日）

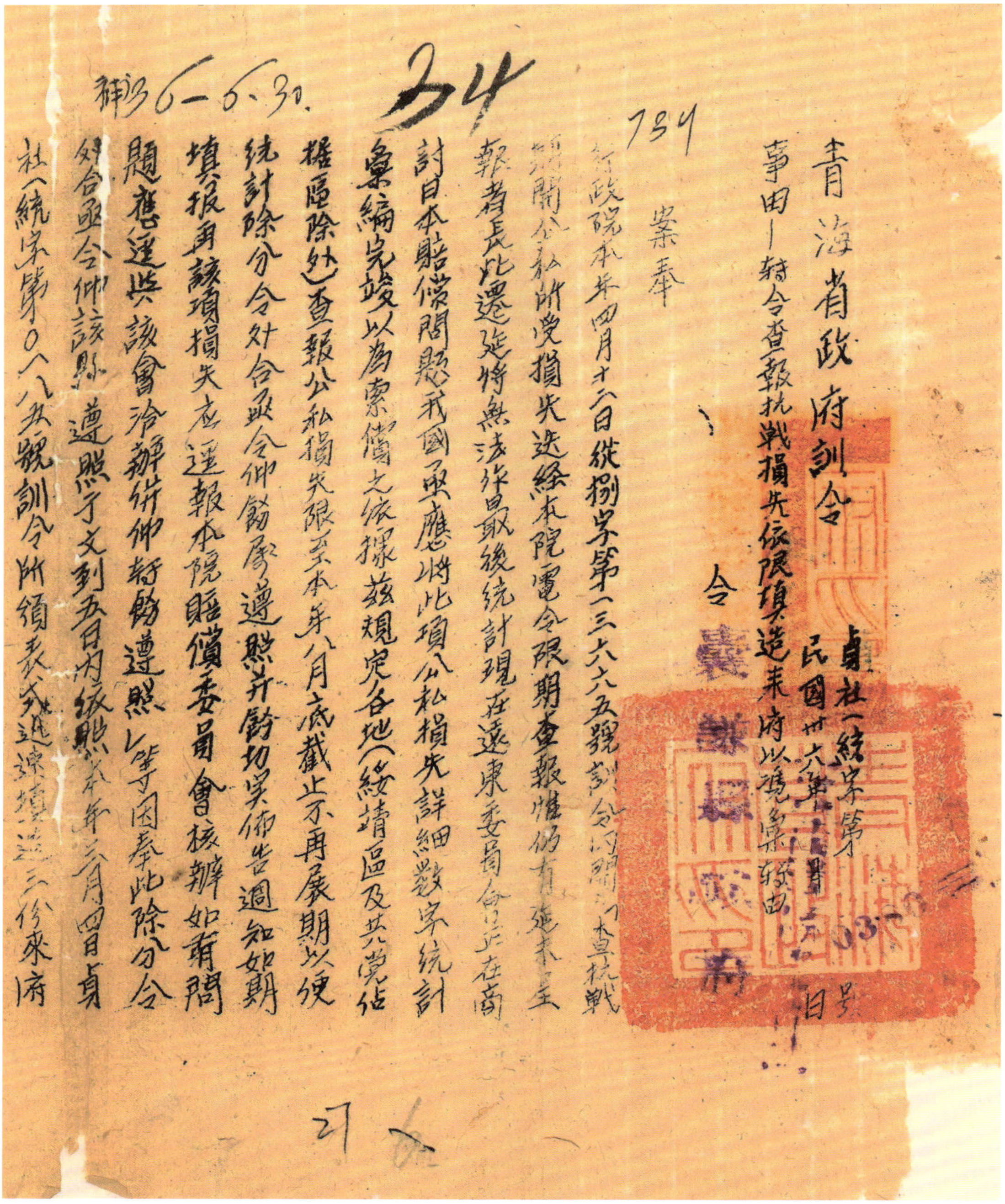
青海省政府训令

事由：转令查报抗战损失依限填造来府以凭汇转由

府社（一）统字第　号

民国卅六年五月　日

令囊谦县政府

案奉

行政院本年四月十六日从捌字第一三六六五号训令以：「关于本案抗战期间公私所受损失迭经本院电令限期查报惟仍有迟未呈报者长此迁延将无法作最后统计现在远东委员会正在商讨日本赔偿问题我国亟应将此项公私损失详细数字统计汇编完竣以为索偿之依据兹规定各地（绥靖区及共党占据区除外）查报公私损失限至本年八月底截止不再展期以便统计除分令外合亟令仰饬属遵照并饬切实布告周知如期填报再该项损失应迳报本院赔偿委员会核办如有问题应迳与该会洽办并仰转饬遵照」等因奉此除分令外合亟令仰该县遵照于文到五日内依照本年三月四日府社（一）统字第〇八八五号训令所颁表式迅速填造三份来府

以憑彙轉，勿得延誤為要！

此令。

主席 馬步芳

社會處處長 謝士英

遵即呈復 六卅、

監印褚鈺

校對王鴻[illegible]

28

后记

本书编纂工作在《青海省档案馆藏抗战档案选编》编纂领导小组和编纂委员会的具体领导下进行。

本书编者主要来自青海省档案馆；诚邀杨红伟、杜常顺、丁柏峰、张科等一批专家学者，负责书稿编纂的咨询审议工作；杨正梅、王晓红、景庆凤、孔忠勇、李英、李珍毅、李文红等同志对本书编纂出版工作给予了支持和帮助，中华书局对本书的编纂出版工作给予了鼎力支持，谨向上述同志和单位致以诚挚的感谢！

编　者